**COUVERTURE SUPERIEURE ET INFERIEURE
EN COULEUR**

HISTOIRE UNIVERSELLE
DE
L'ÉGLISE

PAR

le docteur JEAN ALZOG
Professeur de l'Université de Fribourg-en-Brisgau.

TRADUITE PAR L'ABBÉ I. GOSCHLER
Chanoine honoraire de Carcassonne, docteur ès lettres, ancien directeur du collége Stanislas

ET C.-F. AUDLEY
Professeur d'histoire, membre de la *Société des Arts* de Londres.

QUATRIÈME ÉDITION
REVUE, ANNOTÉE ET CONTINUÉE JUSQU'A NOS JOURS, D'APRÈS
LA SEPTIÈME ÉDITION ALLEMANDE

Par l'abbé Ag. SABATIER
Membre de la Société académique d'archéologie, sciences et arts de l'Oise,
auteur de la *Vie des Saints* du diocèse de Beauvais, etc.

Ouvrage approuvé par monseigneur l'archevêque de Fribourg et par
monseigneur l'évêque de Beauvais.

TOME PREMIER

PARIS
V. SARLIT, LIBRAIRE-ÉDITEUR
19, RUE DE TOURNON, 19

MÊME LIBRAIRIE

La religieuse instruite et dirigée dans tous les états de la vie par des entretiens familiers. Ouvrage très-utile non-seulement aux religieuses, mais encore aux religieux, aux personnes dévotes, et à tous les fidèles qui veulent servir Dieu avec zèle et arriver à la perfection de leur état, par le père F. Anselme, de la mère de Dieu, carme déchaussé, missionnaire et ancien maître des novices. 2 vol. in-12 . . . . . .

Ouvrage ancien très-solide, reproduit intégralement quant au fond, mais avec les changements nécessaires pour notre époque.

Œuvres complètes de saint Louis de Gonzague, recueillies et traduites en français, par l'abbé A. Ricard, avec approbation de Monseigneur l'Évêque de Marseille. 1 vol. in-18 . . .

Nouveau guide des âmes pieuses, extrait des auteurs ascétiques les plus estimés, par M. l'abbé Sanson, auteur du *Bonheur des Maisons religieuses*. 1 gros volume in-12 . . . . . 2 fr. 50 c.

Que Dieu est bon ! ou pensées consolantes de Fénelon, dans les afflictions de la vie, dans la crainte excessive de la mort et des jugements de Dieu, et dans les deuils de famille, avec une introduction et des extraits des maîtres de la vie spirituelle, par le R. P. Huguet, mariste. 1 vol. in-18 . . . . . 1 fr. 50 c.

La Sagesse chrétienne, ou les principales vérités du Christianisme établies sur les principes propres de la sagesse, par le P. Jean Guilleminot, de la Compagnie de Jésus, docteur en théologie, recteur de l'Université de Pont-à-Mousson. Nouvelle édition, revue par le P. Cadrès, de la même Compagnie. 3 vol. in-12. . . . . 8 fr.

Compte rendu de la Revue des Bibliothèques paroissiales, *du 30 novembre 1857.*

Ce livre a pour but d'exposer et d'établir sur des principes incontestables les principales vérités du Christianisme. Doctrine exacte et solide, justesse et vigueur de raisonnement, vues grandes et élevées, style ferme et concis, telles sont les qualités qui le distinguent et que l'on ne peut se défendre d'admirer, tant elles sont rares, surtout aujourd'hui. Nous pensons, avec le R. P. Cadrès, que la lecture de la *Sagesse chrétienne*, faite avec calme, est très propre à convaincre les esprits les moins bien disposés, à toucher les cœurs les plus endurcis, à leur inspirer l'amour et la pratique du bien. Les prédicateurs y trouveront une mine féconde de matériaux précieux pour préparer leurs instructions.

L'abbé Becel.

Le Christianisme et la Vie pratique. Recueil de sermons prêchés dans les principales paroisses de Paris, sur toutes les questions actuelles, et disposé en forme de lectures, par M. l'abbé Henri Duclos, vicaire à la Madeleine, à Paris. 4 vol. in-12. 10 fr.

Compte rendu de l'Univers, *du 9 novembre 1857.*

La religion chrétienne est essentiellement pratique ; elle s'adapte merveilleusement à tous les besoins de l'homme ; elle répond admirablement à tous les sentiments de l'âme humaine, qui sans elle resterait plongée dans les ténèbres de l'antiquité païenne, principalement en ce qui nous concerne le problème de notre origine et de notre destinée. L'auteur de ce livre s'est surtout attaché à démontrer ces vérités, qui ont été souvent l'objet des méditations de la philosophie, toujours stériles quand elle n'a pas pour point d'appui la révélation interprétée par l'Église catholique.

A. Rispal.

HISTOIRE UNIVERSELLE
DE L'ÉGLISE

I

Propriété des libraires-éditeurs, tous droits réservés :

V. Aureau. — Imprimerie de Lagny

HISTOIRE UNIVERSELLE
DE
L'ÉGLISE

PAR

le docteur JEAN ALZOG

Professeur de l'Université de Fribourg

TRADUITE PAR L'ABBÉ I. GOSCHLER

Chanoine honoraire de Carcassonne, docteur ès lettres, ancien directeur du collège Stanislas

ET C.-F. AUDLEY

Professeur d'histoire, membre de la *Société des Arts* de Londres

CINQUIÈME ÉDITION

REVUE, ANNOTÉE ET CONTINUÉE JUSQU'A NOS JOURS, D'APRÈS
LA DERNIÈRE ÉDITION ALLEMANDE

Ouvrage approuvé par Monseigneur l'Archevêque de Fribourg et par
Monseigneur l'Évêque de Beauvais.

TOME PREMIER

PARIS

V. SARLIT ET CIE, LIBRAIRES-ÉDITEURS

19, RUE DE TOURNON, 19

—

1881

AVANT-PROPOS

DE LA QUATRIÈME ÉDITION

Il serait inutile de faire l'éloge du savant abrégé d'histoire ecclésiastique dont nous publions une quatrième édition, la troisième étant complétement épuisée. Le succès des éditions allemandes et françaises, les nombreuses demandes adressées à toutes les librairies religieuses par les séminaires, les prêtres, et les laïques instruits, témoignent assez de sa valeur intrinsèque.

Nous reproduisons la traduction si nette et si française de MM. Goschler et Audley ; toutefois, pour rendre cette édition plus claire, plus correcte encore, et plus complète, nous avons remanié quelques phrases, et continué l'histoire de l'Église jusqu'à nos jours. Lorsque sur certains points, il nous a paru nécessaire de faire des réserves, nous les avons faites, puisant toujours à des sources pures, et nous appuyant sur des autorités compétentes. Le texte même de la dernière édition allemande et les travaux récents des écrivains les plus autorisés, ont été la base du complément qui distingue cette édition. A l'approbation donnée au livre du docteur Alzog, par l'illustre archevêque et confesseur de Fribourg, Mgr Hermann de Vicari, nous sommes heureux d'ajouter celle de Mgr Gignoux évêque de Beauvais qui a bien voulu, non-seulement approuver notre édition, mais la recommander au clergé et aux fidèles de son diocèse.

Puisse ce livre dont le fond est aussi riche que les vues

sont élevées, faire aimer tous les jours davantage la sainte Église à ses enfants, et dissiper l'ignorance et les préjugés de ses adversaires, en leur montrant au milieu de quelles luttes et par combien de victoires « l'esprit du Christ s'est introduit dans la vie commune de l'humanité, et continue à se développer dans la famille, les peuples, les États, dans l'art et dans la science, pour en former des instruments de la gloire de Dieu (1). »

Ag. Sabatier.

(1) Mohler, introduction à l'hist. de l'Église, t. XI, p. 263.

PRÉFACE DE LA TROISIÈME ÉDITION

Six éditions successives en Allemagne, trois éditions en France, cela ne suffirait-il pas pour recommander, auprès de tout lecteur sérieux, l'*Histoire de l'Église* par M. Alzog? Assurément, lorsqu'un ouvrage de ce genre, auquel le bruit des annonces et des réclames est nécessairement interdit, acquiert une telle popularité, c'est qu'il répond à un besoin réel, positif, c'est qu'il satisfait les plus exigeants.

Quant au besoin, il est évident. Depuis quelques années, il s'opère au sein de notre société un mouvement remarquable. De gré ou de force, chaque homme de science et d'étude est ramené sur le terrain des recherches historiques, et partout il rencontre l'Église. Qu'on les aborde comme philosophe pour observer les phénomènes de l'esprit humain dans ses développements; comme jurisconsulte, pour approfondir les bases et les transformations de notre droit moderne; comme artiste, pour saisir le moment où le génie du beau se dégage de ses langes; ou enfin comme historien politique, pour suivre l'épanouissement graduel de la civilisation européenne, il est impossible de ne pas rencontrer sur sa route cette grande figure qui s'appelle l'Église catholique. On a beau vouloir se détourner d'elle, elle exerce sur vous je ne sais quelle fascination étrange et vous force à la contempler de près, fût-ce même pour avoir le malheur de la combattre.

Heureusement, c'est plus souvent la confiance et le respect qu'elle inspire, l'on ne tarde pas à s'apercevoir que, depuis dix-huit siècles, chaque nation a tour à tour subi l'influence du Christianisme qui l'a pénétrée de sa merveilleuse action, de sa puissante vertu, et l'on démeure confondu devant la grandeur de l'ensemble, comme aussi devant la masse de détails qu'il faut saisir.

N'oublions pas d'ailleurs un autre fait : la profonde séparation entre le clergé et les laïques, commencée au xvi⁰ siècle et soigneusement entretenue plus tard, tend à disparaître de plus en plus. Sans s'en apercevoir peut-être, chacun apporte sa pierre pour combler l'abîme. Ce qu'on a nommé l'apostolat laïque n'y a pas peu contribué; nos discordes elles-mêmes, jointes au mouvement de retour qui se manifeste par les hommes que le protestantisme anglican était habitué à regarder comme ses représentants les plus illustres. Aussi, grâce à ces divers causes, bien des préjugés se sont effacés, bien des préventions sont tombées. Il n'est pas jusqu'à nos adversaires qui n'y concourent par l'ardeur de leurs attaques contre nos dogmes les plus sacrés, contre nos espérances les plus légitimes. A leurs accusations, vieilles au fond, mais nouvelles quant à la forme, il a fallu répondre par des faits palpables, authentiques : en d'autres termes, par l'histoire, par l'HISTOIRE DE L'ÉGLISE.

Mais c'est ici surtout que la plupart des hommes d'étude seront arrêtés par *la grandeur de l'ensemble*, ou par *la masse des détails* dont nous parlions tout à l'heure.

Que si l'on s'attache aux détails, en est-il beaucoup parmi nous chez lesquels l'amour de la vérité soit assez ardent, ou même qui aient assez de temps pour digérer les annales de Baronius, pour compulser les collections de Labbe, de Mansi, de Hardouin, ou pour lire seulement le limpide, mais trop passionné Fleury ?

Au contraire, veut-on embrasser uniquement l'ensemble, que devient alors l'histoire, réduite aux simples proportions d'un manuel? que devient surtout celle de l'Église, dont l'autorité irréfragable repose essentiellement sur les documents nombreux et authentiques qui constatent la pureté et la perpétuité de sa foi? D'un autre côté, quels chrétiens vraiment studieux voudraient renoncer complètement aux résultats nouvellement acquis de l'exégèse catholique? Et néanmoins y en a-t-il beaucoup qui aient assez de loisir pour en poursuivre la recherche dans les arcanes des académies et des universités?

Il y a donc là un double écueil que M. Alzog nous paraît avoir évité; et c'est pourquoi il peut satisfaire les plus exigeants.

Son ouvrage n'est point assez volumineux pour effrayer l'homme du monde; il l'est assez pour aider le savant dans ses recherches, le prêtre dans l'exercice de son ministère. Aux investigations consciencieuses de l'érudition allemande, il unit les vues larges et l'allure hardie d'une intelligence forte et libre, quoique toujours soumise à l'autorité sacrée dont relève la science religieuse. La narration marche sûre et rapide parmi les nombreuses citations originales qui appuient le texte. Le dogme, les hérésies, la discipline, l'archéologie, l'art chrétien, les faits généraux, la biographie des grands hommes, tout s'y lie et s'y enchaîne sans effort apparent.

Que si le lecteur veut approfondir l'étude entreprise sous les auspices de l'auteur, M. Alzog lui servira de guide éclairé en le ramenant aux sources, en lui fournissant les éléments d'une haute critique, d'un discernement exquis, sans lesquels les travaux historiques sont stériles pour les autres, presque inutiles pour soi-même.

Enfin, cette Histoire de l'Église suffira aux lecteurs ordinaires qui, sans efforts pénibles ni longues recherches, y trouveront l'appui dont on a si souvent besoin dans la polémique de chaque jour. Ils auront sous la main les archives de la gloire de l'Église, les documents authentiques de leur foi, pour les opposer à d'injustes détracteurs.

C'est précisément ce double caractère d'utilité pratique pour l'homme du monde et pour le prêtre, qui nous paraît avoir assuré le succès de ce livre en Allemagne et en France. Il est vrai que M. Alzog ne s'est pas lassé de le revoir, de le corriger, à chaque nouvelle édition, avec un soin jaloux. Le croit-il cependant parfait ? nullement. Il promet seulement d'y travailler encore tant qu'il lui restera des forces. Qui pourrait en demander davantage ?

Dans la première édition, M. Alzog avait répondu d'avance aux critiques qu'il prévoyait relativement à la partie consacrée au récit des événements qui ont suivi la Révolution française. Comme nous avons nous-mêmes entendu ces critiques en France, nous croyons utile de reproduire ici les paroles de l'auteur :

« A l'époque de l'histoire ecclésiastique qui remplit l'époque comprise entre la Révolution française et nos jours, je déclare expressément n'en avoir voulu tracer qu'une esquisse rapide. Cependant, je n'aurais point voulu en priver cet ouvrage; car notre temps a été fécond en événements importants pour l'Église; de plus, toute notre vie religieuse est tellement liée à ce temps, que le théologien a besoin de le comprendre, pour remplir pleinement son devoir et exercer une influence légitime. Que si l'on considère les difficultés toutes spéciales que j'ai eu à surmonter pour rassembler tant de documents épars, cette tentative rencontrera peut-être quelque indulgence aux yeux de la critique, dont toute censure fondée me trouvera aussi reconnaissant que docile. »

Pour nous, nous n'ajouterons plus qu'un mot. Nous avons suivi avec un scrupule religieux l'exemple de l'auteur : pas une citation que nous n'ayons vérifiée, pas une correction indiquée par lui que nous n'ayons fait passer dans cette troisième édition : pas un nom d'évêché sur les cartes elles-mêmes que nous n'ayons relevé avec soin sur les meilleurs atlas. Sans doute le lecteur pourra trouver encore des erreurs éparses; mais au moins nous avons la conscience d'avoir rempli fidèlement notre devoir de traducteurs.

PRÉFACE DE L'AUTEUR POUR LA PREMIÈRE FOIS

Ce n'est pas sans crainte ni sans de profondes réflexions que j'ai entrepris de donner à la littérature catholique un livre à la fois élémentaire et scientifique sur l'histoire de l'Église chrétienne, qui pût servir de base à un cours universitaire. C'est la première tentative de ce genre qui ait été faite depuis Dannenmayer. Les difficultés inhérentes à un travail qui embrasse tant de choses, celles plus grandes encore qui résultaient des faibles secours dont j'ai été entouré, devaient souvent me détourner d'une pareille entreprise. Mais, d'un autre côté, dans le cours de mes leçons historiques, j'ai senti de plus en plus le besoin d'un précis préparé d'avance et fait pour accompagner l'enseignement oral. Je me suis donc décidé à cette œuvre, dans l'espoir d'épargner en partie à mes auditeurs le pénible travail des rédactions écrites, de leur rendre plus attrayante l'étude de l'histoire, et de leur en offrir en même temps les avantages pratiques.

Dans mon introduction, j'ai exposé, d'une manière plus étendue que ce n'est l'usage dans ces sortes d'ouvrages, les principes qui m'ont servi de guide; aussi me bornerai-je en ce moment aux observations suivantes :

J'ai constamment eu devant les yeux mon but primitif, qui était de composer un précis destiné à préparer, à fortifier le cours principal, et non à le remplacer; destiné à soutenir l'attention de l'auditeur dans certains moments, et à le porter à des recherches approfondies et complètes. Il y avait aussi un écueil à éviter, et je m'y suis appliqué : c'était de ne point se contenter d'une longue, sèche et fatigante liste de noms et de faits. Pour y arriver, il fallait faire ressortir certaines circonstances particulières; dessiner avec vigueur les imposantes figures de l'Église; grouper avec netteté les divers phénomènes de la vie chrétienne; indiquer le vrai caractère des temps et l'esprit de chaque époque. C'était l'unique moyen de présenter un tableau vrai et fidèle. Si parfois, lorsqu'il s'agit de raconter les grands événements de l'Église, de peindre les admirables individualités qu'elle a produites, l'expression s'anime et s'échauffe sous ma plume; ou bien encore, si, lorsqu'il s'agit de flétrir certaines personnes, de signaler certains faits honteux, ma parole devient incisive et dure, il faut en accuser la nature même des choses. D'un côté, en effet, l'historien chrétien ne peut jamais ressentir un trop vif intérêt pour la dignité, l'éclat, l'élévation du Christianisme et de l'Église; de l'autre, il ne saurait s'appliquer avec trop de soin à inspirer, par des récits authentiques, par des tableaux copiés d'après nature, au cœur de l'élève, l'amour ardent et énergique de la vérité.

Quant à la partie matérielle de cet ouvrage, je crois devoir déclarer que j'ai eu l'insigne bonheur de profiter pendant dix années des travaux que l'immortel Mœhler avait réunis sur l'histoire ecclésiastique. Ils m'ont servi de point fixe, de base dans mes propres études, et plus particulièrement dans mes écrits. J'ai aussi mis à contribution les ouvrages les plus récents sur cette matière; les publications si substantielles de Dœllinger, de Ruttenstock et de Katerkamp; celles des protestants Gieseler, Engelhardt, Néander, Guérike, et de Carl Hase. J'ai donné une attention toute particulière aux nombreuses monographies des temps modernes, et aux travaux spéciaux, souvent excellents, que renferment les revues théologiques. Je crois avoir mis à ces recherches un soin peu ordinaire; aussi, tout ce que je désire, c'est de voir ce simple essai de littérature ecclésiastique accueilli sur les bords de l'Oder, du Rhin, du Danube, de l'Ems et du Necker, avec une faible partie de l'intérêt que j'éprouvais sur les rives de la

Wartha, quand y arrivaient les publications de notre patrie allemande. Cependant, pour rester fidèle à mon plan primitif de rédiger un précis scientifique, il m'a fallu faire un choix dans ces travaux et me contenter d'indiquer, aussi complètement que possible, les sources. Au contraire, s'agissait-il de préciser les faits, ou les vérités dogmatiques du catholicisme que l'on s'était plu à altérer, à montrer sous un faux jour, et auxquels on refusait une origine qui remontât aux premiers siècles, alors j'ai cru devoir suivre le plan indiqué dans l'introduction et citer dans les notes de nombreux extraits, fournis par les sources originales. Il faut espérer aussi que les deux cartes qui accompagnent cette histoire auront leur utilité pour le lecteur, quelque incomplètes qu'elles puissent être.

A l'égard de l'histoire ecclésiastique qui remplit l'époque comprise entre la révolution française et nos jours, je déclare expressément n'en avoir voulu tracer qu'une esquisse rapide. Cependant, je n'aurais point voulu en priver cet ouvrage; car notre temps a été fécond en événements importants pour l'Église; de plus, toute notre vie religieuse est tellement liée à ce temps, que le théologien a besoin de le comprendre, pour remplir pleinement son devoir et exercer une influence légitime. Que si l'on considère les difficultés toutes spéciales que j'ai eues à surmonter pour rassembler tant de documents épars, cette tentative rencontrera peut-être quelque indulgence aux yeux de la critique, dont toute censure fondée me trouvera aussi reconnaissant que docile.

L'expérience a démontré que nos plus grands théologiens catholiques, et tout récemment encore Mœhler, ont puisé dans l'étude de l'histoire ecclésiastique et dans la patrologie les plus solides éléments de leur instruction théologique; aussi, mon vœu le plus ardent et le plus sincère serait d'exercer à cet égard une influence non moins heureuse, non moins utile, sur les jeunes théologiens, surtout dans nos jours de vive polémique. Rien de plus propre à porter la conviction dans l'âme, à diriger, à inspirer les mesures les plus convenables, dans chaque circonstance donnée, que la connaissance des phénomènes si variés, des luttes si importantes qui signalent le développement de l'Église. Honneur donc à cette histoire! elle est le flambeau de la vérité, la vraie maîtresse de la vie. Mais si, après tout, ce livre n'obtenait qu'une approbation restreinte, je m'efforcerais encore de le perfectionner, Dieu aidant, et avec une ardeur d'autant plus grande qu'il a fait naître un lien intime entre l'auteur et les nobles jeunes gens qu'il a initiés aux études théologiques. Il sera de plus un gage de ses efforts, dans l'avenir, pour les conduire heureusement dans la vie scientifique où il s'engage avec eux.

EXTRAIT DE LA PRÉFACE DE L'AUTEUR

POUR LA SIXIÈME ÉDITION

.... Dans cette édition nouvelle, des lacunes ont été remplies, des digressions inutiles retranchées, des faits substitués en beaucoup d'endroits à des phrases, des dates rectifiées, la bibliographie augmentée, les ouvrages les plus nouveaux cités.

Le lecteur attentif s'apercevra facilement des changements notables introduits dans les §§ 52, 58, 67, 68, 75, 80, 93, 115, 131, 132, 134, 135, 138, 159, 173, 186, 192, 200, 201, 203, 205, 208, 214, 227, 235, 237, 251, 266, 267, 272, 285, 286, 287, 292, 314, 322, 329, 341, 344, 347, 348, 350, 351, 364, 368, 370, 392, 393, 394, 404, 406, 407, 408, 409, 410, 411, 412 et 421.

Les §§ 346, 375 sont nouveaux.

Le nombre des conciles étant un indice certain de la vie plus ou moins active de l'Église, j'ai donné un *tableau chronologique des conciles par siècle*, ce qui permet de voir en un coup d'œil le développement de la vie de l'Église à chaque période.

Tels sont les avantages qui recommandent cette édition nouvelle. Je me suis promis de l'améliorer encore, si je le puis. C'est une des tâches de ma vie.

ALZOG,
*Conseill. eccles. et prof. ord. à l'Univ.
de Fribourg-en-Brisgau.*

Fribourg-en-Brisgau, le 5e dimanche d'Avent 185.

INTRODUCTION.

CHAPITRE PREMIER.

PRINCIPES ET GÉNÉRALITÉS DE LA SCIENCE.

Fleury, Préface de l'Histoire ecclésiastique, §§ I-XI. — *Mœhler*, Introduction à l'Hist. de l'Église, dans ses Mélanges édités par Dœllinger, t. II, p. 261-91. — *Schleiermacher*, Hist. de l'Égl. chrét. Berlin, 1840, p. 1-47.

Pour la littérature ecclésiast., voy. *Sagittarii*, Introductio In Hist. ecclesiast., Ien., 1718, t. I, in-4; avec le supplément, t. II (curante J.-A. Schmidio, 1718). *Walch*, Principes et connaissances bibliographiques qu'on doit posséder pour étudier le Nouveau Testament et l'Hist. de l'Égl., 3ᵉ édit. Giessen, 1793.

---

§ 1. — *Religion. — Église. — Église chrétienne.*

La religion est la condition de l'Église : l'idée de l'histoire de l'Église chrétienne ressort donc de l'idée même de la religion. La religion *objective* est l'alliance établie par Dieu avec l'homme ; la religion *subjective* est le libre concours de l'homme pour arriver à cette union ; c'est la connaissance d'un Être divin auquel l'homme s'efforce de s'unir et de ressembler, pour trouver le bonheur dans cette union et cette ressemblance (1). Ce besoin de connaître et d'imiter Dieu, étant commun à tous les hommes, les porte à vivre en société, non moins que leur instinct na-

---

(1) *Platon* parle de ἐξομοίωσις τῷ Θεῷ κατὰ τὸ δυνατόν. De Repub. lib. X, p. 613, ed. Stephani. « Religio a religando, » dit *Lactance*. Cicéron donne peut-être une meilleure étymologie, en faisant venir le mot *a relegendo*, qui implique à la fois réconciliation de l'homme avec Dieu, repentir, conscience et piété. Cf. de Nat deor., II, 28; de Invent., II, 53. Mais il est impossible de concilier ces deux étymologies comme l'ont fait saint Augustin, saint Thomas d'Aquin, et Marsile Ficin dans ses Commentaires sur l'Euthyphron de Platon : « Nos ipsos relegendo religantes Deo religiosi sumus. » Voy. encore

turel de sociabilité. Et de même que l'homme terrestre ne prospère que par son union avec l'humanité entière, ainsi l'homme spirituel ne prospère que dans la société religieuse du genre humain. C'est pourquoi il s'éleva, dès l'origine, des sociétés ou *communautés religieuses*, institutions à la fois terrestres et divines, mondaines et surnaturelles, et conformes par là même à la nature de l'homme qui est une synthèse, formée d'un corps terrestre et d'un esprit céleste. On trouve des sociétés de ce genre jusque chez les peuples qui, par suite de la chute originelle, n'ayant plus de la Divinité qu'une connaissance pâle et fugitive, se firent des dieux multiples en place du Dieu *un*, et allèrent jusqu'à identifier le Créateur de l'univers avec les choses créées elles-mêmes (*polythéisme et panthéisme*) (1). Mais ces sociétés n'étaient plus que de vains simulacres de la véritable Église; elles n'avaient plus même de nom spécial, confondues qu'elles étaient, par le mélange des rapports religieux et civils, avec l'État, qui absorbait complétement l'Église. Plus positive et plus complète, quoique encore particulière dans le Mosaïsme, l'Eglise y est nommée קְהַל יְחֹוָה (2), expression qui désigne le peuple israélite comme une société séparée, élue, consacrée à Jéhovah, et dans laquelle un jour doivent être admis tous les peuples (3). Les Septante ont traduit les mots du premier texte par συναγωγὴ Κυρίου, et ceux du second par Ἐκκλησία Κυρίου. Le Christianisme seul détermina et réalisa parfaitement l'idée de l'Église. Le Christ réveilla dans l'humanité la conscience primitive qu'elle avait de Dieu; et la religion qu'il annonça, toute pénétrée de l'esprit de charité (*religio per eminentiam*), dut nécessairement unir les cœurs qu'elle toucha, et former ainsi une société vivante.

Ceux qui adhérèrent à la religion du Christ durent former non-seulement une société *intérieure*, mais encore,

---

Nitzsch, Idée que les anciens avaient de la religion, dans la Revue critique des Sciences théolog., publiée par Ullmann, 3ᵉ et 4ᵉ livr., 1828. Cf. *Drey*, Apologétique, Mayence, 1837, t. I, p. 79-119. — *Staudenmaier*, Encyclopédie des Sciences théolog., 2ᵉ édit. Mayence, 1840, p. 189-195.

(1) Rom. I, 23. — (2) Nombres XX, 4; Deuter. XXIII, 1. — (3) Genes. XXII, 18.

suivant sa volonté expresse, une société *extérieure*, qu'il nomma d'après les précédents de l'Ancien Testament, l'*Église* (ἡ Ἐκκλησία) (1), c'est-à-dire la société de tous les élus (κλητοί) (2), tirés d'un monde pécheur, et appelés à rentrer en union avec Dieu dans le royaume de l'éternelle félicité (βασιλεία τοῦ Θεοῦ, τῶν οὐρανῶν, τοῦ Χριστοῦ).

Sa religion et sa grâce devaient être annoncées et appliquées à l'humanité déchue ; en même temps sa vertu réparatrice comme prophète, comme prêtre et comme roi devait se perpétuer et se conserver intacte jusqu'à la fin des siècles, après son retour au ciel. Et comme, pour atteindre ce but, le Fils de Dieu avait lui-même pris certaines mesures particulières, certaines dispositions précises, on vit se former, après sa glorieuse ascension, une société religieuse de fidèles, réunis sous un même chef, le Christ, dans la même foi et les mêmes sacrements, conduits sous l'inspiration du Saint-Esprit, par les Apôtres, Pierre à leur tête, et par leurs successeurs légitimes, les papes et les évêques. C'est là l'Église, le lieu saint consacré au Seigneur (κυριακὴ οἰκία), l'école, le temple, le royaume du Christ, qui, fidèle à la promesse de son divin fondateur, malgré des luttes incessantes, malgré des vicissitudes toujours renouvelées, réalise l'éternelle idée du Christianisme : la sanctification et l'union de l'humanité avec Dieu par Jésus-Christ dans le Saint-Esprit (3).

§ 2. — *La véritable Église.*

Drey. Apologét., t. III, p. 313, sq. — *Dieringer,* Dogmatique, p. 616 sq. 3ᵉ édit.

Si donc l'incarnation du Fils de Dieu devait opérer

---

(1) Matth. XVI, 18 ; XVIII, 17.
(2) Matth. XX, 16 ; Röm. VIII, 28 ; 1, Cor. I, 24 ; Eph. I, 4 ; Thess. II, 12.
(3) On retrouve l'étymologie du mot *église* dans le grec ἐκκλησία. Le mot allemand *kirche* remonte aussi à la même langue : τὸ κυριακόν, scilicet ἱερόν, sive κυριακὴ, sc. οἰκία. Le Grecs transmirent aux Goths, avec la connaissance du Christianisme, le mot *kyrch,* qui indiquait d'abord les communautés chrétiennes aussi bien que l'édifice sacré. On retrouve ce terme, non-seulement dans les idiomes germains, en suédois *kyrka,* en danois *kyrke,* en anglais *church,* mais aussi chez les Slaves convertis par les Grecs. En polonais on a *cerkiew.*

l'union de l'humanité déchue avec le ciel ; si à travers toutes les générations à venir la doctrine divine et immuable du Christ devait être conservée intacte (1), il fallait conjurer le danger des fausses interprétations : sinon, l'avertissement donné par le Seigneur à celui qui veut bâtir une tour, l'eût condamné lui-même avant tous (2) ?

Sous ce rapport donc, il fallait que l'Église, et il semble que c'est un complément nécessaire de son institution divine (3), fût en même temps pour les hommes le critérium général et nécessaire de ce qui est vrai et divin d'origine. Et telle fut la mission du sacerdoce chrétien, de *l'autorité doctrinale infaillible*, divinement instituée et assistée pour s'élever dans ses décisions au-dessus du cercle étroit et imparfait des opinions humaines, et les ramener sans cesse à leur principe éternel (4). C'est par là que l'Église, *colonne et base de la vérité* (1 Tim, III, 15), ayant une règle *infaillible* pour discerner et juger les hérésies, put distinguer avec certitude tous ceux qui ne lui appartenaient point (οἱ ἔξω) (5). Dès que l'ordre institué par Jésus-Christ était altéré, quant à l'unité de la doctrine, il y avait séparation, *hérésie* (αἵρεσις). L'Église retranchait de son sein les auteurs de l'hérésie et ses partisans, de peur qu'ils n'entamassent la société entière, comme on sépare du corps, de peur d'une corruption générale, les membres gangrenés et incurables. Ne méconnaissait-on l'ordre divin que dans la forme et la discipline de l'Église; alors, d'ordinaire, les auteurs et les adhérents de l'erreur se séparaient eux-mêmes de l'unité

---

(1) Matth. XXIV, 35 ; Hébr. XIII, 8.
(2) Luc, XIV, 28.
(3) Luc, XIV, 28 sq.
(4) Cf. *Hilar.* de Trinit. XI, 1. Ce qu'il dit se lie avec les passages suivants, Ephes. IV, 5 : « Unus Dominus, una fides, unum baptisma, etc. » « Non enim ambiguis nos et erraticis indefinite doctrinæ studiis dereliquit, vel incertis opinionibus ingenia humana permisit, statutis per se et oppositis obicibus libertatem intelligentiæ voluntatisque concludens ; ut sapere nos, nisi ad id tantum quod prædicatum a se fuerat, non sineret, cum per definitam *fidei indemutabilis* constitutionem credi aliter atque aliter non liceret. » Déjà le païen *Sénèque* avait dit Ep. 102 : « Veritatis una vis, una facies est ; — nunquam falsis constantia. » (Opp. ed. Bipond.; vol. IV, p. 30.)
(5) 1 Cor. V, 12 ; 1, Jean II, 19.

de charité : il y avait scission, *schisme* (σχίσμα) (1).

Il ne faut pas confondre avec le schisme et l'hérésie les dissidences théologiques (*dissidia theolog.*). Celles-ci ne portent que sur la forme de la science théologique, sans en altérer nécessairement le contenu, ou sur des opinions probables et controversées (*theologomena*), qui n'ont point été expressément et doctrinalement résolues par l'Église, et qui ne contredisent point l'ensemble de la doctrine chrétienne (2).

§ 3. — *Histoire.* — *Histoire ecclésiastique.*

Gœrres, Base, division et succession de l'Hist. universelle. Breslau, 1830.

Ce qui s'est passé dans la sphère des choses temporaires forme l'*histoire*, dans son sens le plus général. Cependant tout ce qui arrive n'appartient point à l'histoire : les événements importants, qui excitent ou promettent un intérêt moral, sont seuls de son ressort; et c'est pourquoi son objet principal est *l'homme*, considéré en lui-même, dans ses rapports nécessaires avec l'État et l'Église, et principalement dans sa direction morale et spirituelle. Dès lors l'histoire, comme fait, est le développement de l'esprit humain, tel qu'il se manifeste dans ses relations sociales et ses rapports publics avec l'État; comme science, elle est l'intelligence de ce développement; comme art, elle en est la reproduction ou la représentation par la parole (*histoire proprement dite*). C'est dans ces limites qu'était restreinte l'histoire des temps antérieurs au Christianisme, qui ne considérait que l'homme terrestre : aussi ne pouvait-il être question alors d'histoire ecclésiastique, puisque les choses spirituelles et matérielles, religieuses et nationales, l'Église et l'État, étaient encore confondus. L'histoire était toute politique. L'histoire de l'Église ne commence qu'avec le

---

(1) Sur la différence entre l'hérésie et le schisme, voy. *Augustin*. advers. Crescon. grammat. Donatist., lib. II, c. 3 sq. (Opp. ed. Bened. in-4. Bassani, t. XII, p. 520 sq.)
(2) Une maxime faussement attribuée à saint *Augustin* est tout à fait dans l'esprit de l'Église : « In necessariis unitas, in dubiis libertas, in omnibus caritas. »

Christianisme, qui distingue, comme ils doivent l'être, l'Église et l'État. Les événements du domaine religieux sont d'ailleurs bien moins intéressants dans les temps antérieurs au Christianisme que depuis cette époque. Tout, chez les peuples anciens, dans leurs luttes, leurs tendances et leurs efforts, converge vers l'État; la religion n'est point le principe vivant de l'activité sociale.

De nos jours encore, trop souvent, l'histoire reste ainsi limitée dans la sphère de l'homme, qu'on fait le centre de tout, et à qui on rapporte tout honneur et toute gloire. Mais Mœhler pense que, partant du principe fondamental du Christianisme, il faut définir l'histoire : « La réalisation
» dans le temps du plan éternel de Dieu, disposant l'homme,
» par le Christ, au culte et à l'adoration qui sont dignes
» de la majesté du Créateur et de la liberté de la créature
» intelligente. Montrer, ajoute-t-il, comment l'esprit du
» Christ s'est introduit dans la vie commune de l'humanité
» et se développe dans la famille, les peuples, les États,
» dans l'art et dans la science, pour en former des instru-
» ments de la gloire de Dieu, tel est le but de l'histoire
» chrétienne (1). »

Et l'on tiendra d'autant plus à cette manière de concevoir l'histoire, qu'on sera plus convaincu que l'esprit chrétien, l'esprit éclairé, transfiguré par la lumière de la révélation divine, peut seul reconnaître et suivre la conduite de la Providence dans l'histoire du monde, avant et après la venue du Christ (2). Car personne, ni dans le ciel, ni sur la terre, ni sous la terre, ne peut ouvrir le Livre, ni même le regarder, si ce n'est le Lion de la tribu de Juda, le Rejeton de David, l'Agneau qui a été immolé (3).

De là il résulte : 1°, que si, d'après la définition donnée plus haut, l'histoire est le récit des choses temporaires,

---

(1) Ad loc. cit., p. 263-271.

(2) « La Conscience chrétienne est la lumière qui nous fait comprendre le paganisme. » Revue théol. de Fribourg, t. VIII, p. 49-87. Allem. Jean de Muller reconnut aussi, après de longs et pénibles efforts, que l'Evangile seul pouvait fournir le fil conducteur pour l'étude de l'histoire universelle et le plan divin de l'humanité. Cf. Œuvres, t. VIII, p. 246, et t. XVI, p. 138, édit. in-8. — *Gams*, But et résultat de l'histoire. Tubingen, 1850, p. 96.

(3) Apoc. V, 3, 5.

l'Eglise chrétienne ne peut, dans ce sens, entrer dans le domaine de l'histoire, puisqu'elle est une institution divine, absolue et immuable comme Dieu même ; mais qu'elle devient historique, temporaire et changeante, d'après sa destination et son but, qui est d'entrer en rapport avec l'homme, être essentiellement historique, soumis au temps et à l'espace ; 2°, que la conduite providentielle de l'humanité dans le temps, avant et après Jésus-Christ, ou l'histoire du monde et l'histoire du Christianisme, sont dans un rapport intime, analogue à celui de la préparation et de la consommation (στοιχεῖα τοῦ κοσμοῦ, *elementa mundi* (1), en opposition avec πλήρωμα τοῦ Χρονοῦ (2), et qu'ainsi on ne peut, en faisant l'histoire de l'Église chrétienne, entièrement passer sous silence la période de préparation (3). D'après cela, l'histoire ecclésiastique, considérée objectivement, est le développement, dans le temps, du royaume de Dieu, et le progrès continu, dans les voies de la science et de la vie, de l'humanité régénérée s'unissant à Dieu par le Christ dans le Saint Esprit. Dans le sens technique, elle est la reproduction idéale ou l'exposition par le discours de ce développement vivant et réel.

L'histoire atteint d'autant mieux son but qu'elle montre d'une manière plus claire et plus convaincante l'humanité, dans son ensemble, croissant et se fortifiant, à travers les siècles, sous les mêmes conditions que l'homme individuel,

---

(1) Gal. IV, 3, 9 ; Col. II, 8, 20. — (2) Gal. IV, 4 ; Eph. I, 10.

(3) *Epiphane* dit à ce point de vue : Ἡ νῦν πίστις ἐμπολιτευομένη ἐν τῇ ἄρτι ἁγίᾳ τοῦ Θεοῦ καθολικῇ Ἐκκλησίᾳ, ἀπ' ἀρχῆς οὖσα, καὶ ὕστερον πάλιν ἀποκαλυφθεῖσα. Τῷ γὰρ βουλομένῳ φιλαλήθως ἰδεῖν, ἀρχὴ πάντων ἐστὶν ἡ καθολικὴ καὶ ἁγία Ἐκκλησία. (Hæres., lib. I, n° V.) De même *Augustin*, de Civ. Dei, lib. XVIII, c. 51, sub finem : « Sic in hoc sæculo, in his diebus malis, *non solum a tempore corporalis præsentiæ Christi et Apostolorum ejus, sed ab ipso Abel,* quem primum justum impius frater occidit et deinceps usque in hujus sæculi finem inter persecutiones mundi et consolationes Dei peregrinando *procurrit Ecclesia.* » Il ajoute (Retrac., lib. I, c. 13) : « Res ipsa, quæ nunc christiana religio nuncupatur, *erat et apud antiquos,* nec defuit ab initio generis humani, quousque ipse Christus veniret in carne ; unde vera religio, quæ *jam erat,* cœpit appellari christiana. » L'abbé Rohrbacher, appuyé sur cette vérité et en suivant les pas des anciens historiens ecclésiastiques, a jeté beaucoup de jour sur les temps qui précédèrent le Christ.

à travers les années, en grâce, en sagesse, en science et en vertu.

§ 4. — *Objet de l'histoire ecclésiastique.*

L'histoire de l'Église, ayant pour but de produire, d'exposer par la parole la marche temporaire et les progrès du royaume de Dieu parmi les hommes, doit montrer :

1° Comment, dans quelles circonstances heureuses ou défavorables, le plan universel et intérieur du royaume de Dieu s'est manifesté au dehors, s'est réalisé par le fait et s'est posé dans le monde extérieur au milieu des Etats (1), après avoir été annoncé à tous les peuples de la terre selon la parole du Christ (2). Tel est le but que l'on se propose en racontant les succès et les revers, les combats et les victoires de la *propagation du Christianisme* (3).

2° Comment la vérité, qui libère et sanctifie l'homme s'est formulée à l'occasion des hérésies naissantes, et suivant les besoins des temps, dans la *science* et la *doctrine ecclésiastiques* (4).

(1) *Petr. de Marca*, Dissert. de concordia sacerdotii et imperii, s. de libertatibus Ecclesiæ gallic. lib. VIII, ed. St. Baluz. Paris, 1663, in-f.; ed. *J.-H. Boehmer*, Lipsiæ, 1708, in-f. *Riffel*, Tabl. historique des rapports de l'Eglise et de l'Etat, depuis les premiers siècles jusqu'à nos jours, 1ʳᵉ part. Mayence, 1836. *Phillips*, Droit ecclésiastique, t. III, sect. Iʳ.

(2) Matth. XXVIII, 19, 20.

(3) *J.-A. Fabricii* Salutaris lux Evangelii toti orbi exoriens, s. notitia propagatorum christ. sacror. Hamb., 1731, in-4. *P.-C. Gratien*, Origine et développement du Christianisme en Europe. Paris, 1766-73, 2ᵉ part. *F.-G. Blumhardt*, Essai d'une Histoire des missions. Bâle, 1828, 3ᵉ part., non achevée. *Hœninghaus*, Situation de l'Eglise catholique sur la surface du globe. Aschaffenb., 1837. Lettres édifiantes et curieuses des missions étrangères. Paris, 1717-77. Choix de lettres édifiantes, etc., précédé de tableaux géographiques, etc.; 3ᵉ éd. Paris, 8 T., jusqu'à l'année 1808. Nouvelles lettres édifiantes, 1820. Annales de la propagation de la foi. *Henrion*, Histoire générale des missions, etc, etc. Paris, 1846.

(4) *Walch*, Biblioth. symbolica vetus ex monumentis V. prior. sæculorum maxime collecta et observationib. hist. ac critic. illustrata. Lemb. 1770. *Mœlher*, Patrologie, éd. par Reitmayer, 1840. *Hahn*, Bibliothèque des symboles et des règles de foi de l'Eglise catholique, Breslau, 1842. *Denzinger*, Enchiridion symbolor. et definitionum quæ in rebus fidei et morum a Roman. Pontificib. et Concil. œcumen. emanarunt. Wirceb., 1854.

3° Comment le rapport intérieur de l'homme avec Dieu, c'est-à-dire la piété du cœur s'est manifesté et réalisé dans un fait vivant, public et général, dans le *culte* (1).

4° Comment, avec les éléments essentiels et immuables de la *hiérarchie* (primauté, épiscopat, sacerdoce, diaconat), s'est fondée la constitution organique de l'Église, embrassant tous ses membres dans son sein, déterminant la fonction de chacun (2), marquant leur action et leur influence réciproque, répondant toujours aux besoins des temps et des lieux (3).

5° Comment, enfin, les membres de cette Église, ennemie née du péché, vivent d'une vie véritablement religieuse et morale (4), qui se conserve et se renouvelle par la *discipline ecclésiastique*, seule vraie pédagogie de l'humanité.

Observation. — Le catholique, pour qui l'Église est une institution absolument divine, diffère essentiellement du protestant dans la manière d'observer la marche, les progrès, le développement de l'histoire. D'après le point de vue catholique, le but de l'Église, se déroulant dans l'histoire, est de rendre la vérité, toujours présente d'ailleurs

---

(1) Ephes. IV, 11.

(2) *Edmund Martene*, De antiquis Ecclesiæ ritibus ; ed. tertia auct. Antw., 1736, in-4, T. 4.

(3) *Petavius*, de Hierarchia ecclesiastica (Dogmata Theol., t. VI, § 9, n° 2). *Richerii*, Hist. conc. general. Colon., 1680, 3 t. in-4, in IV libb. distributa. Autre édition, Col., 1683, 4 t. in-8, mise à l'index à cause de son gallicanisme outré. *L. Thomassini*, Vetus et nova Ecclesiæ disciplina circa beneficia et beneficiarios. Lucc., 1728, 3 t. in-f.; Mog., 1787, 10 t. in-8. *Plank*, Hist. de la constitution de l'Église chrét. Hanovre, 1803-9. 5 vol. *Staudenmaier*, Hist. des élect. épisc. Tubing., 1830.

(4) Acta sanctorum, quotquot toto orbe coluntur, edd. *Bollandus* aliique (Soc. J.). Antw., 1643-94, 53 t. in-f. Pour la continuation d'oct. à déc., voy. de Prosecutione operis Bollandiani, quod Acta sanctor. inscribitur Namurci, 1838. Ont déjà paru : Acta sanctorum, m. octob., t. VII, p. 1, 2, edd. *Vandermoere et Vanhecke*, Brux., 1845. Certaines parties attirèrent surtout l'attention, telles que : Præfationes, tractatus, diatribæ et exegeses præliminares atque nonnulla venerandæ antiquitatis tum sacræ tum profanæ monumenta a J. Bollando, etc. Nunc primum conjunctim edita et in tres tomos distributa. Ven., 1749-51, 3 t. in-f. *Surius* (m. en 1578), Vitæ sanctor., 1570 sq. Colon. 1617, 6 vol. *Butler*, The Lives of the fathers, martyrs and other principal saints. Dublin, 1838. — *Neander*, Mémoire pour servir à l'Hist. du Christianisme. Berlin, 2° édit., 3° vol.

et connue dans la *société visible* des fidèles, de plus en plus évidente, de l'imprimer de plus en plus profondément dans la conscience des hommes, d'établir de plus en plus son empire et son autorité dans les mœurs publiques et privées, dans la famille et dans l'État, dans la science et dans l'art. Au point de vue protestant, la vérité objective ne se trouvant que dans l'*Église invisible* ne peut jamais se réaliser complétement dans l'Église visible, et par conséquent ne peut être que plus ou moins entrevue dans le développement de l'histoire. Quelle influence n'a d'ailleurs pas exercée, n'exerce pas encore le protestantisme sur la manière de juger l'état ecclésiastique, institué par Jésus-Christ même, sa hiérarchie, le célibat, les priviléges de la virginité ! Aussi Schleiermacher a-t-il dit avec raison : Tels les principes, les convictions, telle l'histoire, et surtout l'histoire de l'Église : elle diffère avec les partis, les sectes, les écoles philosophiques. Chacun voit selon ses préjugés, et fait l'histoire non selon ce qu'elle est, mais selon ce qu'il la voit.

§ 5. — *Histoire ecclésiastique universelle et particulière.*

L'idée d'une histoire universelle ne pouvait être complétement conçue, encore moins réalisée, dans l'antiquité antérieure au Christianisme. Polybe en avait, il est vrai, un pressentiment, quand il disait : L'*histoire spéciale* ($\dot{\eta}$ κατὰ μέρος ἱστορία) est isolée, sans liaison, sans but commun avec l'ensemble ; l'*histoire universelle*, au contraire ($\dot{\eta}$ καθόλου ἱστορία), forme un tout organique (σωματοειδής) vivifié par une unité intérieure. Quand on connaîtrait également tous les États et tous les peuples de la terre, cela ne suffirait pas pour reconnaître l'organisation et la marche du monde, pas plus que l'observation des membres isolés du corps ne peut donner la connaissance de la force et de la beauté de l'ensemble. Il faut, pour obtenir une vue claire de l'ensemble, saisir les rapports intimes qui unissent tous les peuples dans un but commun (συντέλεια τῶν ὅλων). Mais c'est en vain qu'on cherche dans Polybe la réalisation de cette idée ; on ne l'y trouve pas plus que celle de la promesse de Diodore de Sicile, qui s'était engagé à rassembler aussi complètement que possible les événements des temps anciens et modernes, et d'en faire, pour ainsi dire, l'*histoire d'un seul Etat*, et qui ne tint point parole, malgré les matériaux nombreux entassés dans les bibliothèques d'Alexandrie et de Rome. La cause n'en est pas seulement dans l'étonnante et générale médiocrité des connaissances historiques chez les anciens, mais bien plus dans la tendance des Grecs et des Romains à ne s'attacher qu'à des faits particuliers et matériels, et surtout dans leur polythéisme, cause de l'isolement des peuples, et du peu d'intérêt qu'ils prenaient à l'histoire des Barbares.

Le Christianisme donna le premier l'idée fondamentale de l'histoire universelle, par sa doctrine d'*un* Dieu, père des hommes, tous essentiellement unis par la rédemption en Jésus-Christ, et tous appelés à la sanctification et à l'union avec Dieu dans son céleste royaume.

Cette idée fondamentale, incorporée et visiblement réalisée dans l'établissement et la propagation d'une Église *catholique*, fut exposée avec une merveilleuse clarté par le grand évêque d'Hippone, dans son magnifique livre *de la Cité de Dieu*.

L'histoire universelle de l'Église a donc pour but d'exposer l'action et l'influence de l'Église, dans tous les temps et tous les pays, sous toutes ses formes, et de montrer comment tout se tient et tend à une fin commune, Dieu et sa gloire (συντέλεια τῶν ὅλων). Elle choisit surtout les événements qui, par leurs causes et leurs effets, ont eu l'influence la plus générale sur l'ensemble; tandis que *l'histoire particulière de l'Église* a pour objet telle ou telle branche du Christianisme, sa propagation, la constitution de l'Église, les hérésies, le culte et la discipline, ou encore telle époque, tel royaume chrétien, et forme ou l'histoire ecclésiastique particulière des trois premiers siècles, ou celle du moyen âge, de la France, de la Pologne, et ainsi de suite.

CHAPITRE DEUXIÈME.

FORME DE LA SCIENCE.

Gervinus, Bases de la Science historique. Leipzig, 1837. — *Lœbell*, Sur les diverses époques historiques et sur leurs rapports avec la poésie. — *Raumer*, Manuel d'Histoire. Nouv. série, 2ᵉ année, 1841. — *Haug* (t. I, p. 3-26) donne un excellent aperçu des différentes manières d'écrire l'histoire, etc. Période mythologique et épique : Hérodote, Thucydide et leurs successeurs grecs et romains. — Le Moyen âge. — L'Ecole moderne, Jean de Muller, Gibbon, etc. — Le XIXᵉ siècle. — *Guill. de Humboldt*, Formation graduelle des historiens, Œuvres, t. I, p. 1-25. — *Ullmann*, Situation de l'historien ecclésiast. dans les temps actuels. Etudes et critiques théol. 1829, 4ᵉ livr. — *Tittmann*, Méthode pour écrire l'histoire ecclés. dans la Revue d'hist. et de théol. d'*Illgen*, 1832, t. I. — *Daub*, Forme du dogme chrétien et de l'histoire ecclésiastique.

---

§ 6. — *Comment l'histoire ecclésiastique est une science.*

Pour que l'histoire ecclésiastique mérite le nom de science, il faut d'abord que, comme toute histoire, elle soit le résultat de recherches vraiment scientifiques, présentées dans un récit littéraire, et qu'elle tienne ainsi à la fois de la science et de l'art (1).

(1) *Gervinus* a dit des choses fort sensées sur les différentes manières d'écrire l'histoire suivant le temps. Qu'on se rappelle aussi les paroles de *Cicéron* : « Erat enim (antiquiss. temporib.) historia nihil aliud, nisi *annalium* confectio : cujus rei, memoriæque publicæ retinendæ causa, ab initio rerum romanarum usque ad P. Mucium, pontif. max., res omnes singulorum annorum mandabat litteris pontifex maximus, efferebatque in album, et proponebat tabulam domi, potestas ut esset populo cognoscendi; ii, qui etiam nunc *annales maximi* nominantur. Hanc similitudinem scribendi multi secuti sunt, qui sine ullis ornamentis monumenta solum temporum hominum, locorum, gestarumque rerum reliquerunt... non exornatores rerum, sed tantummodo narratores fuerunt..... Et post illum (Herodot.) Thucydides omnes dicendi artificio, mea sententia facile vicit : qui ita creber est rerum frequentia, ut verborum prope numerum sententiarum numero consequatur; ita porro verbis aptus, et pressus, ut

Il faut, de plus, que, par rapport à son objet, l'histoire ecclésiastique soit :

1° *Critique*, afin que le vrai ne se confonde point avec l'erreur (1) ; et pour cela, il faut que les faits caractéristiques de chaque période soient, avec un sincère amour de la vérité, puisés dans les sources mêmes, ou qu'on tâche d'approcher le plus possible de la vérité par les conjectures historiques, quand un fait ne peut être complétement établi.

2° *Religieuse*, car un esprit vraiment chrétien peut seul saisir et apprécier convenablement tout ce qui a rapport à l'ère chrétienne, à la manifestation du royaume de Dieu sur la terre ; sans cet esprit religieux, l'histoire ecclésiastique reste étrangère à son propre objet.

3° *Philosophique*, c'est-à-dire qu'elle doit non pas seulement nous donner une série de récits sans liaison, mais exposer les faits dans leurs rapports, dans leurs causes, dans leur influence et leurs résultats. Et nous entendons parler ici non de cet esprit philosophique superficiel, qui se contente de chercher à scruter les causes secondes, en partant d'inductions purement psychologiques ou politiques, et ne voit que l'homme dans son action, sans remonter à une cause finale plus haute (2) ; mais bien de cet esprit philosophique plus profond, qui voit agir à la fois, dans l'histoire, et l'homme et Dieu, *enseignant, châtiant et dirigeant, comme un pasteur ses brebis* (3) ; qui est attentif au rapport intime et vivant des choses divines et humaines, dont saint Paul parle avec tant de clarté et une si merveilleuse simplicité, quand il dit : « C'est en Dieu que nous avons l'être, le mouvement et la vie (4). » Ainsi seulement l'historien

---

nescias, utrum res oratione, an verba sententiis illustrentur. » (De orat., II, 12, 13.)

(1) *Cicéron* : « Nam quis nescit primam esse historiæ legem, ne quid falsi dicere audeat? deinde ne quid veri non audeat? ne qua suspicio gratiæ sit in scribendo? ne qua simultatis? Hæc scilicet fundamenta nota sunt omnibus. » (De orat. II, 15.)

(2) *Cicéron*, ibid. : « Et cum de eventu dicatur, ut causæ explicentur omnes, vel casus, vel sapientiæ, vel temeritatis; hominumque ipsorum non solum res gestæ, sed etiam, qui fama ac nomine excellant, de cujusque vita atque natura.

(3) Ecclésiastiq. XVIII, 13. — (4) Act. des Ap. XVII, 28.

philosophe, comprenant l'idée du Christianisme, s'élève à la hauteur de l'unique conception historique qui soit lumineuse et vraie, qui lui montre l'homme, non pas jouet du *sort*, du *fatum*, du *hasard*, d'après les idées sombres et désolantes des historiens antiques, mais l'homme, toujours libre dans ses actions, que Dieu conduit, sans le contraindre, vers la fin suprême qu'il a marquée.

Mais il faut que l'histoire ecclésiastique s'élève plus haut encore. Le royaume de Dieu se développant parmi les hommes, telle est l'idée propre, telle doit être la pensée fondamentale et constante de cette histoire.

C'est dans cette idée qu'elle doit voir tous les faits se dérouler, c'est à cette idée qu'elle doit ramener tous les événements ; c'est par cette idée qu'elle doit nous faire saisir le rapport des parties avec le tout, et concevoir l'harmonie et l'unité de ce grand ensemble, de ce système vivant des faits providentiels (1). Assurément, Dieu seul, ou celui auquel il lui plairait de la révéler, pourrait réaliser complétement cette philosophie. Que si cependant l'histoire ecclésiastique satisfait à toutes ces exigences, avec un sérieux moral soutenu, des vues théologiques éclairées et un style digne de ces objets sublimes, alors elle a tous les caractères de la science et en mérite à juste titre le nom.

§ 7. — *Impartialité de l'historien ecclésiastique.*

Les anciens disaient : L'historien ne doit avoir ni patrie ni religion ; les modernes prétendent qu'il doit être entièrement libre de préjugés. Ni l'un ni l'autre n'est possible. Personne ne peut échapper aux idées de patrie, de religion, d'Église, qu'on reçoit dès sa plus tendre jeunesse. On en est dominé quoi qu'on fasse, et ceux qui parlent si bien d'impartialité sont précisément esclaves d'un préjugé arbitraire. Telles ne sont pas les exigences de la loi de l'impartialité. Elle oblige seulement l'historien :

1° A ne jamais altérer, sciemment et avec intention, les

---

(1) Cette pensée, émise par *Staudenmaier*, a été admirablement développée par *Dieringer* dans son Système des faits de Dieu dans le Christianisme. Mayence, 1841, 2 vol.

faits, alors même qu'ils paraissent contraires à ses convictions religieuses, mais à les rechercher, à les exposer consciencieusement, tels qu'ils sont, et à les juger avec justice et modération (1).

2° A reconnaître, à avouer sans arrière-pensée les fautes de son Église. Le silence, dans ce cas, serait plus nuisible que favorable aux intérêts de cette Église (2).

Après cela, certes, l'historien ecclésiastique peut et doit manifester ouvertement sa conviction religieuse, en pénétrer profondément son œuvre; alors seulement cette œuvre prend un caractère prononcé, qui peut et plaire et instruire. Cela devient évident surtout quand il traite des hérésies; car l'Église a nettement déterminé, rigoureusement défini la vérité, et par là même repoussé et condamné toute opinion contraire au dogme formulé.

Ainsi doit nécessairement s'évanouir l'indifférence de la philosophie grecque et romaine. Quand il n'y avait aucune autorité supérieure et surnaturelle, aucune garantie d'infaillibilité et de vérités objectives, il fallait bien que les écoles de philosophie les plus opposées se reconnussent une autorité et des droits égaux (3).

§ 8. — *Division de l'histoire d'après les divisions du temps.*

On reconnaît généralement aujourd'hui combien est incommode et défectueuse la méthode d'exposer l'histoire année par année, siècle par siècle, règne par règne. On préfère suivre certaines *périodes* marquées, qui ont un caractère propre à les distinguer des périodes antérieures ou postérieures.

Ces périodes, correspondant aux phases diverses du développement vital de l'Église, deviennent une copie fidèle de la réalité, où les événements s'enchaînent tout en se distinguant. Chaque période se montre comme le résultat naturel de celle qui précède, comme la condition néces-

---

(1) Voyez Isaïe, V, 20.
(2) *Bernard*, Ep. 42 ad Henric. archiep. Senon. : Major erit confusio voluisse *celare*, cum *celari* nequeat.
(3) Cf. *Cicéron*, Quæstiones academicæ, II, 36-41.

saire de celle qui suit : l'unité subsiste au milieu de la diversité. Tout changement essentiel dans le développement des faits amène une PÉRIODE nouvelle; les changements moins importants déterminent des *Époques* : celles-ci sont donc contenues dans celles-là.

L'histoire de l'Église se divise dans les grandes PÉRIODES suivantes :

Première période : Action de l'Église chrétienne sur les peuples de civilisation et de domination gréco-romaine, jusque vers la fin du VII° siècle.

Deuxième période : Rencontre de l'Église chrétienne avec les peuples germaniques et slaves, sa prédominance, son union avec l'État jusqu'au XVI° siècle.

Troisième période : Séparation de l'Église et de l'État, schisme d'Occident opéré par Luther, jusqu'à nos temps.

Ces périodes comprennent les *époques* suivantes, qui offriront elles-mêmes des subdivisions plus courtes.

PREMIÈRE PÉRIODE

Première époque : Depuis la fondation de l'Église chrétienne jusqu'à l'empereur *Constantin le Grand* et son édit de Milan (313), en deux parties :

Ire *partie* : Fondation et gouvernement de l'Église par le *Christ* et les *Apôtres*.

II° *partie* : Depuis la mort de l'évangéliste saint Jean jusqu'à *Constantin le Grand*. Propagation du Christianisme : luttes de l'Église, à l'extérieur contre les persécutions païennes, à l'intérieur contre les gnostiques et les antitrinitaires. Développement de l'Église catholique dans son existence extérieure.

Deuxième époque : De Constantin le Grand au concile *quinisextum*, en 692. Époque des hérésies. Développement intérieur de l'Église et de sa doctrine sur la Trinité divine, la personne de Jésus-Christ, la grâce. Organisation de l'Église et de son culte. Les saints Pères. Monachisme. Victoire complète du Christianisme sur le paganisme de l'empire romain. Invasion de l'Islamisme.

DEUXIÈME PÉRIODE (1)

Première époque : Depuis l'établissement des Églises chrétiennes chez les Germains jusqu'à *Grégoire VII* (1073).

Ire partie : Jusqu'à la mort de *Charlemagne*. Restauration, victoire de l'Église catholique sur l'Arianisme et le paganisme germain. Fondation, extension, importance de la puissance spirituelle et temporelle du Chef de l'Église catholique romaine.

IIe partie : L'Église catholique romaine, depuis la mort de Charlemagne jusqu'à *Grégoire VII* (1073). État prospère, chutes fréquentes, restauration de la vie ecclésiastique dans le royaume franc. Séparation de l'Église grecque de l'Église catholique romaine.

Deuxième époque : De Grégoire VII (1073) à la naissance des symptômes d'un schisme prochain dans l'Église d'Occident. Développement complet de l'Église du moyen âge.

Ire partie : De Grégoire VII à la mort de *Boniface VIII* (1303). Le moyen âge dans sa fleur. Des papes et de leur influence sur l'histoire du monde. Croisades. Chevalerie. Ordres monastiques. Scolastique. Mystique. Cathédrales gothiques. Sectes.

IIe partie : Depuis la mort de Boniface VIII jusqu'au *schisme d'Occident*. Décadence de l'autorité temporelle et en partie de la puissance spirituelle des papes depuis la translation de leur siége à Avignon (1305). Décadence simultanée de la vie ecclésiastique. Nouveau paganisme. Les sectes se multiplient et deviennent menaçantes. Les Conciles de Pise, Constance, Bâle, Ferrare, Florence et de Latran n'atteignent qu'en partie leur but de réformation.

---

(1) Néander avait déjà indiqué cette deuxième période. Après lui, Hase a détaché complètement l'histoire du Christianisme chez les Germains de celle qui concerne les Grecs et les Romains. Enfin Mœhler a fait ressortir d'une manière toute particulière (Œuvres complètes, t. II, p. 276-281), la séparation profonde qui existe entre ces deux parties. En effet, réunir l'histoire de la propagation de la foi chez les Germains à la grande lutte doctrinale qui s'éleva chez les Grecs ne contribuerait qu'à jeter la confusion dans les esprits.

TROSIÈME PÉRIODE

Première époque : Depuis le commencement du schisme d'Occident, par Luther, jusqu'à la reconnaissance politique des sectes protestantes séparées de l'Église catholique, par le traité de Westphalie (1648). Lutte spirituelle et matérielle des Catholiques et des Protestants. Véritable réforme de l'Eglise catholique à Trente.

Deuxième époque : Depuis le traité de Westphalie jusqu'aux temps modernes. Le protestantisme se développe. L'Église lutte contre les fausses théories politiques et contre une science destructive. L'indifférence augmente (jusqu'en 1789). L'Église catholique oppose vigoureusement sa doctrine au système protestant : un profond esprit scientifique anime d'une vie nouvelle le système catholique trop longtemps méconnu, en fait reconnaître et respecter la sublimité, réveille le zèle des intérêts de l'Église, tandis que la science orgueilleuse, et stérile dans sa richesse, des églises protestantes, achève son œuvre, en détruisant, où elle le peut, le Christianisme, l'Église et la société elle-même.

§ 9. — *Division d'après la nature des objets.*

On pourrait diviser encore l'histoire d'après les diverses formes, les modes différents sous lesquels se manifeste l'action divine dans l'Église, tels que la *propagation* même du *Christianisme*, la *constitution* de *l'Église*, le développement de la *doctrine ecclésiastique*, la formation du *culte*, de la *discipline*, ainsi que nous l'avons dit au § 4. Si nous voulions exposer selon l'ordre *synchronique* ces diverses parties, suivant qu'elles ont apparu, année par année, dans les périodes indiquées plus haut, le récit serait souvent troublé par des choses étrangères au sujet principal. Que si, sans interruption, on traite un même sujet à travers toute une période, il en résulte certainement un aperçu général sur un même sujet; mais l'influence des événements contemporains reste inconnue, et l'on n'obtient pas la vue complète du développement de la période qu'on étudie.

Cette division réelle, selon la nature des objets, n'est cependant pas tout à fait contraire à la vérité historique; car ce sont bien moins les événements contemporains que les objets de même nature qui influent sur le développement ultérieur des faits de l'histoire. L'art de l'historien consiste surtout à se tenir le plus près possible du synchronisme de la réalité, auquel il est impossible de se conformer toujours. Et le meilleur moyen d'en approcher n'est-il pas de diviser les périodes en parties plus courtes, comme nous l'avons indiqué plus haut, en rappelant toujours, autant que possible, dans chaque partie, l'influence des faits contemporains? Nous ne suivrons pas, avec certains auteurs, la même division des matières à travers toutes ces périodes. Il est plus naturel que chaque période ordonne elle-même sa matière; que l'on mette ainsi sur le premier plan la partie qui excita le plus l'attention et l'activité des contemporains, qui imprima le plus de mouvement à l'époque (1).

Observation. On a voulu borner l'histoire ecclésiastique à l'exposition de la propagation du Christianisme et de l'établissement de l'Église, et l'on a fait des traités à part pour exposer les autres branches du développement de la vie chrétienne : ainsi, l'histoire *des dogmes et des hérésies* pour la doctrine (2); les *antiquités chrétiennes* ou l'*archéolo*-

(1) La difficulté de coordonner cette matière a été parfaitement indiquée par Schrœkh. « Il me reste à traiter la question la plus indispensable et pour moi la plus difficile. Quel ordre doit-on suivre dans le récit de l'histoire ecclésiastique? Quelle méthode adopter pour présenter clairement au lecteur toutes les vues diverses dont nous aurons à parler? (Hist. de l'Église, t. I, p. 293.)

(2) Dans le système catholique, le Sauveur et les Apôtres ont laissé un corps de doctrines essentielles et immuables. Il ne peut donc être question d'une histoire *dogmatique*, impliquant un *changement de doctrines*, mais bien d'une *évolution*, d'un développement des dogmes provoqué par les hérésies et par les profondes investigations de nos célèbres apologistes. Ainsi, l'histoire du dogme est d'autant plus convenable dans une histoire de l'Église, que celle des hérésies se renferme dans des limites trop étroites. On peut consulter dans l'antiquité chrétienne et chez les Grecs, pour l'histoire des hérésies : Épiphane, évêque de Constantia (Salamis), en Chypre († 403), Πανάριον, s. adversus LXXX hæreses lib. III (opp. ed. Petavius. Paris, 1622; Colon., 1682, t. I.); *Théodoret*, év. de Cyr († 457-58), Αἱρετικῆς κακομυθίας ἐπιτομή, Hæreticarum fabularum compendium (opp. ed. Jac. Sirmond, in-f., ed. Schülze, t. IV); chez les Latins :

vie chrétienne pour le culte et la discipline (1). Quelque utiles que soient ces expositions particulières, il est impossible néanmoins de retrancher ainsi de l'histoire universelle de l'Église ce qui, précisément, à certaines périodes, en fait la vie et l'intérêt principal. Comment tracer un tableau de l'Église dans ces temps, si nous commençons par effacer les traits les plus saillants? L'histoire ne serait plus alors une image fidèle de la réalité. Sans doute ces matières ne seront pas envisagées et traitées de la même manière dans l'histoire universelle de l'Église que dans des traités particuliers et *ex professo*. Celle-là ne doit voir les parties que dans leur rapport avec le tout, et donner à chacune le rang, la place et l'attention que le sujet mérite par sa valeur dans l'ensemble.

Philastrius, év. de Brescia († 387), de Hæresibus (opp. Brix. 1738, in-f. max. Bibl., t. IV. Galland, Bibl., t. VII); *Augustinus*, év. d'Hippone († 430), de Hæresibus. Cf. *Cozza*, Commentarius historico-dogmatic. in lib. S. Aug. de hæresibus, Rom. 1707. Dans le moyen âge, on trouve des renseignements utiles dans *Plessis d'Argentré*, Collectio judiciorum de novis erroribus sæc. XII; 1622, Par. 1728, 3 vol. in-f. Parmi les modernes, on peut consulter avec fruit pour l'histoire du dogme : *Dion. Petavius*. S. J., Opus de theologicis dogmatibus. Paris, 1644 sq., 6 t. in-f., ed. Th. Alethinus (Clericus). Antw., 1700, 6 t. in-f. In melior. ord. redactum et locupletatum F. A. Zacharia. Ven., 1757. 6 t. in-f. *Thomassini*, Dogmata theol. Paris., 1684 sq., 3 t. in-f. Ven., 1757, 7 t.; *Klee*, Man. de l'Hist. des Dogmes, May., 1837, 2 vol. Paris, 1848; *Hilgers*, Expos. crit. des hérésies, t. I, 1re section, Bonn, 1837. *Ginouilhac*, Hist. du dogme chrétien dans les trois premiers siècles de l'Église. Paris, 1852. *Walch*, Hist. complète des hérésies. Leipzig, 1762, 41 vol. *Munscher*, Man. de l'Hist. des Dogmes (jusqu'à 604). Marbourg, 1797. Voir encore les ouvrages d'Augusti, de Baumgarten, de Crusius, d'Engelhardt, de Meier, etc.

(1) *F. Th. Mamachi*, Originum et antiquitat. christian. lib. XX; lib. IV. Romæ, 1749 sq., 5 vol.; *Selvagii* Antiquitat. christian. institution. lib. III. Neap., 1722 sq., 6 vol.; Mogunt., 1787 sq., 6 vol.; *Pelliccia*, de Christianæ Eccles. primæ, med. et noviss. ætatis Politia, lib. VI (Neap., 1777; Ven., 1782, 3 t.), ed. Ritter et Braun; Gol., 1829-38, 3 t.; *Binterim*, Principaux monuments de l'Église catholique. Mayence, 1825, 7e part., 17 vol. — *Locherer*, Man. d'Archéol. chrét. Francf. 1822. *J. Bingham*, Origines, s. antiquitates Eccles. ex anglic. lat. redditæ a Grieshoffo. Halæ. 1752. — *Augusti*, Mémoires sur l'archéol. chrét. Leipzig, 1817. — *Id.*, Man. d'Archéol. chrét. *Rheinwald*, Archéol. ecclésiast. — *Boehmer*, Antiquités ecclésiast.

CHAPITRE TROISIEME.

SOURCES. — SCIENCES PRÉPARATOIRES ET AUXILIAIRES. — VALEUR, UTILITÉ DE L'ÉTUDE DE L'HISTOIRE ECCLÉSIASTIQUE.

§ 10. — *Source de l'histoire ecclésiastique.*

Ces sources sont *divines* ou *humaines*.

Aux premières appartiennent les écrits de l'Ancien et du Nouveau Testament. Les secondes sont *médiates* ou *immédiates*. Celles-ci proviennent des auteurs, des témoins oculaires, des contemporains, de ceux qui ont vécu sur les lieux mêmes au moment des événements. Perdues pour la plupart, elles ont été la mine d'où les autres sont sorties.

En mettant les saintes Écritures à part, ces sources sont ou des *documents publics*, ou *des témoignages privés*, ou des *monuments*. Parmi les documents publics, on comprend ceux qui ont été rédigés ou reconnus par une autorité ecclésiastique ou civile : les *actes des conciles* (1), les *lois de l'Église* (2), les *décrets des papes* (3), les *symboles pu-*

---

(1) Concilior. omn. collectio regia. Paris., 1644, 37 t. in-f. Sacrosancta concilia, stud. *Ph. Labbei* et *Cosarti*. Paris, 1672, 18 t. in-f. (t. I, supplem, Baluzii. Paris., 1683.) — Concilior. collectio regia maxima, stud. *J. Harduini*, S. J., 1715, 12 t. in-f. Sacrosancta concilia, curante Nic. Coleti. Ven., 1728, 23 t. in-f.-c. supplem. *Mansi*, Luc., 1748, 6 t. in-f. — Sacrosancta concilior. nova et amplissima collectio, cur. J. D. *Mansi*. Flor. et Ven., 1759, 31 t. in-f. — *Cabassutii* Notitia ecclesiastica historiar., concilior. et canonum, ed. VII. Ven., 1722, 1 t. in-f. — *Richer*, Hist. conc. general.

(2) Corpus juris canonici. *Chappuis*. Paris., 1499 sq., 3 t. ; ed. II, 1503, edd. correctores Romani. Romæ, 1582, 3 t. in-f. ; édition critique E. rec. *Pithœor.*, ed. Le Pelletier. Paris., 1687, 2 t. in-f. ; ed. Boehmer, Halæ, 1797, 2 t. in-4. Richter. Lipsiæ, 1833 sq., 2 t. in-4.

(3) *Jaffe*, Regesta romanor. Pontificum, Berol., 1851, in-4. Bullarium Roman. Luxem., 1727, 19 t. in-f. — Bullarum amplissima collectio, op. *C. Cocquelines*. Romæ, 1727 sq., 38 t. in-f. — Magni bullarii continuatio, summor. Pontificum Clem. XIII et XIV, Pii VI et VII,

blics (1), les *liturgies* (2), les *règles des ordres* (3), les *ordonnances de l'État* dans les affaires ecclésiastiques et les *concordats* (4).

Les témoignages privés sont ceux qui, primitivement, parurent sans autorité officielle, mais qui servent à nous donner des renseignements sur des personnages, des événements, des opinions remarquables dans l'Église. A cette série appartiennent : *les actes et les biographies des martyrs et des saints* (5), les *écrits des saints Pères, des auteurs ecclésiastiques* (6), des *historiens ecclésiasti-*

Leon. XII et Pii VIII (1758-1830) constit., litteras in forma Brevis, epp., etc., etc., collegit Andr. Advocatus Barbieri. Romæ, 1835-43, t. I-VI. (Pontificatus Pii VI.)

(1) *Walch,* Bibl. symbolic. vetus. — *Daniel,* Codex liturgic. eccles. univers. in epitomen redactus. Lips. 1847 sq. 4 t.

(2) Codex liturgicus Eccl. universæ ill. J.-A. *Assemannus.* Romæ, 1749 sq., 13 t. in-4. *Eus. Renaudot,* Liturgiarum orientalium collectio. Paris., 1716, 2 t. in-4. *Muratori,* Liturgia Romana, vetus. Venet., 1748, 2 t. in-f.

(3) Codex regularum monasticar.. ed. *Luc. Holstenius,* Romæ, 1661, 3 t. in-4. auxil. M. *Brockie.* Aug. Vind., 1759, 6 t. in-f.

(4) Codex Theodosian. ed. *Ritter.* 1737, 6 t. in-f. Capitularium regum Francor. collectio, ed. *Steph. Baluz.* Paris., 1677, cur. P. de Chinia. Paris., 1780, 2 t. in-f. Collectio constitutionum imperial., stud. *Goldasti.* Francof., 1713, 4 t. in-f. *Munch.* Recueil de tous les concordats. Leipzig, 1830, 2 vol. *Weiss,* Corpus juris ecclesiastici catholicorum hodierni. Giess., 1833.

(5) *Ruinart,* Acta primor. Martyr. sinc. et selecta, ed. II. Amst., 1713, in-f. repet. *Galura.* Aug. Vind., 1802 sq., 3 t. in-8. Acta Sanctor., ed. *Boll.*, etc.

(6) Maxima biblioth. vett. Patrum. Lugd., 1677 sq., 28 t. in-f. (avec les deux volumes de tables et les *Grecs,* traduits en *latin*). Bibliotheca vett. Patrum antiquorumque scriptorum ecclesiast., op. *Andr. Gallandii,* presbyt. congreg. Orat. Ven. 1756 sq., 14 t. in-f. *Angelo Mai,* script. vett. nova collectio e Vatican. codicib. edita Rom., 1825 sq. Patrologia completa, ed. Migne, Paris, 1843 sq. *Ellies du Pin,* Bibliothèque des auteurs ecclésiastiques (Paris, 1686 sq., 47 t. in-8). Amst., 1690 sq., 19 t. in-4. *Id.,* Biblioth. des auteurs séparés de la communion de l'Eglise romaine du XVIe et du XVIIe siècle. Paris, 1718 sq., 3 t. *Richard Simon,* Critique de la bibl. de M. du Pin. Paris, 1730, 4 t. *Cave,* Scriptorum ecclesiast. hist. litteraria (Lond., 1688), ed. III; Oxon., 1740 sq., 2 t. in-f. *Rémi Cellier,* Hist. générale des auteurs sacrés et ecclésiastiques, etc. Paris, 1729-63, 24 vol. in-4 (jusqu'au XIIIe siècle). *Casim. Oudinus,* Commentarius de scriptoribus Ecclesiæ antiquis illorumque scriptis. Lipsiæ, 1722, 3 vol. in-f. (1460). *J.-A. Fabricii,* Biblioth. ecclesiast.

ques (1), et les écrits des païens qui s'élevèrent contre l'Église et les chrétiens.

Aux monuments appartiennent surtout : les *églises* (2), les *inscriptions* (3), les *peintures* (4), les *monnaies* (5). Il faut enfin mentionner des *légendes* et des *traditions populaires* (6), dont l'historien peut souvent faire un usage convenable.

§ 11. — *Critique et usage des sources.*

Ernesti. de Fide historica recte æstimanda. (opusc. philog. critic. Lugduni, 1764). *Griesbach.*, de Fide historica ex ipsa rerum, quæ narrantur, natura judicanda. Halæ, 1768. (Opusc. acad., ed. Gabler. Jen. 1824, vol. 1, p. 267 sq.). Fessler, de arte critica (institut. Patrol. 2 t. p. 65-87).

Puisque la certitude des faits repose sur celle des sources, il ne faut s'en servir qu'avec une prudence toute particulière, en s'appuyant sur une saine critique qui doit résoudre les questions suivantes :

1° Les sources viennent-elles réellement des auteurs indiqués, et non-seulement en partie, mais intégralement? N'y a-t-il pas interpolation (*authenticité, intégrité*)? Il faut en rechercher les preuves intrinsèques et extrinsèques.

2° L'auteur, eu égard à ses fonctions, à son éducation,

Hamb., 1718, in-f. *Ejusdem*, Biblioth. latina mediæ et infimæ ætatis. Hamb., 1734 sq., 6 t. in-8. auxil. *Mansi.* Patav., 1754, 6 t. in-4. † *J.-S. Assemanni* Biblioth. orientalis. Romæ, 1719 sq., 4 t. in-f. *Busse*, Esquisse de la littér. chrét., Munster, 1829, *Mœhler*, Patrologie, ou Hist. de la littér. chrét., 1 vol. Ratisb., 1840. Traduit en français, Louvain, 1844. *Permaneder*, Biblioth. patristica. Landish., 1841 sq., 2 t.

(1) Voir plus bas au chap. Ier.
(2) *Hospiniani* libb. V de Templis, Tig., 1603, in-f. *Bellermann*, les tombeaux chrétiens dans les catacombes, Hamb. 1839.
(3) *J. Gruteri* Thesaurus inscriptionum, cura Grævii, Amst., 1707, 2 t. *L.-A. Muratori*, Thesaurus vett. inscription. Mediolani, 1739 sq., 4 vol. in-f. *Seb. Donati* supplementa. Lucc., 1764.
(4) *J. Ciampini* Vett. monumenta. Romæ, 1747, 3 t. in-f. *Jacutii* Christian. antiquitatum specimina. Romæ, 1752, in-4. Pour les peintures du moyen âge, voy. *Séroux d'Agincourt*, Hist. de l'Art par les monuments. Paris et Strasb., 1823-40.
(5) *F.-J. Eckhel* Doctrina nummorum vett. Vien., 1792 sq., 8 v. in-4.
(6) Sur l'importance des traditions populaires pour l'histoire, voyez les Feuilles historiques de *Gœrres*, t. I, p. 389.

était-il capable de juger le véritable état des choses ? Peut-on préjuger de sa part les dispositions nécessaires pour dire la vérité (*véracité de l'auteur*) ? Alors même que l'auteur remplit ces conditions, sa certitude peut encore nous laisser des doutes, tant il arrive qu'un auteur est à son insu rempli de préjugés et de partialité.

Quand on ne peut prouver complétement l'authenticité, l'intégrité des sources, la véracité des auteurs, il faut néanmoins vérifier le temps probable, l'origine présumable des sources, et déterminer par là l'usage qu'on en peut faire.

§ 12. — *Sciences préparatoires et auxiliaires, nécessaires à l'histoire ecclésiastique.*

La critique et l'emploi des sources rendent nécessaires :
1° La connaissance des langues dans lesquelles elles sont écrites : ainsi, outre les langues classiques anciennes, la *philologie ecclésiastique* (1), qui familiarise avec l'idiome de l'Église et sa littérature ;
2° La *diplomatique* (2) ou la science des actes ou documents (διπλώματα), l'art de lire les vieux caractères des différents originaux et de déterminer leur âge ;
3° La *géographie ecclésiastique* (3), qui fait connaître le théâtre des événements.

(1) *Suiceri* Thesaurus ecclesiast. e Patribus Græc. Amst., 1728, 2 t. in-f. *Du Fresne*, Glossarium mediæ et infimæ græcitatis. Lugd., 1688, 2 t. in-f. *Ejusdem*, Glossarium mediæ et infimæ latinitatis. Paris, 1733 sq., 6 t. in-f. (*Adelund*), Glossarium manuale ad scriptores med. et inf. latinit. Halæ, 1772, 6 t. Voyez aussi les gloss. des langues germaine et romane.
(2) *Mabillon*, de Re diplomatica, ed. II. Paris., 1709, in-f. Nouveau traité de diplomatique, par deux religieux Bénédictins de la congrégation de Saint-Maur (*Toustain et Tassin*). Paris, 1750 sq., 6 vol. in-4. *B. de Montfaucon*, Palæographia Græca. Paris, 1708. *Schœnmann*, Système complet de diplomatique. Hamb., 1801. *Wailly*, Éléments de paléographie. Paris, 1838, 2 t. in-f.
(3) *Emman. Schelstrate*, Antiquitates ecclesiar. illustr., t. II. *Mirœus*, Notitia episcopatuum orbis christ., Antw., 1613, in-f. *Car. a Santo Paulo* Geographia sacra, cura Clerici. Amst. 1703, in-f. *Nic. Sansonis* Atlas antiquus sacer et profanus, collectus ex tabb. geogr.; emend. Clericus. Amst., 1705 in-f. *Spanhemii* Geographia sacra et eccles. (Opp. Lugd., 1701, 1 t. in-f.) *Le Quien*, Ordin. Prædicator.

4° La *chronologie* (1), qui détermine le temps où ils ont eu lieu. Ces deux dernières connaissances ont été nommées, à cause de leur importance, les deux flambeaux de l'histoire.

Aux sciences préparatoires appartiennent surtout :

1° L'*histoire des religions* (2). La nature et le caractère de ces religions rendaient plus ou moins facile l'introduction du Christianisme, lumière et perfection de toutes les religions. Montrez le Christianisme dans sa vérité et sa puissance en face des cultes païens, et il brillera avec d'autant plus d'éclat et de magnificence dans son éternelle beauté, et influera d'une manière d'autant plus forte et

---

presb., Oriens christianus, quo exhibentur ecclesiæ, patriarchæ, etc., totius Orientis, cum tabb. geogr. Paris., 1740, 3 t. in-f. *Bingham*, Origines, s. Antiquitat. lib. IX. *Stœudlin*, Géogr. et statistique ecclésiast. Tub., 1804, 2 vol. *Wiltsch*, Atlas sacer s. ecclesiasticus. Gothæ, 1843. Pour la géogr. politique, voy. nos meilleurs atlas anciens et modernes, d'Anville, Brué, Kruse, etc.

(1) *Jos. Scaligerii* Opus de emendatione temporum. Ienæ, 1629, in-f. *Dion. Petavii* Opus de doctrina temporum. Antw., 1703, in-f. L'Art de Vérifier les dates des faits historiques, etc., par un religieux Bénédictin. Paris (1750), III° éd., 1783, 3 vol. in-f.; IV° éd., 1818-20. *Ideler*, Man. de Chron. mathém. et techn. Berlin, 1825, 2 vol. in-8. On doit une attention particulière aux ères suivantes : 1° *æra Seleucidar.*, seu contractuum, datant du 1er octobre de l'année 312 avant J.-C., en Orient : elle est employée de nos jours par les chrétiens de la Syrie ; 2° *æra Hispanica*, 716. p. U., c., et comptant de 38 ans avant J.-C. Elle fut supprimée en Espagne dans le XIV° et en Portugal dans le XV° siècle ; 3° *æra Diocletiana*. s. martyrum, commençant dans l'Église de Rome au 25 août 284 après J.-C. : les Coptes s'en servent encore ; 4° *Cyclus indictionum*, comprenant une période de quinze ans, à partir du 1er sept. 312 après J.-C.; 5° *æra Constantinopolitana* qui date du commencement du monde (1er septembre 5508 avant J.-C.) : les Grecs l'ont abandonnée depuis 692, les Russes depuis 1700 ; 6° *æra Dionysiana*, s. Christiana, depuis le VI° siècle : Denys le Petit dit en parlant d'elle (ep. I) : Quia vero S. Cyrillus I. Cyclum ab a. Diocletani 153, cœpit, et ultimum in 247 terminavit ; nos ab 248 anno ejusdem tyranni potius quam principis inchoantes noluimus circulis nostris (paschalibus) memoriam impii et persecutoris innectere, sed magis elegimus *ab Incarnatione Domini* nostri J.-Chr. annorum tempora prænotare, quatenus exordium spei nostræ potius nobis existeret, et causa reparationis humanæ, id est Passio Redemptoris nostri, evidentius luceret.

(2) Voy. *Meiner*, Hist. crit. des religions. Hamb., 1806 *Benj. Constant*, de la Religion considérée dans sa source et dans ses formes. 5 vol. 1824. *Sepp*, du Paganisme et de son importance au point de vue chrétien. Ratisb., 1853, 3 vol.

plus salutaire sur l'intelligence et le cœur de l'observateur (1).

2° L'*histoire de la philosophie* (2) : car le Christianisme fut souvent obligé d'entrer en lutte avec les divers systèmes philosophiques; tantôt il les rejeta entièrement; d'autres fois, les illuminant de sa clarté, il les transforma en philosophie chrétienne.

3° L'*histoire de la littérature* (3), qui nous fait connaître la situation scientifique et littéraire des nations et des époques diverses. Quelquefois l'influence du Christianisme a déterminé une époque littéraire ; toujours aussi l'état de la littérature influe sur la science théologique elle-même.

4° L'*histoire universelle* (4), avec laquelle souvent l'histoire ecclésiastique a des rapports si intimes qu'on ne peut comprendre ou exposer l'une sans l'autre, surtout alors que, comme dans le moyen âge, l'Église et l'État sont pour ainsi dire l'un dans l'autre.

(1) Voy. *Gaume*, Hist. de la société domestique.
(2) *Tennemann*, Hist. de la philosophie. Leipzig, 1798, 2 vol., 2ᵉ édit. *Buhle*, Manuel de l'Hist. de la philosophie. Gœttingen, 1796, 8 t. *Rixner*, Manuel de l'Hist. de la philosophie, 2ᵉ édit. Salzb. 1829, 3 vol. *Windischmann*, Hist. de la philos. à travers l'hist. du monde. Bonn. 1827-34, 1ʳᵉ partie (la Chine et les Indes). *Ritter*, Hist. de la philos. Hamb. 2ᵉ édit. 1837, 4 vol. et Hist. de la philos. chrét. Hamb., 1841, 3 vol. *Sigwart*, Hist. de la philos. Stutg., 1844, 3 vol. *Bonelli*, Disquisitio historica præcipuor. phisosophiæ systematum. Romæ, 1829. *Bourgeat*, Cours sur l'hist. de la philos. (Université catholique): Paris, 1843, t. XV, livraisons mars et juin. *De Ram*, Historia philosophiæ a mundi incunabulis usque ad Salvatoris adventum, hodierno discentium usui accommodata. Lovanii, 1832.
(3) *Eichhorn*, Hist. de la littér. depuis son orig. jusqu'à nos jours, Gœtting, 1805, 6 vol. — *Idem*, Hist. littér. 1812-14. — *Wachler*, Man. d'Hist. littér. Leips., 1827 IIIᵉ éd. 1833. — *Grasse*, Man. de l'Hist. littér. chez tous les peuples connus dans l'antiquité ou de nos jours. Dresde, 1837; en plusieurs volumes. — Résumé du même ouvrage. Dresde, 1844.
(4) *J. Muller*, Disc. sur l'hist. univ. — *Fréd. Schlegel*, Phil. de l'hist. — *Herder*, Idées sur la philos. de l'hist. — *Schlosser*, Hist. univ. Francf., 1815, 5 vol. in-8; édit. par Criegh. Francf., 1841. — *Léo*, Précis d'hist. univ. Halle, 1835. — *Chateaubriand*, Études historiques. Hist. univ. considérée surtout par rapport à l'Église et l'Etat. Ratisb. 1840, 6 vol. — *Bumuler*, Hist. univ. IIIᵉ édit. Fribourg, 1854, 6 vol. — *Cesare Cantù*, Storia universale. Paris 1844, 20 vol.

§ 13. — *Valeur de l'histoire ecclésiastique ; but, utilité de son étude.*

Valois, dans la dédicace de son édition d'Eusèbe, t. I. — *Griesbach.* de Hist. ecclesiast. nostri sæculi usibus sapienter accommodatæ utilit. Ien., 1776. — *F.-Ar. Kœthe*, Influence de l'hist. ecclésiast. sur le caractère et la vie de l'homme, 3 leçons. Leipzig, 1810, in-4.

Ce qu'une science *est* en elle-même détermine sa valeur ; ce qu'elle réalise fait son utilité. La science qui nous occupe est, en elle-même, le développement du royaume de Dieu sur la terre, la restauration de l'humanité, libérée et sanctifiée par l'action divine. L'histoire ecclésiastique a donc pour objet le plus sublime de tous les objets dont s'occupe l'histoire, et de là toute sa valeur. Avec le Christianisme naît pour l'homme une ère nouvelle de développement et de civilisation. Dans l'histoire de l'Eglise, le chrétien, membre de l'Église, trouve sa propre histoire. Il croit, il aime davantage l'Église et sa doctrine, à mesure qu'il apprend mieux à connaître la puissante influence du Christianisme pour l'amélioration des mœurs et la sanctification du genre humain. Les scandales qui, de loin en loin, peuvent affliger l'Église, n'altèrent point aux yeux du chrétien la valeur de son histoire. « Car, dit très-bien Klée, toute histoire montre l'homme dans le mal, la Providence en lutte avec le péché : si plus que partout ailleurs, la puissance du péché se montre dans l'histoire de l'Église, cela tient à la nature même des choses. »

L'étude de l'histoire ecclésiastique a donc principalement pour but de satisfaire l'intérêt légitime que nous devons prendre, comme membres du genre humain, au développement de son histoire. A ce but principal s'en peuvent joindre d'accessoires, comme de reconnaître l'état actuel de l'Église d'après la science du passé, de fonder ses convictions religieuses, etc.

Quant à son utilité, l'histoire ecclésiastique nous procure d'abord tous les avantages de l'histoire en général ; elle développe en nous le sens pratique, comme les sciences théoriques forment l'esprit à la spéculation. Rappelons-nous le texte classique de Cicéron : *Historia vero testis tem-*

porum, lux veritatis, vitæ memoria, magistra vitæ, nuntia vetustatis et la parole moins connue de Diodore, qui appelle l'histoire *l'auxiliaire de la Providence, la prêtresse de la vérité, la mère de la philosophie;* et enfin le mot de Camille dans Tite-Live : *Si hæc monumenta vitæ te non movent, nulla te movebunt.* Tout cela n'est vrai que de l'histoire ecclésiastique : celle-ci, de plus, fait naître, excite puissamment les sentiments de religion et de piété, par la certitude qu'elle donne de la divinité du Christianisme et de l'Église, et par le nombre, la beauté et la grandeur des caractères qu'elle dépeint. Quelle supériorité sur l'histoire profane! Aussi Eusèbe a fort bien dit (1) : « Les victoires » sanglantes, les trophées de la guerrre, les exploits des » capitaines, la bravoure des guerriers qui se souillent de » sang et de meurtre pour défendre leurs enfants, leur » patrie, leurs richesses; tel est l'objet de l'historien profane. Pour nous, qui écrivons l'histoire du règne de » Dieu, nous gravons sur des colonnes impérissables les » noms et les pacifiques victoires de ceux qui ont vaillamment combattu pour la vérité plus que pour la patrie, pour la religion plus que pour leur famille. Nous » conservons l'éternelle mémoire de l'intrépidité des défenseurs de la religion, de leur courage dans la souffrance, de leurs triomphes sur des ennemis invisibles. »

L'histoire ecclésiastique met le théologien, représentant de l'intelligence dans l'Église, à même de rendre compte à chacun de la marche et des progrès de l'Église; comme pasteur des âmes, elle lui apprend, par les

---

(1) *Euseb.* Hist. ecclesiast. lib. V. *Massillon,* Pensées sur différents sujets : « Dans les histoires que les hommes nous ont laissées, on n'y voit agir que les hommes. Ce sont les hommes qui prennent des villes, subjuguent les empires, qui détrônent les souverains, qui s'élèvent eux-mêmes à la suprême puissance : Dieu n'y paraît nulle part, les hommes en sont les seuls acteurs. Mais dans l'histoire des livres saints, c'est Dieu seul qui fait tout : Dieu seul qui fait régner les rois, qui les place sur le trône ou qui les en dégrade; Dieu seul qui combat les ennemis, qui renverse les villes, qui dispose des Etats et des empires, qui donne la paix et qui suscite les guerres. Dieu seul paraît dans cette histoire divine; il en est, si je l'ose ainsi dire, le seul héros; les conquérants n'y paraissent que comme les ministres de ses volontés. Enfin ces livres divins tirent le voile de la Providence, etc. » (Œuvres, nouv. édit. Paris, 1838, t. III, p. 752.)

exemples plus divers, comment il pourra agir efficacement sur elles dans la situation présente de l'Eglise ; elle lui rend les services les plus réels dans l'étude des autres branches de la théologie, telles que le *droit ecclésiastique*, l'*exégèse*, la *dogmatique* et la *morale*.

Quant aux rapports existant entre les sciences théologiques et l'histoire de l'Église, celle-ci seule, remarquons-le bien, expose dans son origine, sa suite et son développement complet, l'œuvre de la rédemption accomplie par le Christ, et continuée par les Apôtres et leurs successeurs. Elle seule nous fait connaître l'action de la Rédemption sur l'humanité. Et comme d'ailleurs la révélation chrétienne est elle-même en grande partie de l'*histoire*, il en résulte jusqu'à l'évidence que l'histoire de l'Église n'est nullement une science auxiliaire de la dogmatique, mais qu'elle est la science mère, le fondement de toutes les autres sciences théologiques.

L'histoire profane, le jurisconsulte, l'homme d'État, l'historien littéraire, le philosophe ne peuvent se passer de l'histoire ecclésiastique.

A l'historien profane elle facilite l'intelligence des parties où la politique est dominée par l'influence religieuse. Elle montre au jurisconsulte, à l'homme d'État, que c'est du Christianisme que datent d'innombrables lois et maximes de droit et d'État, et que l'esprit chrétien a pénétré et vivifié la politique des temps nouveaux. Elle apprend au littérateur que, depuis la fondation de l'Église, c'est l'esprit chrétien qui a été le mobile de tous les grands mouvements littéraires. Elle révèle au philosophe l'heureuse direction imprimée à la philosophie par l'Évangile, en le mettant en rapport avec les grands penseurs du Christianisme, avec les Pères de l'Église, ces vrais et solides philosophes des temps anciens, avec les grands scolastiques du moyen âge, autres philosophes non moins vigoureux. Et de jour en jour il semble, en effet, qu'on sent davantage cette importance de l'histoire ecclésiastique, et qu'on verra bientôt se réaliser ces paroles de Kœthe : « L'avenir, et les académies surtout, démontre-
» ront les rapports intimes de l'histoire ecclésiastique avec
» l'ensemble de toutes les connaissances et de toutes les

» sciences humaines, et les barrières qui séparent les di-
» verses *facultés* tomberont quand on aura reconnu l'âme
» et la vie qui les unit toutes. Il est déplorable que ceux-
» là mêmes dont elle doit illuminer l'intelligence, et dont
» la science n'est rien sans elle, les théologiens, la mé-
» connaissent encore, et n'en tirent, quand la nécessité
» les presse, que ce qu'une étude sans amour et sans zèle
» en peut obtenir. »

CHAPITRE QUATRIÈME.

TRAVAUX FAITS SUR L'HISTOIRE DE L'ÉGLISE CHRÉTIENNE.

C. *Sagittarii* Introductio in Hist. eccl. — *Staudlin*, Hist. et Littér. de l'Hist. eccl. Hanov., 1817. — *Baur*, Les époques de la litt. de l'Hist. eccl. Tub., 1822.

Nous pouvons suivre dans l'énumération des historiens ecclésiastiques la division indiquée en trois périodes, puisque l'histoire écrite se lie nécessairement à l'histoire réelle de l'Église, et qu'en partie elles se développent simultanément.

PREMIÈRE PÉRIODE.
HISTORIENS ECCLÉSIASTIQUES GRECS ET ROMAINS JUSQU'A LA FIN DU VII° SIÈCLE.

§ 14. — *Historiens ecclésiastiques grecs.*

On n'a pu écrire l'histoire ecclésiastique proprement dite avant que l'Église chrétienne se soit propagée, qu'elle ait vécu et fait elle-même son histoire. Cependant le sentiment religieux porta de bonne heure ceux qui avaient vécu avec le divin fondateur de l'Église à consigner la *Vie de Jésus* dans les *quatre Évangiles*. C'est au même motif que nous devons les *Actes des Apôtres*, de saint Luc, dans lesquels sont tracés les linéaments fondamentaux d'une histoire de l'Église; car ils décrivent avec fidélité les premières communautés chrétiennes, leur organisation, leurs assemblées religieuses et leur propagation.

Le judéo-chrétien Hégésippe se rapproche déjà davantage du but d'une histoire ecclésiastique complète. Il vécut, d'après Eusèbe, sous Adrien (117-138), sous Marc-Aurèle d'après saint Jérôme (161-180) (1). Eusèbe

---

(1) *Euseb.* Hist. eccl. IV, 8. *Hieronym.*, de Viris illustr., c. 11 et 12.

nomme son livre des *Memorabilia* une histoire de l'Église (1); cependant ce ne peut être dans un sens rigoureux, puisque dans la préface de sa propre histoire il dit qu'il est le premier qui entreprenne d'écrire l'histoire de l'Église. C'est en lui, en effet, qu'à juste titre nous révérons le père de l'histoire ecclésiastique. Évêque de Césarée et l'un des hommes les plus influents de son temps, il composa, avec les matériaux depuis longtemps préparés de sa *Chronique* (2), son histoire ecclésiastique divisée en dix livres, et allant jusqu'à l'année 324. La faveur de Constantin le Grand lui ouvrit l'accès des archives de l'empire; il les consulta avec zèle, les employa avec fidélité, et fit ainsi de son livre un trésor de notices précieuses et d'éclaircissements sur toutes les branches de l'histoire ecclésiastique. On regrette seulement qu'il n'ait pas toujours fait usage d'une critique suffisante (3) et que sa biographie de Constantin le Grand ne soit, pour ainsi dire, qu'un panégyrique. Eusèbe eut pour continuateurs, au milieu du V⁵ siècle, Socrate, avocat (*scholasticus*) à Constantinople; son ouvrage (306-439) est écrit avec soin et exactitude, et dans un grand esprit de douceur. Une seconde suite d'Eusèbe fut entreprise (vers 446) par Hermias Sozomène, également avocat à Constantinople. Son style est plus tra-

(1) Le titre complet est probablement : Ὑπομνήματα τῶν ἐκκλησιαστικῶν πράξεων, en 5 livres; on n'en trouve que des fragments dans *Eusèbe*, Hist. eccl., II, 23; III, 16, 19 et 20; IV, 8, 22; et dans *Photius*, cod. 232, cf. 893. Il a été arrangé et commenté par *Routh*, Reliquiæ sacræ, t. I, p. 187 sq. *Gallandii*, Bibl. PP., t. II, p. VII, p. 59-67. *Grabe*, Spicilegium SS. PP., etc., ed. II. Oxon. 1700, t. II, p. 203-214.

(2) *Euseb.*, Παντοδαπὴ ἱστορία, Abrégé d'Hist. depuis le commencement du monde jusqu'à l an 324. La chronologie est le but principal de l'auteur. Le texte grec est perdu : saint Jérôme nous en a donné une traduction latine libre. En l'année 1787, le savant moine arménien Aucher trouva, à Constantinople une version arménienne d'Eusèbe. Cf. *T.-J. Scaliger*, Thésaur. temporum Euseb. C. Hieronymi lat. interpretatione et suis animadv. Lugd. Batav., 1606; Amst., 1658; lat. ex cod. armen. edd. *Ang. Majus* et *S. Zohrabus* Mediolani, 1818, in-4; armen et latine ed. *J.-B. Aucher.* Ven., 1818, 2 vol. in-4.

(3) *Mœller*, de Fide Euseb. Hafn., 1813. *Kestner*, de Fide Euseb. auctoritate et fide diplom. Gœtt., 1817. *Baur*, comparatur Euseb. Hist. eccles. parens cum parente historiar. Herodoto. Tub., 1834, in-4.

vaillé et moins coulant que celui de Socrate. Il est plus sévère dans ses jugements, sans être toujours certain de ce qu'il avance. En les comparant, il est facile de voir qu'ils écrivirent indépendamment l'un de l'autre. On a souvent prétendu que Théodoret, évêque de Cyr en Syrie, avait voulu compléter Socrate et Sozomène : il n'en est rien. Théodoret dit d'ailleurs que son dessein est de continuer Eusèbe. Son travail (320-428) est complet par lui-même et de beaucoup supérieur à celui de ses prédécesseurs (1). L'eunomien Philostorge, de Cappadoce, composa une histoire ecclésiastique (300-423) pour faire l'apologie de l'Arianisme. Nous n'en avons plus que des fragments dans la Bibliothèque de Photius, patriarche de Constantinople. Théodore, lecteur à Constantinople, fit, au commencement du VI° siècle, un extrait de Socrate, Sozomène et Théodoret, en deux livres, et une continuation de Socrate (439-518). On n'a que quelques fragments de ce dernier ouvrage, conservés dans Nicéphore Calliste, historien grec du XIV° siècle. Evagre, avocat à Antioche, continua, au milieu du VI° siècle, Socrate et Théodoret (431-594) (2). Il faut encore faire ici mention des historiens qui écrivirent au VI° siècle, à Constantinople, qu'on a appelés les byzantins, et dont nous parlerons au § 17.

15. — *Historiens ecclésiastiques latins.*

L'Église d'Occident resta en arrière de l'Église grecque. Ses historiens ne firent point de recherches par eux-mêmes, point de travaux originaux; ce ne furent que des traducteurs ou des compilateurs des historiens grecs.

---

(1) *Holzhausen*, de Fontibus quibus Socr., Sozom. ac Theodoret. in scribenda hist. sua usi sunt. Gœtt., 1825.

(2) Eusebii, Socr., Sozom., Theodoreti et Evagr., item Philostorgii lectoris quæ exstant historiæ, eccl. græce et latine ed. *H. Valesius*, cum adnotat. Paris, 1659, 3 t. in-f.; éd. II, 1677; Mogunt., 1672. Ed. fautive; une autre plus correcte fut publiée à Amst., 1695. Scriptores græci cum notis Valesii, ed. G. Reading. Cantabr., 1720, 3 t. in-f. Zimmermann, Francf., 1822, 2 t. in-8. Heinichen. Lipsiæ, 1827-28, 3 t. in-8. *Euseb.*, Hist. eccles., lib. X ad codd. manuscr. recens. Ed. Burton. Oxon. 1838, 2 t. in-8.

Nous voyons d'abord Rufin (1), prêtre d'Aquilée, traduire, outre plusieurs ouvrages du grand Origène, l'Histoire ecclésiastique d'Eusèbe (vers 400), dont il fondit arbitrairement les dix livres en neuf, en y ajoutant, comme continuation, en deux livres, l'histoire des Ariens (jusqu'en 395), qui est inexact. Son contemporain, Sulpice Sévère (2), prêtre de la Gaule, parla de l'histoire de l'Église dans son Histoire depuis l'origine du monde jusqu'en 393 après J.-C. Son style serré et classique lui valut le glorieux surnom de Salluste Chrétien. Paul Orose (3), qui, à la suite de l'invasion des Barbares, se réfugia d'Espagne auprès de saint Augustin et de saint Jérôme, composa, sur l'invitation du premier, une histoire générale depuis l'origine du monde jusqu'en 416 après J.-C., dans laquelle il cherche à remontrer que ce n'est point à leur adhésion au Christianisme qu'il faut attribuer les malheurs terribles dont les Romains furent accablés par les Barbares. Marc-Aurèle Cassidiore (4), homme d'État distingué et qui conserve son influence sous plusieurs règnes, à Rome († vers 562), fit, après s'être retiré dans un couvent, de concert avec un certain Épiphane, un extrait en latin des histoires de Socrate, Sozomène et Théodoret (*Historia tripartita*) et une continuation de Socrate (jusqu'en 518), qui, avec le travail de Rufin, devint au moyen âge la source des plus anciennes histoires ecclésiastiques. Denys le Petit, moine de Scythie, élu abbé d'un monastère à Rome au VI° siècle, rendit de grands services à l'histoire ecclésiastique en introduisant la chronologie de la période dionysienne et en composant la collection des canons de l'Église et des décrétales des papes, depuis Sirice jusqu'à Anastase II (384-496).

(1) *Rufini*, Hist. ecclesiast. lib. XI, ed. P.-Th. Cacciari. Romæ, 1740 sq., 2 t. in-4. Cf. *Kimmel*, de Rufino Eusebii interprete lib. II, Ger., 1838.

(2) *Sulp. Severi* presbyt. Hist. sacræ lib. II, a mundo cond.—400 p. Chr. ed. Hieronym. de Prato. Veron., 1741 sq., 2 vol. in-4; et cum commentar. *Hornii*. Lugd. Bat., 1647. *Galland*. Biblioth., t. VIII.

(3) *P. Orosii* lib VII. Historiar. ad paganos, ed. Sigb. Havercamp. Lugd. (1738) 1767, in-4.

(4) Hist. tripart. lib. VII (opp. ed. T. Garetius, ord. S. Ben. Rothomagi, 1679, 2 t. in-f. Ven., 1729). Rufin, édité par Beatus Rhenanus Bas., 1523.

DEUXIÈME PÉRIODE.

HISTORIENS ECCLÉSIASTIQUES ROMANO-GERMAINS DEPUIS LE VIIIe JUSQU'AU XVIe SIÈCLE. — HISTORIENS DE L'ÉGLISE GRECQUE DURANT CETTE PÉRIODE.

16. — *Historiens chez les peuples germains.*

Après les historiens que nous venons de nommer, il ne parut de longtemps aucun historien ecclésiastique original. Les invasions, les dévastations des Barbares, en Occident, anéantirent pendant plusieurs siècles presque toute culture scientifique. On ne pensa guère alors à écrire l'histoire de l'Église. Néanmoins les couvents des Bénédictins conservèrent soigneusement les sources de l'histoire ecclésiastique et en multiplièrent les exemplaires. Les tentatives faites plus tard pour écrire l'histoire ecclésiastique se distinguent très-nettement des travaux des Grecs et des Romains. En effet, on n'écrivit point alors l'histoire de l'Église universelle, mais celle de telle ou telle contrée; encore ne fut-ce point, la plupart du temps, une histoire ecclésiastique spéciale, mais une histoire politique et civile où l'Église trouvait sa place. C'était le résultat de l'intime union de l'Église et de l'État au moyen âge. Saint Grégoire, évêque de Tours († 595), commence à écrire le premier l'histoire de l'Église; mais il se borne principalement à celle de France (1). Le vénérable Bède (2) ce moine anglais qui eut une si grande influence sur la culture scientifique des Germains († 735), fit, outre une chronique sur les six âges du monde (vers 731 après J.-C.), une précieuse histoire de l'Église d'Angleterre. Le Lombard Paul Warnefried (Paulus Diaconus), secrétaire du dernier roi, Didier, et qui figura plus tard à la cour de Charlemagne, écrivit une histoire de sa nation (799). Haymon (3), évêque d'Halberstadt,

---

(1) *Greg. Turon.* Hist Francor., lib. X, 397-591. (*Bouquet*, Scriptores rer. Gallic., t. II; Biblioth. max. PP. Lugd. t. XI.)

(2) *Bedæ Venerab.* Hist. gentis Anglor. lib. V, jusqu'à 731 (op. ed. P.-F. Chifflet), et stud. *J. Smith.* Cantabr., 1722, in-f. *Stevenson.* Lond., 1838.

(3) *Haymo*, lib. X rer. christ. memoria, ed. P. Gallesini. Romæ, 1564; ed. Boxhornii. Lugd. Bat., 1650, in-12; ed. opt. Joach. Mader. Helmst., 1671, in-4.

disciple d'Alcuin († 853), donna un extrait de la traduction latine d'Eusèbe par Rufin, et y ajouta des observations qu'il eut soin de distinguer du texte. Anastase (1), prêtre et bibliothécaire à Rome, composa une histoire ecclésiastique extraite de trois chroniques grecques. De l'importante histoire des papes qui porte son nom, les dernières biographies sont seules de lui. Flodoard (2), évêque élu, si connu par sa vie active et agitée (†966), est l'auteur d'une histoire de l'Église de Reims très-estimable (vers 948). L'histoire ecclésiastique d'*Adam* (3), chanoine de Brême (de 788 à 1076), est précieuse par sa fidélité et comme unique source pour l'histoire ecclésiastique du Danemark, de la Suède et de la Saxe. Orderic Vital (4), Bénédictin à Saint-Évroult († après 1142), écrivit, à l'âge de soixante-sept ans, une histoire ecclésiastique en treize livres (vers 1142). Le Dominicain Ptolémée de Fiadonibus (Barthélemy, † 1327, évêque de Torcello), laissa une histoire ecclésiastique en vingt-quatre livres (5).

Outre ces ouvrages, nous retrouvons l'histoire ecclésiastique de ces temps mêlée à l'histoire politique, dans les nombreuses *chroniques* italiennes, françaises et allemandes, qu'on a réunies dans des collections spéciales (6). Freher en a donné un aperçu général satisfaisant; Fr. de Raumer, dans sa *Chrestomatie*, en caractérise le mode de compo-

---

(1) Hist. eccl., s. Chronographia tripartita ex *Nicephori, Gregorii Syncelli* et *Theophanis*, Ed. Fabrotti. Paris, 1649, in-f.

(2) *Flodoard*, Hist. eccl. Rhemensis, ed. stud. Jac. Sirmondi. Paris., 1611, in-8 (Sirmond. Opp., t. IV); ed stud. G. Colvenarii. Duaci. 1617, in-8.

(3) *Adami Bremensis* Hist. eccl. præsert. Bremens. lib. IV, ed. Lindenbrog. Lugd. Bat., 1595, in-4; ed. Fabric. in Lindenbrogii script. rer. German. septentr. Hamb. 1706, in-f. 1825. Cf. J. Asmussen, de Fontibus Adami Bremensis. Kil., 1834, in-4.

(4) *Order. Vital.* Hist. eccl. lib. XIII, ed. du Chesne (Scriptor. veteris hist. Normannor. Paris, 1619, in-f.

(5) *Ptolemæi de Fiadonibus*, Hist. eccl. (Murat. Script. rer. Italicar., t. XI, p. 741).

(6) Directorium historicum medii potissimum ævi post Freherum et iteratas Kœleri curas rec. et emend. et auxil. Hambergerus. Gœtt., 1772, in-4, *Rœssler*, de Annalium medii ævi varia conditione. Tub., 1788 sq., in-4. *De Raumer*, Man. des passages les plus remarquables des auteurs latins du moyen âge. Breslau, 1813.

§ 16. — HISTORIENS CHEZ LES PEUPLES GERMAINS. 37

sition. Les chroniques de Regino de Prümm (915), Hermann Contractus (1054), Lambert de Hersfeld († 1080), Otto de Freisingen († 1148), Mathieu Paris († 1259), Guillaume de Tyr († 1778), etc., méritent une mention particulière. Vers la fin du moyen âge l'esprit moins spéculatif et dialectique se dirigea davantage vers l'histoire; et Vincent de Beauvais († 1264) fit d'énergiques efforts, dans son *speculum historiale*, pour porter les études sur ce terrain. Le schisme papal du XV° siècle contribua surtout à développer ce goût historique. Les accusations nombreuses dirigées contre le pape obligèrent d'étudier l'histoire des temps passés pour soutenir ou réfuter ces accusations. La propagation de la langue et de la civilisation grecques, peu avant et immédiatement après la prise de Constantinople, eut aussi une grande influence sur les études historiques. Cette influence se fait sentir déjà dans S. Antonin (1), archevêque de Florence († 1459), mais mieux encore dans Laurent Valla chanoine de Rome (†1457); ses recherches sur les diverses matières historiques, et surtout son travail pour démontrer la fausseté de l'acte de donation fait par Constantin au pape Sylvestre (2), excitèrent singulièrement la critique et les travaux historiques. L'étude plus consciencieuse des sources, une laborieuse érudition placent au-dessus de ses devanciers le Bénédictin Allemand Jean de Tritenheim (3) († 1516). L'histoire de l'Église du nord de l'Allemagne (de 780 à 1504), ou la *Metropolis* (4) d'Albert Cranz, chanoine de Hambourg (†1517), est estimable par la sagacité des recherches; mais le tableau qu'il fait des fautes de l'Église à la fin du moyen âge est souvent outré.

(1) *Anton. Florent.* Summa historialis (1459). Norimb., 1484, 3 t.; ed Joh. de Gradibus. Lugd. (1512-27), 1587, in-f.

(2) *Laur. Valla*, de Falso credita et ementita Constant. donat declamatio (Opp. Basil., 1540-1543, in-f.) Lugd., 1620, Calumnia theologica Laur. Vallæ Neapoli intentata, quod negasset symbolum membratim articulatimque esse compositum, ipso Laur. Valla auct. (Opp. Bas.)

(3) *J. Trithemii*, Annal. Hirsaug. cur. J. Mabillon. S.-Gallæ, 1690, 2 t. in-f. Fabricii, Biblioth.

(4) La *Metropolis* contient une hist. des archiv. de Hambourg et de Brême avec celle des év. de la basse Saxe et de Westphalie, depuis 780-1504. Bâle, 1548, et Westphalie, 1576.

§ 17. — *Historiens grecs.*

L'Église grecque, à partir de sa séparation de l'Église d'Occident, présente peu d'intérêt, et n'a presque plus de vitalité. Aussi les ouvrages d'histoire ecclésiastique deviennent-ils de plus en plus rares dans son sein. L'histoire de l'Église s'y confond avec celle de l'État, à mesure que l'Église elle-même devient de plus en plus esclave du despotisme politique. C'est ce qui est évident dans les nombreux travaux des historiens de Constantinople à partir du VIe siècle et qu'on nomme les *Byzantins* (1). Le plus remarquabli d'entre eux est, sans contredit, Nicéphore Calliste (2), qui fut probablement ecclésiastique à Constantinople. Il ne reste de son histoire que dix-huit livres (allant jusqu'en 610) des vingt-trois qu'il composa au XIVe siècle. Elle est inexacte, mais le style est en général bon, quoique souvent affecté.

L'histoire ecclésiastique d'Eutychius, patriarche d'Alexandrie († 490), écrite sous forme de chronique, mérite aussi qu'on en fasse mention. Elle est en arabe et va depuis la création du monde jusqu'en 937 (3).

TROISIÈME PÉRIODE.

HISTORIENS ECCLÉSIASTIQUES, DEPUIS LE SCHISME D'OCCIDENT, 1517, JUSQU'À NOS TEMPS.

§ 18. — *Lutte historique des protestants et des catholiques.*

Si les progrès qu'avaient faits, à la fin de l'époque précédente, l'art d'écrire l'histoire, furent troublés d'un côté, dans leur marche paisible, par le schisme qui affligea l'Église; d'un autre côté, la controverse naissante leur fut

---

(1) Scriptores histor. Byzantinæ. Paris., 1648 sq., 27 vol. in-f. Ven., 1727, 22 t. in-f. Corpus scriptor. histor. Byzant. Bonnæ, 1828 sq. 46 t.
(2) *Niceph. Callisti.* Hist. ecccesiast., ed. Frontoducæus. Paris, 1630, 2 t. in-f.
(3) *E. Pocoke*, Patr. Alex. annal. Oxon., 1658.

favorable. Pour donner à l'œuvre de Luther et de ses partisans un fondement historique, Mathias Flacius (1), d'Illyrie, prédicateur à Magdebourg, entreprit, en société avec plusieurs savants protestants, un vaste travail embrassant, siècle par siècle, l'histoire de l'Église, et de là le nom qu'on leur donna de *Centuriateurs*. Il y eut dans leur travail de la sagacité et de l'ensemble, mais en même temps une partialité et un arbitraire sans exemple ; ce qui ne l'empêcha pas de passer longtemps pour une œuvre parfaite et incomparable. Le théologien Luc Osiander, pour le répandre davantage, en fit un résumé et une continuation jusqu'au XV° siècle (2). Ce travail des centuriateurs devait nécessairement exciter une grande sensation dans l'Église catholique.

Le plus vigoureux adversaire des centuriateurs fut César Baronius († 1607), de l'Oratoire de Rome, et plus tard cardinal. Son ouvrage, fruit de trente années d'un travail non interrompu, est remarquable surtout par la richesse des sources inconnues jusqu'alors qu'il cite, et quelquefois par la sagacité de la réfutation. Il fut continué jusqu'en 1564 par le Dominicain polonais Abraham Bzovius, de Cracovie († 1637) ; jusqu'en 1640 par Spondanus, évêque de Pamiers (1643) ; jusqu'en 1566 par Orderic Raynald, Oratorien, qui, seul, se tint à la hauteur de son modèle ; enfin, un autre oratorien, Jacques de Laderchi, en fit une continuation nouvelle, en trois volumes, de 1566 à 1571 (3). Un judicieux

---

(1) Eccl. historia, integram eccl. Chr. ideam, quantum ad locum, propagationem, etc., complectens, congesta per aliquot studiosos et pios viros in urbe Magdeburgica. Basileæ, 1559-74, 13 t. (centur.) Lucius en a donné une nouvelle édition, en y adaptant des vues calvinistes. Bâle, 1624, 6 vol. in-fol. L'édition commencée par Baumgarten et Semler ne dépasse pas les années 1757-1765.
(2) Epitome Hist. eccl. centuriæ XVI. Tub., 1592 sq., 8 t. in-4.
(3) *Baronii* Annales eccl. Romæ, 1588-1607, 12 t. in-f., corrigées et revues pas l'auteur. Mogunt., 1601-5, 12 t. in-f. (jusqu'à 1198). L'édition de Cologne, 1609, et d'Anvers, 1610, avec les notes de Pagi, est devenue la bonne. Continuation : *Abrah. Bzovii*, Annal. eccl. post Baronium. Romæ, 1616, 8 t.; ed. auct. Col., 1621 sq., 8 t. Annal. Baronii contin. p. *Spondanum*. Paris., 1640-41, 2 t. in-f. *Ond. Raynaldi*, Ann. eccl., ab a. 1198. Romæ, 1646-77, 10 t. in-f., t. XIII-XXI. Opp. *Raynald.* Col., 1693 sq.; *Jac. de Laderchio*, Annal. eccl., t. XXII-XXIV. Romæ, 1728-37.

Franciscain, Antoine Pagi (1), fit une critique générale des annales, mais spécialement sous le rapport chronologique, qui laissa bien loin derrière elle et fit bientôt oublier tous les adversaires protestants de Baronius. Il faut toujours, en se servant de l'œuvre de Baronius, y comparer le travail de Pagi. Après cette polémique, c'est en France surtout que nous trouvons un infatigable zèle pour les progrès de l'histoire ecclésiastique.

§ 19. — *Études sur l'histoire ecclésiastique en France.*

Un grand nombre de membres de la congrégation de Saint-Maur, d'Oratoriens et de Jésuites de France mirent un zèle infatigable à élaborer les diverses branches de l'histoire ecclésiastique, et surtout à donner d'estimables éditions des pères de l'Église, dont les écrits sont la préparation nécessaire à des études fortes et solides sur l'histoire ecclésiastique. L'Église de France citera toujours avec orgueil les noms de l'Aubespine, de Marca, Petau, Baluze, Thomassin, d'Achery, Mabillon, Ceillier, Martène, Durand, Sirmond, du Cange, de la Rue, Montfaucon, Coustant, Garnier, Lenourry, auxquels il faut ajouter, quoique avec certaines réserves, ceux de Richer, de Launoy, Dupin, Arnaud et beaucoup d'autres (2). Les récits dans lesquels Godeau (3), évêque de Vence, a cherché à mettre presque toute l'histoire ecclésiastique, sont pleins de sève, populaires et agréables, mais malheureusement ne reposent pas toujours sur des données assez solides. Il y a, au contraire, une étude approfondie des sources, beaucoup de clarté et de sens dans l'histoire du Dominicain Noël Alexandre, docteur en Sorbonne (4). Il est à regretter seulement que la

(1) *A. Pagii* Critica historico-chronologica in Annal. Baronii. Paris., 1698, 2 t. in-f. Il y ajouta 3 t., Colon., 1705, et les compléta, Antw., 1705, 4 t. in-f. La meilleure édition est celle de Baronii Annal. c. continuatione Raynaldi, critica Pagii ac not. Dom. *Georgi* et Dom. *Mansi.* Lucc.. 1738-59, 38 t. in-f.

(2) *Herbst,* Mérites des Bénédictins de Saint-Maur dans la science. Tubingen, Revue théol. 1833. *Idem,* sur les Oratoriens français, 1835.

(3) *Godeau,* Hist. de l'Eglise, depuis la naissance de J.-C. jusqu'à la fin du IX° siècle. Paris, 1663, 3 t. in-f.

(4) *Nat. Alexander,* Hist. eccl. N. T. Paris., 1676 sq., 23 vol. in-8. Selecta historiæ V. T. capita. Paris., 1689, 6 vol. in-8. Hist. eccl. Vet.

forme scolastique en alourdisse l'exposition, et que la pureté en soit altérée par les maximes d'un gallicanisme outré, qui firent pendant quelque temps interdire l'ouvrage. Les dissertations qui précèdent et étayent les matières importantes font le principal mérite de cette histoire. Il y a bien plus de charmes dans celle du doux et pieux abbé de Fleury (1). Son histoire, qui va jusqu'en 1414, est travaillée avec soin d'après les sources, alors même qu'elles ne sont pas indiquées. Le principal but de Fleury est d'exposer l'origine divine de l'institution de l'Église, son influence sur la restauration de l'humanité, et l'accomplissement de cette œuvre par l'Église catholique. Son continuateur, l'Oratorien Fabre, lui est inférieur sous tous les rapports; son incapacité se montre dans sa prolixité, dans la manière dont il évite les difficultés qui se présentent, et mêle sans goût les matières les plus opposées. Bossuet, le grand évêque de Meaux (2), dans son *Discours sur l'histoire universelle* (jusqu'à Charlemagne), expose au jeune prince confié à ses soins l'action de la Providence divine dans la marche des affaires du monde. Cramer, le surintendant protestant, prétendit continuer l'œuvre de Bossuet, mais dans un esprit et un but tout différents. La glorieuse liste des historiens ecclésiastiques français se termine malheureusement avec Tillemont († 1698) (3). Son grand travail historique sur les cinq premiers siècles, qui renferme principalement des monographies des plus éminents personnages de l'Église, n'est qu'une laborieuse et consciencieuse

et N. T. Paris., 1699, 8 t. in-f. Lucc., 1734, cum not. Constant. Roncaglia, 9 t. in-f. Ibid. 1749, cum not mansi; Ven., 1759-1778, 9 t. in-f., c. II. T. supplem. 1751. 18 t. in-4; ed. Bingæ, 1784 sq., 18 t. in-8, c. supplement., 2 t. in-4.

(1) *Fleury*, Hist. ecclésiast. Paris, 1691-1720, 20 t. in-4; Paris, 1840, 6 t. in-4; continuée par *Fabre*. Paris, 1726-40, 16 t. in-4. *Alex. la Croix*. Paris, 1776-78, 6 t.

(2). *Bossuet*, Discours sur l'histoire universelle. Paris, 1681. Histoire des variations des églises protestantes. Paris, 1688, 2 t. in-4. 1734, 4 t.

(3) *Sébastien le Nain de Tillemont*, Mém. pour servir à l'Hist. eccl. des six premiers siècles. Paris, 1693-1712, 16 t. in-4. Il ne va pas au delà de 513, éd. II. Paris, 1700-13. *Tillemont*, Hist. des empereurs et autres princes des six premiers siècles de l'Église. Paris, 1690-1738, 6 t. in-f.; Brux., 1707 et 1739, 16 t. in-12. Cf. *Hefele*, Examen de Tillemont, dans la Revue de Tubingen, 1841.

série de textes tirés des sources mêmes, auxquels l'auteur ajoute quelques observations qu'il détache soigneusement des citations originales par des parenthèses. Chaque volume renferme, de plus, sous le titre de *notes*, de savantes, judicieuses et riches dissertations sur les matières les plus importantes. La valeur scientifique des œuvres de Choisy (1), du janséniste et haineux abbé Bonaventure Racine (2), est bien moindre. L'histoire détaillée de Béraud-Bercastel est écrite avec facilité et a trouvé de nombreux lecteurs (3). Le *Siècles chrétiens*, de Ducreux, chanoine d'Auxerre, sont plus dignes d'attention, surtout dans les dernières parties, beaucoup plus travaillées (4). Dans ces derniers temps, le zèle des études historiques et ecclésiastiques s'est réveillé, comme le prouvent les travaux contemporains de Henrion, Blanc, Receveur, Jæger, Rohrbacher, Darras et autres (5): ceux de Wouters, en Belgique (6).

§ 20. — *Études de l'histoire ecclésiastique en Italie.*

Outre Baronius, déjà cité, nous trouvons encore en Italie des historiens de valeur, tels que Paul Sarpi, Pallavicini, tous deux célèbres, mais à des titres et dans un sens fort différents, par leur *Histoire générale du Concile de Trente;* le cardinal Noris, qui écrivit sur les controverses du pélagianisme; Mamachi, Selvaggio, Pellicia, qui traitèrent des antiquités ecclésiastiques. Assemani réunit les diverses liturgies; le Dominicain Mansi soigna les éditions les plus complètes des conciles; Muratori réunit des fragments précieux, fit de solides recherches sur divers faits de l'histoire

(1) *Choisy*, Hist. de l'Eglise. Paris, 1703; 2 t. in-4.
(2) *Racine*, Abrégé de l'Hist. eccl. Paris, 1762-67, 13 t. in-4.
(3) *Hérault-Bercastel*, Hist. de l'Eglise. Paris, 1778, 24 vol. in-12; continuée jusqu'à 1841 par Pélier de la Croix, chan. de Chartres. Paris, 1830.
(4) *Ducreux*, les Siècles chrétiens. Paris, 1785, 10 t. in-12.
(5) *Henrion*, édit. de Bérault-Bercastel, avec continuation jusqu'à nos jours. *Blanc*, Cours d'hist. ecclésiast. Paris, 1841. *Receveur*, professeur à la Faculté de Paris, Hist. de l'Eglise. Paris, 1841. *Jæger*, Cours d'Hist. ecclésiast. (Université catholique, 1841) *Rohrbacher*, Hist. univers. de l'Eglise catholique, depuis le commencement du monde jusqu'à nos jours. Paris, 1842 sq., 29 vol. *Darras*, Histoire universelle de l'Eglise. Paris, 1863-1872.
(6) *Wouters*, Compendium hist. eccles. Lovani, 1837, 3 t.

ecclésiastique, et facilita, par sa collection des historiens italiens, l'étude des sources. Le cardinal Orsi (1), de l'ordre des Dominicains, fit une histoire ecclésiastique des six premiers siècles, remarquable par la beauté du style; celle de l'Oratorien Sacharelli (2) est solide et pleine de détails; elle va jusqu'en 1485; celle d'Aurelius Sigonius (3) est plus forte de style que de choses; enfin celle de Zola (4), professeur à l'académie de Pavie, qui ne traite que de l'époque de Constantin, est écrite dans un esprit si modéré et si libre que les protestants eux-mêmes l'ont souvent admise. Laurent Berti (5), Augustin, donna un bon abrégé de l'histoire ecclésiastique, auquel il ajouta de solides dissertations; Graveson (6), quoique Français, écrivit son histoire ecclésiastique en Italie; les *Institutions historiques* de Delsignore, qui parurent il y a quelques années, sont pleines de recherches profondes et sérieuses; l'ouvrage de Palma est riche par l'importance des développements, dont nous avons profité.

§ 21. — *Historiens ecclésiastiques catholiques en Allemagne.*

La longue guerre qui suivit le schisme en Allemagne y entrava l'étude de l'histoire ecclésiastique comme toute autre science. L'esprit scientifique s'étant réveillé plus tard en Autriche, grâce surtout à l'impulsion de l'empereur

---

(1) *G.-A. Orsi*, Storia eccl. Roma, 1748, 90 vol. in-4; — continuée jusqu'au Concile de Trente par *P.-A. Becchetti*. Rome, 1770, 17 vol. in-f.; nouv. éd., 1838, 20 vol. in-8.

(2) Hist. eccl. per annos digesta, variisque observationibus illustrata. Romæ, 1771, 26 t. in-f.

(3) *Sigonii*, Hist. eccl. lib. XIV (usq. 311). Mediol., 1732, 2 t. in-8.

(4) *Zola*, Prolegomena commentarior. de reb. christian. Ticini, 1779. Comment. de rebus christian. ante Constantinum M. Tic. 1789 sq., 3 t. in-4.

(5) *Berti*, Breviar. Hist. ecclesiast. post ed. Venet. Aug., 1761 et 68; Viennæ, 1774. 2 vol. in-8; noviss. ed. Aug. Vindel., 1782, 1 vol. in-4. Dissertationes historicæ, s. Hist. eccles. V prior. sæcul. Florent., 1753, in-4; Aug. Vindel., 1761, 4 t. in-8; — continuav. *Corn. Stephan.*, ord. Cisterc. Paris, 1778, 3 t. in-8.

(6) *Graveson*, Hist. ecclesiast. V. et N. T. variis colloquiis digesta. Romæ, 1717 sq., 9 t, (usq. 1721). *Delsignore*, Institution. hist. eccl., ed. Tizanni. Romæ, 1837. *Palma*. Prælectiones hist. eccl. Romæ, 1838-46, 4 t.

Joseph II, on s'y remit aussi à étudier l'histoire ecclésiastique, mais dans un esprit semblable à celui de cet empereur. De là l'hostilité des auteurs, surtout contre la hiérarchie. Depuis longtemps ils avaient été devancés dans ces dispositions malveillantes par Hontheim (1), coadjuteur de Trèves, qui, sans avoir solidement étudié les maximes gallicanes, les avait défendues. C'est à peu près dans le même esprit qu'écrivit Royko (2), à Prague, et Michl (3), professeur à Landshut; Wolf (4) est léger et d'une causticité inconvenante; Gmeiner (5) est tout à fait superficiel; Schmalfuss (6), Becker (7) sont plus calmes et plus sérieux; il n'y a de science véritable que dans Dannenmayer (8), qui cependant, de temps à autre, a des préventions contre les formes essentielles de l'Église. Pohl, Stœger, Gudenus, Alber et Molkenbuhr n'ont rien de caractéristique ni d'original, et ont été aussitôt oubliés.

Une ère plus favorable à l'histoire ecclésiastique commença avec le comte Léopold de Stolberg (9). On sent dans son histoire l'inspiration d'une âme profondément convertie et une véritable onction religieuse. Son continuateur, Kerz, ne l'égale pas : ses infatigables efforts le rendent néanmoins estimable. Théodore Katerkamp (10), l'ami de Stolberg, professeur et doyen de la cathédrale de Münster († 1834), poussa son histoire ecclésiastique jusqu'en 1153. Penseur profond, Katerkamp discerne d'un regard sûr l'esprit et les événements de l'Église aux diverses époques, qu'il décrit

---

(1) *Febronius* (Hontheim), de Statu Ecclesiæ et legitima potestate rom. pontif. Bullioni (Francf.), 1763 sq., 4 t. in-4.

(2) *Royko*, Synopsis hist. rel. et eccl. Prag., 1785. Religion chrétienne et Hist. de l'Egl. Prague, 1789 (trois premiers siècles). Hist. des Conc. de Constance, de Vienne, de Prague, 1782, 4 vol.

(3) *Michl*, Hist de l'Egl. Munich, 1812, 2 vol.

(4) *Wolf*, Hist. de l'Egl. Zurich, 1792.

(5) *Gmeiner*, Epitome hist. eccl. N. T., ed. II. Græcii, 1803, 2 t.

(6) *Schmalfuss*, Hist. rel. et eccl. chr. Prag., 1792 sq., 6 t.

(7) *Becker*, Hist. eccl. practica, lib. VII (sæc. I-XV. Monast., 1782; — continuée jusqu'au XVIIe siècle. Munster, 1791-9).

(8) *Dannenmayer*, Institut. hist. eccl. Viennæ (1788), 1806, 2 vol.

(9) *Stolberg*, Hist. de la rel. de Jésus-Christ, contin. par Kerz. Mayence, 1824-47. Tome XVI-XLIV.

(10) *Katerkamp*, Introduction à l'Histoire de l'Église. Munster, 1819-34, 5 vol.

§ 21. — HISTORIENS ECCLÉSIAST. CATHOL. EN ALLEMAGNE. 45

d'un style plein et fort. Ses portraits des grands docteurs de l'Église sont remplis d'intérêt et de charme. Le plan est original, mais il n'est pas toujours avantageux. Malheureusement l'auteur n'a pas indiqué toutes les sources qu'il a réellement consultées. Presque en même temps apparut un ouvrage qui est bien loin de celui de Katerkamp; c'est une histoire écrite sans un véritable esprit ecclésiastique, on peut même dire sans aucun esprit, par Locherer (1), professeur à Giessen. On attendait, au contraire, avec joie et confiance, l'histoire que devait publier le chevalier de Rauscher (2), professeur à Salzbourg, et que ses hautes fonctions de Prince-Archevêque de Vienne ont empêché de faire paraître. Il y a de l'esprit et de la grâce, mais peu de fond, dans Hortig (3) de Munich; mais son continuateur Dœllinger (4) (depuis 1517), en réalisant les conditions les plus rigoureuses de la science, s'est acquis une reconnaissance universelle. L'ouvrage de Ritter (5), actuellement professeur et chanoine à Breslau, se recommande par une exposition agréable. Les matériaux des ouvrages latins du professeur Klein (6), à Grætz, sont riches, mais peu élaborés. Rüttenstock, au contraire, écrit avec pureté, d'une manière châtiée et en bon latin. En travaillant l'histoire ecclésiastique de Hortig, Dœllinger (8) lui a donné une forme entièrement scientifique, et a rétabli presque toujours avec bonheur les faits combattus par les protestants. Malheureusement, cet ouvrage a été interrompu par un nouveau Manuel de l'Histoire ecclésiastique qui doit former trois volumes, dont plusieurs parties, déjà parues, ont

(1) *Locherer*, Hist. de la rel. et de l'Église, 1824-34, 9 vol.
(2) *Rauscher*, Hist. de l'Église chrétienne. Salzb., 1829, 2 vol. (trois premiers siècles).
(3) *Hortig*, Man. d'Hist. eccl. Landshut. 1826, continué jusqu'à nos temps par Dœllinger.
(4) *Dœllinger*, Man. d'Hist. eccl. Landshut. 1833, 1 vol. *Idem*, Précis. Les deux non achevés. Le schisme déplorable tenté par cet auteur après le concile du Vatican doit nous mettre en garde contre les tendances des ouvrages qu'il a publiés avant cette époque.
(5) *Ritter*. Man. d'Hist. eccl. Elberf. et Bonn., 1826 (jusqu'à 1789).
(6) *Klein*, Hist. eccl. Græcii, 1828, 2 t. complets.
(7) *Rüttenstock*, Institutiones histor. ecclesiast. Viennæ, 1823-33, 3 t. (jusq. 1517).
(8) *Dœllinger*, Man. de l'Hist. eccl. Landshut, 1836, in-12. 2ᵉ édit.

trouvé un accueil moins favorable. On ne peut qu'applaudir au dessein de Berthes (1), curé du diocèse de Mayence, qui a commencé une histoire ecclésiastique dans laquelle il veut présenter les résultats de la science par d'agréables narrations, destinées aux laïques et aux prêtres employés dans le saint ministère. Ginsel et Sporshil, marchant dans cette voie, y ont mieux réussi encore que Berthes. Chérier (2), professeur au lycée archiépiscopal de Gran, s'est presque toujours rattaché à Rüttenstock et à Klein dans ses *Institutions en latin*. Le quatrième volume, comprenant l'histoire ecclésiastique depuis le XVIe siècle, est le moins satisfaisant. Enfin l'histoire de l'Église catholique a trouvé d'excellentes ressources dans le Dictionnaire ecclésiastique d'Aschbach et dans l'Encyclopédie théologique, publiée à Fribourg par Wetzer et Welte, qui contiennent des vues profondes et des détails complets sur les grands personnages, sur les institutions et la situation de l'Église dans tous les siècles.

§ 22. — *Historiens ecclésiastiques luthériens.*

Après les centuriateurs de Magdebourg, l'histoire ecclésiastique fut négligée; les fréquentes discussions des théologiens protestants entre eux portèrent leur activité vers un autre objet. Quelques recherches partielles furent faites par Calixt, Kortholt, Ittig, Sagittarius, Rechenberg, J.-A. Schmidt. Ce ne fut que vers la fin du XVIIe siècle que le docte, mais fanatique Arnold (3), rendit du mouvement aux études de l'histoire ecclésiastique. Son ouvrage est savant, mais partial, surtout dans sa polémique contre l'état ecclésiastique et dans son apologie de tous les hérétiques. Parmi ses nombreux adversaires se distingue le pieux

---

(1) *Berthes*, Hist. de l'Église chrét. Mayence, 1840-43, 2 vol. (complet), *Ginzel*, Hist. de l'Église. Vienne, 1846 sq., 3 t. *Sporshil*, Hist. populaire de l'Église cath. Leipzig, 1846-47, 3 t. (complet).

(2) *Chérier*, Institutiones hist. ecclesiast. N. T. Pestini, 1848-41, 4 t. (complet).

(3) *Arnold*, Hist. impartiale de l'Église et des hérésies (jusqu'en 1688). Francf., 1699, 2 vol. in-f. L'édition de Schaffouse (1740, 3 vol. in-f.) plus complète.

Weissmann (1). Mosheim (2), professeur à Gœttingue, eut encore plus d'influence par ses ouvrages historiques. Profondément versé dans les connaissances philologiques et historiques, Mosheim conçoit avec bonheur et expose avec goût. On trouve de précieux matériaux pour l'histoire universelle dans les nombreux traités de Walch (3) père et fils, l'un à Iéna, l'autre à Gœttingue. Le froid rationalisme de Semler (4) aplatit et travestit tous les faits. Mathias Schrœckh (5), animé d'un meilleur esprit, a un vrai mérite. Son ouvrage est riche de faits ; mais son style plat et prolixe en rend l'étude souvent fastidieuse. Malgré les efforts de Schrœckh, la direction imprimée par Semler l'emporta. L'ère de l'exégèse moderne commença ; le Christianisme fut dépouillé de ses plus beaux et de ses plus sublimes attributs. Pour les auteurs de cette école, il n'y eut plus, dans l'histoire ecclésiastique, que superstition, fanatisme et falsification. Dès lors l'histoire fut dégradée, puisqu'on en jugea les faits dans un esprit tout à fait hostile au Christianisme, et qu'on ne se servit plus envers l'Église de la mesure qu'elle seule peut donner. Car, comme nous l'avons dit, un esprit vraiment chrétien peut seul juger les faits divins du Christianisme. C'est dans cet esprit qu'écrivirent Henke (6), en partie Spittler (7), et plus sérieuse-

---

(1) *Weissmann*, Introd. in memorab. ecclesiast. hist.(Tubing., 1718). Hallæ, 1745, 2 t. in-4.

(2) *Mosheim*, Inst. hist. eccl. antiq. et recent., lib. IV. Helmst.; 1764, in-4. Vers le même temps on en commença des traductions allemandes pour les non lettrés. Leipzig, 1769. 9 vol. J. Rud. Schlegel s'en acquitta mieux en 1770 (6 vol.), et la continua pour le XVIIIe siècle. — Comment. de Reb. christianis ante Constant. M. Hemlst., 1753-4, in-4.

(3) *Ch.-W.-Fr. Walch*, Plan d'une histoire des hérésies et des dissensions religieuses. Leipzig, 1762. 11 vol. (jusqu'aux iconoclastes).

(4) Hist. eccl. select. capita. Hallæ, 1767 sq., 3 t. Essai d'un Précis d'hist. eccl. Halle, 1773, 3e part., etc.

(5) *Schrœckh*, Hist. ecclés. jusqu'à Luther, 1768-1803, 35 part.; 2e édit., 1772-1802.

(6) *Henke*, Hist. gén. de l'Église chrét. Brunsw., 1788, 8 vol.; 5e éd. La dernière a été continuée par Vater.

(7) *Spittler*, Esquisse hist. de l'Égl. chrét. Gœttingue, 1782; 5e éd. revue et continuée par Planck.

ment encore Chr. Schmidt (1). Planck (2), à Gœttingue, se montra presque au-dessus de son temps par son respect pour les choses religieuses : on sent un esprit impartial dans son ouvrage, dont, d'ailleurs, l'exposition est diffuse. On retrouve le même esprit dans son collègue Saüdlin (3). Planck forma Néander (4), professeur à Berlin. Ce penseur donna à l'histoire ecclésiastique une nouvelle direction, beaucoup meilleure et plus scientifique. Il se plut à faire sentir surtout la vie intérieure de l'Église, ce qu'on avait négligé jusque alors. Il sait approfondir et apprécier les grands événements ; il montre un esprit juste et bienveillant dans les jugements qu'il porte contre les hérésies : il n'a de prévention que contre l'Église catholique ; mais alors il est implacable. Guéricke (5) recueillit de son grand ouvrage et de ses leçons orales un extrait complet et qui va jusqu'à Luther : à dater de cette époque il abandonne Néander et écrit en zélé luthérien. Animé du même esprit, mais d'un respect plus sincère pour le développement historique du dogme, Lindner écrivit son ouvrage à Leipzig (6), tandis qu'à Berlin et en Amérique on vit Jacobi et Schaff se rapprocher davantage de la méthode de Néander (7). A la même époque parut l'ouvrage d'Engelhardt (8), dont les matériaux sont riches, les pensées libres et hardies, le style vraiment historique. Danz (9), à Iéna, avait déjà commencé un ouvrage plus court, composé d'extraits des sources. Gieseler (10)

---

(1) *Schmidt*, Man. d'Hist. eccl. Giessen, 1801-20, jusqu'à 1216, et contin. par Rettberg, 1834.

(2) *Planck*, Hist. de la société chrét. Hanovre, 1803, 5 vol. — Hist. de l'origine et des changements des doctrines protestantes jusqu'à l'union. Leipzig, 1791-1800, 6 vol.

(3) *Staüdlin*, Hist. univ. de l'Eglise chrét. Hanovre, 1806, continuée par Holzhausen, 1833.

(4) *Neander* commença son Hist. gén. de l'Église chrét. (Hamb., 1825-45, 5 vol.) par des monographies de Julien l'Apost., du Gnosticisme, de Tertullien, de saint Bernard et de saint Jean-Chrysostome.

(5) *Guerike*, Man. d'Hist. eccl. Halle, 1833, 7ᵉ édit., 1849.

(6) *Lindner*, Man. d'Hist. ecclés. Leipzig, 1848 sq.

(7) *Jocobi*, Précis d'Hist. ecclés. Berl. 1850, t. I. jusqu'à 590. — *Schaff*, Hist. de l'Egl. Merseb. et Leipzig, 1851. Non achevée.

(8) *Engelhardt*, Man. d'Hist. eccl. Erlangen, 1833-4, 4 vol. Le dernier comprend l'indication des sources, la littérature ecclésiastique, etc.

(9) *Danz*, Précis d'Hist. eccl. Iéna, 1818-26, 2 vol.

(10) *Gieseler*, Précis d'Hist. eccl. Bonn, 1823-53, 3 vol. (incomplet).

réalisa complétement cette pensée. Le livre de Hase (1) est plus abrégé, d'un style plein de charme et très-scientifique dans sa forme. Dans un espace très-resserré, le digne auteur met en œuvre les plus riches matériaux; il fait de temps à autre de brillantes concessions à l'Église catholique, et se réjouit, comme d'un heureux signe de l'esprit du temps, que ces concessions ne lui aient pas attiré de reproches de la part de quelque méchant critique de son église; cependant l'expression est parfois encore vague dans cet auteur. Gfrœrer (2), professeur à Fribourg en Brisgau, prétend raconter l'histoire ecclésiastique dans des récits agréables, à la portée des lecteurs de tout genre. Les abrégés de Schrœckh (3), Augusti (4) et Rehm (5), l'extrait de l'ouvrage de Guerike et les tables synchronistiques de l'histoire ecclésiastique présentent des aperçus utiles et commodes.

§ 23. — *Historiens ecclésiastiques de l'Église réformée.*

La plupart des théologiens de cette Église n'écrivaient d'abord que des monographies sur divers points particuliers de la foi et de la constitution de l'Église, dirigées contre les luthériens et les catholiques. Blondel, Daillé (Dallœus), Aubertin et Jean Claude se distinguèrent surtout; les deux derniers racontèrent l'*Histoire de la Cène.* L'évêque anglican Pearson, Cave, Bingham, Dodwell, Beveridge, Usher, Grabe et Voss firent de solides recherches sur les antiquités et la littérature chrétienne; Beausobre traita du manichéisme, Lenfant, des conciles de Pise et de Constance, etc.; Hottinger (6) commença une histoire ecclésiastique complète, dans laquelle il tendit sans cesse à dénigrer l'Église catholique; Jacques Basnage (7) dirigea la sienne plus particu-

(1) *Hase*, Précis d'Hist. eccl. Leipzig, 1834.
(2) *Gfrœrer*, Hist. de l'Eglise cnrét. des trois premiers siècles. Stuttg., 1841, 2 vol.
(3) *Schrœckh*, Histor. relig. et ecclesiast., Berol. 1777, cura Marheinecke, 1828.
4) *Augusti*, Hist. eccl. epitome. Lipsiæ, 1834.
(5) *Rehm*, Plan d'une hist. eccl. Marb., 1835.
(6) *Hottinger*, Hist. eccl. N. T. Ganov. et Tigur., 1655 sq., 9 t.
(7) *J. Basnage*, Hist. de l'Eglise depuis Jésus-Christ. Rotterdam, 1699, 2 vol. in-f.

lièrement contre Bossuet, comme Samuel Basnage (1) contre Baronius ; Venema (2), Spanheim (3) ont un ton plus mesuré ; Turretin (4), Jablonski (5), Thym (6), Münscher (7) et Hofstede de Groot (8) firent des abrégés, utiles par leurs vues pratiques. Les leçons publiées d'après les écrits posthumes du grand théologien berlinois Schleiermacher (9) ne sont, il est vrai, que des fragments, mais la plupart du temps pleins de justesse et de précision. En France, Matter a publié une histoire ecclésiastique qui a trouvé un accueil favorable (10).

Il est étrange que les Anglais, qui ont traité à fond les branches spéciales de l'histoire ecclésiastique, en aient si peu et si superficiellement étudié l'ensemble. Après Priestley (11), Milner (12) est celui dont le travail est le plus développé : il écrit tout à fait dans le genre des méthodistes anglais, plus pour édifier que pour instruire. Gregory (13) et le presbytérien Haweis ont exposé, pour des lecteurs instruits, quelques parties intéressantes de l'histoire ecclésiastique.

(1) *S. Basnage*, Annales politico-ecclés., 4 t. in-f.
(2) *Venema*, Institut. hist. eccl. N. T. Lugd. 1773 sq., 5 t. in-4 (jusqu'à la fin du XVIe siècle).
(3) *Spanheim*, Hist. eccl (opp. Lugd. Batav., 1801, p. 481-1919).
(4) *Turretini*, Hist. ecclesiast. compend. Genov., 1734 ; ex ed Jo. Simonis. Hallæ, 1750.
(5) *Jablonski*, Instit. hist. eccl. Francof. ad V., 1753, 2 vol.; le 3e vol. par Stoch et Schikedans. Halle, 1766-86.
(6) *Thym*, Hist du développement de l'Église chrét. Berl., 1800, 2 v.
(7) *Münscher*, Précis de l'Hist. eccl. Marb.. 1804.
(8) *Hofstede de Groot*, Instit. hist. eccl. christ. Gron., 1835.
(9) *Schleiermacher*, Hist. de l'Egl. chrét., publ. par Bonnell. Berlin, 1840.
(10) *Matter*, Hist. du Christianisme et de la société chrét., 2e édit. Paris, 1838, 4 vol.
(11) *Priestley*, General history of the Christian church. Birm., 1790, 2 t. in-8.
(12) *Milner*, History of the Church, continuée par *Stebbing*. Lond., 1839, 1 vol.
(13) *Gregory*, History of the Christian Church. London, 1794, 2 v.

INTRODUCTION HISTORIQUE.

LE MONDE ANCIEN

ET SES RAPPORTS AVEC LE CHRISTIANISME.

Sources. — Saint *Augustin*, dans les dix premiers livres de son ouvrage si profond. de Civit. Dei, lib. XXII, ed. ster. Leipzig, 1825, 2 t. in-8. — *Meiners*, Histoire de la décadence morale des Romains dans le premier siècle. Leipzig, 1791. — *Creuzer*, Symbolique et Mythologie des anciens peuples, 1837, 4 vol. — *J. Gœrres*, Hist. des mythes asiatiques. Heidelb., 1810. — *Stuhr*, Syst. rel. de paganisme. Berlin, 1837. — *Tholuck*, de l'Existence et de l'infl. du paganisme. — *Staudenmaier*, Encyclopédie des sciences théologiques. Mayence, 1840, t. I, p. 212-213. — *Hirscher*, Morale chrétienne, t. I, p. 346 à 358, 3ᵉ édit.

Pour comprendre la marche progressive du christianisme dès son début, il faut considérer les circonstances dans lesquelles il trouva le monde.

L'Église se posait comme institution d'origine *surnaturelle*, comme la première société religieuse qui existât par elle-même, comme destinée à devenir universelle, à renfermer dans son sein tous les hommes : elle devait donc entrer en lutte avec toutes les influences *naturelles* qui avaient présidé au développement spirituel des nations, lutter d'un côté, contre l'esprit exclusif des religions nationales; de l'autre, contre l'athéisme et l'immoralité qui envahissaient le monde depuis la chute des cultes populaires.

Cependant le Christ ne vient point à l'improviste, sans préparation, sans point de contact avec l'ancien monde. Depuis des siècles déjà, sa parole divine éclairait les ténèbres des juifs et des païens; les prophètes d'Israël avaient annoncé d'une manière de plus en plus claire ce Messie que le peuple attendait avec une impatience toujours croissante. Enfin le *Désiré des nations* parut, dans la plénitude des temps, annonçant solennellement qu'il était venu, non pour détruire la loi, mais pour l'accomplir; se comparant au père de famille qui tire de son trésor les choses vieilles et les choses nouvelles. Aussi le Christianisme et l'Église se montrèrent dès l'abord comme des choses anciennes et nouvelles.

Ces oppositions et ces rapports ont exercé sur la destinée de l'Église une influence décisive. Ils ont tour à tour retardé ou accéléré son extension, provoqué ses combats au dehors, ou ses mouvements au dedans, en imprimant aux uns et aux autres un caractère spécial. Il est donc indispensable de commencer par un aperçu général de la situation religieuse, morale et politique des païens et des juifs au temps de la naissance du Christ.

APERÇU GÉNÉRAL

DE LA SITUATION RELIGIEUSE ET MORALE DES PAÏENS ET DES JUIFS AU TEMPS DE LA NAISSANCE DU CHRIST.

> Vous étiez sans Dieu, — vous étiez morts
> Eph. II, 4, V. 12 ; Cf. Rom. I. 21-25.
>
> J'ébranlerai tous les peuples, et le Désiré de toutes les nations viendra.
> Aggée, II, 8 ; Cf. Gen. XLIX, 10 ; Isaïe, XI, 10 ; XLII, 6.

§ 24. — *Du paganisme en général.*

Mœhler, le Paganisme (dans les Feuilles historiques), t. II, p. 185 à 202. *H.-J. Schmitt.* Idée fondamentale du mythe, ou Vestige de la révélation divine sur la Rédemption, dans les traditions primitives des plus anciens peuples. Francfort-sur-le-Mein, 1826. *Kuhn*, Opposition du Pagan. et du Christian. sous le rapport de la morale. Revue trim. de Tub. 1841, 2ᵉ livr., p. 224-242.

Non-seulement le Christianisme suppose, mais toute histoire impartiale reconnaît nécessairement que l'homme, sortant des mains du Créateur, était dans une position plus élevée, avait des tendances spirituelles plus pures, vivait dans un rapport plus intime et plus constant avec Dieu, qu'après sa chute. Rien de plus évident que le souvenir de l'innocence de l'homme *primitif*, conservé dans les plus anciennes traditions des peuples et les plus antiques poëmes sur l'âge d'or de l'humanité. A ce souvenir heureux, se rattachait presque partout aussi la conscience d'une faute, d'un crime contre les dieux, qui causa la perte de la félicité originelle et amena les maux sous lesquels l'humanité a gémi ensuite.

Le Christianisme attribue au péché du premier homme la perte de cette innocence. La plupart des religions anciennes ont également conservé la mémoire de cette faute première, qui affaiblit dans l'homme le sentiment vivant de la Divinité, ternit en lui l'intelligence des traditions du paradis perdu, et obscurcit à ses yeux la lumière brillante de la révélation primitive (1). Pour comprendre comment le sentiment de la Divinité et la vie religieuse en général se sont développés parmi les païens, il faut peser à la fois les deux opinions opposées qui se sont formées à cet égard dans le sein du Christianisme.

Les uns ne veulent admettre rien de vrai dans la connaissance, rien de divin dans la vie religieuse des païens. Tout, à leur avis, est d'origine satanique, et dès lors il n'y a plus de capacité dans le paganisme pour la doctrine chrétienne; ce que contredit évidemment la propagation du Christianisme parmi les païens. Les autres prétendent que le paganisme est un état parfaitement conforme à la nature de l'homme, un degré nécessaire du développement de l'esprit humain, et qui devait le préparer et l'amener au Christianisme; ce que contredit à son tour l'Évangile, qui, montrant partout comme fausse et contraire à Dieu la voie suivie par les païens, les appelle à la pénitence, à une vie nouvelle, à dépouiller le vieil homme, à revêtir le nouveau, et à reconquérir ainsi, par leur fidélité à cette doctrine régénératrice, leur état et leur rang primitifs. Ces deux opinions extrêmes résultent, entre autres, de ce que l'on isole complétement le paganisme, sans tenir compte de son influence sur la civilisation générale. D'accord avec les doctrines de l'Église catholique, le juge impartial doit donc reconnaître à la fois, dans le paganisme, les erreurs contraires à la nature de Dieu et de l'homme, et les semences de vérité divine qui rendaient le païen capable de recevoir, de comprendre le Christianisme et d'être relevé jusqu'à sa ressemblance avec son divin Créateur. D'après cela, nous pouvons donner comme avéré ce qui suit.

L'homme déchu, séparé de Dieu, s'égara jusqu'à glorifier la *nature* et adorer la *créature* en place du Créateur (2). Dans cette substitution de la nature à la Divinité, l'idée de

---

(1) C'est aussi le résultat des recherches de Gœrres, Schelling et Creuzer. Ce dernier s'exprime ainsi dans sa Symbolique (t. I, p. 11 et 12, 2e édit) : « Je maintie... sans restriction ma thèse principale, d'un monothéisme primitif pur, vers lequel convergent toutes les religions, quelque brisés, quelque pâles que soient les rayons qu'elles ont reçus du Soleil éternel. »

(2) Rom. I, 28.

l'*unité de Dieu* se perdit presque entièrement. Les forces, les influences, les phénomènes multiples de la nature avec lesquels seuls l'homme restait en rapport, puis le développement graduel des races, constituant des peuples isolés, des nationalités exclusives, firent naître le polythéisme. Les hommes virent Dieu tantôt dans la pierre, les plantes et le bois ; tantôt dans les animaux, les étoiles et dans l'homme ; tantôt dans la beauté sensible et dans l'être abstrait qui s'appelle l'État. Ces notions religieuses en se développant et se systématisant formèrent bientôt le fétichisme, le culte des animaux et des astres, le culte de l'homme, de ses œuvres et de ses conceptions, le culte de l'art, la divinisation de l'État, et tous les systèmes de philosophie religieuse, correspondant à la diversité des temps et des lieux, le panthéisme, le dualisme, le fatalisme, le matérialisme sous toutes ses formes. La Divinité se confondant avec la nature dans la croyance des hommes, ils perdirent l'idée de la spiritualité, de la sainteté, et par là même de la *liberté* de Dieu. Les dieux, comme toutes choses, furent soumis au pouvoir souverain de la *nécessité* (ἀνάγκη, *fatum*).

Cependant peu à peu les religions *naturelles* cherchèrent à se libérer de l'esclavage de la nature et à substituer la forme humaine comme image de la Divinité. Ce fut chez les Grecs que, pour la première fois, les dieux apparurent sous la forme déterminée et permanente de l'homme, c'est-à-dire comme des esprits individuels, ayant conscience d'eux-mêmes, de leur liberté et de leur personnalité. Le paganisme avait de l'homme une idée aussi fausse que de Dieu. La Divinité, n'étant point conçue comme un être essentiellement spirituel, ne pouvait être honorée qu'extérieurement. Le sacrifice spirituel de soi-même, l'abandon de sa volonté à la volonté divine, l'offrande d'un cœur pur étaient inconnus au paganisme vulgaire : il n'avait de sacrifices que pour conserver la faveur des dieux dans l'avenir, ou leur exprimer sa joie et sa reconnaissance pour les bienfaits du passé. Il ne concevait pas mieux les motifs moraux des actions humaines, par cela même que son dieu n'avait ni sainteté ni liberté. Aussi ne trouve-t-on parmi les païens aucun vestige de sainteté ou d'humilité : quant à celle-ci, elle n'avait pas même de nom dans leur langue, et quant à celle-là, qu'on se rappelle les abominations des cultes publics, ceux de Bel à Babylone et d'Aphrodite à Chypre et à Corinthe. Des vertus civiques étaient tout ce qu'on pouvait attendre de ces hommes, pour qui la patrie terrestre était tout, et qui ne comprenaient plus ni leur éternelle destinée, ni l'immortalité de l'âme, tant leur religion les attachait exclusivement aux choses finies de la terre. Et ceci explique pourquoi la mort leur paraissait si terrible, pourquoi ils en avaient une si profonde horreur (1). Sous les formes les plus variées, dans les tons les plus divers, c'est toujours la sombre plainte d'Homère (2) : *Il n'est pas d'être plus misérable que l'homme, de tous ceux qui respirent et se meuvent sur la terre.* Cet oubli de la destinée de l'homme et de l'immortalité de sa nature produisit l'esclavage, les traitements cruels infligés aux esclaves, le mépris de la vie humaine, vouée, dans les jeux des gladiateurs, aux joies féroces de la multitude. Quand l'homme ne reconnaît plus dans l'homme qu'une existence temporaire, il ne peut plus respecter la dignité humaine, ni en lui ni dans les autres.

Et malgré ces profondes erreurs du paganisme, il conservait encore bien des choses qui le rattachaient et le rappelaient à Dieu, comme il se conserva toujours dans la vie de certains païens des éléments de la vie divine. L'image de Dieu, altérée, obscurcie dans l'âme des païens, n'était point entièrement détruite. La croyance aux dieux multiples prouvait que le sentiment de la Divinité, quoique horriblement faussé, ne s'était point complétement évanoui en eux ; les restes de la révélation avaient maintenu parmi les peuples un reste de conscience divine. Les éléments de cette tradition primitive et le sens profond du mythe, conservés surtout dans les *mystères*, formèrent en partie la *philosophie païenne*, dont les lumières divines nous charment et nous étonnent souvent au milieu des ténèbres qui l'enveloppent d'ailleurs. Les systèmes philosophiques, abstraction faite

---

(1) *Lasaulx*, de Mortis dominatu in veteres. Monaci, 1835.
(2) *Homère*, Iliade, XVII, v. 446 et 447. Démocrite dit : « Toute la vie de l'homme n'est qu'infirmité ; et *Sophocle*, Antigone, v. 1011 : « La destinée universelle de l'homme est de pécher. » — Voir *Staudenmaier*, Encyclopédie, t. I, p. 283-86, 2ᵉ édit.

de ce qu'ils contiennent positivement, ont dû contribuer à former, à développer l'esprit humain, en l'élevant de la sphère sensible, sinon au monde surnaturel, du moins à la sphère des choses invisibles. Plus cette culture de l'esprit se répandait, plus on se moquait des mythes, dont les formes étaient souvent si ridicules dans la religion populaire. De là les accusations fréquentes portées contre les philosophes grecs et romains, qui payèrent leur incrédulité de leur vie. Cette incrédulité devint peu à peu générale ; un vide immense se fit sentir dans les esprits, une désolation indicible dans les cœurs ; et telle était la situation morale de l'empire romain à la naissance de Jésus-Christ. Dans leur désespoir les païens semblaient, pour se sauver, saisir convulsivement, comme planche de salut, tous les cultes étrangers ; ils se faisaient initier aux mystères, pour calmer ou étouffer les angoisses de leur conscience. Les poëtes romains avaient beau s'en moquer dans leurs satires, ils ne calmaient point le trouble des âmes ; les philosophes pouvaient bien tout détruire, ils ne parvenaient à rien édifier. Dans ce besoin universel naquirent une multitude de prophéties sur *un Sauveur*, qui de l'Orient se répandirent dans l'Occident. On se pressait de toutes parts vers ce Sauveur attendu, comme le prouvent les oracles qui l'annonçaient et l'appelaient avec ardeur.

Le vieux monde païen s'est donc développé, sous le rapport religieux, par l'action : 1° des *restes* obscurcis de la *révélation* conservés parmi les peuples ; 2° du *Verbe* éternel (1) qui veille sur le développement religieux du genre humain, qui l'excite et le soutient ; 3° du peuple juif, dépositaire de la révélation divine qu'il communiquait aux païens ; 4° de l'*esprit humain*, déchu de Dieu, et s'efforçant de sortir du vide affreux où il tombe quand il est abandonné à lui-même.

(1) Jean 1, 4, 5, 9, 10 ; Apoc. XIII, 8. A primordio omnem ordinem divinæ dispositionis per Filium decucurrisse. *Tertullian.* adv. Prax. c. 16.

§ 25. — *Religion des peuples célèbres de l'Orient.*

Windischmann, Hist. de la philosophie dans le développement de l'hist. univ. — *Rosenkranz*, Religion naturelle, p. 244 à 277. Iserlohn, 1831; *Staudenmaier* les suit tous les deux, p. 249 à 271. — *Léo*, Histoire univ., t. I, p. 36-149. — *Drey*, Apologétique, t. II, 89, sq.

Quoique ce fût dans la religion des peuples les plus célèbres de l'Orient que se conservèrent les plus nombreuses et les plus vivantes traces de la révélation primitive, celles-ci y furent bientôt altérées et défigurées; l'*astrologie* en devint le fondement presque général. Le panthéisme règne dans toute l'Asie orientale : le dualisme dans l'Asie occidentale (1).

I. Commençons par la Chine (2). Tian est l'être absolu en

---

(1) Afin de pouvoir suivre les progrès du symbolisme dans la religion, afin de saisir avec précision la différence entre celui-ci et la religion naturelle, il sera bon de se rappeler ce qui suit : On peut se représenter l'Orient sous deux formes qui font contraste : toute l'Asie orientale incline au panthéisme; toute l'Asie occidentale au dualisme. Dans la Chine, le panthéisme est tout objectif : c'est une raison froide et sèche ; dans le Thibet, il se résout dans une pure perception de l'être, mais pourtant dégénère continuellement en sensualisme. Dans l'Inde, ce même panthéisme finit par prendre les formes fantastiques des idées, et se confond avec tous les éléments. Le dualisme, à son tour, nous apparaît en Perse comme la magnifique organisation d'une raison puissante; dans l'Asie Mineure, il revêt la forme humaine et s'enfonce avec passion dans les plaisirs sensuels; en Égypte, enfin, la raison s'unit au sauvage culte de la nature en même temps qu'à l'idée d'une divinité compatissante, comme nous le montrent la mort et la résurrection d'Osiris. » (*Rosenkranz*, p. 248).

(2) *Windischmann*, 1re partie. — *Schmitt*, Révélation primitive, ou vestiges des principaux dogmes du Christianisme dans les traditions et les documents des plus anciens peuples, principalement dans les livres canoniques des Chinois. Landsh., 1834. — Frédéric Schlegel montre en ces termes le développement et en même temps la décadence de la religion des Chinois : « La première époque est celle de la révélation sacrée qui sert de base à l'organisation politique. La seconde, qui commence vers 600 ans avant J.-C., est l'époque de la philosophie scientifique. Celle-ci prit deux directions diverses : l'une sous l'impulsion de Confucius, qui se dévoua complétement au côté moral et pratique de l'enseignement ; l'autre sous celle de Lao-tseu, qui fut toute spéculative et qui réfléchit en quelques points les doctrines de la Perse et de l'Égypte. La troisième époque est caractérisée par l'introduction du bouddhisme.

qui tout naît et persiste, qui est à la fois l'unité totale et le créateur du monde. En lui sont l'idée et l'être, et comme tel il se nomme Tao (raison, mesure, loi). Tian et Tao sont l'éternel immuable et la source de l'opposition d'où sort le mouvement illusoire du monde des apparences. Tian, qui dans le système chinois est, à proprement dire, la *totalité abstraite*, l'espace vide, l'universalité des choses, se manifeste personnellement d'abord dans l'empereur (Jao ! — Jéhovah !). De son infinie majesté dépendent la nature et l'histoire ; en lui se rencontrent unis la nature et l'esprit, l'élément sidéral et personnel. Tandis que Tian est le vide divin, l'empereur est le moteur et le soutien de toutes choses, sans être cependant réellement Dieu. A côté de cette idée si fausse de l'Être divin, de sa manifestation et de ses rapports avec le monde, nous trouvons chez les Chinois une réminiscence positive d'un état de pureté originelle de l'homme dans le Paradis, de sa chute, de la transmission du péché et de ses suites, et une attente pleine de confiance d'un *Sauveur spirituel*, fils du Ciel, Tian visible, Saint des saints, Maître, Réparateur et Monarque, qui doit venir de l'Occident communiquer à l'humanité une vie nouvelle, de nouvelles forces, et que les peuples de la terre attendent avec la même impatience que les plantes desséchées la rosée du ciel (1). Les écrits du célèbre Confucius (vers 550 avant J.-C.) surprennent par la pureté peu commune de sa morale. Des divisions s'introduisent dans la doctrine religieuse dès le temps de Mencius (2) (Meng-tseu, né vers la fin du IV° siècle), que les Chinois appelaient le second saint, tandis qu'ils nommaient Confucius le saint; ils les comparaient tous deux au soleil et à la lune. Peu à peu les progrès de la secte des bouddhistes (vers 200 avant J.-C. et 65 après J.-C.) mêlèrent à l'ancienne doctrine déjà bien altérée un culte tout idolâtrique. Avant l'introduction de

---

(1) L'adoration primitive et symbolique du ciel et de la terre, ainsi que de leur représentant, l'empereur, fut, dans la suite, si entièrement méconnue et viciée que ce dernier fut considéré comme la Divinité elle-même. (*Windischmann*, p. 37-40).

(2) *Idem*, p. 364 et 454. *Schmitt*, l. c., p. 223. Voyez sur Mencius et Confucius, *Windischmann*, l. c., p. 423-61. Cf. *Schott*, trad. des Œuvres de Conf. et de ses élèves. Halle, 1826. Cf. *Lauterbach*, qui le réfute.

l'idole de Fô (ou Foto, personnification chinoise de Bouddha), il ne paraît pas qu'il y ait eu en Chine de vains simulacres des dieux ni aucune statue.

II. Les données que nous avons sur la littérature d'une incomparable richesse de l'Inde (1), qui est plutôt un monde qu'une contrée du monde, sont plus complètes que celles que nous possédons sur la Chine. Quoique nous n'ayons rien de certain sur les temps où se forma et se développa la doctrine des Indous, il paraît désormais constant que le *Brahmisme* est plus ancien que le *système de Bouddha*, dont on ignore la véritable origine (entre 1000 et 500 ans avant J.-C.). Sérieusement persécutée dès le premier siècle après Jésus-Christ, la doctrine de Bouddha fut complétement expulsée de l'Inde orientale entre le XII° et le XIII° siècle. Mais, souple et flexible, elle se répandit dans toutes les îles des Indes occidentales, la plus grande partie de l'Inde au delà du Gange et de la Chine, le Thibet, la Mongolie, jusque dans l'empire russe. Du reste, le brahmisme et le bouddhisme sont si souvent mêlés et confondus qu'il est difficile d'en reconnaître les éléments distincts. Le plus merveilleux document de l'antique civilisation indienne, le *sanscrit*, langue sacrée des Indiens, si riche, si polie, si philosophique, se trouve dans les *Védas* (science, livre sacré, révélé). Ces Védas sont les quatre plus anciennes collections des vérités primitives de la religion, découlées, dès la plus haute antiquité, des lèvres mêmes de Brahma, selon les traditions de l'Inde; ils sont le fondement de sa religion, de sa législation et de sa littérature. Cependant les décisions positives du droit sont contenues dans les lois de Manou, le premier homme qu'on représente sensiblement comme le petit-fils de Brahma. Les Védas et les lois de Manou, desquels se déduit tout le développement ultérieur, doivent être considérés comme les formes les plus anciennes de la civilisation indienne.

La religion de l'Inde nous présente déjà un progrès marqué dans la science religieuse. Elle insiste fortement

---

(1) *Frédéric de Schlegel*, de la Langue et de la Sagesse des Indous. Heidelb., 1808. — *P. de Bohlen*, l'Inde antique mise en regard de l'Égypte. Dœnigsb., 1830. — *Windischmann* (Frider. filius), Sancara, s. de Theologumenis Vedanticor., Bonnæ, 1832-34.

sur l'opposition du fini et de l'infini, d'où naissent l'ardent désir de voir la résolution finale et universelle de cette opposition, et le dogme de la *transmigration des âmes*. Le (τὸ) Brahm (1) des Indes est déjà bien plus déterminé que le Tian des Chinois : il l'est surtout quand il se manifeste comme Parabrahma. L'abîme entre le fini et le divin est comblé par les *émanations* qui, sorties de la substance infinie de l'Être suprême, descendent par des degrés innombrables jusqu'à l'homme, l'animal et la plante, et se limitent, se restreignent et se dégradent de plus en plus. Les premières émanations sont seules des divinités, tandis que les dernières sont, en expiation de leurs fautes, attachées à la matière comme à des chaînes, y sont retenues captives comme dans une prison. Ainsi tout, dans l'univers, est effluence divine : Dieu anime, vivifie tout ; il est tout ; la *création* n'est plus qu'une *procréation* ; Dieu est le *principe de la génération universelle*.

Il y a certainement dans ce système de l'émanation quelque chose de plus élevé que le pur et strict panthéisme, qui n'admet proprement aucune sortie de l'infini de lui-même. Ce qui le prouve, c'est la conscience claire et profonde qu'on y trouve de l'opposition introduite, dans l'histoire et la nature, entre Dieu et l'homme, par suite de la chute de ce dernier, et la conscience non moins claire du péché. Une conséquence de ce péché, c'est que tout ce qui est fini est, comme tel, *mauvais*, qu'ainsi le monde est mauvais, et présente une continuelle dégradation de l'Être divin, qui, du plus haut de la pureté et de la béatitude, tombe dans les ténèbres épaisses du fini et s'abîme dans les profondeurs d'une incommensurable misère.

A côté de ce souvenir désolant de la chute primitive se trouve la mémoire consolante du *retour* vers Dieu, but auquel tendent tous les efforts des sages indous, et leur fuite du monde, et leur vie contemplative, et leurs pénitences

---

(1) « Les Indous ne distinguent pas l'idée pure et métaphysique de l'Être par excellence par les noms des divinités populaires, pas même par le nom de Brahma, considéré comme personne. Ils le considèrent comme une divinité neutre, *le Brahma*, et, sous cette forme, il signifie l'Être suprême. » (*Schlegel*, Philos. de l'hist., t. I, p. 146.)

austères. La nécessité de cette restauration est le fond de la doctrine de la transmigration des âmes, qui doivent se détacher de plus en plus de ce qui est périssable, et, ainsi purifiées, se rendre dignes de s'unir à l'unique substance divine. Ce qu'il y a d'essentiel dans cette doctrine, c'est la foi positive et inébranlable de l'immortalité de l'âme.

Brahm, divinité indéterminée et sans forme, se manifeste personnellement comme Parabrahma, et nulle part dans le paganisme nous ne trouvons une idée plus haute, plus pure, plus nette de la Divinité et de ses attributs absolus. Parabrahma, en effet, est l'Être en soi, de soi, toujours semblable à lui-même, infiniment parfait, le *principe primordial*, pur, saint, présent partout. Un, éternel et tout-puissant, il est l'auteur de l'univers et la providence du monde. Cependant Parabrahma ne reste pas dans son abstraite simplicité; il se distingue et se manifeste par Brahma, Vischnou et Schiva, principe créateur, conservateur et destructeur. Chacun de ces termes subsiste en soi et a une conscience personnelle. Telle est la *Trimurti* ou Trinité indienne. Ces trois divinités sont aussi, et en même temps, des puissances démiurgiques, qui se manifestent et s'incarnent dans les Avatars (incarnations humaines et animales). Ici sans doute se trouve l'idée grande et sublime de l'incarnation de la Divinité, prenant une forme humaine, afin de réconcilier le fini avec l'infini, et prévenant l'homme dans son désir et son retour vers la vérité et la bonté éternelles. Mais bientôt l'idée se dégrade; la Divinité s'abaisse tellement, en revêtant les formes finies, qu'elle prend part aux joies impures de la matière, et de là les générations obscènes et l'horrible commerce des dieux, nommément de Brahma et Schiva, auprès desquels les rapports de Jupiter et d'Alcmène sont de chastes amours. Toujours l'erreur marche de front avec la vérité dans les religions même les plus pures du paganisme : à côté de l'idée pure de la Divinité vient la fausse notion de la jalousie des dieux, qui les pousse à précipiter l'homme saint dans le péché pour ne point perdre leur puissance sur lui. Plus la Divinité s'unit au fini en s'incarnant, plus le fini se mêle à la vie divine pour la souiller, plus le système religieux tombe dans le panthéisme et ses écarts. Déjà la religion de Foé enseigne que tout ce qui se manifeste n'est rien, ce qui se traduisit par la proposition bouddhiste que *tout est un*, et voilà manifestement le panthéisme le plus strict, d'après lequel il n'y a qu'une substance divine, absolue ; hors d'elle, rien : point de substance relative ; tout se perd dans l'unité de l'esprit et de la nature, dans l'immensité de la substance unique ; Dieu est au monde ce que la substance est à l'accident. Alors s'évanouissent toute liberté, toute différence entre le bien et le mal ; la vertu et le vice sont d'une même force : plus de fin raisonnable à la création ; les manifestations de la vie ne sont qu'un jeu de la Divinité ; c'est le *fatalisme*, doctrine si répandue dans l'Orient.

III. Le bouddhisme tire son origine de Gautamas (Bouddha, probablement vers 550 av. J.-C.). Il n'apparut qu'une fois, pour commencer une ère nouvelle dans la civilisation des mondes, ne laissa point d'écrits, de sorte qu'il est difficile de déterminer la forme primitive de sa doctrine, qui, en bien des contrées et en des temps divers, s'est formulée de manières très-différentes. La donnée la plus ancienne de cette doctrine semble être une conception purement abstraite de la Divinité, comme celle des Chinois. Dieu n'est pas la base de l'existence ; c'est l'espace éternel, rempli de matières ou d'atomes qui s'agrégent d'après des lois éternelles pour former les mondes. Le monde lui-même est vivifié par un esprit qui s'individualise sous d'innombrables formes dans la matière, tout en restant lui-même dans un perpétuel repos, et gouvernant le monde par le Fatum. Cependant l'homme est libre ; il sera jugé d'après ses actions. L'âme du juste, délivrée de sa prison, s'unira à Dieu. Le monde spirituel se divise en trois régions : 1° le monde inférieur des formes terrestres, où règne Brahman ; 2° le monde supérieur de l'esprit, ayant forme et couleur ; 3° le monde le plus élevé de l'être pur, de l'être sans couleur ni forme. La doctrine de Bouddha a pour but de montrer à l'homme, déchu du monde supérieur dans la sphère terrestre, la voie pour se relever par la pénitence. En somme, cette doctrine est abstraite, stérile et vide ; la volonté y est destituée de son empire ; l'homme s'imagine accomplir sa destinée quand il réfléchit l'être objectif dans son néant. Les bouddhistes ont accomodé les mythes du brahmisme à leur façon, faisant des dieux du brahmisme les serviteurs de l'être divinisé par eux ou de Bouddha. Comme les Chinois personnifient la Divinité dans l'empereur, les partisans de Bouddha honorent Dieu dans le Lama, substance qui manifeste actuellement la Divinité. Chaque homme peut devenir lama (prêtre), en ce sens que la dignité du lama dépend de l'anéantissement de l'être propre dans la substance divine. Le plus profond degré de cet anéantissement se révèle dans les trois principaux lamas, le Talé-lama, à Lassa, le lama du petit Thibet, à Tischu-Lombu, et le troisième dans la Mongolie. Quand un de ces lamas meurt, aussitôt son âme reparaît dans un autre sujet, qu'il s'agit de découvrir. Quelques rites extérieurs, quelques usages (des cloches, un rosaire, etc.) ont servi de texte à des allusions satiriques contre le Christianisme, qui ressemblait, prétendait-on, à la religion des lamas. « Cette ressemblance n'en est pas une, dit Fréd. de Schlegel (1), ou bien c'est la ressemblance bâtarde du singe et de l'homme, qui a aussi induit en erreur maint savant naturaliste. Il est certain que plus une religion, fausse par sa direction morale et sa tendance spirituelle, paraît avoir de ressemblance avec la vérité, et plus elle s'en écarte, s'y oppose et doit être rejetée. » Du reste, il est aujourd'hui constant, d'après des documents authentiques (2), que la hiérarchie du lama, et d'autres institutions et pratiques de la religion de Bouddha, ne sont que des singeries sataniques du Christianisme.

IV. *Le peuple de Zend* (3), les anciens Bactriens, qui entrèrent en rapport plus tard avec les Mèdes et les Perses, entre le Tigre et l'Indus, l'Oxus et le golfe Indien, ont été probablement unis par une même religion, dans les temps les plus reculés, avec d'autres peuples orientaux. Zoroastre donna une base et une forme plus déterminées à la religion et à l'état de cette nation. Les écritures sacrées du

---

(1) Philos. de l'hist., t. I, p. 114.
(2) *Wiseman*, Accord de la science avec la révélation, 12 Conférences faites à Rone.
(3) *Rhode*, Traditions sacrées et Système religieux des Bactriens, des Mèdes et des Perses. Francfort-sur-le-Mein, 1820.

vieux peuple du Zend furent, au rapport des Perses, réunies dans vingt et une parties nommées *Avesta*, c'est-à-dire la parole divine et vivante (1). Une partie de cette collection, Vendidad, constituait le code religieux universel et politique en vingt-deux Fargards, sous forme de dialogue. Zoroastre y reçoit immédiatement l'instruction d'Ormuzd. L'époque où vécut Zoroastre est difficile à déterminer. Il est certainement d'un temps où le royaume bactrien était libre encore, et n'est point postérieur au VIII° siècle av. J.-C. Il est plus que probable qu'il connut la doctrine des Israélites. Le système des deux principes établit la communauté des religions de la Perse et de l'Inde, que Gœrres a si parfaitement analysées. Celle-là admettait, il est vrai, la conception *d'un Dieu* dans Zoruane Akaréné, le temps sans limite, l'être primordial; mais, lui enlevant toute activité, toute influence sur les créatures, elle transportait à Ormuzd tous les attributs divins, hormis l'éternité et la substantialité. Ormuzd, principe du monde de la lumière, source de tout bien, était adoré, non point dans des temples bâtis de main d'homme, dans des figures taillées et sculptées (2), mais comme Dieu saint, dans le pur symbole de la lumière et du feu. Vis-à-vis d'Ormuzd est Arihman, le mauvais esprit, source de tout mal, régnant dans le monde des ténèbres. Sept Amschaspands (princes de la lumière) entourent le trône d'Ormuzd; les Izeds, ou bons génies, leur sont subordonnées. Sept autres princes, les méchants Dews, environnent Arihman et ont sous leur dépendance un grand nombre de dews inférieurs. Les royaumes de la lumière et des ténèbres sont dans une lutte perpétuelle. La dualité se retrouve dans tout le monde des esprits. Cependant Ormuzd doit un jour remporter la victoire et anéantir le mal. La doctrine du Zend conserve l'idée de la liberté morale et de la pureté primitive de l'homme; le mal qui est en lui est une œuvre des mauvais esprits. L'homme se présente sous une double face : comme homme pécheur, exposé à l'influence des mauvais esprits dans la lutte terrestre;

(1) *Kleuker*, Zend-Avesta. Riga, 1776. — *Id.*, Appendice du Zend-Avesta. Riga, 1781-83. — *Id.*, Abrégé du Zend-Avesta. — *Vullers*, Fragments de la religion de Zoroastre. Bonn, 1831.
(2) Cf. *Hérod.*, Hist. I, 131-132.

comme génie pur, esprit répondant à sa destinée (*Ferver*). Les bons génies ont aussi des combats à livrer, mais seulement au dehors, contre les mauvais dews, tandis que l'homme, d'une nature moins tranchée, donne accès, dans sa conscience, à la lutte du bien et du mal. Le mal procède d'Arihman, qui a *séduit l'homme sous la forme d'un serpent*, et qui a corrompu la nature elle-même par les animaux et les plantes impures qui viennent de lui. Pour expliquer l'opposition en Dieu même, le Persan a représenté l'idée divine sous les formes personnelles de Mithra et Sosiosch. Mithra, dieu souffrant et victorieux, est médiateur entre Ormuzd et Arihman aussi bien qu'entre la Divinité et l'humanité. La réparation par Mithra est imparfaite, par cela qu'il se confond encore trop avec la nature, et qu'il n'est pas Ormuzd, le dieu suprême lui-même. Sosiosch est le héros victorieux qui triomphe des projets du malin esprit, qui dompte la mort, juge le monde, réveille les morts par la vertu d'Ormuzd, qui rend l'immortalité à leur corps ressuscité comme à leur âme purifiée, et les dirige vers un lieu de délices et d'éternelle félicité. Mais à ces idées de la doctrine de Zoroastre se joint un mélange d'astrologie, l'adoration des puissances de la nature, des astres et particulièrement du soleil. Le ciel presque toujours serein de la Bactriane, l'éclat des étoiles, l'absence de pluie, le manque d'eau, firent sentir aux habitants de ces contrées le besoin de se tourner vers le ciel pour en contempler la splendeur et en implorer la faveur, et les portèrent ainsi à l'étude des astres. Les sept planètes qu'ils observèrent de bonne heure, leur représentèrent les sept génies supérieurs (amschaspands, anges sublimes), qui dominent dans le monde des esprits, comme tout est subordonné, dans le ciel, aux sept planètes du zodiaque. Le soleil, la lumière pure, dont les planètes et les autres astres du zodiaque sont les ministres, est le dieu du bien ou Ormuzd. Les adorateurs du soleil doivent cultiver activement la terre, réaliser le bien de toutes leurs forces, penser, parler, agir purement : et c'est là surtout ce qui distingue le roi, qui jamais ne doit rien ordonner de contraire à la doctrine d'Ormuzd. Quoique Zoroastre n'eût vu que des symboles dans le soleil, la lune, l'Océan, il était inévitable que le peuple les adorerait bientôt comme des dieux : aussi les Grecs ne virent-ils plus tard dans les Perses que des polythéistes, qui, au lieu d'adorer comme eux des hommes divinisés, rendaient hommage aux étoiles et aux éléments. La dissolution morale qui régnait à la cour de Xerxès Ier, et se répandit bientôt parmi le peuple, changea le besoin inné de la foi en superstition. L'hellénisme, à son tour, si dédaigneux de tout ce qui était barbare, vint à la suite des victoires d'Alexandre achever de corrompre ce qui restait des vestiges de la plus haute antiquité, parmi les Mages, conservateurs et gardiens de la science. Sous les Sassanides la foi de Zoroastre devint de nouveau la religion de l'État; mais elle tomba bientôt, par l'ignorance et la dégénération des prêtres et des fidèles, dans une si grossière idolâtrie que les écrivains ne font plus mention que de ses idoles, de son culte du feu matériel; ce qu'ils rapportent de l'immoralité qui régna à la suite de cette décadence religieuse, à la cour même des Sassanides, est épouvantable.

V. Dès que la religion de l'Inde déchut, elle inclina au fatalisme. Quand l'homme ne reconnaît plus sa vraie destination, il s'en crée une, et la pose dans la jouissance, à laquelle il consacre ses forces, sa pensée, toute son activité. Que s'il songe encore à s'élever à quelque chose de plus haut, de plus divin, pour l'honorer, il adresse son hommage à la *force brutale de la nature*, et le matérialisme devient sa religion. Si déjà on sent cette tendance chez les antiques Indous, combien elle est plus marquée dans les contrées de l'Asie occidentale, chez les Chaldéens, les Phéniciens et les Syriens! Ce que les cultes de ces peuples ont de commun, c'est l'adoration du soleil, de la terre et de la lune, médiatrice entre ces deux extrêmes. On voit poindre déjà le culte de la lune dans la Mithra perse ou dans l'étoile dont la douce lumière annonce le soir et le matin. Ce sont les Chaldéens (1) surtout qui ont développé ce culte des astres (*sabéisme*) (2). La terre ou le principe passif, fé-

---

(1) Jerem. VIII, 2.
(2) Sur le sabéisme, cf. *Cic.*, de Nat. deor. II, 21. — *Lactant.*, Institut. II, 5 et 10 sq. — *Kleuker*, de l'Origine du sabéisme, d'après les livres saints, abrégé du Zend-Avesta.

minin et concevant, apparaît sous la forme de Mylitta, Lilith, Derketo, Astaroth, Brimo, dans toute l'Asie Mineure ; sous celle d'Aliath chez les Arabes. Le principe actif, mâle et fécondateur, le soleil, est partout reconnu comme le seigneur, Adon. Le rapport des deux principes, l'union des sexes est représenté dans le mythe de la mort d'Adonis par le sanglier d'hiver, et de sa renaissance par Aphrodite (Artémise, Hécate, etc.). Ainsi tout dans cette religion extérieure dégénère en types charnels de la génération, et de là le délire sauvage, les usages dévergondés, la débauche effrénée des cultes obscènes de la Syrie et de la Phénicie ; de là l'adoration du Phallus, les cérémonies du priapisme, du culte de Mylitta, déesse de la volupté, etc. ; de là, enfin, les sacrifices sanglants et épouvantables d'hommes et d'enfants offerts aux puissances de la nature, dans le culte de Dagon, Derketo, Moloch (Baal), Astarté, Bel et Mylitta.

VI. L'Égypte (1) rappelle à la fois l'Orient et l'Occident ; elle présente tout ensemble beaucoup d'analogie et de grandes différences avec les Indes ; sa religion fixe et immuable offre le plus grand contraste avec la mobilité fantastique de celle de l'Inde ; elle a, comme le brahmisme, une base astrologique. Nous trouvons dans le monde bigarré des mythes égyptiens l'apothéose des sept planètes, leurs rapports avec les douze signes du zodiaque, avec les mois et les autres périodes de l'année, le soleil et la lune jouant un rôle principal, apparaissant, le premier, tantôt comme Jao, conception abstraite semblable à celle de Brahm, dans l'abîme ; tantôt à certains mois, comme Osiris, le soleil d'été, Serapis, le soleil d'hiver. Osiris préside au royaume de la lumière et de la vie, Serapis à celui des ténèbres et de la mort. En hiver, Osiris, s'inclinant vers le monde inférieur, meurt assassiné par Typhon, le dieu du mal. Dans les trois saisons admises par les Égyptiens, ils

---

(1) *Kircher*, S. J., Œdipus Ægyptiacus. Romæ, 1652 ; Obeliscus Pamphilicus. Romæ, 1656 ; Apotelesmatica, s. de Viribus et effectis astror., ed. Gronov. Lugd., 1698. — *Movers*, Recherches sur la religion des Phéniciens, considérée dans ses rapports avec celle des Carthaginois, des Syriens, des Babyloniens, des Assyriens, des Hébreux et des Égyptiens, 1 vol. Bonn, 1840.

ont une *trimurti solaire* formée par Aman, Phtha et Kneph, semblable aux Brahma, Wischnou et Schiva des Indiens. Une des principales tendances de cette religion est de résoudre la question de l'opposition qui règne dans l'univers, et que la religion des Perses laisse indécise. De là le dieu souffrant, mourant et ressuscitant, Osiris, qui souffre et meurt, non dans et par des manifestations diverses et des incarnations multiples, mais dans un sens beaucoup plus sérieux et plus profond, comme un sujet substantiel, qui, après sa mort, ressuscite et s'élève glorieux. Mais ici reparaît l'erreur; tout cela se perd dans des faits naturels, et c'est tantôt le soleil, tantôt le Nil qui est ce dieu souffrant, mourant et ressuscitant. Ainsi se conserva à la fois et s'altéra profondément parmi les peuples du monde ancien l'idée du Libérateur promis, vers lequel se portait sans cesse leur vague et ardent désir. Quant à l'immortalité, il est probable que les croyances populaires différaient de la religion des prêtres.

§ 26. — *Religion, moralité des Grecs.*

Lasaulx, la Légende d'Œdipe, et de Prométhée, le Cantique de Linus. — Les Sacrifices d'expiation et les prières chez les Grecs et les Romains. — L'Oracle de Dodone. — Wurzbourg, 1840.

C'est vraisemblablement de l'Égypte et de la Phénicie que le peuple puissant de la Grèce reçut les germes de sa civilisation et de sa foi. Mais en les développant plus tard d'une manière si originale et si classique dans les sciences, les arts et la poésie, les Grecs revêtirent toutes les antiques traditions des couleurs de leur imagination brillante, vivement excitée par la ravissante nature qui les entourait. Nul peuple de la terre ne fut à la fois si spirituel et si sensuel : et ce double caractère s'imprima dans toutes ses opinions religieuses. Homère et Hésiode furent ses autorités principales; Homère surtout sut, avec un génie et un cœur éminemment grecs, embellir l'Olympe fort obscur et fort confus avant lui. Cependant toutes les divinités de son Olympe ont la plus entière ressemblance avec l'homme dont elles partagent les mœurs, les occupations, les désirs, les passions, les vices et les vertus, et qui, comme lui,

sont soumises à la puissance du Fatum (1). Des conceptions si sensuelles sur Dieu ne pouvaient satisfaire longtemps l'homme qui pense et avance dans la science. Il les abandonna bientôt comme des fables destinées à servir de frein au peuple, et ne reconnut plus que le seul premier principe, le dieu des sages. Ainsi, dès l'origine, à la religion populaire, symbolique, à la doctrine *exotérique*, s'opposa une religion mystérieuse, une doctrine *ésotérique*, et c'est dans ce sens que l'historien Polybe dit ouvertement : « Il faut pardonner aux historiens qui ont
» raconté des fables, puisqu'elles servent à nourrir la piété
» de la multitude ; et c'est ainsi qu'il faut excuser les lé-
» gislateurs romains, qui sont parvenus à maintenir le
» peuple sous le joug par l'intervention de dieux invisi-
» bles. » C'est par respect pour les lois, et non par l'espoir d'être agréable à la Divinité, que, selon Plutarque, le sage rend aux dieux un hommage public.

Les philosophes grecs avaient, il est vrai, hâté la ruine de la religion populaire, mais ils n'avaient pu ni la remplacer, ni faire tomber complétement le voile mystérieux de la Divinité ; car jamais la philosophie n'a pu ni ne pourra suppléer la religion. Entouré des temples magnifiques de la Grèce et des statues admirables des dieux de l'Olympe, Platon s'écrie dans l'esprit des temps anciens : *Qu'il est difficile de trouver Dieu ! mais, quand on l'a trouvé, il est impossible de le faire connaître à tous !* Ce qu'il y a de plus vrai et de plus consolant dans la philosophie grecque se trouve certainement dans les œuvres de Pythagore et de Platon. Inspirés par l'esprit de l'Orient (2), ils introduisirent un élément religieux dans la civilisation grecque en alliant

---

(1) La Pythie répondit aux Lydiens : « Dieu lui-même ne saurait se soustraire aux arrêts du destin. » Cf. *Hérodote*, Histor. I, 91. Sophocle est le premier chez lequel on voit percer l'idée de la justice distributive.

(2) *Lactant.*, Institut. IV, 2 : « Unde equidem soleo mirari quod quum Pythagoras et postea Plato, amore indagandæ veritatis accensi, ad *Ægyptios et Magos et Persas penetrassent, ut earum gentium ritus et sacra cognoscerent* (suspicabantur enim sapientiam in religione versari!) ; ad Judæos tamen non secesserint, penes quos tunc solos erat, et quo facilius ire potuissent. » Cf. *Cicero*, de Finib. bonor. et malor. V. 19. — *Minut. Felix*, Octavius, c. 34.

la philosophie avec la religion. Selon Pythagore, né à Samos et fondateur de l'école de Crotone en Italie (584-504 ou 489 avant J.-C.), le système des nombres est l'archétype et la forme nécessaire de toutes choses; le monde est un tout harmonieusement ordonné, qui gravite, dans des rapports harmoniques, vers le centre de l'univers (le soleil, feu de Jupiter). Les étoiles sont animées et ont quelque chose de divin; les démons sont des êtres intermédiaires entre les dieux et les hommes. Dieu est la force même de la nature, le principe actif universel, le fatum, mais un fatum ennobli par les attributs moraux de la vérité et de la bonté. Ce qui caractérise proprement la doctrine des pythagoriciens, c'est l'idée de la *métempsycose* et des conséquences qui en ressortent.

Platon, né à Athènes (430-348 avant J.-C.) enseignait l'existence d'*un Dieu* suprême, libre, juste et sage, d'un Dieu esprit, et la préexistence des âmes. Il connaissait vaguement la chute de l'humanité, pressentait l'immortalité de l'âme, les récompenses et les peines après la mort (1). Quant à la certitude sur toutes ces vérités, *on ne pouvait l'attendre*, disait-il, *que d'une parole divinement révélée* (2). C'est à lui qu'appartient cette belle définition : « Philosopher, » c'est apprendre à mourir (μελέτη θανάτου).» Cet enseignement, qui semble préluder aux vérités chrétiennes, ce sentiment de la nécessité d'un secours supérieur qu'on trouve chez Platon, cette espèce de prédiction de la rédemption du monde, ont toujours rendu la doctrine platonicienne précieuse aux penseurs chrétiens, et l'ont fait nommer par Boost la *préface humaine* de l'Évangile (3). Mais alors même que Platon s'élève au-dessus des images de la Grèce, il n'en

---

(1) *Bilharz* : La doctrine de Platon est-elle le théisme? Carlsr., 1842.

(2) Platon dit dans le Phédon : Εἰ μή δύναιτο ἀσφαλέστερον καὶ ἀκινδυνότερον ἐπὶ βεβαιοτέρου ὀχήματος ἢ λόγου θείου τινός διαπορευθῆναι. Xénophon dit le même, Memorabil. lib. IV, c. 3. n. 16 : Πῶς οὖν ἄν τις κάλλιον καὶ εὐσεβέστερον τιμῴη Θεούς ἢ ὡς αὐτοὶ κελεύουσι οὕτω ποιῶν. Conf. IV, 4, 25.

(3) *Boost*, Hist. mod. de l'humanité. Ratisb., 1836, 1re part., p. 20. — *Ackermann*, le Christianisme de Platon. Hamb., 1836. — *August.*, de Civit. Dei, VII, c. 4-13. — *Mattes*, Platon chrétien, Rev. trim. de Tub., 1845, p. 479-520.

reste pas moins le fils de son peuple. La beauté, qui charme et captive le Grec, non point la beauté éternelle et sainte de l'Être universel dans sa divine manifestation, mais la beauté terrestre et sensible, devient aussi le but de la philosophie platonicienne, qui n'est plus, dit Staudenmaier, qu'une œuvre artistique, l'union brillante et parfaite de l'art et de la science. Mais, tout en prétendant fondre en unité harmonieuse les éléments de l'art et de la science, de la religion et de la politique, du mythe sensible et symbolique et de la pensée libre et abstraite, Platon ne parvient point à donner à sa doctrine cette unité que nous cherchons dans la philosophie et la religion. Son esprit plane dans la sphère infinie des idées, qu'il ne réussit point à saisir, à formuler, à déterminer nettement. Il ne dit rien de la manière dont les idées, qui meuvent la vie comme puissances spirituelles, se comportent, soit par rapport à la réalité, au fait, soit par rapport aux dieux eux-mêmes. Aussi, quoique Platon s'élève bien au-dessus des erreurs de son temps, qu'il soupçonne et proclame un Créateur qui a conscience de lui, un Dieu personnel qui dirige tout avec sagesse, il ne peut demeurer longtemps à cette hauteur, et son regard va bientôt se perdre dans cet avenir incertain dont il attend toute solution. Quant à la morale de Platon, pour en rappeler les misères, il n'y a qu'à citer la communauté des femmes qu'il voulait introduire dans sa république.

Aristote, de Stagire, en Macédoine (384-322), fonda l'école péripatéticienne, rejeta les *idées* de son maître Platon, et devint, par son enseignement empirique et dialectique, le *philosophe de la raison*. Il se borne aux étroites limites de ce monde, qu'il répute éternel et immuable, et circonscrit la science dans les notions qu'il tire du fini. Tout en admettant qu'une intelligence suprême domine l'universalité des êtres ou la nature, il pose des bornes à l'action de la Providence, à l'influence d'un Dieu personnel et sage, en même temps qu'à la liberté humaine, et sous ce double rapport il ébranle les bases de tout vrai système religieux. Sa doctrine morale, conforme à son point de vue empirique, est un pur *Eudæmonisme*. C'est l'utile et le convenable qui déterminent les moyens d'arriver au bonheur, et c'est par là qu'Aristote justifie l'esclavage. Il méconnaît tellement la dignité humaine dans l'esclave, qu'il prétend que son âme est privée de tout attribut rationnel.

Les écoles philosophiques qui s'élevèrent par la suite prêtèrent un bien plus faible appui encore à la religion et à la morale, puisqu'elles ne firent qu'augmenter les contradictions et les erreurs de ces grands maîtres de la philosophie. Selon Épicure, de Gargette, près d'Athènes (337-270), et d'après ses disciples, le souverain bien est dans la jouissance terrestre ; de là leurs efforts pour bannir toute croyance en une Providence et en l'immortalité, qui aurait pu troubler leur grossière sécurité. Le monde n'est si admirablement disposé pour atteindre sa destination que par le hasard ; les dieux ne prennent aucun soin des choses humaines. L'âme de l'homme n'est qu'un corps plus subtil que les autres, qui naît et meurt comme eux. A l'encontre de l'épicuréisme, le Portique, fondé par Zénon, de Cittium, dans l'île de Chypre (vers 300), a mérité l'estime des âmes fortes et généreuses, par son noble enthousiasme pour l'idéal de la moralité, en enseignant que la vertu est le bien souverain, l'unique bien parfait en soi, en apprenant à mépriser la douleur, à se suffire à soi-même dans le sentiment de sa dignité. Mais en même temps qu'il paraît ainsi fonder une morale plus pure, il **détruit la religion**, car il exalte l'orgueil jusqu'à l'apothéose du moi humain. Le stoïcisme panthéiste et fataliste exclut aussi la foi à un Dieu gouvernant tout avec patience et amour, et admet plutôt un esprit universel de qui tout émane et qui réabsorbe tout en lui. On objecta dès le principe aux stoïciens que leurs idées de liberté et de fatalité étaient inconciliables.

La nouvelle Académie date d'Arcésilas (vers 318-241); elle prend un caractère plus marqué sous Carnéade (215-130) deuxième et troisième Académie). Elle déclare la guerre à la vérité même, d'abord en niant le criterium de la connaissance admis par les stoïciens, puis en s'attaquant à toute certitude en général. Son scepticisme augmente le désordre, achève de troubler et de désoler les intelligences, en sapant complétement les croyances de la religion populaire.

Avec la religion, la Grèce perd la conscience et les mœurs, et de là cet aveu si pénible au sentiment national, et qui échappe au Grec Polybe (1) : « Je ne confierais pas un talent d'or à un Grec, quand il me donnerait dix écrits signés de sa main, scellés, légalisés et confirmés par deux fois autant de témoins ; le serment d'un magistrat romain suffit pour garantir l'administration des plus fortes sommes. » De là la pédérastie, généralement répandue, divinisée dans Ganymède, inspirant le chant des poëtes, les œuvres de l'art ; de là le culte immoral d'Aphrodite et d'autres divinités honteuses, images fidèles et modèles infâmes de la dépravation universelle ; de là enfin la douleur indicible des esprits les plus nobles, que de plus généreux besoins poussaient invinciblement vers la vérité et une nouvelle alliance avec le Ciel. Partout se prononçait le désir d'une révélation divine, qui seule pouvait donner certitude et repos, au milieu de la lutte des opinions humaines. *Le temps où cet ardent désir devait être satisfait était proche.*

§ 27. — *Religion et mœurs des Romains.*

Hartung, la Religion des Romains d'après les sources. Erlangen, 1836. — *Ambrosch*, Livres religieux des Romains, Bonn., 1843. — *Pellegrim*, Distinction primitive des patriciens et des plébéiens fondée sur la religion. Leipzig, 1842.

L'art, l'élément esthétique prédomine dans la religion des Grecs ; dans celle des Romains, c'est l'élément politique et moral. Conformément à son origine étrusque, celle-ci est sérieuse, presque sombre, et exerce dès les temps les plus anciens une immense influence sur la morale publique et privée. Lucrèce, atteinte dans sa chaste vertu, s'arrache une vie déshonorée. Que de magnifiques preuves les premiers Romains nous donnent de leur amour de la vérité et de la justice (2), de la patrie et de la liberté ! C'est à ses vertus que Rome dut sa grandeur. Mais avec l'esprit républicain s'évanouit l'esprit religieux, intimement uni à la constitution politique et civile de l'antique Rome ; avec la religion s'évanouit le sérieux moral des Romains. A la suite des victoires, des conquêtes et des dépouilles des vaincus, s'in-

---

(1) *Polybii* Hist. VI, 54.
(2) *Augustin.*, de Civit. Dei, I, 19, 24 ; V, 18.

troduisirent les cultes étrangers et leurs pratiques immorales. A mesure que la puissance romaine grandit, que les richesses augmentent, le respect des dieux tombe, le vieux sens romain s'oblitère, la vertu patriotique s'affaiblit, le désintéressement se perd. La corruption gagne rapidement, à mesure que les Romains admettent la mythologie, les arts et les pédagogues de la Grèce, si nombreux depuis Livius Andronicus (240 av. J. C.), ainsi que sa littérature, déjà si altérée par les Grecs, et que les Romains rendirent bien plus profane encore. Puis arrivent les philosophes de la Péninsule (155 av. J.-C.). La députation de Carnéade, Diogène et Critolaüs est accueillie avec faveur, leur doctrine applaudie ; les stoïciens et les épicuriens viennent à leur tour partager avec les académiciens l'empire des esprits. Le luxe et tout son attirail de vices et de malheurs s'ajoutent à toutes ces causes de désordre après les guerres asiatiques.

Rome avait pu héroïquement vaincre Carthage et Corinthe (146 avant J.-C.), mais elle fut vaincue à son tour par sa propre victoire, le signal de sa décadence. Comme le sens du beau était inné aux Grecs, le sens du droit l'était aux Romains. Mais en s'efforçant de faire prévaloir et dominer partout le droit et la justice, ils en étaient venus à vouloir établir partout leur propre domination et à y soumettre le monde entier. L'homme par lui-même n'était rien : il n'avait de valeur que comme citoyen. « Fonder une monarchie universelle, dit Staudenmaier, telle était leur pensée unique : ils ne connaissaient point de but plus noble de leur vie. La *République* devint leur dieu ; la religion était toute vouée à son service. Rome devait subjuguer le monde, non pour y propager par son empire les idées pures, morales et divines, mais pour y établir sa vaine domination. Alors, et uniquement dans ce point de vue, elle pratiqua à l'égard de toutes les religions possibles une tolérance qu'on a vainement exaltée, et qui n'était fondée que sur l'indifférence religieuse la plus absolue (1). »

(1) Léon le Grand dit avec beaucoup de justesse : « Quum Roma universis dominaretur gentibus, omnium gentium servivit erroribus. » (Sermo I de SS. App. et Paulo.) Cf. *Walch*, de Romanorum

Quand, maîtresse du monde, Rome se fut repue du sang des nations et infectée de leurs vices, alors elle se mit à dévorer ses propres entrailles. Au temps des Gracques (133 ans av. J.-C.) et des partisans de Marius, de Sylla et Cinna, de sanglantes discordes s'allumèrent : le meurtre, l'empoisonnement, les plus horribles cruautés caractérisèrent son histoire jusqu'au gouvernement absolu d'Octave-Auguste, maître de l'Empire (30 ans av. J.-C. — 14 ans apr. J.-C.). Il régna durant quarante-quatre ans, dit Jean de Muller, et fit oublier par sa douceur la république, dont les vieillards eux-mêmes ne se rappelaient que les malheurs, les guerres civiles et les proscriptions. Le scepticisme, propagé par la philosophie grecque, non-seulement étouffa toute semence de religion chez les grands, mais engendra même parmi le peuple un mépris universel pour les dieux. Au temps de Cicéron, on sait que deux augures ne pouvaient plus se rencontrer sans rire : comment auraient-ils conservé parmi le peuple une croyance dont ils n'étaient plus convaincus eux-mêmes ? « Aussi, dit encore Cicéron, n'y avait-il plus de vieille femme qui voulût croire aux fables du Tartare, aux joies de l'Élysée. »

Mais c'est sous les empereurs que le désordre religieux et la perversité des Romains arrivèrent à leur apogée. Le peuple, asservi et abruti, divinisait jusqu'à ses tyrans, surtout quand ceux-ci, flattant ses sanguinaires passions, comme Claude, lui donnaient en spectacle, non plus seulement les combats ordinaires des gladiateurs, dans les cirques et les amphithéâtres, mais l'appareil terrible d'un combat naval (1) dans l'enceinte même de Rome. L'apothéose de ces tyrans (2) profanait et détruisait complétement toute croyance aux anciens dieux de la patrie ; partout se dressaient les statues impudiques de Priape, de Pan et de Vénus. C'étaient au théâtre les représentations les plus obscènes, pour exalter les sens ; les dé-

in tolerandis diversis religionibus disciplina publica. (Nov. commentar. Soc. Gœtt., t. III. 1773.)

(1) *Tacit.*, Annal. XII, 56. — Cf. *Suéton.*, Vita Claud. c. 21. — *Dio Cassius*. LX, 33.

(2) *Domitien* commençait ses lettres par ces mots : « Dominus et Deus noster hoc fieri jubet. » (*Suéton.*, Vita Domit. c. 13.)

sordres étaient sans bornes ; on inventait chaque jour des moyens nouveaux et contre nature d'assouvir ses passions. Le patriotisme s'évanouissait avec toutes les vertus ; le crime seul régnait. Tel était le monde païen, quand le grand apôtre des nations en fit l'effrayant tableau (1), dont nous trouvons dans Sénèque le terrible commentaire (2).

Il était impossible que la nature humaine persistât longtemps dans une aussi épouvantable situation. L'incrédulité et l'immoralité, son inséparable compagne, produisaient un malaise indéfinissable et de terribles angoisses dans les cœurs. Où il n'y a plus de dieux, dit Novalis, règnent les spectres : la superstition remplace toujours la foi. Les Romains, pour apaiser leur conscience bourrelée, se jetèrent aux pieds des dieux étrangers. Les cultes les plus divers se répandirent d'Orient en Italie, malgré les défenses répétées des empereurs. Des prêtres de toutes nations, des astrologues, des magiciens, des devins, des interprètes des songes vinrent exploiter la superstition générale ; on porta des amulettes et des talismans, on pratiqua des sortiléges, on consulta les entrailles des victimes ; le sort se montra de plus en plus sombre, et jamais culte ne fut plus mystérieux et plus charnel, plus ténébreux et plus sensuel que celui de l'empire romain d'alors. Les Juifs eux-mêmes, d'ailleurs si haïs, parvenaient à faire beaucoup de prosélytes. Quel texte pour les satyres de Perse et de Juvénal, sans que les philosophes les plus sérieux en pussent atténuer l'influence !

(1) Rom. I, 21-32.
(2) Omnia sceleribus ac vitiis plena sunt ; plus committitur quam quod possit coercitione sanari. Certatur ingenti quodam nequitiæ certamine : major quotidie peccandi cupiditas, minor verecundia est. Expulso melioris æquiorisque respectu, quocumque visum est, libido se impingit ; nec furtiva jam scelera sunt : præter oculos eunt ; adeoque in publicum missa nequitia est, et in omnium pectoribus evaluit, ut innocentia non rara, sed nulla sit. Numquid enim singuli aut pauci rupere legem? undique, velut signo dato, ad fas nefasque miscendum coorti sunt. (*Seneca*, de Ira, II, 8.) Déjà *Salluste*, Bell. Catil., c. 12-13, avait fait la peinture suivante des temps de la république incomparablement meilleurs : Ex divitiis juventutem luxuria atque avaritia cum superbia invasere ; rapere, consumere ; sua parvi pendere, aliena cupere ; pudorem, pudicitiam, divina atque humana promiscua, nil pensi neque moderati habere. — Sed lubido stupri, ganeæ, cæterique cultus, non minor incesserat : viros pati muliebria, mulieres pudicitiam in propatulo habere, etc.

Les cyniques étaient voués à un juste mépris ; les péripatéticiens étaient rares ; les stoïciens, représentés surtout par Sénèque, Dion de Pruse et Épictète, jouissaient seuls de quelque estime ; encore admirait-on, bien plus qu'on observait, leur morale, quand le contraste de leur vie et de leur doctrine n'en faisait pas d'ailleurs un objet de juste raillerie (1). Sénèque (3-65 ans apr. J.-C.) lui-même, le plus remarquable de ces philosophes moralistes, et qu'on a prétendu souvent n'avoir pu écrire que sous une influence chrétienne, enseignait des préceptes que contredisaient, sinon ses vrais sentiments, du moins sa conduite à la cour de Néron, dont il ne parvenait point à s'arracher. Ce qui caractérise encore le désordre moral et religieux de cette époque, c'est la faveur extraordinaire qu'obtint le pythagoréisme fantastique, renouvelé par Anaxilaüs, et plus tard par le fanatique Apollonius de Tyanes (2) (3 ans avant et 96 ans après J.-C.); et cela précisément dans les temps les plus civilisés de Rome, dans l'âge d'or des arts et de la littérature romaine, sous le principat d'Octave. De là naquit ensuite, en se mêlant à des éléments péripatéticiens et autres, sous la main des platoniciens, le Néoplatonisme. Bien loin de développer le besoin, si profondément senti par Platon, d'un secours supérieur, Apollonius, en vrai jongleur, trompait et pervertissait de plus en plus les esprits par cette orgueilleuse et célèbre prière : « Et vous, ô Dieu, donnez-moi ce qui m'est dû ! » Mais cette tentative, pour répondre aux besoins des esprits, resta sans effet sur la masse et les âmes les plus nobles. Le désespoir en devint plus général et plus profond. On en voit une frappante image dans le mythe de Psyché, qui date de cette époque (3). Psyché, déchue, séparée de Dieu, erre inquiète et désolée. Cependant elle reprend courage ; elle cherche le Dieu qu'elle a

---

(1) *Seneca*, epist. 29.
(2) Voy. sa vie par Philostrate l'Ancien. (Philostr. Opp., gr. et lat., ed. G. *Oleario*. Lipsiæ, 1709, in-f.) Il prétend s'être servi des Mémoires de Damis, compagnon d'Apollonius. Suivant Philostrate, ils étaient inconnus jusqu'à lui, et il n'aurait fait que leur donner une forme agréable et les contrôler par l'écrit de Maxime d'Egée. Mais les Mémoires de Damis sont tellement remplis d'anachronismes, qu'on est obligé de les rejeter comme apocryphes.
(3) *Apuleius*, Métamorph. IV, 83; *Fulgentius*, Mythologicor. III, 6.

perdu, à travers mille épreuves et mille dangers, dans les temples et jusque dans le royaume de la mort. Enfin Dieu répond à cet ardent désir, à cet amour héroïque; il revient à Psyché et s'unit à elle dans un nouvel et saint hyménée. (ἱερὸς γάμος). N'est-ce pas l'histoire de l'humanité déchue et régénérée? Dans cette désolation universelle, les esprits se tournent vers les vieux oracles, conservés dans le mystère des sanctuaires, et qui annoncent un ordre saint et nouveau dans l'humanité, un retour vers l'âge primitif de l'innocence et du bonheur. Les platoniciens et les stoïciens l'attendent avec le commencement de la *grande année séculaire* (1); Virgile chante le règne de la Vierge prédit par la sibylle de Cumes (2); et ces rayons d'espérance commencent à relever et à fortifier les esprits, que Suétone (3) et Tacite nous montrent s'attachant, dans leur inquiète joie, aux oracles hautement proclamés par les Juifs et qui annoncent au monde *que de la Judée sortirait le libérateur désiré*.

Observation. Staudenmaier remarque, et le fait est digne d'attention, que l'illusion diabolique qui séduisit les premiers humains, « Vous serez comme des dieux (4), » sub-

---

(1) *Heyne*, Annot. in Virg., t. I, p. 96.
(2) *Virgilius*, ecloga IV, v. 4-10, et 13-14 :

> Ultima Cumæi venit jam carminis ætas :
> Magnus ab integro sæclorum nascitur ordo.
> Jam redit et virgo, redeunt Saturnia regna :
> Jam nova progenies cœlo demittitur alto.
> Tu modo nascenti puero, quo ferrea primum
> Desinet, ac toto surget gens aurea mundo,
> Casta fave Lucina : tuus jam regnat Apollo....
> Te duce, si qua manent sceleris vestigia nostri,
> Irrita perpetua solvent formidine terras.

Cf. *Augustinus*, de Civitat. Dei, X, 27, ep. 155. — *Eusebius*, Vita Constant, V, id est Constant. orat. c. 19-20. — *Dante*, Purgator. XXII, 70 sq. — Voyez *Lasaulx*, l. c., p. 63.

(3) « Percrebuerat Oriente toto vetus et constans opinio, esse in fatis ut eo tempore Judæa profecti rerum potirentur. » (*Sueton*. Vita Vespas, 3. 4.) « Pluribus persuasio inerat, antiquis sacerdotum litteris contineri, eo ipso tempore fore, ut valesceret Oriens, profectique Judæa rerum potirentur. (*Tacit*. Histor. V, 13.) On trouve encore au même endroit ces mots remarquables : « Audita major humana vox : *Excedere deos*; simul ingens motus excedentium.

(4) Gen. III, 5.

sista dans les religions grecques et romaines, et se produisit surtout dans l'*apothéose de l'homme* et l'opinion païenne de la *jalousie des dieux*. La poésie nous présente cette opinion dans le mythe de Prométhée, la philosophie dans la doctrine du Portique, l'histoire dans la figure de Némésis. L'apothéose commença surtout avec Alexandre le Grand, se continua sous ses successeurs, et arriva à son plus haut degré sous les empereurs romains (1), qui se firent adorer dès leur vivant.

§ 28. — *Le peuple israélite dans son indépendance et sa servitude.*

> La loi nous a servi de conducteur pour nous mener à Jésus-Christ. Galat. III, 24.
> Il a pris en sa protection Israël, son serviteur. Luc, I, 54.

Ancien et Nouveau Testament. Cf. *Herbst*, Introd. hist. et crit. à l'étude de l'Ancien Testament, édité par *Welte*. Carlsr. et Frib., 1840-4. — *Jos. Flavii* (né 37 et mort 93 ans apr. J.-C.) Opp., ed. *Havercamp*. Amst., 1726, 2 t. in-f. Autre édit. portat. d'*Oberthur*. Wirceb., 1782-85, 3 t. — *Richter*. Lips., 1826 sq., 5 vol. Les Antiquités juives (liv. XX) sont surtout importantes. — *Jahn*, Bibl. archéol. Vienne, 1817, 4 part. — *Scholz*, Biblioth. archéol. Bonn, 1824. — *Allioli*, Man. de science biblique. Landsh., 2 vol. — *Kalthof*, Man. d'antiq. jud. Munster, 1840. — *Molitor*, Philosophie de l'hist. Francf. et Munst., 1827-38, 3 vol. — *Winer*, Dictionn. biblique, 2ᵉ édit. Leipz., 1847, 3 vol. — *Jost*, Hist. gén. des Israélites, depuis leur origine jusqu'au XIXᵉ siècle. Berlin, 1832, 2 vol. — *Bossuet*, Disc. sur l'hist. univ. — *Stolberg*, Hist. de la relig. de Jésus-Christ, part. I-IV. — *Leo*, Précis d'hist. univ., t. I, p. 561-600. — *Staudenmeier*, Encyclop., 2ᵉ édit., p. 335-383 et p. 629-635. — *Hirscher*, la Morale chrét., 3ᵉ édit., t. I, p. 310-345. — *Augustin.*, de Civitate Dei, XIV. 25; XVIII, 48.

Au milieu de cette ignorance religieuse et de ces erreurs philosophiques des peuples de l'antiquité, il est merveilleux de voir le *peuple d'Israël* seul connaître et servir le vrai Dieu. La Providence, par des moyens spéciaux et des révélations successives, conserve au sein de ce peuple privilégié

---

(1) Cf. *J. D. Schœpflini* Comment. de apotheosi s. consecratione imperator. romanor. (ejusd. Commentat. Hist. et Crit. Basileæ, 1741, in-4., p. 4 sq.)

le nom sacré de Dieu et les traditions primitives. Elle promulgue la loi, institue un sacerdoce, dépositaire de cette loi, chargé de la rappeler sans cesse au peuple, de le maintenir, malgré ses égarements, dans le respect dû au Dieu unique, et de le préparer à sa délivrance. « Rien n'était plus digne de Dieu, dit Bossuet, que de se choisir un peuple qui serait un exemple visible de sa Providence (1) ; un peuple dont le bonheur et le malheur dépendraient de sa piété, et dont l'état serait un témoignage éclatant de la sagesse et de la justice de son maître. » Et lorsque Dieu eut démontré, par la conduite de la nation juive, cette irrécusable vérité que c'est Lui qui, d'après sa volonté, dirige les événements de la vie présente, le temps arriva où l'homme devait être élevé à de plus hautes pensées par la venue de Jésus-Christ, qui avait mission de dévoiler les mystères de la vie future à un peuple nouveau, formé de tous les peuples de la terre. Aussi, tandis que les plus antiques monuments de l'histoire, de l'ethnographie et de la géographie, tandis que les plus anciens historiens ne nous rapportent que des fables, ou des faits obscurs et incertains, les Écritures sacrées des Israélites, précises, circonstanciées et toujours liées entre elles, exposent clairement l'histoire de l'humanité, en la rattachant à sa vraie source, au Dieu un, saint, juste, créateur tout-puissant, et résolvent en même temps, avec la plus étonnante simplicité, les plus grands problèmes de la philosophie. Toujours persuasives autant que sublimes, elles disent la création de l'univers, l'homme, le bonheur de son premier état, son union sainte avec Dieu et la nature, la cause de sa chute et de ses misères, la propagation de la race humaine, l'origine des

(1) *Léo* exprime fort bien cette pensée : « Tout le mystère de l'histoire des Israélites, dit-il, toute leur mission repose sur ce fait, que Dieu avait choisi ce peuple pour être un *moyen* entre le péché originel et la rédemption, pour être le dernier et inexpugnable boulevard de la foi en un seul Dieu au milieu de toutes les nations païennes, pour être enfin le terrain où devait germer le salut promis à tous les peuples de la terre... Nulle part on ne trouve l'action de la justice divine exprimée d'une façon aussi claire que dans la manière dont le péché et les passions préparent la ruine du peuple juif, tandis que la fidélité aux préceptes divins amène toujours sa récompense. » (Précis d'hist. univ., t. I, p. 564.)

nations, le partage de la terre, la naissance des arts (1); en même temps, elles parlent d'un réparateur d'un libérateur promis au premier homme (2), et montrent comment, dans la suite des âges, jamais le Dieu vivant n'a cessé de se manifester aux hommes, de les préparer et de les amener à leur réconciliation définitive avec lui. Elles racontent que les hommes, s'abandonnant à leurs penchants pervers et ne s'appuyant que sur eux-mêmes, se corrompirent, et couvrirent tellement la terre de leurs crimes, que Dieu résolut une vengeance dont jamais le souvenir ne s'effacerait parmi eux, afin de les prémunir éternellement contre la pensée erronée que le monde existe par lui-même, et que ce qui existe ne peut plus cesser d'être. Après la terrible catastrophe du *déluge universel*, dont la mémoire s'est conservée parmi tous les peuples, Dieu permit au monde de se renouveler et de renaître du sein des eaux. Noé, le seul juste, sauvé par la Providence, devient le second père de la race humaine (3), et l'histoire reprit son cours avec l'humanité rajeunie sous la conduite de Dieu. L'humanité graciée n'est pas guérie; elle retombe dans l'incrédulité, l'idolâtrie et la corruption morale qui en est la suite, et alors Dieu appelle Abraham. Ce fut 350 ans après le déluge qu'eut lieu la *vocation d'Abraham*, prince nomade de la Chaldée, père du peuple israélite, que Dieu même conduisit dans la terre lointaine et inconnue de Chanaan, en lui promettant de le rendre père d'une nation grande et puissante, nombreuse comme les étoiles du ciel (4), en qui tous les peuples de la terre devaient être bénis (5), pourvu qu'Abraham, ses enfants et sa race gardassent les voies de Jéhovah, et marchassent dans les sentiers de la justice et de la vérité (6). Une alliance positive

---

(1) *Marcel de Serres*, la Cosmog. de Moïse comparée avec la géologie. Voir aussi Fichte, qui dit, dans son droit de la nature. 1re part., p. 32 : « Un esprit s'intéressa au sort de l'homme précisément comme le veut une ancienne et vénérable tradition (la Genèse). Elle renferme, après tout, la sagesse, la plus profonde, la plus digne d'admiration; elle offre des résultats auxquels la philosophie, après ses longs détours, est bien obligée de revenir. »

(2). Genes. III, 15. — (3) Genes. VI-VIII.
(4) Genes. XII, 2; XIII, 16; XV, 5; XVII, 4, 6, 8; XXII, 16-17.
(5) Genes. XII, 3; XVIII, 18; XXII, 18. — (6) Genes. XVIII, 19.

entre Jéhovah et Abraham scella et confirma les devoirs et les droits d'Abraham. La *circoncision* de sa postérité devait être un signe commémoratif de cette alliance (1). Abraham vécut plein de foi en Dieu et en ses promesses. Il marcha en sa présence, gardant fidèlement sa voie, et plaçant en Dieu sa joie, ses espérances, son bonheur (2). Jacob, petit-fils de la promesse, fut emmené en Égypte (3), et là commencèrent à se réaliser les promesses et les menaces faites à Abraham. Sa race s'y multiplia prodigieusement (4), mais elle perdit le sens et l'esprit du père de la foi. Pour rappeler à lui le regard et l'espérance de ce peuple ingrat, Dieu, fidèle à sa parole, lui fit sentir le joug dur et pesant des Égyptiens (5); mais en même temps il suscita Moïse. L'envoyé du Dieu d'Abraham, d'Isaac et de Jacob, accrédité par de nombreux miracles, est promptement reconnu; il devient le consolateur de ses frères, les délivre de l'esclavage (6) et fonde une nationalité propre. Il apprend aux Israélites, durant leur long séjour dans les déserts de l'Arabie, à reconnaître le Dieu de leurs pères, et il réveille le sentiment national endormi. Il rassemble et écrit l'histoire des siècles écoulés, l'histoire d'Adam, de Noé, d'Abraham, d'Isaac, de Jacob et de Joseph, ou plutôt l'histoire de Dieu même, recueillie dans les souvenirs vivants de la famille d'Abraham, qui avait vécu du temps de Sem, l'aîné des fils de Noé. Il rapporte, et fixe à jamais dans la mémoire de la postérité, les entretiens merveilleux de Jéhovah avec son peuple et les miracles de sa loi. C'est au milieu d'un appareil terrible et majestueux que Jéhovah transmet à Moïse les principes de la religion, inscrits sur deux tables de pierre (7), et qui sont promulgués devant le peuple tremblant et épouvanté (8). Moïse écrivit aussi

(1) Genes. XV, 18; XVII, 4. — (2) Genes. XII, 4; XV, 6; XXII, 2. — (3) Genes. XLVI-L. — (4) Exod. I, 7. — (5) Exod. I, 14, 22. — (6) Exod. II-XII.

(7) Exod. XX, 1-18.

(8) En parlant des rapports et des caractères de l'Ancien et du Nouveau Testament, saint Augustin dit : « Multum et solidum significatur ad Vetus Testamentum *timorem* potius pertinere, sicut ad Novum *dilectionem*, quanquam et in Vetere Novum lateat, et in Novo Vetus pateat. » (In Exod.) Cf. *Stolberg*, édit. de Vienne, t. II, p. 41-51.

tous les ordres, toutes les défenses et les promesses qui étaient jusqu'alors sorties de la bouche de Dieu, et fait dépendre toute bénédiction et toute malédiction pour son peuple, de sa fidélité ou de ses infractions à la loi. Cette loi sert à constituer le règne de Dieu sur la terre, à fonder l'état théocratique des Israélites, dans lequel tout ressort de l'idée de Dieu, tout se ramène à son règne, tout se régit par sa loi. Lui seul, Jéhovah, est le Dieu vivant, tout-puissant, sachant tout, présent partout, plein de miséricorde, père du peuple d'Israël, qu'il a choisi du milieu des nations; mais aussi le Dieu saint et juste, jaloux de sa loi, et qui se venge des prévaricateurs jusqu'à la septième génération.

Et toutes ces choses ne sont pas seulement dites, mais elles sont réalisées comme des faits sous les yeux du peuple, visiblement conduit par le Seigneur dans la colonne qui plane sur le tabernacle, et qu'entourent incessamment les preuves de la puissance de Dieu; c'est le Seigneur qui lui départit la lumière et les ténèbres, la vie et la mort, les tempêtes et la sérénité du ciel, la rosée du matin, les pluies des saisons, et la manne du ciel, et l'eau du rocher. Comme signe visible de sa présence perpétuelle, une colonne de feu ou un nuage couvre toujours le tabernacle (1). Ainsi conduit, ainsi élevé, Israël devait redevenir le peuple de Jéhovah, peuple craignant son Dieu, n'adorant que lui, l'aimant de toute son âme, gardant ses commandements, posant en lui sa joie, sa grandeur et sa gloire, rejetant avec horreur tout ce qui est en abomination devant le Seigneur, l'idolâtrie, la magie et les devins, et se hâtant de se détourner du péché, de revenir à Dieu, toujours prêt à pardonner dès qu'on lui donne des preuves de repentir. Pour graver dans les esprits d'une manière ineffaçable l'unité de Dieu, Moïse dit et redit en cent endroits que ce Dieu unique se choisirait dans la terre promise un lieu unique où seraient célébrés les fêtes, les sacrifices et toutes les cérémonies du culte divin. Figure de la promesse, image du temple véritable, le tabernacle, temple portatif du désert, appelait déjà autour de lui les enfants d'Israël, avec

---

(1) Exod. XIII, 21 sq.; XIV, 24; Nombres, XIV, 14; Nehem. IX, 9, 12, 19.

leurs prières, leurs vœux et leurs offrandes. La mémoire permanente de ces grands faits historiques devait être comme une perpétuelle prédication du nom, de la puissance et de la bonté du Créateur du ciel et de la terre, du Dieu d'Israël fidèle à son alliance et à ses promesses. La célébration du Sabbat devait renouveler la mémoire de la création (1), la Pâque devait rappeler la merveilleuse délivrance de l'esclavage de l'Egypte et le salut des premiers-nés (2). La fête des Tabernacles représentait d'une manière vivante les mœurs, la manière de vivre du désert et les bienfaits du ciel durant quarante années de pèlerinage (3). Toutes ces institutions, comme encore la fête annuelle des prémices et de la moisson (Pentecôte); les divers sacrifices et surtout les holocaustes quotidiens (4) devaient incessamment rappeler à Israël son rapport avec Jéhovah, ses obligations envers lui.

Dieu présentait aux Israélites, dans l'ensemble de la loi, un miroir où se réfléchissait fidèlement leur image, et où ils pouvaient apprendre à se connaître et à se reconnaître à tout moment. Les deux cent quatre-vingt-quatre ordonnances et les trois cent cent soixante-cinq défenses de la loi leur apprenaient le nombre, la mesure de leurs délits et le châtiment qui en serait la conséquence. Ainsi ils acquéraient la *connaissance du péché* (5) par l'étude de cette loi qu'ils devaient méditer jour et nuit, et qui, en tant de circonstances, leur était annoncée ou promulguée de nouveau. Mais en donnant la science du péché et la conscience de la faute, la loi ne donnait la force ni d'éviter l'un ni de purifier l'autre. La loi était impérative et sévère; elle ignorait l'essence du Christianisme, la grâce (6). Cependant elle annonçait dans un avenir lointain un prophète, semblable à Moïse, que Dieu susciterait du milieu de son peuple et qu'il faudrait écouter (7), comme l'ensemble de ses institutions et des faits de son histoire préparait insensiblement Israël à la promulgation d'une loi plus sublime, moins cérémonielle et plus féconde en vertus.

(1) Exod. XX, 8-11. — (2) Lev. XXIII, 5; Exod. XXIII, 15. — (3) Lev. XXIII, 34. Cf. Deut. VIII, 15. — (4) Exod. XXIX, 38. Nomb. XXVIII, 3. — (5) Rom. III, 20; VII, 7. — (6) Jean, I, 17; Gal. III, 13. — (7) Deut. XV, 18.

Le sentiment du péché réveille dans la conscience le besoin de la justice réparatrice, produit l'ardent désir de la réconciliation par la rémission du péché, et amène ainsi naturellement, dit Staudenmaier, l'institution du *souverain pontificat*, comme partie essentielle de la constitution religieuse. Une fois chaque année, le grand prêtre entrait dans le saint des saints (1) pour expier les péchés du peuple par un sacrifice, pour présenter à Dieu les prières et les vœux des fidèles, et rapporter, au nom du Seigneur, le pardon, la réconciliation et la bénédiction céleste au peuple assemblé. Ainsi se complète manifestement le culte par le sacerdoce, qui a avec lui les rapports les plus intimes et les plus essentiels. Institué de Dieu, il ressort, d'autre part, du fait même de la loi, de la nature des choses, de la vie spirituelle et des besoins profonds de l'homme, dont il est l'expression, l'instrument et le symbole.

Cependant la loi et le sacerdoce qui en ressortait, ne pouvaient opérer la réconciliation désirée de l'homme avec Dieu. Cette loi impérative n'était ni vivante dans l'esprit, ni vivifiée par l'esprit; elle n'était qu'une barrière; elle ne pouvait opérer la justification (2); bien plus, elle faisait abonder le péché par la multitude de ses prescriptions (3). Pas plus que la loi, les sacrifices sanglants ne pouvaient détruire le péché, rendre l'homme juste, saint, parfait. Celui-là seul en qui ne réside point le péché, qui accomplit toute la loi, qui est plus grand que l'homme et plus élevé que le ciel, pouvait véritablement délivrer l'humanité du péché et de ses fruits. Moïse, l'homme de Dieu, exclu de la terre promise, était une preuve évidente de l'insuffisance de sa loi, qui ne parfait rien, qui ne montre que de loin l'accomplissement des promesses divines et ne conduit l'humanité entière, comme Moïse lui-même, que jusqu'aux portes de l'héritage céleste (4). Toute la loi n'était qu'une grande prophétie annonçant la venue de Celui dont Josué (Jésus) préfigurait à la fois le nom et la mission; et voilà pourquoi la seconde institution essentielle et nécessaire de la théocratie des Juifs fut l'école des prophètes. Le prophète

(1) Lev. XVI; Hebr. IX, 7, 25. — (2) Rom. VII, 16. — (3) Rom. VII, 7. — (4) Hebr. VII, 19; XI, 13.

était tout ensemble la voix vivante de la loi et l'instrument de son accomplissement ; sa mission principale consistait à préfigurer et annoncer le Messie, terme de toutes les prophéties comme la loi devait y préparer par toutes ses ordonnances et ses institutions. Il manquait cependant encore à la constitution mosaïque, et le Deutéronome y fait déjà allusion (1), la tête, le chef du corps, le conducteur du peuple, le représentant de Dieu institué de Dieu même, pour unir la nation en un corps un et vivant, pour en vivifier incessamment l'organisme, pour le maintenir dans l'ordre et sous la loi, pour le garantir et le délivrer des dangers du dehors, le *Roi*. Dieu se rendit au désir du peuple et lui accorda dans la personne de Saül (1095) un représentant de la royauté éternelle, invisible, et toujours active et présente, de Jéhovah. Ce fut après la conquête de la terre sainte par Josué, après l'âge héroïque des Juges (d'Othoniel à Elie et Samuel), dont la fonction préparait, par une transition naturelle, la dignité royale. Le souverain pontife, le prophète et le roi, termes distincts et essentiels de l'unité théocratique, étaient les types prophétiques de la triple dignité du Sauveur du monde. Comme Héli unit à la charge du souverain pontife la plus grande puissance civile, comme Samuel unit à celle-ci la mission du prophète, ainsi David, l'homme selon le cœur de Dieu, unit aux dons du prophète la dignité royale (1050). En construisant la citadelle de Sion, il fit de Jérusalem une ville forte, centre du royaume, comme elle devait l'être du culte, et y fit amener l'arche d'alliance. Après avoir vaincu tous ses ennemis, avoir étendu les conquêtes de son peuple jusqu'à l'Euphrate, et avoir pacifié tout son royaume, il tourna son cœur et son esprit vers l'établissement du culte divin, et voulut préparer à Jéhovah une demeure digne de lui ; il agissait en cela sans l'ordre de Dieu (2), et cette pieuse entreprise ne devait s'accomplir que sous le règne pacifique de Salomon (1000), qui, d'après le modèle du tabernacle (3), construisit le plus magnifique temple de la terre. Là, dans le saint des saints, fut déposée l'arche d'alliance construite par Moïse,

---

(1) Deut. XVII, 14. — (2) 2 Samuel, VII. — (3) 2 Paralip. III-VII.

image terrible de la majesté divine, dont nul n'osait approcher, image fidèle du ciel, fermé à l'homme jusqu'au jour où le Christ en ouvrit l'entrée par son sang (1). Le bonheur de Salomon, la paix de son royaume durèrent autant que sa sagesse ; sa chute entraîna celle de son empire. Dès 975, ce puissant et florissant État se divisa en deux royaumes hostiles, ceux de Juda et d'Israël (2), ce qui affaiblit singulièrement la nation entière dans les luttes qu'elle soutint pour son indépendance contre les Syriens, les Egyptiens et les Chaldéens. Mais au temps même où la dignité royale était ainsi abaissée, où tombaient à la fois la religion, les mœurs et la puissance politique, la grande voix des prophéties s'éleva : Moïse reparut dans le prophète Elie (sous Achab et Ochozias (918-896 av. J.-C.) ; brûlant de zèle, intrépide en paroles, fort et puissant en œuvres et en miracles, Élie reproche aux Israélites leur infidélité (3) et les presse de rétablir le culte de David et de Salomon. Le succès ne répond point à ses efforts. L'esprit de prophétie subsiste, plein de menaces et de fureur, et alors apparaissent, suivant les admirables décrets de Jéhovah, une foule de puissants PROPHÈTES ; ce sont les quatre *grands* prophètes (Isaïe, Jérémie, Ézéchiel et Daniel), ainsi nommés, non-seulement parce que leurs prédictions sont plus étendues, mais encore parce qu'elles ont fréquemment rapport à d'autres nations, tandis que les douze *petits* prophètes ne s'adressent la plupart du temps qu'au peuple même de Dieu. C'est, immédiatement les uns après les autres, et parfois ensemble, Jonas, Joël, Osée, Amos, Isaïe, Michée, Nahum.

Opiniâtre dans son infidélité, Israël expie son crime en 722, et Salmanasar, roi d'Assyrie, ministre des vengeances divines, envoie en exil la majorité des habitants d'Israël qu'il fait peupler par des colonies assyriennes. Mêlées aux Israélites demeurés en Palestine, celles-ci formèrent plus tard le peuple samaritain, haï et réputé impur par les Juifs. Mais Juda ne profite pas de cette terrible leçon ; il oublie de nouveau l'alliance que le roi Josias contracte avec le Seigneur, en présence des anciens de la nation et de tout le peuple, après avoir retrouvé la loi de Moïse dans

---

(1) Hebr. IX, 12. — (2) 1 Rois, XII. — (3) 1 Rois, XVII-2 Rois, ..

le temple (1); il reste sourd à la voix des prophètes Habacuc, Jérémie et Sophonie, et tombe en 588 sous la verge de Nabuchodonosor, le Babylonien. Jérusalem et son temple sont ruinés, et une grande partie du peuple est emmené captif. Jérémie console ceux qui demeurent en Judée; Ézéchiel soutient les exilés. Et telle fut la dernière grande épreuve de la foi de ce peuple; longtemps la captivité de Babylone resta comme l'expression vivante du plus terrible châtiment, de la plus affreuse misère. Brisés par la douleur, certains d'avoir dans le monde une autre destination que de périr misérablement au milieu d'un peuple abominable par ses croyances et ses mœurs, convaincus qu'ils s'étaient privés par leur infidélité et leurs divisions intestines des moyens d'accomplir cette destination supérieure, les captifs accablés s'asseyaient au bord du fleuve de Babylone et pleuraient des larmes amères au souvenir de Sion : leurs lyres demeuraient suspendues aux saules du rivage, et leur voix restait muette sur la terre étrangère (2). Alors renaquit plus vif, s'accrut plus ardent et le désir d'expier ses fautes envers le Seigneur, et l'espérance du Sauveur promis. Ce sont surtout les prophètes de cette époque qui font entendre tous les tons de la douleur et de l'espérance, du repentir et de la confiance au Dieu bon, juste et puissant, dans un langage si profond, si simple et si majestueux, que jamais peuple du monde, jamais littérature humaine n'a pu l'égaler. Dieu et ses bienfaits, tel est le sujet de ces poésies sublimes. Leur forme harmonieuse et mesurée en augmente la force ; tout en charmant l'oreille elles enflamment l'imagination, touchent le cœur, s'impriment profondément dans la mémoire. Chères en tout temps à l'âme noble et pieuse par leur immortelle beauté, elles lui sont précieuses surtout dans le malheur et au sein des plus poignantes adversités. Dieu lui-même inspira ces chants sacrés, et son peuple élu fut le seul dont la poésie naquit d'une véritable inspiration divine, comme le prouvent avec une irrécusable évidence, les oracles sur le Messie, qui, à mesure qu'approche le temps de sa venue, deviennent plus clairs, plus précis, plus circonstanciés, plus explicites sur le temps et le

---

(1) 2 Rois, XXII, 8; XXIII, 1. — (2) Ps. 137.

lieu de sa naissance, sa mission, les faits de sa vie, les merveilles de sa mort et de sa résurrection.

Babylone, l'orgueilleuse reine de l'Orient, tant de fois menacée de sa ruine par les prophètes (1), tombe à son tour, vaincue par les Mèdes et les Perses que conduit l'envoyé de Dieu, Cyrus, leur vaillant capitaine. Le marteau de la terre est brisé et mis en poudre, comme Daniel l'avait prédit au superbe et coupable Balthazar au moment même de la catastrophe (2). Les soixante-dix années de la captivité, prédites par Jérémie, touchaient à leur terme (3). Cyrus permit aux captifs de Babylone de retourner (l'an 536) dans leur patrie (4). Les plus zélés d'entre les Juifs profitèrent seuls de cette liberté, et, revenant en diverses colonnes, se fixèrent principalement dans la terre de Juda, adorant, dans leur repentir et leur joie, les jugements de Dieu, dont ils lurent avec surprise l'annonce dans les livres mêmes de Moïse (5), et l'accomplissement littéral dans les paroles de Jérémie.

Désormais soutenus par le souvenir de leurs ancêtres, heureux de vivre conformément à la loi, après en avoir été si longtemps éloignés, pleins d'ardeur, et vivifiés dans leur espérance par les promesses de Daniel, prophétisant qu'après soixante-dix semaines d'années (6), le *Fils de l'Homme* (7), établissant son éternel royaume, viendrait détruire le péché et justifier le genre humain, les Israélites firent diverses tentatives pour rétablir les institutions mosaïques, sous la direction de Zorobabel, d'Esdras et de Néhémie, et réussirent à achever le second temple de Jérusalem (515) (8). Aggée et Zacharie (vers 520) avaient réchauffé leur zèle pour cette reconstruction de la maison de Dieu, en leur annonçant que la gloire du second temple surpasserait celle du temple de Salomon, puisqu'il verrait le *Désiré de toutes les nations* (9). C'est alors que les Juifs, pleins du sentiment d'eux-mêmes, firent de leur nom celui de la nation entière, n'accordèrent qu'avec peine l'entrée du temple aux Israélites du nord de la Galilée et de l'Orient

---

(1). Isaïe, XIII-XIV; XXI, 1-11; XLVII-XLVIII. — (2) Dan. V. — (3) Jérém. XXV, 12; XXX, 10. — (4) Cf. Esdr. I, 1, etc. — (5) Nehem. I, 8, 9. — (6) Dan. IX. — (7) Dan. II, 44; VII, 13, 14, 27. — (8) Cf. Esdr. I, 1-4; VI, 1, etc. — (9) Agg. II, 8.

en deçà du Jourdain, à cause de leur mélange réel ou présumé avec les païens ; les Samaritains en furent entièrement exclus. Protégés par la Perse, s'appuyant sur cette base de nationalité, les Juifs rétablirent une forme de gouvernement national en concentrant toute la puissance publique dans le *grand-prêtre*, qui était à la tête du peuple, et dans le *sanhédrin* (1), composé de soixante-dix membres, qu'on lui adjoignit dans Jérusalem pour la décison des affaires importantes. Les membres du sanhédrin étaient tirés de toutes les tribus, mais choisis surtout dans l'école des membres de ce conseil.

Les sacrifices qu'offraient les Juifs dans ce temple nouveau étaient encore impurs et imparfaits ; Malachie, irrité, s'en détourne, et voit dans l'avenir le sacrifice pur et sans tache offert à Jéhovah, non plus seulement dans le temple de Jérusalem, mais dans toute la terre, du couchant à l'aurore, par les Juifs et les païens (2) ; il voit que le Messie est Dieu même, et prédit la venue du nouvel Élie, précurseur du Sauveur du monde, dont il préparera les voies (3). Et désormais, jusqu'à la venue du Libérateur, il ne devait plus y avoir de prophètes. La loi de Moïse devait suffire au peuple juif, et c'est pourquoi Malachie clôt la série admirable des prophéties de l'ancienne alliance par ces merveilleuses paroles : *Souvenez-vous de la loi de Moïse, mon serviteur ; je vous enverrai le prophète Élie, avant que le grand et épouvantable jour du Seigneur arrive, et il réunira le cœur des pères avec leurs enfants, et le cœur des enfants avec leurs pères.* C'est-à-dire qu'il montrera à ceux-là ce que ceux-ci n'ont fait qu'espérer. Tout avait été dit et marqué par Dieu dans la loi et les prophètes pour l'instruction de son peuple. A dater de ce moment, l'esprit de prophétie resta muet.

Quoique la nouvelle constitution politique et religieuse des Juifs eût été fondée précisément par ceux qui étaient le plus vivement touchés du désir de vivre conformément à la loi du Seigneur, peu à peu l'esprit et les formes de la Grèce gagnèrent les Juifs, et soumirent à leur influence les générations dont les pères avaient résisté si opiniâtrement

---

(1) D'après les Nomb. XI, 16. — (2) Mal. I, 11. — (3) Mal. I, I, 1.

à la violente domination des royaumes de l'Orient. A côté des zélateurs de la loi apparaissaient les amateurs de nouveautés, partisans des mœurs et des coutumes de la Grèce. A dater de la conquête d'Alexandre (323), les Juifs de la Palestine furent soumis tantôt aux Ptolémées d'Égypte, tantôt aux Séleucides de Syrie. Le dernier des Séleucides, Antiochus Épiphanes (175), dont le caractère ambitieux, cruel et impie, avait été prédit par Daniel (1), poussa si loin la violence de ses mesures pour *gréciser* les Juifs, qu'il voulut, contre toute forme légale, leur imposer un grand-prêtre, qu'il traita de rebelles tous ceux qui faisaient de l'opposition ou qui montraient du zèle pour la loi, et que, maître de Jérusalem, il fit brûler les livres saints, profaner le sanctuaire, et voulut contraindre les Juifs à adorer les dieux de la Grèce. Ce prince, ivre de fureur, semblait avoir résolu l'anéantissement de la nation en profanant son temple. Mais cet attentat, religieux et national à la fois, ralluma le zèle des Juifs, les précipita dans une lutte désespérée, où ils firent preuve d'un véritable esprit national. Mathathias, de la race sacerdotale des Asmonéens, commença l'insurrection ; il jura que, tout le monde devrait-il abandonner la loi de ses pères et se soumettre aux ordres d'Antiochus, lui, ses enfants et ses frères resteraient fidèles à la loi de leurs ancêtres (2). Ses cinq fils devinrent les chefs du peuple dans la longue guerre qu'il soutint contre les Syriens. Ce fut surtout le courage de Judas Machabée et de Jonathan qui renouvela l'antique renommée du peuple de Dieu, et lui conquit l'admiration de Sparte et de Rome (3). Les victoires de cette race de héros firent déclarer au peuple « que Simon serait leur chef et leur souverain pontife pour » toujours, jusqu'à ce que s'élevât parmi eux le Prophète » véritable (4). » Démétrius, successeur d'Antiochus Épiphanes, reconnut Simon comme prince indépendant, et Judas fût en paix tant que vécut ce grand homme ; chacun put cultiver son champ dans la joie, s'asseoir sous sa vigne et son figuier ; Simon orna magnifiquement le sanctuaire, augmenta le nombre des vases sacrés, étendit les limites de sa nation, et sa puissance et sa gloire furent agréables aux

(1) Dan. VII, 7. — (2) 1 Mach. II, 19 et 20. — (3) 1 Mach. XIV, 16. — (4) Mach. XIV, 41.

Juifs tant qu'il vécut (1). C'est ainsi que le souverain pontificat, et plus tard la dignité royale, devinrent héréditaires dans la race des Asmonéens. Jean Hyrcan (135), successeur de Simon, augmenta la puissance des Juifs, constitua le royaume des Asmonéens plus grand et plus florissant que n'avait été celui d'aucun roi d'Israël, David et Salomon exceptés. Ainsi, dit Bossuet, le peuple de Dieu demeura » debout au milieu de toutes ces épreuves, tantôt châtié, » tantôt relevé de sa misère; Dieu le prévenait de telle » sorte que ce peuple est la preuve la plus vivante et la » plus magnifique de la Providence divine qui gouverne le » monde. » En effet, la race des Asmonéens, si zélée pour la loi de Dieu et toujours bénie dans ses entreprises, ne fut heureuse que tant qu'elle marcha dans la crainte du Seigneur. Déjà la position d'Hyrcan devint critique lorsque, dans la lutte élevée entre les Pharisiens et les Saducéens, il parut enfin prendre le parti de ces derniers († 107). La lutte de ces deux sectes rendit plus opiniâtre et plus désastreuse la longue et sanglante guerre civile qu'allumèrent après la mort du fils aîné d'Hyrcan, Aristobule (106), les dissensions de sa famille. Le parti judéo-grec nomma pour arbitre Pompée, alors en Asie. La domination romaine fut, comme de coutume, la suite de l'arbitrage. Pompée s'était déclaré contre le jeune Aristobule pour Hyrcan, le dernier des fils d'Alexandre, frère et successeur d'Aristobule, mort si misérablement. Il l'avait aidé à s'emparer de la dignité du grand prêtre. Hyrcan prétendit de nouveau à cette dignité après la chute de Pompée sous César; mais il ne put obtenir aucune influence politique en Judée, tout le pays se trouvant soumis à l'administration de l'Iduméen Antipater, et de ses fils Hérode et Phasaël. Le sanhédrin pénétra les plans de cette famille iduméenne. De plus en plus inquiet de l'amitié d'Antipater et des Romains, il déclara que sa position était incompatible avec les mœurs nationales. L'application arbitraire que faisait Hérode de la peine de mort, sans le concours du sanhédrin, et d'autres causes encore, excitèrent enfin une insurrection positive, à l'issue de laquelle, Phasaël s'étant tué et Antipater empoi-

(1) 1 Mach. XIV, 4-15.

sonné, Hérode (le Grand), soutenu par les Romains, fut proclamé roi de Judée (39-3 ans apr. J.-C.). Ce tyran, qui ne professait la religion juive qu'en apparence, chercha avec une violence hypocrite à opprimer la nationalité juive et les prêtres, à revêtir arbitrairement du pontificat suprême un Juif nommé Ananel, qu'il avait fait venir de Babylone, à déconsidérer le sanhédrin, à introduire enfin en Judée les mœurs et les usages des Romains. Une sourde agitation gronda d'abord parmi le peuple, qui finit par éclater et se révolter ouvertement. Tout autour d'Hérode régnaient l'intrigue et l'hypocrisie; les assassinats et les exécutions publiques les plus arbitraires se succédaient d'une manière effrayante. Les Juifs frémissaient sous ce joug odieux, mais, divisés en sectes religieuses, acharnés les uns contre les autres, ils n'étaient plus capables d'agir ensemble pour s'affranchir, comme leurs ancêtres, du joug de l'étranger, et reconquérir une existence glorieuse et paisible. Après la mort d'Hérode, la Palestine fut partagée entre ses trois fils : Archélaüs obtint comme ethnarque la Judée, l'Idumée et la Samarie ; Philippe, comme tétrarque, la Batanée, l'Iturée et la Trachonite, et Hérode, au même titre, la Galilée et la Pérée. Archélaüs, à la suite d'une révolte, fut exilé dans les Gaules (6 ans apr. J.-C.). Le grand prêtre et le sanhédrin administraient les affaires religieuses, mais ils n'avaient qu'une influence subordonnée dans les affaires publiques. En l'an 39, la faveur de Claude éleva Hérode Agrippa à la royauté de toute la Palestine ; mais, après sa mort (44 ans après J.-C.), le royaume redevint une province romaine, administrée par des *gouverneurs romains*.

§ 29. — *Les Juifs hors de la Palestine.*

Remond, Hist. de la propagation du judaïsme, depuis Cyrus jusqu'à la chute du royaume de Juda. Leipzig, 1789. — *Groot*, De migrationibus Hebr. extr. patriam ante Hieros, a Rom. deletam. Gron., 1817.

Nous avons vu qu'un petit nombre seulement de Juifs avaient profité de l'autorisation de Cyrus pour revenir en Palestine. La majeure partie était restée à Babylone, et de là s'était répandue de plus en plus vers l'Orient. Les rois des Homérides, de l'Arabie méridionale, avaient embrassé le judaïsme (vers 100 av. J.-C.) (1). Alexandre le Grand avait permis à une colonie juive de s'établir à Alexandrie, d'où ils se répandirent dans toute cette partie de l'Afrique. Leur singulière activité et leur esprit commercial les porta bientôt en Syrie et en Asie Mineure, et au temps de l'empereur Auguste, on les trouve disséminés dans toutes les parties de l'empire romain. Pour les distinguer des Juifs de la Palestine, on les appelait les *Juifs de la dispersion* (οἱ ἐν τῇ διασπορᾷ); malgré l'éloignement, ils conservaient des rapports actifs avec Jérusalem, en reconnaissaient les autorités ecclésiastiques, payaient un tribut annuel au temple (δίδραχμα), où ils envoyaient souvent des sacrifices et faisaient de fréquents pèlerinages. Ils restèrent ainsi, malgré les circonstances les plus défavorables, et à travers de longues périodes, invariablement et merveilleusement attachés à la religion de leurs pères et à leur antique nationalité. Mais peu à peu, parmi eux comme dans la mère patrie, se manifesta une tendance marquée à s'accommoder aux usages étrangers, et de là le *parsisme* et l'*hellénisme* de ces Juifs dispersés. Séparés de la mère-patrie, ils perdirent insensiblement les traits les plus saillants et les plus originaux de leur caractère national, si exclusif et si hostile à toute influence étrangère. En Perse, ils mêlèrent à leurs divines et saintes traditions quelques éléments de la religion persane; les mœurs, la science, la langue des Grecs prirent faveur chez les Juifs les plus distingués, et eurent une action prononcée sur leurs opinions religieuses, en Égypte surtout. Là, ils avaient même perdu en grande partie l'usage et la connaissance de la langue hébraïque et chaldaïque, ce qui rendit nécessaire pour eux une traduction grecque de l'Ancien Testament. Ils l'obtinrent grâce à l'intervention de Ptolémée Philadelphe (284 à 247 av. J.-C.), dans la version des *Septante*, qui fut même tenue pour inspirée.

(1) Cf. *Jos.*, Antiq. XV; 3, 1; XX, 2; XII, 2, 4; XX, 3, 1. *Idem*, de Bello Jud. II, 36; VII, 3. — *Tac.*, Annal. II, 85; Hist. V, 5.
(2) Voyez sur cette version des Septante *Herbst*. Introd. hist. et crit. à l'étude de l'Écrit. sainte. Carlsr. et Frib., 1840, p. 144-155.

Le contact des Juifs avec les pythagoro-platoniciens d'Alexandrie donna naissance à une philosophie religieuse toute particulière, qu'Aristobule, le premier, formula d'une manière remarquable (vers 160 av. J.-C.), mais qui ne fut complétement systématisée que par le Juif Philon (1) (vers 40 apr. J.-C.). Il tend surtout à harmoniser le judaïsme et le paganisme, en cherchant à pénétrer plus avant dans la connaissance de la révélation mosaïque et à la concevoir plus spirituellement que les Juifs. De là son exégèse allégorico-mystique, et l'admission des idées et de la contemplation platoniciennes. Pour conserver dans toute sa spiritualité l'idée de Dieu, qui semble ne pouvoir entrer en contact avec le monde matériel, il admet des êtres intermédiaires, émanés de Dieu, et se manifestant dans des formes de plus en plus dégradées (λόγος, λογόι), Les hommes pratiques de cette secte philosophique et religieuse paraissent s'être répandues très au loin en Égypte. La plus célèbre de leurs réunions ascétiques est celle des *Thérapeutes* (vers le lac Mœris, non loin d'Alexandrie) (2), qui, comme plus tard les anachorètes, vivaient de pain et d'eau, jeûnaient souvent, et demeuraient isolés dans des cellules (σεμνείοις, μοναστηρίοις). Philon fait venir leur nom de θεραπεία Θεοῦ ; d'autres de θεραπεία ψυχῆς : les deux explications caractérisent complétement la tendance des thérapeutes.

Les Juifs restés en exil, comme ceux qui, plus tard, ne pouvant reconquérir leur indépendance nationale, se dispersèrent parmi les peuples de la terre, furent les instruments de la Providence, dans le plan divin de l'éducation de l'humanité. Fondus au milieu des nations dont jadis

---

(1) *Philonis* Opp. Francof., 1691, in-f.; ed. Mangey. Lond., 1742, 2 t. in-f.; ed. *Pfeiffer*. Erlang, 1785 sq., 5 t. in-8; et *Staudenmaier*, Philosophie du Christianisme, ou la Métaphysique de l'Écriture sainte. Giessen, 1840, 1ᵉʳ vol., p. 360, 462. On y trouve exposé avec clarté tout le système de Philon. Biblioth. sacra Patr. Lipsiæ, 6 t. *Grossmann*, Quæstiones Philoneæ. Lipsiæ, 1829. *Maier*. Comm. sur l'Évang. de S. Jean, t. I, p. 117 sq.

(2) Les principales sources dans Philon, de Vita Contempl. Cf. *Euseb*. Hist. ecclesiast. II, 17, qui regarde les thérapeutes comme des chrétiens. — *Bellermann*, Essai histor. sur les esséniens et les thérapeutes. Berlin, 1821. — *Sauer*, De essenis et therapeutis. Vratisl., 1829. — *Dæhne*. Exposé hist. de la philosophie judaïco-religieuse d'Alexandrie. Halle, 1834, 1ʳᵉ part., p. 439.

l'accès leur était interdit, ils devinrent à leur tour accessibles à la civilisation des nations étrangères, et le mosaïsme cessa d'être isolé dans le monde. Leurs relations actives avec les peuples les plus importants de l'antiquité les mirent à même de répandre, avec le zèle qui leur était propre, les germes de la vraie connaissance de Dieu parmi les gentils, d'inspirer le respect du judaïsme, et de propager par toute la terre l'espérance du prochain règne de Dieu. Leur prosélytisme eut d'autant plus de succès vers le temps de la venue du Fils de Dieu, que nous avons vu la désolation d'un grand nombre de païens, convaincus de l'insuffisance du paganisme et enclins à admettre, avec les Juifs, sinon toute la loi mosaïque, du moins le monothéisme. Ces *prosélytes de la porte* (גֵּרֵי הַשַּׁעַר) abandonnaient les vaines imaginations mythologiques et s'abstenaient de certaines coutumes du paganisme ; ils étaient en assez grand nombre, tandis que les *prosélytes de la justice* (גֵּרֵי הַצֶּדֶק), qui admettaient toute la loi et la circoncision, étaient plus rares. D'autres, enfin, en grand nombre, sans être même prosélytes de la porte, cherchaient, au milieu des ruines de toutes les religions païennes, à apaiser momentanément leur conscience, en pratiquant les cérémonies des Juifs et prenant part aux solennités de leurs fêtes religieuses.

§ 30. — *Sectes principales : les Pharisiens, les Sadducéens, les Esséniens, les Samaritains.*

Au milieu des luttes politiques du temps des Macchabées, il s'était formé des partis religieux qui eurent une grande influence sur la marche même des événements politiques. Leurs opinions diverses sur les rapports de la religion et l'État (pharisiens et sadducéens), ou sur les choses purement morales (esséniens), les distinguèrent d'abord. Plus tard ils se divisèrent encore sous le point de vue politique : les uns (pharisiens) s'opposant, de toute leur force, à la suppression de la nationalité juive par la domination grecque et romaine ; les autres s'y soumettant avec moins de peine (sadducéens, esséniens). Les Pharisiens peuvent donc être considérés comme le parti de la légitimité, défendant avec zèle les choses anciennes, les antiques traditions, tenant ferme à la lettre et à la forme, et par cela même perdant facilement l'esprit, le sens et l'essence des choses ; les Sadducéens, au contraire, entrevoyant la nécessité d'un progrès, sans vouloir l'attendre, prétendaient l'opérer eux-mêmes ou l'obtenir, en introduisant des coutumes étrangères et défendues, et en affectant une liberté d'opinion opposée à la stérile orthodoxie des pharisiens. Entre ces deux partis se trouvaient ceux qui, tout en abandonnant quelque chose de la rigueur des traditions paternelles, cherchaient un asile et un refuge dans le recueillement intérieur, et menaient une vie mystique et contemplative : c'étaient les *esséniens* (1). Faut-il mieux caractériser encore ces trois sectes? Les pharisiens, à côté des documents authentiques et écrits de la religion, admettaient une *tradition*, commentaire vivant, explication orale et permanente de toutes les difficultés des Écritures (2). Ils se tenaient d'après cela pour les docteurs de la loi, pen-

---

(1) Sur le schisme opéré dans le judaïsme par ces trois sectes, voyez *Stolberg*, IV, p. 499-524. — Trium scriptor. illust. (Drusii, Scaligeri et Senarii de trib. Judæor, sectis syntagma, ed. Triglandius. Delphis, 1703, 2 vol. in-4. — *Beer*, Hist. des sectes religieuses du judaïsme. Brunn, 1822.

(2) « Il y a deux sortes de traditions, dit Molitor : la tradition écrite et la tradition orale. L'écriture arrête le temps dans son cours rapide ; elle saisit et burine en traits ineffaçables la parole fugitive et en fait un objet permanent. Aussi l'écriture est-elle la plus sûre de toutes les traditions. Néanmoins, malgré cet avantage, elle procure seulement une image générale et affaiblie de la réalité. Elle n'a point la précision qui fait la vie. C'est pourquoi elle est mélangée d'une foule d'erreurs, et doit toujours être soutenue par la tradition orale, qui en devient l'interprète vivant et animé. S'il n'en est ainsi, tout est mort : on n'a qu'une pure abstraction. — Dans l'ancien monde, où l'homme différait essentiellement de ce qu'il est dans le nôtre ; dans l'ancien monde, où la réflexion ne menaçait pas de tuer la vie, où les relations étaient plus simples, plus naturelles, cette alliance de la parole parlée et de la parole écrite, de la théorie et de la pratique, était observée avec beaucoup plus de rigueur. — L'existence propre et individuelle de chaque science, l'esprit véritable, la vie de l'ensemble était dans la parole vivante et dans la démonstration pratique que chaque maître transmettait à son élève, pour que celui-ci laissât ce mystérieux trésor à ses héritiers. Si, à travers toute l'antiquité, dans le domaine de l'art comme dans celui de la science, la vie consistait bien plutôt dans une communication orale que dans la transmission écrite, assurément nous ne devons être

§ 30. — SECTES PRINCIPALES CHEZ LES JUIFS.

saient devoir déduire leur nom de פָּרַשׁ, c'est-à-dire ἐξηγητὴς τοῦ νόμου, formaient par la tradition orale (*kabbalah*) une sorte de théologie spéculative, qui, par une exégèse tout allégorique, devenait le commentaire de l'Ancien Testament. Plus tard, ce fut sur cette tradition qu'ils s'appuyèrent pour justifier la multiplicité extraordinaire de rites et de cérémonies qu'ils introduisirent dans la pratique de la loi. L'esprit vivant du rite se trouvait ainsi écrasé sous la forme, et la cérémonie, dépouillée de sa vie intérieure et de son sens profond, passait pour l'essence de la religion. De là leur opposition à Jésus, et à l'adoration en esprit et en vérité qu'il enseignait; opposition si prompte, si déterminée, si opiniâtre et enfin si décisive. Ils accomplissaient les œuvres extérieures avec une prodigieuse activité, un scrupule et un zèle minutieux qui, le plus souvent, couvrait la perversité de leurs cœurs. Sérieux par leur éducation, ils cherchaient encore à se distinguer de la foule par leur apparence austère et sainte. Et c'est cette tendance caractéristique à s'élever au-dessus de la multitude qui est marquée par leur nom, tiré, selon toute vraisemblance, de פָּרוּשׁ, c'est-à-dire *séparés du peuple, élus, pieux* (1). Le Christ s'en prit surtout à cet orgueil, à cette sainteté apparente (2), à cette hypocrisie ambitieuse (3). Les pharisiens étaient les vrais meneurs religieux et politiques du peuple; ils voulaient passer aussi pour les Patriciens de la nation, et usaient de toute leur influence pour assurer leur domination. On ne peut cependant envelopper dans cette accusation d'hypocrisie tous les pharisiens, qui, du reste, en défendant la doctrine de la liberté humaine, de l'immortalité de l'âme, et par leur inviolable attachement à la parole divine, étaient incomparablement supérieurs aux Sadducéens. Plusieurs agissaient avec droi-

---

nullement surpris de trouver ce qu'il y a de plus saint, de plus intime, de plus propre à faire le bonheur de l'homme, la religion, expliquée par une tradition vivante, qui accompagne les lois civiles et interprète d'un point de vue élevé les obscurs enseignements du texte sacré. » (1ʳᵉ part., p. 6-8.)

(1) Cf. Josephi Ant. XVII, 2, 4. — *Epiphan.* Hæres, 16, c. 1, in fine.
(2) Matth. XXIII, 5-7; XIII, 28-32; Luc. XI, 37-54.
(3) Marc, VII, 2; Matth. XV, 2-3; Jean, IX, 16.

ture et selon leur ferme conviction. Tels furent Nicodème, Gamaliel et d'autres (1), comme nous le prouve l'histoire de Notre-Seigneur; telles furent encore les écoles de Hillel et de Schamaï.

Les Sadducéens opposaient à la rigoureuse orthodoxie et aux pratiques pieuses des pharisiens l'esprit de critique et la liberté de penser. Leur nom ne dérive point de צדק, mais, d'après la traduction talmudique, d'un certain Zadok (fin du III⁰ siècle avant J.-C.). Ils prétendaient reproduire le pur mosaïsme, admettaient les livres de l'Ancien Testament, comme étant en harmonie avec le Pentateuque; mais ils rejetaient la tradition et attachaient peu de prix aux cérémonies. Ce n'était pas cependant qu'ils eussent véritablement un sens profond des choses saintes et une vraie capacité pour la vérité; car on sent dans toutes leurs opinions religieuses un esprit d'indifférentisme; on voit dans toute leur manière d'être l'amour des biens terrestres et le désir d'une vie agréable et commode, qui ne s'inquiète guère des besoins de la nature supérieure de l'homme (2). Ils rejetaient (3) la croyance à l'immortalité de l'âme, aux peines et aux récompenses futures, à la résurrection des corps. Ils paraissaient aussi avoir nié l'existence des anges, des esprits, et nommément de Satan (4). Aussi, l'influence des sadducéens, peu nombreux d'ailleurs, ne pouvait être que fort médiocre sur un peuple aussi ferme dans ses croyances que celui de la Judée.

Également mécontents de la direction qu'imprimaient aux opinions du peuple les pharisiens et les sadducéens, plusieurs Juifs, surtout d'entre ceux qui sentaient un be-

(1) Jean, III, 1-21; Act. V, 37.
(2) Voici ce que disent les traditions du Talmud sur l'origine de la secte : Zadok, qui étudia sous Antigone Socho, corrompit l'enseignement de son maître. Antigone soutenait qu'on devait pratiquer la vertu sans avoir égard à une récompense. Zadok s'empara de ce principe pour nier un état futur de rétribution aussi bien qu'une autre vie. Cf. *Grossmann*, de Philosophia sadduceor. Lipsiæ, 1836. Winer, dans son Dictionnaire biblique, représente au contraire les sadducéens sous un jour beaucoup plus favorable.
(3) Matth. XXII, 23; Marc, XII, 18; Luc, XX, 27; *Josephi*, Ant. XVIII, 1-4.
(4) Act. XXIII, 8.

soin religieux plus profond, se retirèrent dans la solitude et formèrent la secte des Esséniens (1). On les trouve sur les rives occidentales de la mer Morte, menant une vie tout ascétique, dans la retraite la plus complète, s'efforçant (c'était l'idée mère de leur doctrine) de se soustraire aux influences des sens et de s'affranchir du joug du corps, qui emprisonne l'âme, par une discipline ferme et sévère, par l'abstinence et la pratique de diverses bonnes œuvres. Ils tendaient à former une société d'hommes amis de la vérité, rejetaient entre eux tout serment et n'en prêtaient qu'un, en entrant dans la communauté. Ils s'occupaient de labourage, du soin des troupaux, de divers métiers, et surtout de médecine. De là l'étymologie probable de leur nom, tiré du mot chaldaïque אסי, c'est-à-dire médecins du corps et de l'âme. Leur connaissance de la médecine et de la nature avait surtout un caractère théosophique ; ils se glorifiaient aussi d'un don particulier de prophétie. Leur direction spirituelle et leurs opinions religieuses les rapprochent beaucoup des thérapeutes d'Égypte. Cependant Flavius Josèphe nomme les esséniens πρακτικοί, parce qu'ils menaient une vie à la fois active et contemplative, tandis qu'il appelle les thérapeutes θεωρητικοί, parce que leur vie était purement contemplative. D'après Philon, qui idéalise les esséniens et les représente comme les modèles de la sagesse pratique, ils rejetaient tout sacrifice et prétendaient n'adorer Dieu qu'en esprit. Josèphe, au contraire, affirme que le sacrifice était saint à leurs yeux, mais seulement alors qu'il se célébrait à leur manière. Ils observaient rigoureusement la solennité du sabbat, vivaient en communauté de biens, et se soumettaient avec une inquiète exactitude, et contrairement à l'esprit primitif de leur secte, à une multitude de formes et de pratiques extérieures, telles que les lustrations, l'abstinence des choses impures, et les quatre degrés de leur hiérarchie. Ainsi leur piété avait à la fois un caractère mystique et légal, contemplatif et servile. On commit donc une erreur grave lorsqu'on voulut affilier directement les esséniens au Christianisme, d'après l'opinion d'Eusèbe,

---

(1) Philon les appelle ἐσσαῖοι, Josèphe ἐσσηνοί. Cf. præsertim *Stolberg*, IV, 499-524, et supra, § 29, p. 99, note 1.

puisque l'essence même du Christianisme leur manque. On peut tout au plus présumer que les assemblées des thérapeutes ont pu avoir une certaine influence sur la forme de vie des monastères chrétiens.

Aucune de ces sectes ne pouvait donc, en définitive, avoir une action prépondérante sur l'esprit religieux du peuple. Les pharisiens, dévots en apparence, étouffaient le sens intérieur par leurs formes exagérées et leur piété mesquine. Quelle vertu, quelle foi pouvaient inspirer au peuple l'indifférence et le doute des sadducéens? Quelle action, quelle influence pouvaient exercer sur la masse les esséniens solitaires?

Le tableau des divisions religieuses des Juifs se complète par le souvenir des luttes et de la haine mutuelle des Juifs et des Samaritains (1). Ces derniers tiraient leur nom de Samarie, ancienne capitale du royaume d'Israël. L'origine de leur séparation religieuse remonte au temps de Salmanasar, alors qu'en place des captifs emmenés à Babylone, le vainqueur envoya des Babyloniens et des Cuthéens, auxquels se mêlèrent les Juifs demeurés à Samarie (2). Ce mélange les rendit l'objet de la haine universelle. Quoique païens par le fait, ils prétendirent dès lors et toujours être Israélites d'origine. De tristes et déplorables expériences leur firent désirer de revenir au monothéisme, et de prendre part à la construction du nouveau temple, dont ils furent exclus comme idolâtres (3). La réforme religieuse qu'ils désiraient ne s'opéra donc parmi eux qu'au temps d'Alexandre le Grand, par le Juif exilé Manassé. Il réintroduisit le Pentateuque parmi les Samaritains, bâtit, d'après un texte du Deutéronome (XXVII, 4), un temple sur le mont Garizim, avec l'autorisation d'Alexandre, et ordonna des prêtres de la tribu de Lévi. Cependant leur liturgie différa beaucoup de celle du temple de Jérusalem, comme d'ail-

(1) *Sylvestre de Sacy*, Mémoires sur l'état actuel des Samaritains. Paris, 1812. — *Gesenius*, de Pentateuchi Samar. origine, indole et auct. Halæ, 1815. *Ejusd.* Programma de Samar. Theologica ex fontibus ineditis. Hale, 1822. *Ejusd.* carm. Samar. e codd. Lond. et Goth. Lipsiæ, 1824. (*Sieffert*) Progr. de temp. schismatis Eccl. Judæos inter et Samar. oborti. Regiom., 1828, in-4.
(2) 2 Rois, XVII, 24; Cf. 2 Paralip. XXXI, 1.
(3) 2 Rois, XVII, 29.

leurs les Samaritains différaient des Juifs, en n'admettant des livres de l'Ancien Testament que le Pentateuque, et en croyant que le temple où l'on devait adorer Dieu ne pouvait être que sur le mont Garizim (1). Ils tenaient à la doctrine nationale d'un Dieu, de la Providence, du Messie futur (השׁיב, conversor), mais ils la comprenaient d'une manière plus large que les Juifs. Les deux nations s'adressaient des noms injurieux (2), se reprochaient l'idolâtrie, évitaient toute société entre elles, se refusaient l'hospitalité (3), et cherchaient, en voyageant, à ne pas toucher leurs limites mutuelles. Elles combattirent souvent l'une contre l'autre et restèrent toujours irréconciliables. Le Christ, par ses paroles (4) et par ses actions (5), condamna cette haine.

§ 31. — *Plénitude des temps.*

L'influence des pharisiens avait fait régner parmi les Juifs, avec une apparence de justice légale, le fanatisme et l'impureté. On ne comprenait plus en général la religion que comme une chose extérieure. Le doute et le trouble de l'âme avaient été les résultats de l'influence moins active des sadducéens. Au milieu de ces agitations religieuses, qu'augmentait encore le joug des Romains, se réveillaient dans tous les cœurs le désir et l'espérance d'une double amélioration, extérieure et intérieure. Mais plus la foi des Juifs était troublée, plus ils étaient portés à interpréter les glorieuses promesses du Messie d'après leurs désirs terrestres et leurs opinions mondaines. Ils attendaient un guerrier puissant et fort, conquérant et dominateur de la terre. Un petit nombre d'entre eux seulement, représentés par les glorieux personnages du Nouveau Testament, Zacharie, Élisabeth, Siméon, Anne, Marie, etc. (6), espéraient en un Messie, libérateur du péché et de l'erreur. C'était précisément à la fin de la période où nous sommes arrivés que, s'appuyant sur la dernière prophétie de Daniel relative aux soixante-dix semaines d'années (490 ans) (7),

---

(1) Jean, IV, 19. — (2) Eccles. L, 28; Jean, VIII, 48. — (3) Luc, IX, 53. — (4) Luc, X, 25-37. — (5) Jean, IV, 4; Luc, IX, 52. — (6) Luc, I-II. — (7) Dan. IX, 24.

les Juifs attendaient le Messie promis avec une impatience que redoublait chaque jour la tyrannie des successeurs d'Hérode et des gouverneurs romains; le joug de Rome surtout leur était odieux. Ils avaient tellement l'espoir d'en être délivrés, ils l'annonçaient si hautement, que les païens, et les Romains principalement, en eurent connaissance, et s'en étonnèrent d'autant moins qu'eux aussi, gémissant sous la tyrannie nouvelle des empereurs, ayant perdu toute croyance religieuse, dédaignant le culte de leurs pères, désiraient ardemment un libérateur qui mît un terme à leur incertitude, guérît leur plaies, calmât leurs angoisses, et leur rendît espoir et confiance en Dieu (1).

Tel était donc le triste spectacle qu'offrait partout, sous le point de vue religieux et moral, l'empire romain, sans même en excepter la Palestine. L'homme privé de Dieu, ou plutôt éloigné de Dieu (2), attendait néanmoins partout le *Désiré des nations*, comme l'avait prédit le Prophète, et comme, chaque année, l'Église nous le rappelle, quand elle entonne durant l'Avent l'hymne antique : *Rorate, cœli, desuper, nubes pluant Justum!* Le Verbe éternel n'avait jamais cessé d'agir dans le monde, et de répandre sa vie et sa lumière sur l'humanité déchue; mais le monde ne l'avait pas compris (3); ni les siens, ni les Juifs, ni les païens ne l'avaient reçu et n'avaient porté encore des fruits de vie.

C'est alors que le *Fils de Dieu* quitta les demeures éternelles de son Père, se fit *homme*, pour vivifier, réconcilier, libérer, éclairer, sanctifier les hommes, et conduire, par sa grâce et sa vérité (4), toute chose à leur fin éternelle. « Le Christ, dit saint Augustin, apparut aux hommes au milieu d'un monde vieux et mourant, pour vivifier et rajeunir tout ce qui se flétrissait et tombait autour d'eux. » Au-dessus de toutes les étoiles, s'écrie dans un pieux et profond enthousiasme saint *Ignace d'Antioche*, saluant la venue de l'Homme-Dieu; au-dessus de toutes les étoiles du ciel brillait une étoile d'une ineffable lumière, d'une merveilleuse pureté. Les astres du firmament, le soleil et la lune formaient autour d'elle un chœur éblouissant; mais

---

(1) 1 Pierre, II, 25. — (2) Ephes. II, 1, 5, 12. — (3) Jean, I, 5, 9, 10, 11. — (4) Jean, I, 12-14.

§ 31. — PLÉNITUDE DES TEMPS.

tous recevaient leur lumière, empruntaient leur éclat de cette étoile unique et mystérieuse. Et toute magie fut abolie ; les liens du péché furent rompus, l'ignorance fut dissipée, l'empire du mal ruiné, lorsque Dieu parut sous la forme humaine pour rendre la vie à tout ce qui périssait sans elle (1). » « La *plénitude des temps* était venue (2) ; Dieu envoyait son Fils pour racheter ceux qui étaient sous sa loi et les faire ses enfants d'adoption. » C'était aussi le moment le plus favorable pour fonder l'influence universelle du Christianisme. Jamais on n'avait autant désiré une religion selon l'esprit et la vérité ; jamais le monde n'y avait été plus préparé ; l'opposition si tranchée des Juifs et des païens tombait et se fondait dans le sentiment universel de la désolation intérieure et de l'oppression du dehors. L'état politique de la plupart des peuples civilisés les avait merveilleusement préparés à l'action salutaire du Christianisme. Rome étendait alors son empire sur presque tout le monde ancien connu : à l'Occident de cet immense empire prédominaient la langue et les mœurs de Rome ; à l'Orient les conquêtes d'Alexandre avaient fait triompher la civilisation grecque, qui avait étendu sa domination jusque dans Rome même, au temps des empereurs. Combien l'union de tant de peuples soumis à une même domination, parlant une même langue, facilitait l'annonce de l'Évangile ! Paul écrit en grec aux habitants de Corinthe et de Philippes, à l'orientale Éphèse comme à l'occidentale Rome, aux Asiatiques comme aux Européens (3). L'amour des conquêtes avait produit chez les Romains, en place de leur rigueur première, une grande tolérance à l'égard des cultes étrangers. On admettait généralement que les dieux avaient eux-mêmes ordonné les cultes divers, qui devaient se tolérer réciproquement, tant qu'ils se bornaient au pays, au peuple auquel ils appartenaient. Il en était résulté une assez grande faveur pour le syncrétisme religieux. L'invasion des dieux étrangers avait néanmoins été telle à Rome, malgré la loi en vigueur et qui exigeait l'autorisation de l'État, qu'on fortifia les lois

---

(1) Ep. ad Ephes. c. XIX. — (2) Gal. IV, 4 ; Rom. V, 6 ; Ephes. I, 10 ; Tit. I, 3. — (3) Cf. *Hug.* Introd. au Nouveau Testament ; 3ᵉ éd. 2ᵉ part., p. 30.

circa sacra peregrina (1) jusqu'à ce qu'enfin le Christianisme, vainqueur du monde, se manifesta aux Romains, dans la plénitude de sa force et de sa vérité. Comment ne pas reconnaître la main de la Providence dans tous ces préparatifs, si favorables à l'annonce et à la propagation du Christianisme? Comment ne pas s'écrier avec le grand apôtre du monde : « Dieu a tout enfermé dans l'incrédulité, afin de faire miséricorde à tous. O profondeur des trésors de la sagesse et de la science de Dieu ! que ses conseils sont incompréhensibles et ses voies insondables (2) ! »

---

(1) 327, a U. C. *Cicero*, de Legib. II, 8. Separatim nemo habessit Deos, neve novos, sed ne advenas, nisi publice adscitos, privatim colunto. — (2) Rom. XI, 32, 33.

PREMIÈRE PÉRIODE

PREMIÈRE ÉPOQUE

DE LA NAISSANCE DE JÉSUS-CHRIST
JUSQU'A CONSTANTIN LE GRAND
(1—313)

EN DEUX PARTIES

§ 32. — *Sources.* — *Travaux sur l'histoire ecclésiastique de cette époque.*

I. SOURCES. — L'Ecriture sainte, le Nouveau Testament, tous les Pères de l'Eglise et tous les écrivains ecclésiastiques de cette période; en outre *Lumper* (voy. plus bas), dans le Max. Bibl. vet. Patr. Lugd., t. II et III; dans *Galland*, Bibl. vet. Patr. t. I, II, III, et en partie t. IV. — *Migne*, Patrolog. complet. et *Grabe*, Spicileg. LS. Patr. ut et hæreticor. sæculi p. Ch, n. I, II et III. Oxon., 1700. nouv. édit. Oxon., 1714. 3 t. (Nous citons le t. II d'après l'édit, de 1699; t. I, nouv. édit. II, 1700.) — *Routh*, Reliq. sacræ s. auctor. fere jam perdit. secundi tertiique sæculi fragmenta quæ supersunt. Oxon., 1613-18,, 4 t. in-8. Les historiens ecclésiast. *Hégésippe, Eusèbe*, Cf. § 14. *Ruinart*. Acta prim· martyr. sincera et selecta ed. II. Amst., 1713; ed. *Galura*. Aug. Vind., 1802, 3 t. in-8. Passages isolés des écrivains juifs et païens, particulièrement de Flavius Josèphe, Suétone, Tacite, Pline le Jeune. Scriptores hist. Augustæ Dio Cass., etc., rassemblés et expliqués dans *Lardner*, Collection of the Jewish and heathen testimonies of the Christ. relig. Lond,, 1764 sq., 4 t. in-4.

II. *Travaux.* — *Lumper*, Hist. théologica-critica de vita, scriptis et doctrina SS. Patr. aliorumque scrip. ecclesiast. Aug. Vind., 1783 sq., 13 t., in-8 (trois premiers siècles). *Baronii* Annales, t. I et II. voy. pl. haut § 18, *Natal. Alex.* Hist. ecclesiast. I, II et III sæcul. ed. Ven. 1771, in-4, t. IV, VI. Voy. pl. haut § 19. *Tillemont*, t. I-V. Cf. pl. haut § 19. *Zola*, Comment. de rebus christianor. ante Constant. Max.; et Cf. § 20. *Clericus*, Hist. Eccl. duor. prim. sæcul. Amst., 1716, in-4. *Moshemii* de rebus christianor. ante Constant. Max, Helmst., 1753, in-4. *Stolberg*, t. V-IX, *Katercamp*, t. I. *Rauscher*, t. I et II. Cf. pl haut § 21, Hist. de l'Etab. du Christ., d'après les traditions juives et païennes, par *Bullet*.

PREMIÈRE PARTIE.

LE CHRIST ET LE SIÈCLE APOSTOLIQUE.

CHAPITRE PREMIER.

VIE ET TRAVAUX DE JÉSUS (1).

> Afin que vous croyiez que Jésus est le Christ, le Fils de Dieu, et qu'en croyant vous ayez la vie en son nom.
> Jean XX, 31 ; conf. 1 Jean V, 13.
>
> Bienheureux les yeux qui voient ce que vous voyez.
> Luc, X, 23.

Tillemont. t. I, part. 1re (Vie de Jésus-Christ, de la Vierge Marie, de saint Joseph, de Joseph d'Arimathie et de Jean-Baptiste.) Notes et éclaircissements, etc. *Hess*, Hist. de la vie de Jésus. Zur. (1747), 1823, 3 vol. *Reinhard.* Essai sur le plan du fondateur de la religion chrétienne. Wittenb. (1781), 5e édit. de Heubner. Wittemb., 1830. *Neander*, La vie de Jésus-Christ dans son ensemble et son développement historique. Hamb. (1837); 3e éd., 1839. *Stolberg,* vol. 5. *Kuhn,* Vie de Jésus sous le point de vue scientifique. Mayence, 1838, 1 vol. *Hirscher,* Hist. de Jésus-Christ, Fils de Dieu et Sauveur du monde. Tubing. (1839); 2e éd., 1840. *Sepp,* la Vie du Christ, avec une préface de J. de Gœrres. Ratisb., 1843-46, 7 vol.

(1) On peut consulter, sur la tentative qu'a faite *Strauss*, dans sa *Vie de Jésus*, de réduire en un mythe l'histoire évangélique, les ouvrages suivants : *Macke,* Critique des travaux de Strauss sur la vie de Jésus, dans la Rev. trimestr. de Tubing., 1837, p. 35, 259, 426, 633. *Hug.,* Appréciation de la Vie de Jésus, par Strauss. Fribourg, impr. sépar. en 1840, à Fribourg. *Kuhn,* Vie de Jésus, passim. *Ullmann,* Histoire ou Mythe? Hamb. 1838. Tholuck, Véracité de l'histoire évangélique. Hamb., 1838. Paris, 1847. *Sepp,* l. c. Cf. *Rossignol,* Lettres sur Jésus-Christ. Paris, 1841-45, 2 vol.

§ 33. — *Recherches chronologiques sur l'année de la naissance et sur la vie de Jésus-Christ.*

Tillemont, note 4 de la Vie de Jésus. *Nat. Alex.* Hist Eccl. I sæc. diss. II, ed Venet. in-4, t. IV, p. 139 sq. *Sepp.* ubi supra, t. I. *Wieseler*, Concord. chronol. des quatre Évangiles. Hamb. 1843. *Seyffarth*, Chronol. sacra, Lips. 1846.

Dès les temps les plus reculés, les opinions furent diverses à cet égard. Irénée et Tertullien indiquèrent la 41ᵉ année d'Auguste (c'est-à-dire l'an 751 après la fondation de Rome) comme celle de la naissance du Christ. Clément d'Alexandrie, Eusèbe Épiphane et Orose adoptèrent la 42ᵉ année d'Auguste. Denys le Petit [530] fixa par un calcul soigneux et solide l'année de la naissance de Jésus-Christ à l'an 754 après la fondation de Rome (1). Mais les recherches plus récentes ont fait généralement admettre l'an 747 (2). En s'écartant ainsi des calculs de Denys (ce qui a lieu depuis Bède, et surtout depuis le VIIIᵉ siècle), on se fonde sur la donnée certaine de la mort d'Hérode, que Josèphe fixe au printemps de 750 ou 751. Or, d'après saint Mathieu, II, 22, la mort d'Hérode n'a dû arriver qu'après la naissance du Christ, et par conséquent le calcul de Denys commence au moins quatre ans trop tard. La seule base certaine que nous fournissent à cet égard les Évangiles, est le passage de saint Luc III, 1 qui date le commencement de la vie publique de Jean-Baptiste de la 15ᵉ année du règne de Tibère, et l'endroit où le même évangéliste, II, 1-2, parle du recensement ordonné en Palestine par l'empereur, au temps où Quirinus était gouverneur de la Syrie. Il serait facile, d'après cela, de calculer l'année qu'on recherche, si l'on était certain, ce qui n'est pas invraisem-

---

(1) Voir les principales opinions dans *Fabricii* Bibliograph. antiquar.; ed. II. Hamb., 1716; et dans *Munter*, l'Étoile des Mages, Recherches sur l'année de la naissance de Jésus-Christ. Copenh., 1827.

(2) *Kepler*, de Nova stella in pede Serpentarii, etc. (Pragæ, 1606); de Jesu Chr. Salvatoris nostri vero anno natalitio (Francf., 1606, in-4); de vero anno quo æternus Dei Filius humanam naturam in utero benedictæ Virginis Mariæ assumpsit (Francf., 1614, in-4). Il se prononce pour l'année de Rome 748. — *Sanclementii* de vulgar. æræ emendat. lib. IV, Romæ, 1793, in-4. — *Ideler*, Chronol., t. II, p. 394.

blable, que la date de saint Luc comprend les deux années du règne commun de Tibère et d'Auguste, qui mourut en 767 après la fondation de Rome (d'où 765 + 15 = 780). Or Jésus-Christ commença sa vie publique peu après Jean-Baptiste, âgé de trente ans, au rapport de saint Luc, III, 23 (780 — 30 = 750). Telle serait l'année la plus probable de sa naissance. Pour fortifier cette opinion, on a rappelé les calculs astronomiques d'après lesquels longtemps avant et après Jésus-Christ, la pâque n'a pu tomber un jeudi qu'en 784. Mais Jésus-Christ célébra la dernière cène dans sa trente-quatrième année, d'après l'opinion commune (car saint Irénée seul prétend que Jésus-Christ a vécu quarante ans) (1), et il la célébra précisément un jeudi, ce qui nous ramène à l'an 750 (2). Néanmoins qui peut méconnaître qu'il y a encore bien de l'incertitude dans les diverses données de ce dernier calcul? Combien l'incertitude augmente, combien les difficultés deviennent insolubles lorsqu'on veut déterminer le mois et le jour de la naissance de Jésus-Christ (3)! Quant à la vie publique de Notre-Seigneur, on peut conclure avec assez d'assurance des saints Évangiles, que la durée en fut de trois années.

§ 34. — *Naissance du Christ.*

Les prophètes avaient annoncé dès l'origine, à travers tous les siècles, et d'une manière de plus en plus positive, que le Messie, qui devait racheter et régénérer le genre humain, naîtrait parmi les Juifs, non point comme tous les hommes, suivant les lois ordinaires de la nature, mais, comme le premier homme, par une création immédiate de Dieu (4). Une vierge pure (5), de la race de David, de-

(1) *Iren.* cont. Hæres. II, 22, ed. D. *Massuet.* Paris., 1710, in-f., p. 148.
(2) C'est aussi le résultat des recherches de *Wieseler*, cf., p. 131-132.
(3) Tandis que saint Jérôme disait déjà, *Sermo de nativitate* : « Sive hodie Christus natus, sive baptizatus est, diversa quidem fertur opinio in mundo, et pro traditionum varietate sententia est diversa; » *Sepp* a cherché à prouver par des calculs positifs que le jour de la nativité de Notre-Seigneur doit être le 25 décembre 747 apr. R.
(4) Voy. § 28.
(5) Is. VII, 14.

vait concevoir le Christ dans son chaste sein et l'enfanter à Bethléem de Juda (1).

Lorsque les temps marqués par Dieu furent proches (2), un ange vint à Nazareth annoncer à une vierge nommée Marie, de la race de David, qu'elle était choisie pour concevoir par l'opération de l'esprit saint et enfanter le Fils unique de Dieu (3). Le paganisme et les puissances du siècle devaient à leur insu servir à l'accomplissement des desseins éternels. Au temps marqué pour la naissance du Messie, Tibère ordonne un dénombrement du peuple. Marie se rend à Bethléem. Joseph, son époux, pauvre charpentier, quoique issu de la race royale de David, l'y accompagne (4). Là Marie met au jour, dans une étable, l'enfant merveilleux que les prophètes avaient salué de loin des noms de Dieu fort, Père du siècle à venir, Prince de la Paix (5). Et depuis lors la Vierge pure ne conçut plus dans son sein sacré*.

Les prodiges qui ont préparé cette naissance merveilleuse continuent. Les anges descendent du ciel; ils manifestent la joie que leur cause le salut apporté au genre humain déchu; ils expriment leur reconnaissance, au nom de l'humanité qui ne soupçonne pas encore que l'heure de sa rédemption est proche (6). Ils annoncent la paix au monde dégénéré et la nouvelle alliance du ciel et de la terre. A ces accents de joie venus d'en haut, quelques pasteurs juifs s'éveillent et se dirigent en hâte vers le Sauveur nouveau-né (7). Mais bientôt, du fond même de l'Orient, l'at-

---

(1) Michée, V. 2. — (2) Dan. IX, 24. — (3) Luc, I 26; Jean, I, 18. — (4) Luc, II, 1-5. — (5) Is. IX, 6.

(*) Les frères de Jésus dont il est question dans le Nouveau Testament (Matt., XII, 46; XIII, 55; Marc, III, 31; VI, 3; Luc, VIII, 19-12; Jean, II, 12; Act. des Ap. I, 14), sont, d'après l'analogie du mot hébreu, את les parents ἀνέψιοι. Autre preuve : le Christ mourant recommande à son bien-aimé disciple Jean, Marie comme sa mère (Jean, XV, 25-27.) Le terme πρωτότοκος (Matth., I, 25), employé pour le Christ, n'est nullement contraire à cette explication, et se démontre par la locution hébraïque. *Schleyer.* Nouvelles recherches sur l'Ep. de saint Jacques, et surtout sur les frères de Jésus (Frib., Journal de théolog., t. IV, p. 1-116). — *Kœster*, l'Écrit. sainte expliquée par les classiques, p. 133.

(6) Luc, II, 9-12. Cf. Hébr. I, 6. — (7) Luc, II, 8.

trait du Père amène au Fils des sages qui l'adorent (1), et l'humanité tout entière, que devait racheter le Fils de Dieu, est représentée près de son berceau. Et comme il fallait qu'il fût en tout semblable à ses frères (2), le Fils de Dieu est selon les prescriptions de la loi, circoncis au huitième jour de sa naissance et reçoit le nom de *Jésus* (יְהוֹשֻׁעַ contracté de יֵשׁוּעַ, c'est-à-dire secours de Dieu).

Illuminé par l'esprit saint, le juste et pieux Siméon salue le *Rédempteur d'Israël, la lumière des nations*, l'enfant divin, posé pour la ruine et la résurrection de plusieurs. Anne, que l'esprit amène au temple, s'unit aux cantiques de Siméon, et va prophétisant le Verbe à tous ceux qui attendent la rédemption d'Israël (3).

Depuis quatre cents ans l'esprit de prophétie ne s'était plus fait entendre en Israël. Il s'était tu avec Malachie (4). Quel printemps radieux succède tout à coup à ce long hiver! De toutes parts retentissent des chants de gloire : celui dont le nom est *Merveille* s'est enfin montré! Et l'archange et la Vierge, Zacharie et Élisabeth, dans les prairies verdoyantes les anges, dans le temple et le sanctuaire Anne et Siméon, tous prédisent un immense avenir et se réjouissent au rayon du soleil que le Seigneur envoie au monde : le ciel lui-même s'abaisse vers la terre, et les fils de la poussière se relèvent dans le sentiment d'une joie toute divine.

§ 35. — *De ce que l'on appelle le développement de Jésus.*

Marie et Joseph, au rapport des plus anciennes histoires judaïques, afin d'échapper aux desseins homicides de l'artificieux Hérode, s'enfuirent pour quelque temps en Égypte (5) ; mais bientôt ramenés par l'esprit qui avait décidé leur départ, ils revinrent à Nazareth, accomplissant ainsi le sens profond de la prophétie d'Osée, XI, 1 : « J'ai appelé mon fils de l'Égypte. » A douze ans, l'enfant divin laissa échapper quelques rayons de sa céleste sagesse, de-

---

(1) Matth., II, 10-11. — (2) Hébr., II, 17-18. — (3) Luc. II, 25-38.
(4) Cf. *Stolberg*, V° partie, p. 46-47.
(5) Matth., II, 19-20.

vant les docteurs étonnés du temple de Jérusalem (1). Sanctifiant tous les rapports de l'homme et tous les dégrés de son développement, le Fils de Dieu demeura filialement soumis et obéissant à ses parents (2). Il aida, selon une ancienne tradition, son père nourricier dans les travaux de son dur métier (3). L'histoire garde le silence sur le reste de ses actions jusqu'à son entrée dans la vie publique. On a prétendu expliquer la sagesse, la sublimité, la sainteté que Jésus manifesta plus tard, en les attribuant à la piété de sa mère, à la science des pharisiens, des sadducéens (4) et des esséniens, à la civilisation alexandro-judaïque. N'était-ce pas méconnaître complètement le Christ historique comme Fils de Dieu? Bien loin d'expliquer le miracle divin, n'était-ce pas en rendre l'explication plus difficile encore? car en quel temps et où jamais l'âme d'un juif ou d'un payen donna-t-elle les signes d'une sagesse, d'une pureté, d'une majesté semblables à celles qui brillèrent dans la vie du Sauveur (5)? Combien les peintres chrétiens sont plus près de la vérité, lorsqu'ils représentent l'enfant Jésus entouré d'une auréole de gloire dans tous les moments, dans toutes les circonstances de sa vie! et n'est-ce pas dans ce sens que les Pères de l'Église ont expliqué les paroles qui nous montrent Jésus croissant en âge, en grâce et en sagesse (6), c'est-à-dire laissant éclater de plus en plus au dehors la vertu divine qui résidait en lui, à mesure que son corps croissait et que son humanité se développait davantage.

§ 36. — *Jean-Baptiste* (7).

Lorsque le temps de la venue du Messie fut proche, un ange annonça au saint prêtre Zacharie que Dieu susciterait dans le sein de sa femme Élisabeth, déjà avancée en âge et parente de Marie, un fils qui serait grand devant le Seigneur. Jean, c'est-à-dire le béni de Dieu, sera son nom, dit l'ange. Il sera rempli du Saint-Esprit dès le sein de sa

---

(1) Luc, II, 46-47. — (2) Luc, II, 51. — (3) Marc, VI, 3. — (4) Cf. Jean, VII, 15. — (5) *Hug*, Introd. à l'étude du N. Test., t. I, p. 102-105, 3e édit. — (6) Luc, II, 40, 52. — *Lieber*, Sur le développement de Jésus dans la sagesse. Ratisb., 1850. — (7) Cf. *Kuhn*. Vie de Jésus. t. I, p. 161-300.

d'esprit ni de mœurs (1). Jean n'est pas un roseau qu'agite le vent : il ne change point avec les caprices d'un peuple mobile et de ses représentants. Jean est le plus grand d'entre ceux qui sont nés de la femme : c'est le Christ lui-même qui le déclare (2). Il est prophète et plus qu'un prophète (3), car ce n'est pas dans un avenir incertain qu'il promet aux hommes un sort meilleur : il annonce le royaume de Dieu qui est proche, qui est arrivé (4), et cependant celui qui est le plus petit dans le royaume des cieux est plus grand que le plus grand des prophètes (5).

Mais son ministère public va cesser, car Hérode l'envoie captif dans les prisons de Machœrus (6), et l'y fait mourir, pour satisfaire la passion et la vengeance d'Hérodiade irritée au rapport des Évangiles; par crainte de la considération que Jean avait acquise auprès du peuple, selon l'historien Josèphe (7). Le dernier regard de Jean sur la terre fut sans doute son premier regard dans le ciel, car il avait l'œil de la foi et n'avait cessé de le diriger vers celui qui était devant lui. Ses disciples l'ensevelirent, et, fidèles à leur maître, vinrent annoncer sa mort à Jésus; mais quoique Jean eût si souvent, si clairement désigné Celui qui est la vérité même, l'Agneau de Dieu (8), beaucoup d'entre eux méconnurent la vérité et s'éloignèrent du Sauveur (9) : ils restèrent *disciples de Jean*. Ainsi, dans la nature, les espèces inférieures ne s'éteignent pas, parce qu'au-dessus d'elles s'en élèvent d'autres d'un ordre supérieur; pas plus qu'on ne voit disparaître sur-le-champ les espèces intermédiaires, quand même elles servent au développement complet de celles qui sont plus parfaites.

(1) Jean, V, 35. — (2) Matth., XI, 11. — (3) Matth., XI, 9.
(4) C'est ce que l'Église exprime dans l'hymne de saint Jean-Baptiste au jour de sa nativité :

> Cæteri (sc. prophetæ) tantum cecinere vatum
> Corde præsago jubar affuturum :
> Tu quidem mundi scelus auferentem
> Indice prodis.

(5) Matth., XI, 11. — (6) *Flav. Joseph.* Antiq. XVIII, 5, 2.
(7) Matth., XIV, 2, 12; XXI, 23-27. Cf. Marc, XI, 27-33; Luc, XX, 1-7.
(8) Jean, I, 29, 36. — (9) Jean, III, 26; Luc, V, 33; Matth. IX, 14; XI, 2; Act. XVIII, 25; XIX, 2-7.

§ 37. — *Vie publique de Jésus.* — *Son but.*

Après le baptême de Jean, qui avait, pour ainsi dire, inauguré la mission du Messie, Jésus se retira dans un lieu désert. Là, comme jadis Moïse sur le mont Sinaï, il resta quarante jours, luttant victorieusement contre le prince du mal, qui le tenta, comme tous les hommes (1) parce que le Christ devait être en tout semblable à ses frères (2). Alors seulement il se mit à enseigner publiquement le peuple, ainsi que l'aurait fait un rabbin de la synagogue, passant aux yeux de la multitude pour fils de Joseph (3). Ses premières paroles furent comme celles de Jean : « Faites pénitence (4). » Mais bientôt, dévoilant plus longuement aux juifs les mystères de sa mission divine (5) : « Je suis venu, dit-il, pour accomplir la loi, pour la purifier, l'éclaircir, la développer (6) ; » et comme Jean il laissa ses disciples administrer au peuple le baptême de la pénitence (7). Mais, de son côté, le peuple devait se sanctifier par la pureté du cœur et de l'intention ; la vue de Dieu devait être sa récompense, et cette récompense toute spirituelle faisait un singulier contraste avec ses superbes et mondaines espérances du Messie. C'était dans les paroles et les actions du Christ une merveilleuse activité dont le but sublime planait toujours devant son âme. Et ce but, c'est-à-dire l'établissement d'un royaume céleste et purement spirituel, fut si clairement indiqué par toutes ses paroles, dès le principe, qu'il est impossible de trouver, dans aucun des Evangiles, la moindre trace du moment où il aurait substitué ce royaume spirituel à une royauté terrestre, qu'il aurait eue d'abord en vue. Jamais Jésus ne partagea l'opinion de ses contemporains sur le pouvoir temporel du Messie attendu, et sa grandeur consiste en partie en ce qu'il s'éleva, dès l'abord, au-dessus de ces imaginations indignes des siècles passés et des temps à venir. La grande et unique pensée de toute sa vie fut de réunir toute l'humanité en une société religieuse et mo-

---

(1) Matth., IV, 1-11. — (2) Hébr. II, 18; IV, 15. — (3) Luc, III, 23. — (4) Matth., IV, 17. — (5) Matth., V, 7. — (6) Matth., V, 17. — (7) Jean III, 22 et 26.

rale, dans laquelle chacun pût, à l'aide de Dieu et sous la direction de sa providence, être par Jésus délivré du péché, réconcilié avec Dieu, sanctifié de plus en plus, et par là même participer à une félicité toujours croissante; jamais les expressions simples et populaires dont il se servit pour représenter son royaume, ne démentirent cette tendance de toute sa vie à l'établissement d'un royaume spirituel (1), en même temps qu'universel. C'est toujours et partout dans ce sens qu'il parle, de la manière la plus claire et la plus explicite (2). Tel est aussi le caractère et le principe tout spirituel de sa religion; tel est le sens de toutes les prophéties qui ont rapport au Messie et qui comprennent l'humanité tout entière, vrai peuple du Christ, dont le royaume devait commencer, il est vrai, parmi les Juifs, pour s'étendre de là sur toutes les nations païennes (3).

§ 38. — *La doctrine divine de Jésus.*

La doctrine de Jésus était parfaitement conforme au plan que nous venons d'indiquer. C'était avec une insistance particulière qu'il annonçait l'unité de Dieu, *Père de tous les hommes*, et les pratiques qu'il institua, si peu nombreuses, et en rapport si intime avec l'essence de la religion, ne renfermaient rien qui fût purement local, temporaire ou national. Elles pouvaient être observées partout, et devaient peu à peu remplacer la loi mosaïque, que, sans la combattre ouvertement, il tendait à élargir, à purifier, et à transformer en l'adoration en esprit et en vérité (4). Les principes de sa doctrine, aussi anciens que l'esprit humain, prenaient naturellement, dans leur expression parabolique, une forme éminemment populaire et s'appropriaient ainsi à tous les degrés d'intelligence; aussi firent-elles, dès le principe, une profonde impression sur le peuple, qui, dans son étonnement et sa joie disait : « Celui-ci enseigne comme ayant autorité, et non comme les scribes et les pharisiens (5). » Cette impression devenait de plus en plus

---

(1) Matth., XIX, 28; Luc, XXII, 30; Marc, VII, 27. — (2) Jean, X, 16; Matth., XXVIII, 19. — (3) Matth., XV, 24. Cf. XXVIII, 19. — (4) Matth., V, 17; Jean, IV, 21 sq. — (5) Matth., VII, 28, 29.

puissante, à mesure que Jésus parlait et agissait au milieu du peuple; car, pour atteindre le but définitif de sa mission, le retour de l'humanité déchue vers Dieu, il montrait sans cesse Dieu offensé comme le Père de l'amour, prévenant le pécheur et pardonnant au repentir, s'abaissant vers lui dans la personne de son Fils unique (1), réalisation vivante et sensible de la parole et du fait, de l'idée et de l'actualité. Jésus avait dit : « Tout pouvoir m'a été donné dans le ciel et sur la terre (2) ; » et il prouvait la vérité de cette parole en dominant les forces de la nature, en ressuscitant les morts, en guérissant subitement les aveugles, les sourds, les paralytiques, les infirmes de tout genre (3), en pardonnant, en remettant les péchés. Jésus avoit enseigné la résurrection et la vie éternelle ; il devait confirmer cette doctrine par sa propre résurrection. Ainsi, et tel était le caractère spécial de son enseignement, Jésus faisait ce qu'il disait, il réalisait ses pensées par ses actions, comme, dans l'origine des choses, le Verbe tout-puissant et créateur avait dit : « Que la lumière soit, et la lumière fut. » Ainsi, toujours confirmée par le fait, sa doctrine était à la portée de tous les esprits non prévenus, et pour ceux qui se fermaient à la vérité de sa parole, il en appelait toujours à ses actions (4) et à l'impossibilité de le convaincre d'aucun péché, ce dont jamais aucun homme n'avait pu se prévaloir (5). Enfin il se fit connaître en maintes circonstances, en déclarant ouvertement qu'il était né du Père (6). « Qui me voit, voit mon Père (7) ; moi seul je connais le Père (8) ; je fais connaître sa volonté et sa parole, et je ne recherche que la gloire de Celui qui m'a envoyé (9). Mais celui-là seul qui est de Dieu, est attiré par la vérité et libéré par elle (10). »

Saint Justin le martyr (11) caractérise parfaitement la doctrine de Jésus : « Ses discours étaient courts et serrés ; ce n'était point la parole d'un sophiste, mais la vertu de

---

(1) Jean, III, 16. — (2) Matth. XXVIII, 18. — (3) Matth. IV, 23. (4) Jean, X, 38. — (5) Jean, VIII, 45; Hébr. IV, 15. — (6) Jean, VII, 29; VIII, 55; X, 30; cf. V, 17. — (7) Jean, X, 32; XII, 45. — (8) Jean, I, 18; VII, 29. — (9) Jean, VII, 17, 18. — (10) Jean, VIII, 32, 46, 47. — (11) *Justin.* mart. Apol. I, c. 14 ad fin.

Dieu même. » Fils unique du Père (1), plein de grâce et de vérité (2), puisque en lui habitait corporellement la plénitude de la Divinité (3), il était la vie, il pouvait seul la communiquer aux autres (4), il pouvait seul donner le pouvoir d'être faits enfants de Dieu (5) à ceux qui croiraient en son nom, à sa mission, et prouveraient la sincérité de leur pénitence par leur foi et leurs œuvres.

§ 39. — *Jésus fonde une société religieuse.*

Prand. Le Christ a-t-il fondé une Église? quel caractère a-t-elle? Munich, 1832. Sur les rapports nécessaires du Christianisme et de l'Église, voyez *Dieringer*, Système des faits divins du Christianisme. Mayence, 1841, dans le t. II, p. 368 sq.

Puisque Jésus avait enseigné sa doctrine comme la religion absolue et universelle ; puisqu'il s'était déclaré le Sauveur du monde, qui devait relever la créature de la malédiction du péché et rétablir le commerce vivant de l'humanité avec Dieu ; la nécessité de réunir, en une société religieuse, les hommes de tous les temps et de tous les pays, ressortait de l'universalité même d'une œuvre qui devait embrasser tous les siècles et toutes les nations : car le Christ n'est réellement le Sauveur du monde qu'autant qu'il donne à tous les hommes, partout et toujours, comme à ses contemporains durant les jours de sa vie terrestre, le moyen de participer à la vie divine en s'unissant à Celui qui en est la source. Il faut donc qu'il y ait toujours dans le monde une *parole* vraie, divine et infaillible, comme la parole de Jésus-Christ même ; il faut qu'il y ait constamment dans le monde une *vertu* qui opère la rémission des péchés et la sanctification des âmes, aussi sûrement que la vertu du Christ lui-même ; il faut qu'il y ait perpétuellement dans le monde une *autorité* qui oblige à l'obéissance et à la soumission, qui mène au salut, aussi infailliblement que l'autorité du Sauveur lui-même ; il faut enfin incessamment dans le monde une *société* religieuse qui, née de Dieu, unissant à Dieu, fonde la béatitude en Dieu, aussi véritablement

---

(1) Jean, III, 16. — (2) Jean, I, 14. — (3) Col. II, 9. — (4) Jean, I, 4, 5, 26 ; X, 9 ; XIV, 6. — (5) Jean, I, 12.

que la société de Jésus même, vivant sur la terre au milieu de ses disciples. Cette parole et cette vertu, cette autorité et cette société ne peuvent avoir de fondement qu'en Dieu : la présence continuelle et perpétuelle de Dieu parmi les hommes est donc la condition absolue de l'établissement, du développement et de la persistance du Christianisme sur la terre.

Donc, pour que l'œuvre accomplie par le Christ, rentré dans sa gloire, persévérât dans le monde, devînt le patrimoine de toutes les générations futures, le Christ devait toujours avoir parmi les hommes un représentant qui lui fût égal en tout : et tel fut le sens, tel fut l'effet de la promesse du Christ d'envoyer l'Esprit saint. Pour sauver le monde, Dieu s'était fait homme : l'Esprit saint, toujours présent dans l'Église, représentait la nature divine du Christ; il fallait, pour que sa nature humaine fût représentée à son tour, que l'Esprit saint eût une action humaine et se communiquât par des organes humains. Et tels furent le sens et l'effet de cette autre promesse, par laquelle les apôtres devaient être les représentants du Christ pour développer et accomplir son œuvre. Ainsi fut fondée l'Église, dont l'institution est la condition nécessaire et absolue du christianisme. Point de Christianisme sans Église, point d'Église sans le Christianisme.

Le Christ a donc voulu, il a dans le fait fondé une Église. Tantôt il l'appelle le royaume de Dieu, tantôt le royaume du ciel, tantôt le royaume du Christ. Et, prémunissant d'abord les esprits contre toute fausse interprétation, il apprend aux hommes que son royaume n'est pas de ce monde (1); qu'il n'en est pas de son royaume comme de l'empire des grands de la terre (2); que c'est un royaume qui est proche, mais non encore arrivé (3); que son culte n'est point attaché à tel lieu de la terre, à tel temple, à telle montagne (4); mais qu'il doit, dépassant toutes limites et toutes barrières, s'étendre sur toute la terre, s'incorporer à toutes les nations. L'initiation s'opère, non plus par la circoncision, mais par le baptême, au nom de la Trinité

---

(1) Jean, XVIII, 36. — (2) Matth., XX, 25-26. — (3) Matth., III, 2; IV, 17; XIII, 31; Marc, I, 15; Luc, VIII, 11. — (4) Jean, IV, 21 sq.

sainte (1). D'autres fois, il nomme cette société religieuse, qu'il appelait le royaume de Dieu, l'*Église* de Dieu (2), Ἐκκλησία. Il l'a promise, il n'en reste point là; il la fonde réellement. Il choisit à cet effet (3) douze hommes grossiers, pauvres pêcheurs de la Galilée pour la plupart; il en fait des pêcheurs d'hommes (4) et les nomme *apôtres*, c'est-à-dire envoyés, élus, fondés de pouvoir (5).

Le caractère particulier de chacun des apôtres représente en quelque sorte les diverses dispositions spirituelles et religieuses de l'âme humaine. Leur diversité se fond dans une unité pleine de beauté et d'harmonie. Colonnes de l'Église, continuateurs de l'œuvre du Christ monté au ciel, les apôtres vont annoncer à tous les peuples ce qu'ils ont entendu du Sauveur, ce qu'ils ont vu, ce qu'ils ont touché de leurs mains, ce qu'il a souffert pour l'humanité. Ils ont été formés à cette grande mission par le Sauveur lui-même, qui les a enseignés de toutes façons, qui les a éprouvés, aimés, châtiés, relevés, consolés, qui a opéré des merveilles exprès pour eux (6), et leur a communiqué le pouvoir de faire des miracles, afin de les convaincre de sa mission et de les confirmer dans leur foi au Fils de Dieu (7).

Jésus les envoie souvent annoncer le royaume de Dieu : il leur révèle ainsi quelle est leur mission future; il leur inspire de l'amour, de la joie, de la confiance en leur appel, et cela d'autant plus qu'il ne leur cache point combien leur

---

(1) Matth., XXVIII, 19; Marc, XVI, 15, 16.
(2) Matth., XVI, 18; XVIII, 17.
(3) Leurs noms sont : Simon (Cephas, Pierre) et André (fils de Jonas); Jacques et Jean (fils de Zébédée, fils du tonnerre, Marc, III, 17); Thomas (Δίδυμος. Jean, XX, 24); Philippe; Barthélemy (Nathanael. Jean, I, 46); Matthieu (Lévi. Matth., IX, 9); Jacques (ὁ τοῦ Ἀλφαίου. Matth., X, 3; καὶ τῆς Μαρίας. Matth., XXVII, 56; ὁ τῆς τοῦ Κλωπᾶ. Jean, XIX, 25; ἀδελφὸς τοῦ Κυρίου. Gal. I, 19); Thaddée (Λεββαῖος. Matth., X, 3; Ἰούδας Ἰακώβου. Luc, VI, 16; Act. I, 13); Simon (ὁ Ζηλωτής ὁ Κανανίτης. Matth., X, 4); enfin Judas Iscariote (Matth., X, 2-4; Marc, III, 16-19; Luc, VI, 14-16; Act. I, 13). Ce nombre de douze se rapporte évidemment aux douze tribus d'Israël.
(4) Luc, V, 1-11. — (5) Luc, VI, 13.
(6) Cf. Luc, IV, 38 sq.; V, 1-10; Matth., VIII, 23-27; XIV, 22; XVIII, 1-9. — (7) Matth., X, 1; Luc, IX, 1.

avenir est sérieux : car c'est un avenir de lutte et de division, de haines mortelles, de persécution sanglante, un avenir de dévouement sans bornes, de sacrifice complet pour Jésus-Christ (1) ; ils doivent être séparés les uns des autres, dispersés sur la terre, sans cesser d'être unis et de former une société religieuse, sainte, forte et indissoluble. L'idéal de cette union est l'union même du Père et de son Fils unique, et l'union de cette société est l'unique moyen qui peut amener le monde à croire en Jésus-Christ (2).

Et pour qu'un lien extérieur vienne fortifier au dehors l'unité de cette Église, Jésus choisit un chef parmi les douze : c'est Simon, qu'il nomme prophétiquement Pierre ; car c'est le roc sur lequel il veut bâtir son Église (3) ; c'est le pasteur visible de tout le troupeau (4), comme Jésus en en est le pasteur invisible (5) ; c'est enfin celui qui doit affermir tous ses frères (6).

Comme la vigne est attachée au cep (7), ainsi cette société naissante, qui s'accroîtra de plus en plus (8), doit rester unie à Jésus, son fondateur ; et c'est pourquoi il remet aux apôtres le pouvoir d'annoncer la parole, d'administrer les sacrements, canaux visibles des vertus divines, dont il est la source invisible (9). C'est pourquoi quiconque cherche son salut en s'unissant à Jésus-Christ doit s'attacher à ses représentants, aux apôtres et à leurs successeurs (10) : car il les envoie comme son Père l'a envoyé (11). Il les soutiendra et les garantira à tout jamais de toute erreur, dans la grande affaire du salut, en leur envoyant l'Esprit saint, qui leur découvrira toute vérité (12).

(1) Cf. Matth., X, 17, 18, 34-38 ; XVI, 24 ; Luc, XII, 49, 50. — (2) Jean, XVII, 21. — (3) Jean, I, 42 ; Matth. XVI, 18. — (4) Jean, XXI, 15-17.
(5) Jean, X, 1 sq.
(6) Luc, XXII, 32. — Cf. *Natal. Alex.* Hist. ecclesiast. Sæc. I. dissert. IV, de S. Petri et romanor. pontificum primatu, *F. Weniger*, Puissance des Papes dans les choses de la foi. Inspr. (1841) ; 2ᵉ édit., 1842. *Kenrick*, archev. de Baltimore, La Primauté du S. Siége apostol. New-York, 1853.
(7) Jean, XV, 1-6. — (8) Matth. XIII, 31 sq. — (9) Matth. XVIII. 18 ; Jean, XX, 21-23. — (10) Luc, X, 16. — (11) Jean, XX, 21. — (12) Jean XIV et XVI ; Matth. XXVIII, 20.

§ 40. — *Jésus vis-à-vis des Juifs.*

Une doctrine si victorieuse sur les esprits, confirmée par des preuves si nombreuses et si éclatantes de la toute-puissance divine, gagnait instantanément à Jésus-Christ des masses entières du peuple. On veut l'élire roi (1). On ne peut s'empêcher de reconnaître que, quand le Messie viendrait lui-même, il ne pourrait faire ni de plus grands ni de plus nombreux miracles (2). Peu de jours avant sa mort, le peuple lui prépare encore une entrée triomphante dans Jérusalem (3). Mais le dévouement de ce peuple est encore bien chancelant; à la première occasion il se tournera contre le Christ.

Cette inconstance et cette infidélité du peuple étonnent d'abord, quand on se rappelle combien le Juif devait être préparé à la mission du Sauveur; mais l'étonnement diminue quand on s'arrête aux faits suivants (4). 1° La masse comprenait d'une manière sensible et charnelle l'élection et la destinée d'Israël; elle ne concevait guère l'action mystérieuse de Dieu sur les âmes pour leur vraie sanctification; elle ne comprenait pas mieux la part de l'homme dans cette œuvre de régénération; les sacrifices qu'elle offrait avec une bruyante pompe au Seigneur étaient vides, car il y manquait l'esprit d'amour et d'obéissance, et le Juif était souvent assez présomptueux pour croire que Dieu n'avait de miséricorde que pour les Juifs. 2° Le Messie que le peuple attendait devait être un héros, un conquérant, apparaissant avec gloire et magnificence, élevant le peuple juif au-dessus de tous les peuples de la terre. A peine faisait-on mention des prophéties qui représentaient le Messie souffrant et mourant pour les péchés du monde (5); on les avait entièrement oubliées..... Et le même oubli ne se fit-il pas douloureusement sentir à Jésus jusque dans le cercle étroit de ses douze apôtres et de ses soixante-douze

---

(1) Jean, VI, 15. — (2) Jean, VII, 31. — (3) Matth. XXI, 8 sq.
(4) Cf. *Hirscher*. Vie de Jésus, 2ᵉ éd., p. 88-112.
(5) Cf. *Reinke*, Exegesis critica in Isaiam LII, 15-53, sive de Messia expiatore, passuro et morituro, comment. Monast., 1836.

disciples (1) ? 3° C'était surtout aux pharisiens hypocrites, tout occupés d'œuvres extérieures et jaloux de dominer le peuple, que s'adressaient les reproches menaçants du Sauveur. Ils en étaient d'autant plus irrités qu'ils étaient incertains si Jésus ne se déclarerait point le Messie, dans leur sens charnel (2). Aussi cherchaient-ils à éloigner le peuple de la foi en Jésus-Christ, comme Messie. Ils y réussirent facilement, car, 4°, sous tous les rapports, l'esprit et la doctrine de Jésus étaient opposés à l'esprit et aux maximes du monde, et se prêtaient peu aux penchants, aux désirs, aux espérances terrestres des hommes en général, et des Juifs en particulier. Ainsi, méconnu de tous côtés, Jésus vit, après trois années de travaux, s'approcher le terme des desseins de Dieu. Sans craindre ni rechercher la mort, il se rendit à Jérusalem avec ses apôtres, pour accomplir la loi, aux fêtes de Pâques (3); et là il déclara ouvertement que sa mort était proche, et qu'après trois jours il sortirait triomphant du tombeau ; et en même temps il pleurait, en dévoilant prophétiquement à ses disciples les malheurs qui menaçaient Jérusalem (4).

§ 41. — *Mort de Jésus.*

Certain de sa mort prochaine, certain de la durée de son œuvre, Jésus, après avoir donné les preuves les plus touchantes de son amour et de son humilité, institua, durant cette dernière pâque qu'il avait désirée d'un désir ardent (5), un banquet d'alliance et de perpétuelle commémoration. Là devaient se réunir désormais tous ses véritables disciples ; là Jésus se donnerait à eux spirituellement et corporellement jusqu'à la fin des temps. Ainsi devait se réaliser à jamais la parole prophétique qu'il avait adressée au peuple : Ma chair est une véritable nourriture, mon sang est

---

(1) Ce nombre est en rapport avec celui des membres du grand conseil de Jérusalem, comme celui des douze apôtres avec les douze tribus d'Israël. *Eusèbe*, Hist. ecclesiast., I, 22, dit déjà qu'il n'existait plus, de son temps, aucun témoignage de ces soixante-dix (ou soixante-douze) disciples. Ce qui a été ajouté au Lib. III de Vita et morte Mosis (ed. *J.-A. Fabricius*) est postérieur et peu authentique.
(2) Jean, X, 24. — (3) Luc, XVIII, 31. Cf. Jean, X, 18. — (4) Luc, XIX, 41 sq. — (5) Luc, XXII, 14 sq. Cf. Jean, XIII, 1 sq.

un véritable breuvage (1). » Alors aussi, arrivé au terme de sa vie terrestre, il soutint, comme au commencement de sa carrière publique, une lutte terrible contre les infirmités de la nature humaine (2).

Pendant cette agonie douloureuse, les pharisiens, le conseil des prêtres et le peuple, conspirant sa mort, se disaient : « C'est un blasphémateur ; et en même temps ils l'accusaient de haute trahison auprès du gouverneur Ponce-Pilate (3). Amené devant lui et interrogé s'il est le Christ, s'il est roi : « Je le suis, » dit-il ; car désormais il parle ouvertement et sans parabole (4).

On le bafoue, on le conspue ; il souffre les tourments les plus cruels ; il meurt sur la croix, priant pour ses ennemis (5), répandant son sang pour la rémission des péchés et la réconciliation de l'humanité avec Dieu (6). La nature frappée de terreur s'émeut, les rochers s'entr'ouvrent, la mort vaincue rend ses victimes. Le rideau du Saint des saints se fend du haut en bas ; le paganisme reconnaît le vrai Dieu : « En vérité, cet homme était un juste, c'était le Fils de Dieu (7). » Une voix mystérieuse se répand au loin à travers les mers : « *Le grand Pan est mort,* » et l'on entend des soupirs mêlés à des cris d'admiration (*). Joseph d'Arimathie, membre du grand conseil, ne craint plus les hommes ; il réclame hardiment le corps de Jésus auprès de Pilate. Les prophéties s'accomplissent tout entières : « On lui réservait la sépulture de l'impie ; il a été enseveli dans le tombeau du riche (1).

---

(1) Jean, VI, 56. — (2) Matth. XXVI, 37 sq. — (3) Jean, XIX, 12.
(4) Matth. XXVI, 63-64 ; Jean, XVIII, 37.
(5) Luc, XXIII, 34.
(6) Matth. XXVI, 28 sq. ; 2 Cor. V, 18 ; Rom. IV, 25.
(7) Matth. XXVII, 51 sq. Cf. Luc, XXIII, 47 sq.
(*) D'après le récit de *Plutarque* († vers 120 ap. J.-C.), de Oraculorum defectu (Opp. ed. Reiske, t. VII, p. 651). Plutarque rapporte plus loin que cet événement fut connu aussitôt à Rome, et que l'empereur Tibère fit faire une exacte enquête à ce sujet. Conf. *Natal. Alex.* Hist. eccles. sæc. I. cap. I, art. V. *Tacit.* Annal. XV, 44. « Auctor nominis ejus (sectæ christianorum) *Christus qui, Tiberio imperante,* per procuratorem Pontium Pilatum *supplicio adfectus erat.* » Voy. la note (*) § 27.
(8) Isaïe, LIII, 9.

Et ce fait de la mort de Jésus-Christ devient le premier anneau auquel se rattacheront désormais toutes les prédications apostoliques (1); car tout est dans la mort de Jésus-Christ : le péché de l'homme, qui en est la cause ; la médiation de Jésus-Christ, qui en est le remède ; la réconciliation avec Dieu, qui en est le prix ; dans le Christ, dans le Dieu-Homme, s'est réalisée l'idée éternelle de l'humanité (Υἱὸς τοῦ ἀνθρώπου, l'homme par excellence, κατ' ἐξοχήν). Mais cet idéal pur, ce modèle immaculé a subi la mort; il a donc fallu que le péché de l'humanité fût bien grand pour rendre nécessaire une pareille expiation. L'homme, contemplant le Christ, apprend à se connaître et trouve dans cette connaissance le fondement de l'humilité, de l'obéissance et de l'amour le plus filial.

§ 42. — *Résurrection du Christ; son Ascension.*

Le fait de la résurrection de Jésus-Christ est parfaitement établi par les quatre Évangiles. Quelques différences peu importantes, des contradictions apparentes dans des circonstances accessoires, confirment la sincérité du récit et prouvent clairement que la narration des quatre évangélistes n'est pas concertée. Thomas, l'un des douze, nie avec opiniâtreté, dit Léon le Grand, afin que le monde croie avec d'autant plus d'assurance. Jésus-Christ livré à la mort pour nos péchés, étant ressuscité pour notre justification, selon la parole du grand apôtre des Gentils (2), la résurrection a parfait l'œuvre de la rédemption; elle en est l'apogée, et c'est pourquoi le même apôtre nous dit hardiment : « Si Jésus-Christ n'est pas ressuscité, notre prédication est vaine, notre foi inutile (3). » C'est dans ce fait aussi que les apôtres puisèrent un inébranlable courage pour annoncer l'Évangile. Jésus, glorifié, demeura quarante jours au milieu de ses apôtres, faisant beaucoup de miracles devant eux (4) et leur donnant ses dernières instructions pour le développement de son œuvre (5). Puis il

---

(1) I. Cor. XV, 3. — (2) Rom. IV, 25; I. Cor. XV, 4.
(3) I. Cor. XV, 14. — (4) Jean, XX, 30.
(5) Act. des Ap. I, 3.

les conduisit à Béthanie. Là il leur adressa ses dernières paroles pour les fortifier dans leur foi : « Toute puissance m'a été donnée au ciel et sur la terre. Allez, leur dit-il une seconde fois, annoncez l'Évangile à toutes les créatures; baptisez-les au nom du père, du Fils et Saint-Esprit (1). » Et les bénissant, il étendit les mains sur eux, et au même instant il fut élevé mystérieusement au ciel, comme il était mystérieusement descendu sur la terre (2); et les disciples étonnés retournèrent, en priant, à Jérusalem, pour y attendre la réalisation de la promesse de leur Maître : « Mais, pour vous, restez a Jérusalem, jusqu'à ce que vous soyez revêtus de la force d'en haut (*). »

(1) Matth. XXVIII, 20; Marc. XVI, 15. — (2) Luc, XXIV, 51; Act. I, 9.
(*) Luc, XXIV, 49. — Outre les quatres Évangiles, sources de cette exposition de la vie de Jésus, on peut encore faire mention d'autres sources plus ou moins apocryphes. Parmi les dernières se trouve : 1° une prétendue *Correspondance du Christ avec Abgar*, roi d'Édesse, qu'Eusèbe dit avoir trouvée dans les archives de l'Église d'Édesse et avoir traduite du syriaque. Cf. son Hist. ecclésiast., I, 3. *Assemanni* Bibl. orient., t. I, p. 554; t. III, p. 2, p. 8. *Nat. Alex.* Hist. ecclesiast. sæc. I. diss. III, t. IV. *Welte* (Rev. trim. de Tub. 1842, p. 335-6) a en vain cherché à établir l'authenticité de cette correspondance. Parmi les documents évidemment apocryphes sont : 2° les *Récits apocryphes* de la naissance, de la jeunesse et de la vie de Jésus, dans *Fabricii* Cod apoc. Nov. Testam., ed. II. Hamb., 1719 sq., t. III, et dans *Thilo*, Cod, apocr. Nov. Testam. Lipsiæ, 1832, t. I. Ejusd. Acta Thomæ apost. Lipsiæ, 1823, évang. apocr. : ed. Tischendorf. Lips. 1853, Bibl. allem. des Évang. apoc. trad. avec une Introd. et des remarques p. *Borberg*, 1 vol. en 2 part. (Évang. ap. et Act. des Ap.) Stuttg. 1840-41. — *Hoffmann*, Vie de Jésus d'ap. les apocr. Leipzig, 1851. 3° *Acta Pilati*, dont Justin fait déja mention. Apol. I, c. 35-48, et *Tertullien*. Apologet. c. 5 et 21 (Opp. ed. II. N. Rigaltii. Paris., 1641), p. 6 et 22, en parle aussi. Les païens dans *Eusèbe*, Hist. ecclésiast., IX, 5, et les chrétiens dans *Épiphan*. Hæres, L. c. 1, ed. Petav. t. I, p. 420, les citent également. Un travail postérieur sur ces *Actes* fut *Evangelium Nicodemi*. Cf. *Thilo*, Acta Thom., p. 30 sq. Cf. *Braun*, de Tiberii Christum in deorum numerum referendi consilio comment. Bonn, 1834. S. Chrysost. (Hom. 26. in II. Cor.) trouve dans le rejet de cette proposition par le Sénat : « un conseil de Dieu, qui ne permit pas que son Fils fût confondu avec les faux dieux. » Ces *Actes* doivent certainement reposer sur un *fait historique*. Mais nous tenons pour authentique et sans interpolation : 4° le témoignage du Juif *Jos. Flav.* Antiq. XVIII, 4, 3, sur le Christ, surtout parce que, à tous les points de vue, ce témoignage est parfaitement en rapport avec l'éclectisme

religieux de Josèphe et avec sa position dans Rome. Il est ainsi conçu : Γίνεται δὲ κατὰ τοῦτον τὸν χρόνον Ἰησοῦς, σοφὸς ἀνήρ, (εἴγε ἄνδρα αὐτὸν λέγειν χρή. ἦν γάρ) παραδόξων ἔργων ποιητής. (διδάσκαλος ἀνθρώπων τῶν σὺν ἡδονῇ τἀληθῆ δεχομένων), Καὶ πολλοὺς μὲν τῶν Ἰουδαίων, πολλοὺς δὲ καὶ ἀπὸ τοῦ Ἑλληνικοῦ ἐπηγάγετο. (Ὁ Χριστὸς οὗτος ἦν.) Καὶ αὐτὸν ἐνδείξει τῶν πρώτων ἀνδρῶν παρ' ἡμῖν, σταυρῷ ἐπιτετιμηκότος Πιλάτου οὐκ ἐξεπαύσαντο οἱ τὸ πρῶτον αὐτὸν ἀγαπήσαντες· (Ἐφάνη γὰρ αὐτοῖς τρίτην ἔχων ἡμέραν πάλιν ζῶν, τῶν θείων προφητῶν ταῦτά τε καὶ ἄλλα μυρία περὶ αὐτοῦ θαυμάσια εἰρηκότων.) Εἰσέτι τε νῦν τῶν Χριστιανῶν ἀπὸ τοῦδε ὠνομασμένων οὐκ ἐπέλιπε τὸ φῦλον. *Eusèbe*, Hist. ecclesiast., I, II, Démonstr. évang., III, 5, est le premier écrivain chrétien qu'on puisse démontrer s'en être servi. Nous ne pouvons admettre comme interpolés les passages qui se trouvent ici entre parenthèses et qu'indique comme tels Gieseler, pas plus que nous n'admettons le changement de la leçon ἀληθῆ en ἀηθῆ. L'assertion d'Origène que Josèphe était ἀπιστῶν τῷ Ἰησοῦ ὡς χριστῷ n'est nullement ébranlée par l'admission de l'authenticité du témoignage de ce dernier. Cf. *Oberthür*, dans la préface de la 2ᵉ part. de la trad. de Josèphe par Friese. Altona, 1805. *Bœhmert*, des Témoignages de Jos. Flav. sur le Christ. Leipzig. 18-23. *Schœdel*. Flav. Jos. de Jesu Christo testatus vindiciæ Flavianæ. Leips 1840. Contre l'authenticité, dans les temps modernes, voy. *Eichstædt*, Flaviani de Jesu Chr. testimonii αὐθεντία, quo jure nuper defensa sit : Question. IV. Jen., 1813-41. Cf. *Ruttenstock*, Inst. hist. ecclesiast., t. I, p. 146-154.

CHAPITRE II.

HISTOIRE DES APÔTRES : LEURS TRAVAUX POUR LA PROPAGATION DU CHRISTIANISME ET LA FONDATION DE L'ÉGLISE PARMI LES JUIFS ET LES PAÏENS.

> Quand je serai élevé en haut, j'attirerai tout à moi.
> Jean, XII, 32.

Surtout les Act. des Ap. de S. Luc et les écrits désignés au § 32. — *Tillemont*, t. I, p. 108-154; t. II, p. 1-148. — *Stolberg*, t. VI et VII. — *Hess*, Hist. et Écrits des Apôtres. Zürich (1788); 4° éd., 1820, 3 vol. — *Planck*, Hist. du Christ dans cette période. Gœtting., 1818, 2 vol. — *Neander*, Hist. de la fondat. et de la propag. de l'Église chrét. par les Apôtres. Hamb. (1832-33); 3° éd., 1841, 2 vol. *Sepp*, Vie de J.-C. t. IV.

---

§ 43. — *La Pentecôte* (1).

Ainsi que le Christ le leur avait ordonné, ses apôtres et ses disciples restèrent à Jérusalem, persévérant dans la prière et attendant l'Esprit saint, qui leur avait été promis et qui devait les rendre capables d'accomplir leur haute mission (2). Le nombre des apôtres n'étant plus complet, depuis la fin déplorable de Judas, et Jésus ayant voulu sans doute qu'ils fussent au nombre de douze, en vue des douze tribus d'Israël, Pierre, accomplissant les prophéties (3), conseilla à ses frères d'élire un collègue. L'assemblée proposa alors deux disciples, Joseph, appelé Barsabas, surnommé le Juste, et Matthias : elle se mit en prières afin que le Seigneur montrât lui-même celui qu'il avait choisi.

(1) *Mack*, Pensées sur l'événement de la Pentecôte (Rev. trim. de Tub., 1835, p. 73). — *Dieringer*, loc. cit., t. II, p. 390.
(2) Act. des Ap. I, 4.
(3) Ps. 109, 8.

Le sort désigna Matthias (1), qui fut aussitôt associé aux onze apôtres (2). Dix jours après l'Ascension de Notre-Seigneur, au moment où commençait la fête solennelle de la Pentecôte des Juifs (an 34 ou 35 apr. J.-C.), la nature s'émeut, et l'alliance nouvelle (3) s'accomplit au bruit d'un vent terrible venu du ciel, comme autrefois, à ce même jour, la loi ancienne avait été promulguée, au milieu des tonnerres et des éclairs, sur le mont Sinaï. L'esprit saint descend sur les apôtres et tous les disciples réunis, (ἄπαντες) (4) sous la forme de langues de feu, symbole du don des langues qui leur est accordé, et qui n'est lui-même qu'un signe du feu divin qui les purifie, les échauffe et les fortifie. Aussitôt ils parlent à toutes les nations que la fête réunit à Jérusalem : toutes les comprennent miraculeusement (5). Trois mille hommes, émus de ce miracle, touchés par les paroles inspirées de Pierre, se convertissent, se consacrent à Jésus-Christ par la foi de la pénitence, et reçoivent le baptême au nom de la sainte Trinité (6).

Ainsi est extérieurement établie, confirmée et assurée, pour tous les temps, l'Église de Jésus-Christ ; la Pentecôte est, dit saint Chrysostôme, le jour de la loi nouvelle, de la loi parfaite, de la loi de grâce dans le Saint-Esprit. La promesse, faite aux apôtres, de l'Esprit qui leur découvrait toute vérité, est accomplie ; ils n'ont plus de pensées terrestres sur la nature et la mission du Christ ; ils annoncent que Jésus-Christ est venu pour délivrer le monde de l'erreur du péché et pour le réconcilier avec Dieu ; leur pusillanimité s'est changée en un courage intrépide. Rien ne les empêche plus d'accomplir leur œuvre parmi les nations :

(1) *Natal. Alex.* Hist. eccl. sæc. I, diss. VI. de usu sortium in sacris electionibus.
(2) Act. I, 15-26.
(3) Rom. VIII, 22.
(4) Act. II, 4.
(5) *Hugo Grotius*, d'après saint *Chrysost.* hom. II, in Pentecost. et hom. XXXV, in 1 Corinth. — *Pœna* linguarum dispersit homines (Gen. XI), *donum* linguarum dispersos in unum populum redegit (Annotat. ad Acta Apostolor. II, 8). — *August.*, sermo 268, n. 1 et 2 : Ideo spiritus sanctus in omnium linguis gentium se demonstrare dignatus est, ut et ille intelligat habere Spiritum sanctum, qui in unitate (Eccl.) continetur, quæ linguis omnibus loquitur.
(6) Matth. XXVIII, 20.

tous les secours extérieurs leur sont donnés. L'Esprit parle par leur bouche; il touche, il remue les cœurs; il arrache le voile qui aveugle ceux qui les écoutent, et que dès lors il incorpore à la communauté des saints. La foi engendre l'amour; les chrétiens nouveaux sont des frères; ils mettent tout en commun : c'est la vie des enfants de liberté régénérés dans le Saint-Esprit. Un ordre de choses nouveau naît et s'organise, le royaume de Dieu s'établit et se développe; la vie circule et les rapports s'harmonisent entre l'Église enseignante, d'une part, et l'Église enseignée de l'autre; entre l'apostolat, fort de sa mission divine et de la plénitude de sa puissance, et la foi des fidèles, soumis à la loi du Seigneur et réclamant le secours de sa grâce. Jérusalem est le centre de la société nouvelle, qui bientôt compte cinq mille (1) fidèles de plus, gagnés à Jésus-Christ par les diverses prédications et les nombreux miracles des apôtres (2), qui, selon la promesse du Maître, opèrent de plus grands prodiges que lui (3). Tous persévèrent dans la doctrine des apôtres, dans la communion de la fraction du pain et dans la prière. Quoique habituellement réunis dans des maisons particulières, ils restent encore en communion extérieure et publique avec les Juifs par la fréquentation du temple, jusqu'au jour fatal où les tristes prédictions du Christ doivent s'accomplir par la ruine du temple, la destruction de la ville, l'affranchissement de l'Église de toutes les pratiques purement judaïques, et sa constitution définitive ou sa pleine indépendance.

§ 44. — *Persécution des disciples du Christ.*

Le courage et l'activité des apôtres armèrent bientôt contre eux les Pharisiens et les Sadducéens. Ceux-ci étaient surtout blessés de la doctrine de la résurrection des morts, si hautement proclamée par les apôtres (4). Pierre et Jean sont traînés devant le conseil (5). On leur défend de parler au peuple; ils répondent avec une hardiesse toute chré-

(1) Act. II. 42; III, 7-9; V, 15. — (2) Id. II, 47; IV, 4.
(3) Jean XIV, 12. — (4) Act. IV, 2; V, 17; XXIII, 6.
(5) Act. IV, 3.

tienne : « Il faut obéir à Dieu plutôt qu'aux hommes ; pour nous, nous ne pouvons pas ne point parler des choses que nous avons vues et entendues (1). » Les menaces redoublent ; néanmoins, on les délivre, parce qu'on craint la colère du peuple. Désormais, rien n'arrêtant plus les apôtres dans leur sainte hardiesse (2), le conseil fut obligé de suivre l'avis du généreux, mais indécis Gamaliel (3). « Laissez-les faire, dit-il ; si cette œuvre vient des hommes, elle se détruira d'elle-même ; si elle vient de Dieu, vous ne pourrez la détruire (4). » Pendant que le fanatisme des sadducéens étaient ainsi contenu et obligé de respecter les personnes, la doctrine elle-même était l'objet de controverses d'autant plus vives que le Christianisme gagnait de jour en jour du terrain, et que d'anciens docteurs de la synagogue, ayant embrassé la loi nouvelle, apparaissaient alors comme ses défenseurs et ses propagateurs les plus zélés. Dans cette lutte de la vérité contre l'erreur, le diacre Étienne paya la victoire de sa mort ; il fut lapidé (an 36 apr. J.-C.) après un discours qui est une véritable apologie de la foi, et où règnent tout ensemble une haute inspiration et un ordre tout à fait logique dans l'enchaînement des faits (5). Ainsi l'Église apostolique eut son premier martyr. Alors les Sadducéens et les Pharisiens unirent leurs efforts, et il en résulta une persécution générale (6), qui servit à répandre le Christianisme dans la Judée et la Samarie, dès longtemps préparées par les prédications et les miracles du Sauveur, et parmi les Juifs de la Syrie, de la Phénicie et de l'île de Chypre (7). Les troubles de Jérusalem n'en éloignèrent point encore les apôtres. Pierre et Jean seuls allèrent à Samarie, pour imposer les mains à ceux que le diacre Philippe avait convertis (8). Ils y trouvèrent des ennemis ardents dans quelques sectaires, qui prétendaient être fondateurs d'une religion nouvelle. Tels étaient Dosithée et Simon le Magicien, dont nous exposerons la doctrine au § 59.

---

(1) Act. IV, 9-20 ; V, 29. — (2) Act. IV, 31.
(3) Voy. *Chrysost.* Hom. XIV, in Acta Apost. (Opp. ed. Ben. Parisina altera, t. IX, p. 128.)
(4) Act. V, 38, 39. — (5) Act. VII, 58. — (6) Act. VIII, 1. — (7) Jean, IV ; Act, XI, 19. — (8) Act. VIII, 14.

§ 45. — *Saül persécuteur.* — *Paul apôtre des Gentils.*

Hug. Introd. au N. T. T. H. — *Tholuck*, Vie, caractère et langue de Paul (Mélanges, vol. II, p. 272-329). — De la vocation, des souffrances et de la persécution de l'apôtre S. Paul. (Feuille périod. de Bonn, nouv. série, IV. 1843, livr. 1-3).

On avait remarqué, durant la première persécution et la lapidation d'Étienne, le zèle cruel d'un jeune pharisien : c'était Saül, citoyen romain, de Tarse, en Cilicie, de la tribu de Benjamin. Après avoir été instruit dans les lettres et dans les sciences grecques, fort cultivées alors à Tarse par les hellénistes, il était devenu plus tard pharisien à Jérusalem, et avait été initié par Gamaliel aux hautes spéculations de la théologie judaïque. Il était fabricant de tentes, et ses travaux manuels n'avaient nullement refroidi son amour pour l'étude ni son enthousiasme pour la science. Son ardeur naturelle et le zèle de sa secte le poussèrent à persécuter les chrétiens (an 37 apr. J.-C.) (1). Il allait à Damas dans cette intention, quand le Christ, qu'il avait connu personnellement durant sa vie mortelle, lui apparut (2). Le persécuteur de l'Église devint un des plus puissants propagateurs de sa doctrine (3) et l'*Apôtre des nations*.

Il dut paraître étonnant, sans doute, que Dieu choisît, comme apôtre des superbes Romains, des Grecs civilisés, des Syriens efféminés, de toutes les nations corrompues de la terre, un Juif si zélé pour la gloire de sa nation et les traditions de ses pères, un pharisien aussi dur qu'emporté. Et cependant cette élection fut une preuve manifeste de la sagesse suprême : elle fit éclater dans toute sa plénitude la vertu du Christianisme et les mystérieux décrets de la Providence. Il fallait que le prédicateur de l'Évangile parmi les païens fût un Juif, afin qu'il eût son point d'appui dans les synagogues, d'où le Christianisme se répandait dans les villes, et qu'il pût fonder l'alliance nouvelle sur les bases de l'ancienne alliance. Il fallait de plus qu'il agît

(1) Act. VIII, 3. — (2) 1 Cor. IX, 1; 2 Cor. V, 16. — (3) Act. IX.

efficacement sur les Gentils par une culture classique capable d'attirer leur estime et leur confiance, et telle que Paul l'avait acquise dans l'école de Tarse, alors des plus florissantes.

Il fallait encore, pour que la mission de l'Apôtre parmi les Gentils réagît sur les Juifs, que l'envoyé de Dieu fût un Juif par excellence, κατ' ἐξοχήν, afin qu'il pût, par une connaissance approfondie et imposante des Ecritures, et par le fait de la conversion des Gentils, due au plus zélé des Juifs, détruire, anéantir le dogme fondamental de la nationalité juive, à savoir que le peuple d'Isrël était le seul peuple élu et bien-aimé de Dieu.

Ainsi, plus que tous les autres apôtres, Paul était préparé à sa haute mission par la culture de son esprit, par ses talents, par l'énergie de sa volonté, l'ardeur de son caractère, et surtout par son union intime et profonde avec le Christ (1). Ce fut lui qui, plus que les autres, étendit et propagea au dehors l'Église du Christ, et fit connaître en même temps toute la profondeur et la richesse de la doctrine évangélique, en l'exposant avec une merveilleuse clarté, en face des préjugés du judaïsme et des sophismes du paganisme.

Tantôt Paul jette ses regards sur le passé de l'humanité, et, rattachant l'origine du Christianisme aux éternels décrets de Dieu (2) qui doivent s'accomplir dans la *plénitude des temps* (3) par le Christ, principe et terme (τέλος) de l'histoire du genre humain (4), il montre la vraie destinée du paganisme et du judaïsme (5).

Tantôt il contemple l'avenir, soulève le voile qui couvre les destinées futures de toute l'humanité (6), en donne la solution définitive dans ce mot profond et énergique : « Toutes choses sont de lui, en lui et par lui (7) ; — Dieu sera tout en toutes choses (8). Ainsi l'Apôtre des Gentils posa les bases de la véritable philosophie de l'histoire, en même temps qu'il montra, par son activité apostolique et

---

(1) Gal. II, 20; Phil. IV, 13. — (2) Ephes. I, 4-12; III, 8-12; Rom. XVI, 25-26. — (3) Gal. IV, 4; Ephes. I, 10. — (4) Ephes. I, 4; Tite. I, 3; 1 Tim. II. 6. — (5) Rom. I et VII; Gal. III, 24; Act. XVII 26-27.

(6) Rom. XI. — (7) Rom. XI, 36. — (8) 1 Cor. XV, 28.

sa vie évangélique, que la destinée de l'homme est uniquement de renaître dans le Christ (1). Comme l'Apôtre avait changé de sentiments et de pensées, il changea de nom : c'était l'usage des rabbins : Pierre en avait déjà donné l'exemple. La conversion du proconsul Sergius Paul lui fit peut-être prendre le nom de Paul (2).

§ 46. — *Prédication de l'Évangile parmi les Gentils.*

Il avait été montré, dans une vision, à Pierre, parti de Samarie et visitant les villes maritimes de la Palestine, que le moment était arrivé où les Gentils devaient être admis dans le Christianisme (*). Il baptisa donc le centurion Corneille, qui était probablement un prosélyte des portes (3). Ce fait excita d'abord un grand mécontentement parmi les chrétiens nés Juifs, à Jérusalem surtout. Cependant l'enseignement de Pierre (4) fit qu'on s'habitua à voir baptiser les païens sans qu'ils fussent préalablement circoncis. Seulement ils devaient rester soumis, comme les prosélytes des portes, à l'observation de la loi mosaïque. Ce fut sous cette condition qu'un grand nombre de Gentils d'Antioche furent admis parmi les fidèles (5). Bientôt même quelques prêtres juifs, quelques pharisiens et leurs partisans, convertis à la foi, exigèrent de ces Gentils, devenus chrétiens (6), l'accomplissement des plus sévères ordonnances imposées aux prosélytes de justice.

Cette communauté florissante d'Antioche, composée de

---

(1) 2 Cor. V, 17. — (2) Act. XIII, 9. Cf. XIII, 7 sq.

(*) L'admission des païens dans le Christianisme dut, d'après les préjugés des Juifs, souvent exciter des doutes et du scandale parmi les chrétiens nés Juifs. Dans la victoire remportée sur ces doutes, il faut remarquer les moments suivants : 1° la vision de Pierre et l'annonce qu'il fait que les Gentils ont réellement reçu le Saint-Esprit (Act. X, 9-16; XI, 15); leur justification sans mérite propre; 2° l'assemblée des Apôtres (Act. XV), où Pierre montre que l'homme est sanctifié par la grâce du Christ et la foi en lui ; 3° Paul prouve enfin que la loi mosaïque est une loi temporaire, dont le but était d'élever l'humanité comme un pédagogue, et qu'elle est superflue pour les chrétiens. (Gal. IV, 11; V, 6.)

(3) Act. X. — (4) Act. XI, 1-18.
(5) Act. XI, 20. — (6) Act. VI, 7; XV, 5.

chrétiens nés juifs ou païens, devint la *seconde Eglise mère*, et ses membres furent les premiers qui, au lieu de Galiléens ou de Nazaréens, se nommèrent *Chrétiens* (1). Du reste, l'amour, principe du sacrifice et de la véritable union, la tenait étroitement unie à l'Eglise mère de Jérusalem (2). Celle-ci était alors persécutée par Hérode-Agrippa, qui, espérant plaire par là au peuple juif, avait fait périr par le glaive Jacques le Majeur, frère de Jean (an 41-44 apr. J. C.). Pierre n'échappa de sa prison que sous la conduite d'un ange(3); il revint à Jérusalem, après la mort d'Agrippa, et grâce à la domination plus tolérante des Romains (4). C'est alors que lui, Jacques le Mineur, évêque de Jérusalem, et Jean furent nommés les colonnes de l'Eglise (5).

§ 47. — *Voyages apostoliques de Paul. — Ses épîtres.*

Après sa miraculeuse conversion, Paul se rendit d'abord en Arabie où, sans doute, il exerça son activité pour répandre le Christianisme parmi les nombreux Juifs de cette contrée. De là il revint à Damas. Trois ans après sa conversion, il alla à Jérusalem, surtout pour y voir Pierre et y être reconnu comme apôtre de l'Évangile (6); puis il parcourut la Syrie et la Cilicie, suivi de Barnabé et de Jean, savant lévite de l'île de Chypre, qui l'avait conduit lui-même vers Pierre et vers Jacques. Pendant que d'un côté Paul travaillait avec activité à fonder le Christianisme à Antioche, de l'autre il étendait sa sollicitude sur l'Eglise de Jérusalem, persécutée par Hérode-Agrippa (7).

Ce fut alors qu'il entreprit avec Barnabé la *première grande mission* [an 45 ou 46] dans l'île de Chypre, la Pamphylie, la Pisidie, la Lycaonie ; il la termina en revoyant

(1) Act. XI, 26. Cf. *Ignatii* ep. ad Polycarp. c. 7 : Χριστιανὸς ἑαυτοῦ ἐξουσίαν οὐκ ἔχει, ἀλλὰ Θεῷ σχολάζει.
(2) Act. XI, 27-30; XII, 25. — (3) Act. XII, 1-19.
(4) Act. XII, 23.
(5) Gal. II, 9. — D'après une antique tradition (*Eusèbe*, Hist. eccl., II, 1), le Christ aurait, après sa résurrection, accordé le *don de science* (γνῶσις) à Pierre, Jean et Jacques.
(6) Gal. I, 17-19 Act. IX, 19-27. — (7) Act. XI, 22-30; XII, 25.

'Eglise d'Antioche (1). La discussion qui s'y était élevée, pour savoir si les Gentils, devenus chrétiens, devaient être soumis à toutes les ordonnances légales de Moïse, obligea Paul et Barnabé à se rendre à Jérusalem. Là (et cette décision fut de la plus haute importance pour toutes les controverses futures, quant à la manière dont elle fut rendue), il fut décidé, entre 50 et 52, *d'un commun accord et au nom du Saint-Esprit*, que les Gentils n'étaient pas tenus d'accomplir la loi mosaïque, qu'ils n'avaient qu'à observer les commandements dits de Noé, concernant les sacrifices et le culte des idoles (2). Bientôt après, Paul commença une *seconde mission* avec Silas [an 53 apr. J.-C.]; il se rendit en Asie mineure. Barnabé l'avait quitté pour suivre à Chypre Jean Marc, son parent. A Lystre, Timothée se joignit à Paul et Silas, et tous trois parcoururent la Phrygie, la Galatie et la Mysie. A Troade, ils s'adjoignirent un médecin, qui devint plus tard l'évangéliste saint Luc, et, se dirigeant vers la Macédoine, ils fondèrent successivement des églises à Philippe, à Thessalonique et à Bérée, où Paul, quittant Timothée et Silas, s'embarqua pour Athènes. Arrivé dans cette ville, capitale de l'idolâtrie grecque, Paul annonça aux Athéniens étonnés le Dieu inconnu (3). Dans la riche et molle Corinthe, il fut reçu par un Juif fidèle, nommé Aquila. Ce fut dans cette ville qu'il écrivit ses *premières épitres aux Thessaloniciens*. Ses travaux, durant un an et demi, y fondèrent une des plus florissantes communautés chrétiennes. De là il retourna à Antioche, passant par Éphèse, Césarée et Jérusalem (4). Son zèle apostolique le poussa à entreprendre une *troisième grande mission* dans l'Asie Mineure [an 54 ou 55]. Il s'arrêta d'abord deux ans à Éphèse, travaillant sans relâche au royaume de Dieu, non-seulement dans cette ville et ses environs, mais étendant son action et sa parole sur des contrées plus éloignées. C'est de là qu'il *écrivit aux Églises de Corinthe et de Galatie*. Mais bientôt une sédition éclate : le peuple d'Éphèse s'émeut par la crainte de voir tomber dans le mépris le culte de Diane [an 57 apr. J.-C.] (5). Paul est obligé de fuir : il part

---

(1) Act. XIII et XIV. — (2) Act. XV.
(3) Act. XVII, 22 sq. — (4) Act. XV, 36; XVIII, 22. — (5) Act. XX, 1 sq.

pour la Macédoine et en visite les églises ; il écrit une *deuxième épître aux Corinthiens*, et, peu après, revient lui-même à Corinthe pour étouffer les divisions qui s'y étaient formées. Cependant, toujours pressé par l'ardeur de son zèle, l'Apôtre des nations, qui se doit tout à tous, *écrit aux Romains*. Trois mois après il retourne à Jérusalem, en passant par Milet [vers l'an 58]; là il trouve réunis les évêques et les prêtres des contrées voisines ; il leur fait ses adieux les plus affectueux dans un discours aussi grave que touchant [an 60 apr. J.-C.] (1). A peine à Jérusalem, on l'épie dans le temple ; ses ennemis, et surtout les Juifs de l'Asie Mineure, l'accusent de violer la loi : on l'arrête ; sa qualité de citoyen romain le soustrait à la juridiction du sanhédrin ; on le conduit à Césarée, devant le proconsul Félix. Il se justifie successivement devant ce magistrat, devant Festus, son successeur, et même devant le roi Agrippa II ; enfin, après deux ans de captivité, il en appelle à César, il est envoyé à Rome, avec Luc et Aristarque [an 61 ap. J.-C.] (2). Souvent menacé, durant la traversée, de trouver la mort dans les flots d'une mer orageuse, Paul conserve une fermeté inébranlable, rassure ses compagnons éperdus en leur prédisant leur sort, qui lui avait été révélé dans une vision nocturne (3).

Arrivé à Rome, on le garde à vue durant deux années (4); il continue, ainsi que ses compagnons, les travaux de son apostolat ; il propage le royaume de Jésus-Christ, gagne à la foi jusqu'aux membres de la cour impériale (5). *Il écrit aux Éphésiens, aux Philippiens, aux Colosssiens, à Philémon*; il leur parle de la gloire du Christ, de l'affranchissement de l'humanité déchue, de la vocation des Gentils ; il les prémunit aussi contre les hérésies naissantes. Il est probable que c'est de cette époque que date sa *lettre aux Hébreux* (6). Ici malheureusement s'arrêtent les Actes des Apôtres ; l'historien sacré se tait sur le reste de la vie de l'apôtre des Gentils, qui recouvra encore une fois sa liberté, d'après d'anciens témoignages, et se rendit, selon le vœu de son

(1) Act. XX, 17-38; Cf. XVIII, 23 : XXI, 17.
(2) Cf. Act. XXI, 18 ; XXVI, 32.
(3) Act. XXVII, 1 ; XXVIII, 15. — (4) Act. XXVIII, 16.
(5) Philipp. I, 13 ; IV, 22. — (6) Hebr. XIII, 24.

cœur, en Espagne, pour y annoncer le Christianisme (1). Ce qui est certain, c'est qu'il arriva en Crète, y laissa son disciple Tite, à qui, plus tard, il écrivit de Nicopolis, en Épire (?), une épître pleine d'onction et de sollicitude pastorale ; en même temps il adressa sa première *épître à Timothée*, à Éphèse (2). Parti de Nicopolis, il visita de nouveau les églises de Corinthe, Troade, Milet, et, retournant en hâte à Rome, où ses frères étaient fortement menacés par Néron, il y trouva une seconde fois la captivité, écrivit encore à son fidèle Timothée, à Éphèse, et mourut durant la persécution cruelle qui éclata alors [an 67 ou 68 ap. J.-C.]. Il fut décapité par la hache du licteur, en sa qualité de citoyen romain, sur la route d'Ostie, heureux d'avoir obtenu enfin cette couronne de justice qu'il savait lui être réservée, mais inquiet des malheurs qui menaçaient l'Eglise de toutes parts (3).

§ 48. — *Travaux apostoliques de Pierre.*

Pierre, plus que tous les autres apôtres, avait contribué à la fondation de la première Eglise chrétienne à Jérusalem. Il avait parcouru à plusieurs reprises la Palestine pour y régler tout ce qui concernait les nombreuses communautés naissantes. Il dirigea probablement aussi durant quelque temps l'Eglise d'Antioche, en qualité d'évêque (4). Il évangélisa successivement le Pont, la Cappadoce, la Galatie, l'Asie et la Bithynie, et, d'après les traditions bien constatées, se rendit à Rome à peu près vers l'an 42 après J.-C. Il revint cependant à Jérusalem et y échappa miraculeusement à la persécution d'Hérode. Après la mort de

---

(1) Rom. XV, 24-28. Saint Clément, dans son ep. I ad Cor. c. V. dit à ce sujet : Ἐπὶ τὸ τέρμα τῆς δύσεως ἐλθών, ce qui indique l'Espagne et non l'Italie, dans une lettre écrite d'Italie ; cela est plus clair encore dans un fragment sur les canons de la dernière partie du II* siècle, des *Reliquiæ sacræ* de *Routh*, t. IV. p. 4.

(2) *Feilmoser*, Introd. aux livres du Nouveau Testament, éd. II, p. 452-57. — (3) 2 Tim. IV, 8.

(4) *Hieronym.*, de Script. ecclesiast., c.1. *Eusèbe*, Hist. ecclés., III, 22, paraît d'un avis contraire quand il nomme Evodius comme premier, Ignace comme deuxième évêque d'Antioche. Cependant, au liv. III, 36, Eusèbe nomme Ignace le second successeur de Pierre.

ce prince, nous retrouvons, environ vers 52 apr. J.-C. (1), Pierre à Jérusalem, plus tard à Antioche, plus tard à Corinthe où, dit-on, il se rencontra avec Paul et y consolida avec lui la communauté chrétienne. Ses lettres si belles aux fidèles du Pont et de la Galatie prouvent qu'il était, au moment où il les écrivait, à Rome, qu'il nomma Babylone (2).

Quelque imparfaits que puissent paraître les documents historiques sur Pierre, ils suffisent cependant pour établir légitimement *la primauté de Pierre* sur tous les autres apôtres, comme pasteur et chef suprême de tout le troupeau. Depuis le moment où l'Homme-Dieu remonta au ciel, nous voyons toujours Pierre à la tête de toutes les affaires importantes. Il préside l'élection de l'apôtre Mathias (3). Le premier il parle au peuple après la descente du Saint-Esprit (4). C'est au nom de tous les apôtres qu'il parle au sanhédrin de Jérusalem (5). Il opère le premier miracle et prononce le premier un arrêt terrible contre Ananie (6); le premier il ouvre les portes de l'Eglise chrétienne aux Gentils (7). C'est Pierre que Paul cherche à Jérusalem, après sa conversion, *pour s'entretenir avec lui* (8). C'est Pierre qui préside le premier concile de Jérusalem (9) et c'est toujours Pierre que tous les évangélistes nomment le premier, quoiqu'il n'eût pas été le premier qui suivit Jésus-Christ, preuve certaine de la reconnaissance de sa primauté par tous les apôtres (10).

Il mourut à Rome, en même temps que Paul, durant la persécution de Néron [an 67 ou 68 apr. J.-C.]. Il fut crucifié dans le quartier des Juifs, au mont Vatican; seulement l'humble apôtre, se croyant indigne de mourir comme son

---

(1) Act. XV.
(2) I Pierre, V, 13; Tacit. annal, XV, 44.
(3) Act. I, XV. — (4) Act. II, 14.
(5) Act. IV, 8.
(6) Act. III, 4; V, 1. — (7) Act. X.
(8) Gal. I, 18. — (9) Act. XV.

(10) *Tholuck* s'exprime ainsi à ce sujet : « De tous les apôtres, saint Jean paraît avoir le moins de force d'action. Combien la prééminence de Pierre se montre, toutes les fois qu'il faut agir, parler, rendre une décision.

Dieu et comme son Seigneur, demanda à être crucifié la tête en bas (1).

C'est en admettant, comme nous l'avons indiqué, un *double séjour* de Pierre à Rome qu'on parvient peut-être le mieux à expliquer l'antique et universelle tradition de son épiscopat de vingt-cinq ans dans la ville éternelle (*). Stenglein, en rappelant les subtiles objections faites au Christ par les Juifs dans S. Jean, VIII, 38 et 44 (Conf. *Rom.*, I, 8), a prouvé qu'il est très-facile de réfuter la principale objection contre cette tradition, tirée du passage des Actes XXVIII, 22, où les chefs de la synagogue de Rome disent à Paul que tout ce qu'ils savent de la doctrine chrétienne, c'est que l'on combat partout cette secte nouvelle.

§ 49. — *Travaux des autres apôtres.*

Tillemont, Mémoires, t. I. *Natal. Alexander*, Hist. Eccl. I sæc. c. 8.

Les Actes des Apôtres se bornent à l'histoire de Pierre et de Paul ; ils ne font point mention des travaux du reste des apôtres. Ce n'est pas sans motifs : ils n'eussent pu que

(1) *Origen.* dans *Eusèbe*, Hist. ecclesiast., III, 1, *Tertull.* de Præscript. hær., c. 36.

(*) Voyez sur le séjour de Pierre à Rome, le Père apost. saint *Ignace* († 107) ep ad Rom. c. 4. Denys de Corinthe († av. 180), dans *Eusèbe*, Hist. ecclesiast., II, 25 ; *Iren.* III, 1, 3 ; *Tertull.* contr. Marcion. IV, 5. S. Cyprien († 258) parle à plusieurs reprises de Rome, chaire de Pierre, *cathedra Petri*, comme d'un fait généralement reconnu. Une critique exagérée pouvait seule mettre en doute un fait de l'antiquité chrétienne aussi unanimement constaté, comme l'ont fait *Spanheim*, Dissert. de ficta profectione Petri in urbem Romam (Opp. t. II, p. 331, etc.) ; *Baur*, dans la Gazette de théol. protest. de Tüb. 4º livr., 1831. Les objections faites jusqu'au milieu du XVIIIe siècle sont réfutées dans *Foggini*, De Romano divi Petri itinere et episcopatu ejusque antiquissimis imaginibus exercitationes historico-criticæ. Florent., 1741, (Dédié à Benoît XIV.) Voir, pour les temps modernes, les ouvrages suivants, pleins d'une érudition sérieuse et consciencieuse : *Herbst*, sur le Séjour de Pierre à Rome (Revue trim. de Tüb. 1820, p. 267 sq.) *Dœllinger*, Man. de l'Hist. ecclésiast., p. 65. *Windischmann*, Vindictæ Petrinæ. Ratisb., 1836. *Ginzel*, de l'Épiscopat de Pierre à Rome. *Pletz*, Gazette théolog., XIe ann. livrais. 1-4. surtout contre *Mayerhof*, Introd. aux écrits concern. Pierre, Hamb., 1835. Cf. *Olshausen*, Etud. et crit. ann. 1838, p. 4 ; enfin *Stenglein*, de l'Épiscopat de vingt-cinq années de saint Pierre à Rome. (Tub., Revue trimestrielle, 1840 ; part. 2 et 3.) — Voir aussi *Origines de*

répéter les mêmes miracles, les mêmes souffrances et les mêmes vertus. Les apôtres étaient d'autant moins inquiets de transmettre le souvenir de leurs travaux, qu'ils étaient plus jaloux de répandre la bonne nouvelle jusqu'aux confins de la terre. De là l'obscurité des traditions, l'incertitude des documents. Le fait le plus remarquable que nous en pouvons tirer, c'est que, douze ans après l'Ascension de leur divin Maître, les apôtres, avant de se séparer et de quitter Jérusalem, se partagèrent le monde et rédigèrent en commun le *Symbole de la foi*. Jacques, fils d'Alphée (qui n'est certainement (1) autre que Jacques le Mineur, le Juste, le frère du Seigneur), fut le premier évêque de Jérusalem. Estimé même par les Juifs à cause de sa justice et de sa douceur, il consolida son Église (2) par sa fermeté et rappela avec autant de force que de cœur, aux chrétiens nés Juifs, dans les contrées éloignées, la nécessité de la foi prouvée par les œuvres, dans son *Épître catholique*. Selon le témoignage assez probable de Flavien Josèphe, Jacques dénoncé par le grand prêtre Anne comme violateur de la loi, avant l'arrivée d'Albinus, le nouveau gouverneur, fut lapidé [an 63 apr. J.-C.]. crime que les Juifs les plus zélés répudièrent eux-mêmes avec horreur, et qui, sur la demande adressée par eux au roi Agrippa, fit déposer le grand prêtre. Hégésippe, postérieur à Josèphe, raconte, dans Eusèbe, que Jacques, refusant de se déclarer contre Jésus, fut précipité par les scribes et les pharisiens du sommet du temple, et tué par un foulon armé de son instrument (3). Ses successeurs dans l'épiscopat furent Siméon et Juste. Matthieu (4), apôtre et évangéliste, annonça la parole de

l'Égl. rom., par les Bénéd. de Solesmes, 1837. Olshausen dit avec raison, au sujet des tendances négatives et destructrices des temps modernes, « que c'est une obligation d'autant plus rigoureuse pour la science vraie de mettre un grand prix à des témoignages authentiques, et de ne pas se laisser entraîner par de pures hypothèses. »

(1) *Hug.* Introd. au Nouv. Test., vol. II, p. 517; *Schleyer*, Gazette théol. de Fribourg, t. IV, p. 11-65. Cf. *Guerike*, Introd. au Nouv. Test., p. 483.

(2) Act. XV, 13.

(3) Cf. *Flav. Jos.* Antiq. XX, 9, 1. Voy. *Credner*, Introd. au Nouv. Test., p. 481; *Heges.* dans *Eusèbe*, Hist ecclesiast., II, 1, 23; *Stolberg*, VIᵉ part., p. 360-65.

(4) *Rufin*, Hist. ecclesiast., I, 9; *Eusèbe*, Hist. ecclesiast., III, 24, 39.

Jésus-Christ dans l'Arabie Heureuse (l'Inde et l'Éthiopie). Philippe (1), qui vécut, dit-on, comme Jean, jusqu'à la fin du 1ᵉʳ siècle, consuma les derniers jours de son long apostolat à Hiérapolis, en Phrygie. D'après d'antiques traditions, Thomas évangélisa les Parthes, André les Scythes (2), Barthélemy (3) les Indes, Thaddée (4) Abgar, prince d'Édesse. C'est l'Orient en général qu'on désigne comme théâtre de l'activité apostolique de Simon *le zélateur* et de Mathias (5). Sauf saint Jean, l'Église honore tous les apôtres comme martyrs (6), ce qu'indiquent les symboles avec lesquels la peinture et la statuaire les a presque constamment représentés (7). Il est plus certain que l'évangéliste Marc (8), qui accompagna d'abord Paul et Barnabé et plus tard Pierre à Rome, fut sinon le fondateur, du moins le premier évêque de l'Église d'Alexandrie. Quant à la très-sainte Vierge Marie, qu'on ne saurait oublier en parlant de cette société d'élus, nous ne pouvons rappeler que deux traditions, dont l'une porte qu'elle mourut à Jérusalem en 45 ou 47, et dont l'autre dit qu'elle accompagna l'apôtre Jean à Éphèse, ce qui aurait eu lieu bien plus tard.

OBSERV. — *Tillemont*, t. I et II, a soigneusement rassemblé tout ce qu'on sait, d'après des traditions incertaines, sur les compagnons des apôtres nommés dans le Nouveau Testament, tels que Luc, Timothée, Tite, Lin, Hermas, Crescens, le rhéteur philosophe Apollon, d'Alexandrie, passé du judaïsme au christianisme (Act XVIII, 24; XIX,1; I Cor. I, 12, etc.), et d'autres.

§ 50. — *Coup d'œil sur la propagation du Christianisme.*

Précis de l'Histoire des missions chrétiennes dans l'empire romain jusqu'à la chute de cet empire au Vᵉ siècle. Strasb., 1843

Si l'on considère la rapidité avec laquelle le Christianisme se propagea en Asie, dans la Palestine, en Syrie, dans l'Asie

---

(1) *Eusèbe*, III, 31; VI, 24. — (2) Ibid. III, 1. — (3) Ibid. V, 10.
(4) Ibid. I, 13; II, 1. — (5) Act. I, 26. — (6) Conf. n° 1, § 39.
(7) *Aschbach*, Lexique ecclés.
(8) *Euseb.* II, 16, 24. Chronic. Paschale (Alexandrin.), p. 230, ed. du Fresne. Paris, 1688.

Mineure, à Damas et à Antioche, en Mésopotamie, à Édesse; en Europe, particulièrement en Grèce, dans plusieurs îles, en Italie (en Espagne ?) ; en Afrique et surtout en Égypte ; si l'on énumère les nombreuses Églises établies de toutes parts, si l'on pèse toutes les mesures qui furent nécessaires pour fonder et régler toutes ces Eglises naissantes, on concevra une idée consolante de la faveur qui accueillit partout le Christianisme dès l'origine. Et qu'on ne s'imagine pas que c'étaient tous gens pauvres et grossiers qui composaient ces communautés primitives. Qu'on se rappelle les nombreux envois d'argent dont font mention les épîtres des apôtres (1), et la conversion du proconsul Sergius Paulus (2) à Chypre, et celles de l'eunuque d'Éthiopie, du centurion Corneille (3), de Denys l'Aréopagiste (4) ; qu'on se souvienne des rapports de Paul avec les habitants du palais des Césars (5). Flavius Clément, oncle de Vespasien, Domitille, sa femme, et d'autres Romains distingués, n'appartenaient-ils pas au Christianisme, dans les derniers temps de la vie de Jean? Enfin les fréquents avertissements de l'apôtre contre ceux qui introduisent dans le Christianisme des erreurs tirées des systèmes de la philosophie et de la théologie païennes (6), ne prouvent-ils pas que les savants du monde étaient entrés dans l'Eglise, et menaçaient d'y introduire les dangereuses spéculations dont ils étaient imbus ?

Les obstacles mêmes que rencontra le Christianisme rendent plus merveilleuse encore sa rapide propagation. Quelle violente opiniâtreté que celle des Juifs incrédules qui tuent Etienne et les deux Jacques ! quelle opposition ardente que celle des païens contre Paul surtout, à Athènes, à Ephèse! quelles persécutions sanglantes, enfin, que celles des empereurs romains! Claude exile de Rome les chrétiens, confondus avec les juifs bannis [an 53 apr. J.-C.] (7). Après l'incendie de Rome, sous Néron, la persécution devient cruelle et dure plusieurs années. Les chrétiens sont déchirés par les bêtes dans les arènes, précipités dans le Tibre, enduits de poix et allumés comme des flambeaux, pour

---

(1) Act. XIII ; Phil. III, 24. — (2) Act. XIII. — (3) Act. VIII, IX.
(4) Act. XVII, 34. — (5) Phil. IV, 22. — (6) Col. II, 8 ; I Tim. I, 20.
(7) *Suet.* Vit. Claud. c. 25.

éclairer les carrefours de la ville (1). On élève cependant des doutes fondés sur l'existence d'une persécution générale à cette époque, telle que l'admet Orose au IVᵉ siècle. Vespasien ne persécute pas directement les chrétiens [ans 69-79 apr. J.-C.], mais il en exige avec rigueur, comme des Juifs, l'impôt personnel. Domitien agit de même [ans 81-96 apr. J.-C.]; de plus il condamne à mort Clément Flavius, accusé d'impiété et de tendance au judaïsme, c'est-à-dire au Christianisme (2) ; il bannit sa femme Domitille dans l'île de Pandataria ; il relègue une autre de ses parentes à Pontia ; il exile l'apôtre Jean à Pathmos (3), surtout, dit-on, afin de confisquer les biens de tous ces proscrits. Il fait citer à Rome quelques-uns des parents de Jésus, dont il craint la rivalité; mais il les renvoie à la vue de leurs mains calleuses, endurcies par de pénibles travaux (4). Sous le règne malheureusement trop court de Nerva [ans 96-98 apr. J.-C.], on rejeta, comme dénuée de fondement, l'accusation toujours répétée jusqu'alors d'impiété et de judaïsme (5).

§ 51. — L'Église se sépare de la Synagogue. — Guerre des Juifs. — Ruine de Jérusalem.

Flav. Joseph. de Bello Jud. lib. VII, var. lection. instrux. et notis illust. Ed Cardwell. Oxoniæ, 1837, 2 vol. (raconte en grande partie comme témoin oculaire); *Tac.* Hist. V, 1-13; *Stolberg*, t. VII, p. 1-168.

Dès que le christianisme fut né, le judaïsme, qui en avait été la préparation, ayant accompli sa mission dans l'histoire du monde, devait disparaître. Jérusalem et son temple, centre du culte judaïque, n'avaient plus désormais leur signification primitive ; ils ne pouvaient subsister plus long-

---

(1) *Tacit.* Ann. XV, 44; *Suet.* Vit. Néron. c. XVI. *Tertull.* Apol. c. 5, ed. Havercamp, p. 64, parle déjà de lois portées par Néron et Domitien contre les chrétiens, mais en partie rapportées par Trajan (*quas Trajanus ex parte frustratus est*).
(2) *Dio Cassius* et Opit. de *Xiphilinus*, LXVII, 14; *Euseb.* Chron. lib. II, ad. Olymp. 218. Hieronym. ep. 86.
(3) *Tertull.* Præscr. hær. c. 36 ; *Euseb.* Hist. ecclesiast. III, 18.
(4) *Euseb.* Hist ecclesiast. III, 20. — (5) *Dio Cass.* LXVIII, 1.

temps sans nuire au Christianisme, qu'ils menaçaient d'un double péril, la confusion des doctrines et la persécution des personnes. Les chrétiens nés Juifs devaient en être les principales victimes ; mais, en même temps, ceux-ci s'appuyant toujours sur le culte ancien mêlé au culte nouveau, fomentaient d'un côté dans l'Eglise, contre les païens reçus dans son sein, un esprit de division tout à fait contraire au Christianisme, et de l'autre tendaient à produire un amalgame de deux religions bien plus déplorable encore.

La ruine de Jérusalem et de son temple fut donc un événement de la plus haute importance pour la propagation et les succès de l'Eglise chrétienne (1), ainsi que l'avait prédit le Sauveur d'une manière positive, alors que le temple était encore dans toute sa gloire et sa magnificence (2). Les Juifs, jadis instruments choisis de la Providence pour l'accomplissement des desseins de Dieu, voulaient se prévaloir aux yeux des nations des prérogatives dont ils étaient complètement déchus. Les plus touchantes preuves de la miséricorde divine, les plus terribles châtiments n'avaient pu amener ce peuple, au cou roide, à accepter librement sa véritable mission sur la terre et à se conformer franchement aux vues de Dieu. Il avait interprété les prophéties les plus sublimes sur le Sauveur dans un sens politique et restreint, et il niait avec d'autant plus de passion la réalisation des oracles divins, que la fondation de l'Eglise de ce Jésus, méprisé et réprouvé, et la durée de la domination romaine rendaient son attente plus vaine, sa déception plus notoire. Opprimé par les proconsuls romains à Césarée, le peuple chéri de Jéhovah crut le moment de la vengeance arrivé ; il se révolta ouvertement sous le gouvernement de Gessius Florus [64 apr. J.-C.], à l'occasion du sacrifice de quelques oiseaux qu'un païen avait fait tout près de la Synagogue, en dérision du culte des Juifs. La sédition se propagea rapidement jusqu'à Jérusalem. Enhardie par la défaite de Cestius Gallus, la nation entière se souleva contre la puissance romaine [67 apr. J.-C.]. Mais le

---

(1) Cf. *Dieringer*, Syst. des faits divins, t. I, p. 240 ; surtout 362-966.
(2) Luc, XXI, 5 sq.

jour terrible était proche où les malheurs épouvantables prédits par le Sauveur en larmes devaient fondre sur Jérusalem, où le sang de l'Homme-Dieu devait retomber sur les enfants réprouvés d'Israël. Vespasien, chargé du commandement par Néron, après avoir fait sa jonction avec son fils Titus, qui revenait d'Égypte, envahit la Galilée à la tête d'une puissante armée [67 apr. J.-C.]; il s'empara de Jotapata, la plus forte citadelle de la Galilée, après une défense opiniâtre de quarante jours, massacra quarante mille Juifs et soumit toute la province. Victorieux et pleins d'impatience, les soldats romains brûlaient de terminer la guerre par la prise et la ruine de Jérusalem; mais le prudent Vespasien attendit le moment favorable, que devaient nécessairement amener les divisions intestines des Juifs. En effet, les vieillards de la Judée, mûris par l'expérience, voulaient la paix; la jeunesse téméraire, irréfléchie et ne respirant que la guerre, se précipita dans Jérusalem, où Jean de Giscala l'accueillit. Vespasien soumit alors toute la Judée, et campa, toujours menaçant devant Jérusalem, au printemps de l'année 68 apr. J.-C.; il attendait les ordres de l'empereur qui devait avoir succédé à Néron. Bientôt l'armée romaine se souleva, s'agita, le proclama Auguste : Titus, parti de Césarée (70), arriva avec des forces nouvelles devant la malheureuse ville, où la fête de Pâque avait amené une population immense (1), et dont les défenseurs, après avoir combattu l'ennemi commun, s'entr'égorgeaient les uns les autres. Les chrétiens, se souvenant des paroles du Seigneur : « Lorsque vous verrez une armée environner Jérusalem, sachez que sa destruction est proche (2), » s'enfuirent vers Pella en Galilée. Alors aussi les Juifs virent se réaliser à la lettre les malheurs prédits par le Christ; mais rien ne put triompher de leur invincible opiniâtreté, ni les horreurs de la guerre civile, ni les angoisses de la famine, qui se montra hideuse, insensée, épouvantable dans la fille désespérée d'Éléazar. La horde de Simon avait enlevé aux femmes riches et distinguées tout ce qu'elles possédaient. Marie mourait de faim, et

---

(1) D'après *Jos. Flav.* de bello Jud. VI, 9, il y avait 2,700,000 hommes dans Jérusalem. *Tac.* Hist. V, 13, ne parle que de 600,000.
(2) Matth. XXIV; Luc, XXI, 6.

l'enfant qu'elle allaitait mourait d'inanition, sur son sein desséché. Elle le tue ; elle fait rôtir au feu l'enfant de son amour et de ses douleurs ; elle en mange une partie, et livre l'autre à la troupe avide, qui vient de nouveau fouiller sa maison, en s'écriant dans sa rage et son effroyable désespoir : « C'est mon enfant ! c'est moi qui l'ai tué ! Mangez ! « j'en ai bien mangé, moi ! Seriez-vous plus délicats et « plus compatissants qu'une femme, qu'une mère ! »

La nouvelle de ce crime inouï se répandit aussitôt à travers la ville jusque dans le camp romain. Mais si les Juifs, toujours opiniâtres, ne profitèrent pas plus de ces expériences terribles que des paroles du Sauveur : « Bienheu-« reuses alors les stériles et celles qui n'auront point d'en-« fants, et dont les mamelles n'auront point allaité, » les Romains, saisis d'horreur et de dégoût, résolurent de terminer victorieusement la lutte et d'ensevelir ces forfaits sous les ruines de Jérusalem. En effet, sa chute fut effroyable et l'incendie du temple plein d'horreur et d'épouvante [4 ou 5 août 70 apr. J.-C.]. Au rapport de Josèphe, il périt un million d'hommes pendant le siége et à la prise de Jérusalem.

La perte de leur nationalité, leur dispersion à travers toute la tere, tel fut désormais le partage des Juifs. Plus de promesse de restauration, plus de prophète ni de roi, plus d'espérance pour les consoler et les relever. Mais si le sceptre était tombé des mains de Juda pour toujours, l'Église de Jésus-Christ commençait à se développer plus largement sur la terre

CHAPITRE III.

ORGANISATION ET CONSTITUTION DE L'ÉGLISE APOSTOLIQUE.

> Comme mon père m'a envoyé, je vous envoie.
> Jean, XX, 21.

Petavius, de Hierarch. Eccl. lib V, dans sa Theol. dogm., ed Venet., 1757, t. VI, p. 52-209; dans d'autres éd. t. IV; *Scholliner*, de Hierarch. Eccl. diss. Ratisb., 1757, in-4; *Mœhler*, l'Unité dans l'Eglise, ou Principe du catholicisme. Tub., 1825 et 1843; Dr. *Sylvius*, l'Evangile et l'Église. Ratisb., 1843, surt. p. 1-114 : « Nature et essence de l'Église; » *Rothe*, Commencem. de l'Église chrét. Wittemb., 1837, t. I, en partie combattu par *Dieringer* : Gaz. théolog. de Frib., V, 1, p. 67-116. *Ritschl*, Orig. de l'antique Église cath. Bonn, 1850, p. 365-448.

§ 52. — Clercs et laïques.

Le Christ, habitant parmi les hommes, formait avec ses apôtres et ses disciples choisis une société religieuse dont il était le maître, dont ils étaient les serviteurs (1). Là était déjà le germe de l'organisation de l'Église, dont les membres enseignent ou sont enseignés, commandent ou obéissent, sont prêtres ou laïques. Si donc, après l'Ascension du Christ, sa mission devait se continuer et s'accomplir, il fallait que la société religieuse qu'il avait fondée, que l'Église, qui le représente perpétuellement, exerçât perpétuellement aussi sa triple mission, comme prophète (docteur), prêtre et roi.

C'est pourquoi le Sauveur, en remontant vers son Père, fit d'abord du corps des apôtres un corps enseignant (2), lui légua, par l'intervention spéciale de l'Esprit saint, le

---

(1) Jean, XIII, 14, 16; XV, 15.
(2) Matth. XXVIII, 18-20; Marc, XVI, 15.

privilége de l'infaillibité, afin qu'il pût, d'âge en âge et sans interruption, transmettre la vérité, comme le Christ, aux fidèles qui écoutent et forment l'Église enseignée. Celle-ci, soumise à l'autorité du corps enseignant, devait recevoir avec foi la parole du Pasteur et reconnaître sa voix (1), afin de demeurer ferme dans la doctrine et de croître dans la connaissance du Fils de Dieu (2). Et, comme le divin Sauveur avait confirmé sa parole par ses miracles (3), il donna aux disciples, envoyés pour prêcher l'Évangile, le pouvoir de produire à leur tour des signes et des miracles (4). De plus, l'Homme-Dieu, grand prêtre selon l'ordre de Melchisédech, s'étant offert dans le sacrifice unique du Golgotha pour les péchés de l'humanité (5), cet unique sacrifice devait se perpétuer dans l'Église. L'Homme-Dieu donna donc aux apôtres la mission de continuer le sacrifice du grand prêtre et il leur ordonna, pendant la dernière cène, de faire, en mémoire de lui, comme il avait fait en leur donnant, sous la forme mystérieuse du pain et du vin, son corps à manger et son sang à boire (6), en même temps qu'il leur transmettait le pouvoir de remettre les péchés (7). En outre, comme l'idée du Christianisme n'est pas entièrement développée par le sacrifice et la rémission des péchés et qu'elle n'est complétée que par la sanctification et la prière, les apôtres devaient être également les dispensateurs des sacrements; ils devaient prier sans interruption pour l'Eglise, comme le Christ lui-même avait prié pour elle durant l'obscurité des nuits et jusqu'au moment de son ascension vers son Père (8). Et, afin que cette prière fût efficace, le Christ apprit lui-même à prier à ses disciples (9).

Enfin, le Sauveur transmit la royale charge de régir et de diriger son Église, à tous ses apôtres et nommément à

---

(1) Jean, X, 26, 27. — (2) I Tim. III, 15; Ephes. IV, 11-14.
(3) Jean, V, 36; X, 38; XV, 24.
(4) Matth. X, 1-8. Marc, XVI, 17-20. Jean, XIV, 12. Conf. Act. II et I. Cor. XII.
(5) Heb. II, 17; VII, 17; IX, 28; X, 10. Conf. Jean, III, 14, 15.
(6) Math. XXVI, 26 sq. Luc, XXII, 19-20, 1. Cor. XI, 23-26.
(7) Jean, XX, 19-23.
(8) Luc, V, 16; VI, 12; IX, 18-28. Jean, c. XVII.
(9) Luc, XI, 1 sq. Act. I, 14, 24; VI, 6; VIII, 15, 24; XIII, 3.

Simon Bar Jonas, qu'il nomma Pierre dès la première rencontre (1), et promettant plus tard que sur cette pierre il bâtirait son Église. Puis, au moment où il remet à Pierre les clefs du royaume du ciel avec ces paroles solennelles : « Tout ce que tu lieras sur la terre sera lié « dans le ciel, tout ce que tu délieras sur la terre sera « délié dans le ciel (2), » et qu'il lui donne mission de paître son troupeau, comme souverain pasteur de l'Église, il confie la même charge aux autres apôtres (3), en leur disant solennellement ainsi qu'à Pierre : « Comme mon « Père m'a envoyé, je vous envoie ; qui vous méprise me « méprise (4). » C'est cette charge et ce droit que Paul réclame quand il dit : Que les hommes nous considèrent « comme les ministres de Jésus-Christ et les dispensateurs « des mystères de Dieu (5). » Cette sanction divine se manifesta pleinement quand le Saint-Esprit descendit visiblement sur les apôtres, sous la forme de langues de feu, comme il avait apparu au baptême du Christ, sous la forme d'une colombe. Ainsi fut divinement et positivement établie, et pour toujours confirmée, la distinction entre les maîtres et les disciples, les pasteurs et les fidèles. Le passage de saint Paul, dans son épître aux Romains (I, 1), et celui des Actes (XIII, 2) qui parle de la séparation (ἀφορίζειν) de Paul et de Barnabé pour l'Évangile, marquent encore très-nettement cette distinction des clercs (κλῆρος) (*) et des laïques (de λαός, peuple), qui passa de l'Ancien Testament dans l'Église chrétienne. Saint Clément de Rome distingue aussi très-positivement les diverses fonctions des prêtres et des laïques. Le pontife a des charges particulières, dit-il ; le prêtre a des fonctions spé-

(1) Jean, I, 42. — (2) Matth. XVI, 18-19.
(3) Jean, X, 11 ; Matth. XVIII, 18.
(4) Luc, X, 16. — (5) I Cor. IV, 1.
(*) Dans le partage de la terre de Chanaan, la tribu de Levi n'avait point eu de part (κλῆρος). « Propterea vocantur clerici (dit saint Jérôme), vel quia *de sorte* sunt *Domini*, vel quia *ipse Dominus sors*, id est pars clericorum est; qui autem vel ipse pars Domini est, vel Dominum partem habet, talem se exhibere debet ut et ipse possideat Dominum et possideatur a Domino ; quod si quidpiam aliud habuerit præter Dominum, pars ejus non erit Dominus. » (Ep. ad Nepotian.). Cf. Ps. XVI, 5 : Dominus pars hæreditatis meæ et calicis mei.

9.

ciales ; le lévite a son ministère propre ; le laïque n'est tenu qu'aux préceptes qui concernent les laïques (1). D'autres Pères apostoliques nomment l'évêque le seigneur et maître sans lequel on ne peut rien dans l'Église. Cette distinction n'est nullement infirmée par des textes qui parlent d'un sacerdoce intérieur, auquel sont appelés tous les chrétiens (2) ; ces passages désignent, comme dans l'Ancien Testament (3), l'obligation générale d'honorer Dieu par le sacrifice de la prière, de l'amour et de soi-même (4), obligation toute différente de celle du sacerdoce proprement dit, qui a mission d'enseigner, de consacrer et d'administrer les choses saintes.

§ 53. — *Hiérarchie instituée par Jésus-Christ.* — *L'épiscopat.* — *La prêtrise.* — *Le diaconat.*

Lorsque le Christ eut transmis aux apôtres la plénitude de son sacerdoce, le caractère sublime, l'éminente dignité dont furent revêtus par là les apôtres les rendirent, plus que jamais, les représentants du Sauveur au milieu de l'humanité, et c'est en effet au nom et en place du Christ qu'en toutes circonstances nous les voyons parler et agir.

Or, comme le ministère apostolique devait durer jusqu'à la fin des siècles (5), et que la mort devait mettre fin à la mission des douze premiers apôtres, et que d'ailleurs ils prévoyaient, comme dit saint Clément de Rome (6), qu'il s'élèverait des contestations sur la prééminence de la charge épiscopale, ils transmirent leur mission et leur fonction aux *évêques* (ἐπίσκοποι), en leur recommandant de transmettre eux-mêmes, à leur mort, le dépôt reçu à des

---

(1) Ep. 1 ad Corint. c. 40 ; *Ignat.* ep. ad Ephes. c. 6, et ad Smyrn. c. 8 ; *Polycarp.* ep. ad Philipp. c. 5.

(2) I Petr. II, 5, 9 ; Apoc. I, 6. — (3) Exod. XIX, VI.

(4) *Orig.* hom. IX in Lev. n. 9. Cf. *Tertull.* de Orat. c. 28, et Constitut. apost. l. III, c. 15 (Galland, t. III, p. 99-100). *Augustin.* De Civit. Dei, X, 3 : « L'âme est le temple de Dieu ; le cœur est l'autel « où nous offrons à Dieu, dans l'ardeur de notre amour, l'humble « sacrifice de notre vie entière. »

(5) Matth. XXVIII, 20 ; Hebr. VII, 23.

(6) I Corinth. c. 44.

hommes fidèles, capables d'en instruire d'autres (1), de manière que l'*épiscopat devint la continuation de l'apostolat*. Seulement les évêques devaient ne présider qu'une Église spéciale, n'agir que dans un ressort déterminé, tandis que les apôtres jouissaient d'une autorité universelle et illimitée. Divers passages du Nouveau Testament, et les conclusions qui en ressortent, prouvent que la volonté du Christ fut, en effet, que les Églises particulières fussent présidées par un chef unique et suprême (ἐπίσκοπος), et non par plusieurs prêtres égaux en droits et en dignité (πρεσβύτεροι) (2). Et tel fut aussi l'usage, dès le siècle apostolique. Les exhortations que saint Paul adresse à Tite (3), à Timothée (4) qu'il a laissés en Asie comme évêques, prouvent que celui qu'il nomme *évêque* exerce en effet une autorité suprême sur les prêtres. C'est ainsi que dans l'Apocalypse les reproches de saint Jean (5) s'adressent spécialement aux sept anges (chefs préposés) des Églises d'Éphèse, de Smyrne, etc., comme aux vrais représentants de ces Églises, quoiqu'il soit historiquement démontré que quelques-unes d'entre elles avaient plusieurs prêtres. Mais c'est surtout dans les lettres de saint Ignace († 107), Père des temps apostoliques, que la prééminence des évêques sur les prêtres est mise en relief : « Obéissez tous « à votre évêque comme Jésus à son Père, et aux prêtres « comme aux apôtres. Honorez les diacres comme la loi « de Dieu ; que toutes choses se terminent dans la paix du « Seigneur. Et puisque l'évêque tient la place de Dieu, et « le prêtre celle de l'apôtre, soyez soumis à l'évêque « comme à Jésus-Christ, aux prêtres comme aux apôtres ; « ainsi l'ont ordonné les apôtres eux-mêmes (6). » Si cette prééminence n'eût pas existé, comment, dans leurs controverses avec les hérétiques les docteurs de l'Église

---

(1) 2 Tim. II, 2.

(2) Πρεσβύτεροι, conformément à l'hébreu זקנים, les anciens, c'est-à-dire les chefs des synagogues, membres du sanhédrin.

(3) Tit. I. 5. — (4) 1 Tim. V, 17. — (5) Apoc. c. II et III.

(6) Ep. ad Smyrn. c. 8 ; ad Magn. c. 6 ; ad Trallian. c. 2, et autres pass. Cf. ad Philad. c. 3. Ὅσοι γὰρ Θεοῦ εἰσιν καὶ Ἰησοῦ Χριστοῦ, οὗτοι μετὰ τοῦ ἐπισκόπου εἰσίν. Ad Polycarp. c. 6. Τῷ ἐπισκόπῳ προσέχετε, ἵνα καὶ ὁ Θεὸς ὑμῖν.

eussent-ils pu, durant le II° et le III° siècle, prétendre donner, et donner en effet la *liste des évêques* des Églises les plus célèbres depuis les apôtres (1)? Les données les plus positives nous montrent partout, durant les deux premiers siècles, l'évêque placé réellement à la tête de son Église, ayant des prêtres sous ses ordres. Cette organisation uniforme de chaque Église, partout où le Christianisme avait pénétré, ne prouve-t-elle pas que l'épiscopat est d'institution divine? On n'a qu'à y comparer, pour s'en convaincre, la diversité des formes politiques chez les différentes nations de la terre. On ne conçoit pas qu'on veuille expliquer cette unité par l'usurpation : comment s'imaginer en effet une pareille ambition se manifestant en tout lieu, de la même manière, et cela dans les temps reconnus comme les meilleurs de l'Église? Les fonctions épiscopales pouvaient-elles avoir assez d'attrait pour séduire des cœurs ambitieux, dans ces temps de persécution où la rage des ennemis de l'Église se tournait particulièrement contre les évêques (2)? De ce qu'on ne peut dis-

---

(1) *Iren.* Contra hær. III, n. 3, et 4, p. 176; *Tertull.* de Præscript. hær. c. 32 et 36, p. 243 et 45.

(2) Saint Jérôme semble vouloir démontrer de la même manière la prééminence des évêques sur les prêtres, lorsqu'il commente l'Épître à Tite, c. I : « Idem est presbyter, qui et episcopus, et antequam diaboli instinctu studia in religione fierint et diceretur in populis : Ego sum Pauli, etc. (1 Cor. I, 12), communi presbyterorum consilio Ecclesiæ gubernabantur. Postquam vero unusquisque eos, quos baptizaverat, suos esse putabat, non Christi, in toto orbe decretum est (?!) *ut unus de presbyteris electus* superponeretur cæteris, ad quem omnis Ecclesiæ cura pertineret, ut schismatum semina tollerentur ? » Il trouve surtout ses preuves dans Philipp. I, 1 (Cf. Phil. IV, 15, avec 2 Cor. XI, 8, 9); Act. XX, 17, 28 ; 1 Petr. V, 1. Saint Jérôme dit aussi, ep. 82 ad Oceanum : « Apud veteres *iidem* episcopi et presbyteri fuerunt, quia illud nomen dignitatis, hoc ætatis. » De même *Ambrosiaster* (vers 380), Commentar. ad Ephes. IV, 11. Ce point est à éclaircir bien plus par l'histoire que par l'interprétation subtile des Écritures. Saint Jérôme, pour combattre certaines erreurs ou certains abus, se laisse facilement entraîner à des opinons extrêmes, comme lorsqu'il exagère les prérogatives de la virginité contre Jovinien : c'est ainsi qu'il compare ici les prêtres aux évêques, pour combattre l'ambition de quelques diacres. Une autre expression, par laquelle saint Jérôme pense affaiblir la dignité des évêques, sert précisément à la faire ressortir dans ce qu'elle a de plus important : l'*ordination*. « Quid facit, *excepta ordinatione*, epis-

convenir que la même personne se trouve alternativement désignée par les noms de ἐπίσκοπος et de πρεσβύτερος (1), on ne peut conclure que ces noms indiquent le même rang; car la même dénomination appartient souvent à des choses différentes. Les apôtres Pierre et Jean se nomment eux-mêmes πρεσβύτεροι (2); les évêques des IIe et IIIe siècle en faisaient autant, lorsque leur prééminence était généralement reconnue. Ils étaient en effet en même temps prêtres, quoique les prêtres ne fussent pas évêques. Saint Ignace (3) nomme les apôtres πρεσβυτέριον ἐκκλησίας.

Comme l'histoire nous montre évidemment dans les évêques les héritiers légitimes de la puissance des apôtres et leurs véritables successeurs, de même l'histoire abonde en preuves datant des temps apostoliques, et établissant que *l'épiscopat privilégié, confié à Pierre*, pour la conservation de l'unité de la foi et de la charité, fut transmis à ses successeurs. Clément (4), Père des temps apostoliques, et probablement le troisième successeur de Pierre à Rome (68-77 ou 92-101 après J.-C.), adressa de rudes avertissements à l'église de Corinthe, au sujet des divisions qui y avaient éclaté, quoique cette Église ne fut pas du ressort de sa juridiction épiscopale. Il déclare « que ce serait pour « lui un grave péché que de déposer, par amour pour « eux, des prêtres qui avaient exemplairement et sainte- « ment rempli leurs fonctions. »

Quant aux *Prêtres*, dès que le nombre des fidèles augmentait dans les Églises particulières, les évêques les élevaient à la dignité de coopérateurs (5) et d'administrateurs des sacrements. Mais ce pouvoir, une fois transmis,

copus, quod presbyter non faciat? » (Ep. 101, alias 85 ad Evangelium.) Voy. *Dœllinger*, Man. de l'hist. ecclésiast., 327 sq. not. 16. Cf. *Petav*. Theol. dogm. t. VI; Dissert. ecclesiast. t. I, de Episcopis et eor. jurisdict. ac dignit. c. 1-3, p. 21-25; *Le Quien*, Oriens christian. t. II, p. 343; *Renaudot*, Liturg. Orient. collect. II, 373; *Abrah. Echelensis*, Eutychius vindicatus, p. 50 sq. Romæ, 1661; *Mamachii* Origg., t. IV, p. 503 sq. *Lang* (Rev. trim. de Tüb. Ann. 1833, p. 85 sq. 329 sq.

(1) Act XX, 17, 28; Tit. I, 5, 7. — (2) 1 Petr. V, 1, 2; 2 Jean, I, 1
(3) Ep. ad Philadel. c. 3.
(4) Cf. Ep. ad Corinth. c. 44. *Tillemont*, t. I, p. 149-166; *Grabe*, Spicilegium, etc., t. I, p. 254-305.
(5) Act. XV, 23.

n'était point temporaire; il ne pouvait être repris sans des motifs très-graves; les prêtres ne différaient réellement des évêques qu'en ce que ceux-là (1) dépendaient de ceux-ci dans l'exercice de leurs fonctions, et ne pouvaient transmettre, comme les évêques, le sacerdoce par l'ordination (2).

Les *Diacres* (διάκονοι), formant le troisième degré de la hiérarchie ecclésiastique instituée par Jésus, sont les successeurs des sept fidèles, élus par les apôtres, pour dispenser les aumônes et soigner les pauvres (3); cependant leurs attributions étaient encore d'un ordre incomparablement plus élevé, puisqu'ils devaient être « pleins de l'Esprit-Saint et de la Vérité (4), » et qu'en effet ils prêchaient et baptisaient (5).

On était élevé à chacun des trois degrés de la hiérarchie sainte par la prière et l'*imposition des mains* (6), symbole essentiel du sacrement de l'ordre.

§ 54. — *Doctrine de saint Paul sur l'organisation de l'Église.*

Dès les temps apostoliques, de faux docteurs menacèrent l'Église. Les épîtres de l'apôtre des Gentils contiennent de fréquentes exhortations à la vigilance contre une fausse gnose (ψευδώνυμος γνῶσις) (7). « Fuyez, dit-il, les « questions impertinentes, les généalogies et les fables

---

(1) 1 Tim. V, 17.

(2) *Ignat.* Ἐκείνη βεβαία εὐχαριστία ἡγείσθω, ἡ ὑπὸ τὸν ἐπίσκοπον οὖσα, ἢ ᾧ αὐτὸς ἐπιτρέψῃ. — Οὐκ ἐξόν ἐστιν χωρὶς τοῦ ἐπισκόπου οὔτε βαπτίζειν, οὔτε ἀγάπην ποιεῖν. (Ep. ad Smyrn. c. 8.)) *Tertull.* de Baptismo, c. 17: « Dandi baptismi habet jus summus sacerdos, qui et episcopus, dehinc presbyter et diaconi, non tamen sine auctoritate episcopi. » Cf. Concil. Trident. Sess. XIV, de Pœnitentia, cap. 7, sur la nécessité de la juridiction à côté de l'ordination.

(3) Act. VI, 1. — (4) Act. VII, VIII; XII, 38, 40; cf. 1 Tim. III, 8.

(5) Il est question aussi, dans le Nouveau Testament, de *diaconesses* et de *prêtresses*, auxquelles étaient confiés le soin des malades, la surveillance et l'instruction (Rom. XVI, 1, ἡ διάκονος; Tit. II, 3, ἡ πρεσβῦτις). On les prenait ordinairement parmi les veuves, rarement parmi les vierges. 1 Tim. V, 9. Quand à l'intervention des femmes dans l'Église, saint Paul dit formellement, 1 Cor. XIV, 34: *Mulieres taceant in Ecclesia.*

(6) Act. VI, 6; XIII, 3; 1 Tim. IV, 14; 2 Tim. I, 6. — (7) 1 Tim. VI, 20.

» vaines et inutiles (1). » Dans ces paroles se révèlent déjà les symptômes du gnosticisme.

Il tient surtout à prémunir les chrétiens contre le retour au judaïsme et sa fusion avec le Christianisme (2); il reprend les Corinthiens divisés par l'esprit de parti, par les questions de personnes, tandis qu'ils devraient tous appartenir à Jésus-Christ (3); il raffermit la foi en la résurrection des morts, ébranlée parmi eux par des hommes qui s'écartent de la vérité, tels qu'Hyménée et Philète (4).

Ces efforts de l'erreur, tendant à diviser les fidèles, à déchirer l'Église, portèrent saint Paul à développer, avec la profondeur qui lui est propre, les caractères essentiels de l'Église et de ses institutions doctrinales et gouvernementales.

L'union des chrétiens en une vie commune repose sur le besoin original et foncier que les membres de l'humanité ont les uns des autres; celui-ci possède ce qui manque à celui-là; l'abondance de l'un supplée au défaut de l'autre. La société et l'individu ne peuvent se développer complétement que par leur appui mutuel; car les forces nécessaires à ce développement ne se trouvent que dans l'ensemble et l'alliance de tous. L'individu ne doit donc jamais se considérer comme séparé de la société : il forme avec elle une unité organique. Saint Paul démontre cette idée par l'analogie du corps humain, dont les membres divers sont régis par un seul esprit (5). Ainsi, dit-il, il n'y a qu'un seul esprit dans tous les fidèles, mais il se manifeste de diverses manières : car les dons accordés aux fidèles sont différents (6); et de là la diversité des ministres dans l'Église, Jésus-Christ ayant destiné les uns à être apôtres, les autres évangélistes, ceux-ci pasteurs, ceux-là docteurs, pour que tous travaillent à la perfection des saints et à l'édification du corps de Jésus-Christ (7). Paul, ayant surtout

(1) 1 Tim. I, 4; Tit. III. 9.
(2) *Rheinwald*, de Pseudo-Doctorib. Coloss. Veron. Rhen.. 1834, in-4; ep. ad Galat. Phil. III, 2; Col. II, 8.
(3) 1 Cor. I, 12; III, 3. — (4) 2 Tim. II, 17, 18; 1 Cor. XV.
(5) 1 Cor. XII.
(6) *Staudenmaier*, des Dons du Saint-Esprit. Rev. trim. de Tub. de 1828, imprimé à part, Tub. 1835.
(7) Eph. IV, 11, 12.

en vue le ministère des pasteurs et des docteurs (évêques et prêtres), exhorte les Éphésiens à s'attacher à eux, pour ne point ressembler à des enfants qu'emporte le vent des opinions humaines, et qui, agités comme les flots de la mer, sont incessamment entraînés dans l'erreur (1). En même temps Paul exhorte, avec une tendresse profonde, ceux qui ont la mission de gouverner et d'enseigner les autres à prendre garde à eux-mêmes, et à veiller au troupeau sur lequel le Saint-Esprit les a établis évêques, pour gouverner l'Église de Dieu (2) : car non-seulement l'Esprit saint les a appelés, mais il les assiste constamment, ainsi que le déclarent les apôtres réunis à Jérusalem, Pierre à leur tête, lorsqu'ils écrivirent à l'Église d'Antioche, d'une manière si solennelle, et qui devait servir de modèle à toutes les décisions des conciles futurs : *Il a plu au Saint-Esprit et à nous.*

Aussi Paul appelle l'Église, chargée de ce saint ministère, toujours assistée du Saint-Esprit, et infaillible dans ses arrêts, *la colonne et la base de la vérité* (3).

(1) Ibid. 14.
(2) Act. XX, 28.
(3) Tim. III, 15.

CHAPITRE IV.

VIE CHRÉTIENNE. — CULTE. — DISCIPLINE ECCLÉSIASTIQUE.

> C'est à cela que l'on reconnaîtra que vous êtes mes disciples, si vous vous aimez les uns les autres.
> Jean, XIII, 35.

Conf. *Pabst*, Adam et le Christ, Théorie du mariage, Vienne, 1835, p. 106 sq.

§ 55. — *La vie chrétienne* (1).

L'initiation à la vie chrétienne se faisait, conformément au précepte du Christ, par le *Baptême*, qui s'opérait par l'immersion du catéchumène (2); puis les apôtres lui *imposaient les mains* (3); c'était le signe et le sceau des dons de l'Esprit saint (*Confirmation*). Après avoir été ainsi élevés à la dignité de chrétiens, c'est-à-dire d'adorateurs et d'imitateurs du Christ, les nouveaux membres de l'Église devaient se séparer complétement de la vie criminelle des païens, et se montrer en tout, par leurs sentiments et leurs actions, des *hommes nouveaux*, et dans ce sens on les nommait des *saints* (ἅγιοι). L'Église chrétienne, se conformant à l'idéal proposé par son fondateur, ne devait recevoir ou garder dans son sein aucune âme impure; tous ses membres devaient être des vases dignes du Saint-Esprit (4); tous devaient, fidèles à la doctrine du Maître, s'unir entre eux par le lien intime et durable de la charité fraternelle. L'Église primitive de Jérusalem porta cette charité à sa perfection,

(1) *Arnold*, Charité primitive, ou tableau de la Chrétienté primitive, Francf., 1696; Tub, 1845.
(2) Matth. XXVIII, 20; Rom. VI, 4. — (3) Act. VIII, 14-17; XIX, 5-6; Hebr. VI, 2; 2 Cor. I, 21-22. — (4) 1 Cor. V, 9; cf. 2 Thess. III, 6.

en réalisant la pensée hardie de *la communauté des biens* (1). Cependant, cette imitation sainte de l'union parfaite de Jésus-Christ et de ses apôtres ne fut que locale et temporaire; elle resta comme un éternel monument de la puissance du christianisme sur les esprits (2). D'autres Églises prouvèrent leur charité pour leurs frères éloignés en les soutenant par les aumônes, dont les épîtres des apôtres font si souvent mention. D'autres encore pratiquaient une cordiale et affectueuse hospitalité. D'autres enfin furent les flambeaux de leur temps et la lumière des siècles futurs, par la patience inaltérable avec laquelle elles supportèrent les mépris et les persécutions, par la foi vive, la confiance filiale et l'enthousiasme profond avec lesquels elles dirigèrent leurs regards et leurs espérances vers les choses éternelles (3). Le *mariage*, que les païens comprenaient si mal, était pour les chrétiens un grand sacrement et le symbole de l'union du Christ et de son Église (4); il rendait la condition de la femme égale à celle de l'homme par l'amour et la fidélité qu'ils se doivent réciproquement (5); il était par cela même indissoluble pour eux, et en même temps la virginité recevait les honneurs qui lui sont dus (6).

Cependant l'Église, dès les temps apostoliques, nous présente des membres gangrenés, les uns indignes du nom de chrétien, les autres infidèles un moment au vœu du baptême, revenant à la vérité par la *pénitence*, par la vertu

---

(1) Act. II, 44; IV, 32-37; V, 1-5.

(2) *Moshemii* Commentat. de vera natura communionis bonor. in Eccl. Hierosolym. (Ejusd. Dissertat. ad Hist. Eccl. pertin., vol. II, p. 23. Alton., 1743.)

(3) Les apôtres mettent souvent en avant, comme un des plus grands bienfaits de l'Évangile, le dogme de *l'immortalité de l'âme* enseigné par Jésus-Christ (2 Tim. I, 10; cf. Jean, II, 25, 26), ce que justifient parfaitement les opinions antérieures au Christianisme. Combien peu d'entre les philosophes de la Grèce crurent à cette immortalité! Le germe d'une espérance immortelle fleurit cependant dans la doctrine noble et pure de Socrate. « Rien, » disait ce sage, ne doit coûter pour conquérir l'immortalité; car la lutte est belle et l'espérance est grande. » *Stolberg*, t. VI, p. 247. II Tim. I, 10. Conf. Jean, XII, 25-26.

(4) Eph. V, 32; 1 Cor. VII, 11; cf. *Gaume*, Histoire de la famille, etc.

(5) Col. III, sq. Eph. V, 25. — (6) 1 Cor. VII, 32, 34, 38.

sacramentelle de l'absolution (1), et rentrant dans la communion de l'Église (*); ce sont ces hommes que les apôtres ont en vue dans plusieurs avertissements que renferment leurs épîtres. Tandis que l'Église de Jérusalem n'avait qu'un cœur et une âme, celle de Corinthe était déchirée par de déplorables désordres (2). Ce qui arrêtait surtout les progrès de la moralité, c'était, d'un côté, la fausse opinion des chrétiens nés Juifs qu'il fallait continuer à observer la loi mosaïque, tandis que, d'un autre côté, on interprétait faussement la doctrine de saint Paul sur la justification par la foi sans les œuvres, pour justifier la licence et l'immoralité (3). On interprétait encore mal l'annonce de la venue spirituelle du Christ et de sa manifestation glorieuse (4); on se la représentait comme un avénement prochain, et il en résultait des conséquences fâcheuses pour la vie religieuse des chrétiens (5).

§ 56. — Le culte.

Pendant que les chrétiens nés Juifs continuaient à fréquenter le temple de Jérusalem, il s'était formé des assemblées religieuses, dans des maisons particulières, qui étaient pour l'Église ce que les synagogues étaient pour le temple (6). Les chrétiens s'édifiaient mutuellement par la *prière*, dans laquelle on faisait toujours mention des frères absents et défunts; par la *lecture* des passages de l'Ancien Testament, et plus tard par celle des épîtres apostoli-

---

(1) Matth. IX, 6; Jean XX, 22, 23.
(*) Conf. Act. Apost. XIX, 18. Il est dit en cet endroit : Πολλοί τε τῶν πεπιστευκότων ἤρχοντο, ἐξομολογούμενοι καὶ ἀναγγέλλοντες τὰς πράξεις αὐτῶν. Le mot πεπιστευκότες indique, par opposition à ceux dont il est question au v. 17 en général, à ceux qui ont été émus par les miracles, les croyants de l'Église d'Éphèse (cf. V, IX), qu'indique aussi le mot *perfecti*. De même les expressions τὰς πράξεις et non τὰ πράγματα (cf. Luc. XXIII, 51, et Col. III, 9) indiquent formellement une *confession spéciale* des péchés en particulier.
(2) Act. IV, 32. — (3) Ép. de S. Jacq.; Galat. V, 6; 1 Cor. XIII, 2.
(4) Matth. X, 23; XXIV; XXVIII, 20; Jean, XIV, 18; 21, 23.
(5) 2 Thess. III, 11; 1 Thess. IV, 12-17.
(6) Rom. XVI, 4; 1 Cor. XVI, 19; Col. IV, 15.

ques (1); par le *chant* des psaumes (2), peut-être même d'hymnes chrétiennes déjà composées alors (3). On y faisait aussi des *instructions* sur le texte lu, et ce n'étaient pas seulement les évêques et les prêtres qui parlaient, car, par le fait, plusieurs d'entre eux étaient incapables d'enseigner (διδακτικοί (4)); mais c'étaient aussi de simples fidèles, inspirés par l'Esprit saint et autorisés par le consentement des supérieurs. Alors se manifestaient les dons divers du Saint-Esprit, les *dons de sagesse*, de *science*, de *prophétie*, de *discernement des esprits*, des *langues* (γλώσσαις λαλεῖν) (5) et de l'*interprétation des langues* (6), voir même le don des miracles, qui n'était pas propre aux seuls apôtres. Mais c'était surtout à obtenir le don de charité que devaient tendre les efforts des chrétiens (7). Le point capital de ces réunions journalières, ce qui en faisait le fond et la vie, était la SOLENNITÉ DE LA CÈNE ET DE LA FRACTION DU PAIN (8), en mémoire de la mort de Jésus-Christ : elle se célébrait d'abord comme elle l'avait été par le Christ à la dernière Cène ; on y joignait une agape, un repas de charité (ἀγάπη) (9). Mal-

(1) Col. IV, 16; 1 Thess. V, 27.
(2) Act. II, 47; Col. III, 16; Eph. V, 19; 1 Tim. III, 16.
(3) Pline lui-même en parle d'une manière étonnante, Epp. lib. X, ep. 97 : « *Carmenque Christo, quasi Deo, dicere secum invicem* : seque sacramento non in scelus aliquod obstringere, sed ne furta, ne latrocinia, ne adulteria committerent, ne fidem fallerent, ne depositum appellati abnegarent, etc. »
(4) Cf. 1 Tim. V, 17.
(5) Malgré les efforts qu'on a faits, dans ces derniers temps, pour expliquer ce don des langues dans un sens différent des anciens, qui comprenaient par là « parler des langues étrangères » (*Bleck*, sur γλώσσαις λαλεῖν dans Etud. et Crit. 1839, I ; *Billroth*, Comment. sur les Epîtr. aux Corinth., p. 166. Leipsig, 1833; *Neander*, « la Langue nouvelle de l'inspiration chrétienne, » dans son Hist. de l'Etabl., etc., t. I, p. 10; *Olshauzen*, Comment. sur les Epîtr. aux Corinth., p. 657), nous ne pouvons nous départir de l'opinion ancienne qui repose sur les explications positives de saint Paul, et sur les circonstances qui accompagnèrent l'établissement des premières Eglises chrétiennes. Voyez *Chrysost*, Hom. 29 et 34 sur 1 Cor., et surtout *Dieringer*, loc. cit., t. II, p. 394-422. *Englmann*, Des dons du Saint-Esprit en général, et du don des langues en particulier. Ratisb. 1848.
(6) 1 Cor. c. XII.
(7) 1 Cor. XIII.
(8) Act. II, 42-46; XX, 7.
(9) 1 Cor. XI, 20; Act. VI, 2.

heureusement, dès les premiers temps, il se commit de coupables excès durant ces pieuses solennités (1).

Les malades qui ne pouvaient prendre part à ces réunions religieuses devaient appeler les prêtres auprès d'eux, pour en recevoir l'onction sainte. Se sentaient-ils chargés de péchés, ils devaient les confesser pour en recevoir la rémission (2).

Un des traits les plus caractéristiques de ces assemblées religieuses, dont Justin *le martyr* (3) nous a donné, le premier, une courte description, était le *baiser de paix* (φίλημα ἀγάπης ἅγιον) (4), que se donnaient les chrétiens en se saluant fraternellement après la prière.

Les fidèles joignaient le *jeûne* à la *prière*, surtout quand ils songeaient à entreprendre quelque affaire importante (5).

Quant au *temps* de ces assemblées, l'Apôtre avait appris aux chrétiens que tous les jours devaient être également saints pour eux (6); ce qui, par cela même que le Christ continue à vivre véritablement dans son Église, n'excluait point la célébration solennelle de certains jours plus importants dans l'œuvre de la Rédemption. Dans l'Église-mère de Jérusalem on observait encore le jour du sabbat. A Antioche c'était le dimanche surtout que, en mémoire de la résurrection de Jésus-Christ, célébraient les chrétiens nés païens de cette ville (7). La *résurrection* et la *passion* de Notre-Seigneur étant les point fondamentaux de la foi chrétienne (8), les chrétiens Juifs ajoutaient à la sanctification du sabbat celle du dimanche et bientôt ils substituèrent l'une à l'autre. Quant à la célébration de la pâque, dès les temps apostoliques, elle est tout à fait vraisemblable, quoiqu'elle ne puisse être démontrée par le passage de saint Paul, 1 Cor. V, 7.

---

(1) 1 Cor. XI, 20-34.
2) Sacrement de l'Extrême-Onction. Jac. V, 14-16; *ex instituto Christi*. Marc. VI, 13. *Hugo Grotius.*
(3) *Justinus* martyr. Apol. I, c. 65-67. — (4) Rom. XVI, 16; 1 Cor. XVI, 20. — (5) 1 Cor. VII, 5; cf. Matth. XVII, 20. — (6) Gal. IV, 9; Col. II, 16; cf. Rom. XIV, 3. — (7) Act. XX, 7; 1 Cor. XVI, 2; Apoc. I, 10, ἡμέρα τοῦ Κυρίου; *Ignat.* Ep. ad Magnes. IX. *Barnab.* ep. c. 15. *Justin.* Apol. I, c. 67.
(8) Rom. IV, 25; 1 Cor. XV, 3-4; 2 Tim. II, 8.

§ 57. — La discipline.

L'infidélité des chrétiens, qui ne répondaient pas tous à leur sublime vocation en imitant Jésus-Christ, rendit nécessaires de bonne heure certaines ordonnances particulières. L'autorité sacerdotale, instituée par Jésus-Christ pour enseigner et gouverner son Église, devait non-seulement régler le culte dans les assemblées religieuses, mais encore surveiller chaque chrétien dans sa *direction morale*. Elle excluait de la communauté celui qui péchait trop gravement; il ne pouvait être réintégré qu'après des preuves positives de repentir et d'amendement (1). Cette *excommunication* se trouvait déjà préfigurée dans le judaïsme (2). On usait nécessairement d'une égale sévérité envers ceux qui niaient ou altéraient une partie de *la doctrine chrétienne* (3). Transmise par les apôtres assistés du Saint-Esprit, et par là même infaillibles, cette doctrine était considérée comme la *pure doctrine du Christ*, et, par conséquent, la seule vraie, sacrée et sanctifiante; comme la *parole de Dieu*, la seule sainte, éternelle et immuable. Les apôtres réclament avec force la plus complète soumission quant aux choses de foi, et l'accord de tous les membres de l'Église dans la *doctrine unique* de la vérité (4). Si quelqu'un, si un ange du ciel enseignait une autre doctrine, qu'il soit anathème (ἀνάθεμα

---

(1) Cf. 1 Cor. V, 4, avec 2 Cor. II, 6-11; Matth. XVIII, 17.
(2) *Vitringa*, de Synagoga vetere. Francof., 1696. *Winer*, Vocabul. des noms et des choses bibliq., t. I, p. 156. *Jahn*, Archæol. bibl. P. II, t. II, p. 349, sur la triple excommunication. חרם שמתא נדוי excommunicatio minor et major.
(3) 1 Tim. I, 20.
(4) Il faut ici faire attention aux passages suivants : 1 Tim. VI, 2; 2 Tim. I, 12-14; IV, 3; 1 Cor. I, 10; Gal. I, 6-9; Ephes. II, 21; IV, 11-16; Tit. III, 10; 1 Cor. XI, 18, 19; 2 Thess. II, 14, 15; 2 Petr. II, 1, dans lesquels l'*opposition* est bien marquée; ainsi : ἀλήθεια, λόγος ἀληθείας, ὑγιαίνουσα διδασκαλία, ὑγιαίνοντες λόγοι, παραδόσεις, παραθήκη, πάντας τὸ αὐτὸ λέγειν· ἑνότης τῆς πίστεως· οἰκοδομὴ συναρμολογουμένου καὶ συμβιβαζομένου σώματος Χριστοῦ. Par contra Ἕτερον Εὐαγγέλιον des ψευδαπόστολοι et ψευδοδιδάσκαλοι, ἑτεροδιδασκαλοῦντες, αἱρετικοί, et l'influence pernicieuse de l'αἵρεσις καὶ σχίσματα, qui est menacée de l'ἀνάθεμα ἔστω.

ἔστω) (1). Évitez celui qui est hérétique, après l'avoir averti deux ou trois fois (2) (αἱρετικὸς ἄνθρωπος) (3). C'est avec ces paroles graves, dans cet esprit sérieux, que les apôtres combattaient et pour l'autorité de la parole de Dieu, et pour la stabilité de l'Église, et pour la réalisation de son but sublime. Toute société religieuse est nécessairement troublée dès que ses membres se divisent dans leurs convictions : *l'Église, ayant son vrai fondement dans l'union par la foi, s'ébranle dès que cette union est menacée.* Cependant, puisqu'une assistance particulière est assurée à l'Église de Jésus-Christ contre les puissances du mal, ce ne peut être sans un dessein spécial de la Providence que des hérésies naissent dans l'Église, et par là même elles doivent contribuer à son bien (4), car elles éprouvent et font connaître la fidélité des uns, tandis qu'elles démontrent que les autres n'appartiennent pas véritablement à l'Église (5).

(1) Gal. I, 8, 9.
(2) Dans le Nouv. Test. les sadducéens sont nommés αἵρεσις τῶν Σαδδουκαίων (Act. V, 17; XV, 5); les chrétiens sont aussi nommés par les Juifs αἵρεσις τῶν Ναζωραίων (Act. XXIV, 5, 14). Cf. Gal. V, 20; 2 Petr. II, 1; αἱρετικός seulement Tit. III, 10. Sur le sens chrétien de αἵρεσις, voyez § 76, note.
(3) Tit. III, 10; 2 Petr. II, 1-10. Cf. 2 Ep. de saint Jean, II, 12; Rom. XVI, 17; 2 Thess. III, 14; et *Iren.* Contra hær. III, 3 n. 4.
(4) 1 Cor. XI, 19; cf. Matth. XVIII, 7.
(5) 1 Jean, II, 19; 2 Jean, V, 9; cf. Luc, II, 34, 35.

CHAPITRE V.

LES HÉRÉSIES. — SAINT JEAN LUTTE CONTRE ELLES.

§ 58. — *Judaïsants : Ébionites : Nazaréens.*

Tillemont, t. II. *Hilgers*, Expos. crit. des hérésies, t. I, part. I, p. 97-123. *Gieseler*, Sur les Nazaréens et les Ebionites (Archives de Stœudlin et de Tzschirner pour l'Hist. ecclésiast. anc. et mod., t. IV, p. 2). *Néander*, Hist. ecclésiast., t. I. p. 398. *Hefele*, Lexique ecclés., t. III, p. 356 sq. Fribourg.

Paul, combattant les chrétiens nés Juifs, pour lesquels parfois de hautes considérations lui faisaient avoir de la condescendance, leur avait dit de bonne heure (1) : « Je » crains que vous ne rendiez inutile tout ce que vous avez » fait pour la foi chrétienne. » Sa prédiction ne se réalisa malheureusement que trop. En effet, ces chrétiens, Juifs autrefois, admettant à côté de Jésus-Christ une autre source de la vie spirituelle, à savoir la loi de Moïse, manifestaient par le fait un doute sur la toute-puissance créatrice et la divinité du Christ (2). Aussi, se voyant plus tard vaincus par le nombre toujours croissant, et beaucoup plus considérable, des chrétiens jadis païens, et par le développement de l'esprit de liberté de l'Évangile, ils se retirèrent de la communauté de l'Église et formèrent une secte. Cette secte se subdivisait elle-même en deux fractions. Les uns, partisans de Pierre, observaient encore la loi de Moïse, sans en faire dépendre le salut, les autres, judaïsants pharisiens, prétendaient que l'observation de la loi était obligatoire pour les chrétiens nés dans le paganisme aussi bien que pour ceux qui étaient nés Juifs. Ces derniers agitèrent la communauté chrétienne d'Antioche, vers 50, et plus tard

(1) Act. XXI, 20-26. — (2) Gal. V. 4.

celle de Galatée et de Corinthe. Ce fut après la mort de Jacques, évêque de Jérusalem, quand les partisans de Pierre élurent à sa place Siméon et rejetèrent Thébutis porté par les judaïsants pharisiens, que s'éleva le premier schisme formel. Pendant le siége de Jérusalem, les Judaïsants se séparèrent plus nettement encore du reste des chrétiens, s'unirent aux Esséniens, et formèrent la secte des Ébionites (1).

Le judaïsme était tellement prédominant chez eux, qu'à peine partageaient-ils encore avec les chrétiens la foi en la dignité du Messie, n'ayant d'ailleurs qu'une idée très-imparfaite de l'Homme-Dieu. Le Christ, en effet, n'était à leurs yeux qu'un pur homme, engendré suivant les lois naturelles par Joseph et Marie. De plus en plus attachés à leur opinion sur la nécessité de la loi de Moïse, obligatoire pour tous les hommes, ils haïssaient mortellement l'apôtre saint Paul, qu'ils prétendaient être un apostat (2). Ils n'admettaient, comme source de leur doctrine religieuse, que l'Évangile hébreu de saint Matthieu (3), d'après le témoignage, peut-être contestable, de saint Irénée et de saint Épiphane. Quant à leur *nom*, il est assez difficile de dire si c'est une dénomination symbolique, désignant leur dénûment de tous biens terrestres ou leur pauvreté d'esprit (4), ou bien une appellation dérisoire marquant la pauvre opinion qu'ils avaient du Christ (5), ou bien enfin une désignation historique, rappelant un personnage nommé Ébion (6). Il n'est pas invraisemblable, et il y a des preuves historiques pour confirmer cette hypothèse, que, sortis de Jérusalem, les

---

(1) *Eusèbe*, Hist. ecclésiast. IV, 22; *Just*. Dial. c. Tryph. c. 48.
(2) *Iren*. Contra Hær. V, 1, p. 292; *Epiph*. Hæres. XXX, 29, t. I, p. 154. Quand *Origène*, Contra Cels. V, 6, et après lui *Eusèbe*, Hist. ecclésiast. III, 27, et *Théodoret*, Hæreticar. fab. II, 1, disent : « Quelques Ebionites crurent à l'origine surnaturelle du Christ, » ils désignent les Nazaréens, qu'Origène ne distingue pas encore des Ebionites. Cf. le comm. du liv. II, Contra Cels. — *Hieronym*. Comm. in Is. I, 26 (Opp. ed. Martianay, t. III); *Tertull*. de Præscr. c. 33, p. 243; *Iren*. Contra hær. I, 26; *Epiph*. Hær. XXX, 16, t. I, p. 440.
(3) *Iren*. Contra hær. 1, 26; *Epiph*. Hær. XXX, 3.
(4) De l'hébreu אביון pauvre. *Clementin*. Hom. XV, c. 7-9.
(5) *Eusèbe*, Hist. ecclésiast. III, 27.
(6) *Tertull*. de Præscr. c. 48; *Epiph*. Hær. XXX, 1.

Ébionites entrèrent, dans leur nouvelle résidence, en relation avec les Esséniens, et particulièrement avec la plus haute classe de cette secte, savoir, les Elchesséens (1), ou encore avec l'un de ces sectaires, nommé Elchai. De là le caractère mystérieux, ascétique et théosophique que l'ébionisme dut à l'essénisme et à quelques autres doctrines occultes du même genre (2). Les *Clémentines* (Κλημέντια) (3) sont une œuvre de la secte des Elchesséens. On les nommait ainsi parce qu'on les attribuait à saint Clément, pape; mais elles n'ont certainement pas été écrites avant la fin du II° siècle, et la doctrine en est essentiellement judaïque.

Il ne faut pas confondre avec les Ébionites, les *Nazaréens* (4) (nom primitif de tous les chrétiens parmi les Juifs); et cette distinction, basée sur leur nom et leurs opinions, existe en effet chez saint Jérôme et saint Épiphane : ce sont probablement les successeurs des partisans de Pierre. Ils ne prétendaient, d'après saint Jérôme, étendre l'obligation d'observer la loi mosaïque qu'aux chrétiens nés Juifs. Ils ne croyaient pas, non plus, que le salut éternel dépendît de la conservation et de l'observation de la loi de Moïse, et c'est pourquoi ils reconnaissaient saint Paul comme l'apôtre des Gentils (5). Ils croyaient que le Christ était le Fils de Dieu, surnaturellement enfanté par Marie (6). Aussi saint Jérôme dit : *Credunt in Christum Dei Filium, in quem et nos credimus*, de sorte qu'ils formaient un parti plutôt schismatique qu'hérétique. Ils furent probablement poussés à cette séparation, parce qu'on ne voulut pas les admettre dans la

---

(1) La secte des Esséniens se composait de quatre classes, dont les trois premières sont désignées par les noms d'*Esséniens*, *Sampséens* et *Elchesséens* (בְּנֵי חֵיל כָּסוּי) les fils de la vertu cachée), rapportés par Ephiphane.

(2) *Credner*, sur les Esséniens et les Ébionites; *Winer*, Gazette théologique, p. 2 et 3.

(3) Τὰ Κλημέντια (συγγράμματα) ou Κλήμεντος τῶν Πέτρου ἐπιδημιῶν κηρυγμάτων ἐπιτομή; c'est-à-dire 3 prolog. et 20 (maintenant 19) Homélies. Ce système se trouve dans les *Recognitiones* (S. Clément) lib. X. C'est un roman philosophique religieux (Galland: Biblioth. t. II). Cf. *Mœhler*, Patrolog. t. I, p. 70-80. — Homiliæ Clementis edit. Dressel. Gœtting. 1853.

(4) Act. XXIV. — (5) *Hieron.* Comment. in Is. 9, 1 sq.

(6) *Hieron.* Ep. 89 ad Augustin., *August.* de Hæresib. c. 9.

Capitolina qu'Adrien avait bâtie sur les ruines de Jérusalem, leur observance de la loi de Moïse les ayant fait passer pour des Juifs auxquels l'entrée de la ville nouvelle était strictement défendue. Le fondement de leur doctrine paraît avoir été un évangile syrio-chaldaïque (1) qui, d'après les fragments subsistants, s'écarte essentiellement de notre Évangile de saint Matthieu ; c'était vraisemblablement l'Évangile καθ' Ἑβραίους, ou l'Évangile de saint Pierre, ou encore celui des douze apôtres.

§ 59. — *Pseudo-Messies. Dosithée. Simon le Mage. Ménandre. Cérinthe. Les Docètes et les Nicolaïtes.* (2).

L'Église se vit menacée, dès l'origine, par les systèmes orgueilleux de la philosophie, comme elle l'avait été par les prétentions du judaïsme (3). Les raisonnements vains et trompeurs de la philosophie grecque et orientale, et surtout les idées judaïco-alexandrines de Philon, se mêlant aux vérités de la foi chrétienne, tendaient à leur enlever leur caractère de révélation divine. Par horreur de la matière, ces philosophes avaient embrassé, comme le firent plus tard les gnostiques, la doctrine du dualisme et de l'émanation, et ils se montrèrent nombreux et actifs surtout à Colosse, à Éphèse et en Grèce. Ils proposèrent aussi leurs fantastiques théories en Palestine et se firent des partisans assez nombreux même parmi les Pharisiens. On en trouve des traces certaines chez les trois Samaritains Dosithée, Simon le Mage et Ménandre.

Dosithée se proclamait le Messie annoncé par le Deutéronome (4). Sa doctrine et ses mœurs tenaient à la fois du sadducéisme et de l'essénisme. Il avait, au dire d'Épiphane, conservé la loi mosaïque qu'il reconnaissait comme révélée de Dieu, et par conséquent émanant du bon principe. Sa mort tragique lui valut une certaine considération (5).

(1) *Credner*, Supplément I, p. 395 sq.
(2) *Sepp*, Vie de Jésus, P. VII. Les christs juifs ou des pseudo-messies.
(3) Col. II, 8 ; 1 Tim. I, 4 ; VI, 20 ; 2 Tim. IV, 3-4 ; Tit. III, 9.
(4) Deut. XVIII, 18.
(5) *Pseudo-Clement.*, hom. II, 23 et 24. (Galland., t. II, pr. 636.). *Rocognition.* II, 8-11 (Galland., t. II, p. 237 sq.). *Orig.* de Princip.

§§ 58-59. — SIÈCLE APOSTOLIQUE.

Simon le Mage, né à Gitton, village de Samarie, d'abord élève, plus tard et après sa lutte avec saint Pierre, maître de Dosithée, avait puisé ses idées dans la théosophie des Alexandrins, et de là le caractère aphoristique, syncrétique et théurgique de son étrange doctrine. Il l'enseigna avec succès dans Samarie, sa patrie, et jusqu'à Rome, où le peuple, particulièrement superstitieux à cette époque, accueillit avec faveur ses procédés théurgiques (1). Il eut un moment, et dans des vues indignes de la sainteté du Christianisme, le dessein et le désir d'embrasser l'Évangile. Déçu et vaincu par saint Pierre dans son ambition sacrilége (*simonie*) (2), il rompit tout rapport avec une doctrine qui dépassait la portée de son esprit et les étroites bornes de son système, et mourut, selon toute probabilité, sous le règne de Claude.

Simon admet un être primordial, unique, éternel, souverainement bon et parfait. Cet être n'est ni le créateur du monde, ni le dieu des Juifs, qu'il dépasse d'une incommensurable hauteur. Il est incompréhensible, ne se manifeste jamais dans le monde, mais réside dans la Pléroma (πλήρωμα) invisible séjour qui n'appartient ni au ciel ni à la terre, et que remplit éternellement une lumière immatérielle. De cet être primodial est né l'Έννοια, mère du monde des esprits, des anges et des archanges, natures pures, immuables, semblables au Père universel (èons, dieux), (παμμήτωρ οὐσία; σοφία; κυρία; προύνικος et πνεῦμα ἅγιον). Ces natures pures, ces êtres bons sans mélange, sont au nombre de six, qui s'unissent entre eux (συζυγίαι, ῥίζαι.) Ce sont νοῦς et ἐπίνοια; φωνή et ἔννοια; λογισμός et ἐνθύμησις. C'est par leur intermédiaire qu'Έννοια créa le monde. — Mais bientôt

IV, 17, in Joan., t XIII, ed. de la Rue; t. I, p. 128; t. IV, p. 237. *Epiphan.*, Hær. XIII, ed. *Petav.* t. I, p. 30. *Theodoreti*, Hæret. fab. compend. lib. V; lib. I, c. 2. Exposition critique des hérésies, par *Hilger*, t. I, P. I, p. 144. *Simson*, Vie et doctrine de Simon le Mage. (*Illgen*, Journal de l'hisoire de la théologie, 1843, livr. III, p. 15-77.)

(1) La réalité historique de Simon le Mage a été parfaitement établie, contre *Baur* (Gnose chrétienne, p. 310), par Hilger, dans la Gazette de Bonn., livr. XXI, p. 48. *Arnobii* Disputat, adv. Gent. II, 7. (Galland., t. IV, p. 150.) — *Clementis*, Recognit. I, 72; II, 7. hom. II, 29.

(2) Act. VIII.

le premier d'entre eux usurpa le pouvoir, s'empara de l'empire du monde, nouvellement créé, et prétendant à l'autonomie de la nature incréée, il s'opposa au retour de sa mère dans la Plérôma, et porta même atteinte à son honneur. Cependant il fallait des habitants pour ce monde nouveau. Les anges créateurs s'emparèrent alors des âmes, qui ignoraient leur haute origine par suite de la faute maternelle, les emprisonnèrent dans des corps formés de la matière (1), et éteignirent en elles tout désir de revenir à la Plérôma. Car, tout en enseignant la mortalité des esprits et en niant, par conséquent, la résurrection et le jugement, Simon admettait cependant que quelques âmes, désireuses de s'unir à Dieu, pouvaient et devaient en effet être reçues de lui avec faveur et participer par la connaissance de Dieu à sa félicité suprême. Ce désir de l'union avec Dieu doit être l'unique devoir de l'homme, le reste, et les exigences de la règle judaïque, et les obligations de toute espèce de loi, n'est que l'œuvre transitoire des puissances ennemies de l'homme (ἀριστεραὶ δυνάμεις), qui veulent le retenir captif, jouet de leurs caprices et de leur envie. Tout ce que la nature de l'homme réclame lui est licite. Quant à l'Ἔννοια, mère de toutes les existences, elle n'était autre, au dire de Simon, qu'Hélène sa compagne, infâme courtisane de Tyr, dont, par un nouveau mélange avec les idées mythologiques, il faisait la Minerve grecque, et que ses disciples honoraient sous la forme de cette déesse, source primitive, selon les interprètes des allégories mythologiques, de la raison et de la sagesse. C'était par des transmigrations successives à travers des corps humains et des corps d'animaux que l'Ἔννοια, déchue, exilée de sa céleste demeure, se purifiait insensiblement pour revenir à son rang. Ainsi elle avait été l'Hélène de Troie ; elle était devenue Hélène la courtisane, que Simon, descendu du ciel à cette fin, venait délivrer et ramener, comme une brebis perdue (*ovis perdita*), dans la Plérôma.

Simon, du reste, ne se donnait pas, comme on l'en a accusé, pour l'Être suprême ; il disait, avec les Alexan-

---

(1) Ce système attribué est opposé pour la première fois dans les *Recognitiones Clementis*.

drins et Philon, qu'il était la puissance la plus élevée de Dieu (1), qui apparut aux Juifs comme Fils, dans Samarie comme Père, comme Esprit saint (*) parmi les païens. Comme première puissance de Dieu, il se prétendait au-dessus du Créateur du monde et de toutes les puissances divines (ἑστὼς υἱός, υἱὸς τοῦ Θεοῦ). Mais voulant en même temps être reconnu comme Christ, il prétendait que le Christ n'avait souffert qu'en apparence dans la Judée. Il se faisait adorer par ses disciples sous la forme de Jupiter. — Tout ce que nous venons de dire prouve que Simon le Mage était tout à fait en dehors du Christianisme.

Ménandre paraît s'être d'abord attaché à Simon le Mage comme disciple. Plus tard il voulut se substituer à lui en qualité de Messie (2), et c'est pourquoi saint Irénée le nomme à juste titre le successeur de Simon. Ménandre admettait la théorie de Philon sur le Dieu suprême, être incompréhensible et caché, sur l'Ἔννοια, mère des anges, créateur du monde, et sur l'esclavage des hommes asservis par la matière. Quant à lui, en vertu de la force divine qui lui était propre, il était au-dessus des anges, et il avait la mission de délivrer la terre de leur domination. Plus éclectique encore que Simon, il avait introduit le baptême parmi ses disciples.

Différente des erreurs précédentes, la doctrine de Cérinthe était, pour le fond et la forme, en rapport avec celle des Ébionites; cependant il avait une plus haute idée du Christ que ces derniers. Saint Irénée (3) dit positivement que Cérinthe était contemporain de l'évangéliste saint Jean.

(1) Apost. VIII, 10.
(*) *Justin.* Apol. I, c. 26 et 56, dial. c. Tryph., c. 120. Apolog. II c. 15. D'après l'Apol. I; c. 26, il devait y avoir une statue dans l'île du Tibre ayant pour inscription : *Simoni sancto Deo*; mais, en 1574, on trouva : *Semnoni Sango Deo Fidio sacrum*, etc., etc. Cf. *Ovid.* Fast. VI, 213. Cf. *Stenglein*, dans la Rev. trim. de Tub., 1848, p. 425 sq. De bonne heure on désigne Simon comme le père du gnosticisme. Iren. Contra hær. I, 23, p. 99 : « Simon samaritan. ex quo universæ hæreses substiterunt, habet hujusmodi sectæ materiam. » *Epiph.* hæres. XXI, t. II, l. I, 1. Ἀν(αἱρέσεων) πρώτη, ἡ τοῦ Σίμωνος τοῦ Μάγου. — *Euseb.* Hist. eccl. II, 13. Cf. *Grabe,* Spicilegium, etc., t. I, p. 305-12. *Baronii* annal. ad. a. 44, nº 55.
(2) *Justin.* Apol. I, c. 26 et 56. — *Epiphan.* Hær. XXII, t. I, p. 60.
(3) *Iren.* Contra hær. III, n. 34, p. 177.

Au dire de Tertullien et d'Épiphane (1), il n'aurait vécu que du temps d'Adrien. Sa patrie est aussi incertaine que l'époque de sa vie ; on est assez d'accord pour le compter parmi les anciens judaïsants les plus rigoristes (2). Sa doctrine est un mélange de Judaïsme et de Christianisme ; elle se rattache à l'idée des Alexandrins sur un Dieu suprême, être mystérieux, sans rapport avec le monde visible ; elle admet l'*émanation* ; elle pose le monde comme créé par un être subordonné au grand Être, par un ange (3) ; c'est un ange qui a donné la loi de Moïse ; c'est un ange que les Juifs adoraient sous le nom de Jéhovah. Jésus n'est, comme pour les Ébionites, qu'un homme remarquable par sa sagesse et sa piété ; à son baptême, le Logos suprême (Χριστός, πνεῦμα Θεοῦ, πνεῦμα ἅγιον) est descendu sur Jésus sous la forme d'une colombe et a rempli son âme. C'est lui qui a révélé le Père, inconnu jusqu'alors ; c'est lui qui opère des miracles, ce qui constitue l'œuvre de la Rédemption. Mais ce Logos a de nouveau quitté Jésus, et l'homme seul a souffert et est ressuscité, le Logos, tout spirituel, ayant dû rester impassible (4). Il est étonnant (car c'est une véritable inconséquence) que Cérinthe, malgré ses idées fausses sur le Créateur du monde et l'auteur de la loi mosaïque, ait cependant tant insisté, en s'appuyant de l'exemple de Jésus, sur l'accomplissement de certaines parties de cette loi (5). Cérinthe et ses partisans n'admettaient des livres du Nouveau Testament que l'Évangile de saint Matthieu ; ils haïssaient surtout les écrits de saint Paul et de saint Jean. Cérinthe opposa à ce dernier apôtre un livre qu'il prétendait inspiré, comme le reste de ses opinions erronées, et qu'il appela son Apocalypse (6). Il pensait, comme les

(1) *Tertull.* de Præscr. c. 48, p. 252 ; *Epiphan.* Hær. XXVIII, 1. t. I, p. 110. Cf. *Paulus,* Historia Cerinthi (Introd. in Nov. Testam. cap. selectiora. Jen., 1799).

(2) *Epiph.* Hær. XXVIII, 2. *Philastrius* (Ev. de Brescia vers 387), de Hæresib. c. 36. (Galland. Biblioth. t. VII. ed. J. O. Fabricii. Hamb., 1724, et autres fréquentes éditions.)

(3) *Iren.* Contra hær. I, 26, n. 1. A virtute quadam valde separata et distante a principalitate, quæ est super universa, etc., III, 11. *Epiphan.* Hær. XXVIII, 1. Ὑπ' ἀγγέλων. Cf. *Theodoret.* Hæret. fab. II, 3.

(4) *Iren.* et *Epiph.* l. cit.

(5) Déjà *Epiph.* Hær. XXVIII, 2, blâme cette inconséquence.

(6) *Euseb.* Hist. ecclesiast, III, 28.

Juifs, que le Messie établirait sur la terre un royaume plein de gloire, et, se fondant sur des traditions très-contradictoires, et qui contredisaient en même temps le reste de ses opinions idéalistes et gnostiques (1), il attendait, au second avénement du Christ, un règne de *mille ans*. Cette opinion appelée le *Chiliasme* ou *Millénarisme* (2) fut adoptée plus tard par beaucoup de chrétiens sur une fausse interprétation du ch. XX, v. 2, 3, et surtout 6, de l'Apocalypse, mais probablement dans un sens plus pur, ainsi qu'on le voit, par exemple, dans saint Irénée qui entendait, par ce règne, une préparation à la béatitude (3).

Enfin, tandis que la doctrine des Ébionites s'attachait particulièrement au fait de l'apparition corporelle de la nature humaine de Jésus, une opinion contraire, conforme à celle des Alexandrins sur la matière, comme siége du mal, prit alors crédit : elle consistait à ne considérer que comme une *apparence* tout ce qui était corporel dans le Christ. Cette opinion erronée se fondait sur cette autre erreur, que l'absence du péché en Jésus ne pouvait se concilier avec un corps réel. Les apôtres s'étaient déjà prononcés avec force et indignation contre une folie qui menaçait de réduire toute la vie de Jésus en une histoire fantastique. La réfutation du Docétisme est aussi un des points principaux des lettres apostoliques de saint Ignace (4).

Selon saint Irénée, les Nicolaïtes (5) s'accordent en partie avec Cérinthe, en partie avec les gnostiques, apparus plus tard. Ils prétendaient se rattacher, quant à leur origine, à

---

(1) Selon ce que rapporte le prêtre romain Cajus dans *Euseb.* Hist. ecclesiast. III, 28, et *Denys* d'Alexandrie, *ibid.* VII, 25.

(2) *Klee,* Tentamen theologic. de Chiliasmo. Mogunt., 1825.

(3) *Iren.* Contra hær. V, 33, 34, p. 332 sq. Massuet cherche, dans son édition, à défendre saint Irénée contre cette erreur, mais ses preuves ne sont pas satisfaisantes.

(4) 1 Jean, I, 1-3; IV, 2; 2 Jean, 7; *Ignat.* ep. ad Ephes. c. 7-18; ad Smyrn. c. 1-8; ad Trallian. c. 9, etc. *Niemeyer,* de Docetis. Halæ, 1823.

(5) *Iren.* Contra hær. I, 26; III, 11 ; *Clem. Alexand.* Strom II, 20; III, 4, ed. Potter. Venetiis, 1757, t. I, p. 490 sq. et 522 sq. *Lange,* les Juifs chrétiens, les Ébionites et les Nicolaïtes des temps apost. Leipzig, 1828.

Nicolas, l'un des sept diacres. L'Apocalypse en parle, ch. II, v. 6, 14, 15. On les confond avec les Biléamites (1), dont leur nom paraît une traduction. On leur reprochait de manger des viandes offertes aux idoles et d'avoir des principes moraux très-relâchés et très-dissolus. Clément d'Alexandrie parle aussi d'une secte (2) se prétendant originaire du diacre Nicolas, qui, blâmé par les apôtres de la jalousie que lui donnait la beauté de sa femme, l'avait amenée devant eux et s'en était séparé. Interprétant faussement la parole du diacre qui avait dit : « Il faut *mésuser* de la chair (παραχρῆσθαι τῇ σαρκί, brider), » ils en avaient tiré des conséquences immorales auxquelles Clément attribue l'origine et les progrès de cette secte. Il est très-probable que les hommes indifférents et sensuels, repris par les apôtres (3) dans le Nouveau Testament, sont les Nicolaïtes ; c'est surtout après le départ et la mort de saint Paul que cette doctrine d'indifférence sensuelle se répandit en Asie Mineure ; elle obligea l'apôtre Jean à se rendre à Éphèse [environ vers l'an 67] pour s'opposer vigoureusement à sa propagation.

§ 60. — *L'apôtre saint Jean ; sa lutte contre les hérétiques.*

Tillemont, t. I. Saint Jean, apôtre et évangél., art. 1-12; notes 1-19. *Hug.* Introd. au Nouv. Test., t. II. *Lucke*, Comm. sur les écrits de l'Évangile saint Jean, Bonn, 1833. *Maier,* Comm. sur l'Évang. de saint Jean. Frib., 1843-45, 2 vol.

Le disciple bien-aimé, qui avait reposé sur le sein du Sauveur, avait été témoin de la dernière catastrophe de Jérusalem et de tous les événements rapportés jusqu'ici ; il avait partagé les joies de l'Église et ses douleurs. Les *Actes*, après avoir raconté la part qu'il prit aux travaux des apôtres dans Jérusalem, ses environs et la Samarie, ne parlent plus de lui. Selon toutes les traditions, il quitta fort tard Jérusalem, et vint à Éphèse continuer l'œuvre commencée par

(1) בלע עם, Νικᾶν τὸν λαόν, s'élever au-dessus du peuple dans la science de la religion.
(2) *Clém. Alexand.* l. c. *Euseb.* Hist. ecclesiast. III, 29; *Coteler.* Const. apostol. VI, 6; plus tard, *Cassian.* Coll. 25, 16; *Epiphan.* Hær. XXV, t. I, p. 76 sq.; *Philast.* c. 33; *August.* de Hæres. c. 5 (ed. Bénéd. t. VIII).
(3) Petr. II, 15 ; Jud., 2, 4, 19, 11.

saint Paul (1), consolider son Église et en agrandir le rayon. Rien de mieux constaté que l'exil de saint Jean dans l'île de Patmos, quelle que soit d'ailleurs, suivant les diverses traditions, l'époque où il eut lieu, que ce soit sous Domitien, Claude ou Néron (2). Dieu, dans ses admirables décrets, destina précisément aux contrées où se propageaient les sectes des Ébionites, des Docètes et de Cérinthe, l'apôtre qui, dans la révélation des mystères divins, montra l'âme la plus pure, l'esprit le plus intérieur, l'intelligence la plus profonde. C'est par un inappréciable bonheur pour l'Église primitive, que Jean put défendre la vraie nature de Jésus-Christ avec son autorité apostolique, son zèle ardent et pur et son génie original et sublime. Ses travaux furent bénis et durables, car ils furent continués par les nombreux disciples qu'il avait réunis autour de lui (3). Tels furent Papias, Polycarpe de Smyrne et Ignace d'Antioche; ces évêques martyrs, si étroitement unis par la charité de Jésus-Christ, furent les gardiens et les défenseurs de la pure doctrine du Christianisme contre de dangereux novateurs.

Saint Jean ne combattit pas seulement de vive voix, comme le rapporte une ancienne tradition, les Ébionites, Cérinthe, et les Nicolaïtes (4); il le fit encore par écrit en rédigeant cet Évangile si essentiellement spiritualiste (τὸ εὐαγγέλιον πνευματικόν) qui est le plus sublime modèle de la contemplation et de la mystique véritable, ainsi que sa première épître, qui est comme la préface de son Évangile. Il ne faut pas cependant s'attendre à trouver, dans cette polémique de saint Jean, une lutte ouverte contre les hérétiques. L'apôtre dogmatise et réfute l'erreur par l'exposition de la

---

(1) *Clem. Alexand.* dans *Euseb.* Hist. ecclesiast. III, 20; *Iren.* Contra hær. III, 1; *Origène* dans *Euseb.* Hist. ecclesiast. III, 1.

(2) *Euseb.* Hist. ecclesiast. III, 19, 20; *Tertull.* de Præscr. c. 36; *Epiph.* Hær. LI, 33. *Schubert*, Voyage en Orient, etc. Erl., 1838, t. III, p. 427, dit : « Aujourd'hui encore Patmos n'est habité que par des chrétiens, qui se distinguent éminemment des autres, et sont pleins de souvenirs historiques et vivants qui rappellent saint Jean et ne peuvent se rapporter qu'à son exil et aux circonstances qui l'ont précédé.

(3) *Iren.* Contra hær. II, 22, p. 148; *Euseb.* Hist. ecclesiast. V, 20.

(4) *Iren.* Contra hær. III, 11, n. 1.

vérité, par le fait d'une doctrine positive (1). C'est à ce point de vue que les erreurs dont nous venons de parler, et plusieurs autres, sont si victorieusement réfutées, surtout dans le sublime prologue de son Évangile. Le *Logos* (2), qui a tout créé et sans qui rien n'est créé, n'est ni un être purement humain (contre les Ébionites) ni un Dieu inférieur au Dieu suprême, mais un Dieu coéternel et consubstantiel avec Dieu le Père (3); ce Logos éternel n'est pas seulement descendu sur Jésus au moment de son baptême, mais il s'est fait chair (σάρξ); il s'est fait homme (contre Cérinthe et les Docètes). Jean, qui n'était qu'un homme, n'était pas la lumière désirée par les nations; mais il était envoyé, pour rendre témoignage à la vraie lumière, qui s'était rendue visible en s'incarnant dans le Christ (contre les disciples de Jean) (4). Ce n'est point par la loi mosaïque qu'on est admis dans la société du Verbe et qu'on obtient le pouvoir d'être fait enfant de Dieu (contre les chrétiens judaïsants); c'est par la foi en la divine mission du Christ (5). C'est avec le même regard d'aigle que, dans son Apocalypse (6), le Voyant découvre les destinées de l'Église, victorieuse de toutes les révolutions qui doivent l'agiter jusqu'au jour où tout sera renouvelé et où la Jérusalem terrestre sera transformée en une cité divine. Ce zèle, cette ardeur apostolique, si vivants dans son Évangile et ses Épîtres, ne s'éteignirent point avec les années dans l'apôtre centenaire. C'est ainsi qu'il allait sans s'inquiéter du péril, chercher, jusque dans les retraites des brigands, un de leurs complices, que jeune encore il avait tendrement aimé (7); c'est ainsi que, condamné par la faiblesse de

(1) *Néander*, Hist. de l'établissement et de la propagat. de l'Église chrét. par les apôtres, P. II, p. 483. Tel est aussi le caractère de la polémique de son disciple saint Ignace; cf. ep. ad Smyrn. c. 5 : Τὰ δὲ ὀνόματα αὐτῶν, ὄντα ἄπιστα, οὐκ ἔδοξέ μοι ἐγγράψαι.
(2) Voyez, sur le sens du Logos de saint Jean et la différ. avec celui de Philon, Gaz. phil. et th. de Bonn, livraison 28, p. 90-117. *Staudenmaier*, Philosophie du Christ, t. I, p. 440-463.
(3) Jean, I, 3. — (4) Jean, I, 6-8. — (5) Jean, I, 12; XVII, 3.
(6) *Hug*. Introd. au Nouv Test., P. II. *Scholz*, Expl. de l'Apocal. Voyez aussi *Bossuet*. Cf. *Boote*, Expl. de l'Apoc. Darmst., 1835. L'Esprit de l'Apocalypse, par feu Mgr *Fr. de Bovet*, ancien archevêque de Toulouse, — par M. le marquis du Bouchet, Paris, 1841.
(7) *Clem. Alexand.* dans son livre Τίς ὁ σωζόμενος πλούσιος, c. 42.

l'âge à ne plus agir au dehors, il ne cessait pas de répéter à son troupeau fidèle le mot le plus profond de la vie intérieure : « Mes petits enfants, aimez-vous les uns les autres (1). » Son grand âge semblait aux yeux de plusieurs confirmer la tradition qu'il ne mourrait pas (2), quand, sous le règne de Trajan [v. 100], il expira, au milieu de ceux qu'il avait aimés jusqu'à la fin, calme, paisible (3), heureux d'avoir vu, de ses yeux, l'Église du Christ répandue sur toute la surface du monde connu.

§ 61. — *Fin des temps apostoliques.*

Avec saint Jean (4) nous nous séparons des apôtres et des temps apostoliques. Le Seigneur est sans doute toujours miséricordieux, et sa grace et sa puissance se manifestent continuellement dans ses élus ; mais désormais ce n'est plus par la plénitude des miracles que sa grâce se répand sur la terre comme au temps où l'Évangile fut annoncé par ceux-là mêmes qui avaient vécu avec le Christ, Fils du Dieu vivant. La prudence humaine sera trompée dans tous ses calculs ; la sagesse du monde ne sera plus qu'une dérision. Une doctrine qui humilie l'orgueil par ses mystères, qui mortifie les sens, qui réprouve le désir des biens terrestres, qui condamne toute espérance mondaine, qui impose l'abnégation, qui prédit la persécution et ne promet que des joies invisibles ; une doctrine prêchée par des hommes illettrés et ignorants, par des Galiléens méprisés ; cette doctrine nouvelle, étrange.... on l'écoute ! et le Juif se dépouille de l'orgueil des enfants d'Abraham et de Moïse, il renonce au royaume terrestre du Messie ; l'Hellène abandonne les colonnes du Portique, les ombrages de l'Académie et se fait disciple du Galiléen ; le Romain oublie le Capitole et s'humilie avec joie ; le païen délaisse ses idoles complaisantes pour se soumettre à la loi sévère de l'abnégation et de la pénitence. Il n'y a plus qu'un peuple

---

(1) *Hieronym.* Comm. ad Galat. (Opp. ed. Martianay, t. III, p. 314).
(2) Jean, XXI, 22.
(3) *Euseb.* Hist. ecclesiast. III, 1, 31 ; *Hieronym.* de Viris illustr. c. 9.
(4) *Rauscher.* Hist. de l'Église, t. I, p. 236.

§ 61. — FIN DES TEMPS APOSTOLIQUES.

de l'Orient à l'Occident, de Ctésiphon à Rome (*). Qui peut méconnaître ici l'intervention immédiate du Seigneur, maître de l'Église ?

(*) Il y eut, dès les temps les plus anciens, beaucoup d'écrits attribués aux apôtres, qui ne sont pas compris dans le canon du Nouveau Testament. Ils durent leur origine en partie à des traditions, en partie à une *fraus pia*, dont on se servait pour leur donner plus d'autorité et d'influence. Cf. *Fabric.* Cod, apocryph., etc. Voy. plus haut, § 42. la note, et *Ruttenstock*, Inst. hist. ecclesiast., t. I, p. 161-169. Les livres appelés *Canones* (85), *Constitutiones* (lib. VIII) et le *Symbolum Apost.* sont d'une autorité très-grande. Les deux premiers ouvrages sont évidemment anciens. Cf. *Tillemont*, t. II, p. 1. *Nat. Alex.*, Hist. eccl. sæc. I, diss. 18, t. IV, p. 409 sq. Cf. l'excellente critique de *Drey.* dans ses Nouv. Recherches sur les const. et les canons des apôtres. Supplém. crit. et hist. à la littérat. de l'hist. ecclésiast. Tub. 1832; ouvrage préparé par de nombreux travaux, surtout de *Beveridge*, dans ses Remarques sur les *Canones apostol.* et dans son *Can. Ecclesiæ primitivæ vindicatus et illustratus*. Lond., 1678, in-4.

Quant à l'origine du *Symb. Apost.*, elle se rattache à la tradition, d'après laquelle les apôtres, avant de quitter Jérusalem pour se rendre dans les différentes parties du monde, qu'ils avaient tirées au sort, rédigèrent une courte formule de foi (σύμβολον), qui dut servir de norme à leur enseignement et de règle de foi aux chrétiens. Voyez d'abord *Rufin*, in Expos. Symb. Apost. et dans Homil. de Symb. attribué à saint Augustin. Cf. *Fabric.* V, III, p. 339 sq. *Nat. Alex.*, Hist. Eccl. sæc. I, diss. 12 (t. IV, p. 299-311), justifie cette tradition, ainsi que *Bolland.* Act. Sanct. ad diem 15 Jul. Par contre, *Tillemont*, *du Pin*, et d'autres la rejettent. Quand ce symbole n'aurait pas été rédigé par les apôtres, toujours est-ce d'après cette règle de foi courte et précise que les apôtres restèrent unanimes dans leur enseignement (1 Cor. XV, 3-4; Heb. VI, 1-3); cette formule, transmise d'abord *de vive voix*, fut rédigée plus tard par écrit, et avant la fin de Ier siècle, en s'augmentant, dès que les premières hérésies commencèrent à germer. Voy. *Meyers*, de Symb. apost. titulo, origine et de antiquissimis eccles. temporibus auctoritate. Trev. 1849.

DEUXIÈME PARTIE

DÉVELOPPEMENT EXTÉRIEUR DE L'ÉGLISE CATHOLIQUE.

DANS LE IIe ET IIIe SIÈCLE

CHAPITRE PREMIER.

I. PROPAGATION DU CHRISTIANISME. — II. PERSÉCUTIONS DE L'ÉGLISE CHRÉTIENNE.

Fabricii Salutaris lux, etc. *Blumhardt*, Essai d'une histoire univ. des missions. *Le Quien*, Oriens christianus. Paris 1740, 3 v. *Wiltsch*, Manuel de la géogr. et de la statistique chrét. § 1, p. 32 sq.

§ 62. — *Propagation de l'Église chrétienne en Asie.*

Dès les temps apostoliques, l'Église s'étendit sur un vaste territoire, et les Églises particulières furent de bonne heure très-nombreuses. Il s'agissait désormais d'agrandir les Églises déjà fondées, d'en créer de nouvelles dans de nouvelles contrées. C'est ce qui se réalisa bientôt, non-seulement dans les limites de l'empire romain, mais encore dans les pays limitrophes. La Providence se servit précisément des désordres d'une guerre incessante pour propager la religion de la paix. Les armées, qui envahissaient le territoire de l'empire, y laissaient bien des guerriers captifs; ces prisonniers entendaient, durant leur captivité, parler du Christianisme; ils apprenaient à en connaître la vertu civilisatrice par eux-mêmes et par les nombreux exemples dont ils étaient entourés. Rendus à la liberté, ils devenaient, auprès de leurs barbares compatriotes, les prédicateurs de la religion de leurs ennemis.

La ruine de Jérusalem avait affaibli, sans doute, mais

non entièrement vaincu l'attachement des Juifs d'Asie à la loi mosaïque. Lorsque cette ville se releva de ses ruines, les chrétiens, émigrés avant sa destruction, y revinrent avec Siméon, leur évêque. Les treize évêques qui lui succédèrent jusqu'au règne d'Adrien furent, comme Siméon, d'origine juive, et la communauté continua d'observer la loi judaïque. Mais lorsque le fameux pseudo-messie, Bar Cochba, c'est-à-dire le fils de l'étoile (1), eut, par le soulèvement des Juifs, déterminé la dévastation de toute la Palestine (dep. 132), la communauté des judéo-chrétiens de Jérusalem fut dissoute. Les exilés s'unirent aux chrétiens, jadis païens, d'Ælia Capitolina, nouvellement construite dans la proximité, et dont le premier évêque, Marc, était d'origine païenne, comme le furent ses successeurs. Une Église plus importante en Palestine qu'Ælia, était Césarée. Quant à Antioche, dont l'apôtre Pierre avait été l'évêque, et qu'après Évode, successeur de Pierre, saint Ignace glorifia par son martyre (107), elle restait toujours la première et la plus belle des Églises de l'Orient (2). En Syrie florissaient les Églises de Séleucie, Bérée, Apamée, Hiérapolis, Cyr et Samosate. Dans l'Orsoëne on bâtissait dès 228 une église chrétienne à Édesse, capitale de la province. En Mésopotamie on cite de bonne heure les communautés d'Amida, de Nisibe et de Cascar. Les chrétiens d'Arménie reçurent une lettre de Denys d'Alexandrie sur la pénitence (3). Maris, disciple de l'apôtre Thaddée, fut, dit-on, évêque de Séleucie, près du Tigre, en Chaldée. L'Église de Séleucie, importante dès l'origine par ses rapports avec Ctésiphon, devint une pépinière pour le royaume des Parthes, appelé plus tard royaume Persique. Pantène, chef de l'école des catéchumènes d'Alexandrie, propagea activement le christianisme dans l'Inde (dans l'Arabie Heureuse) (4). La semence implantée par l'apôtre Paul en Ara-

---

(1) Nomb. XXIV, 17. — (2) *Euseb.* Hist. ecclesiast. III, 36.
(3) *Euseb.* Hist. ecclesiast. VI, 46.
(4) L'Arabie Heureuse, parce que *Philostorg.* Hist. ecclesiast. II, 6, nomme les Homérites et les Sabéens *Indiens*, et que saint Jérôme, de Viris illust. c. 36, rapporte que Panthène trouva chez eux l'Évangile de saint Matthieu, qu'ils auraient reçu de saint Barthélemy, dont les travaux apostoliques dans l'Arabie Heureuse sont constatés. Cf. *Tillemont*, t. I, *Mosheim,* Comment. de Rebus christ.

bie porta des fruits nombreux (1). On vit plus tard un chef de cette contrée (ἡγούμενος τῆς Ἀραβίας) demander à être instruit de la doctrine évangélique par le célèbre Origène. Malgré les fatigues de ce long voyage, le pieux théologien d'Alexandrie accomplit cette tâche digne d'un vrai serviteur de Dieu. Enfin le Christianisme eut de nombreux adhérents en Perse dans le II⁰ et III⁰ siècle (2).

§ 63. — *Églises chrétiennes en Afrique.*

Welzer, Makrizii historia Coptor. christianorum in Ægypto. Solisb. 1828. *Munteri* primordia Ecclesia africanæ. Hafn. 129 *Melch. Leydecker* Hist. eccl. Afric. Ultraj. 1690. 4.

L'Égypte avait vu de bonne heure l'évangéliste saint Marc gouverner, comme premier évêque, l'Église d'Alexandrie (3). Mais depuis lors, et jusqu'au commencement du III⁰ siècle, la grande influence des Juifs dans la basse Égypte, la Libye et la Pentapole, la dévastation et la dépopulation de ces provinces, causées par le soulèvement des Juifs, sous Adrien [115], et enfin le grand nombre des gnostiques, entravèrent la fondation d'Églises nouvelles, et particulièrement l'institution d'un certain nombre d'évêques (4), jusqu'au moment où l'Église d'Alexandrie fut gouvernée successivement par trois évêques célèbres, Démétrius, Héraclas et Denys. Les esprits étaient d'autant plus disposés à recevoir alors le Christianisme, qu'ils se détournaient de plus en plus du sombre culte de l'Égypte, et reconnaissaient, aux leçons des grands théologiens d'Alexandrie, que la doctrine chrétienne répond seule aux besoins de la nature humaine. Les origines de l'Église chrétienne,

---

ante Constant. Max. p. 206. *Euseb*, Hist. ecclesiast. V, 10: VI. 19. *Gildemeister*, Scriptor. Arabum de rebus Indicis loci et opuscula inedita. Bonnæ, 1838.

(1) Gal. I, 17.
(2) *Arnob.* (vers 297) ad Gentes, II, 7 (Galland. Biblioth. t. IV, p. 150).
(3) Apollon, chrétien né Juif, dont parlent les Act. XVIII, 24; XIX, 11; Cor. I, 12 était un Alexandrin.
(4) *Euseb*. Hist. ecclesiast. II, 16; VI, 2.

dans l'Afrique occidentale (1), sont obscures. Il est vraisemblable que Rome y envoya de bonne heure des ouvriers évangéliques. Baronius prétend faire remonter l'origine de cette Église aux apôtres, principalement à Pierre, ce qui est combattu par Schelstrate (2). Carthage devint la métropole des Églises d'Afrique ; de là, la doctrine chrétienne se répandit en Numidie et en Mauritanie, avec tant de succès, que Tertullien, l'illustre prêtre de Carthage [† vers 240] (3), dit que le nombre des chrétiens surpassait celui des païens dans les villes de l'Afrique. A la fin du IIe siècle, Agrippinus évêque de Carthage, tenait déjà un synode de soixante-dix évêques d'Afrique et de Numidie, et saint Cyprien réunissait autour de lui les évêques de trois provinces, au nombre de quatre-vingt-sept (4).

§ 64. — *Extension du Christianisme en Europe* (5).

Holzhauzen, Fondation de l'Eglise chrétienne dans les provinces soumises aux évêques de Rome (*Illgen*. Gazette hist., t. VIII, p. 4).

L'apôtre Paul et ses compagnons avaient implanté le Christianisme dans la Grèce et les contrées environnantes. La plus florissante des Églises d'Italie était, sans contredit, celle de Rome, cité bienheureuse, vivifiée par la parole, arrosée par le sang, glorifiée par la mort des princes des apôtres. Avec Pierre et Paul, une multitude de chrétiens (*ingens multitudo*), au rapport même de Tacite, fut cruellement martyrisée et mise ignominieusement à mort durant la persécution de Néron (6). Vers le milieu du IIIe siècle, l'Église de Rome avait un grand nombre de prêtres, de

(1) *Munteri* Primordia Ecclesiæ afric. Hafn., 1829.
(2) *Baron.* ad a. 49, n. 8. E. *Schelstrate*, Ecclesia africana sub primatu Carthag. Par. 1690. 4.
(3) Ad Scapul. c. 2 : « Tanta hominum multitudo pars pæne major civitatis cujusque : » et c. 5 : « Quantis ignibus, quantis gladiis opus erit : Quid ipsa Carthago passura est *decimanda* a te ? » P. 86 et 88. Apologet. c. 37 : « Hesterni sumus et vestra omnia implevimus, urbes, insulas, castella, municipia, conciliabula, castra ipsa, etc. » p. 33.
(4) *Cypr.* ep. 71 et 73. *August.* de Baptismo, II, 13. *Mansi*, Collectio conciliorum, t. 1, p. 967-92. *Harduin.* t. I, p. 159-180.
(5) Cf. § 50.
(6) *Tertull.* de Præscr. c. 36 ; *Tacit.* Annal. XV, 44.

diacres, de sous-diacres, de lecteurs et de clercs inférieur (voyez plus bas, § 33). Diverses Églises d'Italie furent, dit-on, fondées par des disciples immédiats, par des contemporains des apôtres (1). Ainsi saint Romulus à Fiesole, saint Apollinaire à Ravenne, saint Anathalon à Milan, saint Marc à Aquilée, saint Zamas à Bologne. Bari, en Apulie, se glorifie d'avoir reçu de saint Pierre, son premier évêque, saint Maur, qui fut martyr sous Domitien. Les Églises de Bénévent, Capoue, Naples, Palerme et Syracuse en Sicile, se glorifient de traditions semblables; on en trouve d'analogues sur les Églises de Pavie, Urbin, Mantoue, Vérone, Pise, Florence et Sienne (2).

On ne peut positivement affirmer que l'apôtre saint Paul ait évangélisé l'Espagne; on peut encore moins le prouver de l'apôtre saint Jacques, fils de Zébédée (3), dont pourtant le tombeau, à Compostelle, fut, dès la plus haute antiquité, visité par la piété des Espagnols. On croit avoir constaté par une inscription qu'on y a découverte, que l'Évangile y fut annoncé dès le Ier siècle (4). Dans le IIIe siècle, l'histoire fait mention des Églises de Léon, Astorga, Caesar-Augusta, Tarragone, etc. Dix-neuf évêques espagnols assistaient au synode tenu en 306, à Elvire (5) (*Illiberis*). Durant la persécution de Valérien, l'évêque Fructuosus, les diacres Augurius, et Eulogius (6) illustrèrent l'Église d'Espagne par leur glorieux martyre (7).

Bien avant l'introduction du Christianisme, le peuple des

(1) *Selvaggio.* Antiq. christ. lib. I, c. 5-7, p. 1. Mogunt., 1787, p. 86-127.
(2) Cf. *Joann. Lami* Deliciae erudit., t. VIII. p. 25 sq.; t. XI, Praef.
(3) *Nat. Alex.* Hist. Eccl. sec. I, diss. 15, sur saint Paul et saint Jacques (t. IV, p. 334 sq.)
(4) *Gruteri* Thesaur. incription. n. 9, p. 238. L'authenticité de cette inscription est défendue par *Walch,* Persecutio christianor. Neron. Jen., 1753; elle est mise en doute par Scaliger et plusieurs autres. Cf. *Iren.* Contra haer. I, 10 p. 40. Annot. p. 43, *Tertull.* Adv. Jud. c. 7.
(5) *Mansi,* t. II, p. 6. — (6) Act. des Mart. *Ruinart,* p. 910.
(7) Ce paragraphe est modifié dans le texte allemand de la dernière édition, ainsi qu'il suit : « Sur une plaque de marbre, on a trouvé une inscription où l'empereur Néron est loué d'avoir purgé la Province des brigands, et de ceux qui voulaient introduire parmi les hommes une religion nouvelle. La prédication du christianisme aurait donc eu lieu en Espagne dès le 1er siècle. Au IIIe siècle,

Gaules avait été soumis à l'influence et à la direction religieuse et politique de la forte et puissante hiérarchie des Druides (1); après les victoires de César, les lois romaines restreignirent l'empire de la religion nationale, et la mythologie romaine, se mêlant peu à peu aux croyances populaires, affaiblit par là même la foi primitive. Ce fut alors que l'Asie Mineure envoya les apôtres de l'Évangile aux Gaulois troublés et mécontents (2), et dès le IIe siècle, l'histoire cite avec orgueil les florissantes Églises de Lyon et de Vienne, et l'évêque Pothin, disciple de saint Polycarpe, martyrisé en 177, et cet autre martyr, également formé à l'école de Polycarpe, saint Irénée, le vigoureux et intelligent adversaire des gnostiques [† 202], et Posthumius, que sa piété et son amour pour Jésus-Christ avaient amené d'Asie dans les Gaules, à la suite de saint Irénée, pour y travailler avec zèle à l'établissement du Christianisme.

Ce fut au milieu du IIIe siècle que, grâce à l'évêque de Rome, Fabien (3), furent, dit-on, fondées les Églises de Toulouse, Narbonne, Arles, Clermont, Limoges, Tours et Paris (Denys, évêque de Paris, confondu dans le moyen âge avec Denys l'Aréopagite) (4). Bientôt les Églises des Gaules furent établies les églises de Léon, Astorga, Cæsar-Augusta, Tarragone. Les écrivains espagnols veulent faire remonter l'origine du christianisme dans leur patrie à sept disciples, envoyés par Pierre et Paul. Dix-neuf évêques, etc.

(1) *Cæsar*, de Bello gall. I, 31; VI, 12-16. *Mone* Hist. du Pagan. dans l'Europe sept. Leipzig et Darmst., 1822, t. II, p. 358. Opinion sur le Druidisme, par M. le comte de J. (Univ. cathol., 1843, mai, p. 389-95).

(2) La fondation de l'Église de Paris, par Denys l'Aréop. (Act. XVII, 34), est niée par Sirmond, Lannoy, Petau et d'autres. Cf. *Petr. de Marca*, ep. de Evang. in Gallia initiis (Valesii ed. Hist. ecclesiat. Eusebii); elle est défendue par *Nat. Alex.* Hist. Eccl. I sæc. diss. 16, t. IV, p. 343 sq. Cf. *Euseb.* Hist. ecclesiast. V, 1.

(3) Ceci ne repose cependant que sur l'unique témoignage de *Grégoire de Tours*, Hist. Francor, I, 28; X, 31.

(4) Un écrivain français d'une érudition aussi vaste que solide, M. l'abbé Faillon, a prouvé jusqu'à l'évidence, qu'une première mission eut lieu en Provence vers l'an 47 de notre ère. Elle se composait de sainte Marie-Madeleine, saint Lazare son frère, premier évêque de Marseille, sainte Marthe sa sœur, sainte Salomé, Marie femme de Zébédée, mère de saint Jean l'Évangiste, saint Maximin apôtre d'Aix... Arles, Perigueux, Toulouse, Paris, Senlis, Beauvais, etc., furent évangelisés vers la fin du Ier siècle ou au commen

entrent dans un rapport actif et vivant avec celles de l'Italie et de l'Afrique. Cyprien prie l'Évêque de Rome, Corneille, d'exiger des évêques gaulois la déposition de Marcianus, évêque novatien d'Arles. Peu après s'élèvent rapidement les Églises de Marseille et de Nantes. Les évêques de Reims, Rouen, Vaison, Bordeaux, des envoyés de diverses autres Églises viennent au concile d'Arles [314], tenu contre les Donatistes (1).

Saint Irénée nous apprend déjà que le Christianisme s'était répandu dans les deux Germanies (ἐν Γερμανίαις), c'est-à-dire dans les pays longeant la rive gauche du Rhin jusqu'en Belgique (2). Il est certain que l'Église de Trèves, alors capitale de la Gaule Belgique, celles de Metz et de Cologne existaient déjà à la fin du III⁰ siècle, et que leurs premiers évêques furent Eucharius, Clément et Materne. Materne, évêque de Cologne, après avoir pris part aux décisions portées à Rome contre les Donatistes [313] (3), se trouva, bientôt après, avec son Diacre Macrin, au concile d'Arles [314], auquel assistaient l'évêque Agroecius et l'exorciste Félix, de Trèves (4). Une histoire moins certaine est celle de l'origine de trois autres Églises, datant de cette époque, savoir : Tongres, Spire et Mayence, dont saint Crescens doit avoir été le premier évêque. On sait mieux comment furent fondées les Églises des contrées du Danube, de la Norique, de la Rhétie et de la Vindélicie. Des soldats chrétiens, séjournant dans les camps et les colonies romaines de ces provinces, y répandirent les premières semences du Christianisme. La plus ancienne de ces églises

---

cement du II⁰ par Trophyme, Front, Saturnin, Denys l'Aréopagite, Rieul et Lucien... Voir les *Monuments inédits sur l'apostolat de sainte Marie-Madeleine en Provence*, par l'abbé Faillon, les *Vies des saints du Diocès de Beauvais*, par Ag. Sabatier, p. 5, 151, 417 ; *Vie de saint Front*, par l'abbé A. B. Pergot; *Origines chrétiennes de la Gaule*, par l'abbé Richard.

(1) Cf. *Harduin*, t. I, p. 267; *Mansi*, t. II, p. 476.
(2) *Iren.* Contra hær. I, 10, p. 49.
(3) *Opt. Milevit.* de Schism. Donatist. I, 23.
(4) Dom *Calmet*, Hist. de Lorraine, t. I, p. 7. *Nic. ab Hontheim.* diss. diplom. Trevirensis in prodromo, t. I, p. 64 (diss. de æra fundati episcopatus Trevir.). *Tillemont*, t. IV, p. 1802. *Bolland.* Act. Sanct. Jan. t. II, p. 922. Tous trois tâchent de prouver qu'Eucharius vint dès le III⁰ siècle à Trèves, et que Materne ne parut qu'au commencement du IV⁰ siècle dans ces contrées.

est celle de Lorch (Laureacum), dont l'évêque Maximilien reçut la couronne du martyre à Celeda (Cilly en Carniole), sa ville natale [285]. Une mort aussi glorieuse enleva l'évêque Victorinus [303] à l'Église de Pettau en Styrie et sainte Afre à celle d'Augsbourg (1). Le Christianisme avait été également répandu depuis la fin du II° siècle, surtout par des prisonniers, parmi les Goths, belliqueux et farouches, qui habitaient la Mœsie et la Thrace, et troublaient les contrées voisines par de continuelles invasions (2).

En Bretagne, au delà de la Manche, comme dans les Gaules, la domination, la mythologie et la civilisation romaines avaient singulièrement diminué l'influence des Druides; mais là aussi le Christianisme exerça sa vertu civilisatrice. Quand l'Église d'Angleterre, s'appuyant sur les témoignages postérieurs d'Eusèbe et de Théodoret (3), prétend, pour mettre un apôtre à la tête de son épiscopat, que saint Paul vint annoncer le Christianisme dans la Grande-Bretagne, rien ne justifie ses pieux efforts; mais ce qui est pleinement constaté, c'est que, de bonne heure, des communautés chrétiennes, dont parlent Tertullien et Origène, dès le commencement du III° siècle, se fondèrent, favorisées (4) par les soldats et les colons romains. Le vénérable Bède affirme qu'un chef breton, nommé Lucius, demanda et obtint des maîtres chrétiens d'Éleuthère, évêque de Rome sous Marc Antonin. L'édit de proscription de Dioclétien (5) frappa rudement et de bien des manières l'Église de Bretagne [303]. Saint Alban en fut le premier martyr. Dans le synode d'Arles, si souvent cité, on voit déjà paraître les trois évêques d'Eboracum (York), de Londres et de Lincoln.

(1) Chronicon Laureacens. et Petaviens. Archiep. et Episc. (Pertz. t. I. Script. rer. austr.); sur sainte Afre cf. Ruinart.
(2) *Sozomen.* Hist ecclesiast. II, 6; *Philostorg.* Hist. ecclesiast. II, 5.
(3) *Euseb.*, Demonstr. evangel., c. 3 et 7. *Theodoret.* Comment. in 2 Timoth. IV, 17 et in Ps. 116. (Opp. ed. Schulze, t. IV, p. 299 sq.). *Lingard,* Antiq. of the Anglo-Sax. Church.
(4) *Tertull.* Adv. Jud. c. 7; *Origen.* in Matth. tract. 38. Cf. *Usserii* Britannicar. ecclesiar. antiqu. Lond., 1687. *Bingham,* Origg. eccl. t. III, p. 557 sq. *Thiele.* Comment. de Eccles. Britannicæ primordiis, P. I. Hala, 1820.
(5) *Gildas,* Querulus de excidio Britann. ap. Galland, Biblioth. t. XII.

Ainsi se propage de tous côtés le Christianisme. Ecoutons un moment les Pères, dont le langage est peut-être un peu emphatique dans cette circonstance (1). « Il n'est pas de » peuple, dit saint Justin, grec ou barbare, chez lequel on » n'adresse des prières ou des actions de grâces au Père et » Créateur du monde, au nom du Christ crucifié. » Saint Irénée ne parle pas seulement en général des Églises chrétiennes répandues dans le monde, jusqu'aux confins de la terre, mais il cite spécialement et positivement les Églises de Libye et d'Égypte, celles des Celtes, des Ibères et même des Germains. « Chez les Parthes, les Mèdes, les Élamites, » s'écrie Tertullien dans son enthousiasme, chez les habi- » tants de la Mésopotamie, de l'Arménie, de la Phrygie, » de la Cappadoce, du Pont, de l'Asie Mineure, de l'É- » gypte, de Cyrène, les races diverses des Gétules et des » Maures, les populations de l'Espagne, de la Gaule, de la » Bretagne et de la Germanie, partout nous trouvons des » fidèles. » — « Les chrétiens, dit-il ailleurs, sont assez » nombreux pour mettre sur pied des armées non moins » nombreuses que celles des Parthes et des Marcomans. »

Au milieu de ces triomphantes énumérations, il ne faut pas oublier cependant que partout, en face des chrétiens, se trouvait une population bien plus nombreuse encore de païens, comme le prouvent et la nécessité où furent Constantin le Grand et ses successeurs de combattre le paganisme, dans tout l'empire, par de fortes ordonnances, et la tentative que put faire Julien, cinquante ans après la reconnaissance publique du Christianisme, de restaurer le paganisme et de le rétablir comme religion de l'Etat.

§ 65. — *Causes de la rapide propagation du Christianisme.*

Ces causes se trouvent en partie dans les circonstances extérieures, mais bien plus encore dans l'esprit même du Christianisme. Sous le premier rapport, il faut se rappeler d'abord que, chez presque tous les peuples de la terre, il existait des prophéties annonçant la venue d'un Messie (2),

---

(1) *Justin.* M. Dial. c. Tryph. c. 117. *Iren.* Contra hær. I, 10. *Tertull.* Adv. Jud. c. 7; Apologet. c. 37.

(2) Pour les Chinois, voyez *Windischmann*, Hist. de la Philos.

et que, plus qu'ailleurs, elles s'étaient répandues parmi les Romains. En second lieu, la tradition universelle d'un commerce immédiat de la Divinité avec le genre humain, et les sacrifices expiatoires usités partout, étaient une excellente préparation à la doctrine fondamentale du Christianisme, à savoir, le sacrifice du fils de Dieu. Enfin, ce qui devait encore faciliter et hâter le progrès de cette doctrine, c'était la connaissance généralement répandue de la langue grecque et l'union politique de tant de peuples divers soumis à un même empire. Les Romains, jadis libres, frémissaient d'indignation d'être soumis, comme des esclaves, au joug impérial, et les autres nations subjuguées déploraient la perte de leur indépendance et de leur nationalité. Dans cette décadence religieuse et cette oppression politique, les meilleurs esprits réclamaient instinctivement l'intervention d'une force morale qui les affranchit et les fit jouir des biens d'une meilleure vie. Le Christianisme vint répondre à ce besoin religieux, que ne pouvaient satisfaire ni les efforts de la philosophie du siècle, ni les pratiques superstitieuses des religions de l'Orient. Le Christianisme, calmant les angoisses de ces esprits troublés, de ces cœurs mécontents, et dissipant les incertitudes du doute, vint consoler le pécheur, pardonner au coupable, rendre au pauvre de ce monde l'espérance des joies célestes, aux esclaves le sentiment de la vraie liberté et de la dignité humaine, aux maîtres le respect des droits de l'humanité. Quelle puissante influence n'exerçaient pas d'ailleurs les missionnaires chrétiens, la confiance avec laquelle ils parlaient et démontraient l'accomplissement des prophéties *sibyllines* dans la personne du Christ (1), et bien

---

Ire part. p. 364 et 454. Pour les Perses, cf. *Plutarch.*, de Iside et Osiride, c. 17, et le Zend-Avesta, trad. par *Kleuker*, IIe P. 175; IIIe p. 111. Addit. au Zend-Avesta, par *Kleuker*, t. I, p. 127-441. *Lassaulx.* Des sacrifices chez les Grecs et les Romains, de leur rapport avec celui du Golgotha. Wurzb. 1844.

(1) Σιδύλλη, de σιοῦ, éolien, pour θεοῦ, et βυλή pour βουλή, c'est-à-dire προφῆτις. Sibyllinor. oraculor. lib. VII, ed. Jo. Obsopæus. Paris, 1589, ed. III, 1607, in-8. Serv. Galleus. Amst., 1689 et Galland. Biblioth. PP. t. I, p. 333 sq. Cf. Prolegom., p. LXXVI sq., auxquels s'ajoute la découverte nouvelle des lib. XI-XIV, dans *Angelii Maji* scriptor. veter. nova collectio, t. III, p. 3. Romæ, 1828, in-4. Cités

plus encore leur conduite et la vie sainte et dévouée des premiers chrétiens ! Leur mépris du monde, la pureté de leurs mœurs, leur charité cordiale, leur bienfaisance soutenue, leur douceur, le pardon des injures, et surtout leur courage héroïque au milieu des persécutions, excitaient l'étonnement de tous, et les païens eux-mêmes ne pouvaient leur refuser une sincère admiration. « Les chrétiens, » dit le païen Cæcilius, dans Minutius Félix, s'aiment avant » de se connaître, » et Tertullien rappelle le cri d'étonnement des adversaires de l'Evangile : « Voyez comme ils » s'aiment entre eux et comme ils sont prêts à mourir les » uns pour les autres (1) ! » Ce devait être une cause divine pour laquelle tant d'hommes mouraient avec joie, et c'est ainsi que *le sang des martyrs devenait une semence de chrétiens.*

Ainsi l'enthousiasme des uns à embrasser le Christianisme enflammait le zèle des autres pour le répandre. Ce devenait un devoir consolant pour les philosophes convertis de convertir d'autres philosophes : Justin, Clément, Tertullien l'attestent par leurs exemples. Tous servaient la cause sainte et gagnaient des âmes à Jésus-Christ, le négociant

---

probablement pour la première fois par *Justin*. Apolog. I, c. 20, 44. Celse, dans *Orig.* contra Cels., VII, 7, n. 4, leur reproche d'avoir été falsifiés par le parti chrétien. Cf. V, 8, n. 3, ad fin. *August.*, de Civit. Dei, XVIII, 47, est du même avis. Il est certain que la prophétie sibylline, telle que nous la possédons, n'est pas authentique, celle que la Sibylle vendit à Tarquin fût brûlée, et celle qu'on recueillit plus tard eut un sort semblable. Malgré leur manque d'authenticité, les livres sibyllins sont néanmoins d'une grande valeur historique. On n'aurait jamais songé à inventer de pareilles prophéties, s'il n'y avait eu déjà, dans le peuple, une disposition à les admettre, et si l'on n'avait pu les relier à d'autres oracles analogues et déjà existants. Ces oracles furent inventés en Égypte, avant l'ère chrétienne, par les Juifs, nourris dans l'idée et l'attente du Messie, et par les païens qui s'étaient rapprochés du judaïsme. C'est ce que prouvent évidemment les citations faites par Alexandre Polyhistor, Strabon et Josèphe. Le reste a été inventé par les chrétiens dans le Ier et le IIe siècle. Cf. *Nat. Alex.* Hist ecclesiast. sæc. I, diss. 1 (t. IV, p. 132-139). — *Bleek*, de l'Apparition et de la Collection des oracles sibyllius (Gazette de Scheiermacher. Berlin, 1819. Cf. *Mœhler*, Patrologie, t. I, p. 944.

(1) *Tertull.* Apolog. c. 39, ed. Haverc., p. 325. *Minut. Felix*, c. 9 (Galland, t. II, p. 385).

par ses voyages et ses nombreuses relations, le soldat par la franchise des camps, l'esclave par sa position dans la famille. Chacun devenait missionnaire dans la place qu'il occupait (1). La plus grande part d'influence appartenait aux esclaves, à qui l'on confiait l'éducation des enfants, et aux femmes, toujours plus généreuses et plus ardentes dans les choses religieuses. Ainsi s'explique l'absence de détails sur les missionnaires proprement dits. Chaque chrétien était missionnaire parmi ses compatriotes, et le Christianisme se répandait par mille canaux dans tous les détails de la vie (2). Et si toutes ces causes ne nous expliquent point encore suffisamment le triomphe de l'Evangile sur le paganisme, ajoutons que *la vertu mystérieuse du Sauveur* agissait incessamment sur les cœurs (3), et que *le don des miracles*, si puissant sur les esprits, fut accordé à l'Eglise, *dans toute sa plénitude*, jusque dans le III° siècle (4). Les apologistes en appellent principalement aux guérisons miraculeuses, aux délivrances des possédés comme à des faits qui se passaient journellement sous les yeux des païens. Sans ce don des miracles et des guérisons, sans cette assistance divine toute spéciale, jamais l'Eglise n'aurait triomphé de l'opposition du paganisme, souvent si désespérée, dont nous allons parler tout à l'heure. C'est ce que S. Augustin fait remarquer avec son éloquence ordinaire (*).

(1) *Euseb.* Hist. ecclesiast. III, 37. *Justin.* Dial. c. Tryph. c. 8. *Origen.* cont. Cels. III, 3, 10.

(2) Jean, VI, 44, 66; VII, 38 sq.; XII, 32. — *Just.* Dial. c. Tryph., c. 7.: « Quant à toi, prie avant tout le Seigneur qu'il t'ouvre les portes de la lumière; car personne ne peut reconnaître ou entrevoir ces choses si le Seigneur lui-même et son Fils Jésus-Christ ne les manifestent. »

(3) *Justin.* Apolog. II, c. 3; Dial. c. Tryph., c. 85. *Tertull.* Apolog., c. 23, de Spectacul., c. 29. *Iren.* contra Hæres. II, 31, 32. *Orig.* contra Cels. I, 1, n. 2-10, n. 7; II, 1, n. 1. *Euseb.* Hist. ecclesiast. V, 7. Voir, sur la manifestation plus grande des miracles, *Mamachi* Origin. et antiquitat. Christ., t. I, p. 363 sq. *Dieringer*, Théorie des faits divins du Christian., t. I, p. 109 sq.

(4) *Münter*, les Chrétiens dans les familles païennes avant Constantin. Cop. 1828.

(*) *August.*, de Civit. Dei, XXII, 5 : « Et ipse modus, quo mundus credidit, si consideretur, incredibilior invenitur. Ineruditos liberalibus disciplinis, et omnino, quantum ad istorum doctrinas attinet,

§ 66. — *Obstacles à la propagation du Christianisme.*

Kortholt, Paganus obtrectator, s. de calumniis Gentilium in christianos, lib. III. (Hamb., 1698) Lubecæ, 1703. *Hulderici* Gentilis obtrectator. Tiguri, 1744. *Beugnot*, Hist. de la destruction du paganisme en Occident. Paris, 1835, 2 vol. *Zschirner*, Chute du paganisme, publiée par Niedner. Leipzig, 1829, p. 255 sq., 335 sq. *Van Sanden*, Hist. des Apolog., trad. du hollandais par Quadt et Binder. Stuttg. 1846, 2 vol.

A côté des nombreuses circonstances favorables à la propagation du Christianisme que nous venons d'énumérer, se trouvaient des obstacles non moins nombreux qui l'arrêtaient dans sa marche, et que suscitaient d'une part les Juifs encore puissants, et de l'autre les païens, bien plus redoutables. Parmi les Juifs, il s'était formé, suivant les principes de l'école de Hillel et de quelques sectes plus anciennes, une secte forte et opiniâtre, fidèle aux traditions et aux cérémonies les plus minutieuses, aux interprétations les plus littérales à la fois et les plus subtiles.

L'ensemble de leur doctrine constituait le *Rabbinisme*; le *Talmud* était leur code. Celui-ci, renfermant les traditions dont nous venons de faire mention, comprenait la *Mischnah* (2ᵉ loi, composée vers 220), et la *Gemara* (complément) *de Jérusalem*, rédigée vers la fin du IVᵉ siècle, et la *Gemara de Babylone*, recueillie de 430 à 521. Ce judaïsme étroit des écoles, en augmentant l'aveuglement des Juifs, les empêchait, d'une part, de reconnaître la vérité, la mission du Christ ou du Messie apparu dans le temps (*), et, de l'autre, leur inspirait une haine indélébile contre les chrétiens.

impolitos, non peritos grammatica, non armatos dialectica, non rhetorica inflatos, piscatores Christus cum retibus fidei ad mare hujus sæculi paucissimos misit, atque ita ex omni genere tam multos pisces et tanto mirabiliores quanto rariores etiam ipsos philosophos cepit, etc. »

(*) *G. Surenhuy*, Mischna, texte avec traduct. lat. et comment. Amst., 1698-703. 6. T. f. trad. en allem. par *Rabe*. Anvers, 1760-63. 6. V. 4. *Pinner*, Compend. du Talmud. de Jérus. et de Babyl. Berlin, 1832. *Id.*, Le Talmud Babyl., hébr. et allem., avec comment. Berlin, 1842, t. I, f. En général, ils usent de la tactique perfide dont parle saint Jean, VIII, 30, et se gardent de combattre ouvertement le christianisme. Ils se contentent de passer sous silence l'existence du Christ et de ses disciples. *Wolfii* Biblioth. hébr., P. II, p. 979-86.

Aussi les écrits de controverse qui apparaissaient de temps en temps avaient peu d'influence sur eux (1).

Quant aux païens il fallait, pour les convertir, vaincre les opinions et les passions qui avaient dominé le vieux monde, qui étaient enracinées par les siècles et mêlées à tous les intérêts. Il fallait revêtir le vieil homme d'un être nouveau, changer, réformer, transformer complétement ses pensées, ses sentiments, ses actions. Le culte des idoles exerçait encore sur la masse la puissance magique que lui donnait la pompe de ses fêtes, son incontestable antiquité, son analogie avec l'éducation reçue, et surtout sa complaisance pour toutes les passions sensuelles. La multitude idolâtre était entretenue dans ses erreurs par les prêtres dont le Christianisme ébranlait la considération aux yeux des peuples, et par les marchands qui trouvaient dans le culte des idoles une abondante source de profits (2). Des savants eux-mêmes, se voyant atteints dans l'objet de leur amour et de leur gloire par les attaques dirigées contre les divinités et la littérature païennes, crurent devoir entrer en lice. Qu'étaient-ce que les ennemis du paganisme, les propagateurs de l'Evangile? des ignorants sortis des rangs des Juifs, voués dès longtemps à la haine publique, et qui, loin de flatter les passions, imposaient à leurs adhérents un combat perpétuel contre la sensualité. C'étaient des ennemis de l'Etat, puisqu'ils s'opposaient à un culte aussi ancien que l'Etat lui-même, des ennemis d'une religion née, grandie, identifiée avec la république, puisqu'ils cherchaient à répandre une religion nouvelle, rigoureusement interdite par les lois de l'empire (3).

A ces motifs naturels d'opposition s'ajoutaient les opinions les plus fausses, *les calomnies les plus odieuses contre les chrétiens* et leur doctrine. On les accusait *d'athéisme*, parce qu'ils adoraient en esprit et en vérité un Dieu es-

---

(1) A ces écrits appartiennent ceux de *Just. Martyr*. Dialog. c. Tryphone Judæo; *Tertull*. adv. Judæos; *Cyprian*. Testimonior. adv. Jud., lib. III.

(2) Act. apost. XIX, 25. *Plin*. Epist. X, 97 : « Prope jam desolata templa..., sacra solemnia diu intermissa..., *rarissimus victimarum emptor*. »

(3) *Cic*. de Legg. II, 8.

prit (1); leurs assemblées nocturnes, nécessitées par les persécutions, donnaient occasion à des bruits infâmes de conspiration, d'*incestes*, de crimes contre nature. On cherchait à rendre vraisemblables ces dernières accusations par l'amour fraternel dont les chrétiens donnaient des preuves si manifestes (2). D'après de vagues et incertains renseignements sur la Cène, ce repas mystique devenait l'abominable *festin de Thyeste*, et l'adultère des femmes chrétiennes était suffisamment prouvé d'après les opinions alors reçues, par cela qu'elles prenaient du vin. On les accusait non-seulement d'adorer le bois, mais d'être des onolâtres (3). Si parfois les esclaves défendaient les intérêts du Christianisme, c'était un renversement de l'ordre légal, et la torture leur arrachait souvent l'aveu des crimes dont les chrétiens étaient méchamment soupçonnés. La populace attribuait à cette secte impie toutes les catastrophes politiques, la guerre, la famine, les tremblements de terre, tous les signes de *la colère des dieux délaissés (non pluit Deus, duc ad christianos)* (4); les gens lettrés et polis approuvaient par politique les opinions du vulgaire, et méprisaient les chétiens comme un peuple superstitieux et fanatique. C'est alors que l'Etat crut devoir user de sa force pour opprimer une secte si pernicieuse à la chose publique, si ennemie de l'humanité (5), si impie envers les Césars (*irreligiosi in Cæsares*). En effet, les chrétiens regardaient souvent comme

(1) *Justin.* Apolog. I, c. 6, 13, 17.
(2) *Athenagor.* Legat. pro christianis, c. 3. *Tertull.* Apolog., c. 16, 39, 40. *Minut. Felix*, c. 12 (Galland. Biblioth., t. II, p. 387).
(3) *Tertull.* Apolog. c. 16. Dans *Origen.* contra Cels. VI. 30, Celse appelle les chrétiens des ὀνοκέφαλοι. Conf. *Hasaeus*, diatribe de onolatria olim Judæis (*Tac.* hist. V, 4. *Diod. Sicul.* apud *Phot.* bibl. cod. 244) et Christianis impacta. Lips., 1716, 4 *Münter*, les Chrétiens dans les familes païennes, p. 15 sq.
(4) Cf. *Tertull.* Apolog., c. 40. Si Tiberis ascendit in mœnia, si Nilus non ascendit in arva, si cœlum stetit, si terra movit, si fames, si lues, statim : Christianos ad leonem ; — et le Comment. de Havercamp. *Arnob.* adv. Gentes répond déjà très-bien : « Si Allamanos, Persas, Scythas idcirco voluerunt (dii gentium) devinci, *quod habitarent et degerent in eorum gentibus christiani*; quemadmodum Romanis tribuere victoriam, quum habitarent et degerent in eorum quoque gentibus christiani? I, 6. (Galland. Biblioth., t. IV, p. 136.) Cf. *Justin.* Apolog. I, c. 12 au comm.
(5) *Tacit.* Ann. XV, 44, Superstitio exitiabilis, odium generis hu-

inconciliable avec leur vocation la nécessité de prêter le serment militaire ou de remplir les fonctions publiques, et jamais ils ne rendaient aux images de l'empereur les hommages idolâtriques de la multitude. Tous ces motifs réunis excitèrent contre les chrétiens de sanglantes persécutions, provoquées d'abord par le peuple, depuis Marc Aurèle par le peuple, les lettrés et l'empereur, et depuis lors déterminées par des raisons politiques autant que par les convictions religieuses des empereurs. D'après cela, qui ne s'étonnerait de voir un homme comme Gibbon attribuer la propagation du Christianisme à des causes purement naturelles (1)?

SITUATION DES CHRÉTIENS SOUS LES EMPEREURS DANS LES II° ET III° SIÈCLES.

Sources. — Les Apologistes; *Lactantius*, de Mortibus persecutor. *Ruinart*, Acta sincera et selecta martyr. Le *Calendarium martyrum* primitif (en grec Μηνολόγιον), devenu le *Martyrologium*. Le plus ancien dans l'Église latine est celui de saint Jérôme; le plus vulgaire est le *Martyrol. rom.*, publié par ordre du pape Grégoire XIII, ed. Baronius, 1586, auxit. Herib. Rosweid, S. J. édit. nouv. Mechlin. 1846. Ratisb., 1847. Chez les Grecs, le plus célèbre *Menologium* est celui qui fut fait au IX° siècle par les ordres de l'empereur Basile le Macédonien, réédité en 1727 par le cardinal Urbini.

Travaux sur les sources. — *Tillemont*, Hist. des empereurs, etc. *Kortholt*, de Persecution. Eccles. primæv. Kilon., 1689. *Martini*, Persecut. christian. sub. imp. rom. causæ earum et effectus. Rost. 1802. *Schumann de Mansegg*, Persécution de l'Église primitive. Vienne, 1821. *Kœpke*, de Statu et cond. christianor. sub. impp. rom. alterius p. Chr. sæc. Berol., 1828.

§ 67. — *Dans le II° siècle.*

Autant la domination de Nerva avait été douce envers les chrétiens, autant celle de Trajan leur devint funeste [98-117]. La loi qu'il porta contre les associations particu-

mani. *Sueton.* Vita Neron, c. 6 : Genus hominum superstitionis novæ ac maleficæ. *Minut. Felix*, c. 12. *Tertull.* Apolog., c. 13.

(1) *Gibbon*, History of the decline and fall of the roman empire. London, 1776 sq. VI. C'est surtout dans le 16° chap. qu'on trouve l'extension du Christianisme attribuée à des raisons naturelles.

lières (ἑταιρεῖαι), ainsi que les anciennes lois en faveur du maintien de la religion de l'Etat, pouvaient être invoquées contre les chrétiens. C'est dans ce sens qu'il répondit à la demande de Pline le Jeune, gouverneur de Bithynie [110], qu'il ne devait pas rechercher les chrétiens, mais qu'il fallait ne pardonner à ceux qui étaient accusés qu'autant qu'ils renieraient le Christ, et punir quiconque s'opiniâtrerait dans ces croyances (1). Ces ordres contradictoires ne donnaient aucune garantie aux chrétiens contre la populace juive ou païenne. C'est ainsi qu'à l'instigation des Juifs on crucifia (108), à l'âge de cent vingt ans, Siméon, évêque de Jérusalem, tandis qu'on donnait en spectacle au peuple dégénéré de Rome le martyre de l'héroïque évêque d'Antioche. Chargé de fers par les ordres de l'empereur, traîné d'Antioche à Rome, Ignace y fut déchiré par les lions du cirque (2). Il ne fut point rendu de décret de proscription sous Adrien [117-138]; cependant la populace effrénée se porta à de tels excès de violence contre les chrétiens que Sérénius Granianus, proconsul d'Asie en fut outré et demanda qu'une loi réglât la conduite légale qu'il fallait tenir à leur égard. L'empereur adressa sa réponse au successeur de Granianus, Minucius Fundanus, qui avait fait noyer dans le Tibre Symphorose, et mourir ses sept fils sur la roue (3). Les dispositions d'Anto-

(1) *Plin.* Epist. I, X, 97, 98. Trajan mande à Pline : « Conquirendi non sunt : si deferantur et arguantur, puniendi sunt ; ita tamen, ut qui negayerit se christianum esse... veniam ex poenitentia impetret. » Cf. *Haversaat*, Défense des lettres de Pline sur les chrétiens. Gœtt. 1788. *Tertull.* Apolog., c. 2. *Euseb.* Hist. ecclesiast. III, 33. Sur l'expression de Pline, dont on a souvent abusé : « Cibus promiscuus tamen et innoxius, » cf. Gazette de Bonn, nouv. série, III° ann., 3° liv., p. 191-200, et sur les *balnea promiscua* (bains communs aux deux sexes), id. 4° livr., p. 171-178.

(2) *Euseb.* Hist. ecclesiast., III, 32; III, 36. Act. du mart. de saint Ignace, dans *Galland.* Biblioth., t. I, p. 290 sq. Cf. *Ruinart.*

(3) *Justin.* Apolog. I, c. 69. *Rufin* Hist. ecclesiast., IV, 9. *Euseb.*, IV, 8, 9 et 26. *Sulpit. Sever.* II, 31. *Orosius*, VII, 13. Adrien ordonna : « Si quis igitur accuset et probet adversus leges quidquam agere memoratos homines (christianos), pro merito peccatorum etiam supplicia statues. Illud mehercule magnopere curabis, ut si quis calumniae gratia quemquam horum postulaverit reum, in hunc pro sui nequitia suppliciis severioribus vindices : » C'est là probablement le texte original chez *Rufin*, l. c. Cf. *Palma*, prælect. h. e., t. I, p. 68-71.

nin le Pieux [138-161] furent encore plus favorables, comme le prouva sa conduite envers quelques villes grecques (1), et bien plus encore l'étonnant *edictum ad commune Asiæ*, promulgué à l'occasion d'une persécution dirigée contre les chrétiens par le peuple d'Asie, qui attribuait à la colère des dieux contre cette secte nouvelle un terrible tremblement de terre. Cet édit portait : « Que si quelqu'un
» inquiétait désormais un chrétien pour sa croyance, ce-
» lui-ci devait être renvoyé de la plainte, quand même il
» se déclarerait ouvertement chrétien, et l'accusateur de-
» vait être puni (2). »

Sous Marc-Aurèle [161-180], la condition des chrétiens empira. Leur enthousiasme religieux excitait la haine du froid et stoïque empereur, qui attribuait à un vain entêtement, et non à leur conviction, la facilité et la joie avec laquelle il les voyait mourir (κατὰ ψιλὴν παράταξιν) (3). Aussi ne prit-il aucune mesure contre les violences du peuple, dont la fureur, excitée par les malheurs continuels de l'empire, éclata dans l'Asie Mineure, la Gaule méridionale (Lyon, Vienne), et il confirma par son silence les vieilles accusations d'athéisme, d'inceste et d'orgies ensanglantées. Avant de faire mourir les chrétiens, on leur faisait subir, pour obtenir leur apostasie, les plus cruelles tortures. L'empereur finit par porter des lois plus sévères contre eux que contre des ennemis barbares, entretenu et poussé qu'il fut dans sa haine par l'hypocrite Crescens, et surtout par l'infâme Peregrinus Proteus, qui, après avoir flatté les chrétiens, les trompa, et termina sa carrière par le suicide (4). Le der-

(1) D'après *Eusèbe*, Hist. ecclesiast., IV, 26, aux villes de Larisse, Thessalonique, Athènes et à tous les Grecs.

(2) *Eusèbe*, IV, 13, qui l'attribue par mégarde à Marc-Aurèle. L'authenticité de cet *edictum ad commune Asiæ* soulève du reste des doutes graves, le langage en étant tout à fait chrétien et une sorte de développement de l'édit d'Adrien. Aussi a-t-il été combattu par *Hoffner*, de Edicto Antoniano pro Christ. Argent., 1781. Cf. *Mosheim*, de Reb. christ. ante Const. Max., p. 240. Antonin le Pieux reprocha à plusieurs villes leur fureur contre les chrétiens, au rapport de Meliton, dans *Euseb.* IV 26.

(3) Conf. *Julius Capitolinus*, in Vita Marc. Aurel. Monol. (εἰς ἑαυτόν), XI, 3.

(4) *Meliton*, év. de Sardes, s'en plaint dans son Apologie. (*Euseb.*, Hist. eccl., IV, 26.)

nier des disciples apôtres, l'invincible Polycarpe, évêque de Smyrne, refusa de maudire le divin maître qu'il avait servi pendant quatre-vingt-six ans, et mourut [vers 167] héroïquement sur un bûcher (1). Dans les Gaules, on martyrisa le nonagénaire Pothin, une jeune et courageuse esclave nommée Blandine, l'adolescent Ponticus, âgé de quinze ans, et un grand nombre de fidèles [177]; à Rome, Ptolémée, Lucius, Justin et plusieurs autres [161-168]. Ailleurs, une légion presque entière de chrétiens (*legio Fulminatrix, Fulminea*) sauva par ses prières (2) l'armée et l'empereur, mourant de soif au moment de combattre les Marcomans et les Quades en Pannonie [174], sans que ce miracle parvînt à changer la disposition hostile de l'empereur, qui attribua sa victoire miraculeuse à Jupiter Pluvius. Son fils Commode [180-192] fut, dit-on, grâce à sa concubine Marcia, plus favorable au Christianisme, ce qui n'empêcha pas qu'on exécuta comme chrétien le sénateur Apollonius et l'esclave qui l'avait dénoncé (3). Septime Sévère [192-211], guéri par le chrétien Proculus, favorisa d'abord les chrétiens, et finit par promulguer un édit [202] défendant avec une égale sévérité d'embrasser le Christianisme et le Judaïsme. Cependant une violente persécution s'éleva à la fois en Égypte, dans les Gaules, en Italie, en Afrique; dans ce dernier proconsulat, et à Alexandrie surtout, elle fut si sanglante qu'on y croyait à la venue de l'antechrist (4). Là furent cruellement mis à mort Léonides, père d'Origène, la vierge Potamienne, Marcella, sa mère, Basilides et plusieurs autres. On remarqua plus particulièrement l'héroïque fermeté de la jeune Perpétue, de Félicité et des autres compagnes de leurs souffrances, à Carthage [vers 203] (5). On vit Perpétue, âgée de vingt-deux ans, portant

---

(1) *Meliton.* Apol. dans *Eusèbe*, Hist. ecclesiast., IV, 26; IV, 15; V, 1-3.

(2) *Tertull.* Apolog., c. 5 ad Scap., c. 4; *Euseb.* V, 5; *Greg. Nyss.* Or. 11 in martyr.; *Oros.* VII, 15; *Dio Cass.* epit. Xiphil., lib. 71, c. 8; *Jul. Capitol.* in Marcum Antonin., c. 24. Cf. *Stolberg*, P. VIII, p. 84-90; *Rauscher*, t. I, p. 338 sq.

(3) *Euseb.* V, 21; *Hieronym.* Catal., c. 12.

(4) *Tertull.* ad Scap., c. 4; *Spartianus*, in Vita Septimi Severi, c. 17; *Eusèbe*, VI, 1 et 7.

(5) Act. martyr. c. not. Holsten. et *Possinii* (Galland. Biblioth.,

dans ses bras l'enfant qu'elle venait de mettre au monde, résistant aux larmes paternelles d'un vieux païen, qui se jetait à ses pieds pour la retenir, s'avancer, ferme et sereine, vers les bêtes féroces du cirque, et mourir, inébranlable dans sa foi, au milieu des douleurs les plus atroces. Les douze *martyrs scillitains*, ainsi nommés de la ville de Scillite, située dans la province d'Afrique, furent aussi héroïques dans leurs douleurs et leur mort [200]. Ce fut peu de temps auparavant que Tertullien prit la parole en faveur des chrétiens, et chercha à adoucir leurs souffrances par les éloquentes inspirations de son *Apologétique* [198].

Les philosophes païens de ce siècle n'eurent pas une médiocre part aux dispositions des empereurs et du peuple à l'égard des chrétiens. Ils firent des tentatives désespérées pour soutenir le paganisme. Ils cherchèrent à l'adapter au caractère de l'Évangile, dont le spiritualisme répond si bien aux besoins de l'intelligence, en spiritualisant à leur tour le paganisme, en donnant un sens allégorique à ses mythes, en tirant des inductions morales des pratiques de son culte, en repoussant son anthropomorphisme, en combattant à la fois l'incrédulité et la grossière superstition des païens. Mais ce qu'ils détruisaient d'une part, ils le relevaient de l'autre; c'est ainsi que les *Néoplatoniciens*, en particulier, et les *Néopythagoriciens* fomentaient, à l'exemple d'Apollonius de Tyane (3-96 av. J.-C.), le fanatisme le plus extravagant et la superstition la plus insensée (1). On en voit déjà les traces dans Plutarque, de Chéronée [50-120], dans le rhéteur Apulée, de Madaure en Afrique [vers 170], dans Numénius, d'Apamée en Syrie, et Maxime de Tyr. Le *Portique* lui-même prit une direction nouvelle avec Épictète, M. Corn. Fronton, Marc-Aurèle, Cl. Galénus (2) [v. 200].

---

t. II, p. 165-197). Cf. *Ruinart*. Ces deux héroïnes chrétiennes n'étaient point montanistes, comme le pourrait faire penser la couleur montaniste des actes, ce qu'il faut attribuer à celui qui les a rédigés, ainsi que l'a prouvé le cardinal Orsi. Voyez *Stolberg*, t. VIII, p. 285 sq. Sur les martyrs Scyllitains, cf. *Ruinart* et *Stolberg*, t. VIII, p. 206-8, et *Tillemont*, éd. de Venise, 1732, t. III, p. 131-158.

(1) *Müller*, de Hierarchia et studio vitæ ascet. in sacris et myster. Græcor. Romanorumque latentib. Havn., 1803. *Schlosser*, Hist. de l'Antiquité, t. III, P. III, p. 188-96.

(2) Cf. *Minut. Felix*, c. 31. c. 9.

La vertu ne consista plus pour eux, comme pour l'antique stoïcien, dans la lutte, mais dans la patience. Ils ne voyaient dans le Christianisme qu'une erreur populaire, à la fois nuisible et méprisable. L'indifférentisme sophistique et éclectique fut bien plus dangereux pour les chrétiens. Les sceptiques ne s'étaient d'abord moqués que des tentatives faites pour spiritualiser les croyances populaires du paganisme; plus tard, ils attaquèrent le Christianisme lui-même; tels furent Lucien, de Samosate [v. 200], et Celse [apr. 150]. Lucien analysa avec une grande sagacité la plupart des systèmes philosophiques, dévoila les folies des fables mythologiques, frappant les uns et les autres du fouet de sa sanglante satire. Partant de ce principe : Il n'y a de démontrable que ce que les sens peuvent atteindre; au delà, il n'y a que folie; — il se riait d'un côté, de la foi aux dieux du paganisme, qu'on avait prétendu spiritualiser, aussi bien que du Christianisme et de ses tendances vraiment spiritualistes, et, de l'autre, il se moquait d'Apollonius de Tyane, chef de la philosophie fantastique et fanatique du siècle, aussi bien que du Christ, divin idéal de la secte nouvelle. Ses sarcasmes contre la charité fraternelle et le courage des martyrs chrétiens, qu'il traitait d'hommes abusés, ses plaisanteries contre leurs vertus héroïques, qu'il qualifiait d'aveugle superstition, sont un témoignage d'autant plus puissant en leur faveur qu'il est tout à fait involontaire (1). Celse (qui est probablement celui à qui Lucien dédia son Alexandre), quoique épicurien de fait, adopta, pour combattre plus sérieusement le Christianisme, les opinions des platoniciens et des stoïciens. Son *Discours de la vérité* est une réfutation continuelle d'Origène (2). Il y at-

---

(1) *Luciani* Opp. ed. Lehmann. Lipsiæ, 1822, 9 t. Il ne parle du Christianisme que dans : Ἀλέξανδρος ἢ ψευδόμαντις, c. 25, 28. Περὶ τῆς περεγρίνου τελευτῆς, c. 11-16. Ἀληθὴς ἱστορία, I, 22, 30; II, 4, 11. Cf. *Eichstadii* Progr. Lucianus num scriptis suis adjuvare religionem christ. voluerit? *C.-G. Jacob*, Caractère de Lucien. Hamb., 1832. Sur le dialogue *Philopatris*, faussement attribué à Lucien, voy. plus bas, § 103 ad init.

(2) *Celsus*, Ἀληθὴς λόγος (Opp. Orig. ed. De la Rue, t. I). Cf. *Fenger*, de Celso epicureo. Havn., 1828; de Celso disputatur et fragmenta libri contr. Christ. colliguntur. Regiom., 1836, in-4. *Philippi* de Celsi philosophandi genere. Berol., 1836.

taque la nature divine, la mission et la doctrine du Christ, qu'il représente comme un vil imposteur, dont les miracles prétendus ne sont pas plus étonnants que les prodiges journaliers des jongleurs égyptiens. Quand ce seraient d'ailleurs des miracles, dit-il, les chrétiens ne peuvent et ne doivent pas plus en conclure que le Christ est Fils de Dieu, que les païens n'ont regardé comme dieux ou fils des dieux Aristée de Proconnèse, Abaris l'Hyperboréen, et plusieurs autres thaumaturges, malgré les prodiges opérés par eux. Les chrétiens sont de petites gens, d'un esprit étroit et mesquin, dont la doctrine, incapable de soutenir le moindre examen, consiste à imposer et à exiger une croyance aveugle et une obéissance absolue. Vainement ils en appellent à l'accomplissement des prophéties de l'Ancien et du Nouveau Testament, dans et par la personne du Christ! Ils sont tellement divisés entre eux qu'à peine leurs différentes sectes ont encore de commun autre chose que le nom et qu'on sait à peine de quoi il s'agit quand on parle du Christianisme.

§ 68. — *Dans le IIIe siècle.*

Caracalla [211-217 apr. J.-C.], qui se débarrassa de son frère en le faisant assassiner, ne porta aucune loi spéciale pour protéger les chrétiens; aussi les persécutions isolées ne manquèrent point sous son règne, et il fallut quelque temps pour que la politique et les dispositions plus favorables du nouvel empereur parvinssent à adoucir le sort des chrétiens, dans toutes les provinces (1). Caracalla étant tombé sous les coups de Macrin, capitaine de ses gardes, qu'il avait voulu tuer lui-même, celui-ci s'éleva au trône, et rendit, pendant les dix-neuf mois de son règne, le sort des chrétiens plus tolérable, en défendant toute condamnation fondée sur le mépris des dieux (2). L'armée mécontente, l'ayant tué à son tour, lui donna pour successeur le petit-fils de Caracalla, âgé de quatorze ans. C'était Avitus Bassianus, surnommé Héliogabale [218-222 apr. J.-C.], du

---

(1) *Tertull.* ad Scap. c. 4. *Domitii Ulpiani*, lib. X, de Officio Procons. *Lactant.* Instit. div. V, 11.
(2) *Dio Cass.* lib. LXXVIII, c. 12.

nom syrien d'une de ses idoles. Dans l'excès de ses puériles extravagances et de ses monstrueux désordres, il oublia pour ainsi dire les chrétiens, ou les épargna, pour les gagner au culte syrien qu'il rendait au soleil (1). Alexandre Sévère [222-235], d'abord élevé à la dignité de césar par Héliogabale, puis proclamé seul maître de l'empire, après la mort du petit-fils de Caracalla, avait été favorablement prédisposé pour les chrétiens par les soins de sa mère Mammée, attirée elle-même au Christianisme par les leçons d'Origène, à Antioche. Alexandre fit placer dans son oratoire (Larium) les statues d'Abraham et du Christ, à côté de celles d'Orphée et d'Apollonius de Tyane. Il avait sans cesse à la bouche le principe fondamental de la morale chrétienne : « Faites donc aux hommes tout ce que vous » voulez qu'ils vous fassent : car c'est là la loi et les pro- » phètes (2). » Il en ornait l'entrée de son palais (3); il recommandait de mettre, dans la nomination aux emplois et aux dignités de l'État, la sollicitude que les chrétiens apportaient à l'élection de leurs supérieurs. Ce repos accordé à l'Eglise pendant vingt ans, lui permit en beaucoup d'endroits d'élever des temples chrétiens.

Mais avec Maximin le Thrace, meurtrier et successeur d'Alexandre, recommença une nouvelle persécution [235-238 apr. J.-C.]. Le nouvel empereur, craignant que les chrétiens ne vengeassent la mort de Sévère, les persécuta par cela même que celui-ci les avait favorisés. De nombreux confesseurs signalèrent la courte durée de son règne. L'histoire fait mention du diacre Ambroise, du prêtre Protoctète, à Césarée, et d'un grand nombre de martyrs, tels que les évêques de Rome, Pontien et Anthère (4). On place dans ce temps le fameux martyre de sainte Ursule et de ses compagnes (5), que les indications positives de la légende

(1) *Lampridius* in Heliogab., c. 3.
(2) S. Matth. VII, 12.
(3) *Euseb.* VI, 21, 28; *Lamprid.* in Alex. Sever., c. 22, 28, 29, 43 et 44.
(4) *Euseb.* VI, 28 et 29.
(5) Historiquement, le martyre de sainte Ursule et de ses compagnes n'est mentionné que dans les martyrologes ou calendriers du IX° siècle; le martyrologe romain n'en parle pas. Wandelbert de Prüm (vers 851) place au 21 octobre le martyre de mille vierges et

rejettent après 451. Pupiénus et Balbin passèrent rapidement sur le trône [238]. Gordien tint jusqu'en 244, grâce aux victoires remportées en Orient par Mésithée, son ami. A la mort de ce dernier, Philippe *l'Arabe* détacha l'armée du parti de Gordien et priva à la fois ce prince du trône et de la vie. Philippe montra, durant son règne [244-249], tant de bienveillance aux chrétiens qu'en le comparant aux princes qui les avaient persécutés, ils crurent qu'il était chrétien lui-même. Le bruit se répandit en effet, peu après sa mort, qu'ayant voulu prendre part aux saints mystères, durant la solennité de Pâques, il en avait été repoussé, à cause de ses crimes antérieurs, par Babylas, évêque d'Antioche, et qu'il s'était mis au rang des pénitents (1). Le nombre des croyants augmenta à mesure que les préjugés contre les chrétiens tombèrent, durant la longue paix dont ils jouirent, et qui ne fut interrompue que par la persécution de Maximin. Mais, parmi ces nouveaux fidèles, il y en eut beaucoup qui entrèrent dans l'Eglise sans véritable vocation, par cela même qu'on n'en exigeait plus les sacrifices pénibles imposés anciennement. Ils augmentèrent le refroidissement de la charité fraternelle qu'avait déjà produit, dans plusieurs Eglises, la tiédeur morale de ses membres. Il fallait donc, pour rallumer la charité éteinte, un feu dévorant et purificateur, et il fut allumé par Dèce [249-254].

Des lois pénales portées contre les chrétiens signalèrent son élévation au trône impérial. Tous les proconsuls durent intimer aux chrétiens l'ordre d'abandonner leur religion et

de leur conductrice, et dans le calendrier du monastère d'Essen de la fin du IX° siècle il est question de onze mille vierges. Cette tradition vulgaire repose évidemment sur une fausse manière de lire les expressions : Ursula et XI. M. artyres V. irgines. Cf. Chronic. Hirsaug., t. I, p. 450. *Note de cette dernière édition :* Pour nous la tradition vulgaire n'est pas si évidemment erronée. A côté des vierges qui moururent en défendant le double trésor de leur foi et de leur virginité, furent massacrés des prêtres, des fidèles, des femmes, des enfants eux-mêmes. Leur foi, leur courage, leur mort, leur donnèrent tant de points de ressemblance avec Ursule et ses compagnes, qu'on les honora dans la suite comme faisant partie de la sainte troupe. Voir *Acta sanctorum*, t. LVIII, p. 74 sq. Ag. Sabatier.

(1) *Euseb.* Hist. ecclesiast. VI, 34; *Hieronym.* Chronic. ad ann. 246. — Sévera, femme de Philippe, était en correspondance avec Origène.

de sacrifier aux idoles. On devait les y contraindre par de lentes tortures. La promulgation de l'édit impérial excita une terreur universelle. Beaucoup de chrétiens, surtout des classes élevées, apostasièrent. Dèce s'était mis à l'œuvre avec une résolution effrayante. Il voulait renverser radicalement l'Eglise, en faisant périr les ecclésiastiques, non qu'il fût poussé par sa haine contre Philippe l'Arabe, qui avait été favorable aux chrétiens, ni qu'il eût une prédilection particulière pour la religion païenne, mais il était convaincu que, d'après son essence, le Christianisme était incompatible avec la constitution et l'esprit de l'empire romain. C'est pourquoi il insistait pour que les églises fussent détruites, pour qu'on employât les supplices les plus raffinés, qu'on n'eût égard ni à l'âge, ni au sexe, ni à l'état ; il voulait briser la fermeté des chrétiens. L'Eglise eut en effet la douleur de voir chanceler et tomber beaucoup de ses enfants (*lapsi : thurificati, sacrificati, libellatici, acta facientes*). Mais il y en eut un bien plus grand nombre qui restèrent fidèles à la foi et la scellèrent de leur sang : tels furent les évêques Fabien, de Rome ; Babylas, d'Antioche ; Alexandre, de Jérusalem. Les chrétiens qui fuyaient perdaient leurs biens en sauvant leur vie, et ne pouvaient plus revenir dans leur patrie (1). Quand Dèce tomba devant les Goths, la persécution se ralentit [251-253], et les agitations politiques sous Gallus laissèrent quelques moments de repos à l'Eglise. On se contenta d'exiler les ecclésiastiques. Ainsi furent bannis, et plus tard mis à mort, les évêques Cornélius, Lucius, son successeur, et d'autres (2). Cependant, ni les dures extrémités où furent réduits les Romains par les Goths et les autres Barbares, ni la prise d'Antioche par les Perses, ni les horreurs de la peste, ni les murmures d'un peuple exaspéré, qui attribuait toutes ces catastrophes aux chrétiens, ne purent porter l'empereur à des mesures aussi cruelles contre l'Eglise que celles de Dèce. Mais la persécution recommença systématiquement sous Valérien [253-260], quoiqu'il eût paru d'abord user d'indulgence. Poussé

(1) *Euseb.* VI, 39-42 ; *Lactant.* de Mortibus persecut. c. 4 ; *Cyprian.* de Lapsis et epp. ill. temporis.

(2) Dion. Alex. dans *Euseb.* Hist. ecclesiast. VII, 1 *Cypr.* Ep. 57, p. 204 ; ep. 58, lib. ad Demetrian., p. 431.

par son favori et confident Macrien, ardent païen, il ordonna d'abord l'exil des évêques et des prêtres [257], interdit les assemblées religieuses, fit emprisonner et martyriser ceux qui persévéraient. Puis, par un second édit [258], il décréta que les évêques, les prêtres et les diacres fussent décapités (1), et c'est ainsi que les chrétiens virent avec douleur mourir Sixte, évêque de Rome, son diacre Laurent, et Cyprien, l'immortel évêque de Carthage. Le proconsul Galère Maxime exécutait avec la plus fidèle cruauté l'édit de l'empereur. A Utique il fit décapiter, en une fois, cent cinquante-trois adorateurs du Christ (*massa candida*) (2). Heureusement que Gallien [260-268] ne ressembla point à son père! Il accorda la paix aux chrétiens, et à l'Église la joie de se voir, pour la première fois, légalement reconnue comme corporation religieuse (*religio licita*) (3). Cette paix, qui se prolongea durant les années du règne de Claude, fut de nouveau interrompue par un édit [275] de persécution d'Aurélien [270-275]. Mais le meurtre de ce césar en empêcha l'exécution (4).

Les chrétiens jouirent alors, et jusqu'en 303, des dispositions bienveillantes de Dioclétien [284-305], si bien que, durant cette paix de quarante années, l'Église put à la fois se développer au dedans et s'étendre au dehors. Avec les augustes Dioclétien et Maxime Hercule régnaient les césars Constance Chlore et Caïus Galérius; chacun d'eux était indépendant dans sa province. Eusèbe (5), qui, à dater de ce moment, devient historien contemporain, se réjouit de l'extension du Christianisme à cette époque, de la grandeur des églises élevées dans toutes les villes; il vante la considération dont jouissent, à la cour impériale, les chrétiens qu'on revêt des charges les plus éminentes. Mais, à ce tableau de la prospérité de l'Église, il en ajoute un plus

---

(1) *Euseb.* VII, 10 sq.; *Cyprian.* Ep. 82 (Opp. ed. posth. Baluz. unus ex monach. congreg. Sancti Mauri. Ven., 1728, p. 340).
(2) La tradition de la *Massa candida*, que Prudence célèbre, Περὶ στεφάνων, Hymn. XIII, 67 sq., repose sur un fait réel. Cf. *August.* Sermo 306; *Tillemont*, t. IV, p. 175 sq.; *Rauscher*, l. c., t. II, p. 96 sq.
(3) *Euseb.* VII, 13.
(4) *Euseb.* VII, 30; *Lactant.* loc. cit., 6.
(5) *Euseb.* VIII et IX; *Lactant.* loc. cit., c. 7-13.

sombre et plus triste. « A mesure, dit-il, que les chrétiens
» furent plus libres, ils tombèrent dans la négligence, la
» paresse, et l'envie ; ils s'armèrent les uns contre les au-
» tres et combattirent, par la parole comme par le glaive,
» évêques contre évêques, Église contre Église ; l'hypo-
» crisie se joignit à la plus grande perversité. Mais alors la
» justice divine intervint ; le châtiment éclata avec la persé-
» cution suscitée contre les chrétiens engagés dans l'ar-
» mée. » Le césar Galérius en fut le moteur. Sa mère
Romula lui avait inoculé l'amour des superstitions païennes
et la haine des chrétiens qui s'abstenaient des sacrifices
idolâtres (1). Galérius influença peu à peu l'esprit de Dioclétien, et, sa victoire sur les Perses, rappelant à l'empereur
l'antique éclat de la puissance romaine, réveilla en lui le
vif désir de restaurer le paganisme dans l'État, malgré la
difficulté de cette entreprise, en face du développement
toujours croissant du Christianisme. Convaincu, comme
Dèce, que le Christianisme était incompatible avec l'empire romain, il résolut de prendre tous les moyens pour
arriver à son but, d'étayer son projet de destruction par
des moyens légaux comme par la violence, et à cet effet il
convoqua une assemblée de jurisconsultes (Hiéroclès), de
généraux, de gouverneurs ; il interrogea les entrailles des
animaux, il consulta l'Apollon de Milet. De toutes parts on
prononça l'arrêt des chrétiens (2). Galérius sut profiter
du moment favorable. Tout à coup une troupe de soldats
se précipite dans la magnifique église de Nicomédie et la
détruit [23 févr. 303]. Les chrétiens, depuis longtemps
paisibles, s'étonnent et s'alarment. Le lendemain un décret
impérial ordonne d'incendier toutes les églises, de brûler
tous les livres des chrétiens, de confisquer tous les biens
ecclésiastiques, de priver de leurs dignités et des droits de
cité tous ceux qui ne renieraient point le Christianisme (3).
Libre à chacun d'accuser les chrétiens. Tout chrétien qui
ne renie pas sa foi est soumis à la torture. L'esclave chré-

---

(1) *Lactant.* c. 11.
(2) *Lactant.* de Mortib. persecut., c. 10, 11 ; *Euseb.* de Vita Const. Mag. II. 50.
(3) *Lactant.* c. 13 ; *Euseb.* VIII, 2. La 2ᵉ et la 3ᵉ édit. *Euseb.* Hist. ecclesiast. VIII, 6.

tien ne peut être affranchi tant qu'il reste chrétien. Bientôt le feu mis au palais impérial, probablement à l'instigation de Galérius, les révoltes en Arménie et en Syrie et la résistance des chrétiens occasionnent un second édit [303]. Les évêques, les ecclésiastiques doivent tous être emprisonnés, et les prisons, destinées aux criminels les plus infâmes, regorgent peu après d'une multitude de prêtres. Un troisième édit ordonne de contraindre, par les tortures les plus cruelles, les chrétiens captifs à sacrifier aux idoles. Dioclétien espérait que les évêques et les maîtres une fois domptés, les fidèles suivraient leur exemple. Alors l'Église vit des troupes d'hommes et de femmes mourir pour leur foi, se précipiter dans la flamme des bûchers avec un incroyable courage. Mais elle eut aussi la douleur d'en voir d'autres renier leur croyance et abandonner les livres saints réclamés par les païens (*traditores*). Cependant le but de Dioclétien n'était point encore atteint. Il parut un quatrième édit [304], qui ne laissait aux chrétiens que le choix entre le sacrifice aux idoles ou la mort (1). Les gouverneurs, les tribunaux païens s'empressaient de réaliser les ordres impériaux. En Phrygie, le proconsul fit incendier une église remplie de monde. Eusèbe prétend même que c'était une ville entière (2). Partout le nombre des victimes fut effrayant; encore ne furent-elles pas toutes enregistrées. Ce fut particulièrement l'Église d'Orient qui souffrit sous Dioclétien et Galérius. Prisca et Valéria, leurs femmes, qui étaient chrétiennes ou désiraient l'être, furent obligées de sacrifier aux idoles. Les chambellans Dorothée et Gorgonius furent étranglés. « Un autre serviteur de » l'empereur, Pierre, digne de son nom, dit Eusèbe, fut » cruellement déchiré à coups de fouet et lentement brûlé » sur un gril. » En Afrique, en Italie, dans une partie des Gaules, la rage de Maximien Hercule fut telle qu'on lui attribua l'extermination *de toute la légion Thébéenne* (3) et

---

(1) *Euseb.* de Martyrib. Palæst. c. 3; suppl. à *Euseb.* Hist. eccles., lib. VIII ad fin.

(2) *Lactant.* Instit. div. V, 11; *Euseb.* Hist. ecclesiast. VIII, 4, 8, 9-13.

(3) La légion thébéenne, nommée, pour la première fois, dans le V° siècle, dans la Vita Romani (*Bolland.* Acta SS. febr., t. III,

de leur héroïque chef, Maurice, parce qu'ils avaient refusé d'emprisonner et de poursuivre les chrétiens. Constance Chlore, au contraire, fut très-favorable aux chrétiens dans son gouvernement des Gaules, de l'Espagne et de la Bretagne, et son fils Constantin bien plus encore. Tout à coup les deux augustes abdiquent en faveur des césars Galérius et Constance [305]. Quoique les nouveaux césars Maximin et Sévère fussent des créatures de Galérius, ce dernier fut bientôt dépossédé par Maxence à Rome [306]. Maxence feignit, par politique, de partager les sentiments de Constantin qui, dans la même année, et après la mort de son père, avait été proclamé auguste par les soldats.

La rage de l'auguste Galérius et de son césar Maximin n'en fit qu'augmenter en Orient. On arrosa tous les comestibles de vin et d'eau offerts en sacrifice. On décapita à la fois trente-neuf confesseurs en Palestine [310]. Ce ne fut qu'après une maladie longue et douloureuse, en vue de la mort et de l'inutilité du sang répandu, que Galérius se décida à arrêter la persécution. Il dit, dans son édit de tolérance, publié en 311 : « L'intention de l'empereur était de ramener les chrétiens à la religion de leurs pères. Mais la plupart ayant persévéré dans leur opinion, et les empereurs ayant reconnu qu'on pouvait honorer le Dieu des chrétiens et rendre en même temps aux dieux de l'empire l'honneur qui leur est dû, ils voulaient étendre sur les chrétiens leur bienveillance accoutumée, en leur accordant

p. 740), par Euchère, évêque de Lyon († 450, ou encore un Euchère plus récent vers 520), a été passée sous silence par Lactance, Eusèbe, Sulp. Sévère, Orose et Prudence. Par contre, il est constant que, dès le Ve siècle, il y a eu un temple dédié à Maurice à Agaune (aujourd'hui Saint-Maurice dans le Valais), que Romain aimait à visiter. Ruinart, Tillemont, t. IV, p. 421 ; Stolberg, t. IX, p. 302 sq. ; Doellinger, mettent cette histoire en doute. D'autres, comme Baronius, Rauscher, t. II, p. 131 ; Ressberg, Hist. eccl. d'Allemagne, t. I, p. 101, pensent que c'est une transposition du martyre que Maurice, tribun des soldats, souffrit avec soixante-dix des siens, à Apamée en Syrie (voy. *Theodoret*, Græc. affect. curat. disput. VIII). Enfin le fait est défendu contre les attaques de *Dubordieu*, Diss. hist. sur le martyre de la légion thébéenne. Amst., 1712 ; — d'abord par *J. de l'Isle*, Défense de la vérité de la lég. théb. Nancy, 1737 ; *Bolland*. Acta sanct ad 22 m. sept., et en dernier lieu par *Palma*, Prælect. hist. ecclesiast., t. I, P. II, p. 5-7.

d'être chrétiens, s'ils l'entendaient ainsi, et de se réunir dans leurs assemblées, mais à la condition de n'entreprendre rien de nuisible à l'Etat et même de prier leur Dieu pour l'empereur et l'empire (1). »

Sur ces entrefaites Constantin, à la vue du *signe miraculeux de la croix* (1), ayant remporté sur Maxence une victoire jusqu'alors douteuse [312], qui le rendit seul maître tout-puissant de l'Occident, promulgua avec Licinius, auguste de l'Europe orientale, un édit contraire aux opinions politiques dominantes sur la suprématie de la religion de l'Etat et qui accordait aux chrétiens une liberté de religion et de conscience universelle et absolue [312]. *Un édit plus libéral encore parut bientôt a Milan* [313] et rendit complète la joie des chrétiens (2). Cet édit, non-seulement accordait aux chrétiens, comme aux autres sujets de l'empire, d'exercer librement leur religion, mais encore il permettait à chacun d'embrasser le Christianisme; de plus, on devait leur rendre les églises et les biens q'uon leur avait enlevés, en indemnisant les acquéreurs actuels avec les fonds de l'Etat. « Cet exemple des deux empereurs ne permit pas à Maximin de rester seul, en Orient, à persécuter les chrétiens. Il adressa, par conséquent, un édit hypocrite au préfet Sabinus. Mais enfin sa défaite près d'Andrinopolis, où il fût battu par Licinius. le fit réfléchir et sembla avoir changé ses dispositions à l'égard des anciennes victimes de sa fureur. Il accorda publiquement aux chrétiens d'Orient les libertés qu'ils avaient obtenues en Occident, et mourut bientôt après, à la suite d'une effroyable maladie. Constantin et Licinius restèrent seuls maîtres de l'empire romain, dans lequel le Christianisme sembla avoir remporté une victoire définitive et perpétuelle sur le paganisme, dont les empereurs avaient proclamé d'avance le triomphe par cette

---

(1) *Lactant.* loc. cit., c. 34; *Euseb.* VIII, 17.

(1) *Euseb.* Vita Const. I, 27-30. Cf. par le signe ⳩ avec l'inscription : Τούτῳ νίκα, *Socrat.* Hist. eccles. I, 2; *Lactant.* de Mortib. persecut. c. 44; *Sozom.* Hist. ecclesiast. I, 3; *Rauscher*, p. II, p. 208-10 et 215. — *Hug.* Justification de Constantin le Grand (journal ecclésiast. de l'archevêché de Frib., 1830, 3ᵉ livr., p. 53-70); *Dieringer*, Système des faits divins, t. I, p. 207-213.

(2) *Lactant.* l. c., c. 48; *Euseb.* Hist. ecclesiast. X, 5.

célèbre inscription : *Nomine Christianorum deleto, qui rem publicam everiebant; superstitione christiana ubique deleta.* Par contre, la prédiction du Christ s'était accomplie : « Vous souffrirez dans le monde; mais ayez confiance, j'ai vaincu le monde (1). »

Le siècle que nous venons de parcourir vit la tendance de l'école *néoplatonicienne*, indiquée plus haut, s'exprimer et se réaliser formellement, par les travaux d'Ammonius Saccas d'Alexandrie [au commencement du IIIe siècle] et de son disciple Plotin de Lycopolis, en Egypte (2), à qui nous devons la connaissance détaillée des points les plus importants de la doctrine néoplatonicienne [† 270]. Ils s'efforcèrent surtout d'établir que, sous leurs symboles multiples et leurs manifestations extérieures, les religions populaires n'étaient que l'expression formelle des systèmes philosophiques. Pour démontrer cette unité intime, ils insistèrent principalement sur le sens allégorique des mythes. L'obscurité mythologique qui enveloppe la figure de Pythagore, les merveilles attribuées à Apollonius de Tyane, contemporain du Christ, leur servaient à donner à ces personnages, dans le paganisme, le rang, la dignité, la mission véritable de Jésus dans l'Eglise chrétienne. S'appuyant sur l'hypothèse, inattaquable d'après eux, de l'unité foncière de toutes les philosophies et de toutes les religions populaires, les néoplatoniciens entreprirent de fonder en une unité définitive la seule vraie philosophie (le platonisme surtout), avec la seule religion véritable, non point en procédant par une méthode logique, strictement philosophique, mais en donnant à leur doctrine le caractère d'une révé-

---

(1) Jean XVI, 33.
(2) *Plotin.* Les cinquante-quatre livres de prophéties ordonnées et mystiquement disposées en six Ennéades par ses disciples : Vita Pythagoræ; de Abstinentia ab esu carnis; fragm. Περὶ τῆς ἐκ λογίων φιλοσοφίας; la Vie de Plotin par son disciple Porphyre (Opp. omnia Porphyrii, Vita Plotini, éd. Creuzer. Oxon., 1836, 3 tomes in-4). Cf. Hist de la Philos. par *Tennemann*, t. VI; par *Ritter*, t. IV; *Staudenmaier*, Philosoph. du Christ., t. I, p. 519 sq.; *Vogt*, Neoplaton. et Christian. Berlin, 1836, P. I; *Steinhart*, De dialectica Plotini ratione. Hal. 1829; *Idem.* Meletemata Plotiniana. Hal. 1840; *Néander*, Sur la position de Plotin dans l'histoire du monde (Mém. de l'Acad. de Berlin, 1845).

lation divine, qui excluait par là même d'autres recherches longues et pénibles. Les représentants du système étaient considérés comme des voyants et des saints qui, affranchis du joug des sens, avaient obtenu le don de la contemplation des choses divines. Ammonius fut nommé le savant de Dieu (θεοδίδακτος); Plotin, rougissant d'avoir reçu la vie comme le reste des mortels, ce qui répugnait à la nature sublime et demiurgique qu'il s'attribuait, cachait avec soin quand et par qui il avait été engendré. Il s'attribuait une grande puissance magique; deux fois, disait-il, au milieu des efforts qu'il avait faits pour s'élever au-dessus des flots ensanglantés de la mer du monde, le Dieu, qu'aucune forme, qu'aucune image spirituelle ne peut représenter, lui avait apparu. Son but étant d'établir l'unité fondamentale de toutes les religions, il ne devait point y avoir pour lui d'opposition entre son système et celui de l'Evangile; aussi s'en appropria-t-il diverses propositions (1). On dit même qu'Ammonius et Porphyre appartinrent d'abord au Christianisme. Mais la lutte devait éclater nécessairement, puisque la doctrine de Jésus-Christ se présentait comme la seule vraie révélation divine et rejetait positivement toute fusion avec la religion païenne (2). Cette opposition absolue du Christianisme aux religions païennes et populaires était considérée, par les néoplatoniciens, comme une interprétation fausse et judaïque des principes d'ailleurs vrais de la doctrine chrétienne, provenant de ce qu'on ne distinguait point entre la Divinité, une dans le tout (τὸ θεῖον), et la Divinité multiple dans sa manifestation (θεοὶ μερικοὶ ἐνάρχαι). Ce ne fut qu'après la mort de Plotin que les néoplatoniciens, partant de ce point de vue, évidemment dirigé contre les vérités chrétiennes, entrèrent en une opposition ouverte et directe avec le Christianisme. Ce fut d'abord Philostrate l'ancien, dans sa biographie d'Apollonius de Tyane, dont les prétendus miracles devaient éclipser toutes les merveilles de l'Evangile; ce fut ensuite, et d'une manière plus marquée, le Syrien *Porphyre*, disciple

---

(1) *Mosheim*, de Stud. ethnicor. christianos imitandi. (Diss. ad Hist. ecclesiast. pert. Alton., 1733.)

(2) *Euseb.* Hist. ecclesiast. VI, 19; Præpar. evang. XI, 19; *Socrat.* Hist. ecclesiast. III, 23. Cf. *Dieringer*, Système des faits divins, t. I, p. 79.

de Plotin [† 304]. Porphyre estimait fort la personne du Christ, mais il prétendait que ses disciples, nommément Jean, l'avaient entouré d'une auréole divine. C'est pourquoi il attaque la véracité des sources du Nouveau Testament, cherche à y relever des contradictions en s'appuyant particulièrement sur la discussion de Pierre et de Paul, blâme les interprétations des docteurs, l'allégorisme d'Origène, se moque des prophéties du Messie, de Daniel surtout, torture les faits de la vie de Jésus, demande pourquoi il est venu si tard pour sauver les hommes, pourquoi les chrétiens rejettent les sacrifices, tandis que Dieu paraît s'y complaire dans l'Ancien Testament; déclare enfin le Christianisme une doctrine hostile à toute civilisation avancée, ennemie de toutes les lois de l'Etat.

On ne peut cependant méconnaître dans les ouvrages de Porphyre des éléments chrétiens, particulièrement dans sa lettre à sa femme Marcella (1), et il est obligé d'avouer qu'il y a des témoignages solides en faveur de la sainteté du Christ. Ce fut dans des vues analogues qu'Hiéroclès, gouverneur de Bithynie et préfet d'Alexandrie, sous Dioclétien, composa son *Discours véridique*. Pour ramener les chrétiens au paganisme, il reprend en partie les objections de Celse et de Porphyre, et compare les miracles de Jésus à ceux d'Apollonius de Tyane (2). « Vous dites que
« le Christ est Dieu, parce qu'il a rendu la vue à quelques
« aveugles et fait quelques autres œuvres du même genre :
« mais les Grecs ne regardent pas le grand Appollonius
« comme un dieu ; malgré ses nombreux miracles, ils ne
« le considèrent que comme un homme chéri de Dieu. »
Toutes ces attaques furent vigoureusement repoussées plus tard par Eusèbe.

OBSERVATION. On varie beaucoup sur le nombre des persécutions. On en compte ordinairement *dix* depuis le IV° siècle, et l'on a évi-

---

(1) *Porphyrii* Λόγοι κατὰ Χριστιανῶν, lib. XV, fragm. dans Holstenius, de Vita et script. Porphyr. Romæ, 1630 ; et Fabricius, Bibl. gr., t. IV, p. 207 sq. Methodius, évêque d'Olympe (au commenc. du IV° siècle), écrivit contre lui. Cf. *Ullmann*, infl. du Christ. sur Porphyre (Études et critiques théol., ann. 1832, 2° livrais.).

(2) *Euseb.* Contra Hierocl. Col., 1688. Cf. *Lactant.*, de Mortib, persecut. c. 16.

demment voulu par là faire allusion aux *dix* plaies de l'Égypte et à la bête aux *dix* cornes de l'Apocalypse (1). On diffère encore dans l'énumération de ces *dix* persécutions; mais on admet généralement les indications de saint Augustin (2) : I, sous Néron; II, sous Domitien; III, sous Trajan; IV, sous Marc-Aurèle; V, sous Septime-Sévère; VI, sous Maximin, VII, sous Dèce; VIII, sous Valérien; IX, sous Aurélien; X, sous Dioclétien.

§ 69. — *Les apologistes chrétiens; leur tendance.*

Les apologistes grecs (Justin, Athénagore, Théophile, Tatien, Hermias), ed. Prudentius Maranus. Paris., 1742, 1 tome in-fol.; Venet., 1747. *Fabricius*, Delectus argumentor. et Syllabus scriptor. qui verit. relig. christ. asseruerunt. Hamb., 1725, in-4. *Otto*. Corpus apologetar. Christianor. sæc. II. Jen. 1847 sq. 6 vol. (Justin et Tatian.) Cf. *Mœhler*, Patrologie, t. I, p. 188-313; *Ritter*, Hist. de la Philos. chrét., t. I, p. 289-344. *Bæhringer*, l'Hist. eccl. sous forme de biograph., t. I, p. 1.

Les chrétiens se défendaient contre les plus cruelles persécutions en les supportant avec patience, contre les plus indignes calomnies en les réfutant avec calme. Ainsi se défendirent surtout ceux des chrétiens qui étaient instruits dans les lettres humaines ou la jurisprudence romaine ; ainsi, déjà, un disciple immédiat des apôtres, l'auteur inconnu de la lettre à Diognet (3), avait à la fois réfuté les reproches et les fausses accusations des païens et justifié les chrétiens, en décrivant leur vie avec une inimitable simplicité. Plus tard, d'après le témoignage d'Eusèbe, le philosophe Aristide et l'évêque Quadratus, d'Athènes, adressèrent à l'empereur Adrien des apologies du christianisme, qui se sont perdues, ainsi que celles de Méliton, évêque de Sardes, d'Apollinaire d'Hiérapolis, et de Miltiade, adressées à Marc-Aurèle (4). Heureusement la postérité a conservé un modèle accompli de ces défenses, simples et éloquentes, des chrétiens des premiers siècles,

---

(1) Exode VII, 10; Apoc. XVII, 22.
(2) *August.*, de Civ. Dei, XVIII, 52. Lactance, l. c., ne parle que de six persécutions; Sulpice Sévère en compte neuf.
(3) Ἐπιστολὴ πρὸς Διόγνητον (Patr. apost. opp., ed. Hefele.). Cf. *Mœhler*, Patrol., t. I, p. 164-74; *Id.* Œuvres compl. publ. par Dœllinger, t. I, p. 19-31.
(4) *Euseb.* IV, 3; *Hieronym.* de Viris illustr., c. 19-20; *Euseb.* IV, 26, 27; *Hieronym.*, lib. I, c. 26; *Euseb.* V, 17; *Hieronym.*, lib. I, c. 39.

dans la grande apologie adressée à Antonin le Pieux, et la petite apologie à Marc-Aurèle, par saint Justin, martyr (1). Ce philosophe, mécontent des systèmes philosophiques qu'il avait étudiés, saisi d'enthousiasme à la vue des martyrs chrétiens, embrassa hardiment le christianisme et scella à son tour sa foi de son sang [entre 161 et 168]. Son disciple Tatien (2) attaqua et mit à nu, dans un langage passionné, les ignominies du paganisme [vers 170]. Athénagore, philosophe athénien, repoussa, avec autant de douceur que de dignité, les accusations d'athéisme et d'inceste, dans son apologie adressée à Marc-Aurèle; il chercha à y démontrer philosophiquement le dogme de la résurrection, bafoué par les païens, et à convaincre l'empereur, par la vie des chrétiens, qu'ils n'étaient point indignes de sa protection (3). Théophile, évêque d'Antioche [entre 170 et 180], écrivit bientôt après trois livres au païen Autolyque, et, dans un style aussi élégant que pur, il dépeignit les divisions intestines et l'insuffisance patente du paganisme (4). Il y a souvent de l'obscurité et de la légèreté dans les sarcasmes d'Hermias contre les philosophes païens, dont il démontre les contradictions (5). Clément d'Alexandrie, au contraire, homme d'une science profonde et d'une haute culture, s'efforça d'amener peu à peu les païens à la conviction de la vertu du christianisme, en montrant que son développement est conforme aux besoins les plus vrais de la nature humaine et en exposant

---

(1) *Justin.* Apolog. I et II, ed. Braun. Bonn, 1830. Cf. *Arendt.*, Recherches critiques sur les écrits de Just. dans la Rev. trim. de Tub., 1834, 2ᵉ livrais. *Semisch,* Justin le Martyr, monographie ecclés. P. I. Berlin 1840. *Otto*, de Justini Mart. scriptis et doctrina. Jen., 1841, Id. ed. Just. Opp. Jen., 1842. Peut-être les deux apologies n'en font-elles qu'une adressée à Antonin le Pieux.

(2) Λόγος πρός Ἕλληνας, ed. Worth., Oxon., 1700. Cf. *Daniel*, Tatien l'Apolog. Halle, 1838.

(3) Πρεσβεία περὶ χριστιανῶν, ed. Lindner. Longosal., 1744 (Galland. Biblioth., t. II, p. 3 sq.). Cf. Le Nourry, Appar. ad Max. Bibl. Patr., t. I, p. 476. *Mosheim*, de Vera ætate apolog. quam Athenag., etc. (Diss., vol. I, p. 269).

(4) *Euseb.* IV, 20; *Hieronym.*, de Viris illustr., c. 25, Περὶ τῆς τῶν χριστιανῶν πίστεως, ed. *Fell.* Oxon., 1648, ed. Wolf. Hamb., 1724.

(5) Διασυρμὸς τῶν ἔξω φιλοσόφων, ed. Dommerich. Halæ, 1764; ed. et illustr. Menzel. Lugd. Batav., 1840.

les rapports de l'histoire antérieure au Christianisme avec le Christianisme lui-même (1). Origène, le plus illustre de ses disciples, garde d'abord le silence, comme le Sauveur devant Pilate, ne jugeant pas les libelles de Celse et consorts assez importants pour pouvoir égarer de vrais croyants. Mais, bientôt après, il composa, à la prière de son ami Ambroise, et en réponse aux attaques de Celse, l'apologie du Christianisme la plus complète et la plus solide qui eût encore paru (2).

En Occident, la plus ancienne défense du Christianisme est l'*Octave* de l'Africain Minutius Félix (sous Marc-Aurèle ou Antonin); c'est un dialogue d'une forme agréable, dans le genre des Tusculanes : le païen Cécilius y présente les objections les plus ordinaires de cette époque; le chrétien Octave les réfute, et Cécilius finit par s'écrier : « Nous « avons triomphé tous deux : toi de moi, moi de l'er- « reur (3) ! » Plus habile et plus éloquent que tous ses prédécesseurs, Tertullien entreprit victorieusement la justification politique des chrétiens dans son *Apologétique* (4). Il y parle non-seulement comme jurisconsulte, mais encore comme philosophe; il démontre la vérité de la religion chrétienne, par cela seul que l'âme humaine est naturellement chrétienne, tandis que le paganisme est faux parce qu'il est essentiellement contraire à la nature humaine. L'éloquent et saint évêque de Carthage, Cyprien, demanda à son tour qu'on épargnât les chrétiens, en démontrant la vanité des idoles qu'ils repoussaient (5). Enfin le rhéteur

---

(1) *Clem. Alexand.* Opp. omn. ed. Potter. Oxon., 1715, t. II, Venet, 1755. 1. Λόγος προτρεπτικός πρὸς Ἕλληνας ; 2. Παιδαγωγός ; 3. Στρώματα.

(2) *Orig.* Contra Cels. lib. VIII, ed. Spencer. Cantabr., 1677 (*Orig.*, ed. De la Rue, t. I).

(3) Ed. Lindner. Longosal., 1773. — Nouv. édit. crit. d'Ed. de Muralto, præfatus est Orelli. Tur., 1836, p. 1-17. argumenta IX, quæ probant, apologeticum Minucianum non minus ante Tertullianeum quam ante Cypriani librum de vanitate idolorum esse scriptum.

(4) *Tertull.* ad Nation. lib. II; ad Scap. procons. (Opp. omn. ed. Havercamp, c. perpetuo commentario. Lugd. Bat., 1718; ed. Ritter. Bonn, 1824). *Hefele*, Tertull. comme apologiste (Tub., Revue trimestrielle, 1838, 1re livrais., p. 30).

(5) *Cypr.* ad Demetrian. de idolor. vanit. (Opp. omn. Venet., 1728, p. 431-462).

africain Arnobe, de persécuteur devenu fidèle, donna, au commencement de la persécution de Dioclétien, une preuve authentique de sa conversion sincère et de l'esprit chrétien qui l'animait, en écrivant contre les Gentils sept livres, où il dévoile les vices et les absurdités du paganisme et défend souvent avec éclat la doctrine évangélique (1).

Toutes ces apologies se réduisent à *trois chefs principaux*: 1° elles tendent à réfuter les accusations d'athéisme (2), de crimes contre nature, de haute trahison, etc.; elles répondent à l'objection de la nouveauté en exposant l'harmonie de l'Ancien et du Nouveau Testament, en démontrant que le Christianisme est plus ancien que tous les systèmes philosophiques, avec lesquels il ne peut se confondre, comme le prétendaient les Alexandrins; enfin elles réclament contre l'illégalité des jugements prononcés contre les chrétiens.

2° Elles démontrent que le paganisme est le plus monstrueux égarement de l'esprit humain, en rappelant l'immoralité et la folie de tant de cultes divers et la corruption générale des mœurs des païens, destitués de tout moyen vivant et véritable de moralisation et d'épuration. « Le pa-« ganisme et le polythéisme n'ont pu trouver tant d'accès « que dans des cœurs obscurcis et corrompus par le péché, » car le culte des païens n'est que le culte des démons (3).

3° Enfin elles exposent la pureté de la doctrine chrétienne. Elle est si conforme à la raison que l'âme humaine, naturellement chrétienne (*anima naturaliter Christiana*), la comprend tout d'abord. Elle est constatée, dans le fait, par l'accomplissement des prophéties; elle transmet aux hommes une force toute divine, que prouve, aux yeux de tous, la vie noble et pure des chrétiens, si opposée à la vie grossière des païens. Le Christianisme, bien loin d'être la source des malheurs publics qu'on lui attribue, en est le

---

(1) *Arnob.* Disput. adv. gent., lib. VII, ed. Salmasius e recens. Heraldi cum notis aliorum. Lugd. Batav., 1651. in-4; ed. Orelli. Lipsiæ, 1816, additam. 1817 (Gallandii Biblioth., t. IV, p. 131-216). Cf. *Meyer*, de Ratione et argumento Apologetici Arnobiani. Havn., 1815).

(2) *Justin.* Apol. I, c. 6 et 13.

(3) Ps. XCV, 5; 1 Cor. X, 29; *Justin.* Apolog. I, c. 9; II, c. 10.

plus sûr remède, l'adoucissement le plus certain ; il diminue le nombre des pécheurs, augmente celui des intercesseurs auprès du Dieu unique du ciel et de la terre.

On rencontre parfois dans ces apologies quelques erreurs, quelques exagérations, lorsqu'elles réfutent le paganisme ; elles s'appuient aussi à tort sur des ouvrages plus ou moins apocryphes, comme le livre d'un ancien sage persan, nommé Hystaspes, les livres très-accrédités en Egypte du mythique Hermès Trismégiste, enfin les livres Sybillins en grande partie interpolés avec leurs oracles et le fameux acrostiche sur le Christ (1).

§ 70. — *Des martyrs de l'Église catholique.*

Lactant., de Mortib. persecut. *Tertull.* Lib. ad martyr. *Orig.* Exhortatio ad martyrium. *Cypr.*, ep. 11 ad martyr. *Gallonius*, de SS. Martyr. cruciatib. Romæ, 1594. *Sagittarius*, de Martyr. cruciatibus. Francof. et Lipsiæ, 1696, in-4. — Prudentius, Περὶ Στεφάνων, hymni XIV. (Opp., ed. Daventriæ, 1492, in-4. Recens. et adnot. illustr. *Chr. Cellarius*. Halæ, 1733, in-8. Ed. Faustus Arevalus, Romæ, 1798-99, in-4.). *Chateaubriand.* les Martyrs, 2 vol.—*Perrone*, Prælection. theol. Romæ, 1835, V, p. 186-206. *Staudenmaier*, Esprit du Christ., 4ᵉ édit., t. II, p. 966.

Voici : je vous envoie comme des brebis au milieu des loups.
Ὑμεῖς δὲ ἔστε μάρτυρες τούτων.

Matth. X, 16 ; Luc, XXIV, 28.

La conduite tenue à l'égard des chrétiens par quelques empereurs, tels que Néron, Maximin, Dèce, Dioclétien et Galérius, l'emploi des tortures épouvantables inventées contre les disciples de Jésus-Christ, ne peuvent laisser de doute sur les nombreuses et cruelles souffrances qu'ils ont endurées. Ce que les Romains avaient admiré dans un Mucius Scévola, un Régulus, devenait fréquent, ordinaire parmi les chrétiens (2) ; vouloir soutenir le contraire avec

(1) *Justin.* Apolog. I, c. 20, 44. Cohort. ad Græcos, c. 38. *Theophil.* ad Autol. II, 31, 33, 36. Surtout *Lactant.*, Institut. divin. V, 13. L'acrostiche : Ἰησοῦς Χριστὸς Θεοῦ υἱός σωτὴρ σταυρός. oracul. Sibyll., lib. VIII, v. 217-250.

(2) *Minut. Felicis* Octav., c. 37. *Lactant.*, Institut. divin., V, 13. On se servait d'anneaux de fer, d'entraves, d'eau bouillante, de plomb fondu ; on brûlait les blessures, on attachait les pieds à des

Dodwell (1), c'est faire preuve d'une triste prévention. On est tout aussi peu fondé à prétendre que l'ostentation et un aveugle fanatisme furent généralement le mobile de la conduite des martyrs : c'est oublier que les docteurs les plus éclairés de l'Église adressèrent de fréquents reproches à ceux qui se précipitaient au martyre avec un zèle inconsidéré (ce qu'on voit déjà dans *Ep. eccl. Smyrnen. de martyrio Polycarpi*). Mourir pour Dieu, afin d'arriver à la conscience de son amour pour Dieu et d'en prouver par le fait l'étendue, conformément à la parole du Christ : Le disciple n'est point au-dessus du Maître (2), tel était le véritable fondement de l'héroïsme des chrétiens marchant au martyre. Ils savaient que le Sauveur avait dit : « Ne crai« gnez point ceux qui tuent le corps et qui ne peu« vent tuer l'âme (3); celui qui conserve sa vie la perdra, « et celui qui aura perdu sa vie pour l'amour de moi, la « retrouvera (4); où je serai, là sera aussi mon servi« teur (5). » Ils étaient animés surtout par cette parole : « Une grande récompense vous est réservée dans le ciel » (6), et encore : « Si nous souffrons avec lui, nous régnerons « aussi avec lui (le Christ) » (7). et nous serons reconnus par lui devant notre Père céleste. Mais pour être reconnu par le Maître, il fallait le reconnaître devant les hommes (8). Ceux qui confessaient leur foi en Jésus-Christ, et la scellaient de leur sang, devenaient les témoins (μάρτυρες) de la divinité de la religion chrétienne ; ceux qui proclamaient Jésus-Christ en courant le danger de perdre leur vie, leur honneur ou leurs biens, sans goûter la mort, étaient des *confesseurs* (*confessores*). Les chrétiens, en se dévouant ainsi généreusement et joyeusement à la mort, d'ailleurs si pleine de terreur, contribuèrent singulièrement à consolider et à

---

troncs repliés qu'on détendait tout à coup ; mais le martyre le plus cruel était celui du déshonneur qu'on infligeait aux femmes et aux vierges.

(1) *Dodwell*, de Paucitate martyr. (Diss. Cyprianica XII), réfuté par *Ruinart* dans la Præf. ad Acta martyr. Cf. *Iren.* Contra hær. IV, 33, p. 272, et *Euseb.* de martyr. Palæst.
(2) Matth. X, 32; Luc, IX, 20. — (3) Jean, III, 16; X, 11, 17, 18; Matth. X, 24; Jean, XV, 20. — (4) Matth. X, 28.
(5) Matth. X, 39; XVI, 25; Marc. VIII, 35; Luc. IV, 24; XVII, 33.
(6) Jean XII, 25, 26. — (7) Luc. VI, 22, 23. — (8) 2 Tim., 11, 12.

propager l'Église de Jésus-Christ. *Le sang des martyrs*, disait Tertullien, *est une semence de chrétiens*. Le martyre est un des caractères propres de l'Église *catholique*. Une avec et dans le corps de Jésus-Christ (1), elle s'unit encore à lui dans le martyre de la croix, et le partage. Seuls, ses adhérents meurent, nombreux et joyeux, pour leur foi, tandis que les schismatiques, les hérétiques, rameaux desséchés de l'arbre de la croix, meurent rarement dans le martyre (2) : Il est inutile, disent-ils, de confesser sa foi devant les hommes, la confession intérieure suffit : le martyre est un suicide. Ce sont les sophismes de la lâcheté, répondait l'Église catholique, en les anathématisant (3); sa maxime invariable était que la communauté intérieure des fidèles doit se réaliser par le fait d'une communauté extérieure. Quand on a la foi dans le cœur, on est prêt à la confesser ouvertement au besoin : renier la communion extérieure avec l'Église, c'est perdre l'union intérieure avec Jésus-Christ. Plutôt donc que de se séparer du Christ, qui est la vie, les chrétiens s'écriaient : La mort est notre gain! et le jour du martyre était le *vrai jour de naissance* fêté parmi eux (4). Mais qu'était-ce que la mort, auprès du déshonneur dont on cherchait à flétrir les vierges chrétiennes (5)! Tandis que les apostats, trop nombreux souvent, étaient rejetés de l'Église catholique, ceux qui persévéraient dans la foi, invisiblement unis aux martyrs, se plaisaient à proclamer leurs

---

(1) *Ignat.* ep. ad Trallian., c. 11.

(2) *Justin.* Apolog. I, c. 26. *Tertull.* Scorpiace, c. 1 : « Quum igitur fides æstuat, et Ecclesia exuritur de figura rubi, *tunc Gnostici erumpunt, tunc Valentiniani proserpunt*, tunc omnes martyriorum refragatores ebulliunt, calentes et ipsi offendere, figere, occidere. » P. 616.

(3) *Clem. Alexand.* Strom. IV, 4, p. 571. Les uns disent : Confesser Dieu, voilà le martyre; les autres : confesser Dieu aux dépens de sa vie, c'est un suicide; d'autres encore trouvent dans leur crainte des sophismes nouveaux. Mais l'Église catholique demande de ses membres, non pas qu'on se mette en avant, même pour de bons motifs, mais qu'on reconnaisse publiquement devant les puissances la foi au Fils de Dieu, qu'on la défende au besoin, et que toujours on soit prêt à sacrifier pour elle sa vie et à sceller sa croyance de son sang. Cf. *Strom.*, IV, 7, p. 582 sq.; IV, 10, p. 597.

(4) *Kortholt.* de Martyr. natalitiis in prim. Eccl. Francof., 1698. *Sagittarii* lib. de Martyr. natal. in prim. Eccl. Francof., 1696.

(5) *August.*, De Civit. Dei, I, 26-29.

noms dans les assemblées religieuses, à se réunir sur leurs tombeaux, pour y célébrer les saints mystères au jour anniversaire et glorieux de leur naissance céleste, pour y ériger des chapelles, des églises, et y honorer les ossements qui avaient servi d'organes à la glorification de ces âmes saintes (1).

L'Église de Smyrne alla de bonne heure au-devant des calomnies païennes, dans la lettre qu'elle écrivit sur le martyre de son saint évêque Polycarpe, en disant dans son enthousiasme religieux (2) : « Le Christ, nous le recon« naissons comme Fils de Dieu ; les martyrs, nous les ché« rissons comme de dignes disciples du Seigneur dont nou « admirons la divine charité, et dont nous désirons imiter « l'héroïque dévouement. »

(1) *Euseb.* IV, 15. Déjà à la mort de saint Ignace et de saint Polycarpe.

(2) *Euseb.* IV, 15, conserve la lettre : Ἐπιστολή τῆς Ἐκκλησίας το Θεοῦ ἡ παροικοῦσα Σμύρναν — πάσαις ταῖς κατὰ πάντα τόπον τῆς ἁγία καθολικῆς Ἐκκλησίας παροικίαις.

CHAPITRE II.

LES HÉRÉSIES.

§ 71. — *Le Gnosticisme, son origine, ses caractères généraux.*

La gnose enfle, la charité édifie.
1 Cor. VIII, 1.

Sources. — *Iren.* Contra hær., lib. V, ed. Massuet. Paris., 1710. *Tertull.* Contra Marcion. lib. V, de Præscript. hæreticor.; adv. Valentin. (Contra Gnosticos) Scorpiace. *Epiphan.* Adv. Hær. (éd. Petav. Paris., 1622). Colon. 1682. Je cite d'après cette dernière édition. *Theodoret.* Hæret. Fabb. *Clem. Alexand.*, *Orig.* Passim. Récemment découvert *Origenis* (?), ou plutôt *Hippolyte* φιλοσοφούμενα ἢ κατὰ πασῶν αἱρέσεων ἔλεγχος e codice Parisino nunc primum ed. Emm. Miller. Oxon. 1851. Cf. Rev. trim. de Tub., 1852, p. 299 sq., 416 sq. *Dœllinger*, Hippolytus et Callistus. Ratisb., 1853. *Plotinus* Πρὸς τοὺς γνωστικούς (Ennead. II, lib. IX), ed. Heigl. Ratisb., 1832.

Travaux sur les Sources : *Massuet* Diss. præv. dans son ed. Opp. Iren. *Lewald*, de Doctr. gnostica. Heidelb., 1818. *Néander*, Développ. des principaux systèmes gnostiques. Berlin, 1818; Hist. ecclesiast., t. I, P. 2. *Matter*, Hist crit, du Gnosticisme. Paris, 1828, 3 vol. *Gieseler*, Hist. ecclésiast., t. I, et dans les Études et crit. théol.. 1830, P. 2, sur Matter et Schmidt. *Mœhler*, Essai sur le Gnosticisme. Tüb., 1831. *Baur*, Hist. de la Gnose. Tüb., 1835, *Hilgers*, Expos. crit. des hérésies, t. I, P. I, p. 124. *Staudenmaier*, Philosophie du christ., t. I, p. 489-93. *Hildebrandt*, Philosophiæ gnosticæ origines. Berlin, 1839, *Ritter*, Hist. de la philos. chrét., t. I, p. 111 et 285-345.

Une lutte peut-être plus dangereuse que celle que l'Église soutint contre la puissance romaine fut celle qu'elle livra à ses propre membres, lorsque ceux-ci, poussant jusqu'aux dernières extrémités les spéculations théologiques de Simon le Magicien ou plutôt de Cérinthe, les produisirent sous la forme du *gnosticisme syriaque et égyptien*.

Le Nouveau Testament désigne, en opposition avec le mot πίστις et *prædicatio Ecclesiæ*, sous le nom de γνῶσις, une science approfondie des Écritures (1), qui ne se contente pas des fait historiques et de la simple exposition des dogmes, mais qui développe les idées, remonte aux principes et cherche à sonder la philosophie du Christianisme.

Mais bientôt, à l'imitation de Philon, les partisans du gnosticisme se considérèrent comme *les seuls savants* (γνωρίζοντες); possédant la sagesse plus haute cachée sous la lettre, et inabordable à la multitude (οἱπολλοί). De à une lutte vive entre ceux qui admettaient simplement le Christianisme historique et traditionnel, et ceux qui, prétendant à une science plus profonde, mêlaient à la parole révélée des idées humaines, tirées la plupart de la théosophie orientale, et voulaient constituer, dans le sein de l'Église chrétienne, une espèce de doctrine mystérieuse ou ésotérique, qui ne devait pas troubler d'ailleurs, dans leur foi en l'autorité, la multitude de ceux qu'ils appelaient les psychiques. Et dès lors se montra le caractère de l'hérésie, toujours variable et changeante dans ses opinions, tandis que la doctrine transmise par les apôtres, et conservée par l'Esprit saint dans l'Église catholique est immuable dans son unité. Le gnosticisme ne s'occupe pas seulement, comme on le pense d'ordinaire, de l'origine du monde et du mal, mais encore de la lutte du bien et du mal dans l'univers, de la puissance extraordinaire du principe non divin, combattu et définitivement dompté par l'invisible puissance du divin. Il montre partout le parallélisme du monde supérieur des esprits et du monde inférieur des corps, qui n'est qu'une image défigurée du premier (2), et le but qu'il assigne à la création et à toutes les manifestations divines est la destruction du mal moral par l'affranchissement de l'esprit des liens terrestres et par son retour vers le monde supérieur.

---

(1) Cf. plus haut, § 59 et 1 Cor. VIII, 7; XII, 8. Λόγος γνώσεως, XIII, 2, 8; 2 Pet. III, 18; Act. XXVI, 3, γνώστης.
(2) *Iren.* Contra hær. II. 7, n. 1 : « Quæ (σοφία) emittit similitudinem et imagines eorum, quæ sursum sunt; » et II, 8, n. 1 Cf. 1, 5, n. 5.

Les gnostiques opposaient à la doctrine de l'Église catholique, qui enseigne, d'une part, que ce monde fini et matériel a été créé de rien par un acte de la toute-puissance divine, et, de l'autre, que le mal, le péché, est né de l'abus de la liberté, un double système, plus fantastique que logique, plein d'images et d'allégories à la façon orientale, pauvre des déductions abstraites et sévères usitées en Occident. A côté de l'idée de Philon, d'un Être invisible et suprême, inaccessible et sans rapport immédiat avec le monde matériel, sphère du mal, ils admettaient la doctrine de l'émanation. Au moyen de cette émanation, devenant de plus en plus sensible et palpable, le Dieu suprême, idéal de toute perfection et source de toute vie, devait s'être manifesté par une longue série d'esprits divins de plus en plus imparfaits ($αἰῶνες$) (1). Un de ces esprits subordonnés ($δημιουργός$) avait créé le monde et les hommes, dont la nature était plus ou moins spirituelle, psychique ou matérielle ($πνευματικοί, ψυχικοί, ὑλικοί$). Cependant bien des gnostiques ne voyaient pas comment, même de ces émanations successivement dégradées de l'Être suprême et saint, pouvaient naître le mal et le monde. Pour en expliquer l'origine, ils avaient recours au dualisme, admettant un principe du mal opposé au souverain bien. Ce n'était qu'une traduction des idées orientales et surtout de la doctrine persique d'Ahriman, l'esprit des ténèbres et du mal, qui, en attaquant la sphère lumineuse d'Ormuzd, avait mêlé la lumière aux ténèbres, le divin à la matière. Arrivés là, les gnostiques n'étaient pas loin de l'idée de la Rédemption. Aussi, disaient-ils, c'est un æon supérieur qui doit délivrer l'esprit de ses chaînes terrestres, dégager l'esprit divin de la matière ($ὕλη$). Mais les efforts de l'homme doivent correspondre à cette action libératrice de l'æon. Les gnostiques prétendaient tirer ces conclusions des rapports du judaïsme avec le Christianisme et de sa doctrine de la Rédemption. Seulement, l'Église, soutenaient-ils, avait avec la suite des temps altéré la vérité, et y avait substitué la foi en son autorité et en son enseignement oral, tandis

---

(1) De l'époque où s'éleva le syst. gnost. des Æons (Rev. trimestr. de Tub., 1852, p. 442-449).

que les gnostiques ne puisaient leur défense que dans l'Écriture sainte, et la doctrine secrète que les apôtres avaient transmise à quelques élus. Quant à l'Écriture sainte elle-même, ils en rejetaient tantôt des livres entiers, tantôt des passages qui ne s'accommodaient point à leur doctrine, et y substituaient de faux évangiles, des actes des apôtres apocryphes (1). Leur *exégèse allégorique* était si merveilleusement arbitraire et si dévergondée, que saint Irénée (2) remarque qu'ils étaient capables de faire, de la description la plus brillante d'un roi de la terre, l'image d'un chien ou d'un renard, en soutenant toujours que c'était la véritable image d'un roi.

Les sources du gnosticisme sont à la foi *psychologiques, historiques* et *matérielles*. Sous le point de vue psychologique, le gnosticisme est né de l'orgueil de l'esprit humain qui, dans la recherche de la vérité, n'a pas le courage de renoncer à lui-même, à ses vues propres, à ses idées et à ses spéculations particulières, dès qu'elles sont contraires à la révélation divine. Historiquement, les semences de la gnose se trouvent dans la philosophie religieuse de Philon, dont la parenté avec le gnosticisme n'est pas difficile à établir (3). Quant aux éléments matériels étrangers au Christianisme et qui s'y sont mêlés pour former la gnose, ils sont fournis par le platonisme de Philon d'Alexandrie (4), la doctrine de Zoroastre et le système de Bouddha. C'est par la connaissance de ces trois systèmes que se complète et s'explique la gnose.

Quant à sa rapide propagation, elle est probablement

---

(1) *Tertull. de Præscr. hæret.*, c. 17 : « Ista hæresis non recipit quasdam Scripturas (sacras); et si quas recipit, non recipit integras : adjectionibus et detractionibus ad dispositionem instituti sui intervertit; et si aliquatenus integras præstat, nihilominus diversas expositiones commentata convertit.

(2) *Iren.* Contra hær. I, 8, n. 1, p. 36.

(3) *Staudenmaier* a démontré que la doctrine des hérétiques des premiers siècles, du moyen âge et de la philosophie moderne, sur le *Logos* divin, n'est que le développement logique de la *Contemplation de Philon*, et que Strauss lui-même, dans sa Vie de Jésus, ne fait que reproduire mot à mot les paroles de Philon, L. c., p. 482.

(4) Alexandrie était devenue, depuis les Ptolémées, le centre du commerce scientifique de tous les peuples civilisés.

due, suivant les vues de Mœhler (1), au travail général des esprits et à la fermentation des opinions religieuses excitée par l'apparition du Christianisme. C'est surtout en *Syrie* et en *Égypte*, où cette fermentation existait depuis longtemps, qu'elle se propagea, en prenant la forme systématique prédominante dans ces régions, celle de l'*émanation* et du *platonisme* en Égypte, celle du *dualisme* et du *docétisme* (2) en Syrie.

Nous trouvons déjà les germes du docétisme dans les idées de Philon, dont le dieu suprême, comme le dieu secondaire, purs esprits, ne peuvent se manifester dans le monde qu'en prenant, *non une forme réelle et substantielle, mais une apparence vide et fantastique*. On peut encore diviser les systèmes gnostiques selon la prédominance de l'idée païenne, judaïque ou chrétienne sur la Divinité. D'après cela, la première forme principale du gnosticisme est celle où le Christianisme est, à la vérité, considéré comme la Religion absolue, mais sans opposition radicale entre lui, le judaïsme et le paganisme, qu'on envisage, au contraire, comme les degrés nécessaires d'un même développement progressif (tel est le gnosticisme de Basilide, Valentin, Saturnin et Bardesane). Dans la deuxième forme, le Christianisme se sépare rigoureusement du judaïsme et du paganisme, et son Dieu est tout différent du Dieu des autres (telle est la doctrine de Marcion). La troisième forme, enfin, résulte d'un mélange de Christianisme et de

---

(1) Le christianisme releva avec tant d'énergie, vers le monde spirituel, l'esprit humain, qui avait si longtemps végété dans la région des sens et des passions terrestres, que beaucoup de chrétiens outre-passèrent les bornes du vrai et tombèrent dans un extrême contraire : ils prirent à dégoût le monde *visible*, qui, pour eux, devint le *mal même*. Pour résoudre les difficultés doctrinales qui s'élevaient en grand nombre, on s'adressa aux vieux systèmes de philosophie, de théosophie, de mythologie de l'antiquité.

(2) Saturnin, Basilide, Valentin, Cerdon et Marcion enseignèrent le docétisme après Simon le Magicien et Ménandre. Les principaux points dogmatiques du docétisme, conformes à ceux du gnosticisme, sont : 1° Le Christ, l'æon, qui délivre de la matière ou du mal, n'avait que l'apparence d'un corps ; il apparaissait aux yeux par une sorte d'illusion d'optique ; 2° son corps était formé d'une substance éthéro-céleste ; ou 3° il pouvait se servir d'un corps étranger comme d'un organe qu'il s'appropriait.

paganisme, opposé au judaïsme (p. ex. chez Carpocrate), ou bien d'une décomposition des idées chrétiennes par les idées judaïques et opposées, dans ce sens restreint, aux notions païennes (comme chez les Clémentiniens) (1).

§ 72. — *Caractères et principales formes du gnosticisme.*

A Forme judéo-hellénique de la gnose. Gnostiques égyptiens.

1. CARPOCRATE.

Iren. I, 25. *Clem. Alexand.* Strom. III, 2. *Euseb.* Hist. ecclesiast., IV, 7. *Epiph.* Hær. 27. (Opp., t. I, p. 102 sq.); Hær. 32, c. 3 (t. I, p. 210). *Theodoret.* Hær. Fab. I, 5. Les Philosophumena, p. 255-56. *Tillemont,* t. II, p. 253 sq.

On compte ordinairement parmi les gnostiques Carpocrate, Alexandrin, qui vécut du temps de l'empereur Adrien. Il n'était cependant qu'un platonicien : à peine appartient-il aux sectes chrétiennes. Le Saint-Esprit, selon lui, s'est révélé κατ' ἐξοχήν avant le Christ, après le Christ, tout comme en lui. La doctrine du Christ n'est que l'hellénisme bien entendu, le pythagorisme et le platonisme accommodés à un nouveau mode de révélation; le Christianisme traditionnel et vulgaire n'est pas plus la vraie religion que tout autre système philosophique, ou toute autre religion populaire qui ne s'appuie pas sur la *science :* le Christ est un philosophe comme Pythagore ou Platon. La Divinité, selon le système religieux de Carpocrate (ἡ μόνας), ne se manifeste pas dans le monde des sens, œuvre des esprits déchus (ἄγγελοι κοσμοποιοί). L'esprit dégagé de toute influence terrestre peut seul s'élever à la science de Dieu (γνῶσις μοναδική). Éviter tout contact avec les choses de la terre, renoncer à la religion et à la morale vulgaires, qui ne produisent qu'une simple légalité, mais qui ne justifient ni ne purifient, telles sont les conditions pour revenir à l'union divine, par l'essor de la liberté et les efforts d'une vertu vraiment morale (θεία δικαιοσύνη). Peu d'hommes ar-

(1) *Baur,* Hist. des dogmes, p. 64 sq.

rivent à ce terme, comme Pythagore, Platon et le Christ, dont les âmes, même durant leur apparition terrestre, étaient dans un rapport intime avec Dieu. Une vertu divine avait réveillé en eux la réminiscence de leur vie antérieure, et les avait rendus capables de s'élever au-dessus de l'horizon borné de la vie commune et d'arriver à l'adoration du vrai Dieu. Tous les hommes, du reste, ont la même destination.

Malgré le spiritualisme de cette théorie religieuse, Carpocrate favorisa la corruption des mœurs les plus dissolues, et se fit par là de nombreux partisans en Égypte et à Rome. Son fils naturel Épiphane propagea sa doctrine immorale dans l'île de Céphalonie, enseignant, ainsi que Platon, la communauté des femmes et des biens, comme le vrai moyen d'honorer la Divinité, et terminant d'ordinaire la solennité des agapes de la secte par les plus abominables excès (*concubitus promiscuos*) (1).

2. BASILIDE.

Iren. I, 24. *Clem. Alexand.* Strom. *Euseb.* IV, 7. *Epiph.* Hær. 24 (Opp., t. I, p. 68 sq.). *Theodoret.* Hæretic. Fab. I, 2, 4, p. 584. Les Philosophumena, p. 225-244. Cf. *Tillemont*, t. II, p. 219 sq. Dict. des hérésies par Pluquet, art. Basilide, Edit. Migne, 1847.

Basilide, d'après saint Épiphane, venu de Syrie en Égypte dans la première partie du II⁰ siècle, y dogmatisa avec zèle, aidé puissamment par son fils Isidore. Son système repose sur une *tradition secrète*, originaire de Cham, fils de Noé, transmise aux sages orientaux Barkoph et Barchor, et parvenue, depuis la venue du Christ, par Glaukias, l'herméneute de Pierre, et par l'apôtre Mathias, jusqu'à lui et son fils Isidore. Ce système rappelle les doctrines de la Perse et présente les caractères principaux du manichéisme. Il est d'ailleurs démontré historiquement qu'il propagea sa doctrine en Perse avant l'apparition de Manès.

Dieu est l'être primordial, incompréhensible, ineffable (θεὸς ἄρρητος); de son sein se déploient *sept* puissances (δυ-

---

(1) *Nitzsch*, Hist. de l'antinomisme (Études théol. et crit., 1846. II⁰ livr.).

νάμεις), savoir νοῦσ, λόγος, φρόνησις, σοφία, δύναμις, δικαιοσύνη, εἰρήνη, qui forment le premier ciel ou le royaume des esprits. De celui-ci émane un second, un troisième, et jusqu'à trois cent soixante-cinq royaumes de plus en plus imparfaits, désignés dans leur ensemble par le nom mystique (Ἀβραξας) (1), dont les lettres, considérées comme chiffres, forment le nombre 365 (2). Le premier ange (ὁ ἄρχων) d'entre les sept de la dernière série est le Dieu des Juifs, le Créateur du monde imparfait des sens et de la matière. Pour délivrer les hommes des liens de ce monde impur, l'Être suprême envoya sur la terre l'œon premier né (νοῦς), qui apprend aux hommes à connaître le vrai Dieu, et les ramène au royaume de la lumière (ἀποκατάστασις). Cet esprit s'unit à l'homme Jésus, au baptême de ce dernier, que les basilidiens célèbrent avec solennité (ἐπιφάνεια). Dans sa passion, Jésus, abandonné par le νοῦς, souffrit seul. Dès lors, reconnaître et confesser le *Crucifié*, c'est rester esclave du Créateur du monde; mais reconnaître et proclamer le *Libérateur* (3), c'est s'élever au-dessus des puissances et des anges; et pourvu que la doctrine du libérateur soit crue et conservée dans le cœur, on peut sans danger la renier au dehors, dans la persécution. Cette doctrine, que peu d'élus comprennent, consiste dans le dépouillement de tout ce qui est physique et corporel, afin que l'âme s'élève, dans la contemplation immédiate, à l'évidence divine, et que la volonté libre et dégagée fasse le bien sans contrainte de la loi extérieure κατάληψις νοητική). Mais on n'arrive à cette pureté parfaite dans le royaume de la lumière que par une série de métempsycoses. La morale des Basilidiens fut d'abord un ascétisme d'une sévérité extrême, qui se relâcha dans la suite et dégénéra parmi les sectaires de l'Occident, en un antinomisme impudent. Il est question des Basilidiens jusqu'au IVe siècle.

(1) *Bellermann*, Essai sur la ressemblance des gemmes antiques avec l'Abraxas. Berlin, 1817-19, 3e part. *Gieseler*, Études et crit. 1830. IIe livr., p. 403.

(2) Il faut faire remonter probablement aux calculs astronomiques des prêtres égyptiens et à la science des nombres pythagoriciens cette arithmétique des esprits. Cf. *Iren.* II, 14, n. 6, p. 134.

(3) Isaïe, XXVIII, 10. קַו לָקָו

3. VALENTIN.

Principal objet de la controv. dans *Iren.* Contra hær., et *Tertull.* de Præscr. hæret. adv. Valentinian. *Clem. Alexand.* Strom. passim. *Epiph.* Hær. 31 (Opp. t. I. p. 163-207). *Theodoret.* Hær. Fab. I, 7. Les Philosophumena, p. 90, 177 sq. Cf. *Tillemont.* t. II, p. 257 sq. et p. 603 sq. *Rossel*, Syst. du Gnost. *Valentin*, Écrits théol. publ. par Néander. Berl., 1847, p. 280.

Contemporain de Basilide, l'Égyptien Valentin vint à Rome en 140 et mourut en 160 à Chypre. Analogue au système de Basilide, mais plus travaillée, plus fantastique encore, sa doctrine fut celle qui eut le plus de partisans. Au sommet des êtres, dit-elle, est l'être primordial (βυθός, προπάτωρ, προαρχή). La vie, cachée dans l'être primordial, se manifeste par une série de dualités unies entre elles (σύζυγοι). L'union de ces principes actifs et passifs est le prototype du mariage. Valentin en admet quinze, qui, avec trente æons, se partagent en ὀγδοάς, δεκάς et δωδεκάς. Celui qui est de toute éternité, le Père, dont la conscience n'est pas révélée (ἔννοια, σιγή), engendra avec ἔννοια l'unique, le μονογενής ou νοῦς et ἀλήθεια, la vérité; de l'union de ces derniers provinrent λόγος et ζωή, d'où à leur tour ἄνθρωπος et Ἐκκλησία, ou l'homme idéal réalisé dans l'idée de l'Église. Tous ensemble forment l'ὀγδοάς, racine de l'univers. C'est de la même manière qu'émanent successivement les esprits des δεκάς et δωδεκάς suivantes, pour former ensemble la πλήρωμα, opposée au chaos ou néant (κένωμα). L'æon ὅρος, limite de la sphère spirituelle, retient par un lien commun chacun des æons dans sa sphère. Cependant, σοφία, le dernier des æons, enflammé du désir ardent, insensé, de s'unir à l'être primordial (βυθός) et méprisant sa compagne θέλητος, sortit des limites de sa sphère. De son désir non satisfait naquit un être informe, Achamoth (ἀχαμώθ, הַחָכְמוּת), c'est-à-dire la sagesse d'en bas, ἡ κάτω σοφία). Celle-ci planait autour et en dehors du royaume de la lumière. La crainte et la tristesse, nées de la séparation de la sagesse supérieure, (ἡ ἄνω σοφία), communiquèrent au chaos des germes de vie et engendrèrent les *corps*, tandis que le désir de l'union divine donna naissance aux *âmes*. Ainsi le démiurge (δημιουργός), né d'Achamoth, créa le monde des corps et des âmes, auquel l'æon ὅρος apporta un pur *élément spirituel* pour l'unir aux âmes des hommes. Mait cette assimilation ne réussit pas complétement, et les âmes ne parvinrent point à s'élever entièrement au-dessus de l'élément matériel. Alors, pour rétablir l'harmonie de la divine πλήρωμα, de νοῦς émane une nouvelle paire d'æons (Χριστός et Πνεῦμα ἅγιον), et de tous les æons réunis provint Jésus (σωτήρ), futur époux (σύζυγος) d'Achamoth. L'æon Jésus s'unit au baptême avec le *Messie psychique* promis par le démiurge et arracha les hommes psychiques à la puissance de la matière, les pneumatiques à la domination du démiurge et aux observances judaïques. La lettre de la doctrine de Jésus et ses miracles opèrent, dans les hommes psychiques, la foi au Messie psychique. Les pneumatiques seuls, intérieurement vivifiés par la vérité et reconnaissant le libérateur, reviennent à la plérôma. A la fin du monde se fera une restauration suprême de toutes choses, ἀποκατάστασις. Les *pneumatiques*, dépouillant âme et corps, rentreront dans la plérôma avec Soter et Achamoth. Les psychiques resteront dans une sphère intermédiaire entre le monde des corps et la plérôma (μεσότης), les *somatiques* rentreront dans le néant de la matière (ὕλη).

Les disciples de Valentin, qui modifièrent ce système de diverses façons, furent Héracléon (1), Ptolémée (2), Secundus (3), Colorbasus (4) et surtout Marcus (5).

OBSERVATION. C'est surtout dans les ouvrages de saint Irénée (6) et de Tertullien (7) qu'il faut chercher les explications et les détails sur ce système des Valentiniens, qui forme une véritable mythologie chrétienne, dans laquelle, sous des images sensibles, il y a évidemment des idées spéculatives.

(1) *Epiph.* Hær. 36 (t. I, p. 262 sq.).
(2) *Iren.* I, 12; II, 4. *Epiph.* Hær. 33 (t. I, p. 214 sq.).
(3) *Epiph.* Hær. 32. *Tertull.* Adv. Valent., c. 4 et 38. *Theodoret.* liv. I, c. 8.
(4) *Iren.* I, 12. *Epiph.* Hær. 35 (t. I, p. 258 sq.). *Theodoret.* lib. I, c. 12.
(5) *Iren.* I, 13 sq. *Epiph.* Hær. 34 (t. I, p. 232 sq.).
(6) Voyez Éclairc. sur ἄνθρωπος et Ἐκκλησία. *Iren.* I, 12, n. 3, p. 57 et 58. Sur νοῦς, comme source de toute vie, II, 13, n. 1, p. 129; II, 14.
(7) *Tertull.* Adv. Valent., c. 4 : « Nominibus et numeris æonum distinctis in personales substantias, sed extra Deum determinatas.

4. LES OPHITES.

Iren. I, 30. *Orig. Cont. Cels.* VI, 3. Les *Philosophumena*, p. 277. *Epiph.* Hær. 37 (Opp., t. I, p. 267). *Theodoret.* Hæret. Fab. I, 14 *Augustin.* de Hæresib., c. 17. Cf. *Tillemont*, t. II, p. 288 sq.

Les Ophites ont de grands rapports avec les Valentiniens. Quels ont été les premiers? ceux-là peut-être, si l'on en juge d'après la plus grande simplicité de leur doctrine. De βυθός, disent-ils, émanent d'abord ὁ πρῶτος ὁ δεύτερος ἄνθρωπος ou υἱὸς ἀνθρώπου; de leur union, πνεῦμα ἅγιον, mère de toute vie. De l'union de celle-ci avec les deux premiers naquirent l'imparfaite σοφία ἀχαμώθ et ὁ ἄνω Χριστός, principe de la création et de la libération. Impuissante dans son effort vers Dieu, Sophia partagea sa vertu divine avec la matière et donna l'existence à l'esprit Jaldabaoth, בהוה ילדא, fils du Chaos. Celui-ci produisit six esprits, et uni à eux, il devint le créateur des planètes, du monde, des corps et de l'homme, et en même temps le *Dieu des Juifs*. Mais plus il se manifesta et s'extériora, en communiquant sa vertu déjà affaiblie au monde des esprits et des corps, plus il se perdit dans la matière, ὕλη. Alors, dans sa colère et son impuissance, il plongea un regard furieux vers l'abîme des mers, et créa un *esprit-serpent*, absolument mauvais, ὀφιόμορφος, ennemi de tout ce qui lui est supérieur, même de Jaldabaoth et des hommes créés par ce dernier, et qu'il chercha à en détourner. Mais Achamoth parut et entreprit de délivrer les hommes. Elle parvint à gagner le serpent et le porta à détourner les hommes de la loi de Jaldabaoth, qui leur avait arbitrairement défendu de manger du fruit de l'arbre de la science, cette défense les entravant dans leur développement et leur tendance primitive vers les choses supérieures.

Achamoth, néanmoins, ne réussit à développer cette conscience supérieure, fruit de l'infraction de la loi, que dans un très-petit nombre d'hommes. Les autres restèrent ou retombèrent sous la violente domination du créateur

---

quas Valentinus in ipsa summa Divinitatis, ut sensus et affectus motus incluserat. » Cf. de Anima., c. 14.

irrité et du serpent trompé. Enfin, le *Christ céleste* s'unit à Jésus, Messie de Jaldabaoth, et quoique crucifié par la haine du Dieu des Juifs, il délivra les hommes à la fois de ce Dieu et du serpent (du judaïsme et du paganisme).

La consommation de toutes choses se fera par le retour de la Sophia et des hommes spirituels, dégagés de la matière, dans la Plérôma, et par la chute de Jaldabaoth, qui, dépouillé de presque toute sa puissance, sera précipité dans le chaos.

Quelques-uns de ces sectaires honoraient le serpent, d'où vient leur nom d'*Ophites* (1). D'autres vivaient dans un austère ascétisme et le célibat; d'autres encore, par esprit d'opposition aux lois du Dieu des Juifs, se livraient à toutes leurs passions; d'autres enfin, en Egypte par exemple selon Origène, faisaient maudire le Christ aux hommes initiés. Les *Sethianites* (2) appartiennent à ces sectes gnostiques; ils honoraient dans Seth le père et le chef des pneumatiques, apparu de nouveau dans Jésus, d'après le désir de Sophia. Les *Caïnites* vénéraient comme leurs modèles Caïn, Cham, les sodomites, tous les personnages marqués d'infamie dans les Écritures, jusqu'à Judas Iscariote, qui trahit Jésus, parce qu'il savait que par sa mort, le règne du Dieu des Juifs serait détruit. Leurs mœurs étaient tout ce qu'il y avait de plus opposé à la loi (antinomistes).

B. Forme judéo-persique de la gnose. Gnostiques syriens.

5. SATURNIN.

Iren. I, 24. *Epiph.* Hær. 23 (t. I, p. 62 sq.). *Theodoret.* l. cit., I, 3. Les *Philosophumena*, p. 244-246.

Saturnin ou Saturnilus, contemporain de Basilide, dogmatisa sous le règne d'Adrien, à Antioche. Voici les points principaux de sa doctrine, qu'il rattacha au système de Simon le Magicien et de son disciple Ménandre (3).

(1) *Mosheim*, Hist. des Ophites (Essai d'une hist. impart. des hérésies. Helmst., 1748). *Fuldner*, de Ophitis. Rint., 1834.
(2) *Epiph.* Hær. 30 (t. I, p. 284 sq.). *August.* de Hæres, c. 8. *Philastr.* de Hær., c. 2.
(3) *Iren.* Contra Hær. I, 24.

L'Être primordial (πατήρ ἄγνωστος) créa des hiérarchies d'anges et d'archanges (δυνάμεις ἀρχαί et ἐξουσίαι). Les anges tombèrent de cette haute puissance, et au plus bas degré de la chute se trouvèrent les esprits des sept planètes (ἄγγελοι κοσμοκράτορες). Ceux-ci créèrent le monde et l'homme, à l'instar d'une forme spirituelle qui leur était apparue un instant pour s'évanouir bientôt après, et dont l'image s'était conservée dans leur souvenir. L'homme, ainsi formé, était sans langage ; il marchait incliné vers la terre. Le père suprême en eut pitié et l'anima d'une étincelle de vie divine. Parmi ces anges créateurs fut le Dieu des Juifs. Pour affranchir les hommes de sa domination et empêcher que l'étincelle divine ne s'éteignit en eux, e Père envoya le premier des æons, le *Christ* (νοῦς) incréé, incorporel, avec l'apparence de la forme humaine. Les alliés de Dieu, les fils de la lumière, les Saturniniens surtout son destinés à la délivrance ; les natures humaines *hyliques* n'en sont pas susceptibles. Au Dieu inconnu est opposé le mauvais principe (ὁ Σατανᾶς), qui à la race des hommes de la lumière oppose une race ténébreuse, faite à sa ressemblance. Pour éviter tout rapport avec ce mauvais principe, les Saturniniens s'abstenaient du mariage et de la viande, produits tous deux de Satan.

6. BARDESANE.

Fragment de son livre Περὶ εἱμαρμένης dans *Euseb.* Præp. evang. VI, 10. *Epiph.* Hær. 56 (t. I, p. 476 sq.). *Theodoret.* Hæretic. Fab. I, 22. Cf. *Tillemont*, t. I, p. 454 sq.

Bardesane naquit vers 154, on le trouve en 172 à Édesse. Saint Jérôme parlait encore, d'après les traditions connues, de son éloquence et de son talent poétique. Épiphane, Eusèbe et Théodoret rapportent différemment la manière dont il abandonna la vraie foi pour embrasser le gnosticisme. Les propositions gnostiques dont on l'accuse se trouvent dans son écrit : *Dialogus de recta in Deum fide.* Satan, dit-il ne peut venir de Dieu. Il est né du mauvais principe, de l'éternelle matière, car il a toujours existé un bon et un mauvais principe, auquel correspondent dans le monde physique et moral la lumière et les ténèbres. Les corps, prison de l'âme, ne peuvent ressusciter. Le Christ avait revêtu un corps céleste. C'est par le charme de leurs hymnes que Bardesane et son fils Harmonius attirèrent et gagnèrent de nombreux adhérents (1). Au IVe siècle Éphraïm le Syrien se vit encore obligé de composer pour le peuple des hymnes orthodoxes, afin de les opposer à ceux de Bardesane.

7. TATIEN.

Iren. I, 26. *Epiph.* Hær. 46 (t. I, p. 390). *Theodoret.* Hæreticor. Fab. I, 20. *Philosophumena*, p. 273. Cf. *Tillemont*, t. II, p. 410-18. *Daniel*, Tatien. Halle, 1837.

Contemporain de Bardesane, disciple de Justin le Martyr, Tatien fut d'abord un chaud défenseur du Christianisme. On trouve déjà dans son apologie des traces de la doctrine platonicienne sur la matière, et l'esprit de vie allié de la matière, opposé à la raison, et formant les esprits physiques. Dans la suite il forma un parti gnostique à Antioche. Sa théorie des æons ressemble à celle de Valentin. Il s'arrêta beaucoup sur les prétendues oppositions de l'Ancien et du Nouveau Testament. La parole créatrice, *Fiat lux*, n'était, selon lui, qu'un vœu du démiurge plongé dans les ténèbres. Il insistait sur la nécessité des abstinences les plus sévères : il montrait dans le Christ l'idéal de la vie virginale et condamnait le mariage comme une impureté, en s'appuyant sur le texte de saint Paul (2). Ses partisans sont nommés *Encratites*, *Hydroparastates*, *Aquariens*, *Sevériens*. Ils ne ne se servaient que d'eau même à la messe, ainsi que les gnostiques. Cette altération de l'Eucharistie telle que l'administre l'Église leur était commune avec tous les gnostiques. D'après leurs idées sur la matière, dont leur docétisme était une conséquence, ils s'abstenaient de l'Eucharistie, au rapport de saint Ignace (3) : ils l'accommodèrent plus tard à leur système.

(1) *Hahn*, Bardesanes gnosticus, Syror. primus hymnologus, comm. Lipsiæ, 1819. *Kuehner*, Bardesanis gnostici numina astralia. Hildburgh., 1833.

(2) 1 Cor. VII, 5. — (3) *Ignat.* Epist. ad Smyrn., c. 7.

8. MARCION.

Iren. Contra hær., I, 27. *Tertull.* Contra Marc., lib. V. *Clem. Alexand.* Strom. διάλογος περὶ τῆς εἰς Θεὸν ὀρθῆς πίστεως, ed. Wetstenius. Bas., 1674; parfois faussement attribué à Origène (*Orig. Opp.*, ed. De la Rue, t. I). Les Philosophumena, p. 246-55. *Epiph.* Hær. 42 (Opp., t. I. p. 303 sq.). Cf. *Tillemont.* t. II, p. 266 sq.

Marcion, fils d'un évêque de Sinope, formula la gnose d'une manière toute particulière. Rejeté par l'Égilse de Sinope, il vint vers 150 à Rome, s'attacha au gnostique syrien Cerdon, et, d'accord avec lui, forma son système, d'après lequel la révélation divine, sans antécédent et sans aucun rapport avec ce qui précède dans l'histoire du monde, ne commence qu'avec le Christianisme et s'y manifeste tout aussitôt dans sa perfection. Il ne part point, comme d'autres gnostiques, des spéculations d'une métaphysique naturelle ou d'une philosophie de la nature, mais d'un point de vue moral, qu'il rattache à certains passages de saint Paul sur la liberté de la grâce en J.-C. qu'il interprète de la manière la plus fausse et la plus arbitraire, mal compris selon lui. Il distingue trois principes indépendants les uns des autres (ἀρχαί) : Θεὸς ἀγαθός, — δημιουργὸς δίκαιος, — ὕλη, avec ὁ πονηρός ou διάβολος. Pour justifier son opinion sur l'absence de toute révélation préparatoire du bon principe, il montre la grande distance qui sépare le Dieu du Christianisme et le Dieu des Juifs, créateur du monde, tels que leurs caractères ressortent des textes de l'Ancien et du Nouveau Testament: l'un miséricordieux, fondateur de la vraie moralité, partant d'une volonté libre; l'autre rigoureux, auteur d'une justice stricte et légale (1).

Pour délivrer l'humanité de cet état de dégradation et de cette domination arbitraire et cruelle du Dieu des Juifs, le Θεὸς ἀγαθός, le Dieu bon, mais inconnu, se manifesta par le Christ, descendu à Capharnaüm dans un corps apparent. D'abord il se fit prudemment passer pour le Messie du dé-

---

(1) Dans un ouvrage spécial « Antithèses. » Cf. *Hahn*, Antitheses Marcion. gnost. liber deperditus, nunc quoad ejus fieri potuit restitutus. Regiom., 1823.

miurge ; mais, ayant voulu faire connaître aux hommes le Dieu bon et caché, il fut crucifié par les Juifs, d'après les instigations de leur Dieu. Quiconque croit au Christ et pratique la vérité a part au royaume de Dieu : l'infidèle reste sous le joug du Dieu des Juifs. Marcion imposait aux croyants, qu'il n'admettait qu'après un long et sévère catéchuménat, une conduite morale très-sévère, l'abstinence du mariage, de tout plaisir, de toute joie, de tout aliment non indispensable, en se fondant sur un évangile altéré de saint Luc et sur dix fausses lettres de l'apôtre Paul (ὁ ἀπόστολος). Contrairement aux autres gnostiques, il rejetait toute doctrine secrète, la théorie de l'émanation et les commentaires allégoriques. Sentant la nécessité du culte, niée par les gnostiques, il chercha à simplifier les formes du culte catholique et permettait aux cathéchumènes (*catechumeni*), de participer aux mystères sacrés avec les initiés (*electi*). L'Église catholique, d'après lui, était déjà retombée dans le judaïsme (1). Cependant, au moment de sa mort, il manifesta, dit-on, le désir de rentrer dans le sein de l'Église, ce qu'il ne put obtenir. Les disciples les plus importants de Marcion sont Marc et Apelles, qui remplirent les lacunes de son système par des propositions tirées d'autres gnostiques. De là les formes multiples de ce système, dont plusieurs s'étant organisées d'une manière quasi ecclésiastique, durèrent jusqu'au VIe siècle.

Hermogènes, combattu par Tertullien (*adversus Hermogenem liber*), se rattache aux gnostiques. Partant de la doctrine platonicienne sur la matière (ὕλη) il prétend : Au commencement étaient deux principes, Dieu le principe créateur, actif ; la Matière, le principe concevant, passif. Dieu donna une forme à la matière : celle-ci résista ; cette résistance est la source de tout mal. Hermogènes combat en même temps la doctrine catholique qui fait sortir la création du néant, et le système des émanations gnostiques, comme renfermant des idées indignes de Dieu. (Conf. *Bœhmer*, Hermogenes Africanus. Sundiæ, 1832.)

(1) *Hahn*, l'Évang. de Marcion et sa forme primitive. Leipzig, 1824. *Thilo*, Codex apocryphus Nov. Test. Lipsiæ, 1832, t. I, p. 403-86 ; *Id.* de Canone Marcion. Ibid. 1824 ; *id.* de Gnosi Marcion, antinomi. Regiom., 1820.

§ 73. — *Le Manichéisme.*

SOURCES. — *Archelai*, episc. Cascharor. [v. 278], Acta disputat. c. Manete (Galland. Bibl. PP. t. III, p. 569-610), et dans *Mansi*, t. I, p. 1129 sq. — *Routh*, Reliq. sacr., t. IV. — *Tit. Bostrens.* [vers 360], l. IV, κατὰ τῶν Μανιχαίων (*Canis.* Lect. ant., ed. *Basnage*, t. I). — *Alexander*, Lycopolit. adv., Manich. placita (Galland. Biblioth. PP., t. IX, p. 73-88). — *Epiph.* Hær. 66 (Opp., t. I, p. 657 sq.). — *Augustin.* Contra epist. Manich. fundam.; Fortunat.; Adimant.; Faust.; de actis cont. Felic. Manich., etc. (t. VIII, ed. Bened.) . — *Augustin* de Mor. ecclesiast. cath. et mor. Manich. (t. I). Fragment, dans *Fabric.* Biblioth. gr., t. V, p. 284 sq. Cf. *Tillemont*, t. IV, p. 367 sq.

TRAVAUX SUR LES SOURCES. *Beausobre*, Hist. crit. de Manès et du Manichéisme. Amst., 1734 sq., 2 t. in-4. — *Alticotii*, S. J. Dissert. hist. crit. de antiq. novisque Manichæis. Romæ, 1763. *Walch*, Hist. des hérésies, t. I, p. 685 sq. *Baur*, Syst. relig. des Manich. Tüb., 1831. *Colditz*, Syst. relig. des manich. Leipzig, 1838. *Staudenmaier*, Philos. du christ., p. 504. Baur démontre la parenté du bouddhisme et du manichéisme, ce qu'avant lui avait fait déjà *Aug. Ant. Georgi*, Alphabetum Tibetanum. Romæ, 1762, p. 398 sq. V. *Dœllinger*, Man. de l'hist. ecclés., t. I, p. 244.

Un des systèmes qui se rapprochent le plus du gnosticisme fut le *Manichéisme*, qui, après la chute de la gnose, chercha à succéder à son autorité sur les esprits. On le fait remonter au Persan Mani (Manès, Manichæus). issu d'une famille distinguée de Mages, qui le fit élever d'une manière à la fois artistique et scientifique. Cependant, d'après les traditions occidentales, ce Manès était un esclave, que la veuve d'un certain Térébinthe, nommé aussi Bouddha, mit en possession des livres du marchand sarrasin Scythianus, qui, dans ses nombreux voyages, avait acquis des ouvrages de la philosophie grecque et orientale. C'est là que Manès doit avoir puisé son système, vers le milieu du III° siècle. A cette époque l'empire des Perses avait été délivré, par les Sassanides, de la domination des Parthes, et la nouvelle dynastie avait résolu d'asseoir sa puissance sur une base solide, en travaillant à l'amélioration religieuse du peuple. A cet effet, elle s'efforça de remettre en honneur la religion de Zoroastre, qui, sous les Arsacides, était devenue un grossier dualisme, un culte tout extérieur, sans élévation, sans esprit. Les Magusiens, partisans de cette forme dégradée, furent dispersés. Manès paraît s'être attaché à ce mouvement religieux. Cependant, poursuivant sa propre voie, il crut trouver de l'affinité entre la religion persane et le Christianisme gnostique (de Basilide), le bouddhisme et le culte de Mithra, et il conçut la pensée hardie de faire de la religion populaire une religion universelle. Cette ambition lui suscita des haines et des persécutions de la part des mages, des rois persans et des chrétiens, auxquels il se donnait pour le Paraclet promis. Il finit par mourir dans les tortures, sous Baharam, qui, après l'avoir fait comparaître dans une discussion publique, le condamna comme corrupteur de la religion [vers 277].

Manès admet deux êtres éternels, la *lumière* et les *ténèbres*, et formule ainsi, d'une manière positive et toute différente des gnostiques, *le dualisme persan*.

Les deux principes se manifestent par des générations successives, dans des sphères diverses, qui ont chacune leur maître. Le bon principe (correspondant à l'Ormuzd persan) remplit toutes choses de sa lumière, comme le soleil dans le système planétaire. Le mauvais principe l'Arihman persan) n'est que matière, ténèbres et perversité. Existant de toute éternité, les deux royaumes de la lumière et des ténèbres sont dans une guerre perpétuelle. Pour combattre les puissances ténébreuses, le bon principe forma, de son propre être, *l'homme primitif* qui, comme le Logos de Philon, est à la fois l'âme du monde et la source de toute vie ($\psi\upsilon\chi\grave{\eta}$ $\dot{\alpha}\pi\acute{\alpha}\nu\tau\omega\nu$, $\mu\acute{\eta}\tau\eta\rho$ $\tau\tilde{\eta}\varsigma$ $\zeta\omega\tilde{\eta}\varsigma$).

Dans la lutte que l'homme primitif, uni aux cinq éléments les plus purs (lumière, feu, air, eau, terre), soutint contre les ténèbres, les puissances démoniaques lui enlevèrent une partie de la lumière, et l'auraient même complétement subjugé si le bon principe, invoqué durant le combat, n'eût envoyé une émanation nouvelle de sa puissance, *l'esprit vivant* ($\zeta\tilde{\omega}\nu$ $\pi\nu\varepsilon\tilde{\upsilon}\mu\alpha$, *spiritus potens*). Celui-ci, mêlant à la matière le rayon lumineux dérobé à sa source, forma le monde visible, dans lequel chaque existence a un rang proportionné aux éléments qui prédominent en elle; il plaça au haut du ciel les parties les plus nobles de l'homme primitif, comme soleil et comme lune; fixa le corps des démons, dérobés aux parties lumineuses, comme étoiles au firmament, et avec les parties lumineuses les plus captives de la matière, il forma les créatures de la nature terrestre. Ainsi se répandit et s'épandit dans toute la nature, jusqu'aux plantes et aux pierres, la matière lumineuse et vivificatrice (*Jesus patibilis*). L'homme, comme les autres créatures, est un composé de matière et d'esprit, tirant son origine du royaume de la lumière. L'Archon des ténèbres engendra, avec sa femme (Nebrod), le premier homme, Adam, type du Dieu solaire (du Christ) quant à son âme, et du prince des ténèbres quant à son corps. Ce premier homme, foyer dans lequel toutes les forces du monde visible se concentrent, est par conséquent composé de deux natures et ainsi de deux âmes, la ψυχὴ λογική formée de parties lumineuses et la ψυχὴ ἄλογος formée de la matière de l'ὕλη sublimée, pleine de désirs terrestres et de convoitises sensibles. Mais pour empêcher l'homme, acquérant la conscience de son origine céleste, d'essayer de se relever vers sa patrie véritable, l'esprit des ténèbres lui associa une compagne : et l'homme, déjà soumis à l'instinct animal devint de plus l'esclave de la volupté, dont Ève fit naître le désir dans son cœur : et de là naquirent des enfants de plus en plus captifs des liens de la matière. Cependant il fallait que la race humaine fût délivrée, que la lumière fût dégagée des ténèbres, que l'esprit échappât au joug de la matière, puisque le monde, tel qu'il était, n'était qu'un résultat de la lutte des deux principes et d'un premier triomphe du bien. Et de là la *libération* physique et morale seconde donnée capitale du système manichéen. Pour opérer cette libération, le Christ, Dieu solaire, transforme les plus nobles puissances du soleil et de la lune en jeunes filles éblouissantes de beautés, en jeunes hommes non moins ravissants : il les fait apparaître aux démons des deux sexes, et cette vue les enflamme de désirs et d'ardentes passions ; mais bientôt les génies s'évanouissent ; les démons entrent dans une agitation terrible ; dans leur impuissante fureur, les vapeurs légères qui s'exhalent de leur sein enveloppent les semences lumineuses répandues dans le monde, et leur font prendre un rapide essor vers l'éther où les attire le soleil, dont le désir s'accomplit avec le succès de sa ruse. Cependant les hommes ne sont délivrés et rachetés que par le Christ (υἱὸς τοῦ ἀιδίου φωτός, δεξιὰ τοῦ φωτός, υἱὸς τοῦ ἀνθρώπου, fils de l'homme primitif), qui, sous le règne de Tibère, se montre en Judée dans un corps apparent. Il souffre, mais sa Passion aussi n'est qu'apparente. Le vrai but de sa mission, c'est l'instruction des hommes. Il leur apprend à triompher des désirs du corps, à se purifier de plus en plus, pour arriver à la vraie justification, qui ne s'opère que par la séparation de l'esprit et du corps, à la mort. Ce n'est que par une série de métempsycoses que la plupart des âmes arrivent à leur terme, au plus pur éther (ἀὴρ τέλειος). Déjà les apôtres comprennent mal et interprètent d'une manière judaïque la doctrine du Christ ; et c'est pourquoi le Paraclet était nécessaire pour donner aux hommes l'intelligence de la vérité, et il parut dans la personne de Manès. Selon Manès, les livres de l'Ancien Testament sont l'œuvre des démons : il faut les rejeter, de même que la plupart des livres du Nouveau Testament ; il n'y a pas jusqu'aux épîtres, d'ailleurs estimables, de saint Paul, qui ne soient entachées de judaïsme (1). La vérité ne se trouve que dans la doctrine de Manès (2). La *Triade* divine qu'admet le manichéisme semble le rattacher au Christianisme. Mais, quand on l'examine de près, on voit que, sous cette doctrine de la Trinité, il n'y a que les formules abstraites d'une vague philosophie de la nature : le Christ et l'Esprit saint ne sont que des émanations divines, destinées à combattre le mal dans le monde ; plus tard c'est du Sabellianisme, que Faustus formule en disant : Il faut honorer Dieu sous trois noms : comme Père dans la lumière suprême, comme Christ dans la lumière visible (force dans le soleil, sagesse dans la lune), comme Esprit dans l'éther pur. Ainsi devait s'opérer la libération définitive de la lumière, dont le triomphe sur les ténèbres serait le signal de la fin du monde.

Manès, comme plusieurs gnostiques, distingue les initiés ou parfaits *perfecti electi*, des catéchumènes, *auditores*,

---

(1) *Trechsel*, Canon, critique, exégèse du manich. Berne, 1832.
(2) Elle est consignée surtout dans les écrits suivants : Mysteria capitula, evangelium, thesaurus, epist. fundamenti, dont il y a des fragments dans *Fabricii* Bibl. græc., p. 149.

qu'un enseignement à la fois religieux et philosophique, mystique et allégorique, préparait longtemps d'avance. Les manichéens avaient aussi une hiérarchie marquée et complète : c'étaient douze maîtres avec un chef, soixante-douze évêques, des prêtres et des diacres. Le culte exotérique était tout à fait spirituel, sans autels ni cérémonies, et devait faire contraste avec celui des catholiques (semi-chrétiens). Ils jeûnaient le dimanche et célébraient le jour anniversaire de la mort de Manès comme une grande fête ecclésiastique (βῆμα). Le culte ésotérique était entièrement secret et mystérieux. Il consistait dans le baptême et la cène. On baptisait vraisemblement avec de l'huile, on célébrait la cène sans vin.

Quant à la morale, Manès posait comme but principal la libération aussi complète que possible de la matière, et il exigeait des élus de sanctifier les trois sceaux de la bouche des mains et du cœur (*signaculum oris, manuum et sinus*). Le premier de ces sceaux défendait tout blasphème, surtout contre le Paraclet, l'usage de la viande et des boissons enivrantes. Le sceau de la main défendait le meurtre, les mauvais traitements des bêtes et des plantes, ainsi que l'exécution de travaux vulgaires. Le sceau du cœur prohibait tout désir sexuel et toute cohabitation conjugale. Les catéchumènes veillaient à l'entretien des parfaits, qui se nourrissaient en grande partie d'olives et d'autres végétaux. Les catéchumènes n'étaient pas tenus à toutes ces privations : ils pouvaient cultiver la terre et professer des métiers. Ils obtenaient facilement la rémission des fautes commises dans ces occupations, et qui ne pouvaient atteindre l'âme, susceptible de honte et de remords, mais incapable du mal lui-même. Et c'est pourquoi, comme s'en plaignit Éphraïm le Syrien, ils ne voulaient pas même qu'on songeât à se repentir ou à faire pénitence du mal, parce qu'on ne faisait, disaient-ils, que l'entretenir par là (1).

(1) *Wegnern*, Manich. indulgentiæ (?), cum brev. manichæismi adumbrat. Lipsiæ, 1827. Voyez, quant à l'ignorance complète ou aux autres motifs qui ont fait confondre, par cet auteur, la doctrine catholique des indulgences et de la rémission des péchés avec les opinions des manichéens, *Zingerlé*, des Indulgences des manich. et de leur comparaison avec l'Église cath. (Revue théol. de Tubingue, ann. 1841, p. 574-602).

Effrayés par les malheurs de leur chef, les manichéens s'étaient répandus en Judée, dans la Chine, dans l'Asie Mineure, en Égypte, au nord de l'Afrique et dans d'autres contrées de l'empire romain. Dioclétien les condamna au feu, à la décapitation, à l'exil, comme des sectaires dangereux [296]. Les brillantes promesses qu'ils faisaient de résoudre tous les mystères de la nature et leurs pratiques ascétiques attirèrent à leur doctrine et fascinèrent même de grands esprits, tel qu'Augustin. Seulement les penseurs moins solides que le fils de Monique restaient plus longtemps captifs de ces séduisantes erreurs. Le manichéisme n'avait de commun avec le Christianisme que certains noms.

OBSERVATION. — Cette secte, qui, sous plusieurs rapports, menaçait les bases de la société, fut sévèrement proscrite par les empereurs romains. Valentinien I*' interdit les réunions des manichéens. Théodose I*' les persécuta jusqu'à leur ôter tout droit civil. Au commencement du V° siècle, saint Augustin les combattit d'autant plus efficacement, qu'il les avait connus par expérience. Valentinien III fit contre eux des lois plus sévères encore, ainsi que Léon le Grand, au nom de l'Église, de sorte que la plupart des manichéens finirent par entrer dans l'Église catholique. Il en resta toujours un noyau mystérieux, qu'on retrouve en Occident, dans le moyen âge.

§ 74. — *Les Montanistes.* — *Les Aloges.*

Tertull. de Pudicit.; de Fuga in persec.; de Jejun.; de Monogam.; de Cult. femin.; de Virginib. veland.; de Exhort. castitat. — *Euseb.* Hist eccles., V, 3, 14-19. *Epiph.* Hær. 48. — Sur les Aloges, voyez *Iren.* III. 11; *Epiph.* Hær. 51. Cf. *Tillemont*, t. III, p. 212-213; *Kirchner*, de Montanistis specimen. I. Jen., 1832. — *Schwegler* (le Montanisme et l'Église chrét. du ıx° siècle. Tub. 1841) prétend ôter au montanisme toute base historique et y substituer une base mythique et idéale! *Rischl*, Orig. de l'Église cathol., p. 476 sq. *Héfélé*, Montan et les montanistes dans le Dict. ecclés. de Frib., t. VII, p. 252-269. Dict. des hérésies, par Pluquet, art. Montan.

Cependant une doctrine tout opposée au gnosticisme et aussi outrée que lui se formulait dans le *Montanisme.* En effet, comme le gnosticisme avait substitué aux faits historiques et aux idées révélées de l'Évangile l'arbitraire de la pensée et les fantaisies de l'imagination, cherchant à enlever au Christianisme toute réalité objective, ainsi le montanisme prétendit que l'objectivité du Christianisme devait absorber complétement l'individu, avec sa pensée et sa volonté. L'inspiration seule pouvait donner à l'homme une certitude personnelle et véritable. De là le caractère extérieur de cette secte, qui menaçait de transformer le Christianisme en un monachisme exagéré, comme le gnosticisme en avait fait une théosophie mystique. Montan, son fondateur, né à Pépuse, en Phrygie [vers 170], d'abord vraisemblablement prêtre de Cybèle, fut à peine reçu dans le sein du Christianisme qu'il se fit passer comme particulièrement inspiré par le Saint-Esprit, comme l'organe le plus puissant du Paraclet qui eût jamais paru, et menaça des jugements les plus sévères et les plus prochains ceux qui s'élevèrent contre lui et le persécutèrent. L'inspiration dont il se prétendait doué n'était que momentanée : c'étaient des ravissements passagers qui lui enlevaient toute réflexion et toute conscience de lui-même, disait-il. « Voici le Dieu, voici le Saint-Esprit qui parle, » s'écriait Montan, dans ses extases prophétiques (*necesse est excidat sensu*). Mais la conduite du prétendu prophète était loin de ressembler à la vie pure et céleste de ceux qui, dans les temps apostoliques, recevaient les dons de vision et de prophétie. Ses révélations avaient principalement pour objet des préceptes moraux très-rigoureux, et dont la réalisation devait amener l'Église à sa maturité, à l'âge viril. Il fallait renoncer à toute activité scientifique, fuir toutes les joies terrestres, rechercher le martyre. L'impureté, le meurtre, les secondes noces excluaient à jamais de l'Église. L'esprit de prophétie devait être permanent dans la vraie Église du Nouveau Testament, comme il l'avait été dans l'Ancien Testament ; et les disciples de Montan en étaient, en effet, les dépositaires et les organes. Des apôtres ce don avait passé à Agabus, Judas, Silas, aux filles de l'apôtre Philippe à Hiérapolis ; à Ananie de Philadelphie ; à Quadratus, à Montan et aux deux saintes femmes Priscille et Maximille. Tout en prétendant conserver la doctrine de l'Église catholique (1), Mon-

---

(1) *Tertull.*, de Virginib. veland., c. 2 : « Una nobis et illis fides, unus Dominus, idem Christus, eadem spes, eadem lavacri sacramenta. Semel dixerim, *una Ecclesia* sumus. Ita nostrum est quodcumque nostrorum est; cæterum dividis corpus. » P. 193.

tan disait : La morale doit se perfectionner ; elle doit devenir plus rigoureuse ; Dieu même a prouvé et montré d'avance cette gradation en passant de l'Ancien au Nouveau Testament à travers les institutions et les moyens de salut progressifs de l'un et l'autre Testament. Les évêques catholiques, réunis en divers synodes, s'opposèrent à cet esprit d'illusion et de mensonge, à ce rigorisme moral. Ils déclarèrent Montan et les deux femmes « faux prophètes, » égarés, possédés » et voulurent les soumettre aux exorcismes ecclésiastiques. Alors Montan et ses adhérents se séparèrent de l'Église catholique, et les *Montanistes*, Pépusiens ou Cataphrygiens (οἱ κατὰ Φρύγας), constituèrent une Église propre en Asie, et de la Phrygie, leur siége principal, se répandirent dans l'Occident. On vit en Afrique le sévère Tertullien [vers 205] se laisser séduire par l'austérité de ces principes moraux, exposer plus nettement ce que Montan entrevoyait dans son imagination fantastique, et faire positivement connaître l'erreur dogmatique du montanisme, qui *méconnaissait la coopération du Saint-Esprit dans l'œuvre de Jésus-Christ* (1). Jésus-Christ, consolant les apôtres par la promesse de la descente du Saint-Esprit, ne voulait certes point faire entendre par là que la révélation n'était point complète en lui et par lui, puisqu'il dit positivement : « Il recevra de ce qui est *à moi*, et vous l'annoncera (2) ; il » rendra témoignage de moi et vous fera *ressouvenir* de » tout ce que je vous ai dit ; » c'est-à-dire que l'Esprit saint devait expliquer, développer, approprier au monde ce que déjà le Christ avait enseigné. Mais Tertullien, méconnaissant ce rapport, et interprétant mal les paroles du Christ : « J'ai encore beaucoup de choses à vous dire, mais » vous ne pouvez les porter maintenant (3). » prétendait que le temps où le Christ prenait en considération la faiblesse humaine était passé, que le Saint-Esprit s'était pleinement communiqué par Montan et les deux prophètes, qu'il avait parfait la révélation antérieure pour élever la vie chrétienne à sa perfection ; qu'ainsi c'était un devoir im-

---

(1) Cf. *Dieringer*, Syst. des faits divins, t. II, p. 206; *Tillemont*, t. III, p. 211-220.
(2) Jean XVI, 13, 14; XIV, 26; XV, 21.
(3) Jean XVI, 12.

périeux pour les fidèles d'observer consciencieusement les nouveaux commandements du Saint-Esprit *. Les catholiques se montrèrent peu disposés à embrasser cette erreur, déjà condamnée par plusieurs synodes tenus en Asie-Mineure depuis les temps apostoliques ; aussi les Montanistes les nommèrent-ils les *charnels* (ψυχικοί), tandis qu'ils s'appelaient les *spirituels* (πνευματικοί). Ils en appelèrent à Rome, appuyés qu'ils étaient par les recommandations des confesseurs de Lyon et de Vienne. Déjà le pape abusé (Éleuthère ou Victor ?) se montrait favorable à leur égard, lorsque le confesseur Praxeas, se rendant en toute hâte à Rome, dévoila leurs erreurs et les fit rejeter. Alors leur polémique ne connut plus de bornes et ils allèrent jusqu'à repousser parfois complétement l'autorité doctrinale de l'Église catholique (1).

Le gnostique égyptien Hiéracas (2) développa des principes d'un rigorisme et d'une sévérité encore plus outrée que ceux des Montanistes, avec lesquels il avait d'ailleurs beaucoup d'affinité.

Une secte toute contraire à l'illuminisme des Montanistes naquit de la polémique passionnée qu'ils avaient excitée. Cette secte nouvelle, moins nombreuse, non-seulement niait le don de prophétie des Montanistes, mais encore *tout don de l'esprit* en général; et superficielle dans sa doctrine, comme elle était exagérée dans sa réaction, elle rejeta l'É-

---

(*) Le principe montaniste, dans *Tertull.*, de Virginib veland., c. 1 : « Regula quidem fidei una omnino est, sola immobilis et irreformabilis. Hac lege fidei manente, cætera jam *disciplinæ* et *conservationis* admittunt novitatem correctionis, operante se, et proficiente usque in finem gratia Dei. Propterea Paracletum misit Dominus, ut quoniam humana mediocritas omnia semel capere non poterat (Joan. XVI, 12-13), paulatim dirigeretur et ordinaretur et ad perfectum perduceretur *disciplina* ab illo vicario Domini Spiritu sancto. Quæ est ergo Paracleti administratio nisi hæc, quod *disciplina* dirigitur, quod Scripturæ revelantur, quod intellectus reformatur, quod ad meliora proficitur ? Justitia primo fuit in rudimentis ; nunc per Paracletum componitur in maturitatem.

(1) *Tertull.* de Pudicitia, c. 21 : « Et ideo Ecclesia quidem delicta donabit, sed Ecclesia spiritus per spiritualem hominem (Montanistarum), non Ecclesia numerus episcoporum (catholic.) Domini enim non famuli est jus et arbitrium ; Dei ipsius, non sacerdotis. » P. 744.

(2) *Epiph.* Hær. 67 (Opp., t. I, p. 709 sq.).

vangile et l'Apocalypse de saint Jean, parce que les Montanistes s'en servaient pour étayer leur doctrine du Saint-Esprit et leur *chiliasme;* elle alla même jusqu'à combattre la divinité du Christ et les rapports du Verbe divin (*Logos*) avec la nature humaine, ce qui leur fit donner, par Épiphane, le surnom ironique d'Aloges (1). C'étaient des antimontanistes, mais avant tout des ennemis de la divinité du Verbe.

§ 75. — *Hérétiques rationalistes : Antitrinitaires ou Monarchiens.*

Tillemont, t. II et III; *Mœlher*, Athanase le Grand et l'Église de son temps, I" part., 2° édit., p. 62; *Staudenmaier*, Philosoph. du Christ., I" part., p. 469 sq. *Dorner*, Hist. du développ. de la doctrine de la personne du Christ; 2° éd. P. I, p. 497 sq.

La raison humaine avait reçu de mortelles atteintes dans les doctrines fantastiques du gnosticisme et du montanisme, dictées par l'imagination la plus dévergondée. Par une réaction naturelle, la raison, reprenant ses droits, dédaignant ou repoussant les rêveries de la gnose, se jeta du côté opposé, voulut tout juger à sa mesure, tout apprécier suivant ses règles mesquines, tout expliquer suivant ses conceptions étroites, et se mit d'un côté à critiquer, à son point de vue borné, les expressions des saintes Écritures concernant la *personne du Christ*, désigné comme *Fils de Dieu*, *Logos*, et la Trinité de la Divinité marquée par les noms de Père, Fils et Esprit saint; de l'autre côté, s'attachant au point de vue judaïque, à insister sur l'unité abstraite de Dieu ($\mu o\nu\alpha\rho\chi i\alpha$) en nommant, avec Philon, la Divinité une pure *Monas*. Ainsi la doctrine de la Trinité sainte, essence du Christianisme, était doublement attaquée et comprise de différentes manières; car :

1° Les uns niaient toute espèce de rapport de Jésus avec la Divinité et le considéraient comme un *pur homme*.

2° Les autres, tenant à la divinité de Jésus-Christ, ne distinguaient plus les trois personnes de la Trinité, et prétendaient que Dieu s'était absolument manifesté dans le

---

(1) *Héfélé*, les Aloges et leurs rapports avec le montanisme. (Revue trim. de Tub., 1851, p. 564 sq.)

Christ, était devenu homme et avait souffert (*patripassionistes*).

3° D'autres, enfin, niaient la divinité du Christ, mais admettaient encore certains rapports entre la Divinité et Jésus, considérant le Fils et l'Esprit saint comme deux puissances divines, comme deux modes de manifestation.

A la première classe appartenaient, outre les Ébionites déjà cités et les Aloges, Théodote, corroyeur de Byzance [vers 192]. Il avait, disait-on, renié le Christ dans une persécution, et avait répondu pour se justifier : « Ce n'est pas » un Dieu, mais un homme que j'ai renié. — Quel homme ? » lui demandait-on. — Le Christ, » reprit-il. Il reconnaissait cependant dans le Christ le Messie annoncé par l'Ancien Testament, et sa naissance miraculeuse de la Vierge Marie. Excommunié par le pontife romain Victor, il devint le chef d'un parti hérétique qui s'occupait surtout de mathématiques et de dialectique péripatéticienne, et qui, considérant l'Écriture sainte comme tout autre ouvrage profane, la falsifiait en beaucoup d'endroits : il y eut même un moment un évêque dans ce parti : ce fut Natalis, confesseur séduit. Artémon, devenu à son tour chef de cette secte, considérait la foi du Christ-Dieu comme un retour au paganisme par le polythéisme, et prétendait, contrairement aux traditions les plus positives des plus anciens docteurs de l'Église et aux saintes Écritures, que cette foi en la divinité du Christ ne datait que de Zéphyrin, évêque de Rome. Enfin, cette secte compta encore parmi ses partisans Théodote le Jeune (1). Celui-ci, de changeur, devint le fondateur des *Melchisédéciens* (2), qui adoraient dans Melchisédec une théophanie nouvelle, une manifestation divine incomparablement supérieure à celle du Christ.

La seconde classe commença avec Praxéas (3), qui, après avoir été confesseur sous Marc-Aurèle, était allé à Rome pour y déjouer les intrigues des Montanistes [vers la fin du II° siècle]. Mais à Rome, comme plus tard en Afrique, il enseigna qu'il n'y a dans l'essence divine qu'une *hypostase*,

---

(1) Voir Dict. des hérésies, par Pluquet. art. Melchisédéciens.
(2) *Euseb.* Hist. ecclesiast. V, 28 ; *Tertull.* de Præscr. append., c. 53 ; *Theodoret.* Hær. Fab. II, 4 sq ; *Epiph.* Hær. 54 et 55 (t. I, p. 462 sq.).
(3) *Tertull.* Adv. Prax. (p. 634-65). Cf. *Mœhler*, l, c., 74-84.

qui, sortie d'elle-même et nommée Fils, sous cet état descendit dans la Vierge Marie, fut enfanté par elle et souffrit parmi les hommes. Il renonça cependant à son erreur, après diverses explications, et donna même caution de sa foi, conforme à celle de l'Église, comme nous l'apprend son ardent antagoniste Tertullien; tandis qu'à Smyrne Noëtus (1) [vers 200], s'appuyant sur les textes de saint Jean, X, 30, XIV, 8, soutenait les mêmes erreurs, était vivement combattu par Hippolyte et définitivement rejeté par l'Église. Épigone, disciple de Noëtus, apporta cette doctrine à Rome, et Cléomène, son successeur, fut, sous le pape Zéphirin [202-218], à la tête du parti des patripassionistes, et s'attira le blâme d'Hippolyte par la licence de ses mœurs. Zéphirin, successeur de Calliste, ne se montrant pas assez sévère contre les sectaires, au dire de leurs adversaires, il s'éleva contre ce pape une opposition violente, qui alla jusqu'à le soupçonner et l'accuser. Bérylle, évêque de Bostra (2), en Arabie, prit à son tour le parti des patripassionistes, et soutint qu'avant son incarnation le Logos n'avait point existé comme personne divine (hypostase), qu'il n'avait existé en Dieu que comme pensée et par la prévision de sa destination future. En vain plusieurs conciles cherchèrent à le convaincre de son erreur; il ne la reconnut et ne la rejeta entièrement qu'après avoir été convaincu par les victorieux enseignements d'Origène [244], auquel il témoigna même sa reconnaissance.

L'opinion de la troisième classe s'appuyait surtout sur celle des juifs alexandrins, qui soutenaient que le Dieu caché ne se manifeste que par des puissances semblables aux rayons lumineux émanés du soleil, savoir : 1° par une *intelligence pleine de lumière* qui demeure d'abord en Dieu (λόγος ἐνδιάθετος) et se manifeste au dehors, comme l'homme par sa parole (λόγος προφορικός); 2° par une puissance *pleine*

---

(1) *Hippol.* Contra hær Noët. (Opp. ed. Fabr. Hamb., 1716, t. II, p. 5 sq.; Galland. Biblioth., t. II, p. 454-95); Philosophumena, I, 9; *Epiph.* Hær. 57; *Theodoret.* l. c., III, 3. Cf. *Nat. Alex.* Hist. eccles. sæc. III, diss. 25 (t. VI, p. 375 sq.). *Dœllinger.* Hippolyte et Calliste, p. 197 sq.

(2) *Euseb.* Hist. eccles. VI, 33. Cf. c. 20; *Hieron.* de Viris illustr., c. 60; *Ullmann*, de Beryllo Bostren. ejusque doctr. Hamb., 1835, in-4.

de chaleur, qui est le Saint-Esprit. C'est ainsi qu'en Asie-Mineure surtout, beaucoup de ces sectaires disaient : L'union du Verbe avec Jésus n'est que d'un degré supérieur à son union avec les prophètes. **Parmi eux se distinguait Paul de Samosate** (1), évêque d'Antioche [depuis 260]. Plein d'esprit, mais d'un esprit mondain, amateur de la renommée et de la magnificence, d'une vie dissolue, Paul préférait l'éclat de son titre profane de *ducénaire* à ses fonctions sacrées d'évêque. Le Christ, disait-il, n'est qu'un homme (ψιλὸς ἄνθρωπος); son origine est comme celle de tout homme : il n'a pas préexisté à son apparition en ce monde; cependant, Dieu l'a orné de grâces particulières, le Logos divin ayant habité en lui depuis le moment de sa conception. Pour cette raison, il admettait la conception surnaturelle du Christ (γεννηθεὶς ἐκ πνεύματος ἁγίου) ainsi que sa naissance d'une vierge (ἐκ παρθένου). Il nomme même le Christ Dieu, en ce sens que le Christ, par ses vertus toutes particulières, s'est élevé presque à la Divinité (ἐκ προκοπῆς τεθεοποιῆσθαι). Aussi ses partisans ne se servaient point de la formule du baptême employée par l'Église. Enfin, Paul pouvait même nommer le Christ θεὸς ἐκ παρθένου, en ce sens que sa divinisation était prédestinée, et se servir en un sens erroné du mot ambigu ὁμοουσία. Trois conciles d'Antioche [depuis 264] condamnèrent sa doctrine : dans le dernier de ces synodes [269], complétement réfuté et convaincu par Malchion, prêtre d'Antioche, il fut déposé, et un décret du concile en donna connaissance à toute l'Église catholique. Paul chercha encore à se maintenir en s'étayant de la puissance séculière et de la faveur de Zénobie, reine de Palmyre; mais lorsque celle-ci eut succombé sous Aurélien [272], l'empereur décida que l'évêque d'Antioche serait celui que les évêques d'*Italie* et *principalement celui de Rome nommeraient*. Il fallut bien que Paul cédât; il n'en survécut pas moins un parti, qu'on nomma *Pauliniens* ou *Samosatiens*.

(1) *Euseb.* Hist. eccles. VII. 27-30; *Theodoret.* Hær. Fab. II, 8; *August.* de Hær., c. 44; *Epiph.* Hær. 65; *Mansi*, t. I, p. 1033 sq.; *Harduin*, t. I, p. 195 sq.; *Ehrlich*, de Errorib. Pauli Samos. Lipsiæ, 1745; *Feuerlin*, de Hæresi Pauli Samosat. Gœtt., 1741, in-4°; Dict. des hérésies, par Pluquet. Art. P. de Sam.

On peut aussi compter parmi les hérétiques de cette classe, vu le point fondamental de sa doctrine panthéistique, Sabellius (1), prêtre de Ptolémaïs, dans la Pentapole [250-260]. Le Père, le Fils et l'Esprit saint ne sont point, selon lui, des personnes distinctes et coéternellement existantes dans une même substance divine, sans rapport nécessaire avec le monde, car cette doctrine mènerait au polythéisme. Il soutenait donc que « le même est Père, le même est Fils, le même est Esprit saint. » Père, Fils, Saint-Esprit sont des dénominations extérieures et temporaires (πρόσωπα) de la monas ou de l'hypostase divine (ὑπόστασις μόνας) dans son action sur ce monde. Sabellius fait ainsi un pas rétrograde vers le judaïsme, qu'il enveloppe de formules et d'explications panthéistiques. En effet, selon lui, les manifestations diverses de la monas, comme Père, Fils, Esprit, n'ont pour but que leur propre développement; elles s'étendent, se *dilatent*, suivant les expressions stoïciennes (ἐκτείνεσθαι ou πλατύνεσθαι), ou se resserrent, se *concentrent* (συντέλλεσθαι). La monas s'épanouit dans le monde et devient *Père;* elle s'unit au Christ pour l'œuvre de la Rédemption, elle se nomme *Fils;* elle s'identifie avec l'humanité, agit dans l'ensemble des fidèles, éclairant l'Église, régénérant le genre humain, accomplissant la Rédemption, elle se fait *Esprit saint.* Enfin, après avoir développé la vie divine dans les trois règnes du Père, du Fils et de l'Esprit, la Divinité se retire, se recueille, se renferme en elle-même.

(1) *Euseb.* Hist. ecclesiast. VII, 6 ; *Basil.* M. ep 210 ; *Theodoret.* Hær. Fab. II, 9 ; *Epiph.* Hær, 62. Cf. *Wormii* Hist. Sabelliana. Francof., 1696 ; *Dorner*, Hist. du développ., t. X, P. I, p. 696 ; *Forschhammer*, Doctrine de Sabellius (Revue trim. de Tub., 1849, p. 439-488). D'après les *Philosophumena*, Sabellius était à la tête des patripassionistes, comme successeur de Cléomènes à Rome, et fut excommunié vers 218. Voyez *Dœllinger*, Hippolyt. p. 198 sq. Philastrius et saint Augustin ont soutenu aussi, contre Épiphane, le rapport intime des doctrines de Noetus et de Sabellius. D'après cela, l'extension ultérieure de son hérésie en Afrique aurait rencontré de nombreuses difficultés, même en la supposant soumise à beaucoup de modifications. L'on serait aussi obligé d'admettre qu'elle aurait acquis un grand développement dans la Pentapole, où Denys, évêque d'Alexandrie, dut lui opposer une résistance opiniâtre [257]. L'opinion de Dœllinger aurait besoin de mieux s'appuyer sur des preuves. Dict. des hérésies, par Pluquet.

Le langage du savant Denys d'Alexandrie (1), métropolitain de Sabellius, dans sa lettre contre ce dernier, ne fut point assez net et assez précis quand il voulut expliquer, en s'appuyant sur les saintes Écritures, la *distinction éternelle* des *trois personnes* de la Trinité ; de sorte qu'on l'accusa d'admettre une *différence substantielle* entre le Père et le Fils, et de mettre le dernier au rang des créatures (ποίημα). Denys, évêque de Rome, porta Denys d'Alexandrie, accusé à diverses reprises, à se défendre, après avoir lui-même clairement discuté la question et avoir conclu en ces termes : « L'admirable et sainte unité de Dieu ne peut, par conséquent être divisée en trois divinités ; on ne doit point amoindrir la dignité et la grandeur du Seigneur par l'expression de création ; mais il faut croire en Dieu le Père tout-puissant, en Jésus-Christ son fils, au Saint-Esprit ; il faut croire que le Verbe est un avec le Dieu de l'univers. » Denys d'Alexandrie réfuta toutes les accusations de la manière la plus victorieuse par l'explication suivante : Le Fils est de la *même substance que le Père* (ὁμοούσιος); splendeur de l'éternelle lumière, il est *éternel* comme le Père ; *par lui l'indivisible unité de Dieu se manifeste en une Trinité une, et la Trinité sainte se reconstitue en unité parfaite.*

(1) Fragm, de l'Apologie de Denys, dans Galland. Biblioth., t. III, p. 494 sq.; t. XIV, append. 118 sq.; *Athanas.*, ep. de Sentent. Dionysii (Opp. ed Montfaucon. Paris, 1698. t. I, p. 253 sq.) Cf. *Dionys*. Roman. ed. (Pontif. Rom. epp collect. a Constantio ed. Schœnemann. Gœtt., 1796, p. 194). — *Roester*, Bibl. des Pères de l'Eglise, II° part., p. 375 sq.

CHAPITRE III.

DOCTRINE UNIVERSELLE DE L'ÉGLISE CATHOLIQUE OPPOSÉE AUX CONCEPTIONS PARTIELLES DES HÉRÉTIQUES.

§ 76. — *La tradition ou le principe de la transmission du Christianisme dans l'Église catholique.*

Iren. Contra hær. **Tertull.** de Præscr. pass. dans *Lumper*, Hist. theologico-critica de vita, scriptis, etc. P. III, p. 318 sq. (*Iren.*) P. VI, p. 271 sq. (*Tertull.*) *Permaneder*, Biblioth. patristica (s. patrologia general.). Landish., 1841, t. I, p. 160 sq. Cf. *E. Klüpfel* in ed Commonitorii Vincent. Lerinens. Viennæ, 1809. *Grabe*, Spicileg. SS. Patr., t. I, præf.

Mœhler, parlant dans l'esprit des premiers Pères de l'Église (1), et d'après leur manière de voir large et pratique, appelle les hérésies que nous venons de décrire, la nouvelle chute de l'homme par le péché, après la rédemption. L'hérésie, comme la première faute du chef de la race humaine, brise l'unité, rompt l'harmonie des puissances intellectuelles de l'homme; elle divise la grande communauté des chrétiens, l'Église *une*, en sectes nombreuses, dont chacune exprime une des puissances spirituelles de l'homme, d'après laquelle il conçoit et juge particulièrement le Christianisme. L'imagination prédomine dans les conceptions des gnostiques; la Raison seule dans les opinions des Ébionites et des principaux antitrinitaires. Ces conceptions partielles, si contraires à l'esprit chrétien qui, en régénérant l'homme, renouvelle et harmonise toutes ses puissances; un égoïsme sans frein, un orgueil sans bornes, telles furent les causes qui séparèrent les membres du corps de l'Église, dont la base, la vie, la force et la durée sont

---

(1) Cf. Ignat., ep. ad Trallian., c. 11. Cf. Genes. III, 3, 4; *Euseb.* Hist. ecclesiast. IV, 7.

dans l'unité de sa foi. Ainsi attaquée, l'Église eut, en diverses circonstances, l'occasion d'exposer de plus en plus clairement et positivement, selon les temps et les lieux, son caractère essentiel, le principe de son unité. Les hérésies tournèrent donc au profit de l'Église (1), qui seule était et se nommait l'*Église catholique* (2). C'est cette *catholicité de*

(1) 1 Cor. 19. — Tertullien fait ainsi valoir les avantages des hérésies : « Ad hoc enim sunt (hæreses), ut fides habendo tentationem haberet etiam probationem. Vane ergo et inconsiderate plerique hoc ipso scandalizantur, quod *tantum* hæreses valeant, *quantum* si non fuissent. » De Præscr., c. 1, p. 230. — *Orig.* : « Nam si doctrina ecclesiastica simplex esset, et nullis intrinsecus hæreticorum dogmatum assertionibus cingeretur, non poterat tam clara et tam examinata videri fides nostra. Sed idcirco doctrinam catholicam contradicentium obsidet oppugnatio, ut fides nostra non otio torpescat : sed exercitiis elimetur. » Homil. IX, in num. (Opp., t. II, p. 296). Cf. *August.*, de Civ. Dei, XVIII, 51. De vera relig., c. 8 : Prosunt enim ecclesiæ hæreses non verum docendo, sed ad verum quærendum catholicos excitando.

(2) L'expression καθολικὴ Ἐκκλησία se trouve déjà dans saint Ignace d'Ant. : Ὥσπερ ὅπου ἂν ᾖ Χριστὸς Ἰησοῦς, ἐκεῖ ἡ καθολικὴ Ἐκκλησία, ep ad Smyr. c. 8; dans *Euseb.* Hist. ecclesiast. IV, 15; dans l'epp. Eccl. Smyr de martyr. Polycarp.; et dans ep. *Dionys. Alex.* ad Hermammonem; dans *Eusèbe*, Hist. ecclésiast., VII, 10. Ce terme comprend non-seulement l'universalité quant au temps et à l'espace, mais encore quant à l'unité organique et doctrinale, en opposition avec la diversité des hérésies : ὅλος désigne l'union organique, ἅπας l'ensemble des choses distinctes en elles-mêmes (Rom. XVI, 5, τῆς Ἐκκλησίας ὅλης). On trouve ces deux idées exprimées dans S. Matth., XXVIII, 20. Quant à l'universalité des temps et des lieux, voyez S. Marc, XVI, 15, et S. Jean, XVII, 21 : « Ut *unum sitis* sicut ego et Pater unum sumus. Cf. aussi 1 Cor., XII, 12, où l'apôtre parle de plusieurs membres ἐν σῶμα ; Ephes., IV, 13. Cyrill. Alexand. parle ainsi de la catholicité quant à l'espace : Καθολικὴ μὲν οὖν καλεῖται διά τὸ κατὰ πάσης εἶναι οἰκουμένης ἀπὸ περάτων γῆς διὰ περάτων. August. s'exprime de la manière suivante sur la catholicité quant au temps : « Ecclesia ubique una est, quam majores *catholicam* nominarunt, ut ex ipso nomine ostenderent quia per totum est. Secundum totum enim καθ'ὅλον græce dicitur. Hæc autem Ecclesia corpus Christi est, sicut Apostolus dicit : pro corpore, quæ est Ecclesia. — *Membra vero Christi per unitatis charitatem sibi copulantur et per eamdem capiti suo cohærent, quod est Christus Jesus.* » Ep. contra Donatistas, c. 2, Cf. *Mœlher*, l'Unité dans l'Église, p. 290-96. — A l'opposite de cette *unité dans l'universalité*, on désignait par αἵρεσις, secta, schola (αἱρέω, capio, eligo, censeo), les chrétiens et leurs adhérents qui, sans égard pour l'unité, l'universalité, l'immutabilité de la doctrine divinement révélée et maintenue par l'Esprit saint, changeaient,

§ 76. — LA TRADITION.

la foi, sous le rapport du temps et de l'espace, où le principe de la *tradition,* comme règle (1) de foi universelle et infaillible, que les Pères de l'Église mettent d'abord et toujours en avant dans leurs luttes contre l'esprit de séparation, les tendances à l'isolement et les conceptions partielles des hérésies. Et voici comment saint Irénée et Tertullien ont résumé la doctrine de l'Église à cet égard :

1° Toute chose doit être vue dans son origine. La vraie doctrine du Christ doit donc être examinée d'après ses sources, savoir : l'enseignement des apôtres, organes choisis par le Christ lui-même. Eux seuls ont connu toute vérité et en ont confié le riche dépôt à l'Église fondée par eux (2).

2° Les apôtres sont morts, mais ils continuent à vivre et à enseigner par leurs successeurs, les évêques, qui conservent, comme le plus précieux des dépôts, la tradition apostolique et la sainte Écriture. On peut suivre dans les Églises apostoliques la série non interrompue des successeurs des apôtres, jusqu'au moment actuel (3).

3° Toutes les Églises fondées par les apôtres dans l'Asie Mineure, la Grèce et l'Italie, s'accordent aussi parfaitement dans leur doctrine que si elles demeuraient dans une *même maison,* que si elles n'avaient qu'*un cœur,* qu'*une âme :* irrécusable preuve de leur fidélité à conserver la vérité apostolique. Car, comment cette unité entre des

---

suivant leur sentiment personnel et leurs opinions propres, la doctrine chrétienne, comme s'il se fût agi des systèmes des écoles, et l'exposaient dans un sens contraire à la vérité et à la foi commune. C'est pourquoi Clém. d'Alexand. dit : Ὅτι τῶν αἱρέσεων ἀνάγκη τὴν ὀνομασίαν πρὸς ἀντιδιαστολὴν τῆς ἀληθείας λέγεσθαι γιγνώσκομεν — αὐχοῦσι προΐστασθαι διατριβῆς μᾶλλον ἢ Ἐκκλησίας. [Strom. VII, 15, p. 889. Ce contraste de l'uniformité de doctrine dans l'Église catholique et de la diversité des opininions dans les sectes séparées de son sein (ταὐτά μοι δόξαντες, ἑτεροδοξοῦντες) se trouve déjà marquée dans les plus anciens monuments de la littérature chrétienne, dans *Ignat.* ep. ad Smyrn., c. 6; dans *Justin.* Dial. c. Tryph. c. 48, ad fin. (Galland. Biblioth., t. I, p. 504).

(1) Cf. 2 Thess. II, 14, 15. Στήκετε, καὶ κρατεῖτε τὰς παραδόσεις, κ. τ. λ. *Polycarpi* ep. ad Philopp., c. 7 (Patr. apostol. ed. Hefele, p. 121.

(2) *Tertull.* de Præscr., c. 20 et 27; *Iren.* Contra hær. III, 4, n. 1.

(3) *Iren.* Contra hær. III, 3, n. 2 et 3; *Tertull.,* l. cit., c. 32.

peuples si divers, dans des lieux si différents, serait-elle possible, si l'un ou l'autre avait dévié dans les sentiers de l'erreur? La paix, la fraternelle communion qui règnent entre toutes Églises apostoliques est une autre preuve manifeste de cette unité de doctrine (1).

4° S'élève-t-il un doute sur quelque point de doctrine, il faut remonter aux Églises mères, aux Églises apostoliques, surtout à la glorieuse Église de Rome, avec laquelle il faut que toutes soient d'accord (2). Toutes les Églises d'ailleurs, nées même après les apôtres, ou n'ayant pas une origine apostolique, doivent être regardées comme *apostoliques*, du moment qu'elles s'accordent entre elles et avec Rome dans la même foi apostolique (3).

5° Il y a plus : unie à l'Église romaine, l'Église entière à une garantie plus haute encore de la pureté de la tradition apostolique, en ce que, suivant la promesse du Sauveur, elle est perpétuellement assistée par l'Esprit saint, par l'Esprit de vérité. Elle est une création toujours nouvelle, qui ne vieillit et ne défaille jamais. Colonne et base de la vérité, selon le langage de l'Apôtre, l'Église est la seule règle infaillible de la vie religieuse, le seul préservatif contre les conceptions arbitraires, les imaginations désordonnées de l'esprit humain. L'union avec l'Église est la condition nécessaire du salut promis par le Christianisme (4). « Celui-là n'a pas Dieu pour père, dit saint Cyprien, qui « n'a pas l'Église pour mère (5). »

Pendant qu'on exposait ainsi d'un côté l'origine céleste de la doctrine catholique, datant du Christ, invariable jusqu'alors et partout unanime, et qu'on ramenait cette indé-

(1) *Iren.* Contra hær. I, 10, n. 2; *Tertull.*, l. cit., c. 20, sub fin., c. 28.

(2) *Iren.* Contra hær. III, 4, n. 1, et III, 3, n. 2 : « Ad hanc enim Ecclesiam propter potiorem (potentiorem) principalitatem necesse est omnem convenire Ecclesiam, hoc est, eos qui sunt undique fideles, etc. »

(3) *Tertull.*, l. cit., c. 32 : « Ut multo posteriores (Ecclesiæ), quæ quotidie instituuntur, tamen in eadem fide conspirantes, non minus apostolicæ deputantur pro consanguinitate doctrinæ. » P. 243.

(4) *Iren.* Contra hær. III, 24; n. 1; *Tertull.*, lib. I, c. 19.

(5) *Cypr.* de Unit. Ecclesiæ : « Habere jam non potest Deum patrem, qui Ecclesiam non habet matrem. » (Opp. p. 397.) Cf. *Ignat.* ep. ad Polycarp., c. 6.

fectibilité à une cause toute divine, on remarquait d'un autre côté :

6° Qu'on peut toujours assigner une origine bien postérieure aux doctrines hérétiques qui, par conséquent sont des inventions humaines, opposées, dès leur apparition, à la doctrine une de l'Eglise (1) ;

7° Qu'on ne peut admettre l'appel que font les hérétiques à l'Écriture sainte, en rejetant la tradition et l'autorité de l'Église (2), parce que :

A. La parole vivante, la tradition est plus ancienne, plus générale que les Écritures, composées dans et d'après des circonstances spéciales ;

B. Les Écritures n'appartiennent point aux hérétiques ;

C. Elles ne peuvent être comprises sans la tradition qui les explique, et qui seule présente la doctrine complète du Christ. La lettre morte ne peut se passer de la parole vivante qui l'explique : l'Église seule, d'ailleurs, conserve intacte l'Écriture sainte, parce qu'elle la regarde, de même que la doctrine oralement révélée, comme l'expression de l'Esprit saint, qui a inspiré l'une et l'autre (γραφαί θεόπνευσται, κανονικαί) et que seule elle en donne l'intelligence véritable (3) ; tandis que les hérétiques mutilent certains passages, en rejettent d'autres, et n'expliquent le tout que d'une manière subjective et arbitraire.

Cependant cette tradition ne resta point simplement orale : elle fut de diverses manières fixée par l'Écriture, par les écrits des Pères de l'Église et surtout par les *Symboles de foi.* Outre l'antique *Symbole des Apôtres,* les symboles de *Rome* (4), d'*Aquilée* (5), d'*Orient* (6) et d'*Antioche* (7), et

---

(1) *Iren.* Contra hær. III, 4, n. 3 ; *Tertull.,* l. cit., c. 29 et 30, et Adv. Prax., c. 2.

(2) *Tertull.,* loc. cit., 17, 19, 38. Cf. Iren., l. cit. IV, 23, n. 8.

(3) *Clem. Alexand.* Strom. VII, 16, p. 894 ; *Orig.* Prolog. in Cant. cantic. (t. III, p. 36). Le N. T. divisé en εὐαγγέλιον et ἀποστολικόν (ὁ ἀπόστολος).*Ignat.* ep. ad Philad., c. 5 ; *Tertull.* adv. Prax., c. 15 ; *Iren.* Contre hær. I, 3, n. 6 ; *Clem. Alexand.* Strom. V, 6, p. 664.

(4) *Rufin.* Expos. in Symb. App. (Opp. *Cypr.* App. p. 185).

(5) *Maria de Rubeis*, Monum. Eccl. Aquil., p. 67.

(6) Rufin compare le symbole d'Aquilée à celui de Rome et d'Orient (Opp. Cypr. App. CLXXXIV).

(7) *Ludov. Ruelius*, Concilior. illustrat., t. I, p. 904.

plusieurs symboles particuliers qu'on trouve dans Irénée (1), Tertullien (2), Origène (3), Grégoire le Thaumaturge (4), eurent tous leur signification, leur portée et leur forme spéciale, déterminées par les opinions particulières des hérétiques auxquels ils étaient opposés.

§ 77. — *Doctrine de l'Église sur l'unité de Dieu.*

Ginoulhiac, Hist. du dogme chrét. pendant les trois premiers siècles de l'Église. Paris, 1852, 2 vol.

L'Église catholique fut portée à exposer, d'une manière plus précise, sa doctrine sur Dieu, d'un côté pour combattre le polythéisme et la fatalité des païens, la théorie de l'émanation et le dualisme des gnostiques et des Manichéens; de l'autre, pour répondre à l'accusation d'athéisme dirigée contre les chrétiens. Elle posa d'abord nettement l'*unité de Dieu* (5) contre les païens. Elle combattit résolûment le *dualisme* des gnostiques (6), rejeta le *Démiurge* ou l'*Archon*, créateurs du monde ; exposa clairement le dogme du Dieu un, et de la création du monde, tiré, non d'une matière préexistante et par des émanations successives, mais du *néant*, mais créé bon et tel qu'il devait être (7). Elle enseigna, enfin, que le mal n'a pas sa racine dans la matière, mais qu'il est une suite de l'abus de la liberté humaine (8). Ainsi fut rejetée aussi la distinction gnostique des hommes pneumatiques, psychiques et physiques, et il

---

(1) *Iren.* Contra hær. I, 10, n. 1, p. 48.
(2) *Tertull.* de Virg. veland., c. 1; Adv. Prax., c. 2; de Præscr., c. 13.
(3) *Orig.* de Princip. præfat.., n. 4 sq. (Opp., t. I, p. 47 sq.).
(4) *Greg. Thaumat.* Expos. fid. (Opp., Paris., 1622; Galland. Bibl. t. III, p. 385 sq.).
(5) *Athenag.* Legat pro Christ., c. 8; *Cypr.* de Idolor. van. (Opp., p. 450 sq.).
(6) Tertull. Adv. Marcion. I, 3, 4, 5, 11. Cf. le symbole dans *Irénée* et *Tertull.*
(7) *Tertull.* Adv. Hermog., c. 4; *Hermas*, Past. (cité souvent comme l'Écriture) dans *Iren.* Contra hær. IV, n. 2, p. 253 sq.; *Théoph.* Adv. Autolyc. I, 3. 5. (Publ. avec les apol. grecs p. Prudent. Maranus. Paris, 1742, Ven., 1747, dans Galland. Biblioth., t. II, p. 78 sq.)
(8) *Iren.* Contra hær. III, 22; V, 20;) *Tertull.* de Anima, c. 40.

fut clairement démontré que les divers degrés du développement moral et intellectuel de l'homme dépendent de l'usage qu'il fait de sa liberté (1).

§ 78. — *Doctrine de l'Église sur le Christ, comme rédempteur. Sur sa divinité et son humanité.*

Petav. Theol. dogm. Bull., defensio fidei nicænæ. *Prudent. Maranus* (Opp. Justin.). *Vogelsang,* Fides nicæna de Filio Dei SS. PP. atque doctorum — trium primor. sæculor. Traditione confirmata. Colon., 1829. *Klee,* Hist. des dogmes, t. I. p. 184. *Mœlher,* Athan. le Grand et l'Église de son temps. Mayence, 1827, P. I, p. 1-116. *Staudenmaier,* Philosoph. du christ., t. I, p. 342-55, 462-83. *Ginoulhiac,* Hist. du dogme chrét., etc. *Dorner,* Hist. du développement de la doct. de la pers. du Christ. P. I, surt. p. 563 sq. *Semisch,* Justin le martyr, t. II.

L'Église catholique nous a déjà fait connaître sa foi quant au Christ, en rejetant les doctrines de Simon le Magicien, des Ébionites, des Artémites, des Théodotiens, des Pauliniens, en répondant au reproche d'inconséquence et de polythéisme que les païens adressaient aux chrétiens, adorateurs du Christ. Elle nous l'enseigne d'une manière plus positive encore quand elle nous déclare que le Christ est la victime qui a réconcilié les hommes avec Dieu ; que le fidèle obtient la rémission de ses péchés par les seuls mérites du Christ (2) ; que le Christ est le principe de toute vertu, de toute vie divine, et qu'en lui seul l'homme est véritablement uni à Dieu.

Ces propositions dogmatiques supposent nécessairement la foi en Jésus-Christ comme *vrai Dieu ;* divinité qui est d'ailleurs expressément enseignée et clairement exposée dans les circonstances les plus diverses (3).

(1) *Iren.* Contra hær. IV, 37 ; V, 6 ; *Justin.* Apol. II, c. 7.
(2) *Clem. Rom.* ep. I ad Corinth., c. 12 ; *Justin. Mart.* Dial. c. Tryph., c. 95 ; *Iren.* Contra hær. V, 1 ; V, 17, n. 1-3, p. 313 sq. ; *Tertull.* de Fuga, c. 12 ; Adv. Jud., c. 10 et 13 : on trouve déjà chez lui l'expression *satisfactio. Orig.* in Numer. homil. XXIV. n. 1 (Opp., t. II. p. 362). In Levit. homil. III, 8 (t. II, p. 198).
(3) Clément d'Alex. parle de lui comme de ὁ θεῖος λόγος,..ὁ φανερώτατος ὄντως Θεός, ὁ τῷ δεσπότῃ τῶν ὅλων ἐξισωθείς. Cohortat. c. 10, t. I, p. 86. Les expressions d'Irénée sont très-significatives. Contra

Mais les difficultés naquirent et la lutte s'engagea vivement entre la vérité et l'erreur, quand il fallut, par suite des exigences inévitables de l'esprit humain, établir nettement, et il y eut bien des écarts à éviter, le rapport de la divinité du Fils et du Père, et l'exprimer en termes précis.

L'idée, empruntée par Théophile d'Antioche (1) et d'autres aux Alexandrins, d'un λόγος ἐνδιάθετος et προφορικός, était déjà inconvenante par elle-même. Elle n'était, d'ailleurs, en aucune façon propre à exprimer complétement la doctrine de l'Église, à savoir que le Christ est le vrai Dieu, un avec le Père, mais une personne distincte du Père, dont il est la manifestation substantielle, en même temps qu'il est le créateur du monde. On blâma donc, à juste titre, l'adoption de la formule alexandrine (2). Le Verbe, disait-on, n'est ni une parole qui se révèle et s'évanouit (προφορικός), ni une simple pensée, existante comme mode et non substance. Sa sortie du Père n'est ni une séparation ni un amoindrissement du Père. Cependant, les théologiens, d'accord avec la doctrine de l'Église, en maintenant que le Fils de Dieu est une personne, éternellement semblable à elle-même, entendaient par les mots λόγος ἐνδιάθετος qu'il a son principe en Dieu, et, par λόγος προφορικός, que non-seulement il est substantiellement caché en Dieu, mais encore qu'il se manifeste activement au dehors de Dieu. On s'en tint donc plus étroitement à l'expression λόγος et aux autres termes employés par saint Jean, pour exprimer le rapport du Fils au Père, et l'on nomma le Fils la révélation du Père. Le père, disait-on, se contemple lui-même dans son fils (3). Le fils, écrivait Athénagore en se servant d'une expression qui n'est pas tout à fait heureuse, est le λόγος τοῦ πατρὸς ἐν ἰδίᾳ καὶ ἐνεργείᾳ, c'est-à-dire que le Fils serait sorti du Père pour manifes-

---

hær. III, 19 : « Ipse proprie, præter omnes qui fuerunt tunc homines, Deus et Dominus et Rex æternus et Unigenitus et Verbum incarnatum prædicatur, etc. » P. 212.

(1) *Theophil.* Adv. Autolyc. II, 10, 22 (Galland. Biblioth., t. II, p. 95, 105).

(2) *Iren.* Contra hær. II, 28. Voyez *Klee*, Hist. des dogmes, t. I, 186.

(3) *Iren.* Contra hær. IV, 6, n. 6.

ter l'idée de toutes choses et pour que la création fût (1). L'expression de Tertullien fut plus vraie et plus significative : Le Père et le Fils font l'Être divin unique, la *substance divine unique* (*substantia*), distincte en deux personnes (2).

L'hérésie de Bérylle, concernant les rapports intimes du Père et du Fils, donna lieu, dans l'Église grecque, à des débats longs et fréquents sur les mots οὐσία et ὑπόστασις, qui, signifiant à la fois la *substance* et la *personne*, donnaient à la formule : Le Père et le Fils sont d'une même substance (μιᾶς οὐσίας), en même temps le sens de : font *une même personne* (3). On proposa donc d'y substituer : ἑτέρας οὐσίας καὶ ἑτέρου ὑποκειμένου, formule que le concile d'Antioche de 269 paraît avoir rejetée, parce qu'elle fut faussement interprétée par Sabellius d'abord, et par Paul de Samosate, qui se servirent de l'expression ὁμοούσιος pour confirmer leur erreur (4). Néanmoins, ce terme si souvent employé de ὁμοούσιος, fut sanctionné, comme expression de la foi de l'Église, après les explications de Denys d'Alexandrie et de Denys de Rome, qui montrèrent quel sens il faut attribuer à ce mot, exprimant *une substance semblable avec une distinction de personnes.*

A cette foi si explicite en la *divinité* du Christ, l'Église catholique ajoutait la foi en son *humanité*. Le Christ, disait-

---

(1) *Athenag.* Legat. pro Christian. c. 10 (publ. par Prudent. Maranus; Galland. Biblioth., t. II, p. 10. Cf. *Staudenmaier*, Philosophie du christ., p. 344-48).

(2) *Tertull.* Adv. Prax., c. 3, 4, 8, 16.

(3) Cf. *Petavius*, de Trinit., IV, 5, de vocabulo τοῦ ὁμοουσίου, etc. (theolog. dogm., t. II, p. 179).

(4) C'est dans une lettre des sémiariens, vers 358, que pour la première fois on rapporte que le concile d'Antioche de 269 rejeta l'expression ὁμοούσιος, ce qu'accordent *Hilarius.* de Synod., c. 86, et *Athanas.* de Synod. Armin et Seleuc., c. 43, parce qu'ils n'étaient pas mieux informés. Cf. *Basil.* ep. 52. Mais le silence des autres contemporains, même d'Eusèbe, opposé à l'ὁμοούσιος, est très-étrange. Cf. *Prudentius Maranus*, Diss. sur les sémiariens (*Voigtii* Biblioth. hist. hæresiologicæ, t. II, p. 159). *Feuerlini* Diss. Dei Filium Patri esse ὁμοούσιον antiqui Eccl. doctores in Concil. Antioc. utrum negarint. Gœtt., 1755, in-4; *Petavius*, de Trin., lib IV, c. 5 (Theolog. dogm., t. II, p. 179); *Dœllinger*, Man. de l'hist ecclés., p. 269 sq. Rev. trim. de Tub. 1850, p. 3-23; *Nottebaum*, de Personæ vel hypostasis apud Patres theologoʇque notione et usu; Sœst., 1853.

elle, surtout contre les partisans du docétisme et de toutes ses formes, a eu un corps humain, une âme raisonnable, une nature complétement humaine, sans laquelle, ajoutait-elle, il n'aurait pu, en aucune façon, être le modèle des hommes (1).

D'autres attaques contre la divinité du Christ donnèrent encore lieu à diverses explications plus étendues sur la nature humaine. C'est ainsi qu'on répondit à Celse, insistant sur les affections humaines attribuées au Christ : Non-seulement le Christ était Dieu, mais il était homme, ayant une âme humaine capable des affections humaines. On avait cependant toujours soin d'ajouter que les deux natures ne pouvaient être séparées dans le Christ, et qu'elles étaient hypostatiquement unies (2).

§ 79. — *Doctrine sur l'Esprit saint et la Trinité divine.*

Petavius, de Trinit., lib. I, c. 1-6 (Dogmatica theolog., t. II, p. 1-35). *Klee*, Hist. des dogmes, t. I, p. 157-167 et 207. *Permaneder.* l. cit., p. 169-79. *Mœlher*, Athanase, liv. I.

La précision que les Pères et les écrivains ecclésiastiques de cette période avaient mise à proclamer l'*unité de Dieu*, ils la mirent à établir la *triple personnalité* du Père, du Fils et du Saint-Esprit. La doctrine concernant le Saint-Esprit ne fut pas, il est vrai, immédiatement agitée entre les hérétiques et l'Église; cependant, nous trouvons de bonne heure de nombreux passages attribuant d'une manière positive les honneurs et les attributs divins à l'Esprit saint (3). La foi aux trois personnes divines se montre surtout dans la fidélité avec laquelle, suivant la parole du Christ, on administrait le baptême au nom du Père, du Fils et du Saint-Esprit (4). Ignace établissait un parallèle entre les divers degrés de la hiérarchie sacrée et les différentes

(1) *Ignat.* ep. ad Smyrn., c. 1, 2; *Iren.* Contra hær. III, 19, n. 3; *Orig.* in Joann., t. I, n. 30 (Opp., t. IV, p. 32); *Orig.* Contra Cels. III, n. 28 (t. I, p. 346).
(2) *Orig.* Contra Cels. III, n. 41: VI, 47. Δύο τῇ ἑαυτῶν φύσει τυγχάνοντα, εἰς ἓν ἀλλήλοις εἶναι λελογισμένα καὶ ὄντα (t. I, 609).
(3) Cf. *Klee*, l. c., t. I, p. 240.
(4) *Justin. Mart.* Apol. I, c. 79; *Tertull.* Adv. Prax., c. 26.

personnes de la Divin..e (1). Justin donne l'adoration des trois personnes divines comme le signe évident de démarcation entre les chrétiens et les païens (2). Athénagore repousse l'accusation d'athéisme dirigée contre les chrétiens, en rappelant qu'ils adorent le Père, le Fils et l'Esprit saint, dont ils reconnaissent la puissance dans l'union (τὴν ἐν τῇ ἑνώσει δύναμιν) et la distinction dans l'ordre (τὴν ἐν τῇ τάξει διαίρεσιν) (3). Théophile d'Antioche voit dans les trois premiers jours de la création une image de la divine Τριάς, expression dont il se servit le premier (4), comme il est probable que Tertullien est le premier qui, chez les Latins, ait employé celui de *Trinitas* (5). De tous les symboles, celui des apôtres est le plus précis sur la divinité du Saint-Esprit. « Je crois en le Saint-Esprit, » comme il dit : « Je crois en Dieu le Père... et en Jésus-Christ son Fils, » montre parfaitement que l'Esprit saint est vrai Dieu, comme le Père et le Fils. Clément d'Alexandrie (6) invite à louer Dieu un, Père, Fils et Esprit saint. Origène enfin (7) parle d'une Trinité dominatrice et admirable. (Τριάς).

OBSERVATION. D'autres points de doctrine de l'Église catholique trouveront plus convenablement leur place quand nous traiterons de l'organisation du culte et de la discipline.

§ 80. — *Principes relatifs à la science ecclésiastique.*

Mæhler, l'Unité dans l'Église, p. 129-161. Id., Patrologie, t. I, p. 464-70. Kuhn, Principes et méthode de la théolog. spec. (Revue trim. de Tubing., année 1841, p. p. 1-33).

Presque toutes les hérésies décrites jusqu'à ce moment naquirent des efforts instinctifs ou réfléchis de l'esprit hu-

---

(1) *Ignat.* ep. ad Magn , c. 13.
(2) *Justin.* Apol. I, c. 6 et 13.
(3) *Athenag.* Legatio pro Christian., c. 10. Cf. c. 12 (Galland. Bibl., t. II, p. 11).
(4) *Theophil.* Adv. Autolyc. I, 15 (Galland. Biblioth., t. II, p. 101).
(5) *Tertull.* Adv. Prax., c. 4. Cf. c. 12.
(6) *Clem. Alex.* Pædag. III, 12, p. 311 (ed. Potter. Venetiis, 1757).
(7) Τριὰς ἀρχική, in Matth. hom. XV, n. 31 (t. III, p. 698). Τριὰς προσκυνητή in Ps. CXLVII, 13 (t. II, p. 845). Cf. in Jerem. hom. VIII, n. 1, t. III, p. 170).

main, cherchant à comprendre clairement les enseignements de l'Eglise : car savoir est un imprescriptible besoin de l'intelligence humaine, et les vrais membres de l'Église, catholique le sentirent vivement. Les chrétiens avaient, dans les premiers temps de l'Église, presque toujours admis son enseignement avec une foi simple et ferme, sans prétendre le comprendre scientifiquement ; mais à la fin du II⁰ siècle, se manifesta une très-vive tendance à établir scientifiquement la doctrine historiquement transmise, et à s'élever de la connaissance empirique à la science réfléchie. De tristes expériences avaient déjà prouvé dans quelles erreurs cette tendance pouvait jeter l'esprit humain. C'est pourquoi l'Église catholique donna une base sûre à la science, que, contrairement aux gnostiques et suivant l'Apôtre (1), elle considérait comme le *don du petit nombre*, puisque parmi les apôtres eux-mêmes, disait-on, Pierre, Jean, Jacques et Paul étaient les seuls qui l'eussent obtenu.

Et d'abord l'Église ne pouvait admettre que la science dût suppléer à des lacunes dans la doctrine transmise par le Christ et les apôtres. La science, disait l'Église, a pour base immuable la doctrine apostolique ; le plus savant et le plus éloquent des chefs de l'Église ne peut rien ajouter, rien ôter à la foi, une et la même pour tous (2). La certitude acquise par la science des vérités de la foi n'est pas plus grande que celle qui naît immédiatement de la foi : sans cela, dit Origène, la plupart des hommes, qui n'ont ni la capacité, ni le temps nécessaire pour faire des recherches philosophiques, seraient privés du plus grand des bienfaits de Dieu. Ce n'est donc pas le *fond* même de la science, mais la *forme* qui distingue le gnostique chrétien du simple fidèle : les vérités de la foi que celui-ci admet comme un *fait*, celui-là les comprend dans leur nécessité et leur ensemble (3). Clément d'Alexandrie prouve que la

---

(1) I Cor. XII, 8; *Origen.* de Princip. præf., n. 3 (t. I, p. 47); Cf. supr., § 49, n. 2.

(2) *Iren.* Contra hær. I, 3, n. 6; I, 10, n. 2.

(3) Voici comment Clément d'Alex. distingue la foi de la gnose : Ἡ μὲν οὖν πίστις σύντομός ἐστιν, ὡς ἔπος εἰπεῖν, τῶν κατεπειγόντων γνῶσις (la connaissance abrégée des choses nécessaires) ; ἡ γνῶσις

vraie gnose repose sur la foi commune, en remarquant que la divinité du Christ une fois-admise, il serait insensé de faire dépendre l'adhésion à la religion chrétienne d'une démonstration scientifique : « Il suffit, dit-il, que Dieu nous donne la solution des questions qui nous agitent; — quiconque croit au Verbe, sait la vérité des choses, car le Verbe est la vérité; mais qui ne croit pas au Verbe ne croit pas Dieu même (1). » Du reste, ajoute-t-il, ce n'est pas une chose propre à la théologie que de reposer sur la foi comme base absolue, puisque toute science est fondée en définitive sur cette base nécessaire (2). On ne peut prétendre, non plus, que la science soit absolument démonstrative et repose en tous points sur des bases logiques, puisqu'il y a et qu'il doit y avoir nécessairement des principes indémontrables. C'est pourquoi les philosophes grecs, chacun à sa manière sans doute, mais tous évidemment, et Aristote surtout, ont reconnu que la croyance est le fondement de la science ; ainsi se justifie, comme une vérité universelle, la parole du Prophète (comprise dans un certain sens) : *Nisi credideritis, non intelligetis* (3). Fidèles à ce principe, les savants théologiens de l'Eglise posaient la foi commune de l'Église comme la source et la règle de leur doctrine et de leurs développements scientifiques (4), et démontraient la foi par la foi. Foi et science étaient inséparables à leurs yeux (5) : la science suppose toujours la foi, et la foi mène toujours à la science. Conf. Heb. V. 12 avec VI. 2-3. ou les στοιχεῖα τῆς ἀπ' ἀρχῆς τῶν

δὲ, ἀπόδειξις τῶν διὰ πίστεως παρειλημμένων ἰσχυρὰ καὶ βέβαιος, διὰ τῆς κυριακῆς διδασκαλίας ἐποικοδομουμένη τῇ πίστει, εἰς τὸ ἀμετάπτωτον καὶ μετ' ἐπιστήμης καὶ καταληπτὸν παραπέμπουσα (la gnose est la démonstration forte et certaine des choses admises par la foi). Strom. VII, 10, p. 865. Cf. *Aristotelis* Metaphys. III, 4.

(1). Strom. II, 21, p. 433 et 441; *Ibid.* II, 4, p. 434

(2) Strom. II, 4, p. 435. Εἰ δέ τις λέγοι τὴν ἐπιστήμην ἀποδεικτικὴν εἶναι μετὰ λόγου, ἀκουσάτω ὅτι καὶ αἱ ἀρχαὶ ἀναπόδεικτοι· οὔτε γὰρ τέχνῃ, οὔτε μὴν φρονήσει γνωσταί.

(3) Isaïe, VII 9.

(4). *Iren.*, Contra hær. I, 10, n. 1; *Orig.* de Princip. præf, n. 4, t. I, p. 47.

(5) *Clem. Alex.*: Ἤδη δὲ, οὔτε ἡ γνῶσις ἄνευ πίστεως, οὔθ' ἡ πίστις ἄνευ γνώσεως. Strom. V, 1, p. 643. Orig. ep. ad Gregor. Thaumat. (*Orig.* opp. t. I, p. 30). Voy. dans *Theophil.* ad Autolyc. I, 8.

λογίων τοῦ Θεοῦ, les principaux dogmes de l'Eglise sont désignés comme θεμέλιον de la science la plus profonde (1).

Ainsi fondée et constituée, la science ecclésiastique ne pouvait manquer d'avoir une influence salutaire : au dedans de l'Eglise, à l'égard des opinions erronées ou hérétiques qui s'y développaient; au dehors, vis-à-vis de la science vaine et superbe des païens. Et c'est pourquoi les hommes d'intelligence l'ont glorifiée comme le *rempart de la foi*, la forme immuable de la vérité, remplissant ceux qui la possèdent d'une indicible joie, d'ineffables délices, de consolations toutes divines (2).

§ 81. — *Formes diverses de la science ecclésiastique.*

La tendance et la méthode scientifique de l'Orient se montrèrent dès l'abord et restèrent toujours différentes de celles de l'Occident. Tandis que la science théologique orientale se tourne surtout vers la partie spéculative et théorique du Christianisme, et cherche à l'étayer sur des fondements philosophiques, la théologie des Occidentaux s'efforce principalement de développer les conséquences pratiques du Christianisme traditionnel.

La première tendance fut surtout suivie par :

L'école catéchétique d'Alexandrie : Clément; Origène (3).

La situation de l'Eglise vis-à-vis du paganisme savant

(1) Il ne faut pas méconnaître que, dans ces explications, Clément tantôt prend la foi en un sens subjectif, comme l'adhésion libre à la révélation divine (Cf. Strom. II, 6, p. 444 ; ἡ μὲν πίστις ὑπόληψις ἑκούσιος καὶ πρόληψις εὐγνώμονος προκαταλήψεως), tantôt dans un sens objectif, comme le contenu de la doctrine de l'Eglise. Lorsque Clément pose cette πίστις comme fondement et condition nécessaires de la γνῶσις, et d'un autre côté fait de la γνῶσις une condition de la πίστις, il faut avoir égard à ce que Clément comprend sous les mots de μάθησις, ἀπόδειξις, διδασκαλία, θεωρία, etc., et dans quels rapports il met ces idées à l'égard de la πίστις et de la γνῶσις. Cf. là-dessus le Journal de théol. et de philos. cath. de Bonn. sur la γνῶσις et la πίστις, et leurs rapports mutuels dans Clém. d'Alex., année 1844, livr. II, p. 33-53; livr. III, p. 43-63.

(2) *Clem. Alex.* Strom. I, 2, p. 327 ; I, 20, p. 377; II, 2, p. 433. Ἕξιν ἀμετάπτωτον ὑπὸ λόγου.

(3) *Euseb.* Hist. ecclesiast. V, 10 ; *Guerike*, de Schola, quæ Alexandriæ floruit catechetica. Halæ, 1824 sq. 2 P.; *Hasselbach*, de Schlao,

exigeait que des théologiens philosophes prissent une position nette à l'égard du philosophisme du siècle, et particulièrement du platonisme, et que, s'appropriant la science grecque, dans l'intérêt de l'Eglise, ils servissent d'intermédiaires entre celle-ci et les païens instruits, et leur montrassent que le Christianisme répond aux exigences de l'intelligence et satisfait parfaitement aux besoins de l'esprit humain. L'*école catéchétique* fondée à Alexandrie vers le milieu du IIe siècle, à la façon des écoles philosophiques de la Grèce, et placée sous la surveillance de l'évêque, fut surtout favorable à ce dessein. Alexandrie, centre du monde civilisé et en quelque sorte la grande université de l'antiquité, où, depuis les efforts faits par Philon, pour unir Platon et Moïse, se rencontraient et se formulaient les doctrines les plus diverses dans une foule d'écoles, devait paraître le lieu du monde le plus approprié à la fondation d'une école savante et chrétienne. Pantène [vers 180], attiré du stoïcisme (1) à l'Eglise par un des disciples des apôtres, passe pour le premier chef de cette école. Il donna des preuves de la science, de l'étendue de son esprit et de son talent pour l'enseignement dans les leçons qu'il fit sur l'Ecriture sainte, par lesquelles il gagna à la vérité le plus célèbre de ses disciples et son successeur immédiat, Titus Flavius Clément (2), qui jeta un si grand éclat sur l'école. Clément, né probablement à Athènes, de parents païens qui l'élevèrent dans les principes du paganisme, ne fut éclairé de la lumière du Christianisme que dans l'âge mûr. De longs voyages en Grèce, en Italie, en Palestine, en Orient, le mirent à même d'entendre de

---

quæ Alex. flor. catechet. Stett., 1826, 1 P.; *Mœlher*, Patrologie, t. I, p. 399-400; 430-576; *Ritter*, Hist. de la philos. chrét., t. I, p. 419-564 (Hist. de la philos., t. V). *Jules Simon*, Hist. de l'École d'Alexandrie. Paris, 1845. (Nous faisons nos réserves en citant cet auteur.)

(1) *Hieronym.* de Viris illustr., c. 36; *Euseb.* Hist. ecclesiast. V, 10; *Photius*, Cod. 180; *Clem. Alex.* Strom. I, 1, p. 322 sq.

(2) Voyez, pour la double opinion du lieu de sa naissance, Alexandrie ou Athènes; *Epiphan.* Hær. XXXII, 6. Cf. *Euseb.* Præpar. evangel. II, 3; VI, 1, 3, 11, 14; *Hieronym.* de Viris illustr., c. 38, V; *Tillemont*, t. III, p. 181-196. Λόγος προτρεπτικὸς πρὸς Ἕλληνας; στρώματα, lib. VIII; τίς ὁ σωζόμενος πλούσιος, ed. *Sylburg*. Heidelb. 1592, c. notis Heinsii Lugd. Batav., 1616, 3 t.

grands maîtres et d'acquérir des connaissances solides et variées dans toutes les branches de la littérature païenne. Mais son ardente soif d'une science plus vaste que celle qu'il avait puisée jusqu'alors dans les leçons des hommes ne fut apaisée que par la doctrine chrétienne et les savantes leçons de Pantène sur les saintes Écritures. Nommé [191-202], par l'évêque Démétrius, successeur de Pantène, il parvint à intéresser à son enseignement et à instruire dans l'Eglise beaucoup de païens instruits et distingués, qu'attiraient et charmaient sa vaste connaissance des lettres païennes, son entraînante éloquence et son esprit philosophique, devenu plus que jamais ferme, hardi et lumineux par l'influence du Christianisme. Doué d'ailleurs d'un rare don d'enseignement, il savait, parmi son nombreux auditoire, diriger chacun de ses élèves suivant ses besoins particuliers, et les faire tous avancer dans leur voie. Il fut troublé dans ces saints travaux par la persécution de Septime-Sévère [202]. Disciple éclairé du Christ (1), il quitta Alexandrie et alla vraisemblablement rejoindre son disciple, le célèbre évêque de Flaviade, en Cappadoce, Alexandre, qu'il suivit plus tard à Jérusalem, lorsque ce dernier en fut nommé évêque.

Suivant une direction contraire à celle de Tatien et de quelques autres chrétiens, dont l'hostilité contre toute la science grecque profitait peu à la propagation et au développement intérieur du Christianisme, Clément resta fidèle à la philosophie en général, et au platonisme en particulier. Justin avait admis dans la nature humaine quelque chose d'analogue au Verbe divin, à la Raison universelle, absolue et divine (σπέρμα τοῦ λόγου, λόγος σπερματικός), et avait conclu de là que les meilleurs d'entre les philosophes païens avaient eu une connaissance partielle de la vérité religieuse et morale (2). Comme son saint et illustre de-

---

(1) Matth. X, 23.

(2) *Justin.* Apol. II, 8. Cf. Apol. II, 13. Οὐχ ἀλλότρια ἐστι τὰ Πλάτωνος διδάγματα τοῦ Χριστοῦ, ἀλλ' οὔκ ἐστι πάντη ὅμοια, ὥσπερ οὐδὲ τὰ τῶν ἄλλων, Στοϊκῶν τε καὶ ποιητῶν καὶ συγγραφέων. Ἔκαστος γάρ τις ἀπὸ μέρους τοῦ σπερματικοῦ θείου λόγου τὸ συγγενὲς ὁρῶν καλῶς ἐφθέγξατο.—Ὅσα οὖν παρὰ πᾶσι καλῶς εἴρηται, ἡμῶν τῶν χριστιανῶν ἐστι. Apol., I, 46. Οἱ μετὰ Λόγου βιώσαντες χριστιανοί εἰσιν, κἂν ἄθεοι ἐνομίσθησαν· οἷον ἐν Ἕλλησι μὲν Σωκράτης καὶ Ἡράκλειτος καὶ ὅμοιοι αὐτοῖς.

vancier le martyr platonicien, Clément soutenait que la philosophie avait été donnée aux Grecs de même que la loi aux Juifs, pour les conduire au Christ ; que l'une et l'autre étaient, par rapport au Christianisme, comme les fractions de la vérité une (1). De plus, il défendait encore la philosophie, quant à sa valeur formelle, comme moyen efficace d'aiguiser et d'affiner l'esprit, d'affermir le regard de l'intelligence, et ainsi de rendre l'homme capable de discerner le vrai du faux (2). Cependant pour ne pas donner prise à des opinions philosophiques exagérées, il posait en principe, comme nous l'avons dit plus haut, que la foi de l'Eglise doit être la base et la règle du gnostique chrétien, dans toutes ses investigations scientifiques. Celui-là seul est un vrai sage qui, ayant blanchi dans l'étude des saintes Ecritures, garde fidèlement, dans le dédale de la science, le fil conducteur de la doctrine des apôtres et de l'Eglise, vit conformément aux préceptes de l'Evangile et puise ses démonstrations dans la parole du Maître de la loi et des prophètes. Reposant ainsi sur la tradition de l'Eglise et s'en développant, la gnose n'est qu'une *foi scientifique* (ἐπιστημονικὴ πίστις). Les trois parties de son ouvrage, l'*Exhortation aux Gentils*, le *Pédagogue* et les *Stromates*, forment un enseignement moral et scientifique complet pour la conversion des païens, la consolidation des nouveaux convertis et l'instruction des gnostiques chrétiens. Il y fait preuve d'érudition et s'y montre plus souvent orateur que philosophe systématique. Malheureusement, dans les *Stromates*, son ouvrage principal, il n'a pas distingué la philosophie de la théologie, comme il en convient lui-même. Ces livres, dit-il, contiendront la vérité (chrétienne) mêlée aux doctrines de la philosophie, ou plutôt voilée par celles-ci, comme la coquille cache le fruit et sa semence. Les *interprétations mystiques* y sont par trop fréquentes, elles ne sont pas toujours heureuses, mais elles doivent être jugées d'après le goût dominant du siècle.

(1) Cf. Rom. I, 19, 26 ; II, 14.
(2) *Clem. Alex.* Strom. I, 20, p. 375-377, et I, 6, p. 336 : Ἀλλὰ καθάπερ καὶ ἄνευ γραμμάτων πιστὸν εἶναι δυνατὸν φαμέν· οὕτως συνεῖναι τὰ ἐν τῇ πίστει γεγόμενα οὐχ οἷόντε, μὴ μαθόντα, ὁμολογοῦμεν.

Origène (1) fut plus remarquable encore que Clément, et acquit une plus grande influence que lui. Né à Alexandrie [185], mûr dès sa jeunesse, il voulut, dans une sainte ardeur, partager le martyre de son père Léonides. Arrêté dans son zèle, il écrivit à son père emprisonné pour soutenir son courage, le conjurant « de se garder de changer » de sentiment en vue de ses proches. » Pieusement élevé par ses parents, il eut pour maître dans les sciences théologiques Pantène et Clément d'Alexandrie ; en philosophie, Ammonius Saccas, qui exerça sur sa doctrine et toute sa vie une influence malheureuse. Mis à la tête de l'école catéchétique dès l'âge de dix-huit ans [203], muni des avantages de la culture large et polie des Grecs, et d'un esprit pur et sanctifié par le Christianisme, il fit pénétrer ses disciples si avant dans les profondeurs des saintes Ecritures, « qu'il paraissait parler sous l'inspiration divine, et » que l'Esprit des prophètes semblait lui donner l'intelli» gence du texte sacré. » Sa parole charmait tellement ses disciples, qu'ils disaient de lui : *C'est l'âme de David unie à celle de Jonathan* (2). Son livre Περὶ ἀρχῶν lui vaut la gloire d'avoir le premier réduit en système la doctrine chrétienne (3). Son enseignement, enrichi des travaux de la science et des lettres profanes, attirait et gagnait beaucoup de jeunes païens, et excitait en même temps les jeunes chrétiens à l'étude de la philosophie. C'est ainsi qu'il pensait pouvoir combattre victorieusement le gnosticisme toujours remuant. Il convertit au Christianisme un grand

(1) *Euseb.* Hist. eccles. VI, 2, 3, 4, 8, 15, 18, 19 ; *Hieronym.* de Viris illustr., c. 54 ; *Photius*, Cod. 180 ; *Orig.* Opp. omn. quæ supers. ed. de la Rue. Paris, 1733 sq. 4 t. in-fol. ; ed. Lommatzsch. Berol., 1832 ; *Greg. Thaumat.* Εἰς Ὠριγένην προσφωνητικὸς καὶ πανηγυρικὸς λόγος. In ejusd. opp. ed. gr. et lat. c. not. Gerh. Voss. Mogunt., 1604 ; *Orig.* Opp. t. IV, append., p. 55-78 ; Paneg. in Origen. gr. et lat. publ. par Bengel. Stutt., 1722 ; *Huetius*, Origenianor., lib. III. Paris, 1679, et Opp. ed. de la Rue, t. IV, append., p. 79-323. Cf, *Villemont*, t. III, p. 494-595 ; *Thaumasius*, Origène, pour servir à l'Hist. des dogmes du III⁰ siècle. Nuremberg, 1837 ; *Redepenning*, Origène, sa vie et sa doctrine. Bonn., 1841-44, 2 vol.

(2) Cf. Orat. panegyr. ad Origenem. *Greg. Thaumat.*

(3) Περὶ ἀρχῶν, lib. IV (Opp., t. I), ed. Redepenning. Lipsiæ, 1836 ; *Schnitzler*, Orig. sur la doctrine fond. de la science selon la foi. Stutt., 1835.

nombre d'hommes distingués. On ne peut compter tous ceux que ses écrits ont initiés aux profondeurs de la doctrine chrétienne et animé de la vertu de l'Evangile. Il parvint même à ramener à la vérité plusieurs hérétiques, succès que n'obtinrent pas toujours les conciles eux-mêmes. Voulant gagner le ciel par la violence, et s'appuyant sur une fausse interprétation de l'Evangile (1), il mutila son corps (2). Cette faute, l'illégalité du sacerdoce qu'on lui accorda à Césarée [228], les erreurs qu'on découvrit dans son livre Περὶ ἀρχῶν, et peut-être aussi la jalousie et l'envie de l'évêque Démétrius, lui attirèrent des persécutions et la destitution de son emploi [234]. Mais ni la sympathie ne manqua longtemps à l'homme dont la renommée s'était répandue en tous lieux; ni les consolations divines ne firent défaut à cet esprit fécond, infatigablement occupé des travaux de la science; ni les encouragements au maître, qui se vit bientôt entouré d'un concours toujours croissant d'élèves, dans l'école qu'il ouvrit à Césarée, et qui faillit éclipser la célébrité de celle d'Alexandrie. C'est là que se forma son disciple et son chaleureux panégyriste, saint Grégoire le Thaumaturge, devenu si célèbre comme évêque de Néocésarée. Durant la persécution de Maximin, Origène soutint et enflamma le courage des chrétiens destinés au martyre. Il s'appliqua plus que jamais alors à l'étude de l'Ecriture sainte, et devint par les travaux gigantesques qu'il exécuta, le père de l'exégèse philologique et grammaticale (3), comme il l'était déjà de l'exégèse allégorique, qu'il considérait comme la plus nécessaire (4).

Son influence ne resta point bornée à la sphère de la science, elle se fit fortement sentir dans les événements

(1) Matth. XIX, 12.

(2) Il jugea lui-même plus tard cette erreur en rappelant le texte de la 2⁰ épît. aux Corinth., III, 6 : « Littera occidit, etc.; » t. XV, in Matth. XIX, 12 (Opp., t. III, p. 651 sq.).

(3) Ses œuvres d'exégèse : 1° pour servir à la *critique du texte* de l'Ancien et du Nouveau Testament, τὰ ἑξαπλᾶ. Cf. Hexaplorum quæ supersunt, ed Bern. de Montfaucon. Paris, 1713, 2 t. in-fol.; ed. Bahrdt. Lipsiæ, 1769, 2 t.; 2° Σημειώσεις, *scolies;* 3° Τόμοι, *commentaires;* 4° Ὁμιλίαι, *expositions pratiques.* Cf. *J. A. Ernesti*, de Orig interpret. gramm. auctore (Opusc. crit. Lugd., 1764, p. 288 sq.).

(4) Cf. *Mœlher*, Patrol., t. I, p. 522-27.

publics de l'Eglise. Ardent encore du feu de la jeunesse sous les glaces de l'âge, il publia ses ouvrages les plus irréprochables et les plus importants, l'incomparable *Réfutation de Celse*, le *Commentaire sur saint Matthieu* et les *Petits Prophètes*. Sous Dèce il conquit, comme il l'avait désiré toute sa vie, la renommée d'un vaillant confesseur de Jésus-Christ, et mourut à Tyr [254], à l'âge de soixante-neuf ans, par suite des mauvais traitements qu'il avait soufferts. Son siècle l'entoura constamment d'amour et de vénération, malgré la hardiesse de quelques-unes de ses paroles qui déjà avaient réveillé l'attention (1); et les beaux surnoms de Ἀδαμάντιος et de Χαλκέντερος prouvent l'estime que ses contemporains conçurent de l'éclat de son esprit, de la pureté de son âme et de sa persévérante activité.

Si Clément, en cherchant à assimiler la philosophie païenne à l'Evangile, se montra favorable à une sorte d'éclectisme, Origène et d'autres Alexandrins cherchèrent surtout à identifier la doctrine de Platon avec le Christianisme. Ce *platonisme des Pères de l'Eglise*, qu'on a exagéré, ce dont Petau lui-même semble en partie être cause (2), tendait surtout à démontrer l'accord de certains dogmes chrétiens avec les principes les plus purs et les plus intelligibles de la philosophie platonicienne, à se servir des uns pour exposer les autres, et à faciliter ainsi aux esprits méditatifs le passage du paganisme à l'Evangile. Mais, bien loin de poser le système platonique comme la norme de la vérité, et d'avoir voulu modeler le Christianisme d'après elle, la plupart des savants théologiens de cet âge regardèrent le Christianisme comme une doctrine *divinement*

---

(1) Sur les vertus et qualités d'Orig. Cf. *Mosheim*. Comment. de reb. christ., etc., p. 605 sq.

(2) *Petav.* de Trinit. I, 3. Nunc illud ipsum — expendamus — quemadmodum Platonis in christianam religionem commentum de Trinitate paulatim ab iis introductum sit, qui ex illius secta, institutioneque transierunt ad Christi professionem, vel utcunque doctrina ipsius afflatti excultique sunt, etc. (Theolog. dogm., t. II, p. 19 sq.). Puis parut (*Souverain*) le Platonisme dévoilé. Cologne, 1700. Mosheim parle comme médiateur de turbata per recent. Platon. eccles. Helmest., 1725. Baltus parle hardiment contre Platon. Défense des SS. Pères accusés de platonicisme. Paris, 1711.

révélée, dépassant toute philosophie humaine (1), et la doctrine de l'Eglise comme la règle de foi (*regula fidei*), norme et mesure du jugement du faux et du vrai, dans toutes les controverses scientifiques.

Que si, tout en prétendant s'attacher à cette unique règle de foi, Origène erra, nommément dans son *Périarchon*, en ce qui concerne les rapports de Dieu avec le monde, la puissance créatrice et la bonté absolue de Dieu, l'éternité des peines de l'enfer, la préexistence des âmes, une résurrection toute spiritualiste et non conforme au dogme de l'Eglise (2), il ne faut pas oublier que, trop jeune encore, et n'ayant pu comprendre la doctrine du salut dans toute sa profondeur, il passa subitement à l'étude de la philosophie grecque, s'y livra avec ardeur et enseigna en même temps la théologie et la philosophie. Dans la ferveur de son zèle pour l'Eglise, il voulut opposer aux gnostiques, qui n'avaient pas de peine à formuler leurs théories imaginaires en un système de religion, la rigueur de la doctrine catholique systématiquement démontrée, et ornée en même temps de tout le charme des sciences grecques. Mais combien sa tâche était plus difficile que celle de ses adversaires, puisqu'elle portait sur une matière *toute donnée*, pleine des plus profonds mystères et des vérités les plus rigoureuses, et qu'il s'appuyait malheureusement sur une philosophie qui ne pouvait guère l'aider à atteindre son but ! Aussi ne faut-il pas trop s'étonner qu'il n'ait pas complétement réussi dans une entreprise d'ailleurs si louable.

Tandis que l'école d'Alexandrie s'efforçait d'exposer philosophiquement le Christianisme et d'élever le chrétien à la γνῶσις, perfection de la πίστις, simple adhésion aux vérités chrétiennes par la foi, les *théologiens de l'école positive* lui faisaient souvent une rude opposition, prétendant, parfois à juste titre, d'autres fois à tort, que la gnose était

---

(1) Just. Mart. Apol. II, c. 10. Μεγαλειότερα μὲν οὖν πάσης ἀνθρωπείου διδασκαλίας φαίνεται τὰ ἡμέτερα· διὰ τοῦτο λογικὸν τὸ ὅλον τὸν φαίνεται δι' ἡμᾶς χριστὸν γεγονέναι, καὶ σῶμα, καὶ λόγον καὶ ψυχήν. Clem. Alex. Χωρίζεταί τε ἡ Ἑλληνικὴ ἀλήθεια τῆς καθ' ἡμᾶς, εἰ καὶ τοῦ αὐτοῦ μετείληφεν ὀνόματος, καὶ μεγέθει γνώσεως, καὶ ἀποδείξει κυριωτέρα, καὶ θείᾳ δυνάμει, καὶ τοῖς ὁμοίοις. Strom. I, 20, p. 376.

(2) *Ramers*, Doct. d'Origène sur la résurrection. Trev., 1851.

une œuvre vaine et contraire au Christianisme (1). A la tête de cette école théologique se trouva *Irénée*, évêque de Lyon [177-202], esprit philosophique, clair et mesuré, qui combattit avec force, souvent avec une mordante ironie, les imaginations fantastiques du gnosticisme (2). Un homme qui se prononça d'une manière plus résolue encore contre l'union du Christianisme et de la philosophie, ce fut ce prêtre de Carthage, si original et si pieux, d'un esprit si vif et d'une imagination si ardente, dans la bouche duquel l'Église latine d'Occident prit, dès l'abord, la parole avec tant de force et de dignité, et qui prononça le divorce de la philosophie et du Christianisme par ce mot vigoureux et hardi : *Qu'y a-t-il de commun entre Athènes et Jérusalem, l'Académie et l'Église?* Quintus Septime Tertullien (3), rhéteur et avocat célèbre parmi les païens, après avoir embrassé le Christianisme, en devint l'apologiste le plus éloquent dans l'Église d'Occident. Malgré la structure souvent étrange, mais presque toujours vigoureuse, de ses mots, image parfaite de la vigueur et de l'originalité de son caractère, il posa, en quelque sorte, les bases de la langue sévère et ferme des dogmes chrétiens (4). Quoique tombé plus tard dans l'hérésie des Montanistes [vers 205], Tertullien, dont, suivant les paroles de saint Jérôme, « nous admirons le génie tout en condamnant les erreurs, »

---

(1) *Iren.* Contra hœres. II, 28, n. 1-2, n. 6 ; *Tertull.* de Præscr., c. 14. « Fides, inquit, tua te salvum fecit : non exercitatio scripturarum. Fides in regula posita est : habens legem et salutem de observatione legis ; exercitatio autem in curiositate consistit, habens gloriam solam de scientiæ studio. Cedat curiositas fidei. » C. 8 : « Nobis curiositate opus non est post Christum Jesum, nec inquisitione post Evangelium. Quum credimus, nihil desideramus ultra credere. » C. 7 : « Ipsæ denique hæreses a philosophia subornantur. »

(2) Cf. les Citat. en tête du § 71, et *Tillemont*, t. III, p. 77-99 ; *Prat.* Hist. de saint Irénée.

(3) Opp. omn., ed. Rigaltius. Paris., 1635, in-fol.; ed. II, 1641 ; ed. Semler et Schütz. Halæ, 1770 sq. VI tom.; *Neander*, Antignosticus ; Esprit. de Tertullien et introduct. à ses écrits. Berlin, 1849. Cf. *Tillemont*, t. III, p. 196-236.

(4) Il se servit le premier des mots : substantia, trinitas, satisfactio. Voyez sur son génie créateur de la langue théolog., *Ritter*, Tableau des premiers écriv. chrét. de l'Afrique ; Revue de philos. et de théolog. cath. de Bonn, 8ᵉ livr., p. 32.

passe pour le maître de Cyprien, évêque de Carthage (1), théologien de la même école, remarquable par une éloquence limpide et profonde, pleine de séve et de cœur.

L'opposition de ces théologiens, parfois véhémente dans son langage, portant surtout sur l'abus de la philosophie et la fausse gnose (2), et le plus souvent provoquée par elles, était par là même plutôt une opposition extérieure. C'est ainsi que Tertullien se prononçait avec une grande vivacité contre la dialectique, tout en en faisant, en maintes circonstances, un plus vigoureux usage que ses plus chauds partisans. Que si, en général, cette opposition a entravé les théologiens de l'Occident dans leur direction spéculative, elle les a, d'un autre côté, préservés des excès de cette direction, garantis de la confusion de la philosophie et de la théologie, et maintenus dans les limites d'une sage réserve.

Cependant, les théologiens d'Occident, tout en combattant la tendance spéculative, en prirent peu à peu, et sans presque s'en apercevoir, ce qu'elle a de bon. C'est ainsi que les deux directions théologiques se complétèrent l'une par l'autre. De leur contre-poids dépend l'équibre, comme de leur union la vérité du développement de l'esprit chrétien.

---

(1) Le rapport de saint Cyprien et de Tertullien ressort bien de la comparaison du traité qu'ils ont écrit l'un et l'autre sur la prière, *de Oratione (dominica)*, et de l'*Apologétique* de Tertullien, avec l'écrit de *Vanitate idolorum* de Cyprien.

(2) Cf. *Iren.* Adv. Hær. II, 14, n. 7 : « Utrum hi omnes, qui prædicti sunt (Platon, les Stoïciens, auxquels les Valentiniens empruntaient leurs dogmes), cum quibus eadem dicentes arguimini, cognoverunt, superflua est Salvatoris in hunc mundum descensio. Ut quid enim descendebat? Numquid ut eam, quæ cognoscebatur veritas, in agnitionem adduceret his, qui cognoscunt eam, hominibus? Si autem non cognoverunt, quemadmodum eadem cum his, qui veritatem non cognoscebant, dicentes, solos ipsos eam, quæ est super omnia cognitio, habere gloriamini, quam etiam, qui ignorant Deum, habent? Secundum antiphrasin ergo veritatis ignorantiam agnitionem vocant. » *Tertullien* dit de même, de Anima, c. 1 : « Cui veritas comperta sine Deo, cui Deus cognitus sine Christo, cui christus exploratus sine Spiritu sancto, cui Spiritus sanctus accommodatus sine fidei sacramento? Sane Socrates facilius diverso spiritu agebatur. »

§ 81. — FORMES DE LA SCIENCE ECCLÉSIASTIQUE.

REMARQUE. Les deux prêtres d'Antioche, Dorothée (vers 290) et Lucien (1), mort martyr en 311, ne furent, durant cette période, que les précurseurs de l'*école théologique d'Antioche.* Ils s'efforcèrent d'opérer une fusion entre les défenseurs et les adversaires de la gnose et opposèrent souvent aux allégories arbitraires dés Alexandrins les principes d'une exégèse grammatico-historique. Cf. infrà, § 114.

(1) *Euseb.* Hist. ecclesiast. VIII, 32; *Hieronym.* de Viris illustr., c. 77 : « Lucianus, vir disertissimus, Antiochenæ Ecclesiæ presbyter, tantum in Scripturarum studio laboravit, ut usque nunc quædam exemplaria Scripturarum Lucianea nuncupentur, etc.

CHAPITRE IV.

CONSTITUTION DE L'ÉGLISE CATHOLIQUE.

Canones et constit. Apost., et beaucoup de canons des conciles de cette période. Voyez infra, § 85. *Cypriani* epp. et de unitate Ecclesiæ. *Petavius*, de Hierarch. Ecclesiæ. Voyez infra, § 86. *Thomassini; de Marca*, de Concord. sacerdot. *Du Pin*, Diss. de antiq. Ecclesiæ discipl. Colon., 1691.

---

§ 82. — *La suprématie épiscopale.*

Dès les temps apostoliques, la distinction entre les laïques et les clercs (1), et parmi ceux-ci, entre les évêques, les prêtres et les diacres, fut bien marquée. C'est cette distinction que nous avons considérée comme l'élément de la constitution de l'Église, *élément divin, fondamental* et *immuable*, au milieu des formes variées, dont les temps, les circonstances, l'activité des hommes l'ont revêtue plus tard. Les hérésies contribuèrent surtout à déterminer les

(1) Quant au passage de *Tertullien*, de Exh. cast., c. 7, on objecte à tort : « Differentiam inter ordinem et plebem constituit Ecclesiæ auctoritas et honor per ordinis consessum sanctificatus a Deo. Ubi ecclesiastici ordinis non est consessus, et offers et tinguis, *sacerdos tibi solus*. Sed ubi tres, ecclesia est; licet laïci, unusquisque enim « de sua fide » vivit nec est « personarum acceptio apud Deum. » Quoniam « non auditores legis justificabuntur a Deo sed factores » secundum quod et Apostolus dicit, etc. Cf. de Præscr., c. 41, où Tertullien blâme les hérétiques de ce que Sacerdotalia munera laïcis jungant. Et encore, de Monog., c. 10 : Sed quum extollimur et inflamur adversus clerum, tunc unum omnes sumus, tunc omnes sacerdotes, qui « sacerdotes nos Deo et Patri fecit; quum ad peræquationem disciplinæ sacerdotalis provocamur, deponimus infulas, impares sumus, etc. » Voy. *Dœllinger*, Man. de l'hist. ecclés., t. I, sect. I, p. 319.

attributions de l'épiscopat, fondé d'ailleurs sur une *institution divine*. Pour les garantir des atteintes de l'hérésie, on exhorta les croyants à se tenir étroitement unis aux évêques, successeurs légitimes des apôtres, seuls conservateurs intègres et interprètes fidèles de la doctrine du Christ. Telle était la vive et pressante recommandation d'Ignace d'Antioche (1), qui pensait que c'était bien moins par une réfutation dogmatique que par l'union intime des fidèles et des évêques qu'on rendrait les hérésies impuissantes. Le schisme des Novatiens fit ressortir davantage encore la position des évêques possédant, comme centre de la vie de l'Église, la plénitude de la doctrine et de l'autorité (2), suivant le langage de saint Ignace, de Tertullien et de saint Irénée. On les nomme parfois *prêtres* (3), il est vrai, à l'exemple des apôtres ; mais on n'en désigne pas moins leur prééminence par des attributs spéciaux (4), et l'on a soin de marquer toujours la *série successive des évêques* de chaque Église. Les écrits et la vie de saint Cyprien en sont la preuve la plus évidente (5). Les évêques seuls faisaient les ordinations, prêchaient, administraient les sacrements en vertu de leur plein pouvoir; quant à ces

---

(1) *Ignat.* ep. ad Smyrn., c. 8. Cf. aussi infra, note 3, les paroles de Cyprien.

(2) Ep. ad Smyrn., c. 8; *Tertull.*, de Baptismo, c. 17 : « Dandi quidem habet jus summus sacerdos, qui est episcopus, dehinc presbyteri et diaconi, non tamen sine episcopi auctoritate. Cf. § 53.

(3) *Iren.* IV, 26, n. 2, p. 262. Cette confusion se trouve constamment dans *Cyprien*, ep. 55 : « Neque enim aliunde hæreses obortæ sunt aut nata sunt schismata, quam inde, quod sacerdoti Dei non obtemperatur nec *unus* in Ecclesia ad tempus *sacerdos* et ad tempus judex vice Christi cogitatur : cui si secundum magisteria obtemperaret fraternitas universa, nemo adversus sacerdotum collegium quidquam moveret, nemo post divinum judicium, post populi suffragium, post coepiscoporum consensum, judicem se jam non *episcopi* sed Dei faceret. »

(4) Præses presbyteror., summus sacerdos, benedictus papa, etc.

(5) Ep. 52, ad Antonian. de Cornelio et Novatiano : « Ac si minus sufficiens *episcoporum* in Africa numerus videbitur, etiam Romam super hac re scripsimus ad Cornelium, collegam nostrum, etc. « Ep. 55 ad Cornelium de Felicissimo : « Actum est de episcopatus vigore et de Ecclesiæ gubernandæ sublimi ac divina potestate. Cf. ep. 66, ad clerum et plebem Furnis consistentem, de Victore; ep. 69, ad Florentium Pupianum.

deux dernières fonctions, les prêtres et les diacres ne pouvaient les exercer qu'au nom des évêques. Ceux-ci seuls présidaient les conseils, décidaient en dernier ressort l'admission ou l'exclusion des membres de la communauté, donnaient des lettres de recommandation (*litteræ formatæ*) et maintenaient l'union entre les nombreuses paroisses qu'ils gouvernaient. Autour d'eux, les prêtres formaient une sorte de sénat ou de conseil, sans l'avis duquel les évêques, se souvenant de la faiblesse humaine, ne devaient rien entreprendre d'important (1).

§ 83. — *Le nombre des fonctions ecclésiastiques augmente.*

Avec le nombre toujours croissant des fidèles augmentaient aussi les affaires nécessaires pour leur direction, et surtout celles dont les évêques et les prêtres ne pouvaient se charger sans nuire à leurs fonctions spirituelles. Aussi vit-on bientôt s'accroître le nombre des diacres qui, outre la prédication, le baptême et le soin des malades, servaient aux solennités de l'autel, lisaient l'Évangile, administraient l'eucharistie aux fidèles, la portaient aux malades dans leurs maisons et recevaient les offrandes du peuple (2). Les dénominations de *lévites, ministres* (*ministri*) les distinguèrent nettement des prêtres et des évêques, auxquels ils étaient subordonnés, comme le déclare nettement un concile d'Arles [314] (3), provoqué par leur conduite orgueilleuse vis-à-vis des prêtres. Toutes leurs attributions nous montrent qu'ils étaient les intermédiaires entre les évêques et les communautés chrétiennes. Celui qui était employé plus spécialement par l'évêque pour des affaires particulières obtenait un rang privilégié, et se nomma dans la suite *archidiacre* (4). Cependant cela ne suffisait point en-

(1) *Ignat.* ep. ad Ephes., c. 2; ad Magnes., c. 2; *Cypr.* ep. 5, ad presbyteros et diaconos : « Ad id — solus rescribere nihil potui, quando a primordio episcopatus mei statuerim nihil sine consilio vestro et sine consensu plebis mea privatim sententia gerere. » P. 134.

(2) *Justin Mart.* Apol. I, n. 65, sub fin.; *Cypr.*, lib. de Lapsis, p. 381.

(3) Conc. Arelat. can. 15. Cf. can. 18, dans *Harduin*, t. I, p. 266; *Mansi*, t. II, p. 473.

(4) L'institution des prêtresses et des diaconesses persista, mal-

core aux besoins croissants de l'Église, et c'est pourquoi nous voyons, au commencement du III° siècle, et plus tôt même, le clergé s'augmenter d'un certain nombre de membres d'une hiérarchie inférieure, de *sous-diacres (hypodiaconi*, ὑπηρέται), *lecteurs, acolytes, portiers* et *exorcistes.* Une lettre de l'évêque de Rome, Cornélius, adressée à Fabien, évêque d'Antioche [vers 250] (1), fait mention de tous ces degrés inférieurs de la hiérarchie comme existant déjà en Occident, et elle nous apprend, en même temps, que l'Église romaine avait alors quarante-six prêtres, sept diacres, sept sous-diacres, quarante-deux acolytes et cinquante-deux exorcistes, lecteurs et portiers. Ces fonctions subalternes étaient en même temps une épreuve et une préparation aux charges supérieures du clergé ; et, pour les distinguer encore davantage de celles-ci, l'ordination qui les conférait avait lieu, non dans l'assemblée des prêtres et par l'imposition des mains, mais simplement par la prière (2). Les sous-diacres mêmes, dont parle saint Cyprien et dont il se servait durant son exil pour communiquer avec son Église (3), mais qui ne paraissent qu'au IV° siècle en Orient, ne remplissaient d'abord aucune fonction dans la célébration des mystères : ils n'étaient chargés que de la surveillance des portes de l'église durant

gré diverses défenses, en Occident, jusqu'au V° siècle, en Orient plus longtemps encore. Cf. *Conc. Laod.* [V. 364] can. 11, dans *Mansi*, t. II, p. 566 : « Non oportere eas, quæ dicuntur presbyteræ et præsidentes, in Ecclesiis constitui. »

(1) *Euseb.* Hist. eccles. VI, 43.

(2) Cela paraît contredit par la constitution apost. VIII, 21 : Ὑποδιάκονον χειροτονῶν, ὦ ἐπίσκοπε, ἐπιθήσεις ἐπ' αὐτῷ τὰς χεῖρας, κ. τ. λ., ce qui, d'un autre côté, est contredit de nouveau par le can. 51 de Basile et le can. 5 du quatrième conc. de Carthage. Il faut probablement, comme le pense *Drey* (Nouv. rech. sur les const. et les can. des apôtres, p. 140), distinguer χειροτονία de χειροθεσία. On se servait de cette dernière expression même pour l'ordination dans laquelle il n'y avait point d'imposition des mains formelle, comme par exemple, c. 22, cela est dit des lecteurs, pour lesquels certainement il n'était pas question d'imposition des mains : Ἀναγνώστην προχειρίσαι, ἐπιθεὶς αὐτῷ τὴν χεῖρα, καὶ ἐπευξάμενος πρὸς τὸν Θεόν, λέγε ὁ Θεὸς ὁ αἰώνιος, κ. τ. λ.

(3) *Cypr.* : « Didicimus a Crementio *subdiacono.* » Ep. 2 ; ep. 3 ; ep. 29, 30. « Litteræ tuæ, quas per Herrenianum *hypodiaconum*, etc. » Ep. 79.

les assemblées religieuses (1). Les lecteurs, sans contredit plus anciens que les autres degrés inférieurs (2), avaient la garde des livres sacrés et en lisaient des passages au peuple. Les acolytes accompagnaient et servaient les évêques et les prêtres. On ne les trouve que dans l'Église d'Occident. Les exorcistes, qui soignaient les énergumènes et leur imposaient les mains pour les délivrer des mauvais esprits, étaient choisis parmi les chrétiens d'une foi robuste, afin que les fonctions de l'Eglise ne pussent recevoir aucune atteinte. Les portiers veillaient au service des portes de l'église, surtout afin que ceux-là seuls entrassent qui en avaient le droit. Mais tout ce développement historique de l'organisation de l'Eglise ne changea en rien les trois degrés de la hiérarchie, instituée de Dieu même.

Les communautés chrétiennes qui s'élevaient à la campagne, dans la proximité des villes, avaient soin de se faire comprendre dans le ressort de l'évêque de la ville (παροικία) (3). Pour celles qui étaient plus éloignées de la ville, il fallait que l'évêque y pourvût, en instituant un prêtre spécial et un diacre (4), qui restaient momentanément ou en permanence dans ces paroisses rurales. Dans la seconde moitié du III° siècle, le concile d'Antioche [260] fait mention d'évêques de lieux rapprochés les uns des autres (5), et le concile d'Ancyre [314] publie des décrets particuliers sur la juridiction des chor-évêques (ἐπίσκοποι,

---

(1) Const. apost. VIII, 14. (*Galland.*, t. III, p. 211; *Mansi*, t. I, p. 551; *Harduin*, t. I, p. 254). M. Drey infère d'un texte fautif du 33° can. du conc. d'Elvire [305], que, dès le commencement du IV° siècle, les sous-diacres avaient déjà le droit de servir à l'autel; mais la leçon correcte ne les nomme pas : « Placuit in totum prohiberi episcopis, presbyteris et diaconibus vel omnibus clericis positis in ministerio abstinere se, » etc. (*Mansi*, t. II, p. 11).

(2) *Tertull.* de Præscr., c. 41, p. 247.

(3) *Just.* Apol. I, 67.

(4) *Cypr.* : « Et Credideram quidem *presbyteros* et *diaconos*, qui illic præsentes sunt, monere vos et instruere plenissime circa Evangelii legem. » Ep. 10, p. 51. *Concil. Illiberit.* [305], can. 77 : « Si quis diaconus regens plebem sine episcopo vel presbytero aliquos baptizaverit, episcopus eos per benedictionem perficere debebit. » (*Mansi*, t. II, p. 18; *Harduin*, t. I, p. 258. Ce dernier place le concile en 313.)

(5) Ep. Synodi Antioch. dans *Euseb.* Hist. eccles. VII, 30, n. 6. Ἐπισκόπους τῶν ὁμόρων ἀγρῶν τε καὶ πρεσβυτέρους, κ. τ. λ.

τῆς χώρας) (1). Ils avaient la plupart du temps plusieurs paroisses à gouverner en même temps; mais ils dépendaient de l'évêque urbain qui les avait institués, et la condition qui leur était imposée, de n'ordonner que pour les degrés inférieurs, fait présumer que la plupart n'étaient que de simples prêtres (2).

§ 84. — *Éducation, élection, ordination et entretien du clergé.*

Ce fut surtout par la pratique que le clergé se forma dans les premiers temps. Pour exercer les fonctions du ministère sacré de l'enseignement. il suffisait de savoir exposer l'histoire de la mission du Fils de Dieu, de pouvoir par là fonder dans les cœurs la foi en sa venue, et de confirmer la vérité de la doctrine par la pureté de sa conduite. Paul et Jean furent les apôtres qui réunirent autour d'eux le plus grand nombre de disciples. Ceux de Paul sont cités dans le Nouveau-Testament. Jean forma à Ephèse Polycarpe, Ignace, Papias; ceux-ci en formèrent beaucoup d'autres, surtout par la pratique, comme ils avaient été formés eux-mêmes. Les premiers écrivains chrétiens, plus particulièrement les apologistes, étaient déjà formés au point de vue littéraire avant leur entrée dans l'Eglise. Cependant nous voyons, dans cette période, l'école catéchétique d'Alexandrie non-seulement élever et instruire la jeunesse chrétienne, mais préparer des maîtres et des ouvriers évangéliques. Origène en était sorti. Les apôtres eux-mêmes avaient recommandé de soumettre à des épreuves sérieuses et de régler avec beaucoup de prudence le choix des évêques, des prêtres et des diacres. Ceux qu'on nommait, étaient d'ordinaire, connus du haut clergé et de la paroisse, par les degrés inférieurs et préparatoires qu'ils avaient traversés. La paroisse prenait non-seulement part à l'élection des prêtres et des diacres, mais encore à

---

(1) *Concil. Ancyran.* can. 13. Χορεπισκόπους μὴ ἐξεῖναι πρεσβυτέρους ἢ διακόνους χειροτονεῖν. (*Mansi*, t. II, p. 517; *Harduin*, t. I, p. 275.)

(2) Phillips s'efforce d'établir dans son Droit Canon (t. II, p. 95) que *tous* avaient le caractère épiscopal, mais ses preuves sont peu satisfaisantes. Cf. *Nat. Alex.* Append. ad dissert. XLIV. Hist. eccl., sæc. IV.

celle des degrés inférieurs, tels que les lecteurs (1). L'élection de l'évêque était soumise, comme il convenait à cette haute dignité, à des formalités et à des précautions particulières. En général, et dans la règle, on ne nommait que des hommes âgés, remarquables par leurs vertus, et de préférence de courageux confesseurs de la foi. Le peuple, ainsi que le remarque saint Cyprien, y prenait aussi part (2), et il conserva ce droit tant que l'Eglise fut, en général, composée de ceux qu'une véritable impulsion intérieure et divine avait poussés au Christianisme, et qui, par conséquent, n'avaient pas d'autre désir que de voir fleurir l'Eglise, et n'agissaient point par des vues intéressées et impures. Cependant, on ne connaît pas clairement la forme de cette participation populaire, qui se retrouvait encore dans d'autres affaires concernant la paroisse. Elle ne rendait, en aucune façon, l'autorité épiscopale dépendante des fidèles (3), qui, tout en élisant l'évêque, n'avaient aucun droit de le déposer. La mission de l'évêque était regardée comme émanant directement du Christ, et son ordination comme l'œuvre du Saint-Esprit. La paroisse devait, par conséquent, se soumettre dans toutes les affaires ecclésiastiques, à l'évêque comme au successeur des apôtres et pleinement revêtu de leur autorité. Dans le IIIe siècle, les évêques provinciaux, ou le métropolitain, assistaient à l'élection (4). S'il y avait désaccord, le métropo-

(1) *Cyprian.* ep. 34, ad clerum et plebem de Celerino, lectore ordinato. P. 108.

(2) Déjà dans *Clem. Rom.* ep. I ad. Corinth., c. 44, il est dit de l'élection des évêques, συνευδοχησάσης τῆς Ἐκκλησίας πάσης (comprobante universa Ecclesia). *Cypr.* ep. 68, p. 256.

(3) Le peuple ne donnait son témoignage qu'en faveur du mérite de l'élu ; aussi Cypr. dit : Episcopus eligatur plebe præsente, quæ singulorum *vitam plenissime novit*, et uniuscujusque actum de ejus conversatione perspexit, etc. » Ep. 68, p. 256. De même, *Constitut. apost.* VIII, 4 : « Ordinandum esse episcopum inculpatum in omnibus, electum a populo ut *præstantissimum.* » (*Galland.*, t. III, p. 203. *Mansi*, t. I, p. 538). C'est pourquoi Cyprien dit : « Referimus ad vos Celerinum fratrem nostrum, virtutibus pariter et moribus gloriosum, clero vestro, *non humana suffragatione*, sed divina dignatione conjunctum, » Ep. 34, p. 108.

(4) *Cyprian.* « Propter quod diligenter de traditione divina et apostolica observatione servandum est et tenendum, quod apud nos quoque et fere per provincias universas tenetur, ut ad ordinationes rite

litain décidait, et l'ordination, suivant immédiatement, se faisait par deux ou trois évêques (1). On donnait communication de l'élection aux paroisses les plus importantes (*litteræ communicatoriæ*).

Il n'y eut, dans les premiers temps de l'Église, rien de déterminé pour l'entretien du clergé. Beaucoup d'ecclésiastiques, à l'exemple de l'apôtre saint Paul, exerçaient un métier et vivaient du travail de leurs mains. Le plus souvent les fidèles, en retour des soins spirituels dont ils étaient l'objet, pourvoyaient à l'entretien des ecclésiastiques comme les fidèles de l'Ancien Testament y subvenaient par la *dîme* (2), et conformément aux paroles du Christ et de ses apôtres (3). Les offrandes, que le peuple fit d'abord en nature, les contributions du dimanche et du mois, servaient aussi en partie à l'entretien du clergé, de manière que les ecclésiastiques n'eurent plus à s'occuper de travaux qui les auraient distraits ou dérangés de leurs fonctions spirituelles. On voit même de temps à autre les travaux de ce genre positivement interdits (4).

§ 85. — *Célibat des ecclésiastiques.*

Mœhler, Examen des écrits tendant à l'abol. du célibat des prêtres cath. Mélang., t. I, p. 177-267. Le célibat avec l'épigr. Δοκῶ κἀγὼ πνεῦμα Θεοῦ ἔχειν. 1 Cor. VII, 40; en deux parties. Ratisb., 1841. Cf. le Célibat dans le clergé de Frib., t. II, p. 656-63. *Pabst*, Adam et le Christ. Vienne, 1835, p. 198-216. *Klistche*, Hist. du célibat. Augsb., 1830, p. 31-50.

celebrandas ad eam plebem, cui præpositus ordinatur, episcopi ejusdem provinciæ proximi quique conveniant et episcopus eligatur plebe præsente, etc. » Cf. *Staudenmaier*, Hist. des élect. épisc., p. 1-24.

(1) Canon. apost. can. 1. Ἐπίσκοπος χειροτονείσθω ὑπὸ ἐπισκόπων δύο ἢ τριῶν (*Mansi*, t. I, p. 30; *Harduin*, t. I, p. 10). Concil. Arelat. can. 20 : « Infra tres (episcopos) non audeat ordinare (episcopum.) » (*Mansi*, t. II, p. 173; *Harduin*, t. I, p. 266.)

(2) Levit. XXVII, 30 sq.; Nom. XVIII, 23 sq.; Deut. XIV, 22 sq.; 2 Paralip. XXXI, 4.

(3) Matth. X, 10; Luc. X, 7; 1 Cor. IX, 13; 1 Tim. V, 17; *Cypr.* ep. 66, p. 246 : « Clerici in honore sportulantium fratrum tanquam *decimas* ex fructibus accipientes, ab altari et sacrificiis non recedant, sed die ac nocte cœlestibus rebus et spiritalibus serviant. »

(4) Canon. apost. can. 6 : « Episcopus vel presbyter, vel diaconus, sæculares curas non suscipiat : alioquin deponatur. » *Mansi*, t. I, p. 30; *Harduin*, t. I, p. 10.)

Le mode d'élection et d'ordination des membres du haut clergé, mais bien plus encore le célibat, l'une des institutions les plus hardies, les plus sublimes et les plus saintes de l'Église catholique, prouvent la haute idée que l'Église conçut dès l'origine du sacerdoce. Représenter dans sa personne le nouvel homme, le second Adam et continuer sa mission, se consacrer par conséquent sans partage dans toute son existence, et par toute son activité, au Christ et à son Église, telle est l'idée du célibat du prêtre (1); et le prêtre réalise cette idée quand, par une foi vivante en la divinité du Christ, il entre en un rapport si intime avec lui, que son être en est transformé et tout renouvelé dans le Saint-Esprit. Le Sauveur avait parlé de ceux qui sont nés eunuques dès le ventre de leur mère et de ceux qui se rendent eunuques eux-mêmes pour le royaume des Cieux (2); et l'apôtre des Gentils avait, dans l'esprit de son Maitre, dit aux fidèles : « Il est avantageux à l'homme de ne toucher
» aucune femme : je voudrais que vous fussiez tous comme
» moi (non marié)... Mais chacun a son don particulier,
» suivant qu'il l'a reçu de Dieu (3). » Puis il ajoutait, comme pour exciter plus sérieusement encore à l'amour de la virginité : « Celui qui n'est point marié s'occupe du soin
» des choses du Seigneur, et de ce qu'il doit faire pour
» plaire à Dieu. Mais celui qui est marié s'occupe des
» choses du monde, et de ce qu'il doit faire pour plaire à
» sa femme, et ainsi il se trouve partagé (4). » Il ajoute,

---

(1) *Creuzer* raconte dans sa Mythologie et sa Symbolique, t. I, p. 600, la légende indienne qui suit : « Le brahme, créé par Birmah, se plaignit que seul, parmi ses frères, il était sans compagne; et Birmah lui répondit que lui, prêtre, ne devait pas se dissiper, mais devait s'adonner uniquement à l'étude, à la prière, au culte divin. » Dans *Cic.* de Legib. II, 8, il est dit : « Ad Divos adeunto caste! » Le passage suivant de *Lampridius* (Vita Alex. Severi), c. 29, est important : « Usus vivendi eidem (Alex. Severo) hic fuit : *primum ut, si facultas esset, id est si non cum uxore cubuisset, matutinis horis in larario suo*, in quo et divos principes sed optimos, electos, et animas sanctiores, in queis et Apollonium, et, quantum scriptor suorum temporum dicit, *Christum, Abraham*, et Orpheum, et hujusmodi cæteros habebat, ac majorum effigies, *rem divinam faciebat.* » (Historiæ Augustæ scriptores sex, ed. Bipont., 1787, vol. I, p. 278.)

(2) Matth. XIX, 12.
(3) 1 Cor. VII, 1, 7, 8.
(4) 1 Cor. VII, 32.

pour répondre au besoin qui le presse, à l'esprit qui l'inspire : « Moi, qui crois avoir l'esprit de Dieu, je vous le redis : Heureuse la vierge qui reste vierge (1) ! » Ailleurs le même apôtre, répondant à Timothée, dit que l'évêque ne doit avoir épousé qu'une femme, qu'après la mort de celle-ci, il ne doit pas se remarier et qu'on prenne pour diacres ceux qui n'auront épousé qu'une femme (2).

Mais qui le premier fit une loi du célibat? le peut-on dire? N'est-ce pas l'esprit même qui anime les chrétiens qui leur a inspiré la libre adoption de cette noble loi? En remontant aux sources on trouve que, pour la première fois, il est fait mention du célibat dans Tertullien, devenu une sorte d'oracle Montaniste (3). Est-ce une preuve que l'origine du célibat est montaniste? Non certes : c'est tout au plus une preuve que les Montanistes restaient en ce point, comme en plusieurs autres, d'accord avec l'Église catholique, pour laquelle, à cette époque, le célibat n'était plus rien de nouveau. Si les Montanistes en eussent été les inventeurs, dans leurs rudes attaques contre l'Église ils en eussent fait mention, ils s'en seraient vantés au lieu de se contenter de tirer du célibat quelques conséquences exagérées. La loi du célibat ne fut écrite sur du papier que lorsqu'elle commença à s'effacer du cœur des prêtres. On reprochait déjà comme une infraction à la loi au mondain Paul de Samosate et à son clergé d'avoir introduit des femmes dans leurs maison (συνείσακτοι γυναίκες) (4).

(1) 1 Cor. VII, 40.
(2) 1 Tim. III, 2, 12. Cf. V, 9.; Tit. I, 6.
(3) Rigaltius trouva dans un vieux manuscrit de *Tertull.* de Exhort. castit., c. 10, après les mots : « Vita æterna sit in Chr. Jesu Dom. nostro, » l'oracle suivant de Priscille [entre 150 et 160], qu'il présume avoir été retranché du texte ob nimias laudes Priscillæ : « Item per sanctam prophetidem Priscam ita evangelizatur, quod sanctus minister (le prêtre non marié) sanctimoniam noverit ministrare. Purificantia enim concordat, ait, et visiones vident, et ponentes faciem deorsum etiam voces audiunt manifestas, tam salutares quam et occultas, etc. » Cf. Observation. Rigaltii ad Opp. *Tertull.*, p. 114, et Tertullien lui-même dit : « Et commendabis illas duas (uxores) per sacerdotem de *monogamia* ordinatum aut etiam de *virginitate* sanctitum? ». Exhortat. castit., c. 11, p. 671; *Origen.* hom. XVII, in Luc. (t. III, p. 953). D'après celui-ci, un second mariage excluait du sacerdoce et du diaconat. Cf. Apostolor. const. VII, 17, ad princ. (Galland., t. III, p. 155). (4) *Euseb.* Hist. eccl , VII, 30.

Les canons apostoliques, qui contiennent la discipline de l'Église du II° et du III° siècle, font un devoir du célibat au clergé supérieur (1). Le concile d'Elvire [300 ou 305] et celui d'Ancyre [314] désiraient que ceux qui s'étaient mariés avant leur ordination s'abstinssent de tout commerce avec leurs femmes (2); et le concile de Néocésarée [314] prononce la déposition d'un prêtre qui s'était marié depuis son ordination (3). Ainsi, déjà à la fin de cette période, des lois sévères concernant le célibat remplacent çà et là la libre admission de cette sainte pratique.

§ 86. — *Autorité du métropolitain et institution des conciles provinciaux.*

Les apôtres nous apprennent déjà que, d'après leur désir, des communautés chrétiennes isolées entrèrent en relation mutuelle, sans être cependant encore hiérarchiquement subordonnées les unes aux autres. Mais bientôt l'Esprit saint, agissant dans l'Église et stimulant les besoins de ses membres, les réunit en un tout spirituel, dont l'unité vivante et intérieure s'exprima par l'unité extérieure et for-

---

(1) Canon. apost., can. 25 : « Innuptis autem, qui ad clerum promoti sunt, præcipimus, si voluerint uxores ducere, *lectores cantoresque solos*; c'est d'après ce passage qu'il faut expliquer le 5° can. : « Episcopus vel presbyter vel diaconus uxorem suam ne ejiciat *religionis prætextu* (προφάσει εὐλαβείας); sin autem ejecerit, segregetur; et si perseveret, deponatur. » (*Mansi*, t. I, p. 30 et 34; *Harduin*, t. I, p. 11 et 15.)

(2) Concil. Illiberit., can. 33 : « Placuit in totum prohiberi episcopis, presbyteris et diaconibus, vel omnibus clericis positis in ministerio, abstinere se a conjugibus suis et non generare filios : quicunque fecerit, ab honore clericatus exterminetur. » (*Harduin*, t. I, p. 253; *Mansi*, t. II, p. 11.)

(3) Concil. Neocæsar. can. 1 : « Presbyter si uxorem duxerit, ab ordine suo illum deponi debere. » (*Harduin.*, t. I, p. 282; *Mansi*, t. II, p. 539.) Conc. Ancyran. can. 10 : Quicunque diaconi ordinantur, si in ipsa ordinatione protestati sunt et dixerunt velle se conjugio copulari, quia sic manere non possunt : hi si postmodum uxores duxerint, in ministerio maneant, propterea quod eis episcopus licentiam dederit. Quicunque sane tacuerint et susceperint manus impositionem, professi continentiam, et postea nuptiis obligati sunt, a ministerio cessare debebunt. » (*Harduin.*, t. I, p. 275; *Mansi*, t. II, p. 518.)

melle d'un corps, non-seulement dans chaque diocèse, mais pour tous les diocèses entre eux. Les rapports des communautés les plus éloignées devinrent de plus en plus intimes et vivants ; et les chrétiens se regardèrent de jour en jour davantage comme les membres d'une même unité. Clément de Rome, Ignace d'Antioche, Polycarpe de Smyrne, insistèrent, en diverses circonstances, par leurs lettres et dans leurs voyages, sur la nécessité de cette union des fidèles dans l'Église. Irénée et Tertullien la défendirent également contre les hérétiques, comme la condition nécessaire de l'unité de la doctrine et le caractère essentiel de l'Église universelle ; mais c'est à Cyprien surtout qu'appartient l'honneur de l'avoir exposée, dans toute sa force, par son profond *Traité de l'unité de l'Église* contre les Novatiens :

« Comme les rayons solaires émanent tous d'un même
» foyer, comme les branches d'un arbre partent d'une
» même racine, ainsi toutes les communautés chrétiennes,
» dispersées sur la surface de la terre, se rattachent et sont
» unies à *une seule et même Église*. Le rayon ne vit que
» dans la lumière du soleil, la branche ne subsiste que par
» son union avec le tronc : ainsi le vrai chrétien ne vit que
» par son union avec l'Église. Qui ne vit pas en elle est un
» étranger, un profane, n'a pas de part avec Jésus-Christ.
» Celui-là n'a point Dieu pour père qui n'a pas l'Église
» pour mère ; il mourrait de la mort du martyre, sa mort
» serait sans valeur et sans mérite. » Cette idée de l'unité interne et externe de l'Église, résumée dans le mot *catholique*, se réalisa partout de la manière suivante. De même que les fidèles d'une ou de plusieurs Églises s'attachaient à leur évêque, de même les diocèses les plus rapprochés les uns des autres se rattachèrent à un centre commun et formèrent une sorte de diocèse plus vaste, ordinairement autour de l'évêque de la capitale de la province, ou de la *métropole civile* (1), dénomination dont on se servait aussi

---

(1) Cet usage fut plus tard érigé en principe par le Concile d'Antioche, can. 9 : Τοὺς καθ' ἑκάστην ἐπαρχίαν ἐπισκόπους εἰδέναι χρὴ τὸν ἐν τῇ μητροπόλει προεστῶτα ἐπίσκοπον, καὶ τὴν φροντίδα ἀναδέχεσθαι πάσης τῆς ἐπαρχίας, διὰ τὸ ἐν τῇ μητροπόλει πανταχόθεν συντρέχειν πάντας τοὺς πράγματα ἔχοντας. (*Harduin*, t. I, p. 595.)

§ 86. — MÉTROPOLITAINS ET CONCILES PROVINCIAUX. 291

au IV° siècle pour désigner un centre d'action ecclésiastique. L'idée de cette union métropolitaine se trouve réalisée pour la première fois dans l'*Église mère* des judéo-chrétiens de Jérusalem, unie aux Eglises de Galilée, de Judée et de Samarie (1). Après de tristes destinées, la dignité métropolitaine de Jérusalem passa, sous Adrien, à l'Église de Césarée. L'Eglise d'Antioche, composée de juifs et de païens, fut la seconde métropole chrétienne, à laquelle s'en rattacha une troisième, celle d'Alexandrie. En Occident, Rome, quatrième métropole, comprit les Églises de la basse Italie et de l'Italie centrale, les îles de Sardaigne, de Corse et de Sicile (provinces suburbaines). Outre les trois grandes métropoles de Rome, d'Antioche et d'Alexandrie, les Eglises d'Éphèse et de Carthage jouissaient d'une sorte d'indépendance et d'une considération particulière. Cette union des divers diocèses sous un métropolitain exerçait une influence favorable dans les circonstances les plus importantes, telles que les élections épiscopales (2). Les communications régulières, par lesquelles les Eglises se faisaient part des nouvelles ecclésiastiques, des élections des évêques (*litteræ communicatoriæ*), des excommunications, l'introduction des lettres de recommandation (*litteræ formatæ*), furent les conséquences naturelles (3) de cette union intérieure, en même temps que les signes de l'unité extérieure de l'Église.

Les conciles *provinciaux* eurent encore une influence plus décisive. Ils naquirent (4), non, comme pense Gieseler, d'une imitation profane des assemblées des amphyctions

---

(1) Cf. *Euseb.* Hist. eccles. III, 32, selon lequel, au rapport d'Hégésippe, les premiers évêques de Jérusalem jouirent manifestement d'un *pouvoir métropolitain*. Il est dit de Jacques et d'un autre parent de Notre-Seigneur, comme évêque de Jérusalem : Προηγοῦνται πάσης Ἐκκλησίας ὡς μάρτυρες καὶ ἀπὸ γένους τοῦ Κυρίου. Cf. *Petr. de Marca*, Concord. Sacerdotii et imperii, VI, 1.

(2) Voyez § 84.

(3) Cf. *Ferrarius*, de Antiquo epistolar. Ecclesiæ genere. Mediolani, 1613, in-4; *Kiessling*, de Stabili primit. Eccles. ope litterar. communicatoriar. connubio. Lipsiæ, 1744, in-4.

(4) Ce que prouve surtout l'usage de ces conciles d'en appeler aux mêmes sources et de se servir des mêmes termes que les Actes des Apôtres, c. XV; comme les apôtres avaient dit : *Il a plu au Saint-Esprit et à nous*, on voit dans un concile présidé par saint Cyprien [252] les Pères répéter : « Il nous a plu, d'après l'inspiration du Saint-

de la Grèce, mais de l'esprit d'unité vivant dans l'Église et d'après le modèle de l'assemblée des apôtres à Jérusalem (1). Les premiers conciles se tinrent en Grèce (2), puis en Asie, contre les Montanistes et au sujet de la pâque (3), dans la seconde moitié du IIe siècle [160-170] (4); en Afrique [vers 200], sous la présidence de l'évêque Agrippinus, assisté de soixante-dix évêques.

Lorsque l'union des diocèses avec leur métropole se fut consolidée, les conciles provinciaux prirent une forme plus marquée et une périodicité régulière, surtout en Grèce, au commencement du IIIe siècle (5). Ils devaient se tenir une ou deux fois par an. On y examinait, sous la présidence du métropolitain, toutes les affaires ecclésiastiques, et surtout on y définissait, contre les hérétiques, la vraie doctrine de l'Église de manière à instruire et à tranquilliser entièrement les fidèles. Que si l'on ne trouve pas encore de lois organisant la tenue régulière des synodes diocésains, du moins est-il certain que ces synodes furent tenus avant les synodes provinciaux. Les germes de ces assemblées, ainsi que des chapitres métropolitains, qui naquirent plus tard,

---

Esprit et les lumières du Seigneur. » Cf. *Cypr.* ep. 54 (Ad Corn. de Pace lapsis danda), p. 171.

(1) Act. apost. c. 15.
(2) *Euseb.* Hist. eccles. V, 16.
(3) *Euseb.* Hist. eccles. V, 23-25.
(4) *Vœlli* et *Justelli* Biblioth. jur. canon. vet. Paris, 1661, 2 t. in-f. (t. II, c. 5. n. 6, p. 1166). *Fessler*, des Conc. provinc. Inspruck, 1849.
(5) *Tertull.* de Jejun., c. 23 : « Aguntur præterea per Græcias illa certis in locis concilia ex universis Ecclesiis, per quæ et altiora quæque in commune tractantur, et ipsa repræsentatio totius nominis christiani magna veneratione celebratur. » P. 771. *Firmiliani* ep. ad Cyprian. : « Qua ex causa necessario apud nos fit ut per singulos annos seniores et præpositi in unum conveniamus ad disponenda ea quæ curæ nostræ commissa sunt, ut, si qua graviora sunt, communi consilio dirigantur. (Opp. *Cyprian.* ep. 75 p. 302.) Cf canon apost., can. 36 : « Bis in anno fiat episcoporum synodus, et inter se examinent decreta religionis et incidentes ecclesiasticas controversias componant. » *Harduin*, t. I, p. 18; *Mansi*, t. I, p. 35.) *Euseb.* Hist. eccl., V, 16. — Pour les conciles tenus durant cette période, cf. encore *du Pin*, Biblioth. des auteurs, etc., éd. d'Utrecht, 1731, t. I, p. 212 sq.; et *Ruttenstock*, Institut. hist. eccles., t. I, append. de Conc., p. 537-558.

se trouvaient déjà dans le presbytère (1) qui entourait l'évêque et l'assistait de ses conseils.

§ 87. — *Primauté de l'évêque de Rome, — Centre d'unité de toute l'Église.*

Mœhler, l'Unité dans l'Église, p. 260. *Katercamp*, de la Primauté de l'apôtre Pierre et de ses successeurs. Münster, 1820. *Rothensée*, la Primauté du pape dans tous les siècles chrétiens. Mayence, 1836-1838, 3 vol. *Aug. Theiner*, la Suède et ses rapports avec le saint-siége. Augsb., 1838, t. I, p. 1-71. *Kenrick*, Archiv. de Baltimore, la Primauté du saint-siége apostolique. New-York, 1853. *Bossuet*, Sermon sur l'unité de l'Eglise.]

L'évêque était le centre d'unité de son diocèse ; le métropolitain, celui de la province : il manque encore le centre des métropoles elles-mêmes, la clef de voûte de l'Église, la pierre angulaire de tout l'édifice. Elle se trouve à Rome. L'évêque de Rome est le centre d'unité de toute l'Église. Une Providence toute spéciale avait conduit à Rome, mis à la tête de la première communauté chrétienne, dans la capitale du monde païen, l'apôtre à qui le Fils de Dieu avait accordé la prééminence sur ses collègues et confié le soin de diriger toute son Église. Rome, ville aussi *éminemment pratique* que la Grèce était scientifique et spéculative, devenait ainsi le centre d'action du Christianisme, si pratique dans toute sa tendance (2) ; et les successeurs de Pierre devaient être en même temps, suivant les desseins providentiels, les successeurs de sa primauté.

Déjà saint Clément de Rome en est la preuve ; saint

1) Voyez plus haut, § 82, n. 5, et *Phillipps*, les Synodes diocésains. Frib., 1849, p. 25 sq.

(2) *Optat. de Mil.* (v. 368) : « Qui peut nier que Pierre n'a établi le premier siège épiscopal à Rome que pour réunir toutes les Eglises dans son unité ? » (In qua una cathedra unitas ab omnibus servaretur.) « Cette Providence spéciale, dit Jos. Goerres, choisit, non la Grèce spéculative avec son Athènes si raffinée, pour devenir le centre de l'Eglise, mais Rome habituée depuis des siècles au positif des affaires ; Rome, dont la population impérissable se développe à travers les siècles avec l'histoire elle-même et possède un sens pratique tel qu'on n'en avait jamais vu. L'Esprit-Saint tourne alors ce sens tout terrestre vers un but plus élevé, et quand le Christianisme l'a transformé, il lui confie le gouvernement de l'Église. »

Ignace d'Antioche le reconnaît : il dit que l'Église de Rome *préside l'alliance de l'amour*, c'est-à-dire toute la chrétienté (1). Saint Irénée affirme que tous les fidèles doivent être unis à l'Église romaine à cause de sa *puissante primauté* (2), et saint Cyprien, à son tour, explique cette primauté d'après l'essence même et le but sublime de l'Église : « L'Église est fondée sur Pierre à cause de *l'unité*; Pierre est le foyer, le centre de l'Église romaine ; c'est pourquoi le siége épiscopal de Rome est le siége de Pierre, l'Église de Rome la première de toutes les Églises. C'est à l'évêque de Rome que doivent être unis tous les évêques du monde. » « Quoi, s'écrie-t-il contre les schismatiques Fortunatus et Félicissimus, ils essayent de faire entrer leur barque dans le port de l'Église romaine, d'où est sortie l'unité sacerdotale! Ils ne songent donc pas que ce sont là ces Romains dont l'Apôtre exaltait la foi, parce que l'infidélité ne peut avoir accès auprès d'eux (3) ! » Et si telle était la doctrine de Cyprien, telle était sa pratique. Il engage l'évêque de Rome, Étienne, à déposer Marcien, évêque d'Arles, partisan des Novatiens, et à en élire un autre à sa place ; il lui envoie les

---

(2) *Ignat.* ep. ad Rom. : Προκαθημένη τῆς ἀγαπῆς (non ἐν ἀγάπῃ), in proœm. Voyez, sur le sens de cette expression, *Wocher*, Lettres de saint Ignace d'Antioche. Tüb., 1829, p. 82.

(2) *Iren.* Contra hær. III, 3, n. 2, p. 175 : « Ad hanc enim Eccles. propter potentiorem principalitatem (διὰ τὸ ἱκανώτερον κῦρος vel πρωτεῖον; après III, 38, n. 3?) necesse est omnem convenire Ecclesiam, hoc est eos qui sunt undique fideles; in qua semper ab his qui sunt undique conservata est ea quæ ab apostolis traditio. » Voyez pour l'éclairc. de ce passage, *Dœllinger*, Man. de l'hist. eccles., t. I, P. I, p. 356 sq.; *Mœhler*, l'Unité dans l'Église, p. 268 sq.

(3) *Cypr.* de Unitate Eccles., p. 396 sq. Cf. surtout les notes 11 et 12 de Prudent. Maranus traitant des interpolat., ep. 27, p. 90. — Ep. 70 : « Quando et baptisma unum sit, et Spiritus sanctus unus, et una Ecclesia a Chr. Domino super Petrum origine unitatis et ratione fundata. » P. 270, C. — Ep. 71 : « Nec Petrus, quem *primum* Dominus elegit, et super quem ædificavit Ecclesiam suam, quum secum Paulus de Circumcisione postmodum disceptaret, vindicavit sibi aliquid insolenter aut arroganter assumpsit, ut diceret se primatum tenere et obtemperari a novellis et posteris sibi potius oportere. » P. 273, B. — Ep. 55 : « Navigare audent, et ad *Petri cathedram atque ad Ecclesiam principalem*, unde unitas sacerdotalis exorta est, etc. » P. 183, A. — Cf. les notes 64 et 65, de *Prudent. Maranus*, p. 193.

actes des conciles d'Afrique contre les prétentions de Félicissimus, et les décisions prises contre les chrétiens tombés (*lapsi*) dans la persécution. Que si, dans un cas particulier, Cyprien semble (1) méconnaître la suprématie d'Étienne, et attaquer dans un langage acerbe la conduite passionnée de celui-ci, il s'agit de décider qui mérite plus de confiance, de Cyprien exposant paisiblement ses vues sur l'Église et sa constitution et les confirmant par sa conduite, ou de Cyprien irrité, dans une cause personnelle, par la contradiction qu'éprouve son opinion évidemment erronée (l'invalité du baptême des hérétiques). Le privilége que Rome réclame, les évêques le reconnaissent, tantôt spontanément, tantôt en répondant aux circonstances qui les sollicitent. Qu'on se rappelle particulièrement la conduite de Corneille dans celle de Novatus et de Félicissimus, d'Étienne dans les affaires des rebaptisants, de Denys contre Paul de Samosate et Denys d'Alexandrie. Les schismatiques Montanistes reconnurent eux-mêmes cette puissance de l'évêque de Rome lorsqu'ils en appelèrent à lui. Il en fut de même de l'empereur Aurélien.

Ainsi se manifeste de bonne heure, dans ses caractères fondamentaux cette organisation régulière et ferme qui devait constituer l'unité de l'Église, et qui allait, selon le temps et les circonstances, se développer, se fortifier, se compléter (2). Le pontife qui contribua le plus, autant par

---

(1) *Semble*, parce que l'authenticité n'en est pas bien établie. Voy. infra, § 89. L'observation de Liebermann est très-juste : Cyprianus (in ep. 74, p. 294) in summum Pontificem ita acerbe invehitur, ut qui virum noverat tam moderatum, tam verecundum in Sedem romanam, jam *Cyprianum* in Cypriano quærat (Instit. theol. ed. V, t. IV, p. 235).

(2) Voici, d'après *Iren.* Contra hær. III, 3, n. 3 ; *Euseb.* Hist. eccl. III, 2, 13, 15, 34 ; V, 6, la série la plus vraisemblable des sept premiers évêques romains de cette période : 1. S. Pierre [42-67]; 2. S. Lin (2 Timoth. IV, 21) ; 3. S. Anenclet (Anaclet ou Clet) ; 4. S. Clément (Philipp. IV, 3, 68-77, ou 92-101); 5. Evariste; 6. S. Alexandre [jusq. 119]; 7. S. Xyste (Sixte) [119-127]; S. Télesphore [127-139]. Il est impossible de mettre d'accord les séries qui se trouvent dans *Epiph.*, *Optat. Milevit.*, et *August.*, surtout pour les quatre premiers évêques. On crut pouvoir conlure de l'épître de Clément aux Corinthiens qu'il régna de 68 à 77. Voyez *Dœllinger*, Man. de l'hist. eccles., t. I, sect. I, p. 87-90. A l'appui viennent les indications du plus ancien catalogue

sa vie que par sa science, à développer d'une manière simple et lucide, et à populariser dans toute la chrétienté les principes de cette organisation de l'Église, fut

Thascius Cæcilius Cyprien (1).

Né à Carthage, de parents distingués, élevé dans les écoles des rhéteurs païens, il y acquit une science qui le rendit l'orgueil de ses maîtres et du peuple de Carthage. Sa brillante éducation ne le mit point à l'abri des égarements des passions humaines et de la corruption du paganisme. Il en fut tiré et guéri par le prêtre catholique Cæcilius, qui eut le bonheur de le convertir au Christianisme [246]. Dans la ferveur de sa régénération spirituelle, Cyprien distribua en dons divers une grande partie de ses biens; il en consacra le reste à la bienfaisance et à des œuvres chrétiennes, « ayant eu le bonheur d'expérimenter » par lui-même ce que naguère, indécis et flottant sur la

---

des évêques rom. (composé probablement vers 354), allant jusqu'au pape Libérius, et d'après lesquelles Lin et Clet auraient déjà été ordonnés évêques par Pierre, durant son premier séjour à Rome. C'est ce que confirme *Rufin*, Præf. ad recognition. Clementis : « Linus et Cletus fuerunt quidem ante Clementem episcopi in urbe Roma, sed *superstite Petro*, videlicet ut illi episcopatus curam gererent, *ipse vero* apostolatus impleret officium. » (Galland., t. II, p. 218.) — Le plus ancien catalogue, appelé Libérien, renfermant les jours et mois des pontificats et des consulats du commencement et de la fin du règne des papes, ainsi que la continuation faite plus tard jusqu'à Félix III; enfin le catal. III jusqu'à Etienne II, etc., se trouvent imprimés, commentés, ornés du portrait des papes dans Conatus chronico-historicus ad catalogum pontificum (celui-ci remplit tout le tome II des Præfationes, tractatus, etc., in *Bollandi* act. SS.). Cf. *F. Pagi*, Breviarium hist. chron. critic. illustriora pontif. rom. gesta complectens. Antverpiæ, 1717, 6 vol. in-4 (les derniers vol. continués jusqu'à Grégoire XIII par *A. Pagi*.) *Gius. Piatti*, Storia critico-ronol. de Rom. Pontific. Napoli, 1765-1770, 12 vol. in-4 (jusqu'à Clément XIII). *A. Sandini*, Vitæ Pontificum roman. Patav., 1739.

(1) Vita Cypr. per Pontium ejus diacon. en tête des Opp. Cypr. ed. Erasmus. Bas., 1520; Pamelius, Antv., 1568, et souvent Rigaltius. Paris, 1648, et Fell. Oxon., 1682. Baluzii stud. et labor. absolvit unus ex monach. congreg. S. Mauri (Prudent. Maranus). Paris., 1726; Ven., 1728. Nous citons d'après la dernière. *Rettberg*, Cyprien, sa vie et ses œuvres. Gœtt., 1831; *Mœlher*, Patrologie, t. I, p. 809-893; *Bœhringer*, Hist. eccles. sous forme de biograph., t. I, p. 375-435.

» mer orageuse du monde, il croyait difficile ou impossible,
» à savoir : qu'on peut renaître à une vie nouvelle dans
» les eaux sacrées du baptême, se dépouiller du vieil
» homme et être régénéré dans son esprit et son cœur,
» tout en conservant la même enveloppe terrestre. » Cyprien se forma par l'étude des ouvrages de Tertullien, dont la profondeur et le sérieux moral répondaient à son génie. Élu évêque de Carthage [248], il voulut, dans son humilité, fuir cet honneur, mais les instances du peuple le forcèrent de l'accepter. Pénétré de sentiments véritablement éclairés et chrétiens (1), il crut devoir fuir devant la persécution de Dèce; mais le pasteur n'oublia point, dans sa solitude, le troupeau qui lui était confié et sur lequel il ne cessait de veiller. Idéal d'un véritable évêque, il sut, dans sa sagesse et suivant les circonstances, unir la douceur à la sévérité. Ce ne fut que pour le bien de l'Église et pour ses principes qu'il combattit, avec une persévérance toute chétienne, le diacre Félicissimus et l'évêque intrus Fortunatus, surtout depuis son retour à Carthage [251]. Il n'en fut pas de même de sa discussion avec Étienne, évêque de Rome, dans laquelle il opposa passion à passion. Un édit de Valérien contre les chrétiens le surprit durant cette controverse [257]. Cette fois Cyprien, désireux d'obtenir la couronne du martyre, ne s'enfuit point : il confessa avec une sainte et joyeuse hardiesse, devant le proconsul, qu'il était chrétien et évêque. On l'exila à Curbi. L'Église de Rome voulut s'adresser en sa faveur aux fonctionnaires supérieurs de l'État, mais il l'en détourna en lui écrivant, comme jadis saint Ignace : « Je vous écris plein de vie,
» mais plus encore du désir de mourir : mon amour a été
» crucifié; le feu qui me consume ne doit pas s'éteindre; la
» voix que j'entends et qui me dit : Viens au Père ! doit
» être exaucée. » Un an après son exil, son arrêt fut prononcé : « L'évêque de Carthage, ennemi des dieux de Rome,
» sera décapité. — Dieu soit loué ! » répondit-il. Il mourut le 14 septembre 258. Lorsque la nouvelle en parvint aux fidèles de Carthage, ils s'écrièrent, dans leur chrétienne douleur : « Oh! venez, mourons avec lui ! » C'est dans ces

---

(1) Matth. X, 23.

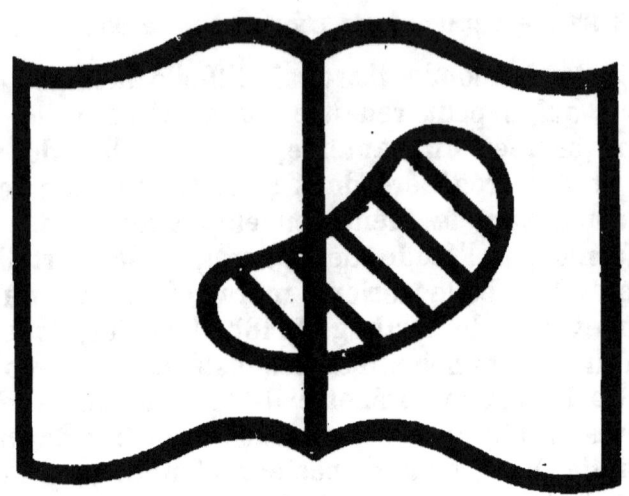

Illisibilité partielle

pieux sentiments qu'ils reçurent sa dépouille et qu'ils l'ensevelirent sans rencontrer d'obstacle ; et ces paroles, échappées à leur douleur, restèrent à la fois comme un monument perpétuel qu'ils élevèrent à sa mémoire, et comme le symbole de l'union intime qui doit régner entre l'évêque catholique et son troupeau (1).

(1) *Augustin.* de Baptismo, III, 3 : « Ego Cyprianum, *catholicum episcopum*, catholicum martyrem, et quanto magis magnus erat, tanto se in omnibus humiliantem, etc. » — Cf. *Prudent.* de Coronis, hymn. XIII.

CHAPITRE V.

CULTE. — DISCIPLINE. — VIE RELIGIEUSE ET MORALE DES CHRÉTIENS.

C. *Chardon*, Hist. des Sacrements. Paris, 1745, 6 vol. *Martene*, Antiq. Ecclesiast. ritibus (ed. Bassani, 1788, 4 vol. in-fol.). Les Œuvres de *Mammachi, Selvaggio, Pelliccia*. Voyez plus haut Liturgie de *Schmidt, Luft et Fluck, Binterim*.

---

§. 88. — *Nécessité d'un culte extérieur. — Initiation dans l'Église catholique. — Baptême. — Confirmation.*

Morini, de Cathecumenor. expiatione et ad baptismi susceptionem præparatione (Opp. posthum. Paris., 1702). *I. Vicecomitis*, Observat. ecclesiast. de antiq. baptismi ritibus. Paris, 1618. *Martene*, lib. I, de Ritib. in sacrament. administr. observatis, lib. I et II (T. I, p. 1-97).

La religion de l'homme, qui est composée d'un corps et d'une âme, doit nécessairement se manifester d'une manière sensible. L'histoire de presque tous les peuples (1) en est la preuve, comme le remarque saint Augustin. Aussi le Christianisme, qui à la vérité mettait au premier rang l'adoration de Dieu en esprit et en vérité (2), a-t-il eu, dès les temps apostoliques, conformément à l'exemple et à la volonté de son divin Fondateur (3), ses prières particulières, ses rites et ses cérémonies propres. Il convenait en effet, le culte extérieur est puissant pour exciter et déve-

(1) *Augustin.* : « In nullum nomen religionis, verum seu falsum, coagulari homines possunt, nisi aliquo signaculorum vel sacramentorum visibili consortio colligentur. » Contra Faustum, lib. XIX, t. VIII, ed. Bened.
(2) Jean IV, 23.
(3) Matth. VI, 9

tenir le culte intérieur, pouvait-il manquer au Christianisme ? Qui ne se sent disposé à la dévotion, quand il voit prier avec recueillement et ferveur, quand il entend chanter avec piété les hymnes sublimes et solennels de l'Église ? Aussi, le culte extérieur, conforme à ce besoin de l'homme, à l'idée de l'Église *visible* fondée par le Christ, se manifeste-t-il, se détermine-t-il de plus en plus, après les temps apostoliques, dans tous les faits de l'Église, dans tous les actes religieux ; et d'abord dans l'*initiation* chrétienne, ou la manière dont l'homme entre dans l'Église catholique.

Si, dans les temps apostoliques, l'enthousiasme des chrétiens pouvait permettre de baptiser les flots de peuples qui se présentaient à la piscine régénératrice, sans une préparation longue ni difficile, pourvu qu'on donnât des preuves d'une foi vivante, d'une pénitence sincère, le changement des circonstances dut nécessairement imposer plus tard aux initiés des conditions nouvelles et une instruction complète. Ainsi seulement l'Église catholique pouvait empêcher beaucoup de membres indignes de pénétrer dans son sein et de profaner audacieusement ses saintes pratiques.

On nommait catéchumènes (κατηχούμενοι) les nombreux candidats qui se présentaient avec un cordial empressement à l'Église, dont ils ne devenaient membres actifs (πιστοί, ἀδελφοί) qu'en passant par divers degrés de préparation. L'admission au catéchuménat, qui durait souvent plusieurs années, se faisait par l'imposition des mains et le signe de la croix. Depuis le IV° siècle, il y eut dans le catéchuménat les degrés suivants : 1° ceux qui, pendant le service divin, ne pouvaient entendre que la prédication (ἀκροώμενοι, *audientes*) ; 2° ceux qui, après la prédication, assistaient encore à la prière et recevaient la bénédiction épiscopale (γονυκλίνοντες, *genuflectentes*) ; 3° ceux qui, les épreuves subies, devaient être baptisés à la prochaine solennité (φωτιζόμενοι. Βαπτιζόμενοι, *competentes, electi*). Alors seulement on leur faisait connaître complétement le symbole de la foi, l'Oraison dominicale, le mystère de la sainte Trinité, de l'Incarnation et le sens des sacrements. Et ce n'était qu'après quelques autres épreuves et la renonciation formelle du catéchumène à Satan, à ses œuvres et à ses anges(ἀπόταξις), qu'on lui accordait le baptême, qui se faisait par une triple immersion du corps dans l'eau (ou par une simple aspersion pour les infirmes, *baptismus clinicorum*) sous l'invocation du Père, du Fils et du Saint-Esprit.

Plus tard, les circonstances firent abréger le temps du catéchuménat, et administrer le baptême *aux enfants* (1), suivant une décision obligatoire d'un concile de Carthage [252] (2); tandis que, plus tard encore, vers la fin du III° siècle, prévalut la coutume abusive de remettre le baptême jusqu'à l'âge le plus avancé, même jusqu'aux approches de la mort. Le plus souvent l'évêque seul administrait le baptême ; les prêtres et les diacres ne baptisaient que par délégation de l'évêque, les laïques qu'en cas de nécessité (3). On voit dans le II° siècle faire mention des parrains (χειραγωγοί, ἀνάδοχοι, *susceptores*, *sponsores*, *fideijussores*), dont l'origine remonte certainement aux temps apostoliques (4).

En signe de l'innocence reconquise, les nouveaux baptisés étaient revêtus d'une robe blanche (*pallium*) : de là le mot ironique des païens : *A toga ad pallium*. Dans les

---

(1) *Iren.* Contra hær. II, 22, n. 4, p. 147; V, 15, n. 3 : « Et quoniam in illa plasmatione quæ secundum Adam fuit, in transgressione factus homo indigebat *lavacro regenerationis*, etc. » p. 312. — *Massuet*, dans la Dissertat. præv. in Iren. libros, p. CLVIII, remarque : « Irenæus hinc cum Augustino concludit baptismum omnibus hominibus, et ipsis parvulis et infantibus, necessarium esse, ut per eum regeniti pristinæ generationis sordes abluant. »

(2) Ut intra octavam diem, qui natus est, baptizandus et sacrificandus. — Universi judicavimus, *nulli hominum* nato misericordiam Dei et gratiam denegandam (*Harduin*, t. I, p. 147; *Mansi*, t. I, p. 900 sq.). Mais Tertullien détourne du baptême des enfants : « Itaque pro cujusque personæ conditione ac dispositione etiam ætate cunctatio baptismi utilior est : præcipue tamen circa parvulos. Quid enim necesse est sponsores etiam periculo ingeri ? Quia et ipsi per mortalitatem destituere promissiones suas possunt et proventu malæ indolis falli, etc. » De Baptismo, c. 18, p. 264. — Cf. *G. Walli*, Hist. baptismi infantum, lat. vert. *Schlosser*. Brem., 1748, 2 vol. in-4.

(3) *Tertull.*, lib. I : « Alioquin etiam laicis jus est (dandi baptismum) — sufficiat in necessitatibus utaris, sicubi aut loci aut temporis aut personæ conditio compellit. » C. 17, p. 263.

(4) Cf. *Binterim*, t. I, P. I, p. 190, et *Bœhmer*, t. II, p. 300.

premiers temps on administrait le baptême tous les jours, mais principalement le dimanche. Plus tard, on fixa des jours solennels ; ainsi, dans la période qui nous occupe, la Pâque et la Pentecôte ; chez les Grecs et les Orientaux, aujourd'hui encore, l'Épiphanie (1).

Par le baptême, selon la doctrine de l'Église, les péchés étaient remis ; on renaissait dans le Saint-Esprit, on était admis au rang des enfants de Dieu. C'est pourquoi on le nommait *grâce* (χάρις, *gratia*) ; *illumination, sanctification* (φωτισμός, ἁγιασμός) ; *perfection* (τέλειον) ; moyen unique d'entrer dans l'Eglise (2). En vue de cette efficacité toute-puissante du baptême, beaucoup de catéchumènes, comme nous l'avons dit, différaient de le recevoir jusqu'à la fin de leur vie : d'un côté, parce qu'ils ne se croyaient pas capables de satisfaire entièrement à ses exigences ; d'un autre côté, parce qu'ils ne voulaient pas rompre tout à coup avec le monde et ses plaisirs, ou enfin parce qu'ils pensaient pouvoir ainsi concilier les intérêts du ciel et de la terre (Constantin le Grand).

(1) *Tertull.* : « Diem baptismo solenniorem *Pascha* præstat, quum et Passio Domini, in quam tinguimur, adimpleta est. — Paschæ celebrandæ locum de signo aquæ ostendit, exinde *Pentecoste* ordinandis lavacris latissimum spatium est, quo et Domini resurrectio inter discipulos frequentata est et gratia Spiritus sancti dedicata, etc. » De Baptismo, c. 19, p. 264. Cf. *Natal. Alex.* Hist. eccles. sæc. II, diss. 9, art. 6 (t. V, p. 252 sq.).

(2) *Hermas*, Pastor. lib. III, similit. IX, c. 16 : « Antequam accipiat homo nomen filii Dei, morti destinatus est ; at ubi accipit illud sigillum liberatur a morte et traditur vitæ. Illud autem sigillum *aqua* est, in quam descendunt homines morti obligati, ascendunt vero vitæ assignati, etc. *Tertull.* de Baptismo, commence ainsi : « Felix sacramentum aquæ nostræ, qua ablutis delictis pristinæ cæcitatis in vitam æternam liberamur. C. 1, p. 255. — *Clem. Alex.*, Pædagog. I, 6 : βαπτιζόμενοι φωτιζόμεθα· φωτιζόμενοι υἱοποιούμεθα· υἱοποιούμενοι τελειούμεθα· — καλεῖται δὲ πολλαχῶς τὸ ἔργον τοῦτο χάρισμα καὶ φώτισμα, καὶ τέλειον, καὶ λουτρόν. Λουτρὸν μὲν δι' οὗ τὰς ἁμαρτίας ἀπορρυπτόμεθα· χάρισμα δέ, ᾧ τὰ ἐπὶ τοῖς ἁμαρτήμασιν ἐπιτίμια ἀνεῖται· φώτισμα δέ, δι' οὗ τὸ ἅγιον ἐκεῖνο φῶς τὸ σωτήριον ἐποπτεύεται, τουτέστιν δι' οὗ τὸ θεῖον ὀξυωποῦμεν, Τέλειον δέ, τὸ ἀπροσδεὲς φαμέν. Τί γὰρ ἔτι λείπεται τῷ Θεὸν ἐγνωκότι ; p. 113. — *Iren.* Contra hær. II, 22, n. 4, p. 147 ; V, 15, n. 3, p. 312 (lavacrum regenerationis). Cf. *Klee*, Hist. des dogmes, P. II, p. 135 ; *Brenner*, Hist. de l'inst. et de l'adm. des sacr. depuis J.-C. jusqu'à nos temps. Bamb. et Francf., 1818, 3 t. T. I, sur le Baptême.

Ceux qui avaient été régénérés spirituellement par le baptême recevaient, par le sacrement de confirmation, la *plénitude de l'Esprit* (σφραγίς, μύρον, βεβαίωσις τῆς ὁμολογίας, *charisma, confirmatio, perfectio*). Ce sacrement comprenait l'onction par les saintes huiles (χρίσμα), le signe de la croix qu'accompagnaient ces paroles : « Voici le sceau des dons du Saint-Esprit ; » l'imposition des mains (χειροθεσία), comme second symbole (1) de la communication de l'Esprit saint (2).

§ 89. — *Controverse sur la validité du baptême des hérétiques ; Étienne ; Cyprien ; Firmilien* (3).

La proposition si souvent et si positivement répétée : *Hors de l'Église point de salut*, devait de bonne heure faire naître la question de savoir si le baptême conféré par les hérétiques était valide, ou s'il fallait le renouveler pour ceux qui rentraient dans le sein de l'Église catholique. Cette question s'éleva d'abord au sujet des Montanistes, et fut agitée en Asie Mineure et en Afrique. Plusieurs synodes provinciaux, celui de Carthage [vers 200], présidé par l'évêque de cette ville, Agrippinus ; plus tard, ceux d'Iconium [234] et de Synnade, en Asie Mineure, se prononcèrent contre la validité de ce baptême : leur avis fut partagé par de graves auteurs ecclésiastiques, tels que Tertullien, Clément d'Alexandrie, les canons dits apostoliques, et confirmé dans deux synodes, présidés par Cyprien [255-256] (*).

(1) *Tertull.* de Resurr. carn., c. 8 : « Caro ungitur, ut anima consecretur, caro signatur, ut et anima muniatur; caro *manus impositione* adumbratur, ut et anima spiritu illuminetur. » P. 385 *Cypr.* ep. 73 : « Quod nunc quoque apud nos geritur, ut qui in Ecclesia baptizantur, præpositis Ecclesiæ offerantur et per nostram orationem ac *manus impositionem* Spiritum sanctum consequantur et signaculo dominico consumentur. » P. 281.
(2) Act. VIII, 14-17 ; XIX, 5-6 ; Hébr. VI, 2 ; 2 Cor. I, 21-22.
(3) *Euseb.* Hist. eccles. VII, 3-5, 7, 9 ; *Cypr.* ep. 70-76, p. 267-324 ; *Walch*, Hist. des hérésies, P. II*, p. 310-384.
(*) Les motifs de cette opinion austère sont dans *Tertull.* : « Non idem Deus est nobis et hæreticis, nec unus Christus, id est idem. Ideoque nec baptismus unus, quia non idem. Quem cùm rite non habeant, sine dubio non habent : ita nec possunt accipere quia non habent. »

§ 89. — CONTROVERSE SUR LA VALIDITÉ

Les Eglises d'Occident, celle de Rome en particulier, contrairement à ces décisions, se contentaient d'imposer les mains, en signe de pénitence et de satisfaction, à ceux des hérétiques qui rentraient dans l'Église catholique, sans renouveler le baptême pour eux. Ce double usage dura sans controverse jusqu'au moment où Cyprien envoya les actes de son concile à l'évêque de Rome, Etienne 1er [253-257]. Celui-ci lui répondit, d'un ton catégorique, en même temps qu'aux Églises de l'Asie mineure : « Qu'il fallait se garder de rien innover, s'en
» tenir à la tradition, à celle de l'Église romaine surtout (1),
» et considérer le baptême des hérétiques comme valide,
» pourvu qu'il eût été administré au nom des trois person-
» nes divines (2). » Il paraît qu'en outre Étienne menaça d'excommunication ceux qui renouvelleraient le baptême. Cyprien, blessé, répondit en termes passionnés pour soutenir son opinion, tout en faisant observer qu'il ne voulait nullement rompre avec ceux qui suivaient une pratique contraire à la sienne. Il réunit à Carthage un troisième concile [256] qui, confirmant les premières décisions, se prononça contre Étienne dans un langage formellement contraire à celui par lequel, antérieurement, Cyprien avait librement reconnu la primauté de Rome et le principe

---

De Baptismo, c. 15, p. 262 — *Cypr.* ep. 70 : Neminem foris baptizari extra Ecclesiam posse, quum sit baptisma unum in sancta Ecclesia constitutum ; cæterum probare est hæreticorum et schismaticorum baptisma consentire in id quod illi baptizaverint. » P. 270. — Ep. 73 : « Ac per hoc non rebaptizari, sed baptizari a nobis, quicumque ab adultera et profana aqua veniunt, abluendi salutaris aquæ veritate. » P. 277. — Ep. 72 : « Hos baptizari oportere, eo quod parum sit eis manum imponere ad accipiendum Spiritum sanctum, nisi accipiant et Ecclesiæ baptismum. » P. 275. *Firmilian.* dans *Cypr.* : Hæretico sicut ordinare non licet nec manum imponere, ita nec baptizare nec quidquam sancte nec spiritaliter gerere, quando alienus sit a spirituali ac deifica sanctitate. » Ep. 75, p. 304. — Cf. *Mœlher.*, Patrol., t. I, p. 887-891.

(1) *Stephanus* dans *Cypr.*, ep. 75 : « Si quis a quacumque hæresi venerit ad vos, nihil innovetur, nisi quod traditum est, ut manus illi imponatur in pœnitentiam, quum ipsi hæretici proprie alterutrum ad se venientes non baptizent, sed communicent tantum. » P. 293.

(2) On peut conclure des reproches adressés par Firmilien à Etienne, que celui-ci et les Romains se servaient de cette clause :
« Illud quoque absurdum quod non putant (Stephanus et Romani)

d'unité qui en ressort (1). Firmilien, évêque de Césarée en Cappadoce, d'accord avec Cyprien, et comme lui menacé d'excommunication, se prononça d'une façon encore plus amère et plus violente (2).

Tout en soutenant la cause de la vérité, Étienne ne paraît pas avoir donné dans ses écrits des explications suffisantes. Ce fut seulement plus tard que saint Augustin, durant la controverse contre les Donatistes, exposa les principes solides de la question, dans les propositions suivantes (*) :

quærendum esse quis sit ille qui baptizaverit, eo quod qui baptizatus sit gratiam consequi poterit, *invocata Trinitate nominum Patris et Filii et Spiritus sancti* (ep. Cypriani 75, p. 304). » — *S. Cypr.*, ep. 76, prouve aussi clairement que cette formule de la Trinité était un usage romain : « Quod si aliquis illud opponit ut dicat eamdem *Novatianum* legem tenere quam catholica Ecclesia teneat, *Eodem symbolo quo et nos baptizare, eumdem nosse Deum patrem eumdem Filium Christum, eumdem Spiritum sanctum*, ac propter hoc usurpare eum potestatem baptizandi posse quod videatur in interrogatione baptismi a nobis discrepare, sciat quisque hoc opponendum putat, etc. » P. 319. — Si l'on pèse les termes d'Etienne (dans la note précédente) hæretici *proprie* non *baptizant*; et ceux que Firmilien attribue au pape : Hæresis quidem parit et exponit, expositos autem Ecclesia catholica suscipit et quos non ipsa peperit pro suis nutrit (in *Cypr.* ep 75), on en conclura que les lettres d'Etienne se sont perdues, mais qu'il reste encore de la citation des motifs principaux du pape de quoi justifier son opinion. Conf. les sources principales et la littérature, dans *Migne*, Patrologiæ cursus complet., seriés I, t. III, p. 983-1418.

(1) Les Act. dans *Cypr.* Opp., et dans *Augustin.* de Bapt. contr. Donat., lib. VI et VII (Opp. ed. Bened., t. IX); *Mattes*, Baptême des hérétiques (Rev. trim. de Tub., 1849, p. 571 sq. 1850, p. 24 sq.); *Natal. Alex.*, Hist. eccles. sæc. III, diss. XII.

(2) « Atque ego in hac parte juste indignor ad hanc tam apertam et manifestam Stephani stultitiam, quod qui sic de episcopatus sui loco gloriatur et se successionem Petri tenere contendit, super quem fundamenta Ecclesiæ collocata sunt, multas alias petras inducat, et ecclesiarum multarum nova ædificia constituat, dum esse illic baptismata sua auctoritate defendit » Ep. 75, p. 308. — Les franciscains Raimund, Missori et Marcellinus Molkenbuhr considéraient comme apocryphes les lettres de saint Cyprien sur le baptême des hérétiques; elles sont considérées comme authentiques par Sbaralea, Germana. S. Cypr. et Afrorum necnon Firmiliani opinio de hæretic. baptism. Bonon., 1741; et *Preu*, Diss. académ. Iena, 1738.

(*) *Augustin.* de Baptismo : « Jam quidem in supra memoratis libris dictum est, ita posse extra catholicam communionem dari

« Ceux qui se séparent de l'Église, tout en conservant
» une partie de la vérité, restent, dans les points de doc-
» trine conservés intacts, unis à l'Église catholique. Ce
» qu'ils ont conservé de son enseignement, ils ne le per-
» dent point en se séparant d'elle : et c'est ainsi que,
» même hors de l'Église catholique, peut se trouver le
» pouvoir de baptiser. Car c'est le Christ seul qui baptise :
» la sainteté du sacrement reste indépendante de la qua-
» lité de celui qui l'administre. Donc, partout où le bap-
» tême du Christ est administré conformément à sa parole,
» il est et doit être tenu pour valide. »

La conduite résolue d'Étienne ramena, au rapport de Denys, évêque d'Alexandrie, beaucoup d'Églises d'Orient à l'unité de la tradition romaine. La controverse fut interrompue par la mort de Cyprien et d'Étienne, avant le schisme dont elle menaçait l'Église : cependant le successeur d'Étienne ne parvint point encore à la terminer, malgré sa douceur et sa modération, et la question ne fut résolue qu'au concile d'Arles [314], qui décida que le baptême des hérétiques était valide, s'ils l'avaient donné au nom de la sainte Trinité; et le concile de Nicée [325] fit cette importante restriction, qui devait rejeter le baptême de tous

baptismus, quemadmodum extra eam potest haberi, nullus autem illorum negat habere baptismum, etiam apostatas, quibus utique redeuntibus et per pœnitentiam conversis, dum non redditur, amitti non potuisse judicatur. In quo enim nobiscum sentiunt, in eo etiam nobiscum sunt. In eo autem a nobis recesserunt in quo a nobis dissentiunt. Non enim accessus iste atque discessus corporalibus motibus, sed spiritualibus est metiendus. » Lib. I, c. 1. — Proinde illa, in quibus nobiscum sunt, eos agere non vetamus. In quibus autem nobiscum non sunt, veniendo accipiant, vel redeundo recipient adhortamur. » C. 2. — Pro hac sententia, quam nunc Ecclesia catholica tenet, ut Christi baptismus non *ex merito eorum, per quos datur,* sed ex ipsius, de quo dictum est : Hic est qui baptizat, agnoscendus et approbandus sit, in progressu sermonis nostri res ipsa indicabit. » Lib. III, c. 4. — « Baptismus Christi verbis evangelicis consecratus, et *per adulteros et in adulteris sanctus est,* quamvis illi sint impudici et immundi: quia ipsa ejus sanctitas pollui non potest, et sacramento suo divina virtus assistit, sive ad salutem bene utentium, sive ad perniciem male utentium. » Lib. III, c. 10. — Gesta collation. Carthag. prima cognition., n. 55. Qui autem putant negandum esse baptismum Christi, quia eum et dæmones confitentur. (*Mansi*, t. IV, p. 79; *Harduin.*, t. I, p. 1070).

les Pauliniens, c'est-à-dire de tous les adversaires du dogme de la Trinité (1).

§ 90. — *Sacrement de pénitence; discipline pénitentiaire.*

Jos. Morinus, de Disciplina in administr. sacram. Pœnit. Paris., 1651. *Jac. Sirmondus,* Hist. pœnit. publ. Paris., 1651. *Petavius,* de Pœnit. publ. et præp. ad communionem, in Dogmat. theolog., t. IV. *Orsi,* Dissert. hist. de capitalium crimin. absolutione. Mediolani, 1720. *Martene,* I. I, lib. I., c. 6 (t. I, p. 259 sq.) *Babor,* Origine, progrès et conséquences de l'excomm. parmi les chrét. Olmütz, 1791.

En recevant le baptême, le catéchumène s'obligeait solennellement à renoncer au royaume de Satan et à ses œuvres, et se consacrait à une vie pure et sainte dans la communion de l'Église (2). Il n'y en eut que trop cependant qui retombèrent dans les péchés de leur vie passée, et sortirent ainsi de la communion de l'Église, ce qu'on appelait être excommunié. On faisait cependant une différence entre la grande et la petite excommunication (ἀφορισμός, καθαίρεσις).

En vertu du pouvoir de lier et de délier, de remettre et de retenir les péchés, donné par le Christ à ses apôtres (3), l'Église offrait à ces chrétiens, séparés de son sein, comme moyen de salut suprême, « comme seconde et dernière » espérance (4), » le sacrement de Pénitence (ἐξομολόγησις,

---

(1) Concil. Arelat., can., 28 (*Mansi,* t. II, p. 474); Concil. Nicæn., can. 19. De Paulianistis, qui deinde ad Ecclesiam confugerunt, statutum est ut ii omnino rebaptizentur (*Mansi,* t. II, p. 666 sq.; *Harduin,* t. I, p. 331).

(2) *Orig.* Hom. XII, in Numer. n. 4 : « Recordetur unusquisque fidelium, quum primum venit ad aquas basptismi, — quibus ibi tunc usus sit verbis, et quid renuntiaverit diabolo : non se usurum pompis ejus, neque operibus ejus, neque ullis omnino servitiis ejus ac voluptatibus pariturum. » (T. II, p. 316.) — Cf. Exhortat. ad Martyr., c. 17 (t. I, p. 285). — *Cyprian.* : « Sæculo renuntiaveramus, quum baptizati sumus : sed nunc vere renuntiavimus sæculo, quando tentati et probati a Deo, nostra omnia relinquentes, Dominum secuti sumus : et fide ac timore ejus stamus et vivimus. » Ep. 6, p. 38.

(3) Jean XX, 23. Cf, 1 Cor. V, 5; 2 Cor. II, 10, et Act. XIX, 18.

(4) Il faut soigneusement distinguer les sens divers du mot *exomologesis,* signifiant tantôt pénitence, zèle de la pénitence, œuvre de pénitence, tantôt reconnaissance et aveu du péché.

§ 90. — SACREMENT DE PÉNITENCE,

exomologesis). Si l'Église soumettait les catéchumènes à des épreuves difficiles pour les recevoir dans son sein, combien ne devaient pas être plus difficiles encore celles qu'on imposait à la réadoption des chrétiens, déchus de leur innocence et de leurs priviléges (*laboriosus quidam baptismus,* — *pax,* — *pacem dare* — *reconciliatio* — *venire ad communionem, manu ab episcopo et clero imposita*). La première condition de cette réconciliation, surtout dans les péchés graves et mortels (ἁμαρτήματα θανατοφόρα) était *l'aveu de la faute devant les prêtres*, à qui avait été confié le pouvoir de lier et de délier. Dans aucun cas, le simple aveu intérieur de son péché, devant Dieu, uni à une vie contrite et pénitente, et à la pratique des œuvres de charité, ne pouvait suffire, et cela, non-seulement parce que, disait-on, l'institution du Christ était positive, mais encore parce que l'âme pécheresse ne pouvait être guérie si elle ne recevait du prêtre, médecin des âmes, l'instruction, les avis, les encouragements nécessaires et appropriés à son état (1). Bien plus,

---

(1) **Tertull.** de Pœnit., c. 14 : « Ut omnia delicta seu carne, seu spiritu, seu facto, seu voluntate commissa confiteantur. » — C. 6 et 7 : « La pénitence, en général, ne consiste pas seulement, dit-il, dans l'acte *intérieur*, mais elle se parfait par l'acte *extérieur*, par l'*exomologesis. Is actus, qui magis græco vocabulo exprimitur et frequentatur, exomologesis est, qua delictum Domino nostro confitemur*, non quidem ut ignaro, sed quatenus satisfactio confessione disponitur, confessione pœnitentia nascitur; pœnitentia Deus mitigatur. — Plerumque vero jejuniis preces alere, ingemiscere, lacrymari et mugire dies noctesque ad Dominum Deum suum, *presbyteris advolvi et caris Dei adgeniculari*, omnibus fratribus legationes deprecationis suæ injungere. » — C. 9 et 10 : « In quantum non peperceris tibi, in tantum tibi Deus, crede, parcet. Plerosque tamen hoc opus (delicta confitendi), ut *publicationem sui* aut suffugere aut de die in diem differre, præsumo, *pudoris* magis memores quam salutis : velut illi, qui in partibus verecundioribus corporis contracta vexatione, conscientiam medentium vitant, et ita cum erubescentia sua pereunt. » — « Tertullien, en combattant la puissance des clefs dans les évêques en faveur des Montanistes, rend encore témoignage à la dernière partie de la pénitence, à l'*absolution*. Scorpiace, c. 10, p. 628. De Pudicit. c. 1, p. 715 : « Audio edictum esse propositum, et quidem peremptorium. Pontifex sc. Maximus, quod est Episcopus Episcoporum, edicit : Ego et mœchiæ et fornicationis delicta, pœnitentia functis, dimitto. O edictum, etc. » — *Cyprian.* de Lapsis : « Spretis his omnibus (1 Cor. X, 16; XI. 27) atque contemptis ante expiata delicta, ante exomologesin factam criminis, ante purgatam

dans certaines circonstances, pour des péchés graves et publics, soit que le pénitent s'y portât spontanément, soit

conscientiam sacrificio et manu sacerdolis, ante offensam placatam indignantis Domini et minantis, vis infertur corpori ejus et sanguini, et plus modo manibus atque ore delinquunt, quam quum Dominum negaverunt. » P. 378. — Confiteantur singuli, quæso vos, fratres dilectissimi, delictum suum, dum adhuc qui deliquit in sœculo est, dum admitti confessio ejus potest, *dum satisfactio et remissio facta per sacerdotes* apud Dominum grata est. » P. 383. — « Nam quum in minoribus delictis, quæ non in Deum committuntur, pœnitentia agatur justo tempore, et exomologesis fiat inspecta vita ejus qui agit pœnitentiam, nec ad communicationem venire quis possit, nisi prius illi ab Episcopo et clero manus fuerit imposita : quanto magis in his gravissimis et extremis delictis caute omnia et moderate secundum disciplinam Domini observari oportet. » Ep. 11, p. 53. — *Origen.* La voie de la pénitence qu'il indique passe par quatre degrés : contritio, satisfactio, confessio, absolutio, jusqu'au moment où le pénitent rentre dans la communion des saints. Hom. VI, n. 9, in Exod. Pœnitendo, flendo, satisfaciendo deleat, quod admissum est (t. II, p. 150). — Hom. II, n. 4, in Levit. » Est adhuc et septima licet dura et laboriosa per pœnitentiam remissio peccatorum, quum lavat peccator in lacrymis stratum suum, et fiunt ei lacrimæ suæ panis die ac nocte, et *quum non erubescit sacerdoti Domini indicare peccatum suum et quærere medicinam.* » (T. II, p. 191.) Cf. Hom. III, n. 4 : « Audi, quid legis ordo præcipiat : si peccaverit. inquit, unum aliquid de istis, pronuntiet peccatum quod peccavit (Levit. V, 5). Est aliquod in hoc mirabile secretum, quod jubet pronuntiare peccatum. Etenim omni genere pronuntianda sunt, et in publicum proferenda cuncta, quæ gerimus. » (T. II, p. 196.) — Hom. II, n. 6, in Ps. XXXVII : « Circumspice diligentius cui debeas confiteri peccatum tuum. Proba meliusmedicum (sacerdotem), cui debeas causam languoris (peccati) exponere, qui sciat infirmari cum infirmante, flere cum flente, qui condolendi et compatiendi noverit disciplinam : ut ita demum, si quid ille dixerit, qui se prius et eruditum medicum ostenderit et misericordem, — facias et sequaris, si intellexerit et præviderit talem esse languorem tuum, qui in conventu totius Ecclesiæ exponi debeat et curari, ex quo fortassis et cæteri ædificari poterunt, et tu ipse facile sanari, multa hoc deliberatione, et satis perito medici illius consilio procurandum est. » (T. II, p. 688.) — Sur le pouvoir judiciaire et divin du prêtre, cf. surtout de Oratione, c. 28, aux mots : et dimitte nobis debita nostra : « Habemus igitur omnes potestatem remittendi peccata in nos admissa, ut manifestum est ex his : Sicut et nos dimittimus, etc. Sed is, *in quem Jesus insufflavit, quemadmodum in Apostolos* (Joann. XX, 23), quique a fructibus cognosci potest accepisse Spiritum sanctum et factus esse spiritualis, eo quod spiritu Dei, more Filii Dei, agatur ad ea omnia quæ ratione gerenda sunt : *is dimittit, quæ dimitteret Deus*, et insanabilia peccata retinet, *ministrans* (ut prophetæ Deo ministrabant loquentes

que l'assemblée des prêtres l'y condamnât, on imposait, comme condition de la réconciliation, la confession publique devant l'assemblée des prêtres ou des fidèles. On y ajoutait divers peines ecclésiastiques : de sorte que la réconciliation, comme l'adoption primitive par le baptême, ne s'obtenait que par des épreuves successives, en passant par divers degrés (πρόκλαυσις, ἀκρόασις, ὑπόπτωσις, σύστασις; *flentes, audientes, substrati, consistentes*) (1). Cette discipline pénitentiaire, régulière et uniforme dans toute l'Église, ne s'établit que plus tard; cependant, il est assez constant que, de bonne heure, on imposait une pénitence, qui durait jusqu'à la mort, aux adultères publiquement connus, aux vierges consacrées au Seigneur et séduites; on ne devait pas, même au lit de mort, absoudre ceux qui avaient sacrifié aux idoles, vécu dans le libertinage ou commis des adultères répétés (2). Ce fut d'abord l'évêque seul qui dirigea la discipline pénitentiaire : il recevait les pécheurs à la réconciliation, surtout *le premier mercredi de carême*, en priant et leur imposant les mains. Le grand nombre de chrétiens tombés dans la cruelle persécution de Dèce obligea les évêques d'instituer un prêtre spécial pour la pénitence *(presbyter pœnitentiarius)*. Le repentir sincère et persévérant des pénitents, dont leur zèle à convertir les païens était le meilleur témoignage, des infirmités physiques, le danger de mort, leur faisaient obtenir parfois un allégement, une abréviation des peines ecclésiastiques (*indulgen-*

non sua, sed quæ divinæ erant voluntatis), *sic et ipse soli dimittendi potestatem habenti Deo.* » (T. I, p. 255.) Cf. *Mœhler*, Patrol., t. I, p. 257-67.

(1) On trouve l'énumération de ces quatre degrés, mais séparément, dans Ep. can. *Greg. Thaumat.* [† 270] can. 7, 9, 11 (Galland., t. III, p. 409 sq.). Réunis dans *Basil.* M. [† 379] ep. 217 ou canonica, III, c. 75. Cf. Conc. Ancyr. can. 4, et Conc. Nic. can. 11.

(2) Le *code complet de la pénitence de cette période* est contenu dans Can. apost., dans les Conc. d'Elvire [305], d'Ancyre [314], d'Arles [314]; dans *Mansi*, t. II; dans *Harduin*, t. I. — A cette assertion nous croyons devoir opposer la proposition suivante prouvée par Collet : nulla certa ratione probatur negatam olim generaliter fuisse absolutionem pœnitentibus qui eam tantum in extremo morbo sincere petiissent. Sicubi vero viguit hœc disciplina, nec diu admodum, nec ubique. Collet, tract. de Pœnitentia, dissert. hist. de veteri disciplina, concl. 2°. Ag. S.

tia). L'intercession des martyrs et des confesseurs amenait souvent la même indulgence. Cette intervention suscita bientôt de graves abus, que les docteurs de l'Église ne manquèrent pas de blâmer avec vigueur.

§ 91. — *Schisme de Novat à Carthage; de Novatien à Rome; de Mélétius en Égypte.*

Les principes de l'Eglise catholique sur la discipline de la pénitence, que nous venons de décrire, et qui tenaient un sage milieu entre le rigorisme et le relâchement, occasionnèrent les schismes de Novat, Novatien et Mélétius.

Les chrétiens tombés durant la persécution de Dèce (*thurificati — libellati —* surtout) étaient venus en foule demander aux martyrs mourants des lettres de recommandation, pour faciliter leur réconciliation avec l'Église; il en résulta un danger réel pour la vraie discipline de la pénitence. Cyprien, avec son intelligence ordinaire, s'opposa à cet abus. Cinq prêtres, qui s'étaient déjà prononcés contre son élection à l'épiscopat, l'accusèrent de dureté et d'orgueil.

Novat, l'un d'eux, se mit à la tête des chrétiens tombés, avec l'opulent et prodigue diacre Félicissimus, et chercha à gagner à sa cause des partisans jusque dans Rome (1). Mais Novat y trouva une disposition toute contraire : il s'y était formé un parti contre l'élection de Corneille, précisément parce qu'on le disait trop indulgent. Ce parti élut Novatien [251], et cet évêque intrus s'éleva avec orgueil contre ceux qui avaient failli dans la persécution, comme s'il ne pouvait rester aucun espoir à ces malheureux, alors même qu'ils témoigneraient leur repentir par une sincère conversion et une confession franche et entière. « Quicon-
» que, disait-il, sacrifie aux idoles ou se souille d'un péché
» grave, ne peut ni demeurer ni rentrer dans la commu-
» nion de l'Église, composée seulement de fidèles purs et

---

(1) Sur les libelli pacis donnés par les martyrs aux chrétiens tombés : *Cypr.* ep. 9, 10, 11. Audio enim quibusdam sic libellos fieri, ut dicatur, *communicet ille cum suis,* quod nunquam omnino a martyribus factum est, ut incerta et cæca petitio invidiam nobis postmodum cumulet; p. 52, ep. 14, 22. Sur le parti de Novat et Félicissimus, *Id.* ep. 38, 39, 40, 42, 49, 55, 69. Sur celui de Novatien, *ejusd.* ep. 41, 42, 52.

» éprouvés (1); » tandis que l'Eglise catholique a toujours enseigné que le pouvoir de délier qui lui a été confié s'applique à tous les péchés, mais que les dispositions du pécheur rendent souvent l'absolution impossible (2). Qu'arriva-t-il? chose presque incroyable! Novat et Novatien s'unirent : et c'est ainsi que se forma à Rome le parti schismatique des Cathares (Καθαροί), nom par lequel ils voulaient marquer en même temps leur pureté et les souillures de l'Eglise catholique profanée. Ils ne reconnaissaient point la validité du baptême de l'Eglise catholique et le renouvelaient (3). Tandis qu'à Carthage le concile convoqué [251] par Cyprien étouffait le parti relâché formé par Félicissimus, en excommuniant les schismatiques et l'évêque Fortunatus, qu'ils avaient déjà élu, à Rome le parti rigoriste des Novatiens se fortifia et se soutint si opiniâtrément jusque dans la période suivante, qu'Ambroise, évêque de Milan, et Pacien, évêque de Barcelone, furent encore de leur temps obligés de le combattre.

De son côté Mélétius, évêque de Lycopolis dans la haute Egypte, excita un schisme [306] et s'arrogea les droits de métropolitain parmi ceux de son parti, lorsque son véritable métropolitain Pierre d'Alexandrie, évêque plein de miséricorde et de sollicitude pour son troupeau, l'attaqua avec vigueur, parce qu'il refusait d'admettre à la pénitence ceux qui étaient tombés dans la persécution de Dioclétien, soutenant avec raison qu'il ne fallait pas abandonner des frères égarés et refuser de guérir ceux qui voulaient et pouvaient être guéris encore. Selon le témoignage de saint Athanase, au contraire, Mélétius aurait été emprisonné pendant la persécution de Dioclétien, il aurait sacrifié aux idoles et par là obtenu sa liberté. Son métropolitain Pierre d'Alexandrie, lui ayant demandé compte de sa conduite,

---

(1) Ephes. V, 27.
(2) Ephes. V, 27. Matth. XII, 32, v. 22-24. Cf. Hébr. VI, 4-6; X, 26-29.
(3) Sources : *Cypr.* ep. 41-52, p. 123-168; ep. Cornel. ad Fabium Antioch. dans *Euseb.* Hist. eccles. VI, 43; ep. *Dionys. Alex.* ad Novatian. ibid. VI, 45; et ad Dionys. Romæ. *Euseb.* Hist. ecclesiast. VII, 8. *Hieron.* Catal., c. 70. *Socr.* Hist. ecclesiast. IV, 28. *Cypr.* ep. 31, de Lapsis. *Walch,* Hist. des hérésies, IIe P., p. 185 sq. *Paciani,* ep. II. ad Sympron. (Maxima Biblioth. vett. PP., t. IV, p. 307).

Mélétius aurait refusé de comparaître, ou parce qu'il se sentait coupable, ou parce qu'il ne voulait pas reconnaître l'autorité de Pierre. Un concile l'aurait dépossédé ; ce qui ne l'aurait pas empêché de continuer ses fonctions d'évêque et même de consacrer des évêques et des prêtres (1).

§ 92. — *Célébration de l'Eucharistie.*

La liturgie des constit. apostol. dans *Cotelerii* Patr. Apost., t. I, Amstelod., 1724. *D.* Galland., t. III; Mansi, t. I. Cf. *Drey.* Nouv. recherch., etc., p. 106-112. *Renaudot*, Liturg. orient. coll. Paris., 1716, 2 v. *Krazer*, de Apostolicis necnon antiquis Ecclesiæ Occid. liturg. Aug. Vind., 1786. *Lienhardt*, de Antiq. liturg. et de discipl. arcani. Argentor., 1829. *Dœllinger*, l'Eucharistie dans les trois premiers siècles. Mayence, 1827. *Klée*. des Dogmes, t. II, p. 170 sq. *Kreuser*, le Saint sacrifice de la messe expliqué historiquement. Paderb., 1854.

L'Eucharistie resta, durant cette période, comme dans les temps apostoliques, *le centre du culte catholique ;* on la célébrait tous les jours de fête, comme la représentation mystique la plus accomplie de l'œuvre de la Rédemption. La tradition irrécusable des Pères, tels que Ignace (2), Justin, Tertullien (3), Irénée (4), prouve que la foi de l'É-

(1) *Epiph.* Hær. 68. Athanase s'en éloigne, Apol. contra Arian., c. 59 (Opp. ed. Ben., t. I, v. 1, p. 177). Socrate suit saint Athan, Hist. eccl., I, 6 ; Épiphane est d'accord avec quelques documents latins nouvellement découverts qu'on trouve dans *Scipione Maffei*, Osservazioni litterarie. Veron., 1738, t. III, p. 11 sq. Extrait des sources dans *Walch*, Hist. des hérésies, t. IV, p. 355-410.

(2) *Ignat.* ep. ad Smyrn., c. 7 : Εὐχαριστίας καὶ προσευχῆς ἀπέχονται (Docètes) διὰ τὸ μὴ ὁμολογεῖν, τὴν εὐχαριστίαν σάρκα εἶναι τοῦ Σωτῆρος ἡμῶν Ἰησοῦ Χριστοῦ, τὴν ὑπὲρ ἁμαρτιῶν ἡμῶν παθοῦσαν, ἣν τῇ χρηστότητι ὁ πατὴρ ἤγειρεν. Οἱ ἀντιλέγοντες τῇ δωρεᾷ τοῦ Θεοῦ συζητοῦντες ἀποθνήσκουσι. — Ep. ad Ephes. c. 20 : Ἕνα ἄρτον κλῶντες, ὅς ἐστιν φάρμακον ἀθανασίας, ἀντίδοτος τοῦ μὴ ἀποθανεῖν, ἀλλὰ ζῆν ἐν Ἰησοῦ Χριστῷ διὰ παντός. — Ep. ad Philadelph. c. 4 : Σπουδάζετε οὖν μιᾷ εὐχαριστίᾳ χρῆσθαι· μία γὰρ σὰρξ τοῦ Κυρίου ἡμῶν Ἰησοῦ Χριστοῦ, καὶ ἓν ποτήριον εἰς ἕνωσιν τοῦ αἵματος αὐτοῦ. (*Hefele*, Patr. apost.)

(3) *Tertull.* de Pudicit., c. 9 : « Atque ita exinde opimitate *Dominici corporis* vescitur, *eucharistia* scilicet. » P. 725. — *Idem*, de Resurr. carn., c. 8 : « Caro corpore et sanguine Christi vescitur, ut et anima de Deo saginetur. » P. 385. — De Bapt., c. 16 : « Hos duos baptismos de vulnere perfossi lateris emisit ; quatenus qui in sanguinem ejus crederent, aqua lavarentur : qui aqua lavissent, etiam sanguinem potarent. » P. 263.

(4) *Iren.* Contra hær. V, 2, n. 2 : « Si autem non salvetur hæc

glise était : que le pain et le vin offerts dans l'Eucharistie (εὐχαριστία) étaient *véritablement le corps et le sang de Jésus-Christ*. Clément d'Alexandrie est tout aussi expli-

(caro), videlicet nec Dominus sanguine suo redemit nos, neque calix Eucharistiæ communicatio sanguinis ejus est, neque panis, quem frangimus, communicatio corporis ejus est. Sanguis enim non est nisi a venis et carnibus, et a reliqua, quæ est secundum hominem substantia, qua vere factum est Verbum Dei. Sanguine suo redemit nos, quemadmodum et Apostolus ejus ait : « In quo habemus re-« demptionem per sanguinem ejus, remisssionem peccatorum. » (Coloss. I, 14.) — Eum calicem, qui est a creatura, proprium sanguinem confessus est (Christus), ex quo auget nostrum sanguinem; et eum panem, qui est a creatura, proprium corpus confirmavit, ex quo nostra auget corpora. » D'où Irénée conclut, V, 2, n. 3 : « *Quando ergo et mixtus calix et factus panis percipit verbum Dei* (id est : per verbum Dei consecratur) *et fit Eucharistia sanguis et corpus Christi*, ex quibus augetur et consistit carnis nostræ substantia ; quomodo carnem negant capacem esse donationis Dei, qui est vita æterna, quæ sanguine et corpore Christi nutritur et membrum ejus est? — Quemadmodum lignum vitis depositum in terram suo fructificat tempore, et granum tritici decidens in terram, et dissolutum, multiplexque surgit per spiritum Dei, qui continet omnia, quæ deinde per sapientiam Dei in usum hominis veniunt, et percipientia verbum Dei (Matth. XXVI, 26). Eucharistia fiunt, quod est corpus et sanguis Christi : sic et nostra corpora ex ea nutrita et reposita in terram, et resoluta in ea, resurgent in suo tempore, verbo Dei resurrectionem eis donante, in gloriam Dei Patris, etc. » P. 294. — Massuet explique très-bien le sens de cette analogie : « Si, inquit, dissolutum jam triticum, fœcundante Dei spiritu, qui continet omnia, multiplex surgere possit, si divina dirigente sapientia homines triticum, ut in eorum usum veniret, in panem convertere potuerunt ; si denique panis id efficiente verbo Dei deposita panis natura potuerit in Christi corpus transmutari, an fidem superabit nostra corpora, Christi corpore nutrita, tum in terram resoluta, verbo Dei resurrectionem eis donante, eam, quam corrupta induerunt, terræ naturam exuere, ut in pristinam carnis naturam transmutentur, iterumque redeant? » (Dissertat, præviæ in Irenæi libb. p. CXLVI sq.) — *Iren*. Contra hær. IV, 18, n. 5 : « Quemadmodum enim, qui est a terra panis, percipiens invocationem (ἔκκλησιν) Dei, jam non communis panis est (οὐκ ἔτι κοινός ἄρτος), sed Eucharistia ex duobus rebus constans, terrena et cœlesti, sic et corpora nostra percipientia Eucharistiam jam non sunt corruptibilia, spem resurrectionis habentia. » P. 251. — Voyez les remarq. Annotationes *Grabii* ad h. l. dans l'appendice aux *Irenæi* Opp. ed. Massuet, p. 162. — Ainsi on trouve dans Irénée les trois parties essentielles du sacrifice chrétien ; προσφορά, oblatio, ἔκκλησις (ἐπίκλησις), consecratio et communio. Cf. *Massuet*, Dissert. præliminar. in libb. Irenæi articul. VII. de Pœnit. et Euchar. sacramentis, p. CXXXVIII sq.

cité (1). Origène (2), il est vrai, dans son amour pour l'allégorie, se sert souvent de termes équivoques, et Tertullien (3) n'est pas moins difficile à comprendre, pour le fond et pour la forme. Son style est si obscur et si embarrassé que deux théologiens protestants, s'appuyant du même texte, et l'un des plus frappants de Tertullien, sont arrivés à des conclusions diamétralement opposées. L'un y a trouvé les preuves de la vraie doctrine luthérienne sur l'Eucharistie ; l'autre a démontré qu'il n'y était nullement question de la réalité de l'Eucharistie, mais bien de la réalité du corps naturel du Christ niée par Marcion. Par contre, Justin parle déjà d'une manière positive d'un *changement substantiel* (μεταβολή) *au corps et au sang de Jésus-Christ* (4). Une inscription chrétienne, en grec, qui date du III° siècle au plus tard, et qui fut découverte en 1839, à Autun, démontre de la même

---

(1) *Clem. Alex.* Pædag. I, 6 : Ὁ λόγος τὰ πάντα τῷ νηπίῳ, καὶ πατήρ, καὶ μήτηρ, καὶ παιδαγωγός, καὶ τροφεύς. Φάγεσθε μου, φησί, τὴν σάρκα, καὶ πίεσθε μου τὸ αἷμα. Ταύτας ἡμῖν οἰκείας τροφὰς ὁ Κύριος χορηγεῖ καὶ σάρκα ὀρέγει, καὶ αἷμα ἐκχεῖ καὶ οὐδὲν εἰς αὔξησιν τοῖς παιδίοις ἐνδεῖ· ὢ τοῦ παραδόξου μυστηρίου. P. 123. Cf. 124 et 127; ibid. II, 2.

(2) *Origen.* τόμος XI in Matth. n. 14 : « Et hæc quidem de *typico et symbolico corpore.* Multa autem de ipso Verbo dici queant, quod caro actum est, verusque cibus, quem qui comederit omnino in æternum vivet, quum nullus malus eum possit comedere, etc. » (T. III, p. 500.)

(3) *Tertull.* Adv. Marcion. IV. 40 : « Christus professus itaque se concupiscentia concupiisse edere pascha, ut *suum* (indignum enim ut aliquid alienum concupisceret Deus) acceptum panem et distributum discipulis corpus illum suum fecit, *hoc est corpus meum* dicendo, id est *figura* corporis mei. Figura autem non fuisset, nisi veritatis esset corpus. Cæterum vacua res, quod est phantasma, figuram capere non posset. » P. 571. Cf. *Rudelbach*, Apologie, Hist. dogm. de l'Eglise luthér. et de ses principes. Leipzig, 1839, p. 645-64, Contre lui *Baur*, Doct. de Tertullien sur la Cène (Tub., Gazett. de théol. protest., an. 1830, 2° livrais., p. 56-144). D'après *Néander* (Antignosticus, Espr. de Tertull., p. 518), Tertullien aurait eu sur la Cène les mêmes opinions que Zwingle. Cf. pour cela les lumineuses explications de *Mœhler*, Patrologie, t. I, p. 773-77.

(4) *Justin.* Apolog. I, c. 66 : Καὶ ἡ τροφὴ αὕτη καλεῖται παρ' ἡμῖν εὐχαριστία, — οὐ γὰρ ὡς κοινὸν ἄρτον, οὐδὲ κοινὸν πόμα ταῦτα λαμβάνομεν· ἀλλ' ὃν τρόπον διὰ λόγου Θεοῦ σαρκοποιηθεὶς Ἰησοῦς Χριστὸς ὁ Σωτὴρ ἡμῶν, καὶ σάρκα, καὶ αἷμα ὑπὲρ σωτηρίας ἡμῶν ἔσχεν, οὕτως καὶ τὴν δι' εὐχῆς λόγου τοῦ παρ' αὐτοῦ εὐχαριστηθεῖσαν, τροφήν, ἐξ ἧς αἷμα καὶ σάρκες κατὰ μεταβολὴν τρέφονται ἡμῶν, ἐκείνου τοῦ σαρκοποιη-

manière le dogme de la transsubstantiation et de la présence réelle de Jésus-Christ dans l'Eucharistie, avant la communion (1). Le silence mystérieux que gardaient les chrétiens, devant les païens, et même devant les catéchumènes, et cela pour de graves motifs (2), sur les pratiques et les formes de ce sacrement, prouve si bien leur foi au mystère eucharistique, qu'on reprochait aux Marcionites de ne pas observer la discipline du secret, qu'on éloignait de la célébration de ce mystère les catéchumènes (3), et qu'enfin les païens accusaient les chrétiens de faire des repas sanglants à l'instar de Thyeste (4) (ἀνθρωποφαγία). Saint Ignace, s'appuyant sur les textes positifs du Nouveau Testament (5), nommait l'Eucharistie *un sacrifice*

θέντος Ἰησοῦ καὶ σάρκα καὶ αἷμα ἐδιδάχθημεν εἶναι. Οἱ γὰρ ἀπόστολοι ἐν τοῖς γενομένοις ὑπ' αὐτῶν ἀπομνημονεύμασιν, ἃ καλεῖται εὐαγγέλια, οὕτως παρέδωκαν ἐντετάλθαι αὐτοῖς τὸν Ἰησοῦν, λάβοντα ἄρτον, εὐχαριστήσαντα εἰπεῖν· Τοῦτο ποιεῖτε εἰς τὴν ἀνάμνησίν μου, κ. τ. λ.

(1) L'abbé *Pitra* déchiffra le premier cette inscription (Annales de philosophie chrét., 1840. N. 111), puis le jésuite *G. Secchi*, Rome, 1840, et *J. Frantz*, prof. à Berlin (Éclairc. sur. le monum. chrét. découv. à Autun, Berlin, 1840). Leurs travaux ont contaté, entre autres, ces paroles qui nous intéressent en ce moment : « Nourris ton âme, ô ami! reçois la *nourriture* plus douce que le miel du *Sauveur des saints; mange et bois, tenant en tes mains le poisson* (c'est-à-dire le Sauveur). » Il faut se souvenir ici que, d'après l'antique discipline, les communiants recevaient le corps du Christ *dans leurs mains*. — (2) Matth. VII, 6; 1 Cor. III, 2; Héb. V, 12, 14.

(3) Cette institution est aussi éloigné des *mystères païens* que des *usages des prosélytes* juifs. *Schelstrate*, Diss. de discipl. arcani Romæ, 1685; *Scholliner*, Dissert. de disc. arcani. Ven., 1756; *Toklot*, de Disc. arc. Col., 1836; *Rothe*, de Disc. arcan. quæ dicitur in Eccl. christ. orig. comment. acad. Heidelb., 1831. Cf. *Lüft*, Liturgie, t. I, p. 104-106.

(4) *Athenag.* Legatio p. Chris., c. 3. (*Galland*. Biblioth., t. III, p. 5.) Voy. pour les fourberies du gnost. Marcus dans l'Eucharistie, *Iren.* Contra hær. I, 13, n. 2, p. 60,

(5) Nous renvoyons surtout à Hebr. VII, 27 : Τοῦτο γὰρ (θυσίαν ἀναφέρειν) ἐποίησεν ('Ἰησοῦς ὁ ἀρχιερεὺς) ἐφάπαξ ἑαυτὸν ἀνενέγκας. — IX, 26 : Νῦν δὲ ἅπαξ ἐπὶ συντελείᾳ τῶν αἰώνων εἰς ἀθέτησιν ἁμαρτίας, διὰ τῆς θυσίας αὐτοῦ πεφανέρωται. — X, 10 : Ἡγιασμένοι ἐσμὲν διὰ τῆς προσφορᾶς τοῦ σώματος τοῦ Ἰησοῦ Χριστοῦ. — XIII, 10 : Ἔχομεν θυσιαστήριον, ἐξ οὗ φαγεῖν οὐκ ἔχουσιν ἐξουσίαν οἱ τῇ σκηνῇ λατρεύοντες. Avec ces textes s'accordent parfaitement 1 Cor. IX, 13; X, 14-22. Cf. surtout X, 21 : Οὐ δύνασθε ποτήριον Κυρίου πίνειν καὶ ποτήριον δαιμονίων· οὐ δύνασθε τραπέζης Κυρίου μετέχειν, καὶ τραπέζης δαιμονίων. Jésus-Christ lui-même a montré le caractère du sacrifice

(θυσία) (1). Irénée parle plus positivement encore (2), et saint Cyprien de la manière la plus explicite (3).

Au temps de saint Justin, l'Eucharistie se célébrait encore très-simplement de la manière suivante :

Après avoir récité plusieurs prières, on lisait des passages des Écritures sur lesquels l'évêque faisait une homélie. Les fidèles élevaient encore une fois leur cœur vers Dieu par la prière, puis chacun donnait le baiser de paix à son voisin. Alors on présentait à l'évêque du pain, du vin, de l'eau; il prononçait sur l'offrande les paroles du Christ à la dernière cène, et le peuple répondait *amen*. Le *corps* et le *sang* de Jésus-Christ étaient alors distribués à tous les

---

de l'Eucharistie dans Jean, VI, 52. — Luc, XXII, 19 : Τὸ σῶμα μού τὸ ὑπὲρ ὑμῶν διδόμενον — κλώμενον, quod pro vobis *datur* — *offertur*. — Marc, XIV, 24 : Αἷμα τὸ περὶ πολλῶν ἐκχυνόμενον.

(1) *Ignat.* ep. ad Ephes., c. 1 : Μαθητὴς εἶναι τοῦ ὑπὲρ ἡμῶν ἑαυτὸν ἀνενεγκόντος Θεῷ προσφορὰν καὶ θυσίαν. Cf. c. 5 ad Philad., c. 4, ep. ad Diognet c. 9 : Αὐτὸς τὸν ἴδιον υἱὸν ἀπέδοτο λύτρον ὑπὲρ ἡμῶν, τὸν δίκαιον ὑπὲρ τῶν ἀδίκων, τὸν ἄφθαρτον ὑπὲρ τῶν φθαρτῶν, τὸν ἀθάνατον ὑπὲρ τῶν θνητῶν. (*Hefele*, Patr. Apost.)

(2) *Iren.* Contra hær. IV, 17, n. 5 : « Sed et suis discipulis dans consilium primitias Deo offerre ex suis creaturis, non quasi indigenti, sed ut ipsi nec infructuosi nec ingrati sint, — accepit (panem) et gratias egit, dicens : « Hoc est meum corpus, etc. » — *Novi Testamenti novam docuit oblationem*, quam Ecclesia ab Apostolis accipiens, in universo mundo offert Deo, ei qui alimenta nobis præstat, primitias suorum munerum in N. T. de quo — Malachias (I, 10, 11) sic præsignificavit : « Non est mihi voluntas in vobis, etc.; » manifestissime significans per hæc, quoniam prior quidem populus cessabit offerre Deo; *omni autem loco sacrificium ei et hoc purum*. » P. 249. — Ibid. 18, n. 4 : « Et hanc oblationem Ecclesia sola puram offert fabricatori (mundi), offerens ei cum gratiarum actione ex creatura ejus, Judæi autem non offerunt : manus enim eorum sanguine plenæ sunt : non enim receperunt *Verbum quod offertur Deo*, Sed neque omnes hæreticorum synagogæ, alii enim, etc. » P. 251.

(3) *Cypr.* ep. 68 (ad Cæcilium de sacram. dominici calicis) : « Nam si Jesus Christus, Dominus et Deus noster. ipse et summus sacerdos Dei Patris, et sacrificium Patri se ipsum primus obtulit, et hoc fieri in sui commemorationem præcepit, utique ille sacerdos vice Christi vere fungitur, qui id quod Christus fecit imitatur, et *sacrificium verum et plenum tunc offert in Ecclesia Deo Patri*, si sic incipiat offerre, secundum quod ipsum Christum videat obtulisse. » P. 230. Cf. p. 226 ejusd. epist. — *Tertull.* ad Scap., c. 2 : « Sacrificamus pro salute imperatoris. » — De corona milit. c. 3 : « Oblationes pro defunctis, pro natalitiis annua die facimus. » Cf. de Exhort. castit. c. 11; de Monogam. c. 10. Constit. apostol. VIII, 15.

fidèles (1); le diacre portait la sainte Eucharistie aux malades et aux prisonniers. Au moment d'entreprendre un long voyage, on obtenait aussi parfois le droit d'emporter le Saint-Sacrement avec soi, afin de pouvoir se fortifier, loin de l'assemblée des fidèles, par la manducation du pain de vie.

Vers la fin de cette période, le culte eucharistique devint plus complet : la *liturgie des constitutions apostoliques* (2) contient de belles et nombreuses prières et de diverses formes symboliques, employées dans la célébration des mystères divins; on y trouve même, souvent littéralement, les expressions et les formes les plus essentielles de la messe, telle qu'elle fut célébrée postérieurement. Les fidèles apportaient les matières nécessaires au sacrifice; une partie de l'offrande était réservée pour l'Eucharistie, une autre pour les *agapes*, déjà connues et nommées au temps des apôtres (3), et qu'on ne célébrait à cette époque que dans la soirée. De déplorables abus les firent proscrire par les conciles du IVe siècle. Ce qui restait des agapes était distribué aux pauvres par l'évêque.

Enfin on chantait des hymnes, et cet usage, pratiqué dès les temps apostoliques (4), devint plus fréquent à mesure que l'expérience révéla davantage l'efficacité du chant pour réveiller la piété et le sens religieux. Justin le Martyr, estimant à un haut prix le chant religieux, avait déjà dit « qu'il allume dans les cœurs le désir des biens que les » hymnes mêmes célèbrent, qu'il apaise les passions char- » nelles, féconde la parole, encourage dans leur lutte les » soldats du bien, calme et console les âmes pieuses au » milieu des ennuis de la vie. » Dans la description du bonheur d'un mariage chrétien, Tertullien parle aussi « des » psaumes et des hymnes dans lesquels les époux chantent » à l'envi les louanges du Seigneur ». L'auteur inconnu de la réfutation d'Artémon s'écrie, en s'adressant à cet hérétique : « Que de psaumes et de chants qui ont été com-

---

(1) *Justin.* Apolog. I, c. 66.
(2) Constit. apostol. VIII, 6-15 (*Galland.* Biblioth., t. III, p. 205-218; *Mansi*, t. I, p. 542-567).
(3) *Tertull.* Apolog. c. 39, p. 35; *Lüft*, Liturgie, t. I, p. 106-120.
(4) Act. apostol. II, 47.

» posés dès le commencement par des fidèles, célèbrent le
» Christ, le Verbe de Dieu, et exaltent sa Divinité ! » (1). —
Lucien se moque des chrétiens qui passaient la nuit entière
à chanter des hymnes.

§ 93. — Les temps saints. — Discussion de la Pâque. — Lieux de réunion des fidèles.

Gayti, Soc. J. Heortologia, sive de festis propriis locor. Paris, 1657.
Binterim, Archeol. chrét., t. V, Ire P. *Staudenmaier*, Esprit du christ., 4e édit. Mayence, 1847, 2e P.

Selon beaucoup de docteurs de l'Église, fidèles à la doctrine des apôtres, tels que Clément (2) et Origène, la vie des chrétiens devait être considérée comme une fête continuelle, c'est-à-dire comme une vie toute pénétrée du souvenir, toute sanctifiée par la vertu du mystère du Christ (3). Mais, afin que les chrétiens arrivassent plus vite et plus sûrement au terme marqué ; afin que, selon le langage de l'Apôtre, « Jésus-Christ fût formé en eux, vécût en eux, et » qu'ils fussent transformés en son image (4) ; » afin qu'ils suivissent pas à pas l'auteur et le consommateur de leur foi dans sa vie et sa mort, depuis son humble naissance jusqu'à sa douloureuse Passion et sa victorieuse résurrection, l'Église institua des temps de fêtes particuliers, qui devaient, comme des évangélistes annuels et périodiques, annoncer incessamment les grands faits de la Rédemption et en conserver ainsi le souvenir vivant, par des formes correspondantes aux besoins de la double nature de l'homme.

Le *Dimanche* fut distingué parmi les jours de la semaine, dès les temps apostoliques (5) ; dans la période actuelle il

(1) *Tertull.*, ad uxor. lib. II, c. 9 ; *Euseb.* Hist eccles., v. 18 ; *Lüft*, Liturg., t. II, p. 131 sq.
(2) *Clem. Alex.* Strom. VII, 7 : Σέβειν δὲ δεῖν ἐγκελευόμεθα καὶ τιμᾶν τὸν αὐτόν, καὶ λόγον σωτῆρά τε αὐτὸν καὶ ἡγεμόνα εἶναι πεισθέντες καὶ δι' αὐτοῦ τὸν πατέρα, οὐκ ἐν ἐξαιρέτοις ἡμέραις, ὥσπερ ἄλλοι τινές, ἀλλὰ συνεχῶς τὸν ὅλον βίον τοῦτο πράττοντες καὶ κατὰ πάντα τρόπον. P. 851.
(3) Conf. de Imit. Christ, lib. I, c. XIX, et lib. II, 1.
(4) Gal. IV, 19 ; II, 20 ; 2 Cor. III, 18 ; Rom. VIII, 29.
(5) *Ignat.* ep. ad Magnes, c. 9 ; *Barnabæ* ep. c. 15 ; *Justin.* Apolog. I, c. 67, sub fin. Conf. *Tertull.* Apol. c. 16, dans lequel se trouve

fut spécialement désigné comme le jour du Seigneur (κυριακή, *Dominica sc. dies*), consacré au souvenir de la résurrection. On ne devait ni jeûner ni travailler durant ce jour de fête (1). Le *mercredi* et le *vendredi* (*dies stationum*) étaient destinés à la prière commune et à ce qu'on appelait le demi-jeûne (jusqu'à trois heures) (2), comme les jours les plus remarquables de la passion du Christ.

Pour faire tomber entièrement la célébration judaïque du sabbat, qui durait encore, l'Église romaine, surtout, prolongea le jeûne jusqu'au samedi (*superpositio jejunii*) (3). Au II° siècle, déjà, il y avait divers temps de jeune marqués et fidèlement observés, surtout dans les semaines qui précédaient la Pâque et qui étaient consacrées au souvenir de la mort de Jésus. Insensiblement on prolongea ce jeûne, qui finit par devenir *quadragésimal* (4), τεσσαρακοντή, *quadra-*

---

aussi l'expression *dies* solis : « Æque si diem solis lætitiæ indulgemus, alia longe ratione quam religione solis. » Dans la suite *Ambr.*, serm. 61, dit là-dessus : « In ea die Salvator, veluti sol oriens, discussis infernorum tenebris, luce resurrectionis emicuit. »

(4) Déjà Tertullien dit : « Solo die dominico resurrectionis non ab isto tantum (genuflexione), sed omni anxietatis habitu et officio cavere debemus, *differentes etiam negotia*, ne quem diabolo locum demus. »

(2) *Stationes*, les gardes des soldats du Christ à leurs postes, d'abord dans *Hermas*, Pastor. lib. III, similit. 5, c. 3 (*Hefele*, Patrol. apostol. 191). Fréquemment dans *Tertull.* Cf. de Orat. c. 14 : « Statio de militari exemplo nomen accipit, nam et militia Dei sumus. »

(3) L'usage de la *superpositio jejunii*, d'abord dans Victorinus, év. de Petavio en Pannonie (auj Pettau en Styrie). Il donne pour fondement du jeûne du samedi la préparation à la communion du dimanche. Cf. *Galland.* Biblioth., t. IV; *Routh.* Reliquiæ sacræ, V, 3, p. 237. — Concil. Illiberit. can. 26 : Errorem placuit corrigi, ut omni Sabbati die *superpositiones* celebremus (*Mansi*, t. II, p. 10; *Harduin.*, t. I, p. 253).

(4) C'est ce qu'on voit déjà mentionné comme instit. apost. dans epist. spuria *Ignat.* ad Philipp. ep. 13. Cf *Origen.* in Levit. homil. 10, n. 2 : « Habemus enim *Quadragesimæ dies jejuniis* consecratos. Habemus quartam et sextam septimanæ dies, quibus solemniter jejunamus. Est certe libertas christiano per omne tempus jejunandi, non observantiæ superstitione, sed *virtute continentiæ*. » Origène dit ailleurs : Vis tibi adhuc ostendam quale te oportet jejunare jejunium? Jejuna ab omni peccato, nullum cibum sumas malitiæ, nullas capias epulas voluptatis, nullo vino luxuriæ concalescas. Jejuna a malis actibus, abstine a malis sermonibus, contine te a cogitationibus

gesima (1), et durant lequel on ne mangeait rien jusqu'au coucher du soleil, sauf le dimanche. Cependant ce jeûne rigoureux et complet n'était observé par beaucoup de chrétiens qu'une fois ou trois fois durant la semaine (2). Les plus anciennes fêtes annuelles étaient la *Pâque* et la *Pentecôte* : le Christ crucifié et glorifié, c'est tout le Christianisme (3); l'imitation du Christ souffrant et ressuscité est l'idée mère qui explique et féconde toute la vie du chrétien (4). La Pâque chrétienne comprenait primitivement deux parties principales : la célébration *de la mort* de Jésus (πάσχα σταυρώσιμον) et *de sa résurrection* (πάσχα ἀναστάσιμον). La première discussion importante qui s'éleva dans l'Église eut pour objet l'époque précise de la Pâque (5). C'étaient les chrétiens nés juifs qui avaient soulevé la difficulté. Aussi les opinions exagérées et les opinions modérées des judaïsants furent immédiatement en présence. Le parti sévère et hérétique des Ébionites, prétendant en général que la loi mosaïque était obligatoire, soutenait par là même

pessimis, noli contingere panes furtivos perversæ doctrinæ. Non concupiscas fallaces philosophiæ cibos, qui te a veritate seducant. Tale jejunium Deo placet. » (T. II, p. 246.)

(1) Matth. IV, 2.

(2) *Iren.*. dans *Euseb.* Hist. eccles. X, 24 : « Sed etiam de forma ipsa jejunii controversia est: alii duobus, alii pluribus; nonnulli etiam quadraginta horis diurnis ac nocturnis computatis diem suum metiuntur. Atque hæc in observando jejunio varietas non nostra primum ætate nata est, sed longe antea apud majores nostros cœpit, etc. »

(3) 1 Cor. XV, 3-4; Rom. IV, 25.

(4) *Leo Max.* sermo 64, c. I : « Omnia quidem tempora christianorum animos *sacramento dominicæ passionis et resurrectionis* exercent, neque ullum religionis nostræ officium est, quo non tam mundi reconciliatio quam humanæ in Christo natura assumptio celebretur. » (Opp. ed. Ballerini. Venet., 1753, t. I, p. 247.)

(5) Tous les partis tenaient à l'expression de l'A. T. « Pascha, » qui ne rappelait spécialement que le passage de l'ange exterminateur dans l'Exode, XII, 21 et 27 : car פסחא est la forme araméaique de פסח c'est-à-dire passage; et dans ce sens les chrétiens pouvaient s'en servir pour nommer leur fête de la délivrance du joug du péché (du joug de l'Égypte prise figurément). *Euseb.* Hist. eccles. V, 23-25; *Id.* Vita Constant. Max. III, 18; *Socrat.* Hist. eccles. V, 21; *Walch*, Hist. des hérésies, P. I. 666-685; *Rettberg*, Dispute sur la Pâque (*Illgen*, Revue théol., 1832, t. II, p. 2).

qu'il fallait observer la Pâque juive : c'était non pour une fête purement et vraiment chrétienne qu'ils disputaient avec ardeur, mais bien pour la vraie Pâque judaïque, et par là même ils se séparaient de l'Église. Par contre les deux autres partis, les Orientaux et les Occidentaux, qui s'étaient prononcés, étaient demeurés sur le terrain de l'Église, tout en étant divisés d'opinion quant au temps de la Pâque, et par rapport au jeûne qui la précède, ainsi que pour la manière de comprendre la mort du Christ et d'y voir un jour de joie ou un jour de deuil. Les Églises d'Orient, probablement sous l'influence des judéo-chrétiens, célébraient, en même temps que les Juifs, un repas pascal le 14 du mois de nisan. C'était le vendredi après ce 14 que les chrétiens d'Occident considéraient comme le jour de la mort de Jésus (*dies Paschæ*). Ils trouvaient inconvenant de rompre, comme les Orientaux, le jeûne de ce jour, si rigoureusement observé, surtout durant la *grande semaine* (ἑβδομὰς μεγάλη). Ils ne mangeaient donc pas l'agneau pascal, ou bien ils ne le mangeaient que le soir, la veille du jour de la résurrection, toujours célébrée un dimanche, tandis que d'après les vicissitudes du calendrier, le jour de la résurrection pouvait tomber aussi, pour les Orientaux, un jour de la semaine (trois jours après le 14 nisan).

Déjà, pour obvier à cette divergence grave, et qui répugnait au sentiment universel, Polycarpe, évêque de Smyrne [162], s'était rendu à Rome pour en traiter avec le pape Anicet, qu'il quitta bientôt en paix, mais sans s'être entendu avec lui. Vers 170, de nombreuses opinions s'élevèrent à ce sujet en Asie Mineure et la polémique y devint chaude et active (1).

Les conciles tenus à cette occasion à la fin du IIe siècle (2), en Orient et en Occident, se déclarèrent de plus en plus contre l'usage oriental. Pour gagner au rit occidental les Grecs de l'Asie Mineure, l'évêque de Rome, Victor, crut

---

(1) *Claudius Apollinaris*, Contre la fête célébrée en Asie Min. (Fragm. in chronico Paschali, præf. p. VI et VII.) Méliton la défend (*Euseb.* Hist. eccles. VI, 26. Cf. ep. *Polycrat.* ibid. V, 24.)

(2) D'après *Eusèbe*, Hist. ecclesiast. V, 23. D'abord à Rome, puis dans le Pont, en Gaule, dans l'Osroène, à Corinthe, etc.

devoir appuyer ses instances de la menace de l'excommunication. Les évêques d'Orient, Polycrates d'Éphèse à leur tête, s'appuyant sur la tradition des apôtres saint Jean et saint Philippe, et de saint Polycarpe, furent blessés de la conduite passionnée de Victor qui, de son côté, invoquait la tradition de Pierre, et, avec plusieurs autres Églises d'Orient, celle de Paul. Victor excommunia tous les dissidents. Mais cette mesure parut trop sévère dans la circonstance, et elle fut désapprouvée, même par les évêques d'Orient qui partageaient l'opinion de Victor. Alors intervint, comme médiateur, l'évêque de Lyon, saint Irénée, qui représenta, avec une douce autorité, que la paix ne devait point être troublée pour une divergence qui ne portait point sur le dogme, et épargna ainsi à l'Église les douleurs d'un schisme complet. Le concile d'Arles [314] et, plus pleinement encore, celui de Nicée [325] confirmèrent l'opinion généralement favorable à l'usage de Rome. Quelques adversaires opiniâtres furent traités comme hérétiques et nommés comme les Ébionites (*quartodécimans*). Le ton vif et passionné de Victor peut trouver son excuse en ce que cette controverse devait affranchir le Christianisme du joug des pratiques judaïques et arrêter à tout jamais leur influence.

Les cinquante jours qui suivaient Pâques (πεντηκοστή) étaient, à proprement parler, une fête subsidiaire et continuelle, durant laquelle, en l'honneur du Christ ressuscité et glorifié, on célébrait tous les jours solennellement le service divin, sans jeûne et en priant debout, en mémoire de la Résurrection. *Le cinquantième jour*, anniversaire pour les Juifs de la promulgation de la loi au Sinaï et fête des prémices de la moisson, était pour les chrétiens le solennel anniversaire de la descente du Saint-Esprit et de l'établissement de son Église, et la preuve vivante de la glorification du Christ. Il est probable que, durant cette période déjà, au quarantième jour entre Pâques et Pentecôte, on célébrait la fête de l'Ascension ἑορτὴ τῆς ἀναλήψεως ou ἐπισωζομένη) au moins en Occident, parce que saint Augustin l'appelle une des plus anciennes fêtes. A la fin de cette même période, la fête des cinquante jours était déja restreinte au jour propre de l'ascension du Seigneur et à celui de la descente du Saint-Esprit (1). Dès le II⁰ siècle on voit l'Église d'Orient célébrer l'Épiphanie (6 janvier), en mémoire de la *manifestation du Messie* comme Sauveur du monde, aux eaux du Jourdain (ἐπιφάνεια), et de son entrée dans la vie publique, comme Maître divin, thaumaturge à Cana (θεοφάνεια). Cette solennité passa avec un sens différent dans les Églises d'Occident, vers le IV⁰ siècle, comme fête de la révélation du Messie au monde païen, représenté par les trois mages de l'Orient. Nous trouvons également à cette époque des traces de la fête de la Nativité. On se disposait à cette solennité suprême par une nuit préparatoire (*vigilia*). Enfin, comme nous l'avons marqué plus haut, les chrétiens célébraient, sur le tombeau même des martyrs, l'anniversaire de leur mort, comme le jour de leur triomphe et de leur véritable naissance (*natalitia*). La plus ancienne fête de martyrs est celle des saints Innocents de Bethléem (*flores martyrum, festum Innocentium*).

Les assemblées de chrétiens eurent lieu d'abord dans des maisons particulières. Les bois, les cavernes, toute retraite sûre, leur servaient de point de réunion, durant les persécutions : plus tard ils se servirent des catacombes, que d'espace en espace ils agrandirent pour pouvoir y célébrer les saints mystères et dont ils ornèrent les parois de peintures sacrées; car toute la terre, disaient les docteurs de l'Église, est le temple de Dieu. On se rassemblait encore dans les prisons, autour des tombeaux des martyrs, sur lesquels s'élevèrent les premières chapelles. Il ne faut point prendre à la lettre l'assertion des apologistes du Christianisme, disant que les chrétiens n'avaient ni temples ni autels. Ils entendaient par là qu'il n'y avait point dans le Christianisme, comme chez les Juifs et les païens, de temple où l'on crût que Dieu fût exclusivement présent. D'irrécusables témoignages prouvent qu'au III⁰ siècle on a élevé beaucoup de chapelles et de temples chrétiens. Ce fut, d'après Eusèbe, dans l'intervalle paisible de la persécution de Va-

---

(1) Conc. Illiberit. can. 43 : Pravam institutionem emendari placuit juxta auctoritatem Scripturarum, ut cuncti diem Pentecostes post Pascha celebremus, non quadragesimam, nisi quinquagesimam. Qui non fecerit, novam hærosin induxisse notetur (*Mansi*, t. II, p. 13 ; *Harduin*, t. I, p. 25.

lérien à celle de Dioclétien, qu'on bâtit dans les villes beaucoup d'églises, dont la plus remarquable par sa grandeur et sa beauté fut celle de Nicomédie (1).

Les beaux-arts ne s'étant jusqu'alors développés que dans l'esprit du paganisme, et n'ayant encore servi qu'à glorifier les dieux des nations idolâtres, les chrétiens étaient naturellement peu disposés en leur faveur (2). Les premiers temples, sans ornement, ne présentèrent donc, dans leur extrême simplicité, que des places distinctes pour les hommes et les femmes, puis une partie réservée à la célébration des mystères (βῆμα, *chorus*), où n'entraient que les ecclésiastiques et où se trouvaient les siéges du clergé (θρόνοι, καθέδραι) (3), et une simple table (τράπεζα, *mensa sacra, mystica*). Insensiblement vint le goût des représentations symboliques des faits du Christianisme, et l'on vit s'introduire l'usage de sceaux sacrés, de coupes, de lampes : les murs des maisons furent ornés de l'image de la Croix, du bon Pasteur, du pêcheur, du poisson (ΙΧΘΥΣ), d'une barque (l'Église), d'une ancre, de colombes, de palmes, de lyres (âmes chrétiennes), de l'agneau, du coq, etc. Tous ces signes se trouvèrent bientôt sur les sarcophages et les murailles des églises, ainsi que le constatent les décisions du synode d'Elvire, contraire à cet usage (4).

§ 94. — *Influence du Christianisme sur les mœurs ; Mariage ; Ascétisme ; Sépulture.*

Jamais l'Église catholique ne méconnut la dignité du mariage (5), malgré la haute estime qu'elle professait pour la

---

(1) *Euseb.* Hist. eccles. VIII, 1-3, et X, 4. Premier exemple d'un discours pour la dédicace d'une Egl. Conf. *Onuph. Panvini* lib. unicus de Eccles. christian. (Spicileg. rom.) Rom., 1839 sq., t. III, p. 141 sq.; *Kreuser* Archit. chrét., son hist., son symbol., ses sculpt. et peint. Bonn, 1851, 3 vol. Le saint sacrifice, p. 71.

(2) Cf. Jean, IV, 24.

(3) Apocal. XI, 1, 2.

(4) Conc. Illiberit. can 36. Placuit picturas in ecclesia esse non debere, ne quod colitur et adoratur in parietibus depingatur (*Mansi*, t. II, p. 11 ; *Harduin*, t. I, p. 254).

(5) *Ignat.* ep. ad Polycarp., c. 5 ; *Justin.* Apolog. I, c. 15 : « Bien des septuagénaires, hommes et femmes, qui furent chrétiens dès leur jeunesse, sont encore vierges, et je me fais fort d'en montrer

virginité ; elle voyait dans cette vertu un don spécial et
surnaturel que la pratique de l'Évangile peut attirer du
Ciel (1). : elle répondait ainsi à l'exagération de certaines
sectes chrétiennes et à la lâcheté des païens. Elle professait
qu'une grâce particulière de l'Esprit saint sanctifie l'union
intime de l'homme et de la femme. Tertullien avec saint
Paul nomme le mariage un grand sacrement (2). Saint
Ignace dit qu'il doit être contracté devant l'évêque (3) :
Tertullien (4) et Clément d'Alexandrie parlent de cette
même bénédiction épiscopale. Ainsi contracté, le mariage
était considéré comme indissoluble, lors même que la fidélité conjugale était gravement violée ; et Clément d'Alexandrie dit expressément que l'époux qui se marie durant la
vie de l'autre époux se rend coupable d'adultère (5). Sans
approuver formellement un *second* mariage (6), l'Eglise ne

dans toutes les classes de la société. » *Athénagore*, Legat. pro
Christian., cap. 33, parle du même, et il ajoute : « Car le propre des
chrétiens est non de parler, mais d'agir, et de prouver leur conviction par leurs œuvres. »

(1) *Constitut. apostol.* VI, 10 et 11 : Partim hæreticorum docent
non esse nubendum, esseque a carne abstinendum et vino, exsecra-
bilia enim esse nubere et procreare liberos et cibos capere. Tandis
qu'il est dit de la doctrine de l'Église catholique : Omnem creaturam
Dei bonam esse dicimus, et nihil esse ejiciendum ut malum : immo
id omne, quod ad sustentandum corpus juste sumitur, optimum
esse ; cuncta enim, ait Scriptura, erant valde bona ; legitimum
conjugium et generationem filiorum honorata et munda esse credimus, ad augendum enim, genus hominum formata est in Adam et
Eva figuræ diversitas (*Mansi*, t. I, p. 451-454; *Galland.* Biblioth.,
t. III, p. 147 sq. *J. Gaume*, Histoire de la famille.)

(2) *Tertull.* de Anima, c. 11 : « Nam etsi Adam statim prophetavit,
magnum illud sacramentum in Christum et Ecclesiam : Hoc nunc os
ex ossibus meis et caro ex carne mea, propter hoc relinquet homo
patrem et matrem et adglutinabit se uxori suæ, etc. » P. 314.

(3) *Ignat.* ep. ad Polycarp. c. 5 : Πρέπει δὲ τοῖς γαμοῦσι καὶ ταῖς
γαμουμέναις, μετὰ γνώμης τοῦ ἐπισκόπου τὴν ἕνωσιν ποιεῖσθαι ἵνα ὁ
γάμος ᾖ κατὰ Θεόν, καὶ μὴ κατ' ἐπιθυμίαν. Πάντα εἰς τιμὴν Θεοῦ γινέσθω.
(*Hefele*, Patr. Apostol., p. 115).

(4) *Tertull.* ad Uxor. 9 : Unde sufficiamus ad enarrandam felici-
tatem *ejus matrimonii, quod Ecclesia conciliat, et confirmat oblatio, et
obsignat benedictio*; angeli renuntiant, pater rato habet ? » r. 191.

(5) *Clem. Alex.* Stromat. II, 23, p. 506. Cf. *Mœhler*, Patrol., t. I,
p. 478.

(6) Athénagore nomme le deuxième mariage εὐπρεπὴς μοιχεία.
Clem. Alex. Stromat. II, 23; III, 11. Cf. *Klee*, Hist. des dogmes,

le considérait pas comme illicite, ainsi que le faisaient les Montanistes (1). Le mariage entre chrétiens et païens, ne pouvant être sanctionné par l'Eglise, était tenu pour invalide et sévèrement blâmé (2). On ne devait tolérer les mariages de ce genre qu'autant qu'ils avaient été contractés avant la conversion de l'une ou de l'autre des parties (3). Du reste Tertullien (4) fait sentir tous les inconvénients des mariages de cette espèce, qui blessent en maintes circonstances le sentiment chrétien. « Quand les chrétiens, dit-il, » se réunissent pour prier en commun, le mari décide » qu'on ira au bain ; quand l'Église jeûne, les époux font » un festin : jamais les affaires du ménage ne sont plus » nombreuses et plus exigeantes que lorsque les devoirs de » la charité chrétienne appellent la femme hors de sa » maison. Comment sa foi s'entretiendra-t-elle ? où son » esprit trouvera-t-il l'aliment de vie ? où sera la bénédic- » tion divine ? »

Les chrétiens, tout en conservant leurs rapports avec le monde, avaient soin cependant de s'en retirer de temps à autre, de consacrer certains jours, ceux de jeûne et de pénitence particulièrement, à des prières plus longues, à un recueillement plus profond. On distribuait aux chrétiens pauvres les épargnes résultant des privations qu'on s'imposait. D'autres, plus fervents encore, se soumettaient avec joie à un jeûne presque continuel et se retiraient entière-

---

P. II, p. 284. Dans la suite, saint Ambroise s'exprima ainsi sur les secondes noces : « Neque enim prohibemus secundas nuptias, sed non suademus. Alia est enim infirmitatis contemplatio, alia gratia castitatis. Plus dico, non prohibemus secundas nuptias, sed non probamus sæpe repetitas. » De viduis, c. 11 (Opp. ed. Bened., t. II, p. 203).

(1) *Tertull.* de Exhortat. castit. c. 5 : « In utraque (nativitate carnali in Adam, spiritali in Christo) degenerat, qui de monogamia uxorbitat. » P. 667. Cf. c. 11.

(2) *Tertull.* de Monogam. c. 7 : « Et illa nuptura in Domino habet nubere, id est *non ethnico, sed fratri*, quia *et vetus lex* adimit conjugium allophylorum. » P. 679. — Cf. c. 11 : « Ne scilicet etiam post fidem ethnico se nubere posse præsumeret, etc. » P. 684. — *Cyprian.* de Lapsis : Jungere cum infidelibus vinculum matrimonii, prostituere gentilibus membra Christi. » (Opp. p. 374).

(3) I Cor. VII, 12, 16.

(4) *Tertull.* ad Uxor. II, 3-7 ; surtout c. 4, p. 189.

ment du commerce du monde (ἀσκηταί, *continentes*, σπουδαῖοι, ἐκλεκτῶν ἐκλεκτότεροι). Ceux-là, pour la plupart, ne se mariaient point (1). Quoique l'on puisse trouver quelques pratiques de mortification analogues chez certains philosophes de la Grèce, les motifs de ces derniers différaient entièrement de ceux des chrétiens. Le véritable *ascétisme* n'a pris naissance qu'avec et par l'Évangile. Ce fut surtout au III° siècle, au milieu des persécutions de Dèce, que les esprits furent poussés dans cette voie sérieuse et austère. L'Égypte en vit les premiers exemples. Parmi la foule de ceux qui, fuyant le danger, se réfugiaient dans les déserts, se trouvèrent les ascètes, auxquels la solitude devint si chère, par le commerce non interrompu dans lequel ils purent y vivre avec Dieu, qu'ils ne retournèrent plus dans le monde. On les nomma *anachorètes* (ἀναχωρηταί, ἐρημῖται). Saint Paul de Thèbes (2) [né vers 228] passe pour le premier d'entre eux. Jeune encore, et fuyant la persécution de Dèce, il s'était retiré dans la grotte d'une montagne solitaire, dont les palmiers lui fournissaient tout ensemble le vêtement et la nourriture. Il vécut ainsi inconnu au monde durant quatre-vingt-dix ans; peu avant sa mort [340], il fut découvert par saint Antoine, qui devint le vrai fondateur de la vie cénobitique. Sa merveilleuse histoire, écrite durant la période suivante par le grand saint Athanase, resta pour toute la postérité le parfait modèle du cénobitisme. Les apologistes chrétiens sentirent quelle gloire rejaillissait sur l'Église de cette vie héroïque de mortification et d'abstinence; ils rendirent le monde attentif à la force que le Christianisme était capable d'inspirer à un siècle plongé dans l'énervant esclavage du péché et de la sensualité.

Quand les chrétiens étaient malades, sur le point de mourir, on appelait, conformément à la recommandation de l'Apôtre, les prêtres (3), qui venaient durant l'épreuve

---

(1) Athénagore dit que la continence des ascètes repose sur l'espoir qu'ils ont de s'unir par là plus étroitement avec Dieu (cf. 1 Cor. VII, 35); et *Clem. d'Alex.* Stromat. III, 15, célèbre déjà cette chasteté par ses louanges : Ὁ κατὰ πρόθεσιν εὐνουχίας ὁμολογήσας μὴ γῆμαι, ἄγαμος διαμενέτω.

(2) *Hieronym.* Vita S. Pauli eremitæ (*Hieron.* Opp. ed. Vallarsi, t. XI, p. 1-14).

(3) Jacq. V, 14.

suprême, par *l'onction sacramentelle* (1), soutenir et fortifier le chrétien agonisant. On ne brûlait plus, comme dans le paganisme, la dépouille mortelle de l'homme ; mais on la rendait à la terre, au milieu des prières et des chants de la liturgie, comme les restes d'un temple qui avait servi de séjour au Saint-Esprit, et qui, un jour, devait se relever glorieux du tombeau et prendre une vie nouvelle (2). Dans beaucoup d'endroits on choisissait les catacombes comme lieu de sépulture, pour les martyrs, afin de soutenir la foi de ceux qui militaient encore par leur union avec ceux qui avaient triomphé dans la foi. La commémoration annuelle des morts conservait les rapports entre les vivants et ceux qui n'étaient plus de ce monde. Et les chrétiens prouvaient ainsi, en toutes circonstances, qu'ils ne considéraient la mort que comme le dernier ennemi qui reste à vaincre, après que tous les autres sont vaincus (3), comme le passage à une vie meilleure, comme la condition de l'union définitive avec le Christ et, par conséquent, comme un gain véritable (4).

§ 95. — *Vie religieuse et morale des chrétiens*

D'après ce que nous venons de voir, nous pouvons apprécier en général la moralité et la piété des chrétiens. Il

(1) *Origen.* in Levit. homil. II, n. 4 (Opp. t. II, p. 191).
(2) *Clem. Roman*, ep. ad Corinth. c. 24 sq.; *Justin.* Apolog. I, c. 19; *Athenag.* de Resurrect. *Tatiani* or., c. 6; *Tertull.* Apolog. c. 48, et dans les divers symboles de foi : dans *Iren.* Contra hæres. I. 10; *Tertull.* de Præscript. c. 13. Cf. surtout *Minut. Felicis* Octavius, c. 34 : « Corpus omne, sive arescit in pulverem, sive in humorem solvitur, vel in cinerem comprimitur, vel in nidorem tenuatur, subducitur nobis; sed Deo elementorum custodi reservatur. Nec, ut creditis, ullum damnum sepulturæ timemus, sed veterem et meliorem consuetudinem humandi frequentamus. Vide adeo quam in solatium nostri resurrectionem futuram omnis natura meditetur. (*Galland.* Biblioth., t. II, p. 401.) Cf. *Cicero*, de Legib. II, 22 : « Mihi quidem *antiquissimum* sepulturæ genus id videtur, quod apud Xenophontem Cyrus utitur : — redditur enim *terræ* corpus et ita locatum ac situm, quasi *operimento matris obducitur*. » *Baudri*, la Sépult. chrét. dans la gaz. scient. et art. de *Dieringer*. 1845; *Lüft*, Liturgie, t. I, p. 332 sq. « Sépulture » dans le Dict. eccl. de Frib., t. I, p. 731.
(3) 1 Cor. XV, 26. Conf. Heb. V, 7. Luc. XXII, 42.
(4) Phil. I, 21.

faut pour cela nous placer au point de vue des contemporains et juger les chrétiens en les comparant aux païens : et sous ce rapport nous dirons avec le martyr saint Justin (1) : « Ceux qui, naguère (comme moi), étaient esclaves
» de la sensualité, n'ont plus aujourd'hui de joie que dans
» une vie pure et sans tache; ceux qui jadis pratiquaient
» les sortilèges et la magie, sont désormais consacrés au
» service d'un Dieu éternel et invisible; ceux qui autrefois
» préféraient l'argent à tout donnent maintenant tout ce
» qu'ils possèdent au pauvres; ceux qui par le passé, se
» haïssaient, et ne voulaient avoir aucun commerce avec
» des hommes de nation ou de mœurs étrangères, depuis
» la venue du Christ, vivent en paix avec leurs ennemis,
» prient pour eux et cherchent à adoucir ceux qui les per-
» sécutaient de leur injuste haine. »

« Les chrétiens, dit l'auteur de la lettre à Diognet (2),
» vivent dans leur patrie, mais comme des pèlerins sur
» une terre étrangère : citoyens, ils partagent tout avec
» leurs frères; étrangers, ils supportent avec calme toutes
» les adversités; partout ils trouvent une patrie; mais toute
» patrie terrestre leur est un exil. Ils se marient comme
» tous les autres, mais ils n'exposent pas leurs enfants
» comme le reste des hommes. Ils vivent dans la chair,
» mais non suivant les désirs de la chair. Ils habitent la
» terre, et leur vraie demeure est dans le ciel. Ils obéissent
» aux lois et se mettent, par leur manière de vivre, au-
» dessus de toute loi. Ils aiment tous les hommes et tous
» les hommes les persécutent. On les livre à la mort et la
» mort leur est une délivrance. »

« Vous nous blâmez, dit Tertullien aux païens (3), parce
» que nous nous aimons, tandis que vous vous haïssez !
» parce que nous sommes tous prêts à mourir les uns pour
» les autres, tandis que vous êtes toujours prêts à vous
» entr'égorger ! parce que notre fraternité s'étend à la
» communauté des biens, tandis que ces biens sont préci-
» sément ce qui rompt tout lien de fraternité entre vous !

---

(1) *Justin*. Apolog. I, c. 14. Cf. c. 15-17.
(2) Epist. ad Diognet. c. 5 (*Hefele*, Patrol. apostol., p. 128 sq.).
(3) *Tertull*. Apolog. c. 39.

» parce que nous avons tout en commun, excepté les fem-
» mes, et que vous n'avez en commun qu'elles seules! »

« L'œuvre du Christ (dit enfin Origène (1), pour complé-
» ter ce tableau caractéristique) éclate dans toute l'huma-
» nité. Pas une communauté chrétienne dont les membres
» n'aient été arrachés à mille vices, à mille passions; et
» chaque jour le nom de Jésus engendre une merveilleuse
» douceur, une incomparable charité, dans le cœur de
» ceux qui admettent l'Evangile franchement, et non dans
» des vues intéressées et par des voies hypocrites. » Et
personne ne pouvait contredire Origène, quand il s'écriait,
comme parlant d'un fait connu du monde entier : « Com-
» parés aux païens de leur temps, les disciples du Christ
» brillent comme des flambeaux dans l'univers. »

A cette douceur, à cet amour de la paix, à cette **pureté**
de mœurs, à cette chasteté virginale, ajoutons le courage
héroïque que montraient les chrétiens dans les persécutions, et nous pourrons dire avec Cyprien (2) : « Oh! bien
» heureuse Eglise, qu'illumine la gloire du Seigneur, que
» glorifie de nos jours le courage des martyrs! Les lis et
» les roses brillent dans ta couronne, car tu es blanche
» comme l'innocence, pure comme l'amour, et le sang des
» martyrs te rend plus éclatante que la pourpre! » Les
chrétiens en se marquant, dans chacune de leurs actions,
du signe de la Rédemption, donnaient une preuve permanente de leurs pensées saintes et sérieuses sur la mort et la
résurrection (3). Que si parfois quelques membres isolés de
l'Eglise chrétienne montrèrent une sévérité peu éclairée,
une austérité exagérée; si on les voit défendre de couron-
ner de fleurs la tête d'un mort bien-aimé (4); rejeter tout

---

(1) *Origen.* Contra Cels. I, 67; III. 29.
(2) *Cyprian.* ep. 8 (ad martyres et confessores), p. 46.
(3) Ad omnem progressum, dit Tertullien, atque promotum, ad omnem aditum et exitum, ad vestitum et calceatum, ad lavacra, ad mensas, ad lumina, ad cubilia, ad sedilia, quacunque nos conversatio exercet, *frontem crucis signaculo* terimus. » (De Cor. militis, c. 8.)
(4) Coronas etiam sepulcris denegatis, — reproche que Cæcilius fait aux chrétiens, et Octavius répond : « Sans doute nous ne couronnons point les morts : quum beatus non egeat, miser non gaudeat floribus. » *Minut. Felicis* Octav. c. 13 (*Galland.* Biblioth., t. II, p. 387 sq.).

ornement, toute parure, toute œuvre des arts plastiques ; condamner le second mariage et tout prêt à intérêt ; la résistance désespérée du judaïsme et du paganisme, la nécessité d'opposer des principes rigides à des maximes relâchées, de combattre l'excès du mal par une sorte d'excès dans le bien, ne peuvent-elles pas, sinon justifier, du moins expliquer leur conduite, et cette conduite ne montre-t-elle pas d'ailleurs, considérée dans sa vraie tendance, avec quel sérieux, avec quelle ardeur, avec quel saint et pur enthousiasme les premiers chrétiens avaient embrassé les préceptes et la vie évangélique (1)?

Il ne faut pas oublier non plus, dans ce tableau, les fréquents efforts des chrétiens pour *détruire l'esclavage*, proclamer dans l'esclave les droits d'une créature faite à l'image de Dieu (2), et le dévouement avec lequel ils secouraient les pauvres, assistaient les infirmes et pourvoyaient à leur sépulture. Les philosophes et les écrivains païens n'ont pu nier ce caractère sublime de l'esprit chrétien, qui se donne à tous et veut la liberté pour tous ; et alors même que le caustique Lucien (3) pense se moquer des chrétiens comme de visionnaires, sa critique devient un éloge caractéristique. « Ces malheureux, dit-il, se sont mis dans la tête
» qu'il sont immortels ; aussi se font-ils un jeu d'affronter
» la mort. Leur législateur leur a laissé la conviction qu'ils
» sont tous frères, du moment qu'ils renient les dieux de
» la Grèce, adorent le sophiste crucifié et vivent conformé-
» ment à ses lois. Ils méprisent les richessses de la terre,
» les considèrent comme des biens communs à tous, en
» abandonnent l'administration à des gens dont ils ne de-
» mandent pas même des garanties. »

Si tout ce qu'on vient de dire est vrai pour la masse des chrétiens de cette époque, et surtout pour des hommes tels que saint Ignace, saint Polycarpe, saint Justin, saint

---

(1) Cf. *Hefele* sur le rigorisme dans la vie et les opinions des anciens chrétiens. (Revue théol. trim. de Tub., ann. 1841, 2ᵉ livrais., p. 375-446).

(2) *Mœhler*, Abolit. de l'esclavage par le christianisme dans les quinze premiers siècles (*Mélanges*, t. II, p. 54). « Soin des pauvres » dans le Dict. ecclés. de Frib., t. I.

(3) *Lucian*. de Morte peregrini, c. 13

Cyprien, pour tous ces martyrs, ces austères anachorètes, ces pieuses vierges, ces mères chrétiennes, qui furent la gloire de l'Eglise et qui nous remplissent d'une juste admiration, nous ne pouvons cependant passer sous silence les plaintes de beaucoup de docteurs de l'Eglise, dirigées contre ceux qui n'embrassaient le Christianisme que par des vues mondaines. Il faut se rappeler ceux qui, dans les persécutions, reniaient le Christ, leur Sauveur ; se souvenir de ceux qui rendirent nécessaire le code si ample de la pénitence ; penser enfin à ceux qui, pour ne pas rompre avec le monde, s'imaginaient superstitieusement pouvoir tout d'un coup, jouir de la vue et de l'union de Dieu en recevant le baptême au moment de la mort, et sans y être préparés par la pratique d'aucune vertu véritable. Ces tristes souvenirs nous empêcheront de ne voir que l'idéal de la religion et des mœurs dans les chrétiens des trois premiers siècles, et nous rappelleront que de tout temps des plantes parasites grandirent parmi les épis florissants de la moisson chrétienne.

Coup d'œil rétrospectif.

L'historien chrétien, en jetant un regard sur la période que nous venons de parcourir, voit avec joie que la vertu mystérieuse et puissante du Christianisme a peu à peu transformé et renouvelé la plus grande partie de l'empire romain, lui-même vainqueur du monde, et il peut s'écrier avec Clément d'Alexandrie : « Oui, vraiment, Jésus-Christ » a changé des pierres en hommes, en amenant au Chris- » tianisme des hommes qui adoraient des pierres. Le Verbe » de Dieu a mis des bornes aux flots de la mer, il a créé » l'univers, il a fondé la terre sur ses bases ; mais il a dé- » truit aussi l'empire de l'antique serpent qui, dans sa fu- » reur, poussait tous les hommes à l'idolâtrie. » En même temps l'historien a acquis la conviction que l'Eglise catholique, durant cette sanglante lutte de trois siècles, non-seulement a pu se dire, mais s'est montrée réellement d'institution divine, ayant conscience et intelligence de la parole du Seigneur : « Les portes de l'enfer ne prévaudront » point contre elle. »

DEUXIÈME PÉRIODE

DE L'ÉDIT DE PACIFICATION
DE CONSTANTIN LE GRAND [313]
A LA FIN DU VIIe SIÈCLE

L'ÉGLISE CATHOLIQUE DANS SES RAPPORTS AVEC L'ÉTAT, DANS L'EMPIRE ROMAIN.

§ 96. — *Sources; travaux.*

1. SOURCES. — Les historiens ecclésiastiques grecs et latins indiqués dans le chap. IV de l'introd. scientifique, Euseb., Socr., Sozom., Theodoret., Philostorg., Theodor. lector, Evagr., Nicephor., Callist., Sulpitius Sever., Ruffin., Cassiod. et Epiph.; le Chronicon paschale (Alexandrinum), P. I. 354; P. II, 628, ed. du Fresne et du Gange. Paris., 1688. Lud. Dindorf, Bonnæ, 1832, 2 t. (Corp. scriptor. hist. Byzant.); Theophanes Confessor, Χρονογραφία (277-805) c. not. Goari et Combefisu. Paris., 1655; Ven., 1729 sq.; ex recensione Joan. Classeni, vol. II, præcedit *Anastasii* bibliothecarii Hist. eccles. ex recensione *Imman. Bekkeri*, Bonnæ, 1839-41, 2 t. (Corpus scriptor. hist. Byzant.). — Les Actes des conciles dans collectio conciliol. de *Harduin*, t. I-III; *Mansi*, t. II-XI, et *Fuchs*, Biblioth. des conciles des IVe et Ve siècles. Lipsiæ, 1780-89, 4 vol.; les Œuvres des saints Pères de cette période (Maxima Biblioth., t. III-XI. *Galland*. Biblioth., t. IV-XII) ou dans des édit. spéc. Tous les Pères latins dans *Migne*, Patrologia completa. — Les *lois imperiales* relatives aux affaires ecclésiast., dans Codex Theodosianus [438], c. comment. Gothofredi, cura *Jos. Dan. Ritter*. Lipsiæ, 1737 sq., 6 vol. in-fol.—*Hist. profanes*: le païen *Ammien Marcellin*. Rerum gestarum libb. XXXI, dont seulement lib. XIV-

XXXI [de 353-78], ed. Henr. Valesius. Paris., 1681, d'après laquelle nous citons. *Jac. Gronov.* Lugd. Batav., 1693, in-fol. *Ernesti*, Lipsiæ, 1773, in-8. *Zosimus*, également païen sous Théod. II, Ἱστορία νέα, libb. VI [jusq. 410], ed. Cellarius, Cizæ, 1679, in-8, ed. Reitermeier Lipsiæ, 1784, in-8. *Guill. de Sainte-Croix*, Observations sur Zosime (Mémoires de l'Académie des Inscriptions, t. XLIX de l'ann. 1808, p. 466 sq.).

I. Travaux. — *Baron.* Annal. t. III-VIII. *Natal. Alexand.* Hist. ecclessiast. sæc. IV-VII, t. VII sq. *Tillemont*, t. VI-XVI. *Fleury*, liv. X-XL. *Katerkamp*, P. II et III. *Stolberg-Kerz.* t. X-XII. *Rohrbacher*, Hist. univ. de l'Eglise cath., t. VI-X. *Bœhringer*, Hist. de l'Eglise sous forme de biograph, jusqu'à Grégoire le Grand.

CHAPITRE PREMIER.

SITUATION DE L'ÉGLISE CATHOLIQUE SOUS LES EMPEREURS ROMAINS. — VICTOIRE DÉFINITIVE DU CHRISTIANISME. — SA PROPAGATION. — LE MAHOMÉTISME L'ENTRAVE.

Riffel, Exposit. hist. des rapports de l'Eglise et de l'Etat, P. I, Mayence, 1836. II° période, liv. I, p. 76-113. *Phillips*, Droits eccles., t. III, P. I. *Hoffmann*, Ruina superst., Viteb., 1738. *Rüdiger*, de Statu pagan. sub imperator. christ. post. Const. Max. Vrat., 1825. *Tzschirner*, Chute du paganisme. *Beugnot*, Hist. de la destruction du paganisme en Occident. Paris, 1835, 2 vol.

§ 97. — *Rapports de Constantin le Grand avec l'Église catholique.*

Martini, Introd. de la religion chrét. comme religion de l'Etat par Const. Munich, 1813. *Kist*, de Commutatione quam Constantino auctore societas Chr. subiit. Traj. ad Rhen. 1818. *Arendt*, Const. le Grand et ses rapports avec le christian. (Revue trim. théolog. de Tub.. ann. 1834, 3° livrais.). Surtout *Tillemont*, Hist. des empereurs.

Il n'était nullement dans la nature et l'esprit de l'Église catholique de rester en opposition permanente avec les différents États au milieu desquels elle se développait. Bien plus, comme le remarque saint Augustin, « l'Église catho-
» lique s'adresse à tous les peuples, forme de toutes les
» nations une société, qui vit sous les lois les plus diver-
» ses, avec les usages les plus opposés, qui n'y change
» rien, n'en détruit rien, pourvu que ces usages ne gênent
» point la religion ; elle enseigne qu'il faut craindre le Dieu
» suprême et en même temps honorer les rois de la terre. »

Quoique élevé dans le paganisme, Constantin avait reçu bien des impressions favorables au Christianisme, d'une mère chrétienne et pieuse, et même de son père, encore païen. A la cour de Nicomédie il avait appris à connaître, il avait eu l'occasion d'admirer ce que le Christianisme inspire de sentiments à la fois nobles, tendres et héroïques. Il montra ses dispositions favorables à l'Évangile dès le temps de son gouvernement des Gaules, et le signe *miraculeux* que le Seigneur fit briller dans le ciel, en sa faveur, le rapprocha bien davantage encore du Christianisme.

Dans sa reconnaissance et sa joie, le vainqueur de Maxence promulgua à Milan, en 313, de concert avec Licinius, un *édit universel de tolérance* en faveur du Christianisme. Rapportant au Dieu des chrétiens la gloire d'un succès si disputé et si éclatant, il ordonna que la statue érigée par les citoyens de Rome sur le Forum en l'honneur du vainqueur de Maxence portât dans sa droite, non le sceptre impérial, mais la croix victorieuse, et qu'on inscrivît sur le piédestal : *C'est par ce signe salutaire, symbole de la vraie foi, que j'ai délivré Rome du joug des tyrans et rendu au sénat et au peuple romain son antique splendeur* (1). En signant l'édit de tolérance, Constantin ne se doutait point encore qu'il décrétait par là même la victoire complète et l'absolue domination du Christianisme. Il semblait même penser que, comme dans les premiers temps du règne de Dioclétien, le paganisme et le Christianisme pourraient subsister paisiblement l'un à côté de l'autre. Cette ignorance des vrais rapports du paganisme et de la religion chrétienne fut, dans le fait, favorable à cette dernière ; car elle empêcha Constantin d'agir d'une manière brusque, prématurée, et par là même funeste au développement naturel et progressif des choses. D'ailleurs, jusqu'alors persécuté de la manière la plus sanglante, le Christianisme n'avait besoin que de la tolérance d'un empereur équitable, défendant toute perturbation du culte divin, pour pénétrer bientôt dans toutes les relations de la vie, parvenir au trône et en devenir le plus ferme appui. C'est ainsi que peuvent s'expliquer diverses actions de Constantin. Fidèle

---

(1) *Euseb.* Vita Const. Max. I, 40. Cf. Hist. ecclesiast., IX, 9.

à l'exemple de son père, il s'entoura d'un grand nombre de chrétiens qui lui étaient chers, sans cependant éloigner tout à fait les païens de sa personne. Si, d'un côté, il ordonnait de rebâtir les églises chrétiennes ruinées durant la persécution, de l'autre il ne laissait point s'écrouler les temples païens et prenait part encore à leurs sacrifices. Il ne fit sentir une prédilection marquée pour le Christianisme qu'après avoir été fortifié dans sa foi, et surtout après la victoire définitive remportée sur Licinius [324]; car cette lutte avec son ancien collègue prit tout le caractère d'une guerre de religion, Licinius ne livrant point bataille sans immoler aux dieux et invoquer leur colère contre les chrétiens, et Constantin, de son côté, ayant déployé la croix comme la bannière de son armée (1). Une longue série de lois fit preuve des dispositions favorables de Constantin, celle surtout qu'il promulgua lorsqu'il devint [323] seul maître de l'empire. Il excita, par diverses faveurs, toutes les provinces à adopter le Christianisme (2) : dans un édit ordonnant un impôt universel, il en exempta l'Église catholique, privilége qui ne fut point accordé aux temples païens (3). Dès l'an 321, il avait ordonné, par divers édits, la paisible célébration du dimanche, autorisé l'Église à accepter des dons et des legs (4), abrogé la peine du crucifiement, défendu de mutiler le visage de l'homme, fait à l'image de Dieu (5), aboli les combats sanglants des gladiateurs (6).

Déjà même, en 316, en ordonnant que les *esclaves*, affranchis en face de l'Église par les membres du clergé, se-

---

(1) Les prêtres païens, cherchant à tromper Licinius, lui désignaient les chrétiens comme les secrets amis de Constantin. Il fut ainsi poussé à porter contre eux des lois sévères et à faire répandre leur sang en plusieurs circonstances. *Euseb*. Hist. eccles. X, 8; Vita Const, I, 51 sq.; II, 1 sq.

(2) *Euseb*. Vita Const. Max. II, 24-42, 48-60. Cf. IV, 29, 32, 55; et III, 2.

(3) Codex Theodos. lib. XI, tit. I, lex. 1.

(4) Codex Theodos. II, 8, 1; *Euseb*. Vita Const. Max. IV, 18, sur les testaments pour l'Église; Codex Theodos. XVI, 2, 4.

(5) Codex Theodos. IX, 5, 1. Cf. IX, 18, 1, et *Victor*, le plus ancien épitome, c. 41; Codex Theodos. IX, 40, 2.

(6) Codex Theodos. XV, 11, 1.

raient, par là même, *libres* devant la loi civile (1); que *l'évêque aurait droit de donner une sentence définitive*, dans le cas où des parties adverses ne seraient point satisfaites du jugement des tribunaux séculiers (2), Constantin donna un éclatant témoignage de son respect et de sa confiance pour les chefs de l'Église catholique. Aux églises que sa mère, Hélène, avait fait construire sur le mont des Oliviers et à Bethléem, il ajouta celle du Saint-Sépulcre, à Jérusalem, et celles que l'on construisit par ses ordres à Nicomédie, Antioche, Membré, Héliopolis, Constantinople (spécialement l'église des Saints-Apôtres), et leur assigna de riches revenus (3). Il conserva, il est vrai, ainsi que plusieurs de ses successeurs, le titre de *Pontifex maximus*, dans l'intérêt de son pouvoir politique. Il ne voulut néanmoins être considéré, dans ses rapports avec l'Église, que comme l'évêque du dehors, désigné de Dieu pour veiller et présider aux intérêts politiques, indépendants de l'Église (4).

Quand on vit Constantin interdire aux gouverneurs et autres fonctionnaires païens de prendre part aux sacrifices, afin de refroidir ainsi peu à peu le zèle des autres païens; défendre nettement les sacrifices privés, malgré le principe qu'il semblait avoir adopté, d'amener à la vérité par la modération et la patience; restreindre l'usage des augures et des auspices; détruire même des statues d'idoles, et transformer des temples en églises chrétiennes; prohiber rigoureusement (5) certaines pratiques immorales des cultes païens, tristes monuments de la profonde corruption de la race humaine; confier de plus en plus aux chrétiens les charges de l'État, les rassembler autour de lui, et vouloir faire enfin une ville chrétienne de la nouvelle Rome, qu'il avait fondée [330] pour veiller, de ce nouveau siége de l'empire, sur les deux parties du monde : ses contempo-

---

(1) Codex Theodos. IV, 7, 1.
(2) *Euseb*. Vita Constant. Max. IV, 27.
(3) Vita Constant. Max III, 25-40; IV, 43-45 et 58-60. Cf. *Ciampinus*, de Sacris ædificiis a Constant. Max. exstructis. Romæ, 1692; *Sozom*. Hist. eccel. I, 8; V, 5.
(4) *Euseb*. Vita Constant. Max. IV, 24 : Ὑμεῖς τῶν ἔσω τῆς ἐκκλησίας ἐγὼ δὲ τῶν ἐκτὸς ὑπὸ θεοῦ καθεσταμένος ἐπίσκοπος ἂν ε.ην.
(5) *Euseb*. ibid. II, 25-29, 43-45 ; III, 24-42, 49, 54, 55, 58; IV, 25, 39; Codex Theodos. de Pagan. (lib. XVI, tit. 10), l. cit.

rains idolâtres, et bien plus encore, les générations qui le suivirent, portèrent contre lui les jugements les plus défavorables et les plus outrageants, auxquels se sont associés même des écrivains chrétiens des temps les plus récents (1). Sans avoir égard aux nombreuses preuves de respect et de vénération que Constantin donna au Christianisme, on prétend élever des doutes sur la sincérité de sa conversion, et l'on s'appuie d'abord sur ce qu'il remit son baptême jusqu'à l'année de sa mort [337], tandis qu'il partagea simplement à cet égard un préjugé commun à un grand nombre de ses contemporains ; puis, sur l'exécution de son fils Crispus, de sa seconde femme Fausta, de Licinius et du fils de ce dernier, tandis que l'on passe sous silence les circonstances qui peuvent l'excuser et venger l'honneur d'un prince que la plupart de ses contemporains saluèrent, dans leur vive reconnaissance, du nom de Constantin le Grand.

§ 98. — *Situation de l'Église catholique sous les fils de Constantin.*

Après la mort prématurée de Constantin le Jeune, que son frère Constant fit périr près d'Aquilée [340], ce dernier resta seul maître en Occident, comme Constance en Orient. Tous deux se prononcèrent, avec plus de violence que leur père, contre le paganisme (2), mais ils eurent peu de succès en Occident et surtout à Rome, où l'opposition tint ferme. Constant, obligé de fuir devant l'usurpateur Magnence, étant mort en 350, Constance resta seul maître de l'empire [353] ; il défendit aussitôt après, sous peine de mort, tout sacrifice et toute adoration des idoles (3). Cette

---

(1) *Manso*, Vie de Constantin le Grand. Breslau, 1817.
(2) Cod. Theod. XVI, 10, 2 [ann. 341] : « Cesset superstitio, sacrificiorum aboleatur insania. Nam quicunque contra legem divi principis, parentis nostri, et hanc nostræ mansuetudinis jussionem ausus fuerit sacrificia celebrare, competens in eum vindicta et præsens sententia exseratur. » On en appelait au Deut. XIII, 6 Cf. Cod. Theodos. XVI, 10, 3 [ann. 342].
(3) Cod. Theodos. XVI, 10, 4 [ann. 353] : « Placuit omnibus locis atque urbibus universis claudi protinus templa, et accessu vetitis

vive et brusque oppression rendit une force nouvelle et une importance exagérée au paganisme, qui n'avait plus de séve véritable et ne se soutenait que par la puissance extérieure et politique. Il fallut donc abattre avec violence et par la rigueur des lois ce qui, privé d'ailleurs de toute vie et de toute valeur, serait en peu de temps tombé de soi-même. A Rome et Alexandrie, où les grands souvenirs des temps de l'idolâtrie captivaient encore les esprits, la victoire (1) devint plus difficile, à mesure que les écrivains païens entreprirent, pour venger leur honneur et leur orgueil, une lutte de plus en plus désespérée. Le *néoplatonisme*, professé par Jamblique [† 333], recouvra son influence passée. Les plus célèbres orateurs du temps se prirent d'enthousiasme pour les dieux anciens, adressant aux chrétiens le reproche qu'avaient reçu leurs ancêtres, de se prosterner devant les statues de l'empereur, et de ne propager leur doctrine que par la faveur des princes. Ils réclamaient pour le paganisme la tolérance demandée autrefois pour l'Évangile. Ils prétendaient *que l'émulation des diverses religions rivales devait servir à raviver le zèle pour le culte et la religion.*

Quoi qu'il en soit, on ne peut méconnaître le zèle de Constance pour le Christianisme (2), en même temps qu'il faut déplorer la violence dont il usa, dans les luttes dogmatiques et les affaires de l'Église, violence qui excita la résistance ouverte des plus pieux évêques de la catholicité. (Voyez plus bas, § 111.)

§ 99. — *L'Église sous Julien l'Apostat.*

Juliani Opp. (Orationes VIII, Cæsares, Misopogon. Epistolæ LXV), ed. Petav. Paris., 1583; ed, Spanhem, Lipsiæ, 1696, 2 t. Julian. epp. accedunt fragm. breviora, ed. Heyler. Mog., 1828. — *Amm. Marcell.*, lib. XXI-XXV, 3. *Tillemont*, t. VII, p. 322-423. *Néander*,

omnibus, licentiam delinquendi perditis abnegari. Volumus etiam cunctos sacrificiis abstinere. Quod si quis aliquid forte hujusmodi perpetraverit, gladio ultore sternatur, etc. » Cf. leges 5 et 6 [ann. 353 et 59].

(1) *Rüdiger*, de Statu paganor., etc., p. 31 sq.
(2) *Euseb.* Vita Constant. Max. IV, 52.

l'Empereur Julien et son siècle. Leipzig, 1812. *Van Herwerden*, de Juliano imperat. relig. christ. hoste eodemque vindice. Lugd. Bat., 1827. *Stolberg*, P. XI, p. 346-437. *Katerkamp*, Hist. eccl., t. II, p. 257-92. *Wiggers*, Julien l'Apostat.

Dans un savant ouvrage, Néander s'est imposé pour mission de mettre d'accord tout ce que la conduite de Julien offre de décousu et même d'énigmatique, en l'attribuant à son éducation et aux vues religieuses ou politiques qui en furent la suite, ainsi qu'à la transformation subie par le polythéisme, immédiatement avant sa chute définitive. Sans doute, le malheur que, jeune encore, Julien eut de perdre sa mère, et de voir tuer, les uns après les autres, son père et ses plus proches parents, mis à mort d'après les ordres de Constance, selon la croyance générale, fit sur son âme une impression qui augmenta avec les années. Tandis que, selon les intentions de Constance, Julien devait être élevé dans la retraite et n'être familiarisé qu'avec les principes du Christianisme (1), un vieux pédagogue de sa famille maternelle, nommé Mardonius, chercha à exciter son enthousiasme pour les héros imaginaires d'Homère et, à nourrir tous ses penchants pour le monde et la nature. Quoique soigneusement éloigné de tout rapport avec le rhéteur païen Libanius, il sut se procurer ses leçons ; et le néoplatonicien Maxime parvint, en spiritualisant la doctrine païenne, à augmenter encore la prédilection qu'elle avait inspirée à Julien (2). Resté, après le meurtre de son frère Gallus [354], l'unique rejeton de la maison impériale, et devenu, par l'âge avancé de Constance, le soleil levant de la cour, ce jeune prince avait attiré l'attention des partisans du paganisme qui cherchèrent à l'influencer de toutes manières, surtout durant son séjour à Athènes. C'est là que Grégoire de Nazianze, étudiant avec lui, s'était prophétiquement écrié : *Quel monstre l'empire romain élève dans son sein !* Le futur empereur se pavanait, avec une puérile vanité, dans le manteau du philosophe. Trop peu initié

---

(1) *Amm. Marcell.* XXII, 9 ; *Sozom.* V, 3 ; *Greg. Nazianz.* Or, III ; *Liban.* Or. V, XII. *Amm. Marc.* XXIV, 4, désigne Julien comme : vir profecto heroicis connumerandus ingeniis.

(2) *Eunap.* Vitæ sophist. p. 86 ; *Socrat.* III, 1 ; *Sozom.* V, 2 ; *Liban.* Or. V,

d'ailleurs à l'esprit du Christianisme pour pouvoir dominer les discussions dogmatiques de l'époque, il demeura longtemps incertain et flottant dans ses doctrines religieuses, tour à tour plein d'enthousiasme pour l'Évangile et pour le paganisme (1). Au moment où il monta sur le trône [361], il se déclara positivement pour le paganisme (2), dont il ne conserva que le nom, et ne fit en somme, malgré tous ses efforts pour le spiritualiser, qu'une copie monstrueuse et abominable du Christianisme (3).

En restituant au paganisme ses droits et ses priviléges anciens, il espérait rendre à l'empire romain son ancienne splendeur et une vie nouvelle. Il retira peu à peu aux chrétiens les faveurs dont ils jouissaient, les distributions annuelles de blé, les droits de juridiction et l'exemption des charges publiques dont jouissaient les ecclésiastiques ; il défendit aux chrétiens de tenir des écoles et d'expliquer les auteurs anciens (4).

En permettant aux évêques exilés par Constance de revenir dans leurs diocèses, il avait le perfide espoir d'augmenter ainsi la confusion parmi les chrétiens (5) et de les voir se détruire plus promptement les uns par les autres. Frustré dans son espérance, il eut recours à la violence. A Antioche, il fit jeter au vent les reliques du saint martyr

---

(1) *Julian.* ep. 38; *Liban.* Or. X.
(2) *Amm. Marcel* XXII, 5; *Sozom.* V, 3.
(3) *Julian.* ep. 49, 52; *Greg. Nazianz.* Or. III; *Sozom.* V, 16.
(4) *Julian.* ep. 42; *Socrat.* III, 12-13, 16, 22; IV, 1; *Sozom.* V, 18, *Theodoret.* Hist. eccles. III, 6, 16, 17. — *August.* de Civit. Dei, XVIII, 52 : « An ipse non est ecclesiam persecutus, qui (Julianus) christianos liberales litteras docere ac discere vetuit. » — *Amm. Marcell.* XXII, 10, lui-même dit : « Illud autem erat inclemens, obruendum perenni silentio, quod arcebat docere magistros rhetoricos et grammaticos, ritus christiani cultores. » P. 324. Cf. XXV, 4.
(5) Cf. le perfide début de Julien dans *Amm. Marcell.* XXII, 5 : « Utque dispositorum roboraret effectum, dissidentes christianorum antistites cum plebe discissa in palatium intromissos monebat, ut civilibus discordiis consopitis quisque nullo vetante religioni suæ serviret intrepidus. Quod agebat ideo obstinate ut, dissentiones augente licentia, non timeret unanimantem postea plebem : nullas infestas hominibus bestias, ut sunt sibi ferales plerique christianorum, expertus. Sæpe dictitabat : **Audite me, quem Alemanni audierunt et Franci,** etc. » P. 301 sq.

Babylas, comme trop proche du dieu Apollon, dont néanmoins les autels ne recevaient d'autres offrandes de l'opulente cité qu'une oie apportée par un vieux prêtre païen. Pour mieux prouver sa haine aux chrétiens, il accorda des priviléges aux Juifs qu'il méprisait, mais qui du moins étaient, comme lui, ennemis du Christianisme. Deux fois il ordonna la réédification du temple de Jérusalem, pour confondre ouvertement la prophétie du Christ, annonçant que le temple serait à jamais détruit, et deux fois le bras du Tout-Puissant renversa ses espérances : la terre trembla et vomit des flammes qui ruinèrent les travaux commencés (1). Tel est le récit d'un auteur païen. Une autre fois la croix brilla au ciel, pour prouver aux hommes que rien ne peut relever ce que le Christ a renversé, et que l'Église, qu'il a fondée sur le roc, ne saurait être détruite par aucune puissance. Dieu proclamait donc de nouveau la gloire de son Fils, en même temps qu'il rappelait au repentir l'apostat couronné.

Mais ce fut surtout dans les sept livres satiriques que Julien composa contre le Christianisme que se manifesta toute sa haine. Il y promettait d'expliquer pourquoi il avait préféré la doctrine des dieux de la Grèce à celle du Galiléen qui n'était qu'une invention humaine (2). Mais son fanatisme ne put échapper aux moqueries des païens eux-

---

(1) *Julian.* ep. 25. — *Amm. Marcell.* XXIII, 1 : « Ambitiosum quondam apud Hierosolymam templum, quod post multa et interneciva certamina — est expugnatum, instaurare sumptibus cogitabat immodicis : negotiumque maturandum Alypio dederat, Antiochensi, qui olim Britannias curaverat pro præfectis. *Quum itaque rei idem fortiter instaret Alypius. juvaretque provinciæ rector, metuendi globi flammarum prope fundamenta crebris assultibus erumpentes, fecere locum exustis aliquoties operantibus inaccessum ; hocque modo elemento destinatius repellente, cessavit inceptum.* » P. 350. — Cf. *Julian.* ep. 25. Plus expl. dans des aut. chrét. Cf. *Socrat.* III, 20; *Sozom.* V, 22: *Theodoret.* Hist. eccles. III, 20; *Rufini,* Hist. eccles. X, 37; *Greg Nazianz.* Or. VI, s. in. Julian. invect. II; *Chrys st.* Hom. III, adv. Jud.; sermo XIX, de laudib. S. Pauli; *Philostorg.* VII, 9, 14; *Dieringer,* Syst. des faits divins, vol. I, p. 330-92.

(2) Il ne reste de la controverse de Celse que des fragments conservés dans la réfutation d'Origène; de même, il n'existe de cet écrit de Julien que des fragments cités par son adversaire Cyrille d'Alex. (V. plus bas, § 103 ad init.)

mêmes, qui, en voyant ses innombrables sacrifices de taureaux, souhaitèrent, pour le bonheur de la race des bêtes à cornes, que l'empereur ne revînt pas victorieux de la guerre des Perses (1). Il y succomba en effet, à l'âge de trente-deux ans [363], en s'écriant : *Galiléen, tu as vaincu* (2)! La persécution dirigée par ce prince contre le Christianisme tourna à son profit, en éloignant de son sein les chrétiens qui n'en avaient que le nom ; elle n'avait excité d'ailleurs qu'un bien faible intérêt en faveur du paganisme expirant.

§ 100. — *L'Eglise sous Jovinien et ses successeurs.*

Avec Julien s'éteignit le dernier rejeton de la nombreuse famille de Constantin. L'armée élut pour successeur à l'empire Jovinien. Tout dévoué qu'il était au Christianisme, il se crut obligé, durant la courte durée de son règne [†364], en voyant les dispositions produites par le règne précédent, de promulguer la liberté religieuse universelle (3), ou plutôt il pensa, en adoptant une sorte d'indifférence à l'égard du paganisme, en venir plus facilement à bout. Les vrais sentiments de l'empereur, qui n'étaient un mystère (4) pour personne, encouragèrent les chrétiens à redemander les priviléges qu'ils avaient perdus sous Julien. La liberté religieuse, proclamée par Jovinien, fut maintenue sous les empereurs Valentinien Ier, en Occident [†375] (5), Valens, en Orient [†378] (6). Valentinien, tout en prétendant laisser chacun libre d'adorer Dieu à sa manière, ne fut pas toujours fidèle à ce principe. Malgré la tolérance promise,

---

(1) *Amm. Marcell.* XXV, 4. Præsagiorum sciscitationi nimiæ deditus, superstitionis magis quam sacrorum legitimus observator, innumeras sine parcimonia pecudes mactans, ut æstimaretur si revertisset de Parthis, boves jam defecturos.

(2) D'après une tradition dans *Sozom.* Hist. eccles. VI, 2 ; *Theodoret.* Hist. eccles. III, 21 et 25.

(3) *Socrat.* III, 24, 25 ; *Themist.* Or. circul. ad Jovian. ed. Petav., p. 278.

(4) *Sozom.* VI, 3. Cf. *Theodoret.* Hist. eccles. IV, 4, 19.

(5) Cod. Theodos. IV, 16, 9 (ann. 371).

(6) *Themist.* Or. ad Valent. de religion., seulement en latin, ed. Petav., p. 499.

on défendit les sacrifices sanglants offerts la nuit (1); on usa de violence, si bien que le paganisme disparut peu à peu des villes et ne se conserva plus que dans les campagnes (*paganus, paganismus*). Valens persécuta surtout les anciens favoris de Julien, les sophistes, les rhéteurs et les païens, les chiromanciens et les magiciens comme coupables de haute trahison. Sous Gratien [375-83], fils de Valentinien, qui rejeta le titre de souverain pontife (*pontifex maximus*), on enleva l'autel de la Victoire de la salle du Sénat, on priva les temples de leurs biens et de leurs priviléges (2), et les efforts des païens pour les reconquérir, sous Gratien et Valentinien II, son successeur, furent déjoués par les représentations d'Ambroise, évêque de Milan.

§ 101. — *Sous Théodose le Grand.*

Jan. Stuffken, Diss. de Theod. Max. in rem christianam meritis. Lugd. Bat., 1828. *Fléchier,* Hist. de Théodose le Grand. Paris, nouvelle édit. 1776. Cf. *Rüdiger,* l. cit., p. 47 sq. *Augustin.* de Civit. Dei, V, 26.

Théodose, qui régna d'abord en Orient [depuis 379], et devint ensuite seul maître de tout l'empire [392-95], contribua de la manière la plus décisive à l'entière ruine du paganisme. Il permit encore, il est vrai, au commencement de son règne, les libations aux dieux; il fit même ouvrir les temples; mais, dès 381, année du second concile œcuménique de Constantinople, il défendit l'apostasie des chrétiens (3), et les sacrifices dans lesquels on consultait l'avenir par les entrailles des victimes. Les temples, parfois violemment détruits à l'instigation de moines peu éclairés, ne furent plus protégés par la loi, et l'*apologie* qu'en présenta Libanius resta sans effet. Bientôt après [392], Théodose, confirmant rigoureusement l'édit de Valentinien

---

(1) *Liban,* Ὑπὲρ τῶν ἱερῶν (Opp. ed. Reiske, t. II); *Theodoret.* Hist. eccles, IX, 24; V, 21.
(2) *Auson.* Gratiar. actio ad Gratian. c. 10, 12; *Zosim.* IV, 36; Codex Theodos. XVI, 10. 20. Cf. *Tillemont.,* t. VII, p. 322 sq.
(3) *Cod. Theod.* XVI, 7, 1 : « His qui ex christianis pagani facti sunt, eripiatur facultas jusque testandi, etc. » Cf. XVI, 10, 7.

[391], interdit complétement, par une loi, l'entrée des temples païens.

Ainsi, de toutes parts, on oublia ou méconnut la parole de saint Chrysostome : « Ce n'est point par la contrainte et « la violence que les chrétiens doivent renverser l'erreur; « c'est par la persuasion, l'instruction et la charité qu'ils « doivent sauver les hommes. » A Alexandrie on ruina de fond en comble, à la suite d'un soulèvement tumultueux des païens [391], le Sérapion (1), l'un des plus grands sanctuaires païens de l'époque : l'ardent évêque d'Alexandrie, Théophile lui-même, prit part à cet acte de violence.

Lorsque Théodose devint maître unique de l'empire, il prohiba, sous les peines les plus graves, toute espèce de culte idolâtrique [392]; et après avoir, par la défaite d'Eugène et d'Arbogaste [394], abattu la dernière espérance du paganisme, il entra dans Rome (2) et y prononça, devant le sénat, une vigoureuse harangue, dans laquelle il exhorta les païens à renoncer à l'idolâtrie et à embrasser la religion qui seule pouvait leur procurer la rémission de leurs péchés. Et bientôt les temples de Rome, abandonnés et déserts, tombèrent en ruine, dit saint Jérôme, tandis que la foule s'empressait aux collines où reposaient les reliques des martyrs (3). Le paganisme conserva néanmoins, en Occident, de fervents sectateurs (3), qui relevèrent la tête à l'approche des Barbares et accusèrent hardiment les chrétiens de causer la chute de l'empire (4).

§ 102. — *Sous Honorius, Arcadius et leurs successeurs.*

Rien ne s'opposait, en Orient, sous les règnes d'Arcadius [350-408] et de Théodose II [jusqu'en 450], à ce qu'on suivît en tout point l'exemple du grand Théodose (5). Arca-

---

(1) *Socrat.* V, 16; *Theodoret.* Hist. eccles. V, 22; *Sozom.* VII, 15; *Rufini*, Hist. eccles., XI, 22-30.
(2) *Ambros.* ep. 15; *Rufini*, XI, 43 ; *August.* de Civ. Dei, V. 26.
(3) *Hieronym.* ep. 7.
(4) Cf. *Beugnot*, Hist. de la destruction du paganisme en Occident. Paris, 1835, 2 vol. ; *Chastel*, Hist. de la destruction du pagan. dans l'empire d'Orient. Paris, 1850.
(5) Cod. Theodos. XVI, 5, 43-47 ; 10, 13-19.

dius menaçait de la peine de mort les autorités qui mettraient de la négligence dans l'exécution rigoureuse et ponctuelle des ordonnances que nous venons de rapporter. Par son ordre on enleva toutes les statues des dieux. Des moines ardents renversèrent beaucoup de temples, derniers restes du culte des idoles. Les philosophes païens avaient renoncé à lutter ouvertement contre le Christianisme. De là les termes hyperboliques dont se sert Théodose II dans une de de ces lois [vers 423], où il parle comme s'il n'existait plus aucun païen en Orient. De là aussi la *légende des Sept frères*, endormis à Éphèse, sous la persécution de Dèce, et qui s'étaient réveillés, pleins d'un joyeux étonnement, sous le règne de Théodose II, en voyant flotter sur la ville et le monde la bannière victorieuse de la croix (1).

L'Occident, envahi par des flots de Barbares, ne voyait pas l'Évangile s'y établir et s'y propager aussi paisiblement qu'en Orient. D'ailleurs Honorius [395-423] s'y était montré beaucoup moins sévère. Il avait, il est vrai, ordonné de détruire les temples subsistant encore dans les campagnes (2); mais il en prescrivit la conservation dans les villes, comme objets d'art; ordonnance que, plus tard, Grégoire le Grand fit observer partout. Valentinien III [jusqu'en 445], tout en défendant l'idolâtrie (3), fut obligé d'arrêter la destruction des temples, parce que l'extrémité où l'empire se trouvait réduit par l'invasion des Barbares était généralement attribuée au mépris des dieux de Rome (4); et cette opinion était si répandue qu'Orose, saint Augustin et Salvien se virent obligés de la combattre par leurs écrits. C'est ainsi que des restes isolés du paganisme purent se conserver jusqu'à la fin de cette période, surtout en Sardaigne et en Corse, malgré les mesures sévères prises par Léon et Anthémius (5), qui punissaient l'idolâtrie de la confiscation des biens, de la perte des charges et des

---

(1) *Greg. Turon.* de Gloria martyr. Paris., 1640, p. 215; *Reineccius*, de Sept. Dormientib. Lipsiæ, 1702.
(2) Cod. Theodos. XVI, 5, 42.
(3) Cod. Theodos. XVI, 10, 17 et 18.
(4) Cf. *Zozim.* IV, 59, et *August.* de Civ. Dei, XVIII, 13.
(5) Cod. Justin. I, 11, 7-8; *Phot.* Cod. 242.

dignités, et de peines corporelles [467-72] ; et par Justinien Ier [527-65], qui décréta même la peine de mort contre les idolâtres (1), ferma l'école néoplatonicienne d'Athènes, et chargea l'évêque jacobite Jean d'instruire des païens lettrés et distingués (2).

§ 103. — *Polémique des païens. Apologistes chrétiens.*

Dœllinger, Man. de l'hist. eccles., t. I, P. II, p. 50-91.

Ce qui anima et prolongea surtout la lutte du paganisme contre le Christianisme, ce fut la polémique des philosophes et des rhéteurs païens, que les circonstances les plus diverses ne purent interrompre. L'attaque la plus sérieuse fut, sans contredit, celle de l'empereur Julien. Il s'efforce, dans ses sept livres, de n'attribuer à l'Ancien Testament que la valeur d'un mythe, se moque incessamment du culte des martyrs, et va jusqu'à mettre en doute la pureté de la vie des chrétiens. Aux œuvres tout ordinaires de ce Jésus mort, il oppose, avec un amer dédain, les magnificences de la littérature grecque et la domination universelle des Romains (3). — Ce fut presque à la même époque que parut le dialogue intitulé *Philopatris*, imitation des dialogues de Lucien, principalement dirigé contre la doctrine de la Trinité et les moines qu'on y accuse d'être mauvais patriotes (4). Le néoplatonisme ouvrit de nouveau son école à Athènes et à Alexandrie, cherchant à allégoriser et à spiritualiser le paganisme. Ici parurent Jamblique [† 333], Hiéroclès et Hypathie ; là, Plutarque, Syrianus, Proclus, Maxime,

---

(1) *Procop.* Hist. arc., p. 302 ; *Theophan.* Chronog., p. 153 ; *Malalæ* Chronogr. [env. 600]. Ven. P. II, p. 63, 83.

(2) *Assemanni* Biblioth. orient. t. II, p. 85.

(3) On n'a du livre de Julien intitulé « soirées d'hiver d'Antioche, » que des fragments dans *Cyrill. Alex.* Ad. Julian. lib. X (les trois premiers livres : Ἀνατροπὴ τῶν Εὐαγγελιων,] éd. spéc. dans la Défense du paganisme par l'empereur Julien, par le marquis d'*Argens*. Berlin, 3e édit., 1769.

(4) Ce dialogue dans *Luciani* Opp. ed. Reitz., t. III, p. 708 sq. *Gessneri*, de Ætate et auct. dial. Lucianei, qui Philopatris inscribitur, disput. ed. III, Gœtt., 1748. D'après la préface de *Niebuhr*, t. XI, Corp. scriptor. hist. Byzant. ed. Bonn, p. IX ; ce dialogue doit n'avoir été composé que sous l'empereur Phocas [965 ou 69].

Isidore, Damascius, Simplicius et Maxime de Tyr (1). A ces philosophes s'unirent, dans un même dessein, les rhéteurs Himérius [† 390], Thémistius, le célèbre commentateur d'Aristote [† 390] et Libanius [† 395]. Les néoplatoniciens, rejetant des traditions polythéistes ce qu'elles avaient de plus grossier, et cherchant à ennoblir leur doctrine en y mêlant des éléments chrétiens, gagnèrent par ce manége beaucoup de païens lettrés à leur cause. Ils allèrent jusqu'à prétendre que la différence de caractère des peuples demandait une diversité dans leur religion, et nécessitait ce syncrétisme religieux que nous voyons exposé dans Proclus, Hiéroclès et Simplicius (2), défendu par Chalcidius (3), dans son commentaire sur le Timée de Platon, et par l'historien Ammien Marcellin (4), qui n'était d'ailleurs pas défavorable aux chrétiens. C'est de ce point de vue que Proclus disait aussi : « Le philosophe ne s'astreint pas à « tel ou tel culte national ; il n'est étranger à aucune forme « de religion, car il est le grand prêtre de l'univers. » — « Qu'importe, disait le préfet Symmaque, par quelle voie « on arrive à la vérité ? Elle est si mystérieuse qu'il doit y « avoir bien des routes pour y conduire ! » Rejetant ce que le polythéisme avait de plus contraire au Christianisme, reconnaissant l'unité d'un Dieu suprême, et d'autres points de la doctrine chrétienne, le néoplatonisme semblait ne

---

(1) *Libanii* Orationes, ed. Reiske. Altenb., 1791-97, 4 vol.; *Themistii* Orac. ed. Harduin. Paris., 1684, in-fol.; *Jamblichi* de Mysteriis Ægypt. ed. Gale. Oxon., 1678, in-fol.; *Procli*, 18, ἐπιχειρήματα κατὰ χριστιανῶν, ainsi que la réfutation dans *Joann. Philoponi*, lib. XVIII, de Ætern. mundi græce. Ven., 1535, Lat. vert. *J. Mahatius*. Lugd., 1557. in-fol.; *Hierocl.* de Providentia et fato, etc., comment. Des extraits conservés par Photius, ed. Lond., 1673, 2 vol. in-8; Comment. de aureis Pythag. versib. Romæ, 1475. Paris., 1583.

(2) *Simplicii* Comment. in Epicteti Enchirid. Lugd., 1640. in-4, ed. Schweighæuser, p. 150. 400 sq.

(3) *Chalcidius* [IVᵉ siècle], Comment. in Platon. Timæum (Opp. S. Hippolyti, ed. Fabricius, t. II); *Fabricius*, Biblioth. lat., t. I, p. 566; *Mosheim*, Animadvers, in *Cudworth* Syst. intell., p. 732 sq.

(4) *Amm. Marcell.* Hist. XXII, 11 : XXVII, 3, p. 480 sq. Malgré son admiration pour les chrétiens, il justifie les prédictions tirées du vol des oiseaux, des entrailles des animaux, etc.. XXI, 1, p. 263 sq. Sa spiritualisation du paganisme lui fait dire : Mercure n'est autre chose que : mundi velocior sensus, XVI, 5, p. 115.

plus différer essentiellement de l'Évangile. Aux yeux du philosophe, Christianisme et paganisme devaient être mis au même niveau, n'étant l'un et l'autre que des manifestations particulières de l'esprit humain. Dieu, disaient-ils, est d'autant plus honoré qu'il y a plus de diversité dans les formes religieuses des peuples, puisque cette diversité même devient le motif d'une sainte émulation et un vif aiguillon pour la piété des hommes.

Mais quand de la sphère philosophique ils en venaient aux faits positifs du Christianisme, alors ils l'attaquaient avec amertume et mauvaise foi, entassant sophismes sur sophismes, comparant le culte des martyrs et la vénération des reliques au culte abrogé des idoles, demandant pourquoi le Christ était venu si tard, puisqu'il devait révéler la religion absolue, et calomniant de toutes manières la vie et les sentiments politiques des chrétiens. Cependant, les adversaires de l'Évangile faisaient parfois entendre de dures vérités aux chrétiens, quand ils leur reprochaient d'abuser, malgré les conseils de leurs docteurs, de la force que le temps leur avait mise en main; d'avoir fait cruellement périr, à Alexandrie, la docte Hypathie; d'avoir poussé Justinien à fermer les écoles philosophiques d'Athènes [529] et forcé les philosophes, Damascius, Isidore et Simplicius à leur tête, de se réfugier en Perse, pour y enseigner librement leur doctrine. « Vos lois religieuses, écrivait Libanius à cette occasion, condamnent la violence, elles prêchent la persuasion, dit-on, et blâment la contrainte. D'où vient donc votre aveugle fureur contre les temples? Les détruire, comme vous faites, c'est employer la force et non la persuasion, c'est violer manifestement les propres lois de votre religion. »

Ces fausses interprétations, ces altérations perfides du Christianisme suscitèrent d'admirables apologistes. *Venez*, disait Ambroise, réfutant cet éclectisme religieux et l'orgueil de la science humaine, *et apprenez sur la terre la vie du Ciel. Nous sommes sur la terre, mais nous vivons dans le Ciel. C'est le Dieu qui m'a créé qui m'apprendra les secrets de la vie céleste, et non l'homme, qui ne se connaît pas lui-même.* Alors on vit prendre la plume, pour défendre la vérité, pour réfuter, dévoiler la vanité du paganisme, les deux

Apollinaire de Laodicée en Syrie (1); Lactance (2), le Cicéron chrétien [vers 320], élève d'Arnobe et précepteur de Crispus, fils de Constantin; enfin Eusèbe, évêque de Césarée (3) [† 340], et Athanase le Grand, qui tous deux montrèrent parfaitement, par leurs ouvrages, comment il fallait réfuter le paganisme et établir la doctrine chrétienne d'une manière scientifique. Firmicus Maternus (4) fut moins heureux, quand, méconnaissant complétement l'esprit du Christianisme, il poussa, dans un ouvrage, étayé des textes de l'Ancien Testament, les empereurs Constant et Constance à opprimer les païens. Le caustique Julien trouva un brillant adversaire dans l'éloquent Grégoire de Nazianze, son contemporain (5), et dans le vigoureux Cyrille d'Alexandrie, qui balaya les derniers restes de sa polémique sournoise et perfide (6). A la même époque, le savant et pieux Théodoret, évêque de Cyr [† 458], essaya de *guérir les erreurs du paganisme* (7), en comparant les idées chrétiennes aux notions païennes, les prophéties bibliques aux oracles païens, les apôtres chrétiens aux héros et aux législateurs de Grèce et de Rome, la sublime morale de l'Évangile à celle des philosophes. Alors aussi fut vraisemblablement composée la *Conférence* entre le chrétien Zachée et le philosophe Apollonius (8), dans laquelle celui-ci

(1) Sur Apollinaire, cf. *Hieronym.* de Vir. illustr. c, 104; *Socrat.* Hist. eccles. III. 16; *Sozom.* Hist. eccles. V, 18.

(2) *Lactantii* Institut. divin. lib. VII; de Mortib. persecutor. (*Galland.* Biblioth. IV, p. 229 sq.) Opp. ed. Bünemann. Lipsiæ, 1739; le Brun et Dufresnoy. Paris., 1748, 2 t. in-4. Cf. *Mœhler*, Patrol., t. I, p. 917-33.

(3) *Euseb. Cæsar.* Παρασκευὴ εὐαγγελική, libb. XX; ed. Vigerus. Paris., 1628; Ἀπόδειξις εὐαγγελική, libb. XX (dont seulement I-X), c. not. Montacutii, Paris., 1628. Complet dans *Fabricii* Delectus argumentor. et syllab., etc. Voy. § 69; Præparat. et. demonstr. évangel. ensemble. ed. Colon., 1688. *Athanasii* Λόγος κατὰ Ἑλλήνων et Περὶ τῆς ἐνανθρωπήσεως τοῦ λόγου (Opp. ed. Montfaucon. Paris., 1698, t. I).

(4) *Firm. Maternus,* de Errore profanar. religion. ed. (c. Minut. Felice), Lugd. Batav. 1709; ed. Münter. Havniæ, 1826.

(5) *Greg. Nazianz.* in Julian. Apostat. invectivæ duæ.

(6) *Cyrill. Alexand.* libb. X contra impium Julian. (Opp. ed. Aubertus) avec opp. Julian. ed. Spanhem. Lipsiæ, 1696.

(7) *Theodoret.* Ἑλληνικῶν θεραπευτικὴ παθημάτων (Opp. ed. Schulze, t. IV, p. 687 sq.).

(8) Consultat. Zachæi christiani et Apollonii philosophi (*d'Achery* Spicileg., t. I, p. 1-41).

cherche à justifier le culte des idoles, en le comparant aux honneurs rendus aux statues des empereurs par les chrétiens; Zachée le réfute en lui exposant la vérité. Orose, prêtre espagnol de Tarragone (1), réfuta l'odieux préjugé, répandu dans l'empire par les historiens Eunape de Sardes et Zosime, dans le Ve siècle, et d'après lequel le mépris des dieux de Rome avait attiré la ruine de l'État par l'invasion des Barbares. Cette réfutation, que, sur l'invitation de saint Augustin, il avait traitée du point de vue historique, fut complétée plus tard par saint Augustin lui-même (2), sous le point de vue spéculatif et dogmatique, dans son profond ouvrage sur l'origine, la constitution, le progrès et le but de la *Cité de Dieu*, opposée à la cité du monde ou au paganisme. Dans les dix premiers livres, saint Augustin esquisse d'une main ferme le tableau des contradictions des théories politiques, poétiques et philosophiques de la théologie païenne, et en réfute les vaines opinions. Dans les douze livres suivants, partant de cette vérité fondamentale, qu'en Jésus-Christ seul et par lui la connaissance de Dieu est possible et existe en effet, il expose la construction de la cité de Dieu, depuis la création et le péché originel, à travers les temps de l'Ancien et du Nouveau Testament, jusqu'au jugement universel, et à la félicité éternelle des justes, la fin sans fin (3). Apologiste hardi du Christianisme, saint Augustin s'écrie avec assurance (4) : « Si tous les rois de la terre, tous les peuples de l'univers,

---

(1) *Paul. Oros.* Adv. Pagan., etc.

(2) *Augustin*, de Civ. Dei, c. comment. Lud. Vivis. Bas., 1522, in-fol. c. comment. Lud. Vivis et Leon. Coquæi. Paris., 1656. in-fol. ed. Hamb., 1661, 2. t. in-4; edit. stereot, Lipsiæ, 1825, 2 t. in-8.

(3) *August.*, Retract. II, 43 : « Interea Roma, Gothorum irruptione agentium sub rege Alarico atque impetu magnæ cladis, eversa est: cujus eversionem deorum falsorum multorumque cultores, quos usitato nomine paganos vocamus, in christianam religionem referre conantes, solito acerbius et amarius Deum verum blasphemare cœperunt. Unde ergo erubescens zelo domus Dei adversus blasphemias eorum vel errores, libros *de Civitate Dei* scribere institui.—His ergo decem (prioribus) libris duo istæ vanæ opiniones christianæ religioni adversariæ refelluntur ; sed ne quisquam nos aliena tantum redarguisse, non autem nostra asseruisse reprehenderet, id agit *pars altera* operis hujus, quæ libris XII continuetur, etc. »

(4) *August.*, de Civ. Dei, II. 19.

« si tous les grands, et les magistrats, et les jeunes, et les
« vieux, tout sexe et tout âge, tous ceux qu'interpelle Jean-
« Baptiste, écoutaient et accomplissaient la doctrine du
« Christ, un peuple ainsi disposé aurait pour partage, à la fois,
« le bonheur sur la terre et la félicité éternelle. » — « Dieu,
« dit encore saint Augustin, constatant les vertus civiques
« des anciens Romains dans leur rapport avec le Christia-
« nisme (1), Dieu montra par la prospérité de Rome ce que
« valent les vertus civiques, même sans la vraie religion,
« afin d'apprendre aux hommes que, si la vraie religion
« s'ajoute à leur mérite naturel, ils peuvent devenir les ci-
« toyens d'une cité où règne la vérité, où préside la cha-
« rité, où dure l'éternité. »

Salvien, prêtre gaulois [† 484], composa dans les mêmes
vues une apologie du Christianisme (2) ; il y montre que les
effroyables malheurs de l'empire romain, envahi par les
Barbares, sont, non un effet de la propagation du Christianisme, mais une conséquence nécessaire des justes jugements de Dieu.

§ 104. — *Obstacles que rencontre la propagation du Christianisme.*

La rapide propagation du Christianisme dans l'empire
romain fut arrêtée non-seulement par la polémique des philosophes et des rhéteurs, mais encore par les changements
mêmes qui s'introduisirent dans la vie de beaucoup de chrétiens. Attirés par les priviléges accordés au Christianisme,

---

(1) *August.* epist. ad Marcellin. 158, n. 17 : « Qui vitiis impunitis
volunt stare rempublicam, quam primi Romani constituerunt, auxe-
runtque virtutibus, etsi non habentes veram pietatem erga Deum
verum, quæ illos etiam in æternam civitatem posset salubri religione
perducere ; custodientes tamen quamdam sui generis probitatem,
quæ posset terrenæ civitati constituendæ, augendæ conservandæque
sufficere. Deus enim sic ostendit in opulentissimo et præclaro imperio
Romanorum quantum valerent civiles, etiam sine vera religione,
virtutes ut intelligeretur *hac addita* fieri homines cives alterius civitatis, cujus rex veritas, cujus lex caritas, cujus modus æternitas. »
(Éd. Bened. t. II.)

(2) *Salvian. Massil.* [ann. 440] de Gubernat. Eccles. (Opp. ed. Baluz, Paris., 1684, in-8 ; Max. Biblioth. t. VIII.)

beaucoup de païens l'embrassèrent sans véritable conviction, sans conversion sincère. Chrétiens de nom et de forme, ils ne marchèrent point dans la voie pure et sainte des chrétiens du premier âge, dont les vertus avaient touché et attiré tant de païens. C'est ce que rappelle saint Augustin, quand il dit : « Vous trouverez bien des païens qui ne veu-
» lent pas embrasser le Christianisme, parce que leur vie
» honnête paraît leur suffire : que faut-il de plus que d'être
» honnête homme ? Le Christ peut-il demander davantage ?
» Vous voulez que je devienne chrétien ? A quoi bon ? J'ai
» été la dupe d'un chrétien, et jamais je n'en ai trompé au-
» cun ; j'ai été victime du faux serment d'un chrétien, et
» je n'ai jamais manqué à mes serments (1). »

Ces obstacles et mille autres de tous genres (2) furent néanmoins vaincus par la force intrinsèque du Christianisme, par la vertu et la science de ses docteurs, la piété et la persévérance de ses religieux ; la persécution de Dioclétien elle-même favorisa la propagation de la vérité, en répandant les confesseurs et les témoins de la vérité dans les contrées lointaines, où la lumière évangélique n'était point parvenue encore. La guerre enfin fut aussi un des moyens les plus efficaces pour répandre la doctrine toute pacifique du Sauveur.

§ 105. — *Propagation du Christianisme en Asie.*

P. *Zingerle*, les Actes sincères des martyrs de l'Orient, traduits du syriaque. Inspruck, 1836, en 2 parties.

Dès la période précédente, de nombreuses communautés chrétiennes s'étaient formées en Perse. A leur tête se trouvait, comme métropolitain, l'évêque de Séleucie-Ctésiphon. Lorsque le Christianisme devint la religion dominante dans l'empire, l'opposition politique le rendit suspect aux Perses opprimés, et les prêtres mages fortifièrent de tout leur pouvoir la haine de leurs concitoyens contre la religion de

---

(1) *August.*, Tractat. 25, n. 10, in Joan. VI, 26 ; enarrat. II, n. 14 in Ps. XXV.
(2) Cf. *Neander*, Hist. eccles., t. II, P. I, p. 132.

Jésus-Christ. La lettre par laquelle Constantin le Grand avait chaudement recommandé au roi Sapor II [309-381] le sort des chrétiens était restée sans résultat notable (1). Bientôt après, la guerre s'étant déclarée, Sapor fit mourir Siméon, évêque de Séleucie, avec cent autres ecclésiastiques [341]. Les prêtres persans excitèrent dès lors une longue et sanglante persécution (2) : seize mille chrétiens périrent, selon le témoignage de Sozomène, sans compter ceux dont on ignora le nom; et, durant vingt ans, le siége épiscopal de Séleucie resta vacant, après le martyre des deux successeurs de Siméon. En vain on avait ordonné aux chrétiens « d'a-« dorer le soleil, de manger du sang, d'honorer la divinité « de Sapor, le roi des rois, d'abjurer la religion des Ro-« mains. » Maruthas, évêque de Tagrit, en Mésopotamie, député par les chrétiens vers le roi de Perse, parvint, il est vrai, à disposer favorablement un des successeurs de Sapor, Jezdédscherd Ier [400-420]; mais Abdas, évêque de Suze, ayant, dans un zèle inconsidéré, renversé un autel persique consacré au feu, la persécution se renouvela avec plus de fureur qu'auparavant, ne fit qu'augmenter sous le règne de Bahram V [420-438], le grand ennemi des chrétiens, et fut poussée jusqu'à la cruauté la plus raffinée. Théodose II ne put la dompter que par la force des armes [422] (3), à laquelle se joignit la noble libéralité de l'évêque d'Amida en Mésopotamie, Acacius, qui, moyennant la vente des vases précieux de son église, procura la liberté à sept mille prisonniers (4). Les luttes intestines des Nestoriens qui s'étaient établis en Perse, vinrent alors de nouveau troubler l'Église. Dans la suite, Chosroès II, s'étant rendu maître même de Jérusalem [614], opprima les chrétiens de Palestine, et remporta en Perse, comme trophée de sa victoire, la croix du Sauveur, qu'avait retrouvée la pieuse impératrice Hélène, et que l'empereur Héraclius [624-628] reconquit et rapporta triomphalement, après avoir délivré Jérusalem.

(1) *Euseb.* Vita Constant. Max. IV, 9-13.
(2) *Sozom.* Hist. eccles. II, 9-14.
(3) *Theodoret.* Hist. eccles. V, 39 ; *Socrat.* Hist. eccles. VII, 18-21. Cf. Acta Martyr. Orient. et Occid. ed. Steph. E. Assemannus. Romæ, 1748, in-fol. P. I. Cf. *Dœllinger*, Man. de l'Hist. eccles, t. I, P. II, p. 108-26.
(4) *Socrat.* Hist. eccles. VII, 21 sq.

§ 105. — PROPAGATION DU CHRISTIANISME

L'Arménie (1), dans laquelle de bonne heure les semences du Christianisme avaient été répandues, ne les vit cependant grandir et se fortifier que durant cette période. Au commencement du IVe siècle le roi Tiridate fut converti par saint Grégoire l'Illuminateur, issu de la race arménienne des Arsacides (2). Au commencement du Ve siècle, Mesrop, qui d'abord avait été secrétaire du roi, travailla activement, de concert avec le patriarche Sahag, à la propagation du Christianisme, et réjouit les Arméniens [428] par une traduction arménienne des saintes Écritures (3). Lorsque l'Arménie devint une province persane [429] et qu'on voulut y introduire de force l'idolâtrie du Zend, les Arméniens firent une résistance si désespérée [442-458] qu'ils parvinrent à arracher l'autorisation de la libre pratique de leur religion, à laquelle ils restèrent fidèles, malgré les tentatives qu'on fit pour les ébranler, pour troubler le pays et lui imposer la doctrine de Zoroastre. C'est durant cette lutte que Moïse de Khoren écrivit son histoire de l'Arménie, qui est restée la source principale des faits de cette époque.

Une pieuse chrétienne, sous le règne de Constantin le Grand, porta la bonne nouvelle en Ibérie, au pied du Caucase (Géorgie). Les efforts de la reine y gagnèrent le roi lui-même à la cause du Christianisme, et lui firent demander, dit-on, des ouvriers évangéliques à l'empereur Constantin le Grand. L'Évangile se propagea peu à peu parmi les Ibériens, les Albaniens, leurs voisins, et d'autres tribus

---

(1) *Saint-Martin*, Mémoires historiques et géographiques sur l'Arménie. Paris, 1818 sq. 2 t. Narratio de reb. Armeniæ a S. Gregorio ad ultimum eorum schisma (*Combefsii* Biblioth. PP. auctor. t. II.) *Agathangeli* Acta S. Gregorii, græce et lat. (Acta SS. ed. Bolland. m. sept. t. VIII, p. 321-400) *Windischmann* (l. j.), Documents sur l'hist. de l'Eglise armén. anc. et nouv. (Rev. trim. theol. de Tub., ann. 1853, p. 3) *Samueljan*, la Conversion des Arméniens par saint Grégoire l'Illuminateur. Vienne, 1844.

(2) *Sozom.* Hist. eccles. II. 8 ; *Moses Chorenens.* (vers 440) Hist. Armeniæ, armen. et latin. ed. Whiston, 1736, publ. par Zohrab. Venet., 1805 ; texte armén. et trad. franç. par le Vaillant de Florial. Venise, 1841, 2 vol.

(3) *Hug.* Int. au N. T., P. I, p. 398 ; Saint-Martin, t. I. p. 7 sq. Cf. *Goriun*, Vie de saint Mesrop. Textes originaux traduits pour la première fois de l'arménien par Welte. Tub., 1841.

limitrophes (1). Les Lazes (Colchidiens) et les Abazes connurent probablement le Christianisme vers le VI° siècle.

Une brillante ambassade, dirigée par l'évêque arien Théophile, originaire de Diu, dans l'Inde, fut envoyée par l'empereur Constance vers les Sabéens et les Homérites de l'Arabie méridionale, pour rendre leur roi favorable au Christianisme [vers 350] (2). Le roi fut en effet gagné, devint chrétien, et fit bâtir trois églises, dans Tapharan, sa capitale, à Aden et à Ormouz, port du golfe Persique. Des moines de la frontière de la Palestine, tels que Hilarion au IV° siècle, Euthyme au V°, et Simon Stylite (3), la merveille de son temps, exercèrent leur saint ministère parmi les tribus nomades. Euthyme convertit Ashbetus, chef d'une tribu de Sarrasins, et le fit consacrer évêque, après l'avoir baptisé sous son nom de Pierre (4). La vie nomade des Arabes et la multitude de Juifs qui se trouvaient dans ces provinces entravèrent le développement du Christianisme, dont les disciples furent cruellement persécutés, au commencement du VI° siècle, le pays étant tombé sous la domination du roi juif Dunaan (Dhu-Novas). Par ses ordres on incendia traîtreusement la ville chrétienne de Négran [523], où périrent plus de vingt mille fidèles (5). Elesbaan, roi chrétien de l'Abyssinie, accourut à leur secours, vainquit Dunaan, et le pays tomba ainsi au pouvoir de ce prince. Malheureusement, la faveur dont jouirent les Nestoriens, sous la domination des Perses, arrêta complétement les progrès de la vérité, et cette Église, ainsi divisée et affaiblie, tomba facilement sous la domination de l'islamisme.

(1) *Rufin.* Hist. eccles. X. 10; XI, 23; *Socrat.* Hist. eccles. I, 20; *Sozom.* Hist. eccles., II, 7, 24.

(2) *Philostorg.* Hist. eccles. II, 6; III, 4. Cf. *Delitzsch*, Chron. ecclesiast. de l'Arab. Pétrée, dans la Revue théol. luthérienne, 1840, 4° livr.; 1841, 1'° livr.

(3) *Uhlemann*, Simon le Stylite en Syrie, et de son influence sur la propagation du Christianisme en Orient. Leipzick, 1846.

(4) Cf. Vita Euthymii in *Cotelerii* Monum. Eccl. græcæ, t. II, c. 18 sq. et 38 sq.

(5) Ce martyre est mentionné dans le Coran, c. 85, vers. 4. Acta S. Aretæ (Anecdota græca, ed. Boissonade, t. V. Paris., 1833). Cf. *Assemanni* Biblioth. orient., t. I, p. 365 sq.; *Abrah. Ecchelensis*, Hist. Arabum, p. 171.

Dès le IVe siècle, des chrétiens de Perse fondèrent plusieurs communautés dans les Indes. Cosmas Indicopleustes (d'abord marchand, puis moine) trouva des communautés chrétiennes, avant 535, à Taprobane (Ceylan), Male (Malabar?) et un évêque à Calliana (Calicut ou Calamina, plus tard, Majilapur, V. Assemanni Bibl. orient., III, 23). Dépendantes de la Perse, ces Eglises tombèrent sous l'influence du nestorianisme (1). Le prêtre Iaballah doit avoir porté le Christianisme jusqu'en Chine [636] et y avoir obtenu la protection de l'empereur (2).

§ 106. — *En Afrique.*

L'Evangile fut propagé en Abyssinie, sous le règne de Constantin le Grand, par deux jeunes gens pleins d'un saint zèle pour la foi, Frumence et Ædesius, qui accompagnaient le savant marchand Méropius de Tyr (3). Ils gagnèrent à la vérité le roi Aizana. Frumence, sacré évêque de l'Abyssinie par l'archevêque Athanase [vers 326], établit son siége à Axuma, et consolida l'Eglise chrétienne de ces contrées par son activité et les bénédictions qui accompagnèrent son ministère. Sa mémoire fut bénie par les Homérites, lorsqu'au VIe siècle les Abyssiniens vinrent au secours de leurs pères persécutés. L'Eglise abyssinienne s'est maintenue jusqu'à nos jours, au milieu des sectes païennes et mahométanes, et peut-être est-elle destinée à une mission providentielle pour toute cette partie du monde.

Ainsi, tandis que d'un côté la parole du Christ, ordonnant à ses apôtres d'annoncer l'Evangile à toutes les nations, semble s'accomplir de plus en plus, et que l'Eglise

---

(1) *Euseb. Cæs.* Comm. in Isai. (*Montfaucon*, Collect. nova, etc., t. II, 521). *Cosmas Indicopleustes*, Τοπογραφία χριστιανική [an 534], libb. III, 179; *Montfaucon*, I. cit. t. II ; *Galland*. Biblioth., t. IX.

(2) D'après un manuscrit syriaco-chin. trouvé en 1625 par les jésuites. Cf. *Kircheri* China illustrata. Romæ, 1667, in-fol.

(3) Rufin. X, 9. Il assure avoir reçu ces faits d'Ædesius lui-même. *Socrat.* Hist. eccles. I, 19; *Sozom.* Hist. eccl. II, 24; *Theodoret.* Hist. eccles. I, 22; *Athanas.* Apol. ad Constant. n. 31. Cf. *Hiobi Ludolfi* Historiæ Æthiopicæ, libb. IV. Francof., 1681, in-fol. Ejusd. Comm. ad hist. Æth., 1691, in-fol. ; *Le Quien*, Oriens christian., t. II, p. 642.

catholique s'étend de toutes parts, de l'autre côté, un voile impénétrable retombe à nos yeux sur les desseins du Chef invisible de l'Eglise ; car aux souffrances sans mesure qui accablèrent, sous les Vandales, sous Genséric, et son successeur Hunerich [fin du V° siècle], les magnifiques Eglises de saint Cyprien et de saint Augustin, succèdent bientôt leur complète destruction et la ruine des florissantes chrétientés de l'Asie, opérées par l'islamisme.

OBSERVATION. — L'histoire de la conversion des Barbares, Goths, Vandales, Alains, Suèves, Lombards, Francs, et des autres peuples d'origine germanique, et celle de la propagation du christianisme dans les îles Britanniques, quoique déjà opérée dans cette période, appartient, quant à son plein développement, à la seconde époque. Alors seulement nous pourrons d'un coup d'œil embrasser toute l'œuvre de la mission chrétienne parmi ces peuples conquis à la vérité.

CHAPITRE II

DÉVELOPPEMENT DE LA DOCTRINE DE L'ÉGLISE CATHOLIQUE DANS LES CONCILES, DÉTERMINÉ PAR LE SCHISME, L'HÉRÉSIE ET LA SCIENCE.

Petavii, Dogmata theologica, t. IV, V; de Incarnatione Verbi, t. III, lib. XVI; de Pelagianor. et semi-pelag. dogmat. hist., p. 307 sq. *Hock,* Esq. pour servir à l'hist. de la philosoph. dans les huit premiers siècles. Revue de philosoph. et de théol. cath. de Bonn, t. XVII. Quant à la part que prit l'État à ce développement doctrinal, cf. *Riffel,* l. cit., p. 273-480.

§ 107. — *Caractère du développement doctrinal de cette période.*

La doctrine de l'Eglise n'a pas d'*histoire,* car ses dogmes sont ce qu'ils ont été toujours; il n'y en a pas de nouveaux aujourd'hui, ni d'anciens qui aient été modifiés. Nous ne faisons donc pas ici l'histoire, mais nous exposons le *développement de la doctrine de l'Eglise,* c'est-à-dire que nous allons montrer comment sa doctrine une et immuable s'est successivement manifestée par des expressions plus précises, des propositions plus arrêtées, des formules plus définies, comme le corps humain, toujours un et le même, se développe avec les années, sans que le nombre de ses membres et de ses organes augmente ou diminue (*). Dans la

---

(*) « Sed forsitan dicet aliquis : Nullusne ergo in Ecclesia Christi profectus habebitur intelligentiæ? Habetur plane et maximus, sed ita tamen ut vere *profectus* sit ille fidei, non *permutatio.* Si quidem ad profectum pertinet ut in semetipsa unaquæque res amplificetur d permutationem vero ut aliquid ex alio in aliud transvertatur. —, Imitatur animarum ratio rationem corporum, quæ licet annorum

période actuelle, les attaques des philosophes païens d'une part, celles des nombreux hérétiques de l'autre, repoussées par les docteurs de l'Eglise aussi versés dans la science de Dieu que dans les lettres humaines, déterminèrent cette exposition formelle des dogmes de l'Eglise. Sous ce rapport, cette époque est évidemment la plus importante de l'histoire ecclésiastique. La défense de la doctrine est le vrai centre de la vie de l'Eglise, et jamais doctrine ne fit de si rapides progrès et ne devint si promptement le lien commun des fidèles, que celle que formulèrent les nombreux conciles œcuméniques de cette période : d'une part, en Orient sur la personne de Jésus-Christ en elle-même ; de l'autre, en Occident, sur les rapports de Jésus-Christ, comme Rédempteur, avec l'humanité. L'héroïque dévouement, l'invincible force d'âme des athlètes de l'Eglise, dans cette lutte imposante, et les heureux résultats qu'ils obtinrent, adoucissent singulièrement, aux yeux de l'historien, le tableau des déplorables violences et des passions ardentes qui s'y mêlèrent trop souvent.

§ 108. — *Sources de la doctrine de l'Église : Tradition ; Écriture sainte : Canon.*

Les sources de la foi catholique furent, dans cette période comme dans la précédente (1), la *tradition orale* des Pères et la doctrine des livres canoniques de la Bible. Ceux-ci étaient regardés comme la parole même de l'Esprit saint, et l'on disait en les citant : « Le Saint-Esprit dit. » Et saint Augustin exprimait son inébranlable foi en l'autorité divine de la Bible, dans les termes suivants : « Je suis fermement » convaincu qu'aucun de ceux qui ont écrit la Bible n'a

---

processu numeros suos evolvant et explicant, eadem tamen, quæ erant, permanent. » *Vincent. Lerin. Commonit.* c. 29. Au XVI° siècle, le célèbre D. Melchior Canus dit de même : « Nullusne in Christi Ecclesia profectus habebitur intelligentiæ ? Minime vero gentium ; possumus enim vetustis novitatem dare, obsoletis nitorem, obscuris lucem, fastiditis gratiam, dubiis fidem, omnibus naturam suam et naturæ suæ omnia. » *Loc. theolog.* lib. VII, c. 4.

(1) Voy. § 76.

» jamais pu errer en rien. Que si je trouve quelque chose
» qui semble opposé à la vérité, il faut que j'admette, ou
» que mon exemplaire est fautif, ou que le traducteur n'a
» pas bien rendu le sens du texte, ou que je ne l'ai pas
» bien compris. » Cependant tous les livres qu'au IV° siècle
on attribuait aux apôtres, n'étaient pas tous universellement reconnus comme tels (ὁμολογούμενα); quelques-uns étaient considérés comme douteux (ἀντιλεγόμενα), d'autres positivement rejetés comme apocryphes (ἄτοπα et δυσσεβῆ ou ἀπόκρυφα, νόθοι ou νόθα (1); *l'Église seule pouvait en décider l'authenticité* (2). Le troisième concile de Carthage [397] admet déjà au *Canon* tous les livres saints que nous y trouvons actuellement (3). Beaucoup de traductions latines étaient en usage en Orient. La traduction dite *Itala* jouissait d'une grande considération ; saint Jérôme, sur la demande du pape Damase, la perfectionna en y ajoutant une traduction du Nouveau Testament, et en s'aidant de la traduction grecque des Septante. A côté de cette autorité de la loi divine, dit l'ardent Vincent de Lérins [+ vers 450], nous admettons aussi la tradition de l'Église « catholique » (ce qui a été cru *toujours, partout* et *par tous*) (4), et cette tradition fut toujours proclamée comme l'exposition vivante et permanente de la doctrine de

---

(1) C'est ainsi que les distingue *Eusèbe*, Hist. eccles. III, 3, 25; VI, 25. Cf. IV, 22. Sur Τὰ λεγόμενα ἀπόκρυφα, Voyez *Maier*, Introd. au N. T. Frib., 1832, p. 488 sq.

(2) *Cyrill. Hieros.* Catech. VI : « Disce studiose ab Ecclesia quinam sunt V. T. libri, qui vero N. T.; neque mihi legas quidquam apocryphorum. »

(3) Conc. Carthag. III, cap. 47 (Harduin, t. I, p. 968); Mansi, t. III, p. 981. Cf. can. 36 conc. Hippon. (Mansi, t. III, p. 924). Cf. *Kirchhofer*, Recueil de sources pour l'hist. du canon du N. T. Zurich, 1843. Mansi, t. III, p. 935 sq.

(4) Commonitor. pro catholicæ fidei antiquitate et universalitate adv. profan. omnium hæreticor, novitates, c. 3. Cum Salviani op. de Gubernat., etc., ed. Steph. Baluz.; Klüpfel. Vindob., 1809; ainsi que l'ouvrage de *Tertull.* de Præscript. hæreticor. Ingolst., 1835, ed. Herzog.; Vratisl., 1839. Cf. *Gengler.* sur la règle de Vincent de Lérins (Revue trim. de Tub., ann. 1833, 1ʳᵉ livrais.); sur le critér. de la v. cathol. donné par Vincent de Lérins dans son Commonit. (Le Catholiq. ann. 1837, février); et les remarques du jésuite Rozaven dans la Gazette de phil. et de théol. cathol. de Bonn, 20° livrais., p. 203. *Elpelt*, Vie et doctrine de saint Vincent de Lérins. Breslau, 1840.

l'Église, et comme la condition absolue de l'intelligence des saintes Écritures (*).

Saint Augustin développa d'une manière large et profonde ce principe de foi, durant cette période. Jeune encore, il avait été séduit et pendant quelque temps retenu par les Manichéens, qui promettaient la solution de tous les mystères et l'affranchissement de tous les liens terrestres. Amèrement déçu, et sérieusement revenu à la foi, saint Augustin dirigea d'abord sa vive et solide polémique (1) contre la psychologie des Manichéens, nommément contre leur croyance en deux âmes, dont l'une était essentiellement mauvaise par sa nature, et il obligea Secundus à avouer que l'âme pèche par sa propre volonté. Quant aux promesses illusoires de leur prétendue science, il les dissipa avec le ton convaincu que donnent l'expérience de l'erreur et la possession de la vérité, en montrant la nécessité pour l'homme d'une autorité qui l'instruise, autorité qui ne se trouve que dans l'Église. C'est cette autorité qu'il invoquait encore lorsqu'il combattit les prétentions de leur critique. Les Manichéens admettaient ou rejetaient à leur gré, comme faux ou interpolés, les textes de la Bible qui ne leur convenaient pas, malgré le témoignage

---

(*) *Vincent.* Commonitor. : « Quia sacram Scripturam pro ipsa altitudine alius aliter interpretatur, ut pæne quot homines tot illinc sententiæ erui posse videantur. Aliter namque illam Novatus, aliter Sabellius, etc., exponit; quocirca necesse est ut propheticæ et apostolicæ interpretationis linea propter tam varii erroris anfractus secundum normam aliquam (universalem tanquam Ecclesiæ regulam a Deo præscriptam) dirigatur. » Cf. 20 et 27. — Augustin. : « *Evangelio* non crederem, nisi me Ecclesiæ commoveret auctoritas. » Contra ep. Manich. c. 5 (Opp. t. VIII, p. 154). Cf. Textes de l'antiq. chrét. sur la vérit. interpr. de l'Écriture sainte (Revue théolog. de Frint., ann. 1812 et 1813). *Alzog,* Explicatio Catholicor. systematis de interpr. litterar. sacrar. Monasterii, 1835.

(1) Écrits de saint Augustin : Contr. Manichæos in t. VIII, opp. ed. Bened. Le texte : Evangelio non crederem, nisi me Ecclesiæ commoveret auctoritas, » se trouve contr. ep. Manichæi, quam vocant fundamenti, c. 5. Voyez *Bœhringer,* Hist. ecclés. sous forme de biogr., t. I, P. III, p. 272-296 et 385-444. — Cf. Doct. de l'antiq. chr. sur l'interprét. lég. des S. Écrit. (*Frint,* Gaz. théol., ann. 1812-13); *Alzog* Explicatio catholic. systematis de interpret. litterar. sacr. Monasterii, 1835; *Friedlieb,* La Tradition et l'Écrit. interprétées par l'Église. Breslau, 1854.

unanime de l'Église en faveur de l'authenticité et de l'intégrité des Écritures. Saint Augustin trancha pour toujours la difficulté par ce principe fondamental de l'Église catholique : « Je ne croirais pas l'Évangile si l'autorité de » l'Église ne m'y faisait croire. » Les preuves de la tradition se tiraient alors, comme déjà dans le III⁰ siècle, des décisions des conciles (1), et de l'accord, dans les choses de la foi, des Pères qui, remarquables par leur science et leur sainteté, avaient vécu et étaient morts dans la communion de l'Église catholique (*consensus Patrum catholicorum in regula fidei*).

§ 109. — *Développement de la doctrine catholique sur l'idée de l'Église, par la controverse des Donatistes.*

I. Sources. — *Optatus Milevit.* [vers 368] de Schism. Donatist., ed. du Pin. Paris., 1700, qui renferme Monum. veter. ad. Donat. hist. pertinentia. — La controverse d'Augustin. (Opp. ed. Bened., t. IX.) Psalmus seu oratio ctr. partem Donati (393) ctr. epistol. Parmentarii libb. III (400); de Baptismo ctr. Donatistas, libb. VII (v. 400); ctr. litteras Petiliani, libb. III; de Unitate Ecclesiæ (402); ctr. Cresconium grammat. libb. IV (406); de Unico baptismo (411); breviculus collat. c. Donatistis, libb. III (411); ctr. Gaudensium episcop. libb. II (420).

II. Travaux. — *Valesius*, de Schism. Donatist. à la fin de son éd. Euseb. Hist. eccles. — Donatistar. ex Norisianis schedis excerpta (*Noris*, Opp. ed. Ballerini. Veron., 1729, t. IV). *Tillemont*, Mémoires, etc., t. VI. *Fleury*, Hist eccl²s., liv. XI. *Poujoulat*, dans sa Vie de saint Augustin.

La grande controverse des Donatistes ne fut que le renouvellement de l'erreur des Novatiens sur l'invalidité du baptême des hérétiques. Ils y ajoutèrent de plus cette question : « Un prêtre immoral peut-il valablement admi-

---

(1) *Vincent.* Commonitor. c. 39. *August.* Cont. Julian. Pelag. lib. II, n⁰ 37. « Hos itaque de aliis atque aliis temporibus atque regionibus ab Oriente et Occidente congregatos vides, non in locum quo navigare cogantur homines, sed in librum qui navigare possit ad homines. Saint Irénée indique une voie plus courte encore pour avoir les preuves de la tradition, à savoir de consulter la croyance de l'Église romaine.

» nistrer les sacrements ? » ou, d'une manière plus générale :
» L'Église de Jésus-Christ doit-elle tolérer dans son sein
» des membres indignes de cet honneur par la gravité de
» leurs péchés ? » — Et c'est alors que, pour la première
fois, saint Augustin fit connaître toute la portée de la controverse, et développa dans ses écrits comme dans ses discussions orales, avec une force et un éclat merveilleux, l'*idée de la vraie Église*, et sa distinction nécessaire en Église *visible* et *invisible*, qui constitue, non *deux* Églises, mais *deux états différents* d'une seule et même Église.

La controverse éclata après la mort de Mensurius, évêque de Carthage [311]. Le peuple élut à sa place, avec acclamation, *per acclamationem*, un diacre nommé Cæcilien. Félix, évêque d'Aptunga, ville voisine de Carthage, sacra le nouvel évêque. Aussitôt il se forma un parti de rigoristes et de fanatiques, à la tête duquel se trouvait Lucilla (1), femme influente par ses richesses et irritée contre Cæcilien, qui l'avait accusée de superstition, au sujet de prétendues reliques. La plupart des évêques de Numidie, à la suite de leur métropolitain, Secundus de Tigisis, embrassèrent ce parti, et élurent de leur côté, comme évêque de Carthage, le lecteur Majorin. L'ordination, disaient-ils, faite par Félix, accusé d'être un *traditeur*, n'était pas valable. Bien plus, ajoutaient-ils, ni Félix ni Cæcilien ne pouvaient rester dans l'Église de Dieu, s'ils ne reconnaissaient leur faute et ne se réconciliaient avec l'Église par les larmes d'une sincère pénitence.

Cette question était purement ecclésiastique ; néanmoins le parti de Majorin s'adressa, pour la résoudre, à Constantin, étonné lui-même de ce recours (2). L'empereur ordonna que la cause fût sévèrement et juridiquement informée, à Rome d'abord, puis à Carthage. Ici comme là, on décida

(1) Cf. *Optat. Milevit.* de Schism. Donat. I, 16.
(2) *Optat Milevit*. I, 22. Constantin se prononça déjà très-défavorablement contre les Donatistes dans un rescrit adressé à l'évêque Cæcilien en l'ann. 313, dans *Euseb*. Hist. eccles. X, 6. « Comme j'ai appris que des gens *pervers* veulent détourner le peuple de la sainte Église catholique par leurs honteuses séductions, sachez que j'ai ordonné au proconsul, etc. Que s'ils persévèrent dans cette démence, adressez-vous, etc. »

en faveur de Félix et de Cæcilien. Le parti condamné manifesta son mécontentement et ne se soumit pas. Un concile nombreux se réunit à Arles [314]. Il décida, ainsi que Rome et Carthage, que l'ordination, faite même par un traditeur, était valable : il rejeta le renouvellement du baptême, pratiqué par le parti de Majorin (1), qui en appela de nouveau de la sentence de l'Église à l'autorité de l'empereur (2), et donna ainsi le premier *exemple d'un appel fait par des évêques à la puissance séculière*. L'empereur manifesta son mécontentement et leur enjoignit de tenir la sentence du concile pour celle de Jésus-Christ lui-même, comme il le faisait lui-même. Majorin [† 315] fut remplacé par Donat, surnommé le Grand dans son parti. Celui-ci et son ami, également nommé Donat, *évêque de Case-Noire*, qui, sous Majorin, avait déjà été l'âme du parti, donnèrent leur nom à la secte des Donatistes.

Quoique mécontent, Constantin avait admis l'appel et fait de nouveau débattre la question à Milan [316]. La décision resta toujours la même. Alors parurent contre les Donatistes des lois sévères, que le comte impérial Ursace fut chargé de faire exécuter. Une violente fermentation se manifesta parmi les Donatistes. Constantin espéra et essaya de nouveau de les ramener par la douceur et les égards, et engagea les évêques d'Afrique à ne pas répondre par la violence à la violence de ces sectaires fanatiques. Mais la lutte était trop furieuse ; la modération de l'empereur manqua son but, et Constant, empereur d'Occident, fut enfin obligé, malgré lui, d'en venir aux dernières rigueurs [347]. En vain, alors, mais trop tard, Donat de Carthage protestait-il en disant : *Quel droit l'empereur a-t-il dans l'Église?* les principaux chefs du parti furent exilés, un grand nombre d'églises furent enlevées aux Donatistes. Ces mesures rigoureuses ne firent qu'exalter leurs passions. On vit en Numidie et en Mauritanie des masses de peuple

---

(1) Concil. Arelat. can. XIII, 8 (Harduin. Collectio concilior. t. I, p. 266 ; Mansi, t. II, p. 472). Cf. Dr. *München*, Sur le premier conc. d'Arles (Gaz. de Bonn, livr. IX, p. 78 sq.).

(2) D'après Optat. Milevit., Donat de Carthage fut le premier qui fit cet appel ; mais saint Augustin raconte plus exactement que déjà Majorin l'avait fait. Cf. *Tillemont*, t. VI, n. 4, Hist. des Donatistes.

attaquer les catholiques et l'empire avec une rage sauvage (*circumcelliones* ou *circelliones*). Ils se nommaient, dans leur aveugle fanatisme, les soldats du Christ (*milites Christi, agonistici*). Les évêques donatistes eux-mêmes n'étaient point en sûreté devant eux. Julien montra de la faveur à ce parti, comme à tous les ennemis de la foi : on leur rendit quelques églises [362]. Optat de Milève chercha à les ramener à l'Église catholique, par un livre qui fit peu de conversions. Persistant dans leur système avec une opiniâtreté que les réfutations des évêques catholiques semblaient redoubler, les Donatistes disaient : « Cæcilien, » consacré par Félix, est par là même entaché de la faute » de ce dernier, et par Cæcilien elle s'est propagée à d'au- » tres. Car Dieu rejette les sacrifices des pécheurs ; » l'Église du Christ est sans tache et sans ride (1). Depuis » le concile d'Arles l'Église catholique a cessé d'être la vraie » Eglise. Il n'y a, ajoutaient-ils, en faisant allusion à la » parole de Cyprien, de sacrement valable que dans » l'Église catholique, » et ces sacrements, ils prétendaient les posséder seuls, quoique le prêtre Tichonius, un de leurs plus doctes partisans, reconnût ouvertement, dans un de ses écrits, que c'était sans fondement que les Donatistes affirmaient avoir seuls conservé la foi, obscurcie dans tout le reste de l'Église.

Saint Augustin était destiné à faire cesser ce schisme. Il sépara la question de fait, concernant Félix, traditeur (*quæstio de schismate*), de la question de doctrine, concernant les pécheurs dans l'Église (*quæstio de Ecclesia*), et par de nombreux écrits, animés de l'esprit de Dieu, pleins de force et de charité, il chercha à réveiller dans les Donatistes le désir de la paix et de l'union avec l'Église. « C'est » le Christ qui baptise, » dit-il, et par ce mot il réfute victorieusement ceux d'entre eux qui prétendaient que le sacrement participe de la sainteté ou de l'impureté de celui qui l'administre. Enfin, il combat non moins heureusement l'erreur de ceux qui soutenaient qu'il ne devait pas y avoir de pécheur dans l'Eglise de Jésus-Christ, en leur rappelant la parabole du bon grain et de l'ivraie (Math. XIII, 24-89).

---

(1) Ephes., V, 27.

Les évêques catholiques se virent obligés, par les fureurs nouvelles des Circumcellions, à recourir, malgré l'opposition que fit d'abord saint Augustin, à la puissance de l'empereur Honorius [404]. Alors parurent des lois dures contre les Donatistes. Dans un nombreux concile, tenu à Carthage, en présence du préteur Marcellin [411], où l'on avait d'abord refusé d'admettre des évêques donatistes, en prétendant, avec plus d'orgueil que de charité, « que les fils des martyrs ne pouvaient rien avoir de commun avec la race des traditeurs, » l'admirable évêque d'Hippone combattit de nouveau de toute sa force pour la réunion (1), et parvint à gagner beaucoup d'esprits mal disposés. La puissance séculière poursuivit ceux qui s'opiniâtrèrent dans le schisme, dont on trouve des traces jusqu'à la fin de cette période.

§ 110. — *Doctrine catholique sur le Fils de Dieu, définie dans la controverse de l'hérésie dialectique de l'arianisme. — Concile de Nicée.*

Écrits d'Arius : ep. ad Euseb. Nicomed. dans *Epiph.* Hær. 69, n. 6, et *Theodoret.* Hist. eccles. I, 5; ep. ad Alexandrum dans *Athan.* de Synod. Arim. et Seleuc., n. 16; et *Epiph.* Hær. 69, n. 7; θαλεία, cf. *Sozom.* Hist. eccles. I, 21, perdu, fragm. dans *Athanas.* orat. I, contra Arian. n. 5 et 6. Cf. *Epiph.* Hær. 72, 75 sq. Pour ces fragm. cf. *Fabricii* Biblioth. gr., t. VIII, p. 309 sq. Fragm. Arianor. dans *Aug. Maji* Script. vett. nova Collect. Romæ, 1828, t. III. *Socratis* et *Sozom.* Hist. eccles. Pour les fragm. de l'Hist. ecclés. de l'arien *Philostorg.* (vid. suppl., p. 254, ed. Gothofred. Genevæ, 1643, in-4. — Tillemont, t. VI, p. 229-687; p. 797 sq. *Maimbourg*, S. J. Hist. de l'arianisme. Paris, 1675. *Walch*, Hist. des hérés., P. II, p. 385 jusqu'à la fin. *Möhler*, Athanase le Grand et l'Église de son temps, traduit par Cohen, 3 vol. Paris, 1844. *Wetzer*, Restitut. veræ chronolog. rer. ex controv. Arian. inde ab ann. 325-350 exortar. Francof., 1827. *Dorner*, Doct. sur la personne du Christ, P. I, p. 806-832. *Hefele*, Origine et caractère de l'arianisme. Revue théol. de Tub., 1851, p. 197-223. *Palma*, Prælect. hist. eccles., t. I, p. 69-84.

L'arianisme ouvre une série de controverses essentiellement dépendantes les unes des autres (*arianisme, — nesto-*

---

(1) Cf. *Mansi*. Collect. concil., t. IV; *Harduin*, t. I, p. 1043 sq.

rianisme, — *eutychianisme*, — *monophysitisme*, — *monothélisme*). Dans la première phase de cette lutte si longue et si vive, c'est la divinité de Jésus-Christ, donc celle de la religion, donc un des points les plus importants et les plus pratiques, qui est en question.

L'arianisme fut une suite de l'abus des termes origénistes (1), mais surtout une conséquence de l'hérésie rationaliste des antitrinitaires. Cette hérésie fut renouvelée par Arius, prêtre d'Alexandrie, formé sous Lucien à Antioche, instruit dans les matières d'exégèse, éloquent, dialecticien subtil et vain, et grand amateur de renommée. Dégradé du diaconat pour avoir pris part au schisme mélétien, dont son évêque était partisan, il ne revint point à de meilleurs sentiments quand il fut élevé au sacerdoce.

Dans une conférence avec son évêque Alexandre, Arius rejeta la génération *éternelle* du Verbe et sa *divinité* égale à celle du Père (Ps. II, 7). Il avait embrassé, à cet égard, les opinions de Philon. Nous avons vu que Philon disait que, vu la majesté et la gloire de l'essence divine, Dieu ne peut entrer en aucune manière en contact avec le monde impur (soit en le créant, soit en le conservant), et qu'ainsi, voulant produire ce monde, il fut obligé d'accomplir cette œuvre par un autre être, qui fut le *Logos*, Fils de Dieu. Athanase nous apprend en effet (2) qu'on trouve dans Arius et ses partisans cette proposition insensée : « Dieu, voulant « produire la nature créée (τὴν γενητὴν φύσιν), vit que sa « main était trop pure, son acte immédiat trop divin pour « cette création : il produisit donc d'abord un être unique, « qu'il appela son *Fils* ou *Parole*, et qui, devenant média« teur (ὡσεὶ γενόμενος) entre Dieu et le monde, devait créer « toutes choses. » D'après cette doctrine, contraire aux expressions positives de l'Écriture, contradictoire en elle-même, puisque d'un côté elle prétend que l'acte créateur est incompatible avec l'idée d'un Dieu absolu, et que de l'autre elle admet que Dieu produit une créature et qu'elle

(1) Cf. *Wolff*, Sur les rapports de l'origénisme et de l'arianisme (Revue théol. luthér., 1842, 2ᵉ livrais., p. 39).

(2) *Athanas.* Orat. II contra Arian. n. 24, ad fin. Les principes sur lesquels Arius prétendait appuyer sa doctrine se trouvent, *ibid.* n. 25, 28, 29. Cf. *Mœhler*, t. I, p. 175-198.

va même jusqu'à accorder à celle-ci une puissance créatrice. Arius confondit, dans sa raison, la création divine avec la procréation humaine, pensa qu'il y avait de la contradiction dans la mystérieuse doctrine de l'Église sur la Trinité, et crut enfin que la divinité du Christ ne pouvait subsister avec l'unité de Dieu. Il cherchait d'ailleurs à justifier ses assertions hérétiques par la fausse et superficielle interprétation des textes tirés de saint Luc, II, 40 et 52; Matth. XXVI, 39, et XXVII, 46; Jean, XIV, 28; Philippe II, 6-11 (*c'est pourquoi* διό, il l'a élevé); ainsi que des versets tirés de Jean I, 32; V, 22; X, 36; Math. XII, 28; Jean XVII, 3. Conf. 1 Cor. XV, 28.

Voici comment, plus tard, il argumenta, en développant sse opinions : Le Père seul n'est pas produit (ἀγέννητος), seul il a l'être de lui-même. Si tel est le caractère de l'*Être divin*, si c'est une condition de l'*unité divine*, le Fils ne peut pas n'être pas produit (ni (συναγέννητος, συναΐδιος, ἄναρχος); la base de son être et de son essence est hors de lui; il n'est pas Dieu, mais d'une essence différente de celle du Père; il est une créature (ποίημα, κτίσμα), mais la première, la plus éminente, manifestée avant toute autre, (μονογενής) par la libre volonté de Dieu (ἐξ οὐκ ὄντων) qui, par lui, crée toutes choses (d'après le texte des Prov. VIII, 22). Il y a donc eu un temps où le Fils n'était pas (ἦν ὅτε οὐκ ἦν). Toujours est-il qu'il est né, qu'on dise γεννηθῆναι, κτισθῆναι χωρισθῆναι ou θεμελιωθῆναι. Cependant, le Fils, continue Arius, dans le sens des gnostiques, a, sur toutes les créatures, un privilége éminent : quoiqu'il eût pu, absolument parlant, prendre part au mal, il a fait un tel usage de la liberté et de la grâce, qu'il s'est de plus en plus divinisé. Et Dieu, prévoyant ce résultat, l'a honoré de noms particuliers, qui ne lui convenaient point originairement (υἱὸς τοῦ θεοῦ, λόγος, πλήρης θεός). Enfin, et ce sont des conséquences logiques, Arius niait, avec les Monarchiens, la distinction des personnes, soutenait, avec Sabellius, que Dieu n'a pas été éternellement Père, qu'il ne l'est devenu que dans le temps, lorsqu'il fit créer le monde par son Fils, et enseignait, avec les Manichéens, que le Christ n'a délivré les hommes que par sa doctrine et son exemple.

Arius, n'ayant point tenu compte des représentations de

son évêque, fut excommunié par un nombreux concile tenu à Alexandrie, [321], *et chassé de l'Église* (1) *qui adore la divinité de Jésus-Christ*. Il ne tint pas plus compte de l'excommunication, songea à se créer un parti, à y attirer même des évêques, et il réussit. A Alexandrie, les partisans d'Arius augmentèrent de jour en jour; en Asie, où il était très-connu par suite de son séjour à Antioche, il sut gagner à sa cause, par ses explications subtiles et équivoques, deux partisans d'Origène, l'ambitieux Eusèbe de Nicomédie, qui avait trois fois changé de siége, ainsi qu'Eusèbe de Césarée, et obtenir, par leurs rapports avec la cour, la faveur impériale et l'espoir de sa réintégration.

Constantin le Grand qui n'était encore que catéchumène, n'avait d'abord considéré la discussion que comme une vaine dispute théologique (2), « bonne pour le peuple ou des enfants, mais indigne des prêtres de l'Église. » Osius, évêque de Cordoue, qui en avait conféré avec l'évêque Alexandre, lui en expliqua la portée. Alors l'empereur, vainqueur non-seulement des ennemis du dehors, par son éclatante victoire près de Byzance [323], mais encore de Licinius, nouveau persécuteur des chrétiens, voulut en outre avoir la gloire d'apaiser les troubles toujours croissants de l'Église chrétienne. Il se détermina, *d'après le conseil des évêques les plus considérés* (3), à convoquer le premier

Concile universel dans la ville de Nicée [325].

Là se réunirent un grand nombre d'évêques, orientaux pour la plupart; de l'Occident vinrent les prêtres Vit et Vincent, *représentants du pape* Silvestre 1er; de l'Espagne, Osius de Cordoue ; de l'Afrique, Cæcilien de Carthage ; des Gaules, Nicaise de Die ; de Sardaigne, Protogène, et vingt-deux partisans d'Arius. (4). Les principaux défenseurs de

---

(1) Concil. Alexand. ann. 321. Dans *Hardüin*, t. I, p. 295-306.
(2) *Euseb.* Vita Constant. Max. II, 64-72; *Socrat.* Hist. ecclés. I, 5-7.
(3) *Rufin.* Hist. eccles. X, 1 : « Tum ille (Constantinus) *ex sacerdotum sententia* apud urbem Nicæam episcopale concilium convocat. »
(4) *Gelasius Cyzicenus* (év. de Césarée en Palest. v. 476), Hist. concil.

la foi catholique furent Eustache d'Antioche, Marcel d'Ancyre, Athanase, diacre d'Alexandrie, qui, à la foi et aux dons d'un apôtre, à l'héroïsme d'un martyr, joignait la pénétration et la dialectique d'un philosophe, la force persuasive et l'entraînement chaleureux d'un parfait orateur.

La doctrine d'Arius fut rejetée, ses écrits furent condamnés au feu ; un *nouveau symbole*, fondé sur celui des apôtres, fut formulé (*) et signé par trois cents ou trois cent dix-huit évêques, selon Socrate. Ce symbole, déjouant les perfides intrigues des Eusébiens présents au concile, dé-

---

Nicæni, libb. III, dont le troisième manque (Harduin, t. I, p. 346-462 ; Mansi, t. II, p. 754-943); *Hefele*, Actes du concile de Nicée (Revue trim. de Tüb., 1851, p. 41-84); *Combefis*, Novum auctuarium. Par., 1648, t. II, p. 574 sq. Selon Gelase (liv. I, ch. 5), Osius aurait présidé le concile au nom du pape Silvestre : « Ipse etiam Osius ex Hispanis nominis et famæ celebritate insignis, qui *Silvestri, Episcopi maximæ Romæ, locum obtinebat*, una cum Romanis presbyteris Vitone et Vincentio cum aliis multis in consensu illo adfuit. » — Dans les souscriptions le nom d'Osius se trouve le premier ; mais ces listes de signataires sont souvent défectueuses dans les plus anciens conciles universels. Cf. *Tillemont*, t. VI, note 3, sur le conc. de Nicée ; *Natal. Alex.*, Hist. eccles. sæc. IV, diss. II. Du reste, il faut remarquer que les plus anciens conciles œcuméniques furent d'abord appelés *conciles généraux de l'Orient*, et ne prirent le rang d'œcuméniques que par l'adhésion de l'Église occidentale. Les sessions tenues dans le palais de Constantin, dont parle *Eusèb*., Vita Constant. Max. III, 10, n'ont rien de commun avec les affaires ecclésiastiques et les sessions des conciles qui se tinrent, comme le rapporte Eusèbe, l. cit. III, 7, dans une église (εἰς οἶκον εὐκτήριον).

(*) Symbol. Nicæn. Πιστεύομεν εἰς ἕνα Θεόν, Πατέρα παντοκράτορα, πάντων ὁρατῶν τε καὶ ἀοράτων ποιητήν. Καὶ εἰς ἕνα κύριον Ἰησοῦν Χριστόν, τὸν υἱὸν τοῦ Θεοῦ, γεννηθέντα ἐκ τοῦ Πατρὸς μονογενῆ, τουτέστιν, ἐκ τῆς οὐσίας τοῦ Πατρός, Θεὸν ἐκ Θεοῦ, φῶς ἐκ φωτός, Θεὸν ἀληθινὸν ἐκ Θεοῦ ἀληθινοῦ, γεννηθέντα, οὐ ποιηθέντα, ὁμοούσιον τῷ Πατρί, δι' οὗ τὰ πάντα ἐγένετο, τά τε ἐν τῷ οὐρανῷ καὶ τὰ ἐν τῇ γῇ, τὸν δι' ἡμᾶς τοὺς ἀνθρώπους καὶ διὰ τὴν ἡμετέραν σωτηρίαν κατελθόντα καὶ σαρκωθέντα, καὶ ἐνανθρωπήσαντα, παθόντα καὶ ἀναστάντα τῇ τρίτῃ ἡμέρᾳ, ἀνελθόντα εἰς τοὺς οὐρανούς, καὶ ἐρχόμενον κρῖναι ζῶντας καὶ νεκρούς· καὶ εἰς τὸ ἅγιον Πνεῦμα. Τοὺς δὲ λέγοντας, ὅτι ἦν ποτὲ ὅτε οὐκ ἦν, καὶ πρὶν γεννηθῆναι οὐκ ἦν, καὶ ὅτι ἐξ οὐκ ὄντων ἐγένετο, ἢ ἐξ ἑτέρας ὑποστάσεως ἢ οὐσίας φάσκοντας εἶναι, ἢ κτιστόν, τρεπτόν, ἢ ἀλλοιωτὸν τὸν υἱὸν τοῦ Θεοῦ, ἀναθεματίζει ἡ καθολικὴ Ἐκκλησία. *Athanas.* ep. de decret. synodi Nicæn. et *Euseb. Cæsar.* ad suæ paroc. homines (*Athanasii* Opp. ed. Bened. Patav., 1777, t. I, p. 162-190). *Theodoret*. Hist. eccles., I, 11 ; *Socrat.* Hist. eccles., I, 8. Cf. Mansi, t. II, p. 759; Harduin, t. I, p. 421, cap. 26. *Vogelsang*, de Fide Nicæna diss. Bonn, 1829.

clara, au nom du Saint-Esprit, « que le Fils de Dieu est
» vrai Dieu, *engendré de Dieu* (c'est-à-dire étant nécessai-
» rement de l'essence du Père, comme par analogie, la
» contemplation est de l'essence même de l'esprit contem-
» plant) (1), et *non fait et d'une substance égale à celle du
» Père* (ὁμοούσιος), *consubstantialis*. » Arius et les évêques
égyptiens de son parti, Théonas et Secundus, furent exilés par l'empereur en Illyrie. Le même sort frappa, trois
mois après, Eusèbe de Nicomédie et Théognis de Nicée,
qui s'étaient opposés aux décrets du concile.

Les Pères de Nicée terminèrent en même temps la *question de la Pâque*, en décidant que cette fête serait partout
célébrée le premier dimanche après la pleine lune du printemps (2). Ils s'efforcèrent aussi d'éteindre le schisme de
Mélétius de Lycopolis, en arrêtant dans un esprit de douceur et de conciliation, que Mélétius conserverait son rang
épiscopal, mais qu'il s'abstiendrait désormais de toute ordination ; que les évêques et les prêtres ordonnés par lui
antérieurement seraient reconnus et successivement placés
dans les sièges vacants. Ils donnèrent enfin plusieurs décrets importants concernant *la discipline ecclésiastique* (3).

§ 111. — *Suite de la controverse arienne; Athanase le Grand.*

Athanas. Apol. I [ann. 350]; Apol. II [ann. 351]; Apol. III [ann. 358];
Hist. Arianor.; de Synod. Arimin. et Seleuc.; oratt. IV contra

---

(1) Conf. *Möhler*, *Athanase*, 2ᵉ éd., p. 240-244 sq.
(2) *Athanas.* de Synodis, n. 5 (Opp. t. I, p. 573). *Euseb.* Vita
Constant. Max. III, 5. On n'obviait point par là, il est vrai, à toute
erreur future, comme il ressort des paroles de Léon. Max. (ep. 121) :
« Paschale etenim festum, quo sacramentum salutis humanæ maxime
continetur, quamvis in primo semper mense celebrandum sit, ita
tamen ex humanis cursus conditione mutabile, ut plerumque sacratis-
simæ diei ambigua occurrat electio, et ex hoc fiat plerumque, quod
non licet, ut non simul omnis Ecclesia, quod nonnisi unum esse
oportet, observet. Studuerunt itaque SS. Patres occasionem hujus
erroris auferre, omnem hanc curam Alexandrino episcopo delegantes,
— per quem quotannis dies prædictæ solemnitatis sedi apostolicæ
indicaretur, cujus scriptis ad longinquiores Ecclesias indicium gene-
rale percurreret. » (Opp. ed. Ballerini, Venet. 1753, t. I, p. 1228.)
(3) Voyez toute la tenue du concile et ses décisions dans *Mansi*,
t. II, p. 947-1064; *Harduin*, t. I, 309-344.

Arianos (Opp. t. 1). *Hilarius*, de Synodis s. de fide Oriental. (Opp. t. II, p. 358-408). Hist. de Constantin par le R. P. D. Bernard de Varenne. Paris, 1728, liv. VI.

Après la mort de l'évêque Alexandre, on élut au siége archiépiscopal d'Alexandrie le *diacre* Athanase [326]. Adversaire intrépide et formidable des Ariens ennemis de la divinité du Christ et par conséquent du Christianisme, il les combattit, durant quarante ans d'épiscopat, sans être ébranlé par aucune sorte de persécution. Cinq fois banni, cinq fois l'athlète de la foi remonta victorieux sur son siége (1). Saint Athanase, dans ses ouvrages de polémique contre les Ariens (2), caractérise leur erreur fondamentale de la manière suivante : Au lieu de demander pourquoi le Christ, quoique Dieu, s'est fait homme, ils demandent pourquoi, lui qui est homme, s'est fait Dieu, semblables en cela au Pharisien qui, voyant les signes les plus manifestes de la mission divine du Sauveur, lui demandaient avec aigreur, pourquoi, étant homme, il se faisait passer pour Dieu. — Puis il leur fait sentir que, sans la foi véritable en la personne du Sauveur, ils ne peuvent apprécier dignement aucun point essentiel de la doctrine chrétienne, tous les dogmes de la religion se rattachant au dogme de la divinité du Christ comme à leur centre. Dialecticien serré autant qu'interprète exact du texte biblique, le grand docteur démontre tout au long, dans son habile et savante controverse, les erreurs et les mensonges de l'exégèse arienne, en même temps qu'il développe et interprète, avec une chaleureuse inspiration, les principaux textes et l'ensemble de la doctrine des saintes Écritures sur le Christ. Dans la partie spéculative de sa réfutation, il s'arrête surtout à l'assertion des Ariens soutenant : que la création ne peut être le résultat de l'action immédiate de Dieu, qu'elle est une œuvre indigne de sa souveraine perfection, et, leur montrant la contradiction évidente dans

(1) *Athanas.* Opp. gr. et lat. ed Bern. de Montfaucon. Paris, 1680 sq. 3 t. in-f. Justiniani. Patav., 1777. 4 t. Cf. *Tillemont*, t. VIII.
(2) Conf. l'exposition lumineuse de la question, par *Moehler*, Athanas., 1re éd., Augsb., t. I. p. 241; 2e éd., p. 217-267. *Dorner*, P. I, p. 833.

laquelle ils tombent, il raisonne ainsi : D'un côté vous niez que la création puisse être un acte immédiat de la puissance absolue de Dieu, parce que Dieu ne peut, en aucune manière, entrer en rapport avec la créature ; d'un autre côté vous admettez une créature de Dieu, en admettant un créateur du monde, créé de Dieu par un acte immédiat de sa puissance. Pourquoi donc un rapport immédiat ne pourrait-il pas exister entre Dieu et la création entière, comme entre lui et le Créateur du monde que vous supposez? Que si un Être intermédiaire était nécessaire pour la création du monde, évidemment il fallait aussi un médiateur entre Dieu et la première créature, il en fallait un nouveau entre ce médiateur créé, et Dieu, puisqu'ils diffèrent nécessairement l'un de l'autre, de telle sorte que, de médiateurs en médiateurs, on arriverait à l'infini, et qu'il faudrait renoncer à l'idée même de la création. Partant de là, saint Athanase prouve de toutes manières que, d'après les idées ariennes, le Christ n'étant qu'une créature, on ne peut en attendre ni délivrance du péché ni réconciliation avec Dieu : car toute créature, ayant besoin d'un médiateur, est incapable d'opérer l'union de l'homme avec Dieu. « Nous avons besoin, dit-il, d'un libérateur qui » soit par nature notre Seigneur, pour ne pas retomber » par cette libération sous la domination d'un faux Dieu. »

Arius, exilé, chercha à tromper l'empereur Constantin, en promettant de se conformer aux décisions de Nicée et en signant en effet une formule de foi équivoque (1). Il obtint ainsi la liberté de revenir [328]. Les évêques Eusèbe et Théognis obtinrent la même faculté. Constantin croyait par là hâter la paix. Mais, à peine de retour, les partisans d'Arius commencèrent à persécuter les plus zélés défenseurs de la foi de Nicée. Ils accusèrent Eustathe d'Antioche de sabellianisme et le déposèrent, malgré la résistance désespérée des fidèles de son Église [330] (2). Ils parvinrent à

---

(1) Cette formule d'Arius dans le Conc. Hierosol. (Harduin, t. I, p. 551 sq.; Mansi, t. II, p. 1155-1158); celle d'Eusèbe et Théogonis dans *Sozom.* Hist. ecclesiast. II, 16.

(2) Cf. *Socrat.* Hist. ecclesiast. I, 24; *Sozom.* Hist. ecclesiast. II, 19; *Theodoret.* I, 21; *Athanas.* Hist. Arianor. n. 4 (Opp. t. I, p. 274); *Euseb.* Vita Const. Max. III. 59 sq.

noircir aux yeux de l'empereur et à lui rendre odieux, par les plus atroces accusations. Athanase, qui s'était vigoureusement opposé à la réintégration d'Arius à Alexandrie et l'avait en effet empêchée (1). Unis aux Mélétiens, les Ariens, ainsi fortifiés en Égypte, tinrent un faux concile à Tyr et y déposèrent Athanase [335] (2), que l'empereur, trompé, exila à Trèves, pensant terminer la discussion en sacrifiant un seul homme. De son côté Marcel d'Ancyre fut exilé. Mais, au moment où Constantin allait, par la force, réintégrer Arius à Constantinople, l'hérésiarque, marchant triomphalement vers l'église des Apôtres, fut frappé d'une mort ignominieuse [336]. Constantin mourut bientôt après (3), durant les fêtes de la Pentecôte [337]. Ses fils, Constantin le Jeune et Constant, dévoués à la foi de Nicée, contre-balancèrent la funeste influence de Constance, son troisième fils. Athanase, d'après le vœu formel de Constantin, fut rendu à son Église affligée. Mais, à peine de retour, les Eusébiens (4) dirigèrent contre lui de nouvelles menées, l'accusant devant Constance, dévoué à leur parti, et qui aimait à faire le théologien, des crimes les plus odieux (5). Constantin le Jeune, le zélé protecteur d'Athanase, ayant succombé dans une bataille, les Eusébiens rusés surent, au concile d'Antioche [341], mêler à d'excellentes décisions de perfides décrets qui, plus tard, devinrent la base de la déposition de l'évêque d'Alexan-

(1) On l'accusait d'avoir envoyé une caisse remplie d'or à un conspirateur, nommé Philumenos; d'avoir fait briser, par un prêtre d'Alexandrie, appelé Macrin, l'autel et le calice d'un certain Ischiras; d'avoir fait assassiner l'évêque Mélétien Arsène; d'avoir voulu empêcher l'arrivée de la flotte de blé servant aux approvisionnements de Constantinople, etc.

(2) Pour le Syn. Tyr. voyez *Harduin*, t. I, p. 539, p. sq.; *Mansi*, t. II, p. 1223 sq.

(3) *Athanase*, epist. de Morte Arii (Opp. t. I, p. 267 sq.), s'exprime avec une noble générosité à cet égard. Cf. aussi epist. ad Serapion. et ad Episc. Ægypt. et Libyæ, n. 19.

(4) Nommés *Eusébiens* d'après l'ambitieux évêque de Nicomédie, Eusèbe, parce qu'il ne leur semblait pas assez digne de suivre la doctrine d'un simple prêtre. Dans Athanase οἱ περὶ Εὐσέβιον.

(5) Athanase aurait excité des émeutes et des assassinats, détourné les blés destinés aux pauvres, serait, sans autorisation, rentré dans ses fonctions.

drie (1). Athanase, exhortant toujours son Église à persévérer dans la foi catholique, alla, suivi de deux moines pieux et craignant Dieu, Isidore et Ammonius, chercher, auprès du pape Jules, la protection que déjà les évêques exilés, Marcel d'Ancyre, Asclépas de Gaza, Lucius d'Andrinople et Paul de Constantinople, avaient réclamée du pasteur suprême de l'Église universelle. De leur côté les Ariens s'étaient adressés aussi au pape et avaient demandé un concile. Mais on les attendit en vain au concile que le chef de l'Église tint à Rome [341], où étaient arrivés une foule d'évêques et de prêtres de l'Orient, de la Thrace, de la Coelé-Syrie, de la Phénicie et de la Palestine. A la suite d'une enquête rigoureuse, les évêques bannis furent déclarés innocents, les auteurs de leur exil sévèrement blâmés par le pape, comme promoteurs de sédition dans l'Église et déserteurs de la foi de Nicée. Le pape, dans les dispositions hostiles où était toujours Constance, ne put obtenir de lui et de Constant que l'autorisation de convoquer à Sardique (ville de la Dacie inférieure) [344], un concile qui devait avoir une grande influence sur l'avenir et qui fut l'événement le plus important dans l'Église, après le concile de Nicée, au IV° siècle, par l'importance même des questions qu'il eut à résoudre (2). Les Eusébiens y furent accusés des plus grands crimes; ils s'en éloignèrent, par conséquent, sous de vains prétextes, et tinrent leurs sessions à part, d'abord dans le palais impérial de Sardique, puis à Philippopolis. Les Occidentaux n'en continuèrent pas moins leurs travaux, proclamèrent l'innocence d'Athanase, l'orthodoxie de Marcel, l'excommunication des chefs

(1) Concil. Antioch. *Harduin*, t. I, p. 595; *Mansi*, t. II, p. 1310. Cf. *Tillemont*, t. VI, p. 317 sq. Le Can. 4 dit : « Si quis Episcopus a synodo fuerit depositus, vel presbyter vel diaconus a proprio Episcopo condemnatus, et præsumpserit sacerdotii seu sacri ministerii aliquam actionem; non ei amplius liceat, neque in alia synodo spem restitutionis haberi, neque assertionis alicujus locum, sed et communicantes ei abjici omnes ab Ecclesia; maxime si, postquam cognoverunt sententiam adversus eum fuisse prolatam, ei contumaciter communicarunt. » Cf. can. 9.

(2) *Hefele*, Controverses relatives au concile de Sardique, savoir : 1° sur l'année de sa convoc. 344 ou 347; 2° sur les décrets concernant l'appel à Rome; 3° sur la question de son œcuménicité (Rev. trim. de Tub., 1852, p. 339).

de l'arianisme. Une députation envoyée à l'empereur Constance, devait le prier d'accorder le retour des évêques bannis, et de défendre aux autorités séculières de se mêler à l'avenir des affaires religieuses. Constance, honteux un moment de l'indigne supercherie par laquelle le parti de Philippopolis, qui s'intitulait concile de Sardique, avait falsifié un décret du concile, avait accordé le retour d'Athanase [346]. La joie touchante de toute son Église, la rétractation publique de ses accusateurs, Ursace de Belgrade en Mœsie et Valens de Murcie, rendirent complet le triomphe de l'intrépide confesseur. Mais le déshonneur dont ils furent couverts excita le désir de la vengeance dans le cœur de ses ennemis. Ils se mirent de nouveau, devant le faible et tyrannique Constance, alors seul maître de l'empire, à accuser Athanase de trahir l'empire (1) et de vouloir mettre des bornes à la puissance impériale, en défendant l'indépendance de l'Église catholique. Pour prévenir de nouvelles accusations et des embarras nouveaux, le pape Libère convoqua un concile à Arles [353]. Constance y obtint par ses menaces la condamnation d'Athanase, que le légat du pape, Vincent de Capoue, signa lui-même. Enfin la violence de l'empereur arriva à son apogée au concile de Milan, tenu en 355. « *Ce que je veux*, dit-il aux » évêques, *doit être pour vous une loi de l'Église;* tel est le » pouvoir que reconnaissent en moi les évêques de Syrie; » choisissez donc, d'y obéir, ou d'être exilés. » Ainsi s'évanouit sans résultat l'engagement solennel qu'avaient contracté les évêques de ne point mêler les affaires de l'Église à celles de l'État. Le despotisme sans mesure de l'empereur leur arracha la condamnation d'Athanase et l'adhésion à des propositions ariennes. Cependant l'inébranlable Libère, les courageux évêques Lucifer de Cagliari, Hilaire de Poitiers (2), le sage et doux Eusèbe de Verceil, Denys

---

(1) Athanase aurait excité autrefois contre Constantin l'empereur Constant, qui venait d'être tué dans la révolte du Germain Magnence, et se serait même allié à cet usurpateur ; il aurait célébré les mystères divins dans une église d'Alexandrie non consacrée. Cf. *Mœhler*, Athanase, t. II, p. 403.

(2) *Hilar. Pictav.* de Trinit. lib. XII, ad Constant. ; de Synodis adv. Arianos ; de Synodis Arimini et Seleuc. ; Comment. in Psalm. et in Matth, Opp. ed. Bened. de Constant. Paris., 1693. *Maffei*. Veron.,

de Milan, le centenaire Osius et beaucoup d'autres furent bannis, et Athanase fut chassé de son siége par Syrianus, suivi de cinq mille soldats armés [356].

Du reste, en se séparant du concile de Nicée les deux Eusèbe s'étaient dès lors divisés entre eux, et leurs opinions formaient deux partis tranchés. Eusèbe de Césarée soutenait une subordination moindre dans le Verbe que ne l'enseignaient les Ariens; au lieu de ὁμοούσιος, il voulait ὁμοιούσιος; Eusèbe de Nicomédie rejetait toute égalité de substance, ἑτεροούσιος; cependant tous savaient habilement cacher leur véritable opinion et forgeaient continuellement de nouveaux symboles, semi-orthodoxes, semi-ariens. A Antioche, ils en avaient déjà forgé quatre [341]; plus tard [345], ils en imaginèrent un cinquième plus développé, μακρόστιχος (1), dans lequel le Fils de Dieu est nommé Dieu vrai et parfait, en tout égal au Père. Mais lorsqu'on substitua de force aux décisions de Nicée celle des Ariens de Milan, les Ariens stricts, sûrs de leur victoire, se prononcèrent plus formellement, et l'arianisme fut poussé jusqu'à ses dernières limites par le Cappadocien Aëtius, diacre d'Antioche, et l'évêque de Cyzique en Mysie [† 395], Eunomius, qui, penseur superficiel mais conséquent (2), opposait l'Ecriture sainte, comme unique autorité de la foi, à la tradition de l'Eglise, et détruisait entièrement l'idée du mystère, en prétendant arriver à l'intelligence absolue de Dieu et de son essence divine. Comme il y a, disaient-ils, une distance infinie entre le Créateur et la créature, ainsi le Christ, quelque élevé qu'il soit au-dessus de la création, est, quant à son essence, complétement dissemblable au Père, ἀνόμοιος κατ' οὐσίαν καὶ κατὰ πάντα. De là, on nomma ces hérétiques *anomiens*, ἀνόμοιοι, ἑτεροουσιανοί, ἐξουκόντιοι, tandis qu'on appela les plus modé-

---

1730, t. II, in-f. Venet., 1749-1750, 2 t. in-f. Ang. *Maji* Scriptor. vet. coll. t. VI. *Tillemont*,. t. VII, p. 432-69.

(1) Les quatre formules sont dans *Athanas*. de Synod. n. 22-25 (Opp. t. I, p. 587-89). Cf. *Walch*, Biblioth. symbol. vetus, p. 109 sq. *Mœhler*, Athanase, t. II, p. 350 sq.

(2) *Eunomii* Ἔκθεσις τῆς πίστεως, d'abord ed. H. Valesius in not. ad Socrat. V, 10, et Ἀπολογητικός, d'abord dans *Fabricii* Biblioth. gr., t. VIII, p. 262. Tous deux dans *Canisii* Lection. antiq. ed. Basnage, t. I, p. 72 sq. et *Basil. Max*. Opp. ed. Garnier, t. I, p. 618 sq. *Klose*, Hist. et doctr. d'Eunomius. Kiel, 1833.

rés *semi-ariens homoïousiens*, ὁμοιουσιανοί. Cette différence dans les opinions hétérodoxes se manifesta bientôt, par de vives discussions, dans les deux réunions des évêques ariens, à Syrmium en Pannonie et à Ancyre [357-358]. On y rédigea de nouveau un symbole anomien, la *seconde formule de Syrmium* [la première était de 351], qu'on attribua mensongèrement à Osius, alors en exil. Ce symbole rejette les expressions ὁμοούσιος et ὁμοιούσιος comme non bibliques et ne devant, par conséquent, point être employées. Tout en déclarant que la détermination de la substance (οὐσία) du Fils de Dieu dépasse la connaissance humaine, il décide néanmoins que le Père est élevé au-dessus du Fils en gloire, en dignité, en domination, par son nom seul, et que le Fils lui est en tout subordonné. Le concile réuni à Ancyre sous Basile, évêque d'Ancyre, avait de son côté confirmé la doctrine semi-arienne et sévèrement repoussé celle des Ariens (1). La lutte des sectes ariennes en devint plus vive. Constance voulant enfin en voir le terme, Ursace forgea, dans une assemblée de son parti [358], la *troisième formule de Syrmium*, dans laquelle on se prononçait, en termes obscurs et perfidement calculés, pour les semi-ariens, en déclarant : que, d'après l'Ecriture sainte, le Fils est en tout semblable au Père (ὅμοιος κατὰ πάντα); on se taisait prudemment sur la substance (οὐσία). Par cette perfide réticence on parvint à tromper le vieil Osius, dans son exil, et à le faire souscrire à la seconde formule de Syrmium. On prétendit même que le pape Libère avait donné son consentement, probablement à la première formule qui, quant aux termes mêmes, n'était pas précisément hérétique. Ce qui est certain, c'est qu'il renonça, non à la foi orthodoxe, mais au terme employé à Nicée, comme le prouvent les mots ajoutés à sa signature. Du reste il paraît que Constance, pressé par les prières des dames romaines et cédant à la crainte de quelques mouvements séditieux, permit au pape de retourner

---

(1) La seconde formule de Syrmium est dans *Hilarius* de Synod. n. 11. *Athanas.* de Synod. n. 28. *Walch*, Biblioth. symbol., p. 133 sq. — Les actes du concile semi-arien d'Ancyre dans *Epiph.*. Hær. 73, n. 2-11. Conf. *Katerkamp*, Hist. ecclesiast. t. II, p. 212-228; *Mœhler*, Athan. t. II, p. 483 sq. — Voir M. de Maistre, *du Pape*, L. I, ch. XV.

à Rome (1). Désireux en outre de réconcilier les Ariens anciens et de leur imposer la nouvelle formule des évêques catholiques, l'empereur convoqua les deux conciles de Rimini, en Occident, et de Séleucie, en Orient (2). Mais la doctrine des Ariens s'y montra si vacillante et si inconséquente, qu'il semblait qu'elle était née de la veille, et qu'on disait ironiquement des Ariens : Ils accordent à l'empereur l'attribut d'*éternel*, et le refusent au Fils de Dieu. Quant aux évêques catholiques, ils déclarèrent solennellement que leur foi n'était ni d'aujourd'hui ni d'hier ; qu'ils étaient venus, non pour apprendre ce qu'ils devaient croire, mais pour déclarer ce qu'ils croyaient et pour s'opposer aux nouveautés. Les mesures de violence, employées avec persévérance par l'empereur, parvinrent néanmoins à arracher même aux évêques catholiques de Rimini, l'adoption d'un symbole équivoque, qui déclarait d'une manière générale que, d'après l'Ecriture sainte, le Fils de Dieu est égal au Père. Les Anoméens avaient remporté une victoire évidente. Seuls le pape Libère, Vincent de Capoue et Grégoire d'Elvire avaient opposé une invincible résistance. *Alors*, s'écrie saint Jérôme, *l'univers gémit et s'étonna d'être arien* (3). Mais ce fut là le dernier acte important du despote Constance [† 361] (4). Saint Hilaire, et surtout Lucifer de Cagliari,

(1) Le découragement du pape Libère et sa séparation de la communion d'Athanase, pour se joindre aux Ariens, se trouvent rapportés dans *Athanas.* Hist. arianor. adv. monachos, c. 41, et Apolog. cont. Arianos, c. 89, et *Hilar.* fragm. Opp. t. II, p. 517-21. Mais le silence absolu de Socrate, Théodoret, Sulpice Sévère, permet de croire que le fait a été interpolé par les Ariens. *Palma*, l. cit., t. I, P. II, p. 94-117. *Hefele*, le pape Libère et ses rapports avec l'arianisme et le symbole de Nicée (Rev. trimest. de Tub., 1853, p. 261-89).

(2) Cf. *Harduin*, t. I, p. 711 sq.; *Mansi*, t. III, p. 293-335; *Athanas.* Epist. de synod. Arimini et Seleuciæ celebrat. (Opp. t. I, p. 572 sq.). Conf. *Katerkamp*. Hist. eccles. t. II, p. 228 sq.; *Mæhler*, Athan. t. II, p. 491, sq. *Palma*, l. cit., t. I, P. II, p. 117-128.

(3) *Hieronymi* Dial. adv. Luciferianos, n. 19 : « Ingemuit totus orbis, et Arianum se esse miratus est. » (Opp. ed. Vallarsii. Venet., 1767, t. II, p. 191.)

(4) Le païen Ammien Marcellin caractérise très-bien lui-même en cela Constance, Historiar, XXI, 16 : « Christianam religionem absolutam et simplicem, anili superstitione confundens : in qua scrutanda perplexius, quam componenda gravius excitavit dissidia plurima, quæ progressa fusius aluit *concertationem verborum* : ut catervis An-

irrités (1) de la contrainte qu'il exerçait sur les consciences, ou plutôt poussés au désespoir, firent entendre à Constance des paroles si hardies, qu'ils semblaient presque avoir oublié leurs obligations comme sujets de l'empereur.

Julien, pour augmenter les troubles de l'Église chrétienne et établir sur ses ruines le paganisme ressuscité, rappela les évêques exilés. Aussitôt les évêques d'Orient, effrayés jusqu'alors, abandonnèrent les parti des Ariens, qui fut promptement réduit à un très-petit nombre ; les évêques catholiques, de leur côté, montrèrent la douceur si nécessaire au rétablissement de la paix (concile d'Alexandrie [362]). Lucifer de Cagliari seul s'en montra mécontent, et son opiniâtre opposition donna naissance au *schisme des Lucifériens* (2), qui renouvela les opinions rigoureuses des Novatiens sur la pureté de l'Eglise. Malgré cette heureuse pacification, Athanase fut, pour la quatrième fois, banni par Julien. Il revint sous Jovien, obtint un triomphe momentané, et fut, pour la cinquième fois, exilé sous l'empire de Valentinien et de Valens, dont le dernier seul persécuta les catholiques, et ne fut arrêté dans sa haine et sa violence, que par l'intrépide courage de Basile le Grand (3). Le moment du triomphe approchait ; la divinité de Jésus-Christ allait être reconnue, proclamée par toute la terre, quand Athanase fut appelé à une vie meilleure, pour recevoir la couronne qu'il avait conquise, par sa lutte héroïque, dans les combats du Seigneur [373].

§ 112. — *Chute de l'arianisme dans l'empire romain.*

Les nombreuses divisions nées dans le parti des Ariens

tistitum jumentis publicis ultro citroque discurrentibus per synodos, quas appellant, dum ritum omnem ad suum trahere conatur arbitrium, rei vehiculariæ succideret nervos. » Ed Valesii, p. 292.

(1) *Hilarius* ad Constantium August. libb. II ; contra Constant. imperatorem (Opp. t. II, p. 422-60). — *Lucifer Calarit.* ad Constant. libb. II ; de Regib. apostat. ; de non conveniendo c. hæret. ; de non parcendo delinquentib. in Deum ; quod moriendum sit pro Filio Dei (Biblioth. Max. Patr., t. IV, p. 181 sq. ; Opp. ed Coleti. Venet., 1778, in-f.).

(2) *Hieronym.* Dial. Luciferiani et Orthodoxi, l. cit. ; *Walch*, Hist· des hérésies, p. 338.

(3) Voy. *Katerkamp*, Hist. ecclesiast. P. II, p. 321-25.

en préparèrent la ruine. Elle fut accomplie par la victorieuse milice des docteurs de l'Eglise; ils continuèrent l'œuvre d'Athanase, et eurent d'autant plus de prise sur le peuple chrétien que celui-ci était, par sentiment, resté fidèle à la vérité, au milieu des disputes animées dont elle avait été l'objet, et que *ses oreilles étaient plus saintes que le cœur des prêtres.*

Alors parurent avec éclat, en Orient, les trois grands Cappadociens, unis par l'amitié et la foi : Basile le Grand (1), Grégoire de Nazianze (2), le théologien, et Grégoire de Nysse (3). Dans ce combat de la foi contre l'hérésie se signalèrent encore l'aveugle Didyme, Amphiloque, évêque d'Iconium, le poëte lyrique Éphrem de Syrie, Cyrille de Jérusalem, Diodore de Tarse, Théodore de Mopsueste, Épiphane de Salamine, et surtout Chrysostome. L'union des évêques catholiques d'Orient et même d'Occident (4) ne fut partiellement troublée que par le schisme des Mélétiens. Ce schisme avait commencé au moment où les Ariens [334] étaient parvenus à faire déposer l'évêque Eustathe, qui avait combattu pour la foi de Nicée. Il fut accompli, lorsque le même parti arien eut élevé au siége patriarcal d'Antioche Mélétius, évêque de Sébaste, que son parti chassa de ce siége, lorsqu'il s'aperçut qu'il n'était pas arien. Malheureusement Lucifer de Cagliari, en ordonnant le prêtre Paulin, âme et chef du parti qui prétendait succéder à Eustathe, donna

(1) *Basil. Max.* Opp. ed. Fronto-Ducæus. Paris., 1618, 2 t. in-f. Garnier. Paris., 1721 sq. 3 t. Cf. *Feisser.* de Vita Basil. Max. Groning., 1828. *Klose,* Basile le Grand d'après sa vie, etc. Stralsund, 1835. Œuvres complètes des Pères de l'Église. Kempten, 1839, t. XX.
(2) *Greg. Naz.* Opp. ed. Morellius. Paris., 1630, 2 t. in-f. Clémencet. Paris., 1778; longtemps seulement t. I. Paris, 1840; t. II. *Tillemont,* t. IX. *Ullmann,* Greg. de Naz. Darmst., 1825.
(3) *Gregor. Nyss.* Opp. ed. Morellius. Paris., 1615, 2 t. in-f. Append. add. Gretser. Paris., 1618. Ed. Bened. Paris., 1780, seulement t. I; fragm. nouv. trouvés dans *Ang. Maji.* Collectio. Romæ, 1834 t. VIII. Λόγος κατηχητικὸς ὁ μέγας; ed. Krabinger. Monachi, 1835.— Dans la dernière diss. en partie philos. sur quelques dogmes particuliers, on trouve des indic. pour combattre les hérétiques, instruire les Juifs et surtout les païens. Idem. ed. περὶ ψυχῆς καὶ ἀναστάσεως, Lips. 1837. *Tillemont,* t. IX. *Rupp.,* Greg. de Nysse, sa vie et sa doctrine, Leips., 1834.
(4) Voy. sur le schisme mélét. *Walch,* Hist. des hérésies. P. IV, p. 410.

de la consistance à ce parti, qui exerça une influence durable et déplorable, par la formule tant controversée des *trois hypostases* (Mélétiens) ou *d'une hypostase* (Eustathiens) (1). L'évêque Flavien, qui succéda à Mélétius, parvint, par l'entremise de saint Chrysostome et de Théophile, évêque d'Alexandrie, à être reconnu par Rome et à éteindre ainsi en partie le schisme [398], qui ne tomba complètement que sous son second successeur [415].

Pendant que les défenseurs de la foi de Nicée se multipliaient ainsi, les Ariens perdirent leur principal chef, Euzoius, évêque d'Antioche [376], et bientôt après l'empereur Valens, qui leur avait encore été favorable, quoique vers la fin ses dispositions eussent changé à leur égard [378]. Théodose le Grand [379], gagné par l'éloquente parole de Grégoire de Nazianze, qui lui avait exposé la foi de Nicée, fit, malgré sa résistance, rentrer triomphalement, et au milieu d'un appareil militaire, ce saint archevêque dans l'église des Apôtres de l'arienne Constantinople. Alors aussi le pieux empereur promulga [380] la célèbre loi dans laquelle il se prononça positivement pour le concile de Nicée, et ordonna à tous les fidèles de se nommer chrétiens catholiques (2).

(1) La discussion roulait sur la double distinction suivante : ceux qui parlaient d'une hypostase concevaient l'ὑπόστασις comme tout à fait identique avec οὐσία, *essentia*, et ceux qui soutenaient trois hypostases entendaient par ὑπόστασις la personnalité. Ce fut le sabellianisme, renouvelé par Photin, qui donna lieu à cette dispute de mots : c'est pourquoi saint Basile déclara qu'il était important de dire τρεῖς ὑποστάσεις, Sabellius enseignant aussi μίαν ὑπόστασιν et τρία πρόσωπα. Cf. *Basil. Max.* ep. 38. Pour exprimer contre les adversaires *l'individualité substantielle*, on se servit plus tard des termes πρόσωπον ἐνυπόστατον, ou, après des explications complètes, simplement ὑπόστασις. *Athanas.* tom. (epist.) ad Antiochen. (Opp. t. I, 615-20), ep. ad Epict. episc. Corinthi (t. I, p. 720 sq.).

(2) Codex Theodos. XVI, I, 2 : « Cunctos populos, quos clementiæ nostræ regit temperamentum, in tali volumus religione versari, quam divinum *Petrum apostolum tradidisse Romanis* religio usque nunc ab ipso insinuata declarat, quamque *pontificem Damasum sequi declarat*, et *Petrum Alexandriæ episcopum, virum apostolicæ sanctitatis* : hoc est ut secundum apostolicam disciplinam evangelicamque doctrinam Patris et Filii et Spiritus sancti unam Deitatem sub parili majestate et sub pia Trinitate credamus. *Hanc legem sequentes christianorum catholicorum nomen jubemus amplecti*; reliquos vero dementes vesa-

En Occident, outre saint Hilaire, l'Athanase de l'Occident, les athlètes de la foi étaient le pape Damase, et l'intrépide évêque de Milan, Ambroise. La paix fut consolidée, et les efforts de tous ces généreux confesseurs, de tous ces docteurs illustres, pleinement justifiés par le

Deuxième Concile œcuménique de Constantinople,

convoqué par Théodose [381].

Ce concile nombreux, que le consentement du pape e des évêques d'Occident éleva au rang de deuxième œcuménique (1), confirma les décisions du concile de Nicée e déclara solennellement, contre les ariens, que le Saint-Esprit doit être adoré comme le Père (2). Théodose ayant, comme nous l'avons dit, promulgué des lois civiles pour assurer la réalisation de ces décrets [384], l'arianisme disparut de l'empire romain, pour se réfugier parmi les Barbares, Goths, Vandales, Lombards, qui s'avançaient de toutes parts, et dont il sera question dans l'histoire de la seconde époque.

§ 113. — *Controverses dépendantes de l'arianisme; Photin, Appollinaire, Macédonius, Dogme du Saint-Esprit.*

Quelques expressions obscures firent accuser de sabellianisme et même déposer (3) Marcel, évêque d'Ancyre, un

nosque judicantes, hæretici dogmatis infamiam sustinere, nec conciliabula eorum ecclesiarum nomen accipere, divina primum vindicata post etiam motus nostri, quem ex cœlesti arbitrio sumpserimus, ultione plectendos.

(1) Le 14e fragment arien dans *Ang. Maji* nova Collect., t. III, P. II, p. 229 : Spiritus sanctus est primum et majus Patris per Filium opus, creatum per Filium. L'évêque arien Maximin reconnaît : Spiritum sanctum a Patre per Filium ante omnia factum, ab ingenito per unigenitum in tertio gradu creatum. (*Waitz*, Doct. et vie d'Uphilas. p. 19.)

(2) Les actes du concile, dans *Mansi*, t. III, p. 521 sq. Le symb. Nicæno-Constant. plus bas, page 393, note *.

(3) Le principal écrit de Marcel est le de Subjectione Domini Christi, dont des fragments se trouvent dans *Rettberg*, Marcelliana, etc. Gœtt., 1794. Il reste des écrits de son adversaire : *Euseb. Cæsar.* Κατὰ

des plus fermes défenseurs du symbole de Nicée. Mais ce ne fut qu'un de ses disciples, Photin, diacre à Ancyre, puis évêque de Sirmium, qui enseigna plus tard une erreur manifeste [341], en prétendant que le Logos n'était point une personne, mais une vertu divine manifestée dans Jésus. Jésus n'était qu'un homme ; Dieu l'adopta comme fils à cause de ses vertus ; dès qu'il aura rendu le pouvoir au Père, le Logos se séparera de lui. Photin s'appuyait, pour soutenir son erreur, sur les textes de 1 Timot., II, 5; 1 Corinth., XV, 47; Jean I, 1; Gen., I, 26; Dan., VII, 13. Les semi-ariens le condamnèrent à Antioche [345] et les orthodoxes à Milan [347 ou 349]. Enfin les Eusébiens le déposèrent (1) au premier *synode de Sirmium* [351], qui avait condamné de nouveau les opinions sabelliennes sur l'extension et la concentration de la substance divine (2). Cette condamnation fut renouvelée par plusieurs autres conciles et par celui de Constantinople [381] de la manière la plus définitive, ce qui n'empêcha pas que cette hérésieie ne menaçât de reparaître dans Bonose, évêque de Sardique [391].

Les deux Apollinaire de Laodicée avaient bien mérité de l'Eglise catholique par les apologies du Christianisme qu'ils avaient composées contre les philosophes païens, et par la persévérance avec laquelle ils avaient défendu l'égalité de substance du Père et du Fils contre les Ariens. Mais en s'efforçant de conserver, dans toute son intégrité, la doc-

---

Μαρκέλλου et Περὶ τῆς ἐκκλησιαστικῆς θεολογίας, à la fin de la Demonstr. évang. Paris, 1628; pour lui *Athan.* contra Arianos, n. 21-35; de Synod. n. 26 sq. (t. I, p. 589 sq.) *Epiph.* Hær. 72 (t. I, p. 833 sq.); *Socrat.* Hist. eccles. II, 19; *Hieron.* de Viris illustr. c. 107. Ce qu'il y a de mieux, c'est Marcel défendu par *Montfaucon*, Diatrib. de causa Marcelli Ancyr. (ejusd. Coll. nova PP., t. II, p. 51 sq. Paris., 1707; Opp. Athanas., t. III, p. 33-41). Cf. *Mœhler*, Athanas., t. II, p. 71.

(1) *Athanas.* de Synod. n. 27, expose une formule de foi accompagnée de vingt-cinq anathèmes projetés contre Photin. L'anath. VI est ainsi conçu : Εἴ τις τὴν οὐσίαν τοῦ Θεοῦ πλατύνεσθαι ἢ συστέλλεσθαι φάσκοι, ἀνάθεμα ἔστω. — VII : Εἴ τις πλατυνομένην τὴν οὐσίαν τοῦ Θεοῦ τὸν υἱὸν λέγοι ποιεῖν, ἢ τὸν πλατυσμὸν τῆς οὐσίας αὐτοῦ υἱὸν ὀνομάζει, ἀνάθεμα ἔστω. — VIII : Εἴ τις ἐνδιάθετον ἢ προφορικὸν λόγον λέγοι τὸν υἱὸν τοῦ Θεοῦ, ἀνάθεμα ἔστω. (Opp. t. I, p. 593.) *Klose.* Hist. et doct. de Marcell. ed. Photin. Hamb. 1837.

(2) *Mansi*, t. III, p. 179 sq.; *Hilarius*, de Trinit. VII, 3, 7; *Augustin.* de Hæresib. c. 43.

trine de l'unité de la nature divine et humaine dans le Christ, ils tombèrent dans une erreur opposée. La doctrine d'Arius avait surtout porté sur la Trinité et le rapport du Verbe divin avec le Père. Celle d'Apollinaire porta principalement sur le Verbe fait homme. S'attachant à l'hypothèse de la trichotomie platonicienne de l'homme (σῶμα, ψυψὴ — πνεῦμα ou νοῦς) et à la doctrine du traducianisme (1), Apollinaire disait : « Le Christ, il est vrai, a eu un corps humain et
» une ψυχὴ humaine ; mais en place du πνεῦμα humain, le
» λόγος divin était en lui. Car, en admettant le contraire,
» ou l'on admet deux fils de Dieu, deux personnes engen-
» drées de Dieu, ou l'on ne voit dans le Christ qu'un pur
» homme, soutenu par le λόγος. On arrive aussi à ce di-
» lemme insoluble : ou il faut nier que le Christ ait été
» sans péché, ou, si l'on admet son impeccabilité et en
» même temps son union parfaite avec le λόγος, on nie la
» liberté humaine, l'attribut essentiel de l'être raisonnable ;
» et, dans ce cas, nous aurions été rachetés par un homme ;
» la Rédemption serait inefficace. »

Athanase et Grégoire de Nysse, combattant cette erreur, démontrèrent avec force la nécessité de l'union réelle de l'humanité et de la divinité dans le corps, l'esprit et l'âme du Christ (2). Augustin la démontra plus tard, avec sa sagacité ordinaire, d'une manière plus évidente encore. Le concile d'Alexandrie [362], et celui de Rome, tenu sous le pape Damase [378], rejetèrent la doctrine d'Apollinaire, et ce jugement fut confirmé par les conciles d'Antioche [379]

---

(1) Sur le *Traducianisme* et sa doctrine opposée de la *Création*, voyez *Günther*, Études prép. à la théol. spécul. P. II, p. 137. Vienne, 1829 ; *Schütz*, du *Générationisme* et du *Créationisme* (Anticelsus, 1842, livrais. IV, p. 34-74) ; *Pabst*, Adam et le Christ. Vienne, 1835, p. 225-32.

(2) On trouve déjà une indication de cette erreur (non pas sous son nom il est vrai) dans Epist. synod. conc. Alex. ann. 362, auquel assistèrent des envoyés de l'évêque Appollinaire : Ὡμολόγουν γὰρ καὶ τοῦτο, ὅτι οὐ σῶμα ἄψυχον, οὐδ' ἀναίσθητον, οὐδ' ἀνόητον εἶχεν ὁ Σωτῆρ. Fragm. d'Apoll. tirés des écrits de ses advers. dans Galland., t. XII, p. 706 sq. La réfutation la plus forte : *Greg. Nyss.* Λόγος ἀντιρρητικὸς πρὸς τὰ Ἀπολλιναρίου dans Galland, t. VI, p. 517 sq.; *Athanas.* Ep. ad Epictetum, contra Apollin., lib. II ; *Mœhler*, Athan., t. II, p. 372 ; Gaz. de Bonn, livr. XV, p. 209-12.

et de Constantinople [381] (1), qui proclamèrent avec force que le Christ est homme parfait, comme il est Dieu parfait. La secte des Apollinaristes, fractionnée, s'évanouit à la fin du V° siècle.

Jusqu'à cette époque, on n'avait encore touché qu'accessoirement à la doctrine du Saint-Esprit, dont les Ariens cependant niaient la divinité. Mais lorsque Athanase, Hilaire de Poitiers et Basile le Grand (2), et surtout Grégoire de Nazianze (3), eurent démontré, dans leurs écrits, le rapport de la divinité du Verbe et du Saint-Esprit, on exigea de tous les Ariens qui revenaient à l'Eglise de déclarer que le Saint-Esprit n'est pas une créature. C'est pourquoi on les nomma d'abord ennemis du Saint-Esprit (πνευματόμαχοι). Lorsque le semi-arien Macédonius, évêque de Constantinople [341-360], se mit à leur tête, on les appela Macédoniens. Cette opinion, expressément formulée, choqua beaucoup de semi-ariens (4), dont jusqu'alors la croyance sur ce dogme était vague, et qui se séparèrent de la secte et se rapprochèrent de la foi de Nicée. Alors parut plus évidemment encore combien les opinions des Macédoniens et des Anoméens différaient de l'enseignement de l'Eglise, et leur doctrine fut expressément condamnée par le concile

---

(1) Concil. Constantinop. can. VII (*Mansi*, t. III, p. 563; *Harduin*, t. I, p. 811).

(2) *Didymi* lib. de Spiritu sancto, trad. lat. de saint Jérôme, et libb. III de Trinitate, ed. gr. et latin. Mingarellius, Bonon., 1769, in-fol.; *Basilii Magn.* Περὶ τοῦ ἁγίου Πνεύματος ad Amphilochium.

(3) *Hergenræther*, Doct. de la Trinité d'après saint Grég. de Naz. Ratisb., 1850.

(4) *Philastrius*, de Hæresibus, c. 20 : « Semiariani sunt quoque; ii de Patre et Filio bene sentiunt, unam qualitatis substantiam, unam divinitatem esse credentes: Spiritum autem non de divina substantia, nec Deum verum, sed factum atque creatum spiritum prædicantes, ut eum conjungant et comparent creaturæ, etc. » (Max. Bibl. vett. Patrol. t. V, p. 708). Déjà Origène, dans sa première période, se déclare contre cette doctrine : « Alius enim a Patre Filius, et non idem Filius qui et Pater, sicut ipse in Evang. dicit (Joan. VIII, 18). Alius enim et ipse est a Patre et a Filio, sicut et de ipso nihilominus in Evang. (Joan. XIV, 16) dicitur : Mittet vobis Pater alium Paracletum, Spiritum veritatis. Est ergo hæc trium distinctio personarum in Patre et Filio et Spiritu sancto, quæ ad pluralitatem puteorum (Prov. V, 15) revocatur. Sed horum puteorum unus est fons. Una enim substantia est et natura Trinitatis. » Homil. XII in Num. n. 1

œcuménique de Constantinople [381] (*), après l'avoir été préalablement dans plusieurs synodes d'Alexandrie [362], d'Illyrie et de Rome sous le pape Damase [375], qui avaient proclamé la consubstantialité (Homousie) du Saint-Esprit. On proclama solennellement : *Un Dieu, trois personnes en Dieu* (ὑπόστασις), *le Père, le Fils qui est engendré, l'Esprit saint qui procède des deux.* Ce dogme de la sainte Trinité, fondement et sommaire de la foi catholique, est surtout formulé dans *le symbole de saint Athanase* (**).

(Opp. t. II, p. 312.) — Et Greg. le Thaumaturge, son élève, dit dans son Expositio fidei : « Trinitas perfecta, quæ gloria et æternitate ac regno atque imperio non dividitur, neque abalienatur; non igitur creatum quid aut servum in Trinitate, neque superinductitium aliquid et adventitium, quasi prius non existens, posterius vero adveniens. Non ergo defuit unquam Filius Patri, neque Filio Spiritus; sed immutabilis et invariabilis eadem semper manet Trinitas. » *Galland. Biblioth.*, t. I, p. 386. Cf. *Novatiani* lib. de Trinit. (Galland. Biblioth., t. III. p. 287 sq.)

(*) Le Symb. Nicæno-Constantin. complète le symbole de Nicée sur le Saint-Esprit : (Πιστεύομεν) καὶ εἰς τὸ Πνεῦμα τὸ ἅγιον, τὸ κύριον, τὸ ζωοποιόν, τὸ ἐκ τοῦ Πατρὸς ἐκπορευόμενον, τὸ σὺν Πατρὶ καὶ Υἱῷ συμπροσκυνούμενον, καὶ συνδοξαζόμενον, τὸ λαλῆσαν διὰ τῶν προφητῶν. *Harduin*, t. I, p. 814; *Mansi*, t. III, p. 565. Εἰς μίαν ἁγίαν καθολικὴν καὶ ἀποστολικὴν ἐκκλησίαν. Ὁμολογοῦμεν ἓν βάπτισμα εἰς ἄφεσιν ἁμαρτιῶν. Προσδοκῶμεν ἀνάστασιν νεκρῶν καὶ ζωὴν τοῦ μέλλοντος αἰῶνος. Ἀμήν. *Harduin*, t. I, p. 814; *Mansi*, t. III, p. 565.

(**) Conf. Recherches complètes sur ce symbole, sa rédaction primitive en latin, les traductions en grec s'écartant du texte original, dans *Diatrib. in symbol.* : « Quicunque vult salvus esse. » (*S. Athanas.*, Opp. t. II, p. 652-667.) Voici le texte du symbole :

Quicunque vult salvus esse ante omnia opus est, ut teneat catholicam fidem. Quam nisi quisque integram inviolatamque servaverit, absque dubio in æternum peribit.

Fides autem catholica hæc est : ut unum Deum in Trinitate, et Trinitatem in unitate veneremur, neque confundentes personas, neque substantiam separantes.

Alia est enim persona patris, alia Filii, alia Spiritus sancti, sed Patris, et Filii, et Spiritus sancti una est divinitas, æqualis gloria, coæterna majestas.

Qualis Pater, talis Filius, talis Spiritus sanctus.

Increatus Pater, increatus Filius, increatus et Spiritus sanctus; immensus Pater, immensus Filius, immensus Spiritus sanctus; æternus Pater, æternus Filius, æternus Spiritus sanctus : et tamen non tres æterni, sed unus æternus, sicut non tres increati, nec immensi, sed unus increatus et unus immensus.

Similiter omnipotens Pater, omnipotens Filius, omnipotens Spi-

Pendant que les docteurs de l'Église grecque, à peu d'exception près, en restaient à l'idée du Fils, et, craignant d'admettre une subordination du Saint-Esprit à l'égard de la seconde personne, tenaient ferme à l'opinion que le Saint-Esprit ne procède que du Père, les docteurs plus clairvoyants de l'Eglise occidentale, Hilaire, Ambroise,

> ritus sanctus, et tamen non tres omnipotentes, sed unus omnipotens.
> Ita Deus Pater, Deus Filius, Deus et Spiritus sanctus, et tamen non tres dii, sed unus est Deus.
> Ita Dominus Pater, Dominus Filius, Dominus et Spiritus sanctus, et tamen non tres Domini, sed unus est Dominus; quia sicut singillatim umamquamque personam Deum ac Dominum confiteri christiana veritate compellimur; ita tres Deos aut Dominos dicere catholica religione prohibemur.
> Pater a nullo est factus, non creatus, nec genitus; Filius a Patre solo est, non factus, non creatus, nec genitus; spiritus sanctus a Patre et Filio, non factus, nec creatus, nec genitus est, sed procedens.
> Unus ergo Pater, non tres Patres; unus Filius, non tres Filii; unus Spiritus sanctus, non tres Spiritus sancti.
> Et in hac Trinitate nihil prius aut posterius, nihil majus aut minus; sed totæ tres personæ coæternæ sibi sunt et coæquales, ita ut per omnia, sicut jam supra dictum est, et unitas in Trinitate, et Trinitas in unitate veneranda sit. Qui vult ergo salvus esse, ita de Trinitate sentiat.
> Sed necessarium est ad æternam salutem, ut incarnationem quoque Domini nostri Jesu Christi fideliter credat.
> Est ergo fides recta, ut credamus et confiteamur quia Dominus noster Jesus Dei Filius, Deus pariter et homo est.
> Deus est ex substantia Patris ante sæcula genitus: homo ex substantia matris in sæculo natus: perfectus Deus, perfectus homo, ex anima rationali, et humana carne subsistens, æqualis Patri secundum divinitatem; minor Patre secundum humanitatem.
> Qui licet Deus sit et homo, non duo tamen, sed unus est Christus, unus autem, non conversione divinitatis in carnem, sed assumptione humanitatis in Deum, unus omnino non confusione substantiæ, sed unitate personæ.
> Nam sicut anima rationalis et caro unus est homo : ita Deus et homo unus est Christus.
> Qui passus est pro salute nostra : descendit ad inferos : tertia die resurrexit a mortuis, ascendit ad cœlos, sedet ad dexteram Dei Patris, inde venturus est judicare vivos et mortuos ; ad cujus adventum omnes homines resurgere habent cum corporibus suis et reddituri sunt de factis propriis rationem ; et qui bona egerunt ibunt in vitam æternam : qui vero mala, in ignem æternum.
> Hæc est fides catholica, quam nisi quisque fideliter firmiterque crediderit, salvus esse non poterit.

Augustin (1), comprirent et exposèrent de bonne heure l'idée de la Trinité dans ses termes constitutifs et leurs rapports. Ils proclamèrent donc que le Saint-Esprit procède du Père et du Fils, et le concile de Tolède [589] ajouta le *Filioque* au symbole de Nicée, ce qui fut le premier germe des graves divergences qui s'élevèrent entre l'Église grecque et l'Église romaine.

§ 114. — *Directions diverses des écoles théologiques.*

La controverse arienne présente, dans toutes ses phases, et surtout dans la manière dont les saints Pères interprétèrent les saintes Écritures, le spectacle de la lutte d'une spéculation intelligente et profonde contre un rationalisme sec et abstrait. Arius et son principal adversaire, Athanase, sont, dès le principe, les représentants de cette double direction théologique, dont il faut rechercher l'origine dans l'histoire. Arius était sorti de la célèbre école du prêtre Lucien, à Antioche ; Athanase avait été formé à l'école d'Origène, si vénéré à Alexandrie. Ici on conservait la prédilection d'Origène pour les explications allégoriques, les spéculations profondes et une partie des théories platoniciennes. Cette tendance haute et intelligente, purifiée d'ailleurs des excès où tomba Origène, fut celle des plus grands docteurs de l'Église de ce temps : Athanase, Basile le Grand, évêque de Césarée [† 378], Grégoire, évêque de Nysse, Grégoire, évêque de Nazianze, le théologien [† 390], l'aveugle Didyme (2), Eusèbe de Césarée lui-même [† 340] ; en Occident, Hilaire, le profond interprète du dogme de la Trinité [† 368] ; Ambroise [374-97] (3)

(1) *Augustin*, surtout dans son traité profond de Trinit. libb. XV (Opp. ed. Bened., t. VIII); *Hilar.* de Trinit. lib. XII; *Ambros.* de S. Spiritu, libb. III.

(2) De ses nombreux écrits sur la Bible et sur Origène il ne reste que *lib. de Spiritu sancto*, d'après la traduction de saint Jérôme (Opp. t. II, p. 107-167, ed Vallarsi); lib. adv. Manich. (*Combefsii* Auctuar. græ. PP. t. II); libb. III de Trin., ed. Mingarelli. Bonon., 1769; Expositio VII canonicar. epp., dans la trad. de Epiphanius Scholastic., texte orig. en partie tiré des scholies de *Matthæi* par *Lüche*, Quæstiones ac vindiciæ Didymianæ. Gœtt., 1829-32, 4 P.

(3) *Ambros.* Ses princ. ouvr. Hexaëmeron ; de Officiis clericor.

et son incomparable disciple, Augustin, qui défendit et développa avec tant de fermeté et de clarté la proposition des Alexandrins : *La vraie science part de la foi ; la foi est la condition absolue de la science* (1). Tous ces docteurs de l'Eglise insistent fortement sur l'incompréhensibilité de l'union d'ailleurs réelle et intime de la divinité et de l'humanité en Jésus-Christ, et c'est pourquoi ils transportent si fréquemment les attributs de la nature humaine à la nature divine et réciproquement.

L'*école exégétique d'Antioche* avait acquis une considération particulière depuis Lucien, prêtre lettré et très-versé dans la connaissance des saintes Écritures, qui avait, par son douloureux et héroïque martyre (2), laissé un nom vénéré dans l'Église. Cette école, suivant une direction contraire à celle d'Alexandrie, insistait surtout sur l'étude du sens littéral et naturel des mots et sur celle des faits historiques, et montrait par là même un sens très-pratique dans sa manière d'exposer et de traiter la doctrine chrétienne ; mais en même temps ses interprétations par trop pédantesques, exclusivement grammaticales et singulièrement arides de l'Écriture sainte, enlevaient toute profondeur, toute largeur à sa méthode de comprendre et d'exposer la vérité chrétienne. En outre, ou elle rejetait entièrement l'usage de la philosophie, ou elle n'employait que celle d'Aristote. A cette école se formèrent Eusèbe, évêque

---

libb. III ; de Fide, libb. V ; de Spiritu sancto, libb. III, et ep. 92 (Opp. ed. Bened. Paris., 1686-1690, 2 t. in-fol.) ; *Silbert*, Vie de saint Ambroise. Vienne, 1841.

(1) *Augustin.* de Utilit. credendi, c. 9, n. 21 : « Nam vera redigio, nisi credantur ea quæ quisque postea, si sese bene gesserit dignusque fuerit, assequatur atque perspiciat, et omnino sine quodam gravi auctoritatis imperio, initi recte nullo pacto potest. » — De Morib. Eccles. cathol. c. 25 ; « Nihil in Ecclesia catholica salubrius fieri *quam ut rationem præcedat auctoritas.* » Cf. de Trinit. I, 1 et 2, tract. 10 in Joan. : *Credimus ut cognoscamus, non cognoscimus ut credamus.* — Sermo XLIII : Initium bonæ vitæ, cui vita etiam æterna debetur, recta fides est. Est autem fides credere quod nondum vides, cujus fidei merces est videre quod credis. » — Epist. 120, ad Censent. : — Ut ea, quæ fidei firmitate jam tenes, etiam rationis luce conspicias. » — Cf. *Kuhn.* Foi et science, Tub., 1840.

(2) *Euseb.* Hist. eccl. VIII, 13 ; IX, 6. Cf. *Münter*, Commentatio de schola Antiochena. Hafniæ, 1811.

d'Emèse [† 360] (1), Cyrille de Jérusalem (2), le poëte Ephrem de Syrie [† 378 à Edesse] (3). C'est Diodore, évêque de Tarse [378 jusque vers 394] (4), et Théodore, évêque de Mopsueste [393-428] (5), qui en présentent, de la façon la plus caractéristique, les qualités et les défauts, tandis que Théodoret, évêque de Cyr, et Jean-Chrysostome, patriarche de Constantinople, l'orateur inspiré et la gloire du sacerdoce, en possèdent les avantages dans toute leur pureté.

Quant à ce qui concerne l'objet principal des grandes discussions nées de l'Eglise orientale après l'arianisme, savoir : l'union de la nature divine et de la nature humaine dans le Christ, les chefs de l'école rationaliste d'Antioche prétendaient, à l'encontre des Alexandrins, pouvoir résoudre la question d'une manière tout à fait évidente, et leur analyse inquiète et subtile distinguait et séparait, d'une façon souvent très-étrange, les deux natures du Christ. Evitant avec un soin scrupuleux la transposition réciproque des attributs, ils semblaient parfois ne plus admettre dans le Christ qu'une ἕνωσις κατ' εὐδοκίαν ou κατὰ χάριν.

Ces deux écoles théologiques suivirent leur direction respectives l'une en face de l'autre, sans se combattre positivement, jusqu'au moment où de vives discussions s'élevèrent sur diverses opinions d'Origène, et où, d'un autre côté, l'exégèse exclusive et superficielle de l'école d'Antioche devint également suspecte par les hérésies nouvelles dont ses partisans se firent les promoteurs. La

---

(1) *Hieronym.* de Viris illustr. c. 91. Cf. *Socrat.* II, 9 ; *Sozom.*, III, 6 ; *Euseb.* Opusc. ed. Augusti. Elberf., 1829. *Thilo*, des écrits d'Eusèbe d'Alexandrie et d'Eusèbe d'Emèse. Halle, 1832.

(2) *Cyrill.* Hieros. catechis. v. 347. Opp. ed. Touttée. Paris., 1720, in-folio.

(3) *Ephræm.* Syr. Opp. ed. Assemann. Romæ, 1732, 6 t. in-fol. (3 vol. syriaco-latin.; 3 vol. græco-latin.). *Langerke*, de Ephræmo script. sacr. interprete. Halæ, 1829; de Ephr. arte hermeneutica. Regiom., 1831.

(4) *Hieronym.* de Viris illustr. c. 119; Socrat. VI, 3 ; *Assemanni*, Biblioth. Orient., t. III, P. I. p. 28.

(5) *Theodori* quæ supersunt omnia ed Wegnern, t. I, Comment. in 12 proph. minor. Berol., 1834. *Ang. Maji* Scriptor. veter. nova collect. Romæ, 1832, t. VI, p. 1-298. *O. F. Fritzche*, de Theodor. Mopsuest. tiev et scriptis commentat. theol. Halæ, 1836.

direction *historico-théologique*, qui s'était montrée de bonne heure continua ses travaux et trouva son principal représentant dans Éphiphane, évêque de Salamine [† 403] (1). Il ne faut pas oublier non plus dans cette revue rapide la direction spéculative et mystique qui se perpétua également, et dont les écrits attribués à Denys l'Aréopagyte [V° siècle] (2) sont une vive expression et devinrent, dans la suite, la source où puisèrent tous les mystiques spéculatifs (3). Il faut rapporter aussi à cette catégorie les écrits de Didyme et de Macaire l'Ancien.

§ 115. — *Origénisme : Jérôme; Rufin : Théophile; Chrysostome.*

Huetii Origeniana (t. IV Opp. Orig.. ed. de la Rue). *Doucin*. Histoire des mouvements arrivés dans l'Église au sujet d'Origène. Paris, 1700. *Walch*, Histoire des Hérésies, P. VII, 427. *Fleury*, Hist. ecclésiast. liv, XXI. *Katerkamp*, Hist. de l'Égl., t. II, p. 502-590. *Hefele*, Dict. eccl. t. VII, p. 844-850.

Dès la fin de la dernière période, on avait élevé des difficultés sur la doctrine d'Origène. Grégoire le Thaumaturge, son élève et son admirateur, avait entrepris sa justification. Une fois née, la controverse dura des siècles; on reprochait à Origène sa direction tout idéaliste, ses interprétations trop spiritualistes et trop allégoriques de divers dogmes, tels que celui de la résurrection et de l'Eucharistie, et la facilité avec laquelle il avait mêlé aux traditions de l'Église des principes philosophiques contradictoires, en pensant par là rendre la doctrine chrétienne plus accessible. On lui reprochait surtout des expressions impropres concernant le Verbe divin, et des opinions tout à fait erronées, telles que la préexistence des âmes, la

_____
(1) *Epiphanii* Opp., surtout *Adv. hær.* et ἀγκυρωτός, sermo de fide, ed. Petavius. Paris., 1662, 2 t. in-f.; Colon., 1682, 2 t. in-f.
(2) Voir la note sur Denys l'Aréopagite p. 188.
(3) *Dionys. Areop.* Περὶ τῆς ἱεραχίας οὐρανίου; Περὶ τῆς ἐκκλησιαστικῆς ἱεραρχίας; Περὶ θείων ὀνομάτων; Περὶ μυστικῆς θεολογίας (Opp. ed. Corderius. Paris.. 1644, 2 t. in-f. Constantini. Venet., 1755 sq., 2 t. in-f.). Cf. *Baumgarten Crusius*, de Dionys. Areop. (Opp. theolog. Jenæ, 1836, p. 265 sq.). *C. Vogt*. Néoplat. et Christ., Recherches sur les écrits attrib. à Denys l'Aréopag., Berl., 1836.

création éternelle, fondée sur ce qu'on ne peut concevoir de changement en Dieu, et, par suite, la négation des peines éternelles de l'enfer; etc. C'était principalement son malheureux ouvrage du *Périarchon*, qu'il abandonna ou corrigea en partie par ses écrits postérieurs, qui avait donné prise aux accusations : en outre, comme déjà Origène s'en plaignait de son vivant, les hérétiques avaient perfidement introduit des erreurs dans ses ouvrages.

La contradiction manifeste de ces textes interpolés et du corps de l'ouvrage aurait dû les faire reconnaître et justifier Origène. Mais, dans ces temps de fermentation religieuse, de polémique passionnée, on n'y fit point attention, et de nouveaux motifs d'opposition vinrent obscurcir et envenimer la cause. Au commencement du IVe siècle, l'évêque de Tyr, Méthodius, mort martyr en 309, avait attaqué quelques-unes des erreurs d'Origène indiquées plus haut. Le prêtre martyr Pamphile prit la défense du grand théologien, dans une apologie qu'après sa glorieuse mort son ami Eusèbe de Césarée acheva. La lutte arienne éclata sur ces entrefaites, et, après avoir ranimé d'abord la controverse origéniste, elle la fit bientôt complétement oublier. D'ailleurs Athanase, tout en reconnaissant ses erreurs, avait estimé Origène. Basile et Grégoire de Nazianze avaient fait des extraits de ses écrits (*Philocalia*). Mais lorsque, à la fin du IVe siècle, tomba l'arianisme, qui ne s'était élevé et soutenu que par la puissance séculière, on crut devoir poursuivre l'hérésie jusque dans ses sources mêmes, et l'on reprit l'examen des opinions d'Origène, qu'on désigna comme père de l'arianisme (1). Les principaux théâtres du combat furent l'Égypte et la Palestine, où les moines origénistes attaquèrent vivement les moines anthropomorphistes. Une lutte ardente s'engagea entre Aterbius, adversaire acharné d'Origène, et le grand tra-

---

(1) La défense qu'Eusèbe de Césarée, plus tard impliqué dans l'arianisme, avait prise d'Origène, excitait déjà les soupçons contre ce dernier. *Hieronym.* lib. I, ad Pammach, contra Joann. Hierosol., c. 8 : « Sex libros Eusebius Cæsareensis episcopus, Arianæ quondam signifer factionis, pro Origene scripsit, latissimum et elaboratum opus, et multis testimoniis approbavit *Origenem juxta se catholicum, id est juxta nos Arianum esse.* » (Hieronym. Opp. t. II, p. 464).

ducteur de l'Écriture sainte, le vigoureux et enthousiaste défenseur du monachisme, Jérôme, de Stridon, en Dalmatie [† 420], qui vivait à Bethléhem, auquel se joignit son ami Rufin, prêtre d'Aquilée, qui demeurait à Jérusalem (1). Jérôme avait cherché à concilier, dans son exégèse, les avantages des écoles d'Alexandrie et d'Antioche, ce qui lui avait inspiré une grande admiration pour le talent d'interprétation d'Origène, sans lui faire admettre toutefois ses idées dogmatiques, comme il le déclara dans sa controverse contre Aterbius. Rufin avait gardé le silence à cet égard. De nouveaux embarras naquirent lorsque Épiphane [386-417], défenseur zélé de l'orthodoxie, prêchant dans sa propre église, accusa vivement d'origénisme Jean, évêque de Jérusalem [394], qui, de son côté, prit publiquement la défense d'Origène. La controverse s'échauffa tellement et fut portée si loin, qu'Épiphane rompit la communion avec Jérôme, et que beaucoup de moines se séparèrent de l'Église de Jérusalem. Rufin continuait à soutenir Jean. Théophile, patriarche d'Alexandrie, partisan d'Origène, était à peine, au bout de trois ans, parvenu à apaiser ces troubles [397], quand la lutte reprit plus vive, plus passionnée, plus amère que jamais. Rufin, d'un autre côté, alors à Rome, fit paraître la traduction latine de l'apologie d'Origène (par Pamphile) et de plusieurs de ses écrits. Dans la préface de sa traduction du *Périarchon* qu'il venait d'achever, après avoir beaucoup modifié le texte original, il insinua artificieusement que Jérôme admirait sans réserve Origène (2). De nombreux écrits furent publiés de part et d'autre. Jérôme se crut obligé d'entreprendre une nou-

(1) *Hieronym.* Opp. ed. Bened. de Martianay, Paris., 1693 sq. 5 t. La meilleure édit. est celle du Domin. Tallarsi. Veron., 1734, 11 t.; Venet., 1766 sq. 11 t. gr. in-4, d'après laquelle nous citons. Vita Hieronymi ex ejus potissim. scriptis concinnata in op. ed. Vallarsi. Venet., t. XI. p. 1-343. Cf. aussi, sur la vie et les œuvres de S. Jérôme, *Stolberg*, t. XIII. XIV et XV.; *Katerkamp*, t. II, p. 377-414. *Colombet*, Hist. de S. Jérôme, Paris.

(2) Les lettres de Jérôme, Epiph., Rufin et Théoph., réunies dans Hieronymi Opp. ed. Vallarsi, t. I. Ep. Hieron. ad. Pammach. de Errorib. Orig. et epp. ad Pammach. et Ocean.; *Rufini* Apologia adv. Hieronym.; *Hieronym.* Apolog. adv. Rufin. (Hieronymi Opp. t. II). Conf. Socrat. VI, 3-18; Sozom. VIII, 7-20.

velle traduction latine du *Périarchon*. Le pape Anastase condamna Origène, et Rufin, qui était à Aquilée, tâcha de se justifier par une formule de foi orthodoxe [400]. Sur quoi le pape renouvela sa condamnation, en désignant Origène comme un hérétique, dont l'empereur Honorius défendit même qu'on lût les écrits (1). Toute cette agitation devint plus tumultueuse encore lorsque Théophile, évêque d'Alexandrie, s'y mêla. Après avoir été origéniste, il se déclara tout d'un coup contre Origène dans une lettre pascale [404] et fit cause commune avec les grossiers moines anthropomorphistes, dont les yeux, égarés par la fureur, lui semblèrent animés d'un *regard divin*! Il traita avec une violence inouïe les moines origénistes de Nitrie, qui avaient résisté à l'invitation de renoncer à la lecture des écrits d'Origène. Dioscore, Ammonius, Eusèbe et Euthymius, surnommés les quatre grands frères, remarquables par leur savoir, leur piété et un ascétisme souvent exagéré, furent principalement en butte à la colère de Théophile, parce qu'ils avaient accueilli le prêtre Isidore, violemment expulsé d'Alexandrie, et qu'Euthymius et Eusèbe s'étaient plusieurs fois mis à l'abri de la haine de leur ennemi en se retirant dans la solitude. Ces moines, et beaucoup d'autres victimes de Théophile, cherchèrent et trouvèrent protection auprès de Jean-Chrysostôme, patriarche de Constantinople (2), qui cependant ne partageait point leurs opinions, et ne les admit point à la sainte table, parce qu'ils étaient bannis par leur évêque. Cet orateur puissant, ce commentateur admirable de saint Paul, d'abord simple prêtre à Antioche, avait acquis, par ses prédications éloquentes et son éminente vertu, une grande influence dans les affaires ecclésiastiques de son temps (3). Élevé par l'empereur au siége patriarcal de

---

(1) Cf. *Baronii* Annal. ad a. 400, n. 33-35 et ad an. 402, n. 29.

(2) *Chrysost*. Vita Pallad., in ej. Opp. (t. XIII) ed. Montfaucon, Paris., 1718-1738, 13 t. in-f.; ed. II, Paris. 1834-1840, 13 t. in-4. *Tillemont*. t. XI, p. 1-405. *Katerkamp*, Hist. eccl. P. II, p. 528-586. *Neander*, Jean Chrysost. et l'Église d'Orient de son temps. Berlin, 1832-1836. Ses homélies incomparables sur les épîtres de S. Paul. *Silbert*, Vie de S. Chrysost. Vienne, 1839.

(3) Cf. surtout l'homélie *de Statuis*. V. *Wagner*, Hom. de S. Chrys. sur les statues. Vienne, 1837. *Katerkamp*, t. II, p. 481-93.

Constantinople [398], malgré sa sincère opposition et contre le gré de Théophile, ce nouveau Jean-Baptiste attaqua, du haut de la chaire, et stigmatisa souvent par des paroles terribles les passions de l'impératrice Eudoxie. Théophile mit à profit l'irritation de l'impératrice offensée, lorsqu'il eut à se défendre, devant un tribunal ecclésiastique présidé par Chrysostôme, des accusations graves qu'avaient dirigées contre lui les moines de Nitrie, et qui l'avaient fait appeler à Constantinople par l'empereur Arcadius. Grâce à la faveur d'Eudoxie, Théophile sut si bien faire tourner l'affaire qu'à son tour Chrysostome, accusé d'origénisme par l'évêque d'Alexandrie, dut venir se défendre devant celui-ci à Chalcédoine (en face de Constantinople). Saint Éphiphane, abusé par le vindicatif Théophile, qui l'avait envoyé d'avance à Constantinople [403[, où il avait commis divers actes arbitraires, reconnut trop tard son erreur et quitta cette capitale, « pressé qu'il était, disait-il » aux évêques qui l'accompagnaient au port, de fuir et la » ville, et le palais, et le théâtre, » par le pressentiment de sa mort, qui l'atteignit en effet durant son voyage. Chrysostome fut condamné par Théophile au *conciliabule du Chêne* comme défenseur d'Origène et exilé par la cour. Mais le peuple ayant réclamé avec force le retour de son patriarche, la crainte de séditions nouvelles le fit rappeler. De nouveau menacé sur son siége épiscopal, Chrysostome en appela au père commun de l'Église. Le pape Innocent I*er* prit chaudement son parti, ainsi qu'Honorius, empereur d'Occident, qui en écrivit avec instances à Arcadius (1). Chrysostôme n'en fut pas moins exilé une seconde fois par ses ennemis, qui avaient exhumé contre lui un canon fait autrefois à Antioche, dans un cas tout particulier [404]. Toujours fort au milieu des souffrances, et invincible dans sa foi et sa patience, le saint patriarche se dirigea vers le lieu de son exil, et mourut en route, épuisé de fatigue et chargé de mérites, le 17 décembre 467. *Dieu soit loué en toutes choses*, telles furent ses dernières paroles : elles étaient le sommaire de sa vie entière. Sa

---

(1) Cf. *Baronii* Annal. ad. ann. 404, *Chrysost.* epist. ad. Innocent. Papam, et Innocent. ad. Chrysost., aussi dans Galland. Bibioth.. t. VIII, p. 569 sq.

dépouille mortelle fut rapportée à Constantinople et reçue avec enthousiasme par le peuple, au milieu d'une illumination brillante qui éclairait les rivages de l'Hellespont [438]. — Théophile s'était reconcilié avec les moines; mais la controverse de l'origénisme n'était pas terminée : elle se ralluma bientôt avec une vivacité nouvelle.

§ 116. — *Doctrine de l'Église catholique sur la Grâce et ses rapports avec la nature humaine, opposée à l'hérésie du Pélagianisme. Pélage ; Augustin.*

SOURCES. — I. *Augustini* Opp. ed. in-f. Bened. t. X, in-4, t. XIII et XIV. *Hieronymi* ep. 138 ad Ctesiphont., et Adv. Pelag. diall. III. — *Orosii* Apolog. contra Pelag. de Arbitr. libert. (Opp. ed. Havercamp. Ludg. 1738). — *Marii Mercator.* (contemporain) Commonit. adv. hær. Pelag. (Opp. ed. Garnerius. Paris., 1673 ; ed. Baluz. Paris., 1684). — Fragm. de Pélage, Cœlestius et Julien d'Eclanum dans les écrits polémiques d'Augustin et de Mercator. *Pelagii* Expos. in epp. Pauli (Hieronymi Opp, t. XI, ed. Bened. t. V). — *Pelag.* ép. ad Demetriad. (ed. Semler. Halæ, 1775) et son Libellus fid. ad Innoc. I (Hieronymi Opp. t. XI, P. II, p. 1 sq.). Documents tirés des ouvr. de saint Augustin, t. I, et Mansi, t. IV.

II. *G. Vossius*, de Controversiis quas Pelag. ejusque reliquiæ moverunt. Lugd., 1618. Amstelod., 1655. — *Norisii* Hist. Pelag. Paris., 1673, et Opp. Veron., 1729, t. I. — *Garnerii* Diss, VIII, quibus integre continetur Pelag. historia, dans son ed. Opp. Mercatoris, t. I. — Præfatio Opp. August. ed. Bened., t. X ; ed. Bassani, 1797, t. XIII, p. III-CVI. — *Petav.*, de Pelagianor. et semipelagianor. dogmatum hist, et de lege et gratia (Theol. dogm., t; III, p. 317-396). — *Scip. Maffei*, Hist. dogm. de divin. grat., libero arbitrio et prædestinat. ed. F. Reifenbergius. Francof,, 1756, in-f. *Alticotii* Summa Augustiniana. Romæ, 1755, in-4, t. IV-VI (*Patouillet*, Hist. du Pélagianisme. Avignon, 1763). — *Kuhn*, Doct. de la grâce (Rev. trim. de Tub., 1853). — *Wiggers*, Expos. de l'augustianisme et du pélagianisme. Berlin, 1821, t. I. — *Lentzen*, de Pelag. doctrinæ principiis. Coloniæ, 1833. — *Jacobi*, Doct. de Pelag. Lipsiæ. 1842. Conf. *Poujoulat*, Hist. de saint August. Paris. 1845. Cf. *Katerkamp*, Hist. de l'Égl., t. III, p. 1-70. *Boehringer*, Hist. ecclés., en Biog., t. I, P. III, p. 444 sq.

La raison humaine, battue dans les infructueuses tentatives qu'elle avait faites pour expliquer, selon sa mesure, la doctrine chrétienne, après avoir échoué dans son exposition de la Trinité, s'en prit plus tard à deux autres dogmes fondamentaux, celui de l'Incarnation et celui de la Rédemption ou de la Grâce. Ce qu'on avait dit pour défendre le premier valait encore pour justifier les deux autres ; les solutions données, dans la controverse de l'arianisme, sur les questions relatives au Rédempteur, portaient également sur le Rédemption et ceux qui en profitent. Tout dépendait, dans cette grave question, du dogme fondamental de la Rédemption. Il s'agissait de savoir, d'un côté, quelle est l'origine et la nature du péché dans l'homme, et, de l'autre quelle force pour le bien reste à l'homme déchu.

Le Christianisme montre l'homme, à la suite de sa chute opposé à Dieu, séparé de Dieu, envahi par le péché dans son esprit et son cœur; mais en même temps il montre le Christ détruisant cette opposition : il promet à l'homme la grâce divine par le Christ, médiateur et rédempteur, qui régénère, éclaire, sanctifie et réconcilie le genre humain avec Dieu. Or, on se demanda ce qu'est l'homme non régénéré, livré à ses forces naturelles, vis-à-vis de la grâce divine (1). Les uns répondirent que la Rédemption, la réconciliation par le Christ, est *impossible* (manichéisme); les autres qu'elle est *inutile*. Cette dernière réponse ressortait de la doctrine de Pélage. Ce moine savant, né en Bretagne, était venu à Rome vers l'an 400, dans la compagnie d'un homme plus franc et plus hardi que lui, Cœlestius, autrefois avocat. De là il s'était rendu à Carthage, où les doctrines qu'il avait exposées à Rome furent sérieusement examinées. Elles y furent condamnées dans un concile, présidé par l'évêque Aurélius [411], au moment même où Pélage se rendait à Jérusalem et Cœlestius en Afrique, pour y recruter des partisans. Pélage se rendit alors à Éphèse.

Son système, qui se rattachait à quelques propositions isolées du prêtre syrien Rufin (2), élève de Théodore de

---

(1) Pour l'intelligence des rapports de la grâce divine et des efforts propres de l'homme, nous rappellerons la parole aussi simple que lumineuse d'*Anselme de Cantorbéry* : « Hæc prima sit agendorum regula : Sic Deo fide, quasi rerum successus omnis a te, nihil, a Deo penderet ; ita tamen eis operam omnem admove ; quasi tu nihil, Deus omnia solus sit facturus ; » et encore : « Sic spera misericordiam ut metuas justitiam ; sic te spes indulgentiæ erigat ut metus gehennæ semper affligat. »

(2) *Marii Mercatoris* Commonit. c. 4, n. 2 : « Hanc ineptam et non

Mopsueste, sur la liberté humaine et le péché originel, fut à la fois le fruit d'un profond orgueil (1) et d'une réaction contre ceux qui s'excusaient lâchement de ne pouvoir satisfaire aux exigences du Christianisme, Pélage disait (2) :
« Le péché d'Adam n'a nui qu'à son auteur. La propaga-
» tion de ce péché (péché originel) est inconciliable avec la
» bonté divine. Tout homme est engendré avec les mêmes
» dispositions corporelles et spirituelles qu'Adam, avec
» une raison et une liberté parfaite, par laquelle il peut se
» décider pour le bien ou pour le mal. La preuve que la loi

minus rectæ fidei quæstionem (progenitores videlicet humani generis Adam et Evam mortales a Deo creatos, etc.) sub Anastasio Romæ Ecclesiæ summo Pontifice Rufinus quondam, natione Syrus, Romam primus invexit, et, ut erat argutus, se quidem ab ejus invidia muniens per se proferre non ausus. Pelagium, gente Britannum, monachum tunc decepit, eumque ad prædictam apprime imbuit atque instituit impiam vanitatem, etc. » (Galland, Bibliot., t. VIII, p. 615).

(1) *Hieronym.* epist. 133, ad Ctesiphont., n. 1 : « Quæ enim potest alia major esse temeritas quam Dei sibi non dicam similitudinem, sed æqualitatem vindicare, et brevi sententia omnia hæreticorum venena complecti, quæ de philosophorum et maxime Pythagoræ et Zenonis principis Stoicorum fonte manarunt ? » (Opp. t. I, p. 526-527). — *Ejusdem* Dial. contra Pelag. n. 20 : « Ariani Dei Filium non concedunt, quod tu (Pelag.) omni homini tribuis ; — aut igitur propone alia, quibus respondeam, aut desine superbire, et da gloriam Deo. » (Opp. t. II, p. 716).

(2) « Omne bonum ac malum non nobiscum oritur, sed agitur a nobis : capaces enim utriusque rei, non pleni, nascimur; sine virtute et vitio procreamur. » De Lib. Arbitr. — De même *Cœlest.* Symbol. : « Peccatum non cum homine nascitur, quod postmodum exercetur ab homine; non naturæ delictum est, sed voluntatis. » — *Pelag.* ep. ad Demetr. c. 8 : « Longa consuetudo vitiorum, quæ nos infecit a parvo paulatimque per multos corrupit annos : ita post obligatos sibi et addictos tenet, ut vim quodammodo videatur habere naturæ. » — *Mar. Mercator.* Commonit. c. 1, n. 3, énumère six chefs principaux d'accusation : « I. Adam mortalem factum, qui sive peccaret, sive non peccaret, fuisset moriturus. II. Quoniam peccatum Adæ ipsum solum læsit, et non genus humanum. III. Quoniam infantes, qui nascuntur in eo statu sunt in quo Adam fuit ante prævaricationem. IV. Quoniam neque per mortem Adæ omne genus hominum moriatur, quia nec per resurrectionem Christi omne genus hominum resurgit. V. Quoniam infantes, etiamsi non baptizentur, habeant vitam æternam. VI. Posse esse hominem sine peccato et facile Dei mandata servare; quia et ante Christi adventum fuerunt homines sine peccato; et quoniam lex sic mittit ad regnum cœlorum, sicut Evangelium. » (Galland. Biblioth., t. VIII, p. 615).

» divine résonne encore dans sa plénitude et toute sa force
» dans la nature humaine, c'est la conscience. La mort
» physique est naturelle ; elle eût eu lieu même sans la
» faute d'Adam ; c'est Dieu qui l'a originairement ordon-
» née. Le mal contre lequel lutte l'humanité est né de
» l'imitation. *Tous ont péché en Adam* (1), c'est-à-dire tous
» ont imité Adam dans le péché ; quoique, en vertu de leurs
» forces naturelles, ils eussent pu vivre sans péché, comme
» Adam ils naissent sans péché et sans vertu. Pour vaincre
» le mal, il suffit de la puissance de la nature (*grâce*) et du
» bon usage de la *liberté*. Pour apprendre à s'en servir, le
» Christ a donné sa doctrine et son exemple aux chrétiens,
» comme Moïse avait donné sa loi aux Juifs, et cette loi
» était une grâce pour ceux-ci, comme l'exemple du Christ
» l'est pour ceux-là. » Ainsi Pélage, avant qu'on eût sérieusement examiné sa doctrine, pouvait affirmer que la grâce
de Dieu est nécessaire pour tout, quand, dans le fait, il
niait positivement la nécessité de la grâce, dans le sens de
l'Église, comme Cœlestius niait plus particulièrement le
péché originel.

Tous les hommes ont part à cette grâce, et cependant
elle est distribuée suivant la mesure du mérite de chacun,
c'est-à-dire suivant que chacun use des forces de sa nature.
C'est pourquoi les chrétiens, usant mieux de leurs forces, ont
plus de part à la grâce que les païens (*in omnibus est liberum
arbitrium per naturam, in solis Christianis juvatur a gratia*).
Mais alors même que Pélage, poussé par la discussion, reconnaissait momentanément une grâce intérieure, surnaturelle, il n'entendait encore par là que la grâce qui éclaire,
et non celle qui sanctifie, en saisissant la volonté et répandant la charité dans les cœurs. Admettre la foi en vertu de
sa libre volonté, mériter la grâce qui la soutient, résister à
la tentation, garder les commandements de Dieu, tel est le
but de cette grâce, dont la communication est liée au sacrement du baptême, qui est administré aux adultes pour la
rémission des péchés, aux enfants pour consolider en eux
les forces de la liberté. Le baptême est pour tous la condition du degré le plus élevé de la béatitude (*regnum cœlorum*),

---

(1) Rom. V. 12.

par cela que Jésus-Christ ne l'a promise (1) qu'à ceux qui sont baptisés, tandis que les enfants non baptisés et les Juifs et les païens pieux n'arrivent qu'au salut (*salus, vita æterna*).

Pélage rencontra un puissant adversaire dans un homme qui, par les égarements de sa jeunesse et les efforts héroïques qu'il fit pour se relever, avait acquis une connaissance profonde et expérimentale des erreurs du pélagianisme. Cet homme fut Aurélius Augustin (2), qui dans ses *Confessions* [400], écrites avec une simplicité et une résignation toutes chrétiennes, nous a laissé un tableau plein d'intérêt de sa vie spirituelle et morale.

Augustin naquit à Tagaste, en Numidie [354]; la vive sollicitude de sa pieuse mère, Monique, le prépara, dès son bas âge, au Christianisme; mais la littérature et la philosophie païennes séduisirent l'imagination du jeune néophyte, en même temps que les Manichéens, promettant à son ardeur pour la science « la révélation de la vérité tout entière, » l'attirèrent à leur secte, et le précipitèrent dans les plus honteuses débauches. Déçu dans ses espérances scientifiques, Augustin se prit à désespérer de toute vérité. Cependant Monique pleurait devant le Seigneur, et ses larmes « ne pouvaient rester stériles. » La philosophie platonicienne rendit quelque courage au manichéen désabusé, sans lui donner encore la force de pratiquer la vertu. Ainsi divisé en lui-même, il passa deux années à Rome [383] et à Milan [385], professant publiquement l'éloquence. Dans cette dernière ville, la curiosité, plus que tout autre motif, l'attira aux prédications du pieux Ambroise. C'est là que

(1) Jean III, 5.
(2) *Augustini* Vita de Possidius, dans ses Opp. ed. Bened. Paris., 1679-1700, 11 t. in-f. cum append. ed. Cleric. Antv., 1700 sq. 12 t.; Ven., 1729 sq. 12 t.; 1756 sq. 18 t. in-4; Paris., 1842, 11 t. in-4. La Vita August. ex ejus potissim. scriptis concinnata libb. VIII, dans le t. XV Opp. August. ed. in-4, est de Tillemont et ne parut que plus tard, en français, dans *Tillemont*, Mémoires, etc., t. XIII. Extraits consid. des œuvres de S. August. dans *Remy Ceillier*, Histoire générale des auteurs, etc.; t. XI, p. 41-754 et t. XII, p. 1-685. *Stolberg*, P. XIV, p. 289-332; t. XV, p. 151-246. *Poujoulat*, Hist. de saint Augustin. Paris, 1845. — Sur sainte Monique, cf. Gœtze, de Monica. Lubeck, 1712, in-4; surtout *Bollandi*, Acta SS. 4 Maii. *Tillemont*, t. VIII, p. 455-78.

§ 116. — DOCTRINE DE L'ÉGLISE

l'attendait la Providence. Là se fit sentir pour la première fois, à son cœur étonné, ce désir nouveau, ce besoin étrange et profond, dont il dit au commencement de ses *Confessions* : « Vous nous avez créés pour vous, ô mon Dieu, et notre » cœur n'est en repos qu'en reposant en vous. » C'est en entrant dans l'Église catholique qu'Augustin trouva la voie qui mène à ce repos divin. Reçu au baptême par saint Ambroise, il renonça au monde en même temps qu'à ses anciennes erreurs, fut ordonné prêtre [391], et bientôt après évêque d'Hippone [396]. Jamais évêque dans l'Église n'exerça une plus puissante influence sur son temps et la postérité la plus reculée, et n'eut autant de lumière et de profondeur dans la science des choses divines et humaines que saint Augustin. Il fut l'âme de tout ce qui se fit dans la longue lutte que l'Église soutint contre les Pélagiens, comme dans celle des Donatistes et des Manichéens, et développa les principes de l'Église avec clarté, profondeur et éloquence. Heureux si, dans la chaleur de la mêlée, son zèle ne s'était parfois empreint d'exagération (1).

Réfutant les propositions de Pélage citées plus haut, saint Augustin résumait ainsi la doctrine de l'Église : « L'homme, » sortant des mains de Dieu, était saint, innocent, doué de » grâces surnaturelles; toutes ses puissances spirituelles et

---

(1) On compte, entre autres, parmi ces exagérations, la discussion d'Augustin *sur la moralité des païens*, Contre Julien liv. IV, n°* 17-27, dans laquelle s'appuyant sur le texte de saint Paul aux Rom. XIV, 23 : « Omne quod non est ex fide peccatum est, » il dit, en parlant des plus grands exemples de moralité de Rome antique : « Minus enim Fabricius quam Catilina punietur, non quia ille bonus, sed quia iste magis malus; et minus impius quam Catilina Fabricius, non veras virtutes habendo, sed a veris virtutibus non plurimum deviando. » N° 25 sub fin. et n° 26. Non erat in eis vera justitia quia non actibus sed finibus pensantur officia. (Opp. posth. ed. Bened. Venet. III. Bassani, 1797, 18 t. in-4, t. XIII, p. 739). Néanmoins S. Augustin ne dit pas ici des vertus des païens que ce sont des *vices brillants*. Ce sont des mots de Luther condamnés par le concile de Trente, sess. VI, can. 7. Mélanchthon, d'accord avec Luther, dit dans ses Locis theol. : Esto fuerit quædam in Socrate constantia, in Xenocrate castitas, in Zenone temperantia, non debent pro veris virtutibus, sed pro vitiis haberi. Conf. de Civitate Dei v, 12, 15, 18, De spiritu et littera, c. 27, il est dit : Quædam (ethnicorum) opera audivimus, quæ secundum justitiæ regulam non solum vituperare non possumus, verum etiam merito recteque laudamus.

» corporelles étaient en parfaite harmonie. Il n'était point
» sujet à la mort. Sa liberté était la liberté de faire le bien.
» Cependant il n'était point créé de telle sorte qu'il fût né-
» cessité au bien ; il pouvait pécher s'il le voulait (*potuit*
» *non peccare*, et non pas *non potuit peccare*). Quand Adam,
» père et représentant de toute la race humaine, commit
» le péché, toute sa postérité pécha avec lui et en lui ; de-
» puis lors, elle porte les suites de ce péché. L'homme a
» perdu la grâce sanctifiante ; il est devenu sujet de la dou-
» leur, esclave de la mort. Son intelligence s'est obscurcie,
» sa volonté affaiblie. Enclin, par sa naissance, au mal
» plus qu'au bien, il ne peut se relever de sa chute que
» par la grâce divine, sans laquelle il ne sent même pas sa
» misère. Mais la grâce lui a été donnée par la vie et la
» mort de Jésus-Christ. C'est la grâce qui commence et
» achève l'œuvre de son salut ; elle l'excite ou le prévient,
» l'aide ou le soutient, le suit ou le perfectionne (*gratia*
» *actualis*; dans les différents moments où elle assiste
» l'homme : *gratia excitans seu præveniens, adjuvans seu*
» *comitans, executiva seu consequens*). Jamais la grâce exté-
» rieure de la doctrine et de l'exemple de Jésus-Christ ne
» peut suffire. L'homme, même en possession de la grâce
» intérieure et surnaturelle, est si faible qu'il ne peut se
» préserver entièrement du péché. »

Augustin avait déjà donné des preuves de son activité contre Pélage et Cœlestius dans le synode de Carthage, sous Aurélius [412]. Son zèle, embrassant les intérêts de toute la catholicité, ne se ralentit pas alors que ces sectaires s'éloignèrent de Carthage (1). Il les suivit en Asie, y poursuivit leur dangereuse erreur par ses écrits et par l'activité qu'il excita dans son ami Orose. Déjà Jérôme avait soup-

(1) Les premiers écrits polémiques de S. Augustin entre 412-15 : De peccator. meritis et remissione et de baptismo parvulor. ad Marcellin. libb. III ; lib. de Spiritu et littera ; lib. de Natura et gratia contra Pelag ; de Perfectione justitiæ hominis, ad episcopos Eutropium et Paul. (Opp. ed. Bassani, t. XIII, p. 1-236). Fragm. tirés de Pelag. de Natura ; de Perfectione justitiæ hominis ; tirés de Cœlestius, Definitiones, c'est-à-dire Démonstration, hominem sine peccato esse posse. Cf. aussi Sermones 170, 174, 175, 293, 294 (Opp. ed. Bened. in-4, t. VII ; in-f. t. V), ep. 140 ad Honorat. ; 157 ad Hilar. (Opp. t. II, dans les deux éd.).

çonné Pélage d'origénisme (1), et avait attaqué cette proposition pélagienne : « L'homme, quand il le veut, peut rester entièrement libre du péché. » Le concile de Jérusalem, tenu sous la présidence de l'évêque de cette ville, Jean [415], en référa à la décision d'Innocent Ier, faute, par les Pères, de comprendre les uns le grec, les autres le latin. Le concile de Diospolis, présidé peu de temps après par Euloge, évêque de Césarée, ne termina pas encore la lutte abusé qu'il fut par des explications si ambiguës de Pélage que les évêques le déclarèrent orthodoxe (2). Mais, pendant que Pélage allait se vantant partout de ce triomphe, l'infatigable Augustin, poursuivant avec ardeur une cause dont il sentait toute la gravité, examina attentivement les actes de ce dernier synode, et fit ressortir toute l'ambiguité des expressions de Pélage. Les conciles de Milève et de Carthage [416] excommunièrent en effet Pélage et Cœlestius (3), en attendant la confirmation de leur sentence, que le pape Innocent Ier ne tarda pas à donner.

Alors Augustin espéra voir prochainement s'évanouir l'erreur ainsi condamnée. « Deux conciles, disait-il au peuple (4), ont envoyé leurs décrets au Siége apostolique; ils y ont été confirmés. L'affaire est terminée ; puisse aussi l'erreur être arrivée à son terme ! » Mais Pélage sut échapper encore cette fois à l'arrêt qui le frappait. Ne trouvant plus en Orient, auprès de Praylus, évêque de Jérusalem, l'appui qu'il avait obtenu de son prédécesseur Jean, il eut recours au pape Zosime, successeur d'Innocent [417-418], encore peu instruit de l'affaire; il sut le tromper par des déclarations équivoques, en obtenir l'es-

---

(1) *Hieronym.* epist. 133 ad Ctesiphont. [415] adv. Pelag. (Opp. ed Vallarsi. Venet., 1766, in-4, t. I, p. 1025 sq.); Dialogi contra Pelag. III (Opp. t. II, p. 690-806) ; Contra Pelag. epist. ad Demetriad. et eclogæ s. capitula.

(2) Sur le conc. de Jérusalem et de Diospolis, cf. *Harduin*, t. I, p. 1207 sq. ; *Mansi*, t. IV, p. 307 sq.

(3) *Augustin*, de Gestis Pelagii, 416 (Opp. ed. in-4, t. XIII, p. 237-382). Les actes des conc. de Milève et de Carth. dans *Harduin*, t. I, p. 1214 sq. *Mansi*, t. IV, p. 321 sq.

(4) *Augustin*. sermo 132, n° 10 : « Jam enim de causa duo concilia missa sunt ad Sedem apostolicam ; inde etiam rescripta venerunt. Causa finita est ; utinam aliquando error finiatur. » (Opp. ed. in-4, t. VII ; in-fol., t. V).

poir d'être réintégré dans l'Église catholique, et faire admettre, comme orthodoxe, la confession de foi de Cœlestius (1). Sentant l'imminence du danger, les évêques d'Afrique se réunirent dans un concile général, à Carthage [418], et y démontrèrent si clairement les erreurs de Pélage, que Zosime, convaincu, le condamna à son tour (*ep. tractatoria*), et que l'empereur Honorius bannit les deux sectaires des domaines de l'empire (*sacra rescripta*, 418-21) (2), en même temps qu'il exila Julien, évêque d'Eclanum, en Apulie, ardent pélagien, et dix-sept autres évêques d'Italie. L'évêque Julien, homme de talent, écrivain instruit et élégant, entreprit alors, par de nombreux écrits, une lutte scientifique avec son ancien ami, l'évêque d'Hippone (3). Plus modéré que le moine breton, il substitua le premier aux doctrines pélagiennes celles du *semipélagianisme*. Il imputait à ses adversaires des erreurs manichéennes, les accusant d'admettre une perversité radicale de la nature humaine, de condamner le mariage, de tendre au fatalisme. Après en avoir en vain appelé, avec ses compagnons d'exil, de la constitution du pape Zosime à un concile universel, il se rendit en Cilicie, auprès de Théodore de Mopsueste. Là encore il fut condamné par un concile provincial. Après la mort d'Honorius, il revint avec ses compagnons d'exil en Italie, essayant de nouveau, mais inutilement, de faire examiner leur affaire par le pape Célestin. Infatigables dans leurs démarches, les sectaires revenaient en Orient, quand le patriarche de Constantinople, Atticus, leur en ferma l'entrée. Ils reprirent espoir quand Nestorius monta sur le siége de Constantinople ; les

---

(1) *Cœlestii* Symbol. ad Zosim. *Pelagii* Libell. fidei ad Innocent. I, ne parut qu'après la mort de ce dernier et fut présenté à Zosime. Cf. Harduin, t. I, p. 1233 sq. ; Mansi, t. IV, p. 325 et 370 sq.

(2) Sur ce concile général cf. Harduin, t. I, p. 1230 sq. ; Mansi, t. IV, p. 377 sq. Augustin écrivit aussi de Gratia Christi et de peccato originali contra Pelag. et Cœlest. 418 (Opp. ed in-4, t. XIII, p. 285-342), dans lesquels des fragm. de *Pelag.* de Lib. Arbitr., et de *Cœlest.* Symbol. Ces rescrits des empereurs Honorius et Théodose sont dans Harduin, t. I, p. 1230 sq. Conf. *Riffel*, l. c., p. 332.

(3) Alors Augustin écrivit de Nuptiis et concupisc. lib. II ; de Anima et ejus orig. lib. IV ; Contra duas epistolas Pelagianor. lib. IV [420] ; August. lib. I, de Nuptiis, à laquelle répond Julien contra August. lib. II, de Nuptiis.

rapports intimes de leur doctrine avec la sienne semblaient leur assurer son appui (1). Mais alors survinrent les décrets du pape, et, grâce à l'activité de Marius Mercator, ami de saint Augustin, une loi de Théodose II [429] les chassa définitivement de Constantinople. Enfin, le troisième concile œcuménique se réunit bientôt après à Éphèse [431], et là furent condamnées à la fois les erreurs de Pélage et de Cœlestius, et celles de Nestorius. Ainsi finit le pélagianisme en Orient (2).

Dès 417 déjà on n'entendait presque plus parler de Pélage. Quant à Cœlestius, l'année même de sa mort est restée inconnue. Le pélagianisme, du reste, ne devint point immédiatement populaire comme l'arianisme; il n'occupa guère que les savants. C'est dans ce sens que Julien disait en s'abusant lui-même : « Ce n'est pas l'Eglise que je com-
» bats, ce sont deux doctrines particulières. »

§ 117. — *Semi-pélagianisme. Prédestination.*

Joan Cassiani Collat. Patr. (Opp. ed. Gazæus. Atrebati, (1628). *Fausti Reg.* Opp. (Galland. Biblioth., t. X; Biblioth. Max. PP., t. VIII). *Prosperi Aquitani*, Opp., Paris., 1711. Bassani, 1782, 2 t. in-4. Fulgentii Opp., Paris., 1634. Prædestinatus s. prædestinator. hær. et libri S. Augustin. temere adscripti confutatio (Max. Biblioth. PP. t. XXVII). *Wiggers*, Hist. du semi-pélagianisme. Hamb., 1835.

Augustin avait dit, dans ses longues explications sur la nature et les effets de la grâce : Le péché devait par lui-même perdre tous les hommes. Cependant l'immense mi-

---

(1) Ce rapport intime fut bientôt clairement reconnu. Cf. *Joan. Cassiani* lib. VII de Incarnat. Christi adv. Nestor., surtout lib. V, c. 1 : « Hæresin illam Pelagianæ hæreseos discipulam atque imitatricem; » etc. 2, adressé à Nestorius : « Ergo vides Pelagianum te virus vomere, Pelagiano te spiritu sibilare. » De même, *Prosperi* epitaph. Nestorian. et Pelagian. hæres.

      Nestoriana lues successi Pelagianæ,
        Quæ tamen est utero progenerata meo,
      Infelix miseræ genitrix et filia natæ,
       Prodivi et ipso germine, quod peperi, etc.

(2) Les actes du concile d'Ephèse dans *Harduin*, t. I, p. 1271 sq.; *Mansi*, t. IV, p. 567 sq.

séricorde de Dieu choisit, dans cette masse de perdition, des élus, auxquels il accorde sa grâce et le don de la persévérance. Ceux-ci deviennent les enfants de Dieu; alors même qu'ils s'écartent pour quelque temps de la voie droite, ils y reviennent *nécessairement*, et meurent dans la grâce (*præsciti, prædestinati*). Ils sont élus, non parce que Dieu prévoit qu'ils coopéreront avec persévérance à l'action de la grâce, non parce qu'ils méritent, mais parce que Dieu a *librement voulu les élire et les prédestiner à la vie* (*prædestinatio ad vitam*). Par contre, il en est d'autres que Dieu abandonne, et sur lesquels s'exerce sa justice. Ceux-là se perdent nécessairement, non pas que, s'ils voulaient se sauver, ils ne le pussent, mais parce qu'ils trouvent leur joie et leur félicité dans le mal. L'homme ne peut qu'adorer les desseins impénétrables de Dieu, dans sa miséricorde comme dans sa justice (1). — Saint Augustin va plus loin : il parle d'une seconde prédestination (*prædestinatio ad pœnam*), mais en insistant fortement sur la différence importante des deux prédestinations et la diversité de l'action divine dans les deux cas.

Saint Augustin, dans ses explications les plus anciennes sur la nécessité du péché et l'action irrésistible de la grâce, avait eu pour but spécial de réfuter le pélagianisme. C'est ce qu'on oublia. On crut, et, en particulier, les moines du couvent d'Adrumète en Afrique [427] pensèrent trouver dans les œuvres d'Augustin la négation complète du

---

(1) *Augustin.* de Corrept. n. 13 : « Quicunque ergo ab illa originali damnatione ista divinæ gratiæ largitate discreti sunt, non est dubium quod et procuratur eis audiendum Evangelium; et quum audiunt, credunt, et in fide, quæ per dilectionem operatur, usque in finem perseverant; et si quando exorbitant, correpti emendantur; et quidam eorum, etsi ab hominibus non corripiantur, in viam, quam reliquerant, redeunt; et nonnulli accepta gratia in qualibet ætate periculis hujus vitæ mortis celeritate subtrahuntur. Hæc enim omnia operatur in eis, qui vasa misericordiæ operatus est eos, qui et elegit eos in Filio suo ante constitutionem mundi per electionem gratiæ. » N. 23 : « Quicunque ergo in Dei providentissima dispositione præsciti, prædestinati, vocati, justificati, glorificati sunt, non dico etiam nondum renati sed etiam nondum nati, jam filii Dei sunt, et omnino perire non possunt, etc. » (Opp. in-4, t. XIV, p. 930 et 938), Dans la *prædest. ad pœnam*, Dieu serait *præsciens* et non pas *auctor*, mais *justus ultor*.

libre arbitre de l'homme. Augustin chercha aussitôt à les détromper par deux ouvrages composés à cette fin. (1). Bientôt après il apprit par deux prêtres gaulois, Prosper et Hilaire, que, dans la France méridionale, principalement à Marseille, beaucoup de moines et d'ecclésiastiques, comprenant sa doctrine dans le sens indiqué plus haut, la trouvaient trop dure. Tout en admettant un affaiblissement, une diminution des forces naturelles par suite du péché originel, ils croyaient que la volonté humaine, par la foi, doit prévenir l'opération de la grâce, l'attire, et qu'ainsi s'acccomplit l'œuvre de la régénération. Ils attribuaient de même la persévérance nécessaire au salut, non à la grâce divine, mais à la liberté et aux mérites de l'homme. Et ainsi, même en admettant, avec beaucoup de docteurs de l'Église, que les desseins de Dieu, par rapport au bonheur éternel des élus, se fondent sur la prescience de leurs mérites, ils entendaient par là des mérites acquis, non avec la grâce de Dieu, mais bien par le libre usage des forces naturelles de l'homme (2) (Massiliens, semi-pélagiens). Cette erreur, née évidemment du désir d'éviter à la fois l'excès du pélagianisme et celui d'une prédestination absolue, était soutenue par Faustus, évêque de Riez, Gennadius de Marseille (*de Fide*), par beaucoup de moines, probablement aussi par le célèbre Vincent de Lérins [† vers 450] (3), et

---

(1) *Augustin*. de Gratia et libero arbitr. et de Corrept. et gratia. Cf. Retract. II, 66, 67, Opp. t. I, 214-16. S. Augustin défend de la façon la plus décidée la liberté de l'homme, dans ses écrits contre les Manichéens.

(2) Dans le traité de Prædestinat. Sanctor. II. 38. les principes des pélagiens et des semi-pélagiens sont mis en parallèle dans les propositions suivantes : « Ipsi (Pelagiani) enim putant acceptis præceptis jam per nos ipsos fieri liberæ voluntatis arbitrio sanctos et immaculatos, in conspectu ejus in caritate : quod futurum Deus quoniam præscivit, inquiunt, ideo nos ante mundi constitutionem elegit et prædestinavit in Christo. — Nos autem dicimus, inquiunt (semi-pelagiani), nostram Deum non præsciisse nisi fidem, qua credere incipimus, et ideo nos elegisse ante mundi constitutionem, ac prædestinasse, ut etiam sancti et immaculati gratia atque opere ejus essemus. (Opp. t. XIV, p. 1011-12.)

(3) Norisius, Natalis Alex. et d'autres ont cru trouver dans le Commonitor., c. 37, des traces de semi-pélagianisme. Cf. par contre *Bolland*. Acta SS., mens. Maii: t. V, p. 284 sq., et Hist. littéraire de la France, t. II, p. 309.

surtout par Cassien, abbé d'un couvent de Marseille (1), disciple de Chrysostome, qui nous a laissé les détails de ses entretiens avec les anachorètes égyptiens dans son livre des *Vingt-quatre conférences.*

Augustin n'en fut pas plus tôt informé qu'il se mit à réfuter longuement cette nouvelle forme de l'erreur (2). Mais sa ville épiscopale fut bientôt après assiégée par les Vandales, et le grand évêque termina sa laborieuse et féconde vie le 28 août 430. La lutte contre les *Massiliens* fut continuée par Prosper (3) et Hilaire, auxquels se joignirent plus tard Fulgence, évêque de Ruspe en Afrique [† 533], et l'auteur inconnu du livre de la *Vocation des Gentils* (Prosper? le pape Léon, 440-61 comme diacre?) qui adoucit en

---

(1) Cf. surtout *Cassiani* collat. XIII de Protect. Dei, publié aussi dans Prosperi Aquitani Opp. ed. Bassani, 1782, t. I, p. 136-165. Nous en extrayons ce passage, c. 12 : « Cavendum est nobis, ne ita ad Dominum omnia sanctorum merita referamus, ut nihil nisi id quod malum atque perversum est humanæ adscribamus naturæ. » — C. 11 : « Sin vero gratia Dei semper inspirari bonæ voluntatis principia dixerimus, quid de Zachæi fide, quid de illius in cruce latronis pietate dicemus, qui desiderio suo vim quamdam regnis cœlestibus inferentes, specialia vocationis monita prævenerunt? Consummationem vero virtutum et executionem mandatorum Dei, si nostro deputaverimus arbitrio, quomodo oramus : *Confirma Deus, quod operatus es in nobis ?*

(2) *Augustin.* de Prædestinat. Sanctor.; de Dono perseverantiæ. Puis aussi Opus imperf. contra Julian. lib. VI. Dans le traité de Dono persever. n. 35, la prédestination est définie : « Prædestinatio sanctorum est præscientia et præparatio beneficiorum Dei, quibus certissime liberantur, quicunque liberantur. Cæteri autem ubi nisi in massa perditionis justo divino judicio relinquuntur? » L'opinion de *Petau*, de Prædestinat. lib. II, n. 1, sur les vues exprimées ici et dans d'autres endroits par saint Augustin est grave : « Quæ fuerit Augustini de prædestinatione sententia hucusque demonstravimus. Atque est illa quidem hujusmodi, ut eam tuto catholicus quisque possit amplecti. Est et a multis hactenus defensa, atque etiam hodie summa cum doctrinæ ac pietatis commendatione defenditur. Sed, si quis ita tueri illam instituit ut contrariam tanquam falsam ac Scripturis adversam, repudiandam damnandamque censeat, magnopere is errat, ac plurimorum, qui hanc anteponunt alteri, theologorum consensione refellitur. » (Theolog. dogmat. t. I, p. 367.)

(3) Cf. surtout *Prosperi* libr. contra collation. XIII Cassiani (Opp. ed. Bassiani, t. I, p. 168-198). Cette édit. Opp. Prosperi contient, t. II, p. 152-278, varia scripta et monumenta quorum lectio operibus S. Prosperi ac historiæ semi-pelagianæ lucem affert.

même temps quelques-unes des opinions trop dures de saint Augustin (1). Averti de la propagation de cette nouvelle forme de l'erreur par Prosper et Hilaire, le pape Célestin se plaignit du silence trop prolongé des évêques gaulois (2). La doctrine des semi-pélagiens fut solennellement rejeté aux conciles d'Orange [529] et de Valence [530], dans lesquels on formula, comme doctrine de l'Église : que les commencements de la foi sont un fruit de la grâce ; que la grâce librement donnée précède toute bonne action faite par l'homme ; que ceux qui sont régénérés et saints ont besoin de la grâce divine pour persévérer dans le bien. Ces décisions furent confirmées par le pape Boniface II (3).

Lucidus, prêtre des Gaules, développa, dans un sens différent, mais en les poussant également jusqu'à leurs conséquences extrêmes, les opinions les plus dures de saint Augustin. Non-seulement Dieu prédestine à la félicité, mais encore à la damnation (*ad interitum*), disait-il. Il niait la coopération de l'homme à l'action de la grâce dans l'œuvre de la justification et de la sanctification, et prétendait que l'action divine seule rendait juste et saint (4). Ce système, absolument opposé au pélagianisme, fut rejeté dans plusieurs conciles d'Arles et de Lyon [472-475]. Il est difficile de décider s'il se forma une secte proprement dite de *prédestinatistes*.

OBSERVATIONS. — L'Église, d'après les explications assez claires du pape Célestin, a abandonné à la spéculation particulière ce qu'il faut penser du mode de la prédestination et de la propagation du péché originel, et n'a nullement érigé en dogmes les opinions de saint Augustin (*).

(1) De Vocatione Gentium (Opp. Prosperi, ed. Bass., t. I, p. 457-95).
(2) Cf. *Mansi*, t. I, p. 454 sq.
(3) Cf. *Harduin*, t. II, p. 1097 sq.; *Mansi*, t. VIII, p. 712 sq.
(4) *Fausti Rejens.* ep. ad Lucid. et Lucidi errorem emendantis libellus ad episc. dans Mansi, t. VII, p. 1108 sq.

(*) Quoique, d'une part, le pape Célestin dise dans ses lettres aux évêques des Gaules : « Augustinum, sanctæ recordationis virum, pro vita sua atque meritis in nostra communione semper habuimus, nec unquam hunc sinistræ suspicionis saltem rumor adspersit, quem tantæ sententiæ olim fuisse meminimus, ut inter magistros optimos etiam ante a meis decessoribus haberetur; » d'une autre part, il est dit plus bas : « Profundiores vero difficilioresque partes incurrentium

HÉRÉSIES RELATIVES AU DOGME DE L'INCARNATION.

§ 118. — *Coup d'œil sur les nouvelles controverses. Leur portée.*

Pendant que la controverse *sur l'anthropologie chrétienne* se développait de plus en plus en Occident, l'Orient, fidèle à ses habitudes spéculatives, s'enfonçait davantage dans les questions de la *christologie*. Après avoir déterminé contre les Ariens la nature divine du Christ, comme on avait défini sa nature parfaitement humaine d'abord contre les Docètes et récemment contre l'évêque Apollinaire, on touchait de près à la question des rapports mutuels et des opérations réciproques de la nature divine et de la nature humaine dans le Christ. Origène le premier avait soulevé la question. Plus tard, les évêques catholiques répondirent à l'opinion arienne de la simple union du λόγος avec un corps humain, qu'il fallait nécessairement que le Verbe se fût uni aussi à une âme humaine. Apollinaire le Jeune réveilla la discussion. Basile le Grand, les deux Grégoire et d'autres, réfutant son erreur, prouvèrent qu'il fallait que le Christ assumât toutes les parties de la nature humaine pour les délivrer, tandis que, d'après la doctrine d'Apollinaire, la partie la plus noble de l'homme, l'*âme raisonnable*, n'aurait précisément pas été rachetée.

Les Alexandrins, dans leurs explications de ce dogme,

quæstionum, quas latius pertractarunt, qui hæreticis restiterunt, *sicut non audemus contemnere, ita non necesse habemus adstruere* : quia ad confitendum gratiam Dei, cujus operi ac dignationi nihil penitus subtrahendum est, satis sufficere credimus, quidquid secundum prædictas regulas apostolicæ Sedis nos scripta docuerunt, etc. » (Mansi, t. IV, p. 455 et 462). — Dans la suite, le célèbre cardinal *Sadolet*, epp. lib. IX, ad Contaren. Cardinal (ed. Colon., 1580, p. 370), jugea tout à fait de la même manière, à l'occasion des remarques faites sur ses Comment, in ep. ad Rom. : « Sunt enim in eo ipso, de quo loquimur, doctissimo nimirum sanctissimoque doctore (Augustino) prorsus manifesta, quæ in illam extremam et remotissimam sententiam se contulit. — Nec tamen, si non consentio cum Augustino, idcirco ab Ecclesia catholica dissentio : quæ, tribus tantum Pelagii capitibus improbatis, cætera libera ingeniis et disputationibus reliquit. »

insistaient fortement sur l'*union mystérieuse* de la nature divine et de la nature humaine dans le Christ. Les Antiochiens, au contraire, et nommément Diodore de Tarse et Théodore de Mopsueste, cherchaient avec soin, et même avec scrupule, *à considérer les deux natures tout à fait séparément*. Les partisans orthodoxes des deux écoles proclamaient cependant, en s'appuyant sur le texte du prophète Isaïe (LXXX, 8, *Generationem ejus quis ennarrabit?*), que ce dogme était et resterait mystérieux. De là les controverses ardentes et prolongées qui s'élevèrent dans les deux partis, non, comme on l'a dit souvent, par un simple amour de dispute, mais parce qu'il se rattachait à la question des conséquences pratiques extrêmement graves. Soit que, selon Eutychès, l'humanité eût été entièrement absorbée dans la divinité du Christ, soit que, selon Nestorius, la nature divine et la nature humaine n'eussent pas été organiquement unies en lui, dans l'un et l'autre cas les chrétiens voyaient s'évanouir la vertu à la fois divine et humaine de l'œuvre de Jésus-Christ, nécessaire pour la rédemption parfaite et réelle des hommes. Quiconque ne voit là qu'un vain amour de discussion ignore totalement les angoisses qui remplissent le cœur de l'homme, quand on attaque ce qu'il a de plus cher, quand on s'en prend à sa foi.

§ 119. — *Hérésie des Nestoriens.* — *Concile œcuménique d'Éphèse.*

Les écrits de Nestorius dans Garnier, Opp. *Marii Mercator.* II, 5. Ses lettres dans *Cyrilli Alex.* Opp. ed. Aubert. Paris., 1638, 7 tomes in-fol. *Tillemont*, t. XIV, p. 267-75. *Theodoreti* Reprehens. XII. anathematisat. Cyrilii (Opp. ed. Schulze, t. v). *Tillemont*, t. XV, p. 207-340. — *Liberati* (archidiacre de Carthage vers 553) Breviarium causæ Nestorianor et Eutychian. ed. Garnier. Paris., 1675. *Leontius* Byzant. contra Nestorium et Eutychen (*Canisii* Thesaur. monument. ed. Basnage, t. I). *Socrat.* Hist. eccles. VII, 29 sq. *Evagr.* I, 7 sq. — Vid. Document, ap. Mansi, t. IV, V, VII; Harduin, t. I, p. 1271 sq. *Garnier* de Hæresi et libris Nestorii dans son ed. Opp. Marii Mercator. t. II. *Doucin*, Hist. du Nestorianisme. Paris, 1689. *Walch*, Hist. des hér., P. V. p. 289-936. *Gengler*, de la Condamn. de Nestor. et de quelques nouv. théories sur l'idée du Dieu-homme (Revue trim. de Tub., 1835, p. 213-299). *Riffel*, 335-363. *Fleury*, Hist. eccles., liv. XXV. *Katerkamp*, Hist. eccles. t. III, p. 71-159.

Nestorius devint patriarche de Constantinople en 428. Formé dans l'école d'Antioche, il y avait acquis de l'éloquence et une instruction variée, mais superficielle. Son âme était orgueilleuse et son zèle souvent peu éclairé. Son caractère, hautain et arrogant, se fit sentir, dès son sermon d'installation (1), par cette interpellation adressée à Théodose II : « Empereur, délivre-moi l'empire des hérétiques » et je te donnerai le royaume du ciel. Aide-moi à abattre » les ennemis de l'Église, je t'aiderai à triompher des » Perses. » Son zèle se dirigea, en effet, aussitôt contre les restes des Ariens et des Macédoniens, et surtout contre les Apollinaristes. Tout en combattant l'hérésie, il y tomba lui-même. Les premières traces de l'erreur de Nestorius se trouvent dans l'opinion d'un moine gaulois nommé Léporius, qui fut plus tard prêtre à Carthage [vers 426] (2), et qui prétendait qu'il y avait dans le Christ deux sujets, indépendants l'un de l'autre, subsistant chacun pour soi, et qu'ainsi le divin ne peut être attribué qu'au Logos, l'humain qu'à l'homme Jésus. Nestorius avait promis aux fidèles de son Eglise un enseignement meilleur qu'on ne l'avait donné jusqu'alors sur la nature du Fils de Dieu. Il le fit commencer par Anastase, prêtre nouvellement ordonné à Constantinople. Celui-ci prêcha contre la dénomination si respectueuse de *Mère de Dieu* (Θεοτόκος) donnée presque universellement à Marie et qu'indiquait déjà le Symbole des Apôtres. On fut généralement choqué de l'attaque, et l'on murmurait hautement : « Nous avons un em- » pereur, mais pas d'évêque. » Nestorius, loin d'étouffer la discussion naissante, prit hautement le parti d'Anastase, dans un sermon, dans lequel il soutint qu'il fallait dire : *Mère du Christ* (Χριστοτόκος), et que l'homme enfanté par Marie devait être nommé *Théophore*, qui porte Dieu (Θεοφόρος) ou Θεοδόχος, qui reçoit Dieu, comme temple dans lequel Dieu habite (3). Dès lors l'incarnation n'était plus qu'une simple *inhabitation* du Logos dans le Christ, et le

---

(1) Cf. *Socrat.* Hist. eccles. VII, 29.
(2) Cf. Epist. episcopor. Africæ, quam cum Leporii libello emendationis miserunt ad episc. Galliæ (I. ed. Jac. Sirmond. Paris., 1630; Mansi, t. IV, p. 517-28).
(3) Ces sermons sont dans Mansi, t. IV, p. 1197.

Verbe éternel ne s'était pas fait homme. Les explications que donna plus tard Nestorius montrèrent plus ouvertement encore son erreur. Il ne voyait dans le Christ que deux personnes *placées l'une à côté de l'autre*, unies extérieurement et *moralement*, tandis que les Pères orthodoxes alexandrins soutenaient une *unité physique*, parlaient de la nature du Logos fait chair, tellement que les attributs des deux natures humaine et divine pouvaient être réciproquement échangés (*communicatio idiomatum seu proprietatum*).

Le bruit de cette doctrine de Nestorius se répandit promptement en Orient, principalement parmi les partisans de Théodore de Mopsueste. L'Occident en fut bientôt instruit de son côté. Mais, de toutes parts, il s'éleva de fortes et nombreuses réclamations, comme dès le principe s'étaient fait entendre les murmures du peuple dans l'Église de Constantinople. La doctrine du Verbe fait homme avait été enseignée avec la plus grande vigueur contre Léporius, en Occident par Augustin, en Orient par Athanase. Ce dernier, en particulier, avait attribué au Christ une nature divine devenue chair (1).

Cependant la doctrine de Nestorius trouva beaucoup de partisans. Elle se recommandait par une apparente clarté. Il semblait plus facile de comprendre Dieu uni à l'homme que Dieu fait homme. On prétendait ne s'appuyer que sur les Écritures, sur des textes clairs et positifs ; on rejetait, on signalait comme inconvenante la *transmutation* des attributs. Les penseurs superficiels étaient choqués de ces expressions : Dieu est faible, Dieu a souffert, Dieu est mort. Les moines égyptiens surtout défendaient ou attaquaient avec chaleur l'expression de *Mère de Dieu*. Cyrille, patriarche d'Alexandrie, voulut alors apaiser la lutte. Il publia une lettre pastorale (2) pour expliquer et soutenir

---

(1) *Athanas.* de Incarnat. Verbi (*Mansi*, t. IV, p. 689) : Ὁμολογοῦμεν καὶ εἶναι αὐτὸν υἱὸν τοῦ Θεοῦ, καὶ Θεὸν κατὰ πνεῦμα, υἱὸν ἀνθρώπου κατὰ σάρκα· οὐ δύο φύσεις τὸν ἕνα υἱόν, μίαν προσκυνητὴν, καὶ μίαν ἀπροσκύνητον· ἀλλὰ μίαν φύσιν τοῦ Θεοῦ Λόγου σεσαρκωμένην, καὶ προσκυνουμένην μετὰ τῆς σαρκὸς αὐτοῦ μιᾷ προσκυνήσει. Cf. *Le Quien*, Dissert. Damasc. II, av. son ed. Opp. Joann. Damasceni, t. I, p. XXXII sq.

(2) Cf. Mansi, t. IV, p. 587 sq. et *Cyrilli*, Lib. de recta in Deum nostr. J. Chr. fide Theodosio et reginis nuncupatus, Mansi, t. IV,

§ 119. — NESTORIANISME.

cette expression. Cyrille parut suscité de Dieu pour soutenir la vérité contre le nestorianisme, comme Athanase et Augustin l'avaient défendue contre l'arianisme et le pélagianisme. Il disait aux moines : « Vous appelez la mère
» qui conçoit et enfante selon l'ordre de la nature, non la
» mère du corps, mais la mère de l'homme tout entier,
» formé d'une âme et d'un corps, quoique le corps seul,
» et non l'âme du fils, soit formé de la substance de la
» mère. Dites donc aussi du Christ : Le Verbe éternelle-
» ment engendré par le Père, ayant pris une nature hu-
» maine, a été enfanté par Marie selon la chair. »

Mais la discussion s'animait et s'étendait. Malgré les représentations de Cyrille, Nestorius persistait avec orgueil dans son opinion, outrageant et calomniant Cyrille, qui finit par en référer au pape Célestin. Nestorius s'était également adressé au pontife de Rome. Un concile, tenu en cette ville en 430, condamna la doctrine de Nestorius, d'après les communications faites par Cyrille, et le menaça de l'excommunication, si, au bout de huit jours, il ne rétractait son erreur. Nestorius chercha à retarder l'exécution de la sentence prononcée contre lui par un nouvel appel. Une lettre synodale transmit tout ce qui s'était passé à l'évêque de Constantinople, à Jean, évêque d'Antioche, et plus spécialement à Cyrille d'Alexandrie, chargé des pleins pouvoirs du pape. Cyrille tint, la même année, un concile à Alexandrie, et, dans une lettre synodale, écrite d'ailleurs dans un véritable esprit de charité chrétienne, il envoya à Nestorius l'arrêt, formulé dans *douze anathèmes* (2), contre la doctrine des deux natures séparées

p. 618-884, auxquels succèdent les **lettres de Cyrille à Nestorius et la réponse de ce dernier.**

(1) Dans *Mansi*, t. IV, p. 1067-1084, ils sont ainsi conçus : I. Εἴ τις οὐχ ὁμολογεῖ Θεὸν εἶναι κατὰ ἀλήθειαν τὸν Ἐμμανουήλ, καὶ διὰ τοῦτο Θεοτόκον τὴν ἁγίαν παρθένον· γεγέννηκε γὰρ σαρκικῶς σάρκα γεγονότα τὸν ἐκ Θεοῦ λόγον· ἀνάθεμα ἔστω. — II. Εἴ τις οὐχ ὁμολογεῖ, σαρκὶ καθ' ὑπόστασιν ἡνῶσθαι τὸν ἐκ Θεοῦ πατρὸς λόγον, ἕνα τε εἶναι Χριστὸν μετὰ τῆς ἰδίας σαρκὸς, τὸν αὐτὸν δηλονότι Θεόν τε ὁμοῦ καὶ ἄνθρωπον, ἀ. ἔ. — III. Εἴ τις ἐπὶ τοῦ ἑνὸς Χριστοῦ διαιρεῖ τὰς ὑποστάσεις μετὰ τὴν ἕνωσιν, μόνῃ συνάπτων αὐτὰς συναφείᾳ τῇ κατὰ τὴν ἀξίαν, ἤγουν αὐθεντίαν ἢ δυναστείαν, καὶ οὐχὶ δὴ μᾶλλον συνόδῳ τῇ καθ' ἕνωσιν φυσικήν. ἀ. ἔ. — IV. Εἴ τις προσώποις δυσὶν, ἤγουν ὑποστάτεσι, τάς τε ἐν τοῖς εὐαγγελικοῖς καὶ ἀποστολικοῖς συγγράμμασι διανέμει φωνάς, ἢ ἐπὶ

dans le Christ. Nestorius répondit par douze contre-anathèmes (1), dans lequel il imputait à Cyrille les erreurs des Apollinaristes. La discussion s'embarrassait de plus en plus, quand tout à coup Jean d'Antioche changea d'opinion, se plaça à la tête du parti nestorien, auquel s'associa de son côté, en compromettant ainsi sa mémoire dans l'Église, Théodoret, évêque de Cyr, d'ailleurs si distingué par ses talents et sa piété. Pour réconcilier les deux partis, l'em-

Χριστῷ παρὰ τῶν ἁγίων λεγομένας, ἢ παρ' αὐτοῦ περὶ ἑαυτοῦ, καὶ τὰς μὲν ὡς ἀνθρώπῳ παρὰ τὸν ἐκ θεοῦ λόγον ἰδίκως νοουμμένῳ προσάπτει, τὰς δὲ ὡς θεοπρεπεῖς μόνῳ τῷ ἐκ θεοῦ πατρὸς λόγῳ, ἀ. ἔ. — V. Εἴ τις τολμᾷ λέγειν θεοφόρον ἄνθρωπον τὸν Χριστὸν, καὶ οὐχὶ δὴ μᾶλλον θεὸν εἶναι κατὰ ἀλήθειαν, ὡς υἱὸν ἕνα καὶ φύσει, καθὸ γέγονε σὰρξ ὁ λόγος, καὶ κεκοινώνηκε παραπλησίως ἡμῖν αἵματος καὶ σαρκός, ἀ. ἔ. — VI. Εἴ τις τολμᾷ λέγειν, θεὸν ἢ δεσπότην εἶναι τοῦ Χριστοῦ τὸν ἐκ θεοῦ πατρὸς λόγον, καὶ οὐχὶ δὴ μᾶλλον τὸν αὐτὸν ὁμολογεῖ θεὸν ὁμοῦ τε καὶ ἄνθρωπον, ὡς γεγονότος σαρκὸς τοῦ λόγου κατὰ τὰς γραφάς. ἀ. ἔ. — VII. Εἴ τις φησίν, ὡς ἄνθρωπον ἐνεργῆσθαι παρὰ τοῦ θεοῦ λόγου τὸν Ἰησοῦν, καὶ τὴν τοῦ μονογενοῦς εὐδοξίαν περιηφθαι, ὡς ἕτερον παρ' αὐτὸν ὑπάρχοντα, ἀ. ἔ. — VIII. Εἴ τις τολμᾷ λέγειν, τὸν ἀναληφθέντα ἄνθρωπον συμπροσκυνεῖσθαι δεῖν τῷ θεῷ λόγῳ, καὶ συνδοξάζεσθαι καὶ συγχρηματίζειν θεόν, ὡς ἕτερον ἑτέρῳ (τὸ γὰρ « Σὺν » ἀεὶ προστιθέμενον, τοῦτο νοεῖν ἀναγκάζει), καὶ οὐχὶ δὴ μᾶλλον μιᾷ προσκυνήσει τιμᾷ τὸν Ἐμμανουὴλ, καὶ μίαν αὐτῷ τὴν δοξολογίαν ἀναπέμπει, καθὸ γέγονε σὰρξ ὁ λόγος, ἀ. ἔ. — IX. Εἴ τις φησί, τὸν ἕνα κύριον Ἰησοῦν Χριστὸν δεδοξάσθαι παρὰ τοῦ πνεύματος, ὡς ἀλλοτρίᾳ δυνάμει τῇ δι' αὐτοῦ χρώμενον, καὶ παρ' αὐτοῦ λαβόντα τὸ ἐνεργεῖν δύνασθαι κατὰ πνευμάτων ἀκαθάρτων, καὶ τὸ πληροῦν εἰς ἀνθρώπους τὰς θεοσημείας, καὶ οὐχὶ δὴ μᾶλλον ἴδιον αὐτοῦ τὸ πνεῦμά φησι, δι' οὗ καὶ ἐνήργησε τὰς θεοσημείας, ἀ. ἔ. — X. Ἀρχιερέα καὶ ἀπόστολον τῆς ὁμολογίας ἡμῶν γεγεννῆσθαι Χριστὸν ἡ θεία λέγει γραφή, προσκεκομικέναι τε ὑπὲρ ἡμῶν ἑαυτὸν εἰς ὀσμὴν εὐωδίας τῷ θεῷ καὶ πατρί, εἴ τις τοίνυν ἀρχιερέα καὶ ἀπόστολον ἡμῶν γεγεννῆσθαι φησὶν οὐκ αὐτὸν τὸν ἐκ θεοῦ λόγον, ὅτε γέγονε σὰρξ καὶ καθ' ἡμᾶς ἄνθρωπος, ἀλλ' ὡς ἕτερον παρ' αὐτὸν ἰδικῶς ἄνθρωπον ἐκ γυναικός· ἢ εἴ τις λέγει, καὶ ὑπὲρ ἑαυτοῦ προσενεγκεῖν αὐτὸν τὴν προσφοράν, καὶ οὐχὶ δὴ μᾶλλον ὑπὲρ μόνων ἡμῶν· οὐ γὰρ ἂν ἐδεήθη προσφορᾶς ὁ μὴ εἰδὼς ἁμαρτίαν, ἀ. ἔ. — XI. Εἴ τις οὐχ ὁμολογεῖ τὴν τοῦ κυρίου σάρκα ζωοποιὸν εἶναι· καὶ ἰδίαν αὐτοῦ τοῦ ἐκ θεοῦ πατρὸς λόγου, ἀλλ' ὡς ἑτέρου τινὸς παρ' αὐτόν, συνημμένου μὲν αὐτῷ κατὰ τὴν ἀξίαν, ἤγουν ὡς μόνην θείαν ἐνοίκησιν ἐσχηκότος, καὶ οὐχὶ δὴ μᾶλλον ζωοποιόν, ὡς ἔφημεν, ὅτι γέγονε ἰδία τοῦ λόγου τοῦ τὰ πάντα ζωογονεῖν ἰσχύοντος, ἀ. ἔ. — XII. Εἴ τις οὐχ ὁμολογεῖ, τὸν τοῦ θεοῦ λόγον παθόντα σαρκί, καὶ ἐσταυρωμένον σαρκί, καὶ θανάτου γευσάμενον σαρκί, γεγονότα τε πρωτότοκον ἐκ τῶν νεκρῶν, καθὸ ζωή τέ ἐστι καὶ ζωοποιός, ὡς θεός, ἀ. ἔ.

(1) Ces contre-anathèmes conservés en latin seulement par Mar. Mercator, éd. Baluz., p. 142 sq., et de là dans Mansi, t. IV, p. 1099.

pereur Théodose II, prévenu contre Cyrille, convoqua un concile qui fut le

Troisième concile œcuménique d'Éphèse [431].

Près de deux cents évêques s'y réunirent, le 22 juin sous la présidence de Cyrille, chargé des pleins pouvoirs du pape, les légats du pape, les évêques Arcadius et Projectus accompagné du prêtre Philippe, n'ayant pu arriver que le 10 juillet, précisément pour la seconde session générale. Dès la première session la doctrine de Nestorius fut condamnée. Nestorius lui-même, renfermé dans sa demeure, qu'il avait fait entourer de soldats, refusant opinâtrément de paraître devant le concile, fut excommunié et déposé. Malheureusement il s'éleva alors une discussion fort obscure entre Cyrille, d'une part, et Jean, évêque d'Antioche, dont la conduite équivoque avait choqué ses collègues, et les évêques syriens, arrivés plus tard au concile, de l'autre part. Jean, malgré les plus vives instances, refusa de prendre part au concile; il interdit même l'entrée de sa demeure, qu'il faisait garder par des soldats; et ne voulant donner aucune réponse aux évêques, il finit par les excommunier, et par décréter la déposition de Cyrille et de Memnon, évêque d'Éphèse, dans des sessions schismatiques qu'il tint avec Nestorius et avec quarante de ses partisans, parmi lesquels se trouvait le représentant de l'empereur. Le faible Théodose, qui n'était accessible qu'au parti nestorien et aux nouvelles qu'il en recevait, ignora le véritable état des choses, jusqu'à ce que les évêques catholiques eussent envoyé une personne déguisée aux moines de Constantinople, pour les instruire de leur position critique et de la captivité de Cyrille et de Memnon. Alors les moines se rendirent en procession solennelle, au milieu des chants sacrés, au palais de l'empereur. Instruit de la vérité, Théodose ordonna que huit évêques de chaque parti vinssent à Chalcédoine pour y exposer l'affaire devant lui. Après de vains efforts pour la réunion des partis, le concile fut dissous par l'empereur, Cyrille avec Memnon, rendus à la liberté, et la légalité de la déposition de Nestorius reconnue. Le patriarche déposé fut envoyé dans un couvent à Apamée, et Maximilien élu à sa place. Le pape Sixte III crut voir dans toutes ces circonstances des gages d'une prochaine paix. Mais le schisme dura deux années encore. Il fallut, pour apaiser la division des esprits dans Antioche, et pour qu'on se réunît dans un *symbole commun*(*), et l'autorité du pape, et le pouvoir de l'empereur, et l'influence puissante d'Acace, le vénérable évêque de Bérée; de Simon le Stylite, la merveille de son temps; de Paul d'Émèse, et du pieux et courageux Isidore de Péluse. Alors fut solennellement reconnue et proclamée l'union hypostatique des deux natures dans le Christ [433]; et le concile d'Éphèse, confirmé par l'adhésion du souverain pontife Sixte, reçut le caractère de *troisième concile œcuménique*. Ici, comme toujours, il y eut des mécontents; Théodoret, Alexandre de Hiérapolis, Mélèce de Mopsueste et d'autres ne voulurent point admettre la condamnation de la doctrine de Nestorius, qui, banni par l'empereur, mourut, après de longues souffrances, dans le Thébaïde [440] (1). Plusieurs provinces de l'Orient imitèrent l'exemple des mécontents et se séparèrent du patriarche métropolitain d'Antioche. Un sévère édit impérial parut alors contre les partisans de Nestorius, et peu à peu les chefs du parti, Théodoret, Helladius, évêque de Tarse, André, évêque de Samosate, se

---

(*) Ὁμολογοῦμεν τοιγαροῦν τὸν Κύριον ἡμῶν Ἰησοῦν Χριστόν, τὸν υἱὸν τοῦ Θεοῦ τὸν μονογενῆ, Θεὸν τέλειον καὶ ἄνθρωπον τέλειον ἐκ ψυχῆς λογικῆς καὶ σώματος· πρὸ αἰώνων μὲν ἐκ τοῦ Πατρὸς γεννηθέντα κατὰ τὴν θεότητα, ἐπ' ἐσχάτων δὲ τῶν ἡμερῶν τὸν αὐτὸν δι' ἡμᾶς, καὶ διὰ τὴν ἡμετέραν σωτηρίαν ἐκ Μαρίας τῆς παρθένου κατὰ τὴν ἀνθρωπότητα· ὁμοούσιον τῷ Πατρὶ τὸν αὐτὸν κατὰ τὴν θεότητα, καὶ ὁμοούσιον ἡμῖν κατὰ τὴν ἀνθρωπότητα· δύο γὰρ φύσεων ἕνωσις γέγονε· διὸ ἕνα Χριστόν, ἕνα υἱόν, ἕνα Κύριον ὁμολογοῦμεν· κατὰ ταύτην τὴν τῆς ἀσυγχύτου ἑνώσεως ἔννοιαν ὁμολογοῦμεν τὴν ἁγίαν παρθένον Θεοτόκον, διὰ τὸ τὸν Θεὸν Λόγον σαρκωθῆναι καὶ ἐνανθρωπῆσαι, καὶ ἐξ αὐτῆς τῆς συλλήψεως ἡνῶσαι ἑαυτῷ τὸν ἐξ αὐτῆς ληφθέντα ναόν· τὰς δὲ εὐαγγελικὰς καὶ ἀποστολικὰς περὶ τοῦ Κυρίου φωνάς, ἴσμεν τοὺς θεολόγους ἄνδρας, τὰς μὲν κοινοποιοῦντας, ὡς ἐφ' ἑνὸς προσώπου, τὰς δὲ διαιροῦντας, ὡς ἐπὶ δύο φύσεων· καὶ τὰς μὲν θεοπρεπεῖς κατὰ τὴν θεότητα τοῦ Χριστοῦ, τὰς δὲ ταπεινὰς κατὰ τὴν ἀνθρωπότητα αὐτοῦ παραδιδόντας. Dans *Mansi*, t. V, p. 305; *Harduin*, t. I, p. 1074. Cf. *Katerkamp*, t. III, p. 108-159.

(1) Cf. le propre récit de Nestorius sur les derniers événements de sa vie dans *Evagr.* Hist. ecclés. I, 7.

soumirent, ou du moins rentrèrent extérieurement dans la communion de l'Église, sans toutefois approuver la destitution de Nestorius et admettre les anathèmes de Cyrille. On exila ceux qui persévérèrent dans le schisme ; on menaça par les lois les plus sévères tout le parti nestorien, et ces mesures rigoureuses parvinrent à établir momentanément la paix extérieure de l'Église. Mais ce qu'on ne put étouffer par là, ce fut le mouvement des esprits et la direction théologique que leur avait imprimée les écrits de Théodore de Mopsueste, véritable auteur de cette dernière hérésie. Déjà le nestorianisme s'était répandu hors de l'empire romain. Dans l'école théologique fondée pour les Perses à Édesse, il était chaudement défendu par le prêtre Ibas et le savant Thomas Barsumas. Rabulas, évêque catholique d'Édesse, les poursuivit avec grand zèle. En même temps il anathématisa, comme sources de nestorianisme, les ouvrages de Diodore de Tarse et de Théodore de Mopsueste, et chercha, ainsi qu'Acacius, évêque de Mélitène, à prémunir contre leurs doctrines les évêques d'Arménie. Il porta même Proclus, patriarche de Constantinople, et Cyrille, à extraire des écrits de ces hérétiques les propositions les plus dangereuses, pour prémunir les fidèles contre elles. Mais ils se désistèrent de leur projet, lorsqu'ils virent la manière résolue dont les Orientaux se prononcèrent pour leur docteur Théodore, afin de ne pas troubler l'Église, à peine calmée, par des controverses nouvelles, qui pouvaient produire de nouveaux malheurs. Cyrille surtout avait prouvé, par l'union conclue à Antioche, combien il désirait la paix de l'Église. Ibas rendit compte à l'évêque persan Maris du zèle que l'évêque Rabulas mettait à défendre la foi, et sa lettre devint plus tard une pièce importante. Élu évêque d'Édesse [436-57], après la mort de Rabulas, Ibas favorisa les Nestoriens expulsés de l'empire romain, et qui n'avaient trouvé d'abord de refuge qu'auprès de Barsumas, évêque de Nisibe [435-89], antérieurement exilé d'Édesse. Sous son successeur, les Nestoriens formèrent une Église particulière établie à Séleucie-Ctésiphon [dep. 496], donnèrent à leur évêque le titre d'universel (*jacelich, catholicus*), et furent favorisés, dans des vues politiques, par le gouvernement persan. Leurs adversaires les appelèrent toujours Nestoriens (1). Eux-mêmes se nommaient chrétiens chaldaïques, dans les Indes, chrétiens de Saint Thomas. Ils se propagèrent beaucoup dans l'intérieur de l'Asie, et y excitèrent un certain mouvement dans la culture des esprits.

§ 120. — *Hérésie d'Eutychès. Concile œcuménique de Chalcédoine.*

Breviculus hist. Eutychianistar. s. gesta de nom. Acacii jusq. 486, peut-être du pape Gélase (Mansi, t. VII, p. 1060 sq.) *Liberatus*, cf. supra Bibliogr. au § 119. *Evagr.* Hist. eccles. I, 9 sq.; II, 2. Docum. dans Mansi, t. VI, VII, et dans Harduin, t. I et II. *Theodoreti* Eranistes s. Polymorphus, dial. III (Opp. omn. ed. Schulze, t. IV, p. 1-263). *Walch*, Hist. des hér., P. VI. *Fleury*, Hist. ecclés., liv. XXVII. *Riffel*, l. c., p. 364-402. *Katerkamp*, Hist. ecclés., t. III, p. 160-265.

A peine l'accommodement entre Jean d'Antioche et Cyrille, fondé sur des bases incertaines, était-il conclu, que les partis recommencèrent à remuer et qu'on vit naître une erreur nouvelle. On avait remarqué, dans la controverse contre Nestorius, l'activité extraordinaire d'un vieillard, archimandrite d'un couvent de Constantinople, nommé Eutychès. Dans sa sollicitude, il s'était plaint au pape Léon Ier des progrès que le nestorianisme continuait à faire autour de lui. Qui devait s'attendre alors à voir bientôt ce moine si zélé tomber dans une erreur tout opposée à celle qu'il combattait avec tant d'ardeur? Attaché, selon toutes les apparences, à la doctrine d'Origène sur la préexistence des âmes, Eutychès disait : « Avant l'union du Verbe avec » l'humanité, les deux natures étaient absolument dis- » tinctes; après l'union, la nature humaine, confondue avec » la nature divine, en fut tellement absorbée que la divi- » nité seule resta, et que ce fut elle qui souffrit pour nous » et nous racheta. Le corps du Christ était donc un corps

---

(1) *J. S. Assemannus*, de Syris Nestorianis (Biblioth. Orient., t. III, P. II. Romæ, 1728, in-fol.). *Ebediesu*, de Christ. relig. veritate (Apol. du nestorianisme dans *A. Maii* nova collect. scripta. Vett., t. X, cf. Le recueil intitulé l'*Orient*, ann. V. Bâle, 1842, et l'art. : « Nestoriens, » dans le Dict. ecclés. de Frib., t. VII, p. 522-530; *Ritter*, Géographie, t. V.

» humain quant à sa forme et quant à son apparence extérieure, mais non quant à sa substance. »

Ainsi s'anéantissait le mystère de l'Incarnation, comme dans le nestorianisme. Cette erreur, désignée plus tard sous le nom de *monophysisme*, se répandit sous diverses formes, et fut d'abord combattue par l'évêque Théodoret, dans son ἐρανιστής (mendiant). Dénoncée par Eusèbe de Dorylée à Flavien, patriarche de Constantinople, l'erreur d'Eutychès fut condamnée par le concile de Constantinople (σύνοδος ἐνδημοῦσα) [448], et Eutychès lui-même, s'opiniâtrant à opposer l'autorité de l'Écriture à la doctrine des saints Pères, fut déposé; mais il eut recours à la puissance impériale et trouva de la sympathie surtout auprès d'Eudoxie. En même temps il écrivit au pape Léon, à Pierre Chrysologue, évêque de Ravenne, et au turbulent et ambitieux successeur de Cyrille, le patriarche Dioscore [depuis 444].

Léon confirma ce qu'on avait fait à Constantinople, dans une lettre qu'il adressa à Flavien (1), et qui expose, avec une rare solidité et une grande clarté, la doctrine de l'Église sur les deux natures et leur union hypostatique, contre Nestorius et Eutychès. Le patriarche d'Alexandrie, au contraire, prit le parti d'Eutychès, et pensa avoir trouvé une occasion favorable pour humilier les Orientaux, comme Nestoriens. De concert avec l'ennuque Chrysaphius, il parvint à faire convoquer par l'empereur Théodose un concile à Éphèse [449], auquel le pape Léon envoya trois légats. Dioscore y arriva avec une troupe de satellites et de moines fanatiques, enleva aux légats la présidence du concile, ne leur permit pas même d'y lire la lettre de Léon; en même temps, il fit maltraiter, par ses satellites et ses moines furieux, le patriarche Flavien, son ennemi personnel, d'une manière si cruelle et si inouïe, qu'il mourut trois jours après, et il fit tellement violence à la conscience des autres Pères du concile, que les évêques souscrivirent à son opinion, et condamnèrent l'opinion opposée, le Duophysisme, excommunièrent et déposèrent les principaux membres du parti contraire, Flavien, Eusèbe, Domnus, Théodoret et

---

(1) Leon. Opp. ed. Quesnell. ep. 24; ed. Ballerini, ep. 28; *Rœssler* Bibl. des Pères de l'Église, t. X, p. 176-189.

Ibas. Cette malheureuse assemblée reçut plus tard le nom infamant de *brigandage d'Éphèse* (σύνοδος ληστρική). Théodose II en confirma néanmoins les décisions ; mais Léon le Grand fit tout ce qu'il put pour les annuler et laver de cette honte l'Église orientale (1). Il y réussit, après la mort de Théodose, qui arriva bientôt après [450] ; et, grâce à Pulchérie, sœur de l'empereur, mieux disposée que celui-ci, et à son noble époux Marcien [† 457], Anatolius, élu patriarche de Constantinople par la faveur de Dioscore, fut obligé de s'entendre avec les légats du pape pour tenir un concile, dans lequel la lettre de Léon à Flavien fut adoptée et signée, Eutychès déposé de sa dignité de prêtre et d'archimandrite. Marcien fit porter à Constantinople la dépouille mortelle de Flavien, et, pour apaiser complétement les esprits si longtemps égarés et toujours agités, il convoqua à Chalcédoine le

Quatrième concile œcuménique [451].

Là se réunirent cinq cent vingt évêques presque tous orientaux. Les Occidentaux n'avaient pu se joindre à ce nombre extraordinaire d'évêques, l'Afrique étant dévastée par les Vandales, et la partie occidentale de l'empire romain par les Goths et les Francs. Les quatre légats du pape présidèrent ; Dioscore fut déposé à cause de ses violences, et parce qu'il *avait tenu un concile sans l'agrément du Siége apostolique*. Dans la sixième session, on formula contre Nestorius et Eutychès la doctrine catholique ; on décréta que : dans le Christ les deux natures, la nature divine et nature humaine, sont sans confusion, ni changement, ni division, ni séparation, unies en une personne (hypostatiquement), et qu'avec cette union dans la personne subsiste la différence des natures (*). Le concile, dans son respect

---

(1) Les actes de cette assemblée séditieuse se trouvent dans Mansi, réunis avec ceux du concile de Chalcédoine, t. VI et VII, 65, et dans *Harduin*, t. II. Cf. *Tillemont*, Mém., t. XV.

(*) Symbol. Chalced. : Ἐκδιδάσκομεν τέλειον τὸν αὐτὸν ἐν θεότητι καὶ τέλειον τὸν αὐτὸν ἐν ἀνθρωπότητι, Θεὸν ἀληθῶς καὶ ἄνθρωπον ἀληθῶς τὸν αὐτὸν ἐκ ψυχῆς λογικῆς καὶ σώματος, ὁμοούσιον τῷ Πατρὶ κατὰ τὴν θεότητα καὶ ὁμοούσιον τὸν αὐτὸν ἡμῖν κατὰ τὴν ἀνθρωπότητα, κατα πάντα

et sa soumission pour le saint-siége, informa le pape Léon, moteur de tout le bien qui s'était fait dans l'assemblée présidée par ses légats, de tout ce qui s'y était passé, et le pria instamment d'en confirmer les décrets, et nommément la préséance accordée par le vingt-huitième canon (1) au patriarche de Constantinople (2).

§ 121. — *Suite de la lutte des monophysites. L'Hénôticon impérial.*

Evagrius, Hist. ecclesiast., II-V. Docum. dans Mansi, t. VII-IX. — *Leontii* Byzant. adv. Monophysitas dans Ang. Maji collectio, Romæ, 1833, t. VII. Ejusdem cont. Eutychianos et Nestor. dans Galland., l. cit., et en grec, dans le Spicilegium Romanum, t. X, P. II, p. 1-40. *Walch*, Hist. des hérétiques, t. VI, p. 541-1054.

Les décrets de Chalcédoine rencontrèrent une forte op-

ὅμοιον ἡμῖν χωρὶς ἁμαρτίας· πρὸ αἰώνων μὲν ἐκ τοῦ Πατρὸς γεννηθέντα κατὰ τὴν θεότητα, ἐπ' ἐσχάτων δὲ τῶν ἡμερῶν τὸν αὐτόν, δι' ἡμᾶς καὶ διὰ τὴν ἡμετέραν σωτηρίαν ἐκ Μαρίας τῆς παρθένου τῆς θεοτόκου κατὰ τὴν ἀνθρωπότητα· ἕνα καὶ τὸν αὐτὸν Χριστόν, υἱόν, Κύριον μονογενῆ ἐκ δύο φύσεων ἀσυγχύτως, ἀτρέπτως, ἀδιαιρέτως, ἀχωρίστως γνωριζόμενον· οὐδαμοῦ τῆς τῶν φύσεων διαφορᾶς ἀνῃρημένης διὰ τὴν ἕνωσιν, σωζομένης δὲ μᾶλλον τῆς ἰδιότητος ἑκατέρας φύσεως καὶ εἰς ἓν πρόσωπον καὶ μίαν ὑπόστασιν συντρεχούσης· οὐκ εἰς δύο πρόσωπα μεριζόμενον, ἀλλ' ἕνα, καὶ τὸν αὐτὸν υἱόν, καὶ μονογενῆ, Θεὸν λόγον, Κύριον Ἰησοῦν Χριστόν. Dans Mansi, t. VII, p. 116; Harduin, t. II, p. 456.

(1) Concil. Chalcedon., can. 28, dans *Harduin*, t. II, p. 614, d'après la trad. lat. : « Nos decernimus ac statuimus quoque de privilegiis sanctissimæ Ecclesiæ Constantinopolis, novæ Romæ. Etenim antiquæ Romæ throno, quod urbs illa imperaret, jure patres privilegia tribuerunt. Et eadem consideratione moti 150 Dei amantissimi Episcopi, sanctissimo novæ Romæ throno æqualia privilegia tribuerunt, recte judicantes, *urbem quæ et imperio et senatu honorata sit, et æqualibus cum antiquissima regina Romæ privilegiis fruatur,* etiam in rebus ecclesiasticis, non secus ac illam, extolli ac magnifieri, *secundam post illam existentem*; et ut Ponticæ et Asianæ et Thraciæ diœceseos Metropolitani soli, præterea episcopi prædictarum diœcesium, quæ sunt inter Barbaros, a prædicto throno sanctissimæ Constantinopolitanæ Ecclesiæ ordinentur, etc. » Les légats du pape avaient aussitôt protesté contre cette disposition contraire à la discipline de l'Église, en s'appuyant sur le can. 6 du concile de Nicée. Cf. *Harduin*, t. II, p. 626; *Riffel*, l. c., p. 384.

(2) Le compte rendu du concile au P. Léon et la prière de le confirmer dans *Harduin*, t. II, p. 655-60. Il y est dit : « Scientes quia et

position dans l'Église grecque, déjà si troublée et si corrompue. Les monophysites excitèrent des troubles épouvantables. Les moines Euthymius et Théodose en furent les principaux instigateurs en Palestine ; ils firent chasser de son siége le patriarche de Jérusalem, Juvénalis, et élire à sa place Théodose, qui résista longtemps, avec la plus grande violence, même à la puissance impériale. En Égypte, ils répandirent à dessein les bruits les plus contradictoires. « On a condamné Cyrille à Chalcédoine ; on y » a adopté la doctrine de Nestorius, etc. » Et le peuple, dans son fanatisme, alla jusqu'à brûler les soldats de l'empereur, réfugiés dans l'ancien temple de Sérapis. Après la mort de Marcien, des moines monophysites, conduits par le prêtre Ælurus, tuèrent le patriarche Protérius, leur adversaire, avec six autres ecclésiastiques. Ælurus, élu au patriarcat, n'en continua pas moins d'exercer sa rage contre les partisans du concile de Chalcédoine. L'empereur Léon [457-74], assuré de l'adhésion de la plupart des évêques aux décrets du concile de Chalcédoine, fit chasser ce furieux, ainsi qu'un autre fanatique d'Antioche, Pierre (le Foulon). Mais les troubles recommencèrent et augmentèrent singulièrement, quand, à son tour, l'usurpateur Basilisque [476-77] accorda la réinstallation de ces fanatiques et favorisa les adversaires du concile de Chalcédoine. Cinq cents évêques orientaux furent assez lâches et assez serviles pour consentir à la condamnation des décrets de Chalcédoine. Zénon, après la chute de Basilisque, suspendit ces troubles de l'Église [477-91]. Malheureusement, poussé, surtout par le patriarche de Constantinople Acacius, à prendre le rôle de législateur dans les choses de la foi, il tâcha de réconcilier les partis, en promulguant une *formule d'union*, ἑνωτικόν [482], dans laquelle évitant les expressions controversées *de et en une nature*, il posait le symbole de Nicée, et celui de Constantinople qui le complète, comme la

---

Vestra Sanctitas addiscens et probatura et confirmatura est eadem. » — Et à la fin : Rogamus igitur, et tuis decretis nostrum honora judicium ; et sicut nos *capiti* in bonis adjecimus consonantiam, sic et Summitas Tua filiis quod decet adimpleat (οὕτω καὶ ἡ Κορυφὴ τοῖς παισὶν ἀναπληρώσαι τὸ πρέπον. »

norme universelle de la foi, et ne faisait qu'une mention équivoque du concile de Chalcédoine (1).

Il ne parvint par là qu'à rendre la lutte plus vive encore. La plupart des catholiques rejetèrent cette formule. Les monophysites, mécontents, se détachèrent de leurs chefs, Pierre Mongus, patriarche d'Alexandrie, Pierre le Foulon, d'Antioche, Acacius de Constantinople, qui avaient tous souscrit l'Hénoticon, et dès lors leur parti fut nommé celui des *Acéphales*. Ainsi quatre grands partis déchiraient l'Église ; mais la plus forte opposition était celle qui se prononçait entre l'Occident et l'Orient. La communion de foi fut rompue entre les deux Églises jusqu'en 519, du moment où le pape Félix II anathématisa Acacius, patriarche de Constantinople. L'empereur Anastase [491-518] avait, il est vrai, promis de tenir sincèrement aux décisions de Chalcédoine ; mais il exigeait de tout évêque nouvellement institué la souscription de l'Hénoticon, et poursuivait les évêques qui s'adressaient au pape Symmaque pour être soutenus par lui et rétablir ainsi la communion de l'Église. Cette persécution fut déterminée par les intrigues et les emportements du monophysite Xénaias, évêque de Hiérapolis, et du moine Sévère. Ils avaient introduit et cherché à propager dans l'Église de Constantinople la proposition monophysite, ajoutée par Pierre le Foulon au Trisagion : *qui est mort pour nous*, et avait excité par là un soulèvement. Anastase se montra à cette occasion disposé à rétablir la paix avec l'Occident : il entra en pourparlers avec le pape ; mais bientôt après il redevint intraitable.

La réconciliation eut enfin solennellement lieu sous Justin Ier [518-527] et le pape Hormisdas. L'exécution des dé-

---

(1) Voy. cet Hénoticon dans *Evagr.*, Hist. ecclesiast., III, 14. Facundus Hermian. en donne un excellent commentaire, lib. XII, c. 4 : « Ea vero, quæ postea Zeno imperator, calcata reverentia Dei, pro suo arbitro ac potestate decrevit, quis accipiat, quis attendat ? In quibus potestas inconsiderata, non quod expediret, sed sibi liceret, attendit : nec intellexit, quod non confusio faciat unitatem. — O virum prudentem et undique circumspectum, *qui incubare præsumpsit officio sacerdotum!* Orthodoxos vocat *acephalos*, si nihil aliud, ab Ecclesia separatos. Cur igitur eos hortatur, ut conjungantur matri spirituali, si ex ea disjuncti permanserunt orthodoxi ? » Conf. *Pagi* Critica ad ann. 482, n. 23-25 ; *Berger* Henotica orient. Viterb., 1723.

cisions de Chalcédoine fut garantie par un édit de l'empereur. Une fête spéciale fut instituée dans l'Église grecque en l'honneur de ce concile; les évêques orthodoxes expulsés de leurs siéges furent rappelés, et grand nombre de monophysites chassés à leur tour. Et néanmoins la lutte recommença bientôt après. Constantinople surtout en devint le théâtre, et les paroles ajoutées au Trisagion en furent encore l'occasion. Quatre moines scythes prétendirent consacrer par l'autorité de l'Église la proposition : *Un de la Trinité a été crucifié.* On opposa à cette proposition du monophysite Sévère, et où l'on pressentait l'erreur, celle-ci plus nette et plus claire : *L'une des trois personnes de la Trinité a été crucifiée.* Les moines soutinrent que le terme πρόσωπον, employé pour personne, pouvait être pris dans un sens moral et favoriser ainsi secrètement le nestorianisme. Ils fatiguèrent de leurs réclamations et de leurs subtiles interprétations le pape Hormisdas [519], qui, pour couper court à toute difficulté, leur proposa la formule : « Une des trois personnes a souffert selon la chair. » Ils ne voulurent pas plus l'agréer que l'autre, et le pape les renvoya comme fomentant à leur insu l'hérésie eutychienne (1).

A Alexandrie la guerre se déclara entre les Sévériens et les Julianistes. Ceux-là prenaient leur nom de Sévère, patriarche d'Antioche, qui tendait surtout à confondre les natures divine et humaine, en leur attribuant la propriété essentielle du corps humain ou la *corruptibilité* (d'où aussi leur nom dérisoire de φθαρτολάτραι, *corrupticolæ*); ceux-ci étaient appelés Julianistes, de Jules, évêque d'Halicarnasse, leur chef, qui soutenait que la Divinité s'était enfoncée, et comme abîmée dans la nature humaine, et que le Christ n'avait été soumis à aucune des passions ni à aucune des altérations de la nature corruptible du corps, qu'il avait éprouvées pour le salut du genre humain, mais sans nécessité (ἀφθαρτοδοκῆται, *phantasiastæ*). Mais un nouveau parti, celui des Thémistiens ou Agnoëtiens, mené par le diacre d'Alexandrie Thémistius, s'éleva et demanda : « Le Christ, » durant sa vie terrestre, a-t-il tout su? a-t-il ignoré cer- » taines choses? » tandis que, se subdivisant encore, les

---

(1) Conf. *Dœllinger*, Manuel de l'hist. eccl., p. 151 sq.

§ 121. — SUITE DE LA LUTTE DES MONOPHYSITES.

Julianistes se partagèrent en deux camps, selon qu'ils pensaient que le corps du Christ avait été créé ou incréé (ἀκτιστηταί et κτιστολάτραι); et comme si la secte des monophysites n'eût point été encore suffisamment divisée (1), Jean Philoponus survint [vers 560]. Commentateur subtil d'Aristote, il confondit les idées de *nature* et de *personne*, fonda le *trithéisme* (2), et prétendit que la résurrection des morts serait une création nouvelle. Enfin le monophysisme fut poussé à ses dernières limites par le sophiste alexandrin Étienne Niobes (3), qui prétendit qu'admettre une seule nature dans le Christ, comme il le fallait, c'est par là même exclure absolument en lui toute différence entre le divin et l'humain (*Niobitæ*).

Cette division intestine des monophysites devait nécessairement paralyser leurs forces. Mais ce qui parut devoir leur être plus fatal encore, ce fut le règne de l'empereur Justinien [527-65], si célèbre par ses rapides conquêtes, par les victoires de Bélisaire et de Narsès, et plus encore par le code qui porte son nom, et dont l'influence devait se propager jusqu'aux siècles les plus éloignés. Justinien se montra en effet si zélé pour le concile de Chalcédoine, qu'on le nomme souvent le *Synodite*. Il était, de plus, si naturellement porté à se mêler des affaires ecclésiastiques, qu'il s'appliqua sans relâche à réunir à l'Église catholique, tantôt par voie de conciliation, tantôt par la violence, les monophysites et surtout les Sévériens, dont les opinions se rapprochaient davantage du symbole de Chalcédoine. Mais sa femme, la rusée Théodora, protégeant les mono-

---

(1) *Joh. Damasc.* Scripta adv. Monophysit. (Opp. ed. Le Quien, t. I). *Leontius* [vers 610], de Sectis (Max. Biblioth. PP. t. IX, p. 660 sq.). *Walch*, Hist. des hér., P. VIII, p. 520.

(2) Le comment. de Philoponus sur Aristote, perdu; in Hexaëmeron, disput. de paschate (ed. Corderius. Viennæ, 1630, in-4, augmenté dans Galland, t. XII, p. 471 sq.); lib. de Æternit. mundi contra Procl. (Venet., 1535); son traité de la Trinité contre Jean, patr. de Constant. (Photius, cod. 75), perdu. Cf. *Leontius*, de Sectis, act. V, n. 6. *Joh. Damasc.*, de Hæresib., c. 83; son Traité Περὶ ἀναστάσεως (Phot., cod. 21), également perdu. Conf. *Timotheus* presbyter, de Variis hæreticis ac diversis eorum in Ecclesia recipiendi formulis, in *Coteleri* Monument. ecclesiast. Gr., t. III, p. 413 sq.

(3) Conf. *Dionys.* Patr. Antioch., in *Assemanni* Biblioth. Orient., t. II, p. 72; Timoth. dans *Cotelerius*, l. cit., t. III, p. 397 sq.

physites, rendit souvent à son insu ses décisions vaines, quand elle ne les tourna point en faveur du parti de l'hérésie. C'est ainsi que Justinien institua à Constantinople (1) une conférence entre cinq évêques catholiques et six évêques monophysites [531], qui, des deux côtés, s'appuyaient sur les décisions de Chalcédoine. Les Sévériens en appelaient à de prétendus témoignages du pape Jules, de Grégoire le Thaumaturge et de Denys l'Aréopagite, dont, pour la première fois alors, on citait publiquement les ouvrages; et qui renfermaient une exposition doctrinale sur la nature divino-humaine. Ils se plaignaient surtout de ce qu'à Chalcédoine on eût déclaré orthodoxes Théodoret et Ibas, et ce fut le premier brandon de l'incendie qui s'alluma bientôt dans la controverse *des trois chapitres*. Les évêques catholiques repoussaient l'authenticité de ces témoignages, celle des *écrits de Denys l'Aréopagite* en particulier (*). La conférence resta sans résultat, sauf la conversion de l'évêque Philoxène et de quelques autres évêques et moines. L'inutilité de cette tentative ne désabusa point Justinien. Il fit paraître un nouvel édit proclamant l'orthodoxie de la formule : « L'une des trois personnes divines a » été crucifiée (2), » lorsque la controverse fut rallumée sur l'addition faite au Trisagion. Son édit fut inutile, comme la sanction donnée par le pape Jean II à la formule, et les sages explications qu'en fournit le diacre africain Ful-

---

(1) Collatio Catholicor. c. Severianis (*Mansi*, t. VIII, p. 817 sq.; *Harduin*, t. I, dep. l'ann. 533; t. II, p. 1159 sq.). D'autres conférences encore mentionnées dans *Assemanni* Biblioth. Orient., t. II, p. 89 sq.

(*) Les premières traces de ces écrits se trouvent dans Joh. Scythopolitan. Pour les scolies, cf. *le Quien*, dissert. Damasc. en tête de son éd. des œuvres de J. Damasc., t. I, p. XXXVIII. Le monophysite Sévère, patr. d'Antioche, en parle aussi, voy. *le Quien*, l. cit., ainsi que l'orthodoxe Ephræmius, patr. d'Antioche, dans Photius, cod. 229. Quand on en appelait à ces conférences, on demandait aussitôt : « Illa enim testimonia, quæ vos Dionysii Areopagitæ dicitis, unde potestis ostendere vera esse, sicut suspicamini? Si enim ejus erant, non potuissent latere beatum Cyrillum. »٠(*Mansi*, t. VIII. p. 821).

(2) Cod. Justin. I, 1-6 [de l'an 533]. La lettre du pape Jean, ibid. I, 1-8, *Mansi*, t. VIII, p. 797-800. Cf. les observations de Binnius, l. cit., et les explications de *Fulgence Ferrand* dans Galland. Biblioth., t. XI.

gence-Ferrand. Les intrigues de Théodora rendirent de plus en plus désastreuse pour l'Église l'hérésie des monophysites. Elle parvint à faire élire patriarche de Constantinople [535] Anthime, évêque de Trébisonde, qui, secrètement favorable aux monophysites, avait hypocritement donné des signes publics d'orthodoxie. Heureusement il fut bientôt démasqué par le pape Agapet, déposé et exilé par Justinien (1). Théodora ourdit alors une trame encore plus perfide. Sous prétexte que le pape Silvère traitait avec les Goths et trahissait l'empire, elle le fit chasser de Rome par Bélisaire, et probablement mourir de faim dans l'île de Palmaria, où on l'avait exilé [12 juin 538]. Vigile, diacre romain, apocrisiaire à Constantinople, ayant promis à Théodora de soutenir le monophysisme (2), avait été, grâce à sa violente intervention, élevé sur le siége de saint Pierre [537]. Après la mort de Silvère, ayant été régulièrement élu, il revint sur le passé et se déclara en faveur de la doctrine orthodoxe; mais il expia durement sa faute dans la lutte des trois chapitres. Toutes ces intrigues, et l'intervention fréquente de la cour, avaient consolidé la position des monophysites et leur avaient donné plus de consistance.

§ 122. — *Reprise de la lutte origéniste; controverse des trois Chapitres (controversia de tribus capitulis Theodori, Theodoreti, Ibæ). Conséquences du nestorianisme.*

Facundi, Episcopi Hermian. [vers 547] pro defens. trium capitulor. libb. XII; lib. contra Mocianum scholasticum (Max. Biblioth. Lugd., t. X, p. 1-113; Galland. Biblioth., t. XI, p. 665 sq.). *Fulgentii Ferrandi*, diacon. Carthaginiens. ep. ad Pelag. et Anatol. pro trib. capitulis (Opp. ed. Chifflet. Divione, 1649; Max. Biblioth., t. IX, p. 502 sq.; Galland. t. XI, p. 665). *Rustici*, diac. Rom., Disputat. contra Acephal. (Max. Bibli oth., t. X, p. 350 sq.; Galland. t. XII, p. 37 sq.).

(1) Acta synodi Const. ann. 536, dans *Mansi*, t. VIII, p. 873 sq., surtout p. 888.
(2) Conf. quant à l'assent. de Vigile au monophys. *Liberati* Breviar., c. 22, et *Victor*. Tunun. chronic. in Canisii lection. antiq. ed. Basnage, t. I, p. 330. Son appel dans epist. ad Justinian. et ad Mennam (*Mansi*, t. IX, p. 35 sq.).

Norisii Dissert. de synodo V (Opp. t. v). Réponse dans *Garnerii* Dissert. de syn. V (Theodoreti Opp. ed. Schluze, t. V). *Ballerinior* Defens. dissent. Norisii de syn. V (Norisii Opp. t. IV). *Fleury*, Hist. ecclésiast., liv. XXXIII. *Katerkamp*, Hist. eccles., t. III. p. 375-412.

L'ardente controverse de l'origénisme paraissait terminée au IV° siècle ; elle n'avait été mise qu'à l'arrière-plan. L'arianisme d'abord, d'autres intérêts plus tard l'avaient interrompue. Elle éclata plus vive que jamais vers 550, au milieu des moines de la Palestine. Deux moines instruits, mais ambitieux et remuants, Nonnus et Léontius, avaient, avec intention, troublé la vie silencieuse et contemplative des solitaires de la *Nouvelle-Laure*, dirigée par le vénérable Sabas (1), en extrayant des écrits d'Origène diverses assertions hardies et capables d'attirer l'attention. Liés avec Domitien, qui plus tard devint évêque d'Ancyre, et avec Théodore Ascidas, plus tard évêque de Césarée, tous deux gagnés à leur opinion, les deux moines acquirent sur leurs compagnons de solitude une influence désastreuse qui éclata, à la mort de l'abbé Sabas, par le trouble dont leur fanatisme remplit la Grande-Laure. Cet esprit d'insurrection et de division se répandit dans les autres monastères. Les moines catholiques, nommés *Sabaïtes* (2), opprimés par les Origénistes, ne purent pendant longtemps parvenir jusqu'à l'empereur, circonvenu de toutes parts. Enfin l'apocrisiaire romain Pélage, en passant par l'Égypte, emmena avec lui à Constantinople une députation de ces moines, et, de concert avec le patriarche Mennas, il leur procura l'occasion de soumettre à l'empereur un extrait des écrits d'Origène, qui devait lui démontrer l'opposition existant entre la doctrine du théologien d'Alexandrie et celle de l'Église. Ce fut pour Justinien une occasion, qu'il désirait depuis longtemps, de se poser de nouveau comme législateur dans l'Église. Il publia aussitôt [541] un édit condamnant les erreurs d'Origène, particulièrement celle du *Periarchon* (3). Les défenseurs ardents d'Origène, Domitien et le

---

(1) Source princ. *Cyrillus Scythopolitan*. Vita S. Sabæ (*Cotelerii* Monum. ecclesiast. Gr., t. III).

(2) *Walch*, de Sabaïtis (novæ Commentar. Societ. Gœtting., t. VIII, p. 1 sq.).

(3) Justiniani ep. ad Mennam Patriarch. adv. impium Origen. et

monophysite Théodore Ascidas, furent contraints d'y souscrire, pour ne pas perdre aux yeux de l'empereur, le mérite de l'orthodoxie, dont il couvrait hypocritement leur erreur. Mennas, d'après les ordres de l'empereur, convoqua les évêques encore présents à Constantinople à un concile (σύνοδος ἐνδημοῦσα), dans lequel on exposa et condamna vraisemblablement les quinze propositions hérétiques d'Origène qui étaient connues (1). Théodore Ascidas, toujours puissant par la faveur de l'impératrice, sut effrayer Pierre, patriarche de Jérusalem, et l'empêcher de prendre des mesures décisives contre les moines origénistes ; il sut même amener les choses au point de rendre ces moines plus influents encore en Palestine et de leur permettre d'agir contre les Sabaïtes, malgré les discussions qui s'élevèrent dans leur propre secte (*protoctistes* et *isochristes*). Mais Théodore n'était point satisfait encore de sa vengeance. Il endoctrina avec une rare perfidie l'empereur, détournant son attention des questions origénistes (2), et lui montrant qu'on parviendrait bien plus facilement et plus vite à réunir les monophysites et les catholiques en condamnant les livres nestoriens, également odieux aux uns et aux autres, de Théodore de Mopsueste, de Théodoret contre Cyrille, et la lettre d'Ibas au Persan Maris, dans laquelle Cyrille est accusé d'apollinarisme et de manichéisme (τρία κεφάλαια) (3). Et la preuve, disait-il, c'est que, dans la conférence de Constantinople, après la solution de toutes les autres difficultés, le principal grief des Sévériens avait été l'approbation des écrits de Théodoret

nefarias ejus sentent. (*Mansi*, t. IX, p. 487-534; *Harduin*, t. III, p. 243 sq.).

(1) D'après les signatures, ces quinze canons appartiendraient au *cinquième* concile œcuménique ; mais il parait plus probable qu'ils furent décrétés dans cette circonstance. Ils furent d'abord publiés en grec par *Petr. Lambecius* in Comment. Bibl. August. Vindob., t. VIII, p. 435 sq. Puis græce addita interpret. lat. Joan. Harduin. S. J. *Mansi*, t. IX, p. 395-400. Cf. *le Quien*, Oriens Christian., t. III, p. 210 sq.

(2) Cette tendance est manifestement exprimée par l'origéniste Domitien dans Libell. ad Vigil. ap *Facund. Hermian.* pro Defens. trium capitulor., lib. IV, c. 4. Cf. aussi *Liberatus*, l. cit., c. 24.

(3) Les *trois chapitres*, c'est-à-dire les *trois chefs* ou les erreurs de ces écrivains ecclésiastiques résumés dans *trois chapitres* ou articles.

et d'Ibas au concile de Chalcédoine. Dans le fait, cependant, le concile avait simplement perdu de vue les écrits de ces deux théologiens, après leur soumission et leur souscription à la lettre dogmatique de Léon, et la condamnation tacite faite par eux-mêmes de leurs ouvrages. Alors l'empereur publia, d'une manière inconsidérée, un *édit théologique* (1) contre les trois chapitres [544], qu'il voulut faire prévaloir par la violence. Mennas, menacé, y souscrivit sous la condition qu'il serait aussi adopté par le pape. D'autres se soumirent plus facilement encore aux menaces. Mais en Occident, où l'édit paraissait devoir affaiblir l'autorité du concile, et où les évêques étaient moins serviles qu'en Orient, on s'y opposa avec force (2). Malheureusement le successeur de saint Pierre était alors Vigile, dont l'ancienne intrusion rendait l'autorité moins imposante, et qui, par là même, était indécis et flottant. Attiré à Constantinople par l'empereur, il refusa d'abord d'approuver l'édit. *Vous pouvez faire violence à ma personne*, disait-il, *vous ne violenterez pas Pierre*. Craignant enfin de voir renaître le schisme entre l'Orient et l'Occident, et cédant aux instances despotiques de l'empereur, pour terminer tout d'un coup la controverse, il consentit, dans un concile (548), comme il l'avait déjà fait précédemment dans le *Judicatum* adressé à Mennas (3), à condamner les trois chapitres avec la clause expresse de ne porter aucune atteinte au concile de Chalcédoine (*salva in omnibus reverentia synodi Chalcedon.*). Le vigoureux évêque d'Hermiane, Facundus, et le diacre romain Rusticus avaient éloquemment défendu le concile de Chalcédoine contre le *Judicatum* de pape, qui leur semblait porter atteinte au concile. Dans le fait il ne

---

(1) Cet édit de Justinien jusqu'au fragm. de *Facund. Hermian.* II, 3, et IV, perdu. Voy. *Norisii* Dissert. de synodo V, c. 3.

(2) *Fulgentius Ferrandus* expose les motifs suivants dans ep. VI ad Pelag. et Anatol., sub fine : « Ut concilii Chalcedonensis vel similium nulla retractatio placeat, sed quæ semel statuta sunt intemerata serventur. Ut pro mortuis fratribus nulla generentur inter vivos scandala. Ut nullus libro suo per subscriptiones plurimorum dare velit auctoritatem, quam solis canonicis libris Ecclesia catholica detulit. » (Galland. Biblioth. t. XI, p. 363).

(3) On n'a que des frag. du Judicatum dans *Mansi*, t. IX, p. 181. Cf. *Facund.* contra orian. scholast.

pouvait ressortir aucun dommage, contre l'autorité de ce concile, de la condamnation de livres qu'il avait alors, pour de bons motifs, passés sous silence. Néanmoins l'opinion contraire prévalut en Occident, et les évêques occidentaux en vinrent jusqu'à rompre la communion avec le pape, qui se trouva ainsi du côté des Orientaux.

Désireux de mettre fin à un danger de plus en plus grave pour l'Église et l'État, Justinien décida le pape à convoquer le

Cinquième concile œcuménique à Constantinople [553].

Peu d'évêques occidentaux y parurent : c'étaient des Africains, qui, l'évêque Réparatus de Carthage à leur tête, soutenaient, malgré toutes les menaces et les violences, les trois chapitres, et furent par ce motif déposés et exilés. L'empereur fut de nouveau porté à promulguer un *édit* contenant la réfutation formelle des trois chapitres, par Théodore de Césarée, qui espérait ainsi arriver sûrement à ses fins (1) et par les évêques qui étaient de son avis. Vigile parut reprendre quelque hardiesse; il refusa avec fermeté l'approbation de l'édit, et, protégé par le peuple contre les violences de l'empereur, il s'enfuit à Chalcédoine, d'où il annonça dans une encyclique adressée à toute l'Église, les tristes événements qu'il avait à déplorer, la déposition de l'évêque Théodore, le vrai perturbateur de l'Église, et la suspension du patriarche Mennas et de tous les évêques de son parti (2). Le pape, exilé, persécuté, reçut alors une preuve éclatante de la déférence et de la soumission qu'inspirait la suprême autorité du siège pontifical. Le patriarche Mennas, et plusieurs évêques qui se joignirent à lui, déclarèrent, dans une lettre adressée au pape, qu'ils reconnaissaient l'autorité des quatre conciles œcuméniques présidés par les légats ou vicaires du pape, ainsi que les ordonnances papales concernant la foi et confirmant les conciles, et qu'ils désapprouvaient les décrets

(1) L'édit Ὁμολογία πίστεως Ἰουστινιάνου, dans *Mansi*, t. IX, p. 537, et dans Chronic. Alexand. ed. du Fresne, p. 344.
(2) *Vigil.* ep. ad univers. Eccles. (*Harduin*, t. III, p. 3-10; *Mansi*, t. IX, p. 50-61).

impériaux promulgués contre les trois chapitres (1). Alors aussi le pape leva la censure et revint à Constantinople, mais sans vouloir ouvrir le concile, parce que, effrayés des violences exercées contre Réparatus, évêque de Carthage, et plusieurs autres, peu d'évêques occidentaux s'étaient rendus à Constantinople. Cependant le concile s'ouvrit en vertu d'un ordre impérial [553]. Vigile, en même temps qu'il retirait son *Judicatum*, expliquait les motifs de son refus dans un éclaircissement détaillé adressé à l'empereur (*Constitutum*) (2), et par lequel il déclarait être prêt à condamner les erreurs et les invectives contenues dans les chapitres, tout en manifestant sa répugnance à condamner ceux qui avaient déjà paru au jugement de Dieu. Seize évêques avaient souscrit le décret papal et refusaient toute participation au concile sans le pape. Malgré ces protestations, dans les quatrième, cinquième et sixième sessions (3), le concile condamna les trois chapitres, en s'appuyant sur des exemples antérieurs, sur une opinion de saint Augustin, qui ordonne d'anathématiser même les hérétiques morts, et sur ce que depuis longtemps Théodore de Mopsueste avait été rayé des diptyques de sa propre église (4),

---

(1) Cf. *Mansi*, t. IX, p. 62 sq.; *Harduin*, t. III, p. 10 : « Nos igitur, apostolicam sequentes doctrinam, et festinantes concordiam ecclesiasticam servare, præsentem facimus libellum. Imprimis quatuor sanctas synodos, Nicænam trecentorum decem et octo, Constantinopolitanam 150, Ephesinam primam 200, in qua in legatis suis atque vicariis, id est beatissimo Cyrillo, Alexandrinæ urbis Episcopo, Arcadio et Projecto Episcopis et Philippo presbytero, beatissimus Cœlestinus Papa senioris Romæ noscitur præsedisse, et Chalcedonensem 630 SS. Patrum suscipimus. Et omnia — in eisdem quatuor synodis — communi consensu cum legatis atque vicariis Sedis apostolicæ gesta et scripta tam de fide, quam de aliis omnibus causis, judiciis, constitutionibus, aut dispositionibus definita aut judicata, vel constituta sive disponita sunt, inconcusse, inviolabiliter — nos promittimus sequuturos. »

(2) *Vigil.* Constitutum, avec la signat. des seize évêques, du diacre romain Théophanes et de deux diacres romains. *Mansi*, t. IX, p. 61-106, p. 457-487; *Harduin*, t. III, p. 10-47. Cf. p. 217-244.

(3) Les actes du conc. dans *Mansi*, t. IX, p. 157 sq.; *Harduin*, t. III, p. 51-212.

(4) Cf. *Mansi*, t. IX, p. 286; *Harduin*, t. III, p. 131. Dans la *collatio* (Sessio) V de ce concile sont réunis un grand nombre de Testimonia vetera contra Theodorum.

tandis qu'on avait substitué à son nom celui de Cyrille d'Alexandrie. Le pape et les évêques qui s'entendaient avec lui furent bannis. Bientôt diverses sollicitations firent retomber Vigile dans ses anciennes incertitudes. Il consentit à la condamnation des trois chapitres (1) [554], dans lesquels, disait-il, on avait mis une certaine opiniâtreté à soutenir des erreurs dangereuses. Il retournait à Rome, quand il mourut en route à Syracuse, en 555. Son successeur Pélage trouva l'Occident très-opposé au cinquième concile œcuménique qu'il avait admis, et fut même dans le cas de rendre compte à toute l'Église de l'orthodoxie de sa foi (2). Malgré cette déclaration, un schisme naquit en Occident, par l'opposition des évêques du nord de l'Italie, de la Gaule et de l'Espagne, que dirigeaient l'évêque Paulin d'Aquilée et Vitalis, évêque de Milan. Le Synode d'Aquilée [558] rejeta même le cinquième concile œcuménique, comme étant en contradiction avec celui de Chalcédoine. Ce schisme dura sous les papes successeurs de Vigile jusqu'à Grégoire le Grand, qui lui-même ne put l'éteindre que partiellement.

§ 123. — *Établissement d'une église monophysite indépendante.*

Le but du concile de Constantinople, qui avait été d'unir les monophysites à l'Église catholique, n'avait pas été mieux atteint en Orient qu'en Occident. L'empereur surtout y avait nui, en proclamant dans son zèle religieux, et immédiatement avant sa mort, par un édit impérial, l'orthodoxie des *aphthardocètes* [564]. Les tentatives de son successeur Justin II furent tout aussi illusoires, lorsque, par un édit [565], il ordonna l'oubli de toutes les contestations nouvelles, et engagea les chrétiens à se contenter de louer le Sauveur, sans chercher à s'en faire des représentations nettes et dis-

---

(1) Cf. *Harduin*, t. III, p. 213 sq.; *Mansi*, t. IX, p. 413 sq.; les ep. Vigilii ad Eutych. patriarch. Constant. ed. de Marca, in Dissertat. de decreto Papæ Vigilii pro confirmat. synodi V (*De Marca* Dissertat. a Baluz. edit. Paris., 1689, in-8, et in *de Marca*, Concordia sacerdotii et imperii, ed. Bœhmer, p. 227).

(2) *Mansi*, t. IX, p. 433 sq.; *Harduin*, t. III, p. 421 sq.

tinctes (1). Bien plus, les monophysites d'Egypte, persistant dans leur séparation, se formèrent alors en Eglise indépendante, en opposant une contre-élection à celle du patriarche catholique d'Alexandrie, Paul, nommé par Justinien. Les monophysites continuèrent à vivre en une Église séparée sous le nom de *Coptes*, donnèrent à leurs adversaires le surnom de Melchites, c'est-à-dire Monarchiens, partisans de la cour, et attirèrent à leur communion l'Eglise d'Ethiopie (2). Les Perses les favorisèrent en Arménie par opposition aux Romains (3). Dans un synode tenu en 536 à Thevin, on adopta publiquement le monophysisme, et vers 600, les monophysites, se séparant définitivement et complétement du concile de Chalcédoine et de l'Eglise, se placèrent sous le patriarcat d'un soi-disant « évêque catholique. »

En Syrie, en Mésopotamie, dans l'Asie Mineure, dans l'île de Chypre et en Palestine, le moine fugitif Jacob Baradai (Zanzale) fut un des sectaires les plus actifs du parti des monophysites [541-78], après avoir été sacré évêque d'Edesse par quelques évêques monophysites prisonniers, et avoir été par eux investi des droits de métropolitain sur tous les monophysites d'Orient. C'est après sa mort et de son nom que les monophysites furent appelés Jacobites (4).

§ 124. — *Hérésie des monothélites. Le patriarche Sophronius; Maxime; le sixième concile œcuménique.*

Documents dans *Mansi*, t. X et XI; *Harduin*, t. III, p. 1044 sq. *Anastasii* bibliothecarii [vers 870] collectanea de iis quæ spectant ad

---

(1) *Evagrius*, Hist. ecclesiast. V. 4; *Nicephor*. XVII, 35.
(2) *Le Quien*, Oriens Christian., etc. (Paris., 1740, 3 t. in-f.), t. II, p. 357 sq. *Renaudot*, Hist. patriarcharum Alexandrinor. Jacobitarum. Paris., 1713, in-4. *Takieddini-Makrizii* [jurisc. au Caire, † 1441] Hist. Coptorum christianor. in Ægypto, arabice et lat., ed. Wetzer. Solisb., 1828. Ami de la religion, 1841, p. 750. *Wiltsch*, Géogr. et statistique ecclés., t. I, p. 225.
(3) *Saint-Martin*, Mémoire sur l'Arménie (Paris, 1828-1829, 2 t.), t. I, p. 329 sq. *Galani*, Hist. Armena ecclesiast. et polit. Colon., 1686; Francof., 1701, in-8.
(4) *Assemanni*, Dissert. de Syris Nestorianis. Biblioth. orient., t. III, P. II. Cf. *le Quien*, Oriens Christian. t. II.

§ 124. — MONOTHÉLISME.

hist. Monothelitarum, ed. Sirmond. Paris., 1620. *Galland.*, t. XIII, p. 32 sq. *Nicephori* [patr. de Constantin. † 828] Breviar. histor. [602-769] ed. Petavius. Paris., 1616.

Combefisii Hist. hær. Monothelit. et Honorii controvers. scrutiniis VIII, comprehensa. Paris., 1678. *Jacq. Chmel*, Dissert. de ortu et progressu Monothelit. dans ses Vindiciæ Concilii œcumen. VI. Pragæ, 1777. *Walch*, Hist. des hér., P. IX, p. 3 sq. *Fleury*, Hist. ecclésiast. l. XXXVIII, *Katerkamp*, Hist. ecclés., t. III, p. 450-80. *Gfrœrer*, Hist. eccl. univ., t. III, P. I, p. 36-97.

Les vains efforts de Justinien et de Justin II n'arrêtèrent pas, plus tard, l'empereur Héraclius dans le projet de réunir les monophysites et les catholiques. Sa puissance ayant été rétablie en Syrie et en Arménie, il voulut ramener à l'Eglise de l'Etat les nombreux monophysites qui vivaient dans ces provinces. Théodore, évêque de Pharan, en Arabie, et Sergius, patriarche de Constantinople, lui inspirèrent probablement la pensée que les deux partis se calmeraient plus tôt si on leur proposait de *n'admettre dans le Christ, avec deux natures, qu'une seule opération* (ἐνέργεια); il défendit, dès 622, dans une lettre adressée au métropolitain de Chypre, Arcadius, de parler de deux opérations dans le Christ (1). Cette opinion se fondait sur cette autre erreur : tout ce qui se fait par les deux natures doit être attribué au Logos, de sorte que la volonté humaine est absorbée dans la volonté divine... ce qui n'était qu'une forme nouvelle de l'eutychianisme. La vérité, qui planait obscurément devant leurs yeux, c'est qu'on ne peut concevoir dans le Christ qu'une direction de la volonté, mais une direction divino-humaine. Cyrus, évêque d'Alexandrie, gagna en effet les Théodosiens de son diocèse [633] (2); mais Sophronius s'opposa à une réunion qui n'était fondée que sur l'erreur. Ce moine plein de pénétration, qui, plus tard, fut patriarche de Jérusalem, défendit d'abord orale-

---

(1) Voyez la correspondance entre Cyrus, év. de Phasis, (plus tard patr. d'Alex.), Sergius et Théodore, év. de Pharan, dans *Mansi*, t. XI, p. 525-567; id. p. 561 pour la défense impér. adressée à l'év. Arcadius.

(2) Actio XIII concilii œcum. VI, dans *Mansi*, t. XI, p. 565 sq. Dans l'art. VII il est dit entre autres : Καὶ τὸν αὐτὸν ἕνα Χριστὸν καὶ υἱὸν ἐνεργοῦντα τὰ θεοπρεπῆ καὶ ἀνθρώπινα μιᾷ θεανδρικῇ ἐνεργείᾳ κατὰ τὸν ἐν ἁγίοις Διονύσιον. C'est-à-dire Dionys. Areopag. ep. IV. ad Cajum.

25.

ment à Alexandrie; plus tard dans une lettre synodale (1) forte et solide, la doctrine des deux volontés, et qualifia d'erreur eutychienne l'opinion d'une volonté. Cette opposition engagea Sergius, encore indécis, à s'adresser dans une lettre adroite et très-mesurée au pape Honorius (2), pour lui représenter les résultats heureux et si longtemps désirés de la réunion des monophysites, et le prier de prévenir, par son autorité, le dessein perturbateur de Sophronius, qui voulait arrêter la réunion d'innombrables chrétiens à l'Eglise, en s'opposant à une expression nécessaire à cet effet, et déjà employée par Denys l'Aréopagite, savoir : *une opération dans le Christ* (ἐνέργεια θεανδρική). Malheureusement Honorius ne sentit point la ruse, et, tenant le tout pour « une nouvelle dispute de mots, » il loua Sergius de s'être efforcé de l'étouffer. N'ayant pas saisi le vrai point de la controverse, il entra trop promptement, en termes d'ailleurs assez obscurs, dans la manière de voir de Sergius (3) tout en répétant à plusieurs reprises qu'il fallait soigneusement éviter les opinions folles et impies de Nestorius et d'Eutychès, et en prouvant clairement que ses opinions sur les opérations du Christ étaient saines et orthodoxes. Mais le pape augmenta sa faute en croyant, par ce rapide exposé d'une *lettre privée*, s'être élevé au-dessus de toute discussion ultérieure, et en ne répondant à une exposition claire et vive, faite par Etienne, évêque de Dora (4), des opinions de Sophronius, que par la défense adressée aux deux partis de parler d'une ou de deux opérations dans le Christ. Alors l'empereur Héraclius intervint de nouveau et d'une manière plus décisive, Il rendit un *édit de*

---

(1) *Sophroni* ep. Synod., dans *Mansi*, t. XI, p. 529.
(2) *Sergii* ep. ad Honor., dans *Mansi*, t. XI, p. 529.
(3) *Honorii* ep. I ad Sergium, dans *Mansi*, t. XI, p. 537. Frag. de l'ep. II ad Serg., ib. p. 579. Honorius est bien faible en attaquant les textes de S. Matth. XXVI, 39, et de S. Luc XXII, 42, si évidents pour la doctrine des deux volontés : « Que votre volonté, et non la mienne, soit faite ; » par l'observation superficielle : « Ista enim propter nos dicta sunt, quibus dedit exemplum, ut sequamur vestigia ejus, pius magister discipulos imbuens ut non suam unusquisque nostrum, sed potius Domini in omnibus præferat voluntatem. » Dans *Mansi*, t. XI, p. 542. (Voir p. honorius les doc. s. le conc. du Vatican.)
(4) Libellus Stephani Dorensis Episcopi, dans *Mansi*, t. X, p. 891-902; *Harduin*, t. III, p. 711-719.

foi (ἔκθεσις τῆς πίστεως) [638] qui, d'un côté, comme le pape, défendait de parler ni d'une ni de deux opérations dans le Verbe incarné, mais, d'un autre côté, favorisait secrètement la doctrine d'une volonté (ἕν θέλημα) (1). Cet édit rencontra beaucoup d'adversaires, même en Orient, car quoique le patriarche Sophronius fût mort durant l'invasion des Arabes [11 mars 638], l'autorité de son nom préserva un grand nombre d'esprits habitués aux spéculations dogmatiques, et sa doctrine continua d'être défendue par son ancien ami, l'abbé Maxime (2), le plus profond et le plus savant théologien de son temps, qui, dans une conférence où il dévoila complétement l'erreur du *monothélisme*, parvint, en 645, à faire abjurer cette hérésie au patriarche de Constantinople, Pyrrhus, chassé de son siége par le peuple et réfugié en Afrique. Le pape Jean IV [640-42], successeur d'Honorius et de Séverin, fut à peine élu qu'il rejeta l'ecthèse [640] dont l'empereur Héraclius désignait publiquement Sergius comme le premier auteur (3). Malheureusement Constantin II, élevé au trône après les scènes épouvantables qui avaient ensanglanté la maison impériale, donna, d'après le conseil de Paul, patriarche de Constantinople, un nouvel *édit dogmatique* (τύπος) [648], qui, sous des peines graves, ordonnait de s'en tenir aux discussions des cinq conciles œcuméniques, *et de cesser toute discussion sur une ou deux volontés et opérations dans le Christ* (4). Les fidèles, dont le courage égalait la foi, virent dans cet édit une contrainte religieuse et un indifférentisme condamnable. Les mécontents, les opprimés trouvèrent appui et secours auprès du pape Martin Ier. Ce pontife condamna, dans le premier concile de Latran [649], la doctrine des monothélites, en même temps que l'Ecthèse et le Type. Théodore de Pharan, Sergius, Pyrrhus et Paul, auteurs de

(1) L'Ecthèse dans *Hardouin*, t. III, p. 791-799; *Mansi*, t. X, p. 991 sq.

(2) *Maximi Opp.* (en grande partie contre les Monoth., surtout Disputatio cum Pyrrho et de duabus naturis) ed. Fr. Combefisius. Paris, 1675, 2 t. in-f.

(3) Decreta et epist. Joann. IV, dans *Hardouin*, t. III, p. 699 sq.; *Mansi*, t. X, p. 679 sq.

(4) Voy. pour le *Type*, *Hardouin*, t. III, p. 823 sq., Mansi, t. X, p. 1029 sq.

l'hérésie, furent anathématisés (1). La déposition violente de pape, et sa mort produite par les souffrances dont il fut la victime [655], contribuèrent au triomphe de la vérité. Le sort de Maxime et de ses disciples, les deux Anastase (2), fut encore plus cruel. Maxime fut traîné captif à Constantinople, et là, répondant à toutes les menaces « il faut obéir à Dieu plutôt qu'aux hommes, » il fut, par l'ordre de l'empereur, cruellement fouetté ; on lui arracha la langue, on lui coupa la main, et ainsi mutilé, on l'envoya en exil en Colchide, où il mourut à l'âge de quatre-vingts ans [662]. Enfin, pour mettre un terme à cette suite d'intrigues sanglantes qui déshonoraient l'Eglise et l'empire, pour arrêter le schisme qui séparait de plus en plus l'Orient et l'Occident, et les troubles politiques qui en résultaient, Constantin Pogonat convoqua le

Sixième concile œcuménique de Constantinople [680] ;

où, avec le concours du pape Agathon (3), on discuta foncièrement la question controversée, et l'on définit : *Il y a dans le Christ deux volontés correspondantes aux deux natures, mais une seule direction de la volonté divino-humaine* (*). La

---

(1) *Martini* I. epist. sur le concile de Latran, dans *Harduin*, t. III, p. 626-676 ; *Mansi*, t. X, p. 785 sq. Les actes du concile de Latran, dans *Mansi*, t. X, p. 863 sq. ; *Harduin*, t. III, p. 687-946. On tenait séance dans l'église patriarcale de Saint-Jean de Latran, bâtie par Constantin le Grand, ou plutôt dans un bâtiment accessoire nommé *secretarium* ; c'est pourquoi on nomme les cinq sessions de ce concile *secretaria*.

(2) Pour la vie du pape Martin, cf. ses épîtres XV et XVI et la Commemoratio eorum quæ sæviter et sine Dei respectu acta sunt in sanctum martyrem Martinum. Dans *Mansi*, t. X, p. 851-862 ; *Harduin*, t. III, p. 676-686. Sur Maxime, voy. *Mansi*, t. XI, p. 3 sq. ; *Anastasii* Presb. ep. ad Theodor. in Opp. Maximi, t. I, p. 57 sq.

(3) Les excellents développements que donna Agathon sur la doctrine des deux volontés (Append. à l'ép. de Léon le Grand à Flavien) dans son ep. ad imperatores Heracl. et Tiber. (*Mansi*, t. XI, p. 233-286, et *Harduin*, t. III, p. 1074-1116, obtinrent dans le concile une approbation unanime. Les actes réunis du III⁰ conc. de Constantin. ou du VI⁰ œcum. en XVIII πράξεις (actiones) dans *Mansi*, t. XI, p. 190-922 ; *Harduin*, t. III, p. 1043-1644.

(*) Cette définition (ὅρος) dans la XVIII. actio, dans *Mansi*, t. XI, p. 636 sq. ; *Harduin*, t. III, p. 1400 sq. Ἡ ἁγία καὶ οἰκουμενικὴ σύνοδος

§ 124. — MONOTHÉLISME.

complète unanimité des Occidentaux avait enfin décidé les Orientaux à abandonner une hérésie qui avait trop longtemps troublé l'Eglise. Sergius, Cyrus et Paul furent condamnés comme auteurs, fauteurs et défenseurs du monothélisme, et le pape Honorius blâmé comme ayant imprudemment favorisé l'erreur (1). Philippe Bardane

— συμφώνως ὁρίζουσα ὁμολογεῖ τὸν Κύριον ἡμῶν Ἰησοῦν Χριστὸν τὸν ἀληθινὸν Θεὸν ἡμῶν τὸν ἕνα τῆς ἁγίας ὁμοουσίου καὶ ζωαρχικῆς Τριάδος τέλειον ἐν θεότητι, καὶ τέλειον τὸν αὐτὸν ἐν ἀνθρωπότητι· Θεὸν ἀληθῶς, καὶ ἄνθρωπον ἀληθῶς τὸν αὐτὸν ἐκ ψυχῆς λογικῆς καὶ σώματος... καὶ δύο φυσικὰς θελήσεις ἤτοι θελήματα ἐν αὐτῷ καὶ δύο φυσικὰς ἐνεργείας ἀδιαιρέτως, ἀτρέπτως, ἀμερίστως, ἀσυγχύτως κατὰ τὴν τῶν ἁγίων πατέρων διδασκαλίαν ὡσαύτως κηρύττομεν· καὶ δύο μὲν φυσικὰ θελήματα οὐχ ὑπεναντία, μὴ γένοιτο καθὼς οἱ ἀσεβεῖς ἔφησαν αἱρετικοί, ἀλλ' ἑπόμενον τὸ ἀνθρώπινον αὐτοῦ θέλημα καὶ μὴ ἀντίπιπτον ἢ ἀντιπαλαῖον, μᾶλλον μὲν οὖν καὶ ὑποτασσόμενον τῷ θείῳ αὐτοῦ καὶ πανσθενεῖ θελήματι. Ἔδει γὰρ τὸ τῆς σαρκὸς θέλημα κινηθῆναι, ὑποταγῆναι δὲ τῷ θελήματι τῷ θεϊκῷ κατὰ τὸν πάνσοφον Ἀθανάσιον... τὸ ἀνθρώπινον αὐτοῦ θέλημα θεωθὲν οὐκ ἀνῃρέθη, σέσωσται δὲ μᾶλλον, κατὰ τὸν θεολόγον Γρηγόριον λέγοντα· τὸ γὰρ ἐκείνου θέλειν, τοῦ κατὰ τὸν Σωτῆρα νοουμένου οὐδὲ ὑπεναντίον Θεῷ θεωθὲν ὅλον. Δύο δὲ φυσικὰς ἐνεργείας ἀδιαιρέτως, ἀτρέπτως, ἀμερίστως, ἀσυγχύτως ἐν αὐτῷ τῷ Κυρίῳ ἡμῶν Ἰησοῦ Χριστῷ τῷ ἀληθινῷ Θεῷ ἡμῶν δοξάζομεν· τουτέστι θείαν ἐνέργειαν, καὶ ἀνθρωπίνην ἐνέργειαν, κατὰ τὸν θεηγόρον Λέοντα τρανέστατα φάσκοντα· ἐνεργεῖ γὰρ ἑκατέρα μορφὴ μετὰ τῆς θατέρου κοινωνίας ὅπερ ἴδιον ἔσχηκε, τοῦ μὲν λόγου κατεργαζομένου τοῦτο, ὅπερ ἐστὶ τοῦ λόγου, τοῦ δὲ σώματος ἐκτελοῦντος ἅπερ ἐστὶ τοῦ σώματος — πάντοθεν γοῦν τὸ ἀσύγχυτον καὶ ἀδιαίρετον φυλάττοντες, συντόμῳ φωνῇ τὸ πᾶν ἐξαγγέλλομεν· ἕνα τῆς ἁγίας Τριάδος καὶ μετὰ σάρκωσιν τὸν Κύριον ἡμῶν Ἰησοῦν Χριστὸν τὸν ἀληθινὸν Θεὸν ἡμῶν· εἶναι πιστεύοντες, φαμὲν δύο αὐτοῦ τὰς φύσεις ἐν τῇ μιᾷ αὐτοῦ διαλαμπούσας ὑποστάσει, ἐν ᾗ τά τε θαύματα, καὶ τὰ παθήματα δι' ὅλης αὐτοῦ τῆς οἰκονομικῆς ἀναστροφῆς οὐ κατὰ φαντασίαν, ἀλλὰ ἀληθῶς, ἐπεδείξατο, τῆς φυσικῆς ἐν αὐτῇ τῇ μιᾷ ὑποστάσει διαφορᾶς γνωριζομένης, τῷ μετὰ τῆς θατέρου κοινωνίας ἑκατέραν φύσιν θέλειν τε καὶ ἐνεργεῖν τὰ ἴδια· καθ' ὃν δὴ λόγον καὶ δύο φυσικὰ θελήματά τε καὶ ἐνεργείας δοξάζομεν πρὸς σωτηρίαν τοῦ ἀνθρωπίνου γένους καταλλήλως συντρέχοντα.

(1) Cf. *Natalis Alex.* Hist. eccles. sæc. VII, dissert. II, de Honorii damnatione in synodo VI œcum. (t. X, p. 410-38) dans laquelle sont en même temps exposés les jugements des papes postérieurs sur Honorius. L'auteur, d'ailleurs toujours gallican, conclut ainsi ses recherches, p. 431-432 : Concludamus itaque Honorium a sexta synodo damnatum non fuisse ut hæreticum, sed ut hæreseos et hæreticorum fautorem, utque reum negligentiæ in illis coercendis ; et juste fuisse damnatum, quia eadem culpa erroris fautores ac auctores ipsi tenentur. — Honorius cum Sergio, Cyro, etc., monothelitis loquutus est (eorumque voces usurpavit), sed mente catholica, et sensu ab

[711-43] sembla vouloir faire renaître tous les troubles passés, en prêtant main-forte aux monothélites ; mais son successeur Anastase II les réprima de nouveau. Il ne s'en conserva qu'un petit nombre, parmi lesquels, d'après des traditions assez positives, des habitants du Liban et de l'Anti-Liban, qui se nommèrent *Maronites*, du nom de leur patriarche et chef politique, Jean Maron (1).

Après des controverses animées par une foi si vive, mais souvent si aveugle, après tant de passions qui troublèrent et l'Eglise et l'Etat, qui aurait pu soupçonner que l'Eglise grecque serait tout à coup frappée de stérilité, et que la vie scientifique et religieuse y périrait si promptement? L'ensemble des dogmes chrétiens, tel qu'il résultait des décisions successives des conciles, fut, pour la première fois, réuni en un corps de doctrine systématique par Jean Damascène, mort après 754 (2). Et ainsi fut accomplie la

eorum errore penitus alieno : siquidem absolute duas voluntates Christi non negavit, sed voluntates pugnantes, ut supra ostendimus. » P. 431 sq. Cf. *Palma*, Prælect. hist. eccles., t. II, p. 104-129. La justesse des résultats obtenus par Noël Alex. dans ses recherches à ce sujet, est confirmée encore par la circonstance que dans la sess. IV de ce concile on lut une lettre du pape Agathon, dans laquelle il affirme : « Apostolica Christi Ecclesia (romana) per Dei omnipotentis gratiam a tramite apostolicæ traditionis nunquam errasse probabitur, nec hæreticis novitatibus depravata succubuit, sed ut ab exordiis fidei Christianæ percepit ab auctoribus suis apostolorum principibus illibata fine tenus permanet, secundum ipsius Domini salvatoris divinam pollicitationem, quam suorum discipulorum *principi* in sacris evangeliis fatus est » (Luc, XXII, 32). Puis l'empereur Constantin Pogonat, présent au concile, déclare dans la sess. XVIII : « Principes Monothelitarum sectæ tanquam hæresis auctores. Concilio VI. Anathematizatos damnat. *Honorium autem post suc* damnat tanquam Monothelitarum *fautorem, adjutorem et confirmatorem.* »

(1) Cette opinion fut combattue d'abord par *Faustus Nagronus.* diss. de orig. nom. et relig. Maronitarum, Rom., 1679, et dans *Enoplia*, Fid. cath. Rom. Histor. dogm. Rom., 1694. Elle fut soutenue par *Renaudot*, Hist. patriarch. Alex. Les motifs des uns et des autres dans *le Quien*, Oriens Christ., t. III, p. 2-40. Eccles. maronitarum in monte Libano. Enfin dans ces derniers temps de nouveau controv. par *Palma*, loc. cit., t. II, p. 122-42. *Wilh. Tyrus*, XXII, 8.

(2) *Joan. Damasceni*, Opp. τηγὴ γνώσεως consiste dans I. Τὰ φιλοσοφικά. II. Περὶ αἱρέσεων, et surtout III. Ἔκδοσις ἀκριβὴς τῆς ὀρθοδόξου πίστεως, ed. le Quien, Ord. Prædicat. Paris, 1712, 2 t. in-fol.

mission scientifique de l'Eglise grecque, qu'Origène le premier avait reconnue sans pouvoir la remplir.

OBSERVATION. Le sixième concile œcuménique rencontra bien des oppositions qui nécessitèrent le second synode *in Trullo* [692], où furent confirmées les décisions du concile œcuménique. Ce synode fut encore nommé *concilium Quinisextum*, parce qu'on y ajouta cent deux canons, sur l'organisation et la discipline de l'Église, aux décrets presque exclusivement dogmatiques des *cinquième* et *sixième* conciles œcuméniques (3). Les plus improtants et les plus décisifs de ces canons, concernant les rapports ultérieurs de l'Église grecque et romaine, furent: le *deuxième* sur le nombre des canons apostoliques; le *sixième* et le *treizième* sur le mariage des prêtres; le *trente-sixième* sur le rang du patriarche de Constantinople; le *cinquante-cinquième* contre le jeûne du samedi; et le *quatre-vingt-deuxième* contre les images représentant l'agneau (4).

(3) Les actes du concilii Quinisexti dans *Mansi*, t. XI, p. 921 sq.; *Harduin*, t. III, p. 1645 sq. Cf. *Natal. Alex.* Hist. eccles. sæc. VII, dissert. III, de canonib. synodi Quinisextæ et ejusdem epocha. (t. X, p. 438 sq.)

(4) Cf. *Palma*, loc. cit., t. II, P. II, p. 151-160.

CHAPITRE II.

CONSTITUTION ET GOUVERNEMENT DE L'ÉGLISE CATHOLIQUE.

Pour la bibliogr. cf. §§ 52 et 82. Les lois impériales concernant la const. de l'Église sont dans le Cod. Theodos. et Justin. *Thomassini* vetus et nova Eccles. discipl., etc. *Planck,* Hist. de la Const. de l'Église, t. I, p. 276 sq.

§ 125. — *Caractères des nouveaux rapports entre l'Église et l'État.*

Nous avons vu, dans la première époque, l'Eglise catholique entièrement indépendante de l'État. Désormais, en retour de la liberté extérieure qui lui est assurée, nous la verrons perdre peu à peu une partie de sa liberté intérieure, à mesure qu'elle cède au pouvoir de l'État dans l'administration des choses ecclésiastiques. Ce qui devait à jamais empêcher toute confusion des pouvoirs de l'Etat et de l'Église, c'est que le Christianisme était né, s'était développé, non comme les religions païennes, avec l'État même, mais bien comme une institution divine, indépendante de toute autorité humaine. Constantin le Grand le reconnut en diverses occasions solennelles, mais ne fut pas toujours fidèle à son opinion. Ainsi, soit de son propre mouvement, soit qu'il y fût provoqué, il promulgua des lois contre les hérétiques, convoqua les évêques de son empire à un concile, bannit parfois les évêques innocents (Athanase!) sans avoir d'ailleurs des intentions hostiles à l'Église. Son fils Constance, méconnaissant le plus souvent les véritables attributions de l'Église et de l'État, agit avec une violence tyrannique dans des affaires purement ecclésiastiques et

§ 125. — NOUVEAUX RAPPORTS DE L'ÉGLISE ET DE L'ÉTAT. 449

dogmatiques, et entraîna beaucoup d'évêques à sacrifier leur conviction aux exigences de l'État, dont ils tenaient leurs titres et leurs honneurs. D'autres, au contraire, aussi fermes que zélés dans leur foi et leur ministère, tels que les Athanase, les Hilaire, les Basile, les Ambroise, protestèrent avec une hardiesse inouïe, et sans aucune considération personnelle, contre cette contrainte morale et cette immixtion inconvenante du pouvoir séculier dans les choses divines (*), et préférèrent souvent la mort dans l'exil au pouvoir avec l'apostasie.

(*) Athanas. : « Quis canon tradidit, *Comites*—ecclesiasticis praeesse rebus aut edicto judicia eorum, qui *episcopi* vocantur, promulgare? — Si namque illud episcoporum decretum est, quid illud attinet ad imperatorem? Quandonam a saeculo res hujusmodi audita est? quandonam Ecclesiae decretum ab imperatore accepit auctoritatem aut pro decreto illud habitum est? » Hist. Arianor. n. 51 et 52; ed. Bened. Patav. 1777, t. I, p. 296 sq. — *Neander* (Hist. eccles., t. II, p. 190 et 569) dit que saint Hilaire de Poitiers parla à Constance avec une liberté digne d'un disciple du Christ et d'un évêque, en ces termes : « Idcirco laboratis (Caesares) et salutaribus consiliis rempublicam regitis — ut omnes, quibus imperatis, dulcissima libertate potiantur. Certe vox exclamantium a tua mansuetudine exaudiri debet, *catholicus* sum, nolo esse *haereticus*; christianus sum, non Arianus, et melius mihi in hoc saeculo mori, quam alicujus *privati* potentia dominante castam veritatis virginitatem corrumpere. Aequumque debet videri sanctitati tuae ut *qui timent Dominum Deum et divinum* judicium non polluantur aut contaminentur exsecrandis blasphemiis, sed habeant potestatem ut eos *sequantur episcopos et praepositos*, qui et inviolata conservant foedera caritatis et cupiunt perpetuam et sinceram habere pacem. Nec fieri potest, nec ratio patitur ut repugnantia congruant, dissimilia conglutinentur, vera et falsa misceantur. — *Si ad fidem veram istius modi vis adhiberetur*, episcopalis doctrina obviam pergeret diceretque : Deus universitatis est Dominus, obsequio non eget necessario, non requirit coactam confessionem. » Ad Const. lib. I, n. 2 et 6; ed. Bened. Venet., 1750, t. II, p. 422. — Le langage de saint Hilaire (lib. contra Const.) est encore plus hardi, et va presque jusqu'à l'oubli des devoirs envers les monarques chrétiens : « Atque utinam illud potius omnipotens — Deus aetati meae et tempori praestitisses, ut hoc confessionis meae in te atque in Unigenitum tuum ministerium Neronianis Decianisve temporibus explessem ! — At nunc pugnamus contra persecutorem fallentem, contra hostem blandientem, contra Constantium Antichristum — qui Christum confitetur ut neget, unitatem procurat ne pax sit, haereses comprimit ne christiani sint, sacerdotes honorat ne episcopi sint, Ecclesiae tecta struit ut fidem destruat. — Proclamo tibi, Constanti, quod Neroni loquuturus fuissem, quod ex me Decius et Maxi-

L'exemple de Constantin fut suivi par ses successeurs. Entraînés par l'exercice d'une autorité absolue et sans limites, ils prirent fréquemment parti dans les controverses religieuses, promulguèrent des édits de foi, s'arrogèrent une influence des plus désastreuses dans l'institution des évêques. L'Église grecque de ces temps restera à jamais un exemple effrayant de cette situation fausse de l'Église vis-à-vis de l'État. Mais l'excès même de ce despotisme fit éclater la force et la puissance inhérente à l'Église. « L'Église, dit saint Hilaire de Poitiers (1), a cela de parti-
» culier que son autorité triomphe quand on la viole, que
» sa puissance se manifeste quand on l'outrage, et se con-
» solide quand on l'abandonne. »

L'Église d'Occident se développa avec plus d'indépendance ; le principe théocratique y dominait davantage, et l'autorité de l'évêque de Rome y était toujours un contre-poids à la puissance de l'État.

En même temps que la situation de l'Église changea, que ses rapports avec l'État se modifièrent, le cercle de ses attributions et de ses affaires s'agrandit. 1° Après sa reconnaissance politique, l'Église obtint le droit d'accepter des dons et des héritages, que les évêques destinèrent en majeure partie à des établissements pour les malades, les orphelins, l'entretien des vieillards dénués de ressources (2). 2° Les évêques obtinrent l'usage d'une certaine juridic-

---

mianus audirent : Contra Deum pugnas, contra Ecclesiam sævis, sanctos persequeris, prædicatores Christi odis, religionem tollis, tyrannus non jam humanorum, sed divinorum es. — Antichristum prævenis et arcanorum mysteria ejus operaris, etc. » N. 4-7, t. II, p. 445 sq. — Lucifer de Cagliari s'exprime bien plus énergiquement encore dans ses écrits, dirigés surtout contre Constance, en attaquant l'empereur par les plus fortes expressions tirées des saintes Écritures, en lui faisant les plus terribles menaces et en l'outrageant par les surnoms les plus injurieux.

(1) *Hilarius*, de Trinit. lib. VII, n. 4 (Opp. ed. Bened. Venet., 1750, t. II, p. 140).

(2) Des lois impériales attribuèrent à l'Église catholique de riches temples païens, avec les biens y attenants, ainsi que les propriétés confisquées aux hérétiques. Codex Theodos. XVI, 10, 20 et 25. Cf. *Socrat.* Hist. eccles. III, 2 ; V, 16 ; *Sozom*, Hist eccles. V, 7 ; Codex. Theodos. (de Hæret.) I, 42, 52, 57, 65. Cf. *Socrat.* Hist. eccles. VII, 7.

tion (1), le *droit d'asile* pour leurs églises (2). 3° On fit une obligation positive aux évêques de la coutume, qu'ils avaient librement observée jusqu'alors, d'exhorter les juges à l'humanité envers les prisonniers (3), et de visiter les captifs le mercredi et le vendredi.

Si, d'une part, les évêques et le clergé furent souvent détournés par là des fonctions de leur ministère sacré, d'une autre part, ils acquirent ainsi plus de force pour résister au despotisme politique, et plus de moyens de propager les principes du Christianisme. Le plus souvent ils furent les seuls hommes qui osèrent s'opposer aux fureurs des fonctionnaires de l'État. Parfois aussi les empereurs leur accordèrent le droit de surveiller les préfets des provinces (4). C'est ainsi que, sous le régime d'un pouvoir tout à fait arbitraire et absolu, l'Église devint l'asile de la liberté et la gardienne des droits des peuples. C'est dans cette action et cette réaction des deux pouvoirs à cette époque, que se montrèrent les prémices de l'alliance sacrée que devaient contracter le sacerdoce et la royauté, en vue des véritables intérêts de l'humanité, et c'est dans ce sens qu'on redit si souvent, depuis lors, *que le sacerdoce est au-dessus de la royauté comme l'âme est au-dessus du corps* (*).

(1) 1 Cor. VI, 1 sq.
(2) Codex. Theodos. IX, 45, 1-3. Cf. *Bingham*, lib. VIII, c. 11, vol. III, p. 353 sq.
(3) Codex Theodos. XI, 3, 7. Cf. Codex. Just. I, 4, 22-23.
(4) Conc. Arelat. can. 7, dans *Harduin*, t. I, p. 254.
(*) On lit déjà dans les Const. apostol. II, 34 : Ὅσῳ τοίνυν ψυχὴ σώματος κρείττων, τοσούτῳ ἱερωσύνη βασιλείας· δεσμεύει γὰρ αὕτη καὶ λύει τοὺς τιμωρίας ἢ ἀφέσεως ἀξίους. Διὰ τὸν ἐπίσκοπον στέργειν ὀφείλετε ὡς πατέρα, φοβεῖσθαι ὡς βασιλέα, τιμᾶν ὡς κύριον (*Galland*. Biblioth., t. III, p. 58; *Mansi*, t. I, p. 336). *Greg. Nazianz*, Orat XVII, p. 271, dit aux princes : Ὁ τοῦ Χριστοῦ νόμος ὑποτίθησιν ὑμᾶς τῇ ἐμῇ δυναστείᾳ καὶ τῷ ἐμῷ βήματι. Ἄρχομεν γὰρ καὶ αὐτοί, προσθήσω δ' ὅτι καὶ τὴν μείζονα καὶ τελεωτέραν ἀρχήν, ἢ δεῖ τὸ πνεῦμα ὑποχωρῆσαι τῇ σαρκὶ καὶ τοῖς γηΐνοις τὰ ἐπουράνια· c'est ce qu'on trouve aussi dans *Chrysost.* de Sacerdot. III. 1, homil. XV, in ep. II ad Corinth. et homil. IV de Verb. Isaiæ. Dans le premier passage : Ἱερωσύνης δέ τ. ροκειμένης, ἢ τοσοῦτον ἀνωτέρω βασιλείας ἕστηκεν, ὅσον πνεύματος καὶ σαρκὸς τὸ μέσον, τολμήσει τις ἡμᾶς ὑπεροψίας γράφεσθαι. Les paroles de Constantin le Grand aux évêques de Nicée sont particulièrement remarquables : « Deus vos constituit sacerdotes et potestatem vobis dedit de nobis

§ 126. — *Augmentation dans le nombre des fonctions ecclésiastiques.*

Thomassini vetus et nova Eccles. discip,, t. III, lib. II, c. 2 ; de Potestate Œconomor. in Oriente et Occid. prioribus V Eccles. sæculis ; t. I, lib. II, c. 97, de Defensoribus ; t. I, lib. II, c. 100, de Syncellis ; t. I, lib. II, c. 3 et 4, de Archipresbyt.; t. I, lib. II, c. 17 et 18. de Archidiaconis per V priora Eccles. sæcula.

Le nombre des fonctions et des charges ecclésiastiques devait s'agrandir avec la sphère d'activité de l'Église. Dès le V⁰ siècle, les évêques instituèrent des *économes* (οἰκόνομος) (1) pour administrer les biens de l'Église ; des *notaires* (*notarii, exceptores*) pour la rédaction des actes ecclésiastiques ; des *archivistes* (χαρτοφύλακες) pour la conservation de ces actes ; des *défenseurs* (ἔκδικος) pour soutenir les priviléges de l'Eglise devant les tribunaux séculiers. Par contre, la fonction des *diaconesses* tomba peu à peu en Occident, durant cette période ; elle se maintint plus longtemps en Orient. Les coadjuteurs ou vicaires épiscopaux, institués antérieurement, cessèrent leurs fonctions, afin que le nom et l'autorité de l'évêque ne fussent point avilis. L'évêque était accompagné par les *syncellus* (σύγκελλος) : l'*archiprêtre* remplissait les fonctions ecclésiastiques en cas d'absence de l'évêque. A la tête des affaires administratives était l'*archidiacre*, principal personnage en Orient après l'évêque, qu'il représentait dans les conciles (*vicarius delegatus*) ; il administrait le diocèse à la mort de l'évêque jusqu'à son remplacement. Alors aussi s'élevèrent autour des siéges épiscopaux des confréries spirituelles pour le soulagement des malades, pour donner la sépulture aux morts ((*para-*

---

quoque judicandi, et ideo nos a vobis recte judicamur. Vos autem non potestis ab hominibus judicari, propter quod Dei solius inter vos exspectate judicium et vestra jurgia, quæcunque sunt, ad illud divinum reserventur examen. » Dans *Rufin*. Hist. eccles. X, 2.

(1) Le concile de Chalcédoine, Actio IX (dans *Harduin*, t. II, p. 506), institue expressément des économes, par suite d'une administration arbitraire des biens de l'Église. Quoique cette administration eût toujours été sous la surveillance et la direction des évêques, on finit par admettre en principe que l'économe devait rendre compte aux autorités séculières comme à l'évêque.

bolani, fossores) (1). Comme tous ceux qui remplissaient ces fonctions étaient comptés parmi les membres inférieurs du clergé, et que les ordres, anciennement institués, tels que les sous-diacres, lecteurs, chantres, exorcistes, portiers, etc., subsistaient en Orient, ainsi que les sous-diacres, acolytes et autres, en Occident, pour restreindre le nombre des ecclésiastiques, il parut diverses lois impériales (2), imposant des conditions et des restrictions pour obtenir les dignités cléricales et les priviléges qui y étaient attachés. Cependant une loi de l'année 520 attribua à l'Église mère de Rome soixante prêtres, cent diacres, quatre-vingt-dix sous-diacres, cent dix lecteurs, vingt chantres, cent dix portiers, tandis qu'en 300 Rome n'avait en somme que cent cinquante-quatre ecclésiastiques.

§ 127. — *Éducation, élection, ordination, entretien des ecclésiastiques.*

Thomassini vetus et nova Eccles. disciplina, t. I, lib. II. c. 60-62 (de Cœlibatu clericor. in Eccles. Orient. et Lat.); lib. III, c. 2-5. (De Congregationib. mere clerical. et de Seminariis). *A. Theiner*, Hist. des instit. ecclés. Mayence, 1835, p. 1-26. *Klitsche*, Hist. du célib., p. 51 sq. *Gœschl.* Orig. des dîmes ecclés. program. Aschaffenb., 1837.

L'éducation cléricale resta durant cette période, comme dans la précédente, en grande partie pratique. Les plus

---

(1) Tirés de παραβάλλεσθαι τὴν ζωήν; — on se servait aussi de l'expression κοπιᾶται, *copiatæ*. Le Traité de Sept. ordinib. Ecclesiæ (*Hieronym.* Opp. ed. Vallarsi, t. X, p. 157 sq.), faussement attribué à saint Jérôme, désigne les *copiatæ* sous le nom de *fossarii* comme le dernier ordre du clergé. D'après le Codex Theodos. XVI, 2-42, de l'an 416, il ne devait y avoir à Alexandrie que cinq cents parabolains; on en accorda six cents par la loi 43 de l'an 418, et d'après le Codex Justin. I, 2-4, de onze cents on les réduisit à neuf cent cinquante.

(2) Déjà Constantin le Grand ordonnait, ann. 320 : « Nullum deinceps decurionem vel ex decurione progenitum, vel etiam instructum idoneis facultatibus, atque obeundis publicis muneribus opportunum, ad clericum nomen obsequiumque confugere; sed eos de cætero in defunctorum duntaxat clericorum loca subrogari, qui fortuna tenues, neque muneribus civilibus teneantur obstricti. » Des restrictions en-

grands docteurs de l'Église et les théologiens les plus profonds de ces temps n'avaient point fait d'études spéciales pour se préparer à l'état ecclésiastique. En répondant à leur divine vocation, ils avaient employé au service de Dieu et de l'Église des connaissances et des talents acquis dans un tout autre but. Le changement des circonstances extérieures fit sentir le besoin d'une *culture scientifique et théologique spéciale*, telle que déjà elle avait été préparée jadis dans l'école catéchétique d'Alexandrie et d'Antioche. C'est pourquoi on donna en Orient une plus grande extension à l'école exégétique d'Antioche ; une autre école s'éleva à Édesse pour l'éducation du clergé persan par les soins d'Éphrem le Syrien. Pamphile, qui mérita si bien de la science chrétienne, créa un enseignement théologique à Césarée ; il s'en forma un semblable en Mésopotamie, à Nisibe ; en Palestine, à Rhinocorure. L'Occident fut témoin du zèle et de l'ardeur que mit le grand évêque d'Hippone à développer les études théologiques ; Augustin fut, par ses écrits comme par sa vie sainte, un parfait modèle pour son jeune clergé. A l'instar de l'institut qu'il créa, grand nombre de *séminaires* furent fondés en Afrique, en Italie. A ces efforts se joignirent les exemples d'une vie vraiment sacerdotale, et les écrits nombreux des docteurs de l'Église qui inspiraient, par leurs paroles comme par leurs actions, un saint et profond respect pour la sublime dignité du sacerdoce chrétien. Alors parurent successivement le *Traité des Devoirs* (1), d'Ambroise, le discours sur *la Fuite* (2), de Grégoire de Nazianze, l'incomparable *Traité du Sacerdoce*,

---

core plus spéciales, Codex Théodos. XVI, 2, 17, 32, 43 ; XIII, 1, 11 ; XIV, 3, 11 ; XVI, 4, 8 (contre les esclaves) ; Justin. Nov. 123, 17. Contre les fonct. milit. cf. *Innoc.* I, ep. 2, 3 ; *Ambros.* ep. 29 ; *Leo Max.* I, 1 ; sur les intrigues des copiatæ, fossor. parabol. cf. Codex Theodos. XVI, 2, 15 ; XIII, 1, 1 ; VII, 20, 12 ; XVI, 2, 42, 43 ; *Justin.* Nov. 8 de l'an 535.

(1) *Ambros.* de Offic. ministror., lib. III ; ed. Bened., t. II, p. 1-142 init. Cum comment. de philosoph. morali veterum, ed. Færtsch. Stuttg., 1698 in-8 ; ed. Lipsiæ, 1699, in-8. Gilbert, Leipz., 1839. Conf. *Bittner*, de Ciceronianis et Ambrosianis officiorum libri commentatio. Brunsb., 1848.

(2) *Greg. Naz.* Λόγος περὶ φυγῆς (Opp. ed. Morelli. Col., 1690, t. I, p. 1-45).

de Chysostôme (1), les sermons d'Éphrem, le Syrien, sur l'*excellence du sacerdoce* (2), les épîtres de saint Jérôme (3) et de saint Augustin (4), qui se complaisent à décrire l'idéal du prêtre, et les *Règles pastorales*, de Grégoire le Grand (5). Ce dernier ouvrage se répandit, en raison de son excellence et de sa tendance pratique, dans toute la chrétienté, et conserva la plus grande influence sur les âges postérieurs. Les conciles et les papes cherchèrent, par leurs ordonnances, à réaliser cet idéal du sacerdoce. Ils défendirent d'élever au diaconat, avant l'âge de trente ans, ceux qui pouvaient d'ailleurs être initiés très-jeunes aux ordres inférieurs. Il fallait cinq années d'intervalle entre le diaconat et le sacerdoce, et dix années de fonctions et d'une conduite honorable, dans tous les degrés, pour être capable de l'épiscopat.

Ces lois furent souvent violées. Pour s'entourer d'un clergé nombreux et pompeux, beaucoup d'évêques consacraient prématurément des sujets qui ne cherchaient dans l'état ecclésiastique que les avantages et les priviléges extérieurs.

La haute idée qu'on avait conçue du sacerdoce se compléta par l'*obligation du célibat*, qui devint de plus en plus strict pour les prêtres, et dont les motifs, constamment proclamés, étaient : la pureté exigée pour la célébration du saint Sacrifice et l'administration des sacrements ; la liberté nécessaire aux prédicateurs et aux docteurs de l'Evangile pour s'adonner à l'étude de la science divine, et pour faire

---

(1) *Chrysost.* Περὶ ἱερωσύνης, λόγοι VI ; ed. ster. e rec. Bengel. Lipsiæ, 1825 ; ed. gr. et lat. cura Lomler. Rudolphopoli, 1837 ; id. græce, ibid.

(2) *Ephræm. Syr.*, Sermo de sacerdotio, commence ainsi : O miraculum stupendum, o potestas ineffabilis, o tremendum sacerdotii mysterium, spiritale ac vivum, venerandum et imprehensibile, quod Christus in hunc mundum veniens, etiam indignis impertitus est.— Genu posito, lacrymis atque suspiriis oro, ut hunc sacerdotii thesaurum inspiciamus, thesaurum, inquam, his qui eum digne et sancte custodiunt. » Ed. Assemanni syriace, græce et lat., t. III.

(3) *Hieronymi* ep. ad Pamach., ad Nepotian. (Opp. ed. Vallarsi, t. I, p. 254).

(4) Sur Augustin, voy. *Theiner*, loc. cit., p. 11.

(5) Regulæ pastorales (Opp. *Greg. Max.* ed. Bened., t. II, p. 1 sq.).

l'éducation religieuse et morale, non d'un ou de deux enfants, mais d'une multitude de fidèles.

Au rapport d'Eusèbe, de Jérôme, de Chrysostome, d'Epiphane, etc., le célibat parait avoir été universellement observé en Orient. Selon Grégoire de Nazianze, la nécessité du célibat était devenue une conviction si populaire qu'on n'aurait pas accepté les sacrements des mains d'un prêtre marié. Le refus que fit d'abord Synésius d'accepter l'évêché de Ptolémaïs, parce que cette acceptation entraînait la cessation de tout rapport avec sa femme, semble aussi confirmer ce qui vient d'être dit. On ne peut cependant nier qu'il existât de nombreuses exceptions, comme l'indiquent ces paroles d'Épiphane, qu'on allègue d'ordinaire à ce sujet : *Là où les lois de l'Église sont observées*, et d'autres circonstances connues. Ce fut sur les vives et pressantes instances de l'austère évêque Paphnuce qu'au concile de Nicée on *renouvella* l'ordre de rester célibataires à ceux qui n'avaient pas été mariés, avant leur ordination comme diacres, prêtres ou évêques, tandis que ceux qui s'étaient mariés étant laïques ne devaient pas, après leur ordination, être séparés de leurs femmes.

L'Occident observait plus rigoureusement encore la loi du célibat, qu'on étendit jusqu'aux sous-diacres, quand ils furent admis à servir à l'autel. Ambroise, Augustin, Jérôme surtout, démontrèrent la sainteté, la nécessité de cette loi. Les papes Synésius et Innocent Ier la rappelèrent, la confirmèrent ; les lois mêmes de Justinien insistèrent sur son observation.

Cependant ces lois furent souvent enfreintes. Ainsi lorsque l'Église grecque eut perdu de vue le véritable idéal du sacerdoce, le concile *in Trullo* [692], principalement composé des ecclésiastiques du patriarcat de Constantinople, n'exigea plus la chasteté que des évêques, et ne demanda aucune promesse de célibat aux diacres et aux prêtres, avant leur ordination ; ce qui s'observe encore aujourd'hui chez les Grecs (1).

(1) Le canon VI est ainsi conçu : Quoniam in apostolicis canonibus dictum est eorum qui non ducta uxore in clerum promoventur, solos *lectores* et *cantores* uxorem posse ducere ; et non hoc servantes decernimus, ut deinceps nulli penitus hypodiacono vel diacono vel

L'ordination, transmettant la vertu et communiquant la capacité nécessaires aux fonctions sacrées, imprimant par là même un caractère ineffaçable, ne pouvait, pas plus que le baptême, se renouveler. Pour être ordonné, il fallait n'avoir fait partie d'aucune secte hérétique ou schismatique, n'avoir subi aucune pénitence publique ; de plus, pour la prêtrise, il fallait que la communauté présente approuvât l'ordination, en disant : « Il est digne. » Sauf de rares exceptions, on était ordonné pour une église spéciale. Il fallait des motifs graves pour être autorisé à passer d'une église dans une autre (1).

L'entretien du clergé se faisait, comme nous l'avons indiplus haut, par les dons volontaires que les fidèles remettaient au clergé, à l'instar de la *dîme* payée par les Juifs aux prêtres et aux lévites, d'après les enseignements du Christ et des apôtres (2), et les exhortations expresses données, en diverses circonstances, par Ambroise, Augustin, Jérôme et d'autres (3). A ces dons s'ajoutèrent, à cette époque, un grand nombre de legs, ou des contributions en blé tirées des magasins publics et accordées annuellement au clergé, d'après les ordres de Constantin le Grand. En Occident, les revenus de l'Église étaient communément divisés en quatre parts, pour l'évêque, le clergé, les pauvres, les bâtiments de l'église. Cependant on trouve encore même durant cette période, des exemples de prêtres, de diacres, même d'évêques, vivant du travail de leurs mains, selon la recommandation expresse du quatrième concile de Carthage (4), qui en même temps déterminait les fonc-

presbytero *post* suam ordinationem contrahere liceat. Si autem fuerit hoc ausus facere deponatur. Si quis autem eorum, qui in clerum accedunt, velit lege matrimonii mulieri conjungi antequam *hypodiaconus*, vel *diaconus* vel presbyter ordinetur, hoc faciat. Conf. *Katerkamp*, t. III, p. 506-513.

(1) *Thomassini* lib. I, t. II ; loc. cit., c. 1-4.
(2) Luc. X, 7 ; 1 Cor. IX, 13.
(3) *Hieronym.* Comment. in Malach. c. 3 ; *Augustin.* Comment. in Psalm. 146 ; *Chrysostom.* Homil. XV in ep. ad Ephes. Cf. *Thomassini* l. cit., t. III, lib. II, c. 12-14.
(4) Concil. Cartagin. IV, ann. 398, can. 52 : « Clericus victum et vestimentum sibi artificiolo vel agricultura absque officii sui detrimento paret. » — Can. 53 : « Omnes clerici, qui ad operandum

tions et les professions dont les clercs ne pouvaient se charger.

§ 128. — *L'évêque et son diocèse.*

Thomassini, loc. cit., t. I, lib. I (de primo et principe Cleri ordine, de Episcopatu et omnibus ejusd. gradib.), c. 50-55 ; de Episcopis et de episcopal. sedib. et episcopatu ipso, t. II, lib. II, c. 1-9 (de Electionibus episcoporum in Oriente et Occidente). *Staudenmaier*, Elect. des évêques, p. 29-56.

L'épiscopat surtout se ressentit de la nouvelle situation de l'Église. Les persécutions que l'Église catholique venait de subir lui avaient procuré un clergé ferme, solide, orné de toutes les vertus sacerdotales ; *c'était une troupe de vrais martyrs du Christ*, disait, sans exagération, Théodoret, en parlant des trois cents évêques venus à Nicée dans tout l'appareil de l'indigence. Mais désormais, trop souvent, des dehors éclatants recouvrirent une grande pauvreté intérieure ; désormais, au lieu des persécutions et des nécessités de tous genres qui résultaient jadis des fonctions épiscopales, elles procurèrent des honneurs, des richesses qui excitaient la cupidité et l'ambition des uns, qui entretenaient la vanité et la prodigalité des autres. Il y avait d'ailleurs, dans les communautés des grandes villes, par suite de la multitude des fidèles, nécessité de dépense et d'une certaine représentation. Aussi blâmait-on la simplicité vraiment épiscopale de Chrysostôme. Néanmoins, Ammien Marcellin l'avoue lui-même, la plupart des évêques restaient fidèles à cette simplicité évangélique, si édifiante, si consolante pour l'Église (1).

---

validiores sunt, et artificiola et litteras discant. » (*Harduin*, t. I, p. 982 ; *Mansi*, t. III, p. 955.) Cf. *Thomassini*, t. III, lib. III, c. 17.

(1) *Ammian. Marcellin.* XXVII, 3, blâmant les évêques de Rome de donner des festins plus somptueux que les rois, continue : « Qui esse poterant beati revera, si, magnitudine Urbis despecta quam vitiis opponunt, ad imitationem antistitum quorumdam provincialium viverent : quos tenuitas edendi potandique parcissime, vilitas etiam indumentorum, et supercilia humum spectantia, perpetuo Numini verisque ejus cultoribus ut puros commendant et verecundos. » (Ed. Valesii, p. 481.)

Au commencement de cette période, le peuple prit encore part à l'élection des évêques : tantôt il proposait un candidat dont le clergé confirmait l'élection quand elle était régulière, qu'il décidait quand elle était douteuse, qu'il réformait quand elle était mauvaise ; tantôt le peuple et le clergé choisissaient parmi trois candidats proposés par les évêques de la province, ou bien le métropolitain lui-même élisait et ordonnait l'un des candidats choisis par le peuple et le clergé. Dans le doute, le métropolitain tranchait toujours la question (1). D'après un décret du concile de Nicée, qui servit de norme en Orient et en Occident, l'élection devait, autant que possible, être faite par tous les évêques de la province, ou au moins par trois d'entre eux, les absents donnant leur consentement par écrit. Le métropolitain devait confirmer l'élection (2). Le concile d'Antioche porta un décret analogue [341], ainsi que le quatrième concile de Carthage (3). En vertu des droits accordés par l'É-

(1) Quant à l'Eglise grecque, nous rappelons le second concile œcum. [381], dans lequel on écrit au pape Damase et aux évêques d'Occident : « Nectarium in concilio generali, communi omnium consensu, præsente imperatore, totius denique Cleri, *totiusque civitatis suffragiis episcopum constituimus.* » (*Harduin*, t. I, p. 826 ; *Mansi*, t. III, p. 586.) — *Theodoret.* Hist. ecclesiast. IV, 20, dit de l'évêque arien Lucius : « Electum fuisse episcopum non episcoporum orthodoxorum synodo, non clericorum virorum suffragio, non *petitione populorum*, ut ecclesiæ leges præcipiunt. » — Quant à l'Eglise latine, nous rappelons *Leonis Max.* ep, X, c. 6 : « Qui præfuturus est omnibus ab omnibus eligatur. » — Léon écrit de son côté contre les demandes à haute voix et souvent inconvenantes : « Mirantes tantum apud vos per occasionem temporis impacati, aut ambientium præsumptionem, aut tumultum valuisse populorum, ut indignis quibusque et longe extra sacerdotale meritum constitutis, pastorale fastigium et gubernatio Ecclesiæ crederetur. Non est hoc consulere populis, sed nocere ; nec præstare regimen, sed augere discrimen : integritas enim præsidentium salus est subditorum, etc. » (Opp. ed. Ballerini, t. I, p. 639 et 658.)

(2) Concil. Nicæn. can. 4 : « Quum quispiam episcopum constituere animo habuerit, quando is super regionem, aut civitatem, aut pagum, sub metropolitano constitui petit, oportet ut ad constitutionem illius synodus episcoporum provinciæ, qui circa eum sunt, sub potestate metropolitæ ejus aut patriarchæ congregatur : vel si illud iis difficile fuerit, — tres omnino episcopi ad eum conveniant, vel duo vel unus saltem necessario, etc. » (*Harduin.* t. I, p. 338 ; *Mansi*, t. II, p. 670.)

(3) Concil. Antioch. an. 341, can. 16 : « Si quis episcopus vacans

glise *circa sacra* aux empereurs, ceux-ci prirent part aussi à l'élection des évêques, soit èn les proposant, soit en les confirmant.

Mais les communautés chrétiennes perdirent leur influence lorsqu'au lieu d'élire des candidats dignes, tels qu'ils l'avaient généralement été dans le principe, leur choix tomba sur des sujets vains, ambitieux, hérétiques même (1). On observa alors, de plus en plus, les décrets du concile de Laodicée [372], et les évêques ne furent plus élus et institués que par le clergé, les évêques et le métropolitain (2). Cependant des empereurs violents et despotes comme Constance et Valens, nommèrent des évêques de leur seule autorité, et en violant tous les canons de l'Église (3). Il arriva parfois aussi que des empereurs, animés de sentiments pieux et sages, prévinrent des scènes de tumulte, de violence ou d'intrigue, par l'élection d'un évêque digne et capable, ainsi que fit Arcadius, à la mort du patriarche Nectaire, en nommant l'illustre Jean Chrysostôme, dont le clergé et le peuple confirmèrent la nomination par leurs suffrages.

L'évêque était considéré comme uni à son diocèse, à son Église, par les liens d'un mariage indissoluble. De là une

in Ecclesiam vacantem prosiliat, sedemque pervadat *absque integro perfectoque concilio*, hic abjiciatur necesse est, et si cunctus populus, quem diripuit, eum habere delegerit. Perfectum vero concilium illud est, ubi interfuerit metropolitanus antistes. » — Concil. Carthagin. IV, an. 398, capitul. 1 : « Quùm in his omnibus (num sit natura prudens, docibilis, moribus temperatis, vita castus, etc.) examinatus inventus fuerit plene instructus, tum cum consensu clericorum et laicorum et conventu totius provinciæ episcoporum, maximeque metropolitani vel auctoritate vel præsentia, ordinetur episcopus. » (*Harduin*. t. I, p. 600 et 978; *Mansi*, t. III, p. 949.)

(1) S. Chrysostome (de Sacerdotio, I, 3) dépeint avec amertume les désordres produits par les passions, durant les élections aux fonctions ecclésiastiques.

(2) Concil. Laodic. can. 13 : « De eo, quod non sit populis concedendum electionem facere (τὰς ἐκλογὰς ποιεῖσθαι), eorum qui altaris ministerio sunt applicandi. » (*Harduin*. t. I, p. 783; *Mansi*, t. II, p. 565.)

(3) Ce n'était pas une application des *jura circa sacra*, mais une intrusion par la force *in sacra*. Voyez les protestations d'Athanas. Hist. Arianor. n. 51 : « Quis canon præcipit ut e palatio mittatur episcopus? » (Opp. t. I, p. 296.)

série de canons qui défendent d'abandonner un évêché pour être transféré dans un autre (1). L'ordination et la prédication étaient les fonctions spéciales de l'évêque. Ce ne fut qu'insensiblement qu'on vit en Orient des prêtres prêcher en présence de l'évêque. En Occident, Augustin en donna, comme prêtre, le premier exemple. L'évêque avait en outre, la charge de visiter son diocèse. Quand il ne le pouvait lui-même, il en chargeait les *visiteurs*, dès lors établis en place des coadjuteurs ou vicaires épiscopaux (περιοδευτής). Par suite de la propagation du Christianisme, de nouvelles églises s'élevaient chaque jour, non-seulement dans les villes, à côté de l'église épiscopale ou cathédrale, mais encore à la campagne. L'évêque préposait un prêtre de son choix (πάροχος), comme autrefois un coadjuteur, à chaque paroisse particulière (παροικία, *ecclesia plebana*, titre opposé à *ecclesia cathedralis*, en Afrique *ecclesia matrix*). Une loi de Justinien (2), de l'année 541, reconnaissait déjà une sorte de patronage, en accordant le droit de présenter à l'évêque des ecclésiastiques dignes, à ceux qui fondaient une église avec des dotations fixes, pour payer les ecclésiastiques qu'on y préposerait. Les héritiers de ces fondateurs jouissaient du même privilége.

§ 129. — *Les métropoles et les patriarcats.*

Morini Diss. de patriarch. et primat. orig. (exercitat. ecclesiast. et biblioth. Paris., 1669, in-fol.). — *Thomassini*, t. I, lib. I, c. 7-20 (de Patriarchis; c. 40, de Potestate et officio metropolitanor. per quinque priora Ecclesiæ sæcula); Hist. chronol. patriarcharum (t. III, de la præfation. tract., etc., dans *Pollandi* Acta SS. le

(1) Concil. Nicæn. c. 15 : « Præcipimus etiam ut nec episcopus ipse, nec presbyter, nec diaconus, transiliat nec migret e loco cui præpositus est, et nominatim assignatus, in alium, non sua, nec alterius voluntate, etc. » (*Harduin*. t. I, p. 342; *Mansi*, t. II, p. 674.) C'est ainsi qu'Eusèbe, évêque de Césarée, refusa le patriarcat d'Antioche.

(2) *Justiniani* Nov. 57, c. 2; 123, c. 18 : Εἴ τις εὐκτήριον οἶκον κατασκευάσει, καὶ βουληθείη ἐν αὐτῷ κληρικοὺς προβάλλεσθαι, ἢ αὐτοὶ ἢ οἱ τούτου κληρονόμοι, αἱ τὰς δαπάνας αὐτοὶ τοῖς κληρικοῖς χορηγήσουσι, καὶ ἀξίους ὀνομάσουσι, τοὺς ὀνομασθέντας χειροτονεῖσθαι Cf. *Thomassini* t. II, lib. I, c. 29, de Jure patronatus per quinque priora Ecclesiæ sæcula.

Quien, Oriens christianus, etc *Mast*, Traité dogm. et hist. de la véritable situation de l'archevêché de Fribourg, 1847. *Maassen*, la Primauté de l'Eglise de Rome et les anciennes églises patriarcales, comme comment. du can. VI, conc. Nic. Bonn, 1853 sq. — La liste compl. dans Engelhardt, Hist. eccl., t. IV, p. 27-30.

La première période avait déjà vu naître l'institution des métropoles, qui se développa et se consolida dans la seconde période. Jusqu'au moment où l'on érigea les *patriarcats*, les métropolitains eurent la surveillance suprême de toutes les affaires ecclésiastiques de la province (ἐπαρχία), convoquèrent et présidèrent les synodes provinciaux qui devaient avoir lieu deux fois l'an. Ils devaient cependant être assistés par les autres évêques de la province, dans les décisions sur les affaires générales. Rome, Alexandrie, Antioche, eurent, de bonne heure, une autorité marquée et distincte au milieu des métropoles, comprenant plusieurs provinces métropolitaines dans leur ressort. Le concile de Nicée confirma cette préséance (can. VI). La division métropolitaine étant en partie fondée sur la division politique du territoire (1), il en résulta que l'évêque métropolitain fut nommé comme le chef politique, *exarque* (ἔξαρχος τῆς διοικήσεως) ou *archevêque* (ἀρχιεπίσκοπος) (2). Dans la suite on se servit de la dénomination plus ecclésiastique de *patriarche*, qui devint bientôt la qualification distinctive des cinq métropoles les plus distinguées (*patriarcats*). Outre Rome, Alexandrie et Antioche, Constantinople, par suite de son importance politique, fut également élevé à la dignité du patriarcat. Le nombre considérable d'évêques qui s'y réunissaient constamment (σύνοδος ἐνδημοῦσα) devint dès lors la cause de bien des inquiétudes et de bien des embarras, sous

---

(1) Ce fait est plus évident en Orient qu'en Occident. La plupart des églises métropolitaines et des exarchats y correspondent aux provinces et diocèses dans les *préfectures d'Orient et d'Illyrie*. Voy. *Engelhardt*, Hist. ecclésast., t. I, p. 512-17.

(2) Le concile de Sardique (can. 6) nomme en général chaque métropolitain ὁ ἔξαρχος τῆς ἐπαρχίας; mais dans le concile de Chalcédoine, can 9, ἔξαρχος est déjà un titre qui n'est attribué qu'aux métropolitains de premier rang (*Mansi*, t. VII, p. 361 et 365; *Harduin*, t. I, p. 644 sq.). Ἀρχιεπίσκοπος, est appliqué pour la première fois à Athanase, év. d'Alex. Cf. *Athanas.*, apol. II; *Epiphan.*, Hær. 68.

le rapport ecclesiastique. Constantinople avait été antérieurement soumise à un métropolitain siégeant à Héraclée. Comme le second concile œcuménique avait, non sans dommage pour la paix et l'unité de l'Église, accordé à l'évêque de Constantinople le premier rang après l'évêque de Rome (1), le concile de Chalcédoine [451] lui reconnut une vaste juridiction, s'étendant sur plusieurs diocèses des bords du Danube, et sur les provinces de la Thrace, de l'Asie Mineure et du Pont. Mais les évêques de Rome protestèrent avec persévérance, d'abord, contre le vingt-huitième canon de ce concile, forgé et sanctionné en l'absence des légats du pape, et qui attribuait à la *nouvelle Rome* des droits égaux à ceux de l'ancienne, puis contre le titre que s'arrogèrent plus tard les évêques de Constantinople de *patriarche universel* (*patriarcha universalis*). Ils soutinrent que la primauté sur tous ($\pi\rho\grave{o}$ $\pi\acute{a}\nu\tau\omega\nu$ $\pi\rho\acute{\omega}\tau\epsilon\iota\alpha$) n'appartenait qu'au seul successeur de Pierre. C'est à Alexandrie que se déploya le plus explicitement pour l'Orient la puissance du patriarcat. Héraclée, Éphèse et Césarée, autrefois métropoles, maintenant englobées dans le ressort de Constantinople, ne devaient plus être nommées qu'*exarchats*. Enfin, l'Église de Jérusalem (*Ælia*), fut, comme *mère de toutes les Églises*, élevée à la dignité de patriarcat (2), et les trois Palestines lui furent subordonnées (*Palestina I, Palestina II, Palestina salutaris*). L'Égypte, la Libye, la Pentapole étaient soumises à la juridiction du patriarcat d'Alexandrie. Du patriarcat d'Antioche ressortirent d'abord la Syrie, la Cilicie, l'Osroëne, la Mésopotamie, Chypre, la Phénicie, la Palestine, l'Arabie. Plus tard, Chypre fut déclarée indépendante et la Palestine attribuée au patriarcat de Jérusalem. Il est difficile de déterminer l'étendue du patriarcat de Rome, parce qu'il est souvent difficile de séparer les droits du patriarcat de ceux de la primauté. Sans aucun doute le patriarcat de l'évêque de Rome, « coryphée de l'Occident, »

(1). Concil. Constantinop., can. 3 : Τὸν μέντοι Κωνσταντίνου πόλεως ἐπίσκοπον ἔχειν τὰ πρεσβεῖα τῆς τιμῆς μετὰ τὸν τῆς Ῥώμης ἐπίσκοπον, διὰ τὸ εἶναι αὐτὴν νέαν Ῥώμην. (*Harduin*, t. I, p. 810; *Mansi*, t. III, p. 560).

(2) Concil. Chalcedon., Act. VII. (*Harduin*, t. II, p. 491 sq.; *Mansi*, t. VII, p. 177 sq.)

embrassait l'Italie, les Gaules, l'Espagne, la Sardaigne, la Sicile, l'Illyrie orientale et occidentale. Dans toutes ces provinces, en général, des vicaires apostoliques exerçaient les droits du patriarcat, au nom des évêques de Rome. L'Église d'Afrique, formée de tant d'évêchés, refusait de se soumettre au patriarcat de Rome; il en était de même de Maurus, évêque de l'exarchat de Ravenne, sans cependant qu'il méconnût les droits de la primauté du Siége apostolique. Les principaux droits du patriarcat étaient : de confirmer les métropolitains, da convoquer les conciles, de les présider, de recevoir les appels, de communiquer aux métropolitains les rescrits impériaux, etc. Cependant on rappelait souvent aux patriarches et aux métropolitains que c'était un devoir pour eux de ne pas décider dans les affaires graves sans le consentement des conciles (1).

§ 130. — *Primauté de l'évêque de Rome.*

Rothensée, Primauté du pape, t. 1, p. 99. *Kenrick*, Prim. du Saint-Siége, voy. § 87.

L'esprit et le caractère de cette époque étaient singulièrement propres à développer et à consolider le principe de la primauté de Rome, comme condition de l'unité et de la force de l'Eglise, et à proclamer la suprématie du pape, comme représentant visible de l'unité de l'Église, gardien et défenseur de sa foi et de ses lois, supérieur légitime et patriarche de tous les patriarches, président né et nécessaire des conciles œcuméniques, et, dès lors, chef suprême de toute la catholicité (2).

(1) Concil. Chalcédon., can. 7 : « Si quis clericus cum proprio vel etiam alio episcopo negotium aut litem habeat, a *provinciæ synodo* judicetur. » Le can. 17 répète la même prescription.
(2) *Leo. Max.*, ep. 10 ad episcopos provinc. Vien. : « Divinæ cultum religionis, quem in omnes gentes omnesque nationes Dei voluit gratia coruscare, ita Dominus noster Jesus Christus — instituit, ut veritas, quæ antea legis et prophetarum præconio continebatur, per apostolicam tubam in salutem universitatis exiret. — Sed hujus muneris sacramentum ita Dominus ad omnium apostolorum officium pertinere voluit, *ut in beatissimo Petro, apostolorum omnium summo, principaliter collocarit; et ab ipso quasi quodam capite, dona sua velit*

Mais les faits suivants eurent une influence particulière et décisive dans la reconnaissance de la primauté du pontife romain :

1° Les violences qu'exerçaient parfois des évêques, des métropolitains ou patriarches poussaient les opprimés à chercher un appui contre une puissance injuste, et tous s'adressaient à l'évêque de Rome. Que si celui-ci fût parvenu à sa prééminence « par d'ambitieux envahissements (1) » comme on l'a souvent prétendu, et non par suite d'une institution divine, comme c'était la croyance universelle (2), les opprimés se seraient-ils, dans leurs malheurs, adressés à l'oppresseur de tous ?

---

in corpus omne manare : ut exsortem se mysterii intelligeret esse divini, qui ausus fuisset a Petri soliditate recedere. Hunc enim in consortium individuæ unitatis assumptum, id quod ipse erat voluit nominari, dicendo : tu es Petrus, etc., ut æterni templi ædificatio, mirabili munere gratiæ Dei, in Petri soliditate consisteret; hac Ecclesiam suam firmitate corroborans, ut illam nec humana temeritas posset appetere, nec portæ contra illam inferi prævalerent. (Opp. ed. Ballerini, t. I, p. 633).

(1) « Si l'on considère combien l'homme est plongé dans de profondes ténèbres, enclin à la dispute, à l'ambition, combien les hommes sont naturellement divisés entre eux, l'institution et l'existence de l'Église catholique est certainement un des plus grands miracles que Dieu ait opérés. On parle bien de l'ambition des évêques et des synodes d'autrefois ; mais l'on oublie les milliers d'évêques qui ont vécu, en tout temps, exempts d'ambition et du désir d'une vaine domination. Pourquoi vivaient-ils unis? comment s'entendaient-ils? pourquoi étaient-il soumis? d'où vient enfin que peu à peu ils permirent à l'un d'entre eux de prendre l'autorité, l'influence, l'initiative en tout? — Certes, ce n'est pas lui qui, seul, est parvenu à former l'unité de la grande communauté, mais bien la foi en un Seigneur, en une destinée commune, l'amour qui unit toutes choses, enfin le Seigneur lui-même et son divin esprit. Loin d'avoir produit l'Eglise catholique, le pape a été le produit de l'Esprit visiblement manifesté dans la catholicité de l'Eglise. » (*Hirscher*, Morale chrét., 3ᵉ édit., t. III, p. 657).

(2) *Socrat..* Hist. ecclesiast., II, 15 : « Eodem tempore Paulus quoque, Const. episcopus, Asclepas Gazæ, Marcellus Ancyræ — accusati et ecclesiis suis pulsi in urbem regiam (Romam) adventant. Ubi cum Julio Rom. episcopo causam suam exposuissent, ille, quæ est Ecclesiæ Rom. *prærogativa*, liberioribus litteris eos communitos in Orientem remisit, singulis sedem suam restituens simulque perstringens illos, qui supradictos episcopos temere deposuissent. » — *Sozom.* Hist. ecclesiast., III, 8 : « Et quoniam propter sedis dignitatem om-

2° Pendant que, dans les controverses difficiles sur les dogmes chrétiens, on voyait souvent des évêques, des patriarches, prendre parti pour l'hérésie, les papes persévéraient, les écrivains protestants eux-mêmes l'accordent (1), avec une inébranlable fidélité, dans la vraie foi de l'Église; et ainsi se confirmait de plus en plus la conviction que la primauté de l'évêque de Rome était vraiment d'institution divine.

3° Enfin les empereurs, ne résidant plus de préférence à Rome durant cette période, laissèrent ainsi plus de liberté au développement définitif des droits de la primauté papale.

A peine l'arianisme, si fortement soutenu par le fils de Constantin, eut-il éclaté, qu'on vit tous les évêques persécutés, Athanase, Eustathe d'Antioche, Marcel d'Ancyre, Lucius d'Andrinople, et plus tard Cyrille d'Alexandrie, Chrysostome de Constantinople, s'adresser à l'évêque de Rome. Des hérétiques même, comme Nestorius, Pélage, reconnurent la prééminence du pape et cherchèrent auprès de lui appui et protection pour leurs erreurs. Le pape prit vigoureusement le parti de ces évêques persécutés, soutenant ouvertement que sans lui nul évêque ne pouvait

---

nium cura ad ipsum (episcopum Rom.) spectabat, suam cuique Ecclesiam restituit. » (Ed. Valesii, t. II.) — De même *Leo Max.*, ep. 12, ad univers. episcop. Afr. : « Ratio pietatis exegit, ut pro sollicitudine quam universæ Ecclesiæ ex divina institutione dependimus. » (Opp. t. I, p. 669.)

(1) « L'histoire des controverses de cette période prouvera combien le siége de Rome gagna en considération par la persévérance avec laquelle les évêques romains soutinrent, presque sans exception, leurs opinions en matière dogmatique, et par la victoire qu'elles remportèrent toujours. » (*Engelhardt*, Hist. ecclésiast., t. I. p. 312.) — *Marheinecke*, Hist. univers. de l'Égl. Krl., 1806, p. 306, dit à ce sujet : « Ce n'était pas sur la puissance extérieure qu'était fondée l'autorité des papes : elle était sortie d'un germe sacré, elle partait du dedans : le courage, la force, la patience triomphaient souvent et conservaient toutes choses. On n'a pas assez remarqué pourquoi, précisément dans les évêques de Rome, l'individualité s'absorbait en quelques sorte dans la dignité épiscopale, de sorte que, même dans les plus mauvais jours, la sainteté de celle-ci ne se perdait jamais tout entière. Ils conservaient une certaine dignité au milieu des luttes les plus vives et les plus désordonnées. Leur regard ne se détournait jamais du terme marqué à tous, atteint par la plupart. »

être déposé; et le concile de Sardique [347], si nombreux, et que quelques-uns regardent comme œcuménique, reconnut ce privilége pontifical (1). On lui reconnut aussi le droit d'approuver et de confirmer les conciles universels. On reprocha durement à Dioscore d'Alexandrie d'avoir violé ce privilége, ce qui était illicite et inouï jusqu'alors.

Ce qui proclame encore la reconnaissance universelle de cette primauté, ce sont :

1° Les *appels* adressés de toutes les parties du monde aux souverains pontifes, et les demandes qu'on leur faisait sur tout ce qui concerne la discipline, et auxquels ils répondaient par les *décrétales* (2), datant du pape Siricius [en 385]

---

(1) Synod. Sardic. can. 3 : « Osius episcopus dixit : Quodsi aliquis episcoporum judicatus fuerit in aliqua causa et putat se bonam causam habere, ut iterum concilium renovetur; si vobis placet, S. Petri apostoli memoriam honoremus, ut scribatur ab his, qui causam examinarunt, Julio Romano episcopo : et si judicaverit renovandum esse judicium, renovetur et det judices. Si autem probaverit. Si hoc omnibus placet? Synodus respondit : Placet. » — Can. 4 : « Gaudentius episcopus dixit : Addendum si placet huic sententiæ quam plenam sanctitate protulisti, ut, quum aliquis episcopus depositus fuerit eorum episcoporum judicio qui in vicinis locis commorantur, et proclamaverit agendum sibi negotium in urbe Roma, alter episcopus in ejus cathedra, post appellationem ejus qui videtur esse depositus, omnino non ordinetur, nisi causa fuerit in judicio episcopi Romani determinata. — Can. 7 : « Osius episc. dixit : Et hoc placuit, ut si episcopus accusatus fuerit, et omnes judicaverint congregati episcopi regionis ipsius, et de gradu suo eum dejecerint: si appellaverit, qui dejectus videtur, et confugerit ad beatissimum Romanæ Ecclesiæ episcopum, et voluerit se audiri; si justum putaverit ut renovetur examen, scribere his episcopis dignetur Romanus episcopus, qui in finitima et propinqua altera provincia sunt, ut ipsi diligenter omnia requirant, et juxta fidem veritatis definiant. Quod si is qui rogat causam suam iterum audiri deprecatione sua moverit episc. Romanum, ut de latere suo presbyteros mittat, erit in potestate ipsius quid velit et quid æstimet. Si decreverit mittendos esse, qui præsentes cum episcopis judicent, ut habeant etiam auctoritatem personæ illius, a quo destinati sunt, erit in ejus arbitrio. Si vero crediderit sufficere episcopos comprovinciales, ut negotio terminum imponant, faciet quod sapientissimo consilio suo judicaverit. » (*Harduin,* t. I, p. 629 sq.; *Mansi,* t. III, p. 23 sq.) Cf. *De Marca,* de Concord. sacerd. et imper., lib. VII, c. 3.

(2) Epistolæ Romanor. pontificum a S. Clem. ad S. Sixtum III, ed. Petr. Constant. Paris., 1721. in-fol.

§ 130. — PRIMAUTÉ

2° Les *légats apostoliques* (1) envoyés dans toutes les parties de l'Église et y exerçant leur autorité ;

3° Les *lois impériales* reconnaissant et confirmant les droits de cette primauté (2).

Toutes ces preuves sont encore fortifiées par les déclarations du concile que le roi Théodoric convoqua à Rome, pour y faire juger le pape Symmaque, accusé de divers délits. Les évêques assemblés proclamèrent qu'il était sans exemple que le chef de l'Église fût soumis au jugement de ses subordonnés (3). Nous avons vu plus haut que des évêques d'Orient se prononcèrent presque de la même manière (4).

---

(1) *Thomassini* l. cit., t. I, lib. II, c. 117, de Legatis per quinque priora Ecclesiæ sæcula. Cf. Feuilles histor.-polit., t. VIII, p. 564-76.

(2) Lex Valentiniani III, an. 445 : « Ne quid præter auctoritatem sedis illius illicita præsumtio attentare nitatur, quum Sedes apostolica *Primatum S. Petri meritum*, qui princeps est episcopalis coronæ, et Romanæ dignitas civitatis, sacræ etiam synodi firmavit auctoritas. » Cf. *Hurter*, Innocent III, t. III, p. 58, éd. allem.

(3) Synod. Rom. III : « Memorati pontifices, quibus allegandi imminebat occasio, suggesserunt, *ipsum*, qui dicebatur impetitus, *debuisse synodum convocare;* scientes quia ejus sedi primum Petri apostoli meritum vel principatus, deinde sequuta jussionem Domini conciliorum venerandum auctoritas, ei singularem in ecclesiis tradidit potestatem; *nec antedictæ sedis antistitem minorum subjacuisse judicio* in propositione simili, facile forma aliqua testaretur. » (*Mansi*, t. VIII, p. 247-48; *Harduin.* t. II, p. 967.) Ces mêmes prétentions reparaissent plus fortes dans Libell. apologet. pro Synodo IV Romana (*Mansi*, t. VII, p. 271 sq.). Cf. aussi Aviti episc. Vienn. ad senatores urbis Romæ. Il dit ici au nom des évêques des Gaules, et en faisant allusion au troisième concile de Rome, qui avait déclaré Symmaque innocent devant les hommes et avait tout abandonné au jugement de Dieu : « Quam constitutionem licet observabilem numerosi reverendique concilii reddat assensus, intelligimus tamen sanctum Symmachum papam, si sæculo primo fuerat accusatus, consacerdotum suorum solatium potius quam recipere debuisse judicium : qui sicut subditos nos esse terrenis potestatibus jubet arbiter cœli, staturos nos ante reges et principes, in quacunque accusatione prædicens, ita non facile datur intelligi qua vel ratione vel lege ab inferioribus eminentior judicetur. » — Et plus bas : « In sacerdotibus cæteris potest, quid forte nutaverit, reformari; at si papa urbis vocatur in dubium, *episcopatus jam videbitur, non episcopus vacillare*. » (*Mansi*, t. VIII, p. 293 sq.; *Harduin.* t. II. p. 931.

(4) Cf. *Socrat.* Hist. ecclesiast. II, 8 : « Sed neque Julius interfuit Romanæ urbis episcopus, nec quemquam eo misit, qui locum suum

C'est comme successeur de Pierre, comme institué par le Christ même, que l'évêque de Rome était universellement reconnu chef de l'Église, jouissant de la suprématie. « Pour rendre tout schisme impossible, dit saint Jérôme, » le Christ élut chef de l'Église l'un des douze apôtres. » Je me tiens dans la communion du siége de Pierre, » parce que je sais que c'est sur cette pierre qu'est fondée » l'Église. Qui n'est pas uni à l'Église de Rome n'est pas » dans l'Église (1). » — « Le jugement de Rome, dit » saint Augustin à son tour, est le jugement de toute » l'Église. Il est sans appel, doit être accepté et exécuté » partout (2). Quiconque est condamné par Rome l'est » par le monde entier. Rome a parlé, que l'erreur se taise » et disparaisse. »

Cependant ce n'est que dans la seconde moitié de la

---

impleret : quum tamen ecclesiastica regula vetet (κανόνος ἐκκλησιαστικοῦ κελεύοντος) ne absque consensu Romani pontificis quidquam in Ecclesia decernatur. » — *Sozom.* Hist. ecclesiast. III, 10 : « Legem enim esse pontificiam (νόμον ἱερατικὸν) ut pro irritis habeantur quæ præter sententiam (παρὰ γνώμην) episcopi Romani fuerint gesta. » (Ed. Valesius, t. II, p. 70 et 415.) Cf. *De Marca*, l. cit., lib. V, c. 12, § 1.

(1) *Hieronym.* Adv. Jovian. lib. I, n. 26 : « Propterea inter duodecim *unus* eligitur, ut capite constituto schismatis tollatur occasio. » (Opp. t. II, p. 279). — Ep. 15 : « Ego nullum primum nisi Christum sequens, beatitudini tuæ, id est cathedræ Petri, communione consocior. Super illam petram ædificatam esse Ecclesiam scio. Quicunque extra hanc domum agnum comederit profanus est. » — Et déjà auparavant : « Ideo mihi cathedram Petri et fidem apostolico ore laudatam censui consulendam, » (Opp. t. I, p. 38 et 39). Cf. aussi *Optat. Milevit.* l. cit., II, 2 : « In urbe Roma primo cathedram episcopalem esse collatam, in qua sederit omnium apostolorum caput Petrus, unde et Cephas appellatus est, in qua una cathedra unitas ab omnibus servaretur, ne cæteri apostoli singulas sibi quisque defenderent, *ut jam schismaticus et peccator esset qui contra singularem cathedram alteram collocaret.* » — Le passage suivant a encore une grande importance dans Gelasii Decretum de libris recipiendis et non recipiendis (*Mansi*, t. VIII, p. 157, et *Harduin.* t. II, p. 389) « Quamvis universæ per orbem catholicæ diffusæ Ecclesiæ unus thalamus Christi sit, sancta tamen Romana Ecclesia nullis synodicis constitutis cæteris Ecclesiis prælata est, sed *evangelica* voce Domini et Salvatoris nostri primatum obtinuit : *Tu es Petrus*, etc.

(2) *Augustin.* lib. II, Adv. Julian Pelag. c. 9, t. X, p. 549 ; ep. 190, n. 22 (adv. Optat.) t. II, p. 706 sq. ; lib. I, adv. Julian. c. 2, t. X, p. 499. Sermo 132, n. 10.

I.

période actuelle que l'on trouve pour la première fois un nom distinctif et caractéristique de la primauté de l'évêque de Rome, car on disait aussi en parlant d'autres évêques *papa, apostolicus, vicarius Christi, summus pontifex, sedes apostolica* (1). Ennodius, évêque de Pavie (Ticinum) [510], est le premier qui nomma l'évêque de Rome, de préférence à tout autre, *papa* (2), et dès lors cette dénomination resta en usage en Occident. Plus tard, par suite de la controverse née de l'usurpation du nom d'*évêque universel*, pris par le patriarche de Constantinople Jean le Jeûneur (3), Grégoire le Grand, voyant renaître la discussion, prit, contrairement à cette dénomination superbe, l'humble titre de *servus servorum Dei*; et les papes, ses successeurs, le conservèrent, en se conformant à cette parole du Christ : « Que les plus grands d'entre vous soient les serviteurs » de tous. » Parmi les nombreux papes de cette période si excellente, Silvestre Ier, Jules Ier, Libère, Innocent Ier. et Grégoire le Grand se signalèrent surtout ; mais celui en qui se réalisa le plus parfaitement l'idée de la primauté pontificale fut le pape

Léon le Grand [440-461].

Caractère ferme et vigoureux (4), Léon se montra, comme nous l'avons vu plus haut, l'un des plus zélés défenseurs et des plus solides appuis de la doctrine de l'Église attaquée par Eutychès. « Pierre a parlé par la bouche de Léon, » s'écria d'une voix le concile de Chal-

(1) Cf. *Thomassini*, t. I, lib. I, c. 4 : « Præsulibus quidem omnibus communia fuisse nomina papæ, apostoli, præsulis, etc., sed ea tamen jam tum singulari quadam quam honoris prærogativa Romano pontif. attributa sunt. »

(2) Cf. *Sirmond*. (ed. Opp. Ennodii. Paris., 1611, et dans Galland. t. XI, p. 47) ad Ennod. l. IV, ep. I. Le mot de *papa*, employé comme titre d'honneur dans le conc. tenu sous le pontificat de l'évêque de Rome *Symmaque*. Act. dans *Mansi*, t. VIII, p. 247 sq.

(3) Cf. *Thomassini* l. c., t. I, lib. I, c. 11, de Controversia Gregorium papam inter et Joannem, etc.

(4) *Leonis Max.* Opp. ed. Quesnel, ed. II. Lugd., 1700, 2 t. in-fol.; Ballerini. Venet., 1753-57, 3 t. in-fol. *Maimbourg*, Hist. du pontificat de saint Léon. Paris, 1687, 2 t. *Arendt*, Léon le Grand et son siècle. Mayence, 1835. *Perthel*, Vie et doctrine de Léon Ier. Iéna, 1843.

cédoine, après la lecture de la lettre de Léon à Flavien. Le honteux *brigandage d'Éphèse* affecta douloureusement Léon, et il chercha de toutes manières à garantir l'Eglise de ses tristes résultats. Sa vigilance apostolique lui fit découvrir les crimes épouvantables des Manichéens, il parvint à convertir un grand nombre de ces sectaires et à paralyser le mauvais vouloir des autres. Il provoqua le concile national d'Espagne tenu contre la secte des Priscillianistes, alliés des Manichéens. Ses quatre-vingt-seize sermons, d'un style vigoureux, prouvent qu'au milieu des charges et des affaires que lui imposait la haute dignité de successeur de saint Pierre, les devoirs de l'évêque et du prêtre lui étaient restés chers et précieux. Il sut, par sa prudence et son énergie, conserver l'Église d'Illyrie sous la dépendance de l'Occident, mettre autant de gravité que d'élévation dans les blâmes qu'il adressa au violent et rebelle métropolitain de Thessalonique, Anastase, et le ramener à la douceur qui convient au siége apostolique de Rome, qu'il représentait. Puis il sut faire rentrer dans les bornes de la modération et réconcilier avec le Saint-Siége Hilaire, évêque d'Arles, qui défendait avec un zèle exagéré ses prétendus droits métropolitains sur les deux provinces narbonnaises, en lui rappelant les prescriptions des papes Boniface et Célestin à ce sujet (1). Il sut profiter de la désolation de l'Eglise d'Afrique, dévastée par les Vandales, pour la soumettre au patriarcat de Rome (2), et contraignit Valentinien III à reconnaître en lui le titre et la dignité de chef suprême de l'Église, que l'empereur lui contestait. Il sauva Rome [452] et en détourna le fléau de Dieu (3), en se présentant à Attila, le bâton pastoral à la main, revêtu de ses ornements pontificaux; pasteur hardi, défendant son troupeau sans crainte d'exposer sa vie; chef suprême et magnanime de l'Eglise, *dont l'influence, bien plus que la puissance impériale, soutenait*

(1) Conf. *Honorati* Vita S. Hilarii (Bolland. acta SS. ad d. V. M. Maii) et opp. *Leonis* ep. 12.
(2) *Leonis* ep. 12 ad episcop. (Opp. t. I, p. 637 sq.); ep. 11 (t. I, p. 642); et *Theodosii* Nov. tit. 24, d'après l'éd. Ritter.
(3) Voy. *Jean de Müller*, Voyages des papes (Œuvres compl., t. VIII). Aix-la-Chapelle, 1831. Cf. *Arendt*, l. c., p. 323-30.

seule alors la grandeur de Rome (1). Attila, selon la tradition, se retira, effrayé d'avoir vu, à côté de Léon, saint Pierre armé d'une épée nue et menaçante. Ceux même qui ne reconnaissent point en Léon le chef de l'Église, et un de ses plus illustres docteurs, ne peuvent lui refuser le titre de grand.

§ 131. — *Conciles œcuméniques. Synodes provinciaux et diocésains.*

Les conciles œcuméniques (σύνοδοι οἰκουμενικαί), véritables représentants de l'esprit catholique, furent, dans ces temps de controverses ardentes, l'autorité décisive, le tribunal suprême qui terminait toutes les discussions dogmatiques (2).

Dès la première période, les docteurs, réfutant les hérétiques, en avaient appelé à la doctrine unanime de l'Église réunie. Mais les persécutions empêchèrent longtemps les évêques de se réunir et de proclamer la foi commune, de manière à être entendus par tous les fidèles. Dès que les persécutions cessèrent, les évêques se réunirent : preuve que les conciles ressortent de l'essence même de l'Église, et que la possibilité de leur réalisation extérieure dépendait seule de l'État (3).

(1) Paroles tirées *de Vocat. gentium*, écrit probablement par Léon étant diacre (Opp. t. I, p. 167 sq.).

(2) Le mot *œcuménique* tire son étymologie de la désignation de l'empire romain (οἰκουμένη, orbis terr.), d'abord can. 6. conc. Constant. [381].—L'esprit de ces conciles est parfaitement caractérisé par S. *Hilaire*, de Trinit. XI, 1. Les expressions du conc. de Constant. sur la signification et la tendance de ce concile sont importantes : « Sanctum et universale concilium dixit : Sufficiebat quidem ad perfectam orthodoxæ fidei cognitionem atque confirmationem pium atque orthodoxum hoc divinæ gratiæ symbolum (concilii Constant. II, a. 553). Sed quoniam non destitit ab exordio adinventor malitiæ cooperatorem sibi serpentem inveniens, et per eum venenosam humanæ naturæ deferens mortem, et ita organa ad propriam sui voluntatem apta reperiens, Theodorum dicimus, etc. — excitavit Christus Deus noster fidelissimum imperatorem, novum David, — qui non dedit somnum oculis suis donec per hunc nostrum a Deo congregatum sacrumque conventum, *ipsam rectæ fidei reperit perfectam prædicationem.* » (*Harduin.* t. III, p. 1398.)

(3) *Euseb.* Vita Constant. Max. III, 7 : « Constantin par cette réu-

L'autorité des décisions dogmatiques des conciles était essentiellement fondée sur la promesse faite à l'Église par le Christ, de l'assister toujours. Les fidèles étaient assurés que l'épiscopat réuni ne pouvaient s'écarter de la vraie doctrine. Sans doute tous les évêques, même de l'empire romain (οἰκουμένη), n'assistaient pas toujours aux conciles œcuméniques, mais, les décisions des conciles une fois admises par l'universalité des évêques, les conciles devenaient dès lors œcuméniques, ainsi que le devint, par l'adhésion de l'Église d'Occident, celui de Constantinople [381]. Leurs décisions étaient considérées comme les *paroles mêmes du Saint-Esprit* (1), comme l'explication et la confirmation authentique des vérités de la foi chrétienne rendues nécessaires par les attaques de l'hérésie (2).

Les adversaires de l'Eglise n'ont pu élever quelques doutes sur la haute considération et l'autorité irréfragable dont jouissaient les décrets des conciles œcuméniques (3),

nion d'évêques, nous donne l'image d'une assemblée apostolique » (et non, par conséquent, d'une assemblée des amphyctions de la Grèce).

(1) Déjà Constantin le Grand disait aux Donatistes du concile d'Arles : « Meum judicium postulant (Donatistæ), qui ipse judicium Christi exspecto. Dico enim, ut se veritas habet, sacerdotum judicium ita debet haberi ac si ipse Dominus residens judicet. Nihil enim his licet aliud sentire, vel aliud judicare, nisi quod Christi magisterio sunt edocti. » — Il dit du concile de Nicée, dans l'Epist. catholicæ Alexandrinor. Eccles. dans *Socrat.* Hist ecclésiast. I, 9 : « Quod trecentis placuit (ἤρεσεν) episcopis, nihil aliud existimandum est quam Dei sententia, præsertim quum in tantorum virorum mentibus insedens Spiritus S. divinam voluntatem aperuit. » (Ed Valesii, t. II, p. 26.) — Conformément à cela, il était dit toujours dans le préambule de chaque décision : *Le Saint-Esprit l'ordonne.* Basil. Max., ep. 111, sur le concile de Nicée : Οἱ τριακόσιοι δέκα καὶ ὀκτὼ — οὐκ ἄνευ τῆς τοῦ ἁγίου Πνεύματος ἐνεργείας ἐφθέγξαντο, c'est-à-dire τὴν πίστιν. — Gregor. Max. Ep. lib. III, ep. 10 : « Sicut quatuor synodos sanctæ universalis Ecclesiæ, sicut quatuor libros sancti Evangelii recipimus. — Chalcedonensis (IV) fides in quinta synodo non est violata. » (Opp. ed Bened. t. II, p. 632.)

(2) Jean, XVI, 13-14.

(3) *Gregor. Nazianz.* ep. 55 ad Procop. : « Telle est ma disposition, si je dois dire la vérité, que je fuis toute assemblée d'évêques : car je n'en ai pas vu encore qui aient eu une heureuse issue; je n'ai pas vu de concile qui, au lieu de détruire le mal, ne l'ait augmenté et qui n'ait été le théâtre des disputes les plus incroyables et de l'ambition la plus effrénée, etc. » L'interprète latin Billius, dans l'argu-

qu'en s'appuyant sur des paroles très-vives de Grégoire de Nazianze. Ce saint évêque blâme en effet, souvent d'une manière rude et rigoureuse, la conduite parfois passionnée des évêques et des synodes provinciaux ; il s'indigne surtout contre les nombreux symboles de foi tour à tour forgés et abandonnés par les Ariens. Mais, d'un autre côté, en maint endroit de ses ouvrages, il défend avec chaleur et énergie l'autorité de ces saintes assemblées. A la fin de cette époque, on admettait unanimement, comme conciles œcuméniques, les conciles de Nicée [325], de Constantinople [384], d'Éphèse [431], de Chalcédoine [451], le deuxième et le troisième de Constantinople [553, 680]. Quant au concile de Sardique [347], que l'Occident voulait mettre au premier rang, comme l'Orient le prétendait pour les deux conciles *in Trullo* [692], on ne put jamais réunir le consentement général. Outre le dogme, objet principal des décisions des conciles, on y traitait aussi des questions de droit et de discipline ecclésiastiques d'un intérêt général ; souvent même on y déposait des patriarches.

Presque tous les conciles œcuméniques de cette période furent convoqués par les empereurs ; cependant on demanda le consentement du pape pour plusieurs. C'est ainsi que le sixième concile œcuménique, qui est sans doute d'une époque plus reculée, déclarait que l'empereur Constantin avait convoqué le concile de Nicée de concert avec le pape Silvestre. Probablement Marcien et Pulchérie recherchèrent le même assentiment du pape pour la convocation du quatrième concile œcuménique [451]. C'est dans ce concile que les légats du pape reprochèrent, entre autres, à Dioscore, de s'être permis de vouloir tenir un concile universel sans l'autorisation du pape. Aussi Pélage II [587] déclare que le droit de convoquer les conciles œcuméniques n'appartient qu'au successeur de Pierre. La *présidence* des conciles, depuis le premier, où Osius, et les prêtres romains Vit et Vincent représentèrent le pape, était sans contradiction déférée au pape, quoique ces conciles fussent composés, en majeure partie, d'évêques orientaux,

---

ment de cette lettre, prétend avec raison qu'il n'est ici question que des synodes provinciaux, et nommément de ceux des Ariens. Cf. surtout l'opinion du païen Amm. Marcellin, plus haut, § 141.

et que, la plupart du temps, les évêques de Rome ne s'y trouvassent représentés que par des légats. Le patriarche Macédonius de Constantinople ne déclarait-il pas à l'empereur Anastase qu'il ne pouvait rien décider, dans les affaires de la foi, sans un concile œcuménique présidé par le pape?

Outre les six conciles œcuméniques, il y eut encore, durant cette période, toute une série de synodes provinciaux et diocésains. La convocation de ces synodes avait été recommandée depuis les temps les plus anciens. Ainsi le premier concile œcuménique de Nicée avait dit, can. V : « On tiendra deux fois par an des conciles provinciaux, et tous les évêques de la province s'y rendront. Le premier sera tenu pendant le carême, le deuxième en automne. » Cette prescription fut renouvelée par le concile d'Antioche [341], par le quatrième concile œcuménique de Chalcédoine [451], qui blâma en même temps la négligence dont on s'était rendu coupable à ce sujet. Mais lorsque les provinces ecclésiastiques furent considérablement agrandies, les conciles d'Agde [506], d'Orléans [533], de Tours [567], de Tolède [589 et 633], plus tard le septième concile œcuménique de Nicée [787], ordonnèrent « que les évêques se réuniraient au moins une fois par an en un synode. »

Enfin il faut mentionner une espèce particulière de concile, à savoir les σύνοδοι ἐνδημοῦσαι, synodes fixes, permanents, tenus à Constantinople, par les évêques qui se trouvaient dans la résidence impériale, lorsque le gouvernement leur proposait une question à éclaircir, une affaire à conclure, des difficultés à résoudre. Les patriarches d'Alexandrie tenaient aussi parfois de ces synodes endémiques.

On a pensé que la première trace relative à la tenue des synodes diocésains se rencontre dans le canon douteux « annis » qu'on présume avoir été rédigé au concile d'Hippone [393]. Ce qui est certain, c'est qu'on trouve une ordonnance à ce sujet dans les synodes d'Orléans [511], d'Huesca [598], qui enjoignaient non-seulement aux clercs, mais encore aux abbés, placés sous la juridiction épiscopale, de se trouver au synode (les curés en mai chaque année, les abbés en novembre). Même ordonnance au quatrième concile de Tolède [633]; et le seizième concile de

Tolède [693], menace les évêques de la peine de l'excommunication s'ils ne convoquent pas le synode diocésain six mois après chaque concile provincial (1).

Les décrets, ratifiés par la souscription des évêques présents, étaient communiqués aux fidèles des divers diocèses par des lettres synodales, et recueillis dans des collections qu'on pouvait consulter, afin de maintenir l'observation des décisions synodales. La plus ancienne collection de l'Église grecque est celle de Jean Scolastique (2), patriarche de Constantinople [† 578]; elle est systématique, et divisée en cinquante titres généraux. Le *Nomocanon*, qu'il composa aussi, contient, outre les cinquante titres, les lois de l'Église qui s'y rapportent, et les lois politiques de Constantin le Grand et de Justinien qui y correspondent. En Occident, la première réunion des canons est celle qu'on appelle *Prisca Translatio* (3), qui fut faite, sur la recommandation de l'évêque de Salone [vers 510], par Denys le Petit (4), moine de la Scythie, fixé à Rome. Il y ajouta les *Décrétales des papes* (5), depuis Siricius jusqu'à Anastase II [† 498].

C'est sur ce modèle que fut composée, en Espagne, la collection spéciale d'Isidore, archevêque de Séville [† 636] (6). L'Église d'Afrique approuva, au concile de Carthage [419], une collection de canons propres à cette Église, et qui, peu à peu, passèrent dans le droit commun

---

(1) *Philipps*, Synodes diocésains. Frib., 1849, p. 40.

(2) *Guill. Vœlli et Justell*. Biblioth. juris can. vet., t. II, p. 499-660; *Philipps*, Droit eccles., t. II; *Walter*, Droit can. P. II. « Sources du D. can. »

(3) Dans Ballerini Opp. *Leon. Max.*, t. III, p. 473 sq., et dans *Mansi*, t. VI p. 1105-1230. Cf. *Ballerini*, de Antiquis collectionib. canon., t. III, Opp. Leon. Max. et *Galland*. Sylloge.

(4) Le surnom de *Petit* (Exiguus) indique probablement l'humilité de Denys, les moines prenant assez souvent des surnoms de ce genre; par ex. Anastase le Bibliothéc. : « Exiguus in Christo salutem Joanni diacono, » et Boniface, l'apôtre de l'Allem., écrit : « Beatissimæ Virgini... Vuinfredus *Exiguus* in Christo Jesu intimæ caritatis salutem. »

(5) *Justelli* Biblioth., t. I, p. 97 sq. Cf. *Ballerini* Dissert. (Leon. Max. Opp., t. III. p. 174 sq.).

(6) Collect. canon. Eccles. Hispan. Matrit., 1808, in-fol. Epistolæ decretales ac rescr. Roman. Pontificum. Matriti, 1821, in-fol.

de l'Église (1). Fulgence Ferrand, diacre de Carthage [vers 540], fit des extraits de ces collections de canons dans son *Bréviaire,* ainsi que l'évêque africain Cresconius dans sa *Concordia* systématique (2).

(1) Cod. Canon. Eccles. Africanæ, aussi dans *Harduin*, t. I, p. 861 sq.; *Mansi*, t. III, p. 698 sq.; et Justelli Biblioth., t. I, p. 303 sq.
(2) *Ferrandi* Breviar. canon. dans Justelli Biblioth., t. I, p. 448 sq.; et la Concordia de Cresconius, ibid., t. I, Append., p. 33 sq.

CHAPITRE IV.

CULTE; DISCIPLINE; VIE RELIGIEUSE ET MORALE DES CHRÉTIENS.

Chardon, Hist. des Sacrements. *Martene*, de Antiq. Eccles. ritibus. Les œuvres de Mamachi, Selvaggio, Pelliccia, Binterim. Cf. sup. Bibliogr. § 88. Voyez le sens symbolique des principaux objets du culte souvent profondément expliqué dans *Dionys. Areopagita*, de Hierarchia ecclesiastica; *Staudenmaier*, Esprit du Christ. exposé dans ses fêtes, sacrem., etc. Mayence, 1843, 2 t.

§ 132. — *Les églises et leurs ornements.*

Pomp. Sarnelli, Antica basilicografia. Neap., 1686. *Muratori*, de Templorum apud vet. christianos ornatu (Anecdot., t. I, p. 178 sq.). *J. G. Müller*, des Images dans les sanctuaires des églises du Ve au XIVe siècle. Trèves, 1835. *Augusti*, Hist. de l'art chrét. et de la liturgie, t. I. Leipsick, 1841. *Kugler*, Man. de l'hist. de l'art. Stuttg., 1848, avec un atlas.

Libres désormais au dehors, et cédant à la vertu du Christianisme qui pousse à l'action, les chrétiens pouvaient manifester, dans le culte extérieur, leurs pensées pieuses et leurs sentiments religieux. Aussi voyons-nous s'organiser rapidement le culte auguste et mystérieux de l'Église catholique, tel, alors, qu'il resta dans la suite des âges, quant à ses parties essentielles et constitutives. La victoire du Christianisme sur le paganisme fut célébrée par de nombreux symboles.

D'abord les temples s'élevèrent plus nombreux et plus magnifiques. L'exemple fut donné par l'empereur Constantin et sa mère Hélène, à qui l'on doit les églises de Tyr, de Sainte-Sophie à Constantinople, de Mambré, du Saint-Sépulcre à Jérusalem, l'église de l'Ascension au mont des

Oliviers, celle de la Crèche à Bethléhem. Bientôt le marbre, l'or, l'argent, les pierres précieuses ornèrent les temples consacrés au Seigneur (1). On imita dans la construction de ces églises le style des édifices les plus somptueux en Occident, surtout celui des basiliques où se rendait la justice, et de là le nom des grandes églises ou basiliques, demeures du Christ, le roi éternel (2). La forme de ces basiliques était un carré long (3), partagé par des rangées de colonnes en trois, rarement cinq nefs, et terminé à l'orient par un espace circulaire (ἄψις, κόγχη, *absida*, *concha*) où se trouvaient les siéges des prêtres entourant le trône de l'évêque. A partir de Constantin, la croix devint la forme prédominante, en ce sens que le carré long fut coupé vers son extrémité orientale par un second carré, d'où résultait une nef transversale, et, pour tout le bâtiment, la forme d'un octogone. C'est la forme qu'on donna aux églises d'Orient citées plus haut, et en Occident aux églises de Saint-Jean de Latran, de Saint-Pierre, de Saint-Paul, de Sainte-Marie Majeure à Rome, de Saint-Apollinaire à Ravenne, et à beaucoup d'autres. Sous Justinien, à côté de la forme des basiliques, on adopta la coupole, d'après le modèle du Panthéon, bâti à Rome par Agrippa, l'ami d'Auguste [26 ans av. J.-C.], et qui, en 606, fut changé en une église dédiée à la sainte Vierge et aux martyrs. C'est dans cette forme que fut achevée l'église principale d'Antioche, commencée par Constantin, ainsi que celles des Saints-Apôtres à Constantinople, de Saint-Vital à Ravenne, et que fut reconstruite la plus magnifique de toutes les églises, celle de Sainte-Sophie à Constantinople, dont la dédicace inspira une orgueilleuse joie à Justinien, qui s'écria : « Salomon, je t'ai vaincu ! » (νενίκηκά σε Σαλομών). L'intérieur de l'église se divisait ordinairement en trois parties : 1° à l'occident, le *parvis* pour ceux qui n'étaient pas encore chrétiens

(1) *Hieronym.* ep. ad Paulin. de Instit. monach.; *Ambros.* de Offic. II, 28; *Chrysost.* Hom. 50, in Matth.; *Isidor. Pelusiot.* Epp. lib. II, ep. 246.

(2) *Bunsen*, les Basiliques de Rome chrét. Munich, 1843; *Platner*, itDescription de Rome, t. I, p. 416; *Zestermann*, les Basil. anc. chrét. Leips., 1847.

(3) Constitut. apostol., lib. II, c. 57 : Ac primo quidem ædes es *oblonga*, etc.

(νάρθηξ, πρόναος); 2° la *nef* pour les catéchumènes, les pénitents et les fidèles, séparés selon les sexes; en Orient, les femmes avaient souvent leur place dans des galeries supérieures (ναός, *navis, laicorum oratorium*) 3° le *chœur* (βῆμα, de βαίνω, *sanctuarium*), plus élevé que tout le reste, séparé de la nef par des balustrades et des rideaux, et d'ordinaire entouré par un portique semi-circulaire; l². s'élevait l'autel. Dans les premiers temps, il était presque toujours de bois; depuis le IV° siècle il fut de pierre, orné de la croix et des chandeliers, et surmonté d'une représentation du Saint-Esprit sous la forme d'une colombe. Ce n'est qu'à dater de la fin du IV° siècle qu'on fait mention de plusieurs autels dans la même église (1). Entre la nef et le chœur ou dans la nef même, se trouvaient, sur un ou deux degrés plus élevés que le sol, un pupitre (ἄμβων) pour le lecteur. Il y avait dans le chœur un siège plus élevé encore, d'où l'évêque instruisait le peuple. Des lampes brûlaient perpétuellement dans le temple, symbole de la gloire éternelle de celui qui règne au-dessus du jour et de la nuit. A l'entrée de l'église était un réservoir ou une fontaine (κρήνη, *cantharus*) servant aux ablutions. Les grandes églises avaient des bâtiments accessoires, tels qu'un *baptistère* (βαπτιστήριον), le plus souvent sous la forme de la rotonde romaine, et des salles destinées au dépôt des meubles de l'église (*secretarium seu diaconicum magnum*).

Il est question de la consécration des églises presque en même temps que de leur érection. C'était ordinairement pendant la durée d'un concile que, par une fête solennelle, on faisait cette consécration, dont on conservait le souvenir par une fête annuelle (*encœnia, festum dedicationis eccles.* ou *natale eccles.*).

C'est à tort qu'on attribue au pieux évêque de Nole, en Campanie, Paulin, qui vivait au commencement du V° siècle, l'invention ingénieuse des *cloches* et des tours qui les soutiennent. Cet usage ne se répandit qu'à dater du VII° siècle. Parmi les images qui décoraient les murs des temples et des habitations chrétiennes, la croix était au premier

(1) De la pluralité des autels dans la même église (Gaz. ecclés. de l'Allem. mérid. Frib., 1841. VII° livrais., p. 227-232. *Binterim.*, loc. cit., t. IV, P. I, p. 96).

rang. Le signe de la malédiction, le symbole de l'infamie était devenu l'objet de l'amour, des vœux et du respect de tous les fidèles. On la voyait s'élever triomphante dans les maisons, sur le faîte des édifices, dans les villes et les campagnes, sur les montagnes et dans les vallées, sur les vaisseaux, sur les étendards, sur les livres, sur tous les objets du culte (1). Elle rappelait au chrétien sa vocation véritable : souffrir pour Dieu et suivre, par la souffrance, Jésus-Christ dans sa gloire. On représentait encore le Christ, les saints, les martyrs, les scènes de l'histoire sainte dans les tableaux, signes sensibles des choses invisibles pour les ignorants et les savants, objets d'édification pour tous. Ce fut seulement contre la représentation du Christ sous la figure de l'Agneau, que le concile *in Trullo* porta un décret. Les docteurs de l'Église furent, de temps à autre aussi, dans le cas de blâmer l'abus des images, dégénérant en superstitions païennes. L'ornement le plus précieux des églises et surtout de l'autel était les reliques de la croix de Jésus-Christ et celles des saints martyrs. Malheureusement là aussi se retrouvèrent bientôt l'abus et la fraude, qui nécessitèrent l'intervention des évêques, voire même de l'empereur Théodose (2).

§ 133. — *Le culte en général.*

Staudenmaier, Rapport de l'art sacré avec le culte. (Esprit du Christ, etc. Mayence, 1847, t. I, p. 229-267.) *Meyer*, Rpaport du culte et de l'art (Zurich, 1837). *Rousseau*, Violettes des saints, ou la Poésie et l'art dans le catholicisme. Frib., 1835, 6 vol.

Les chrétiens, dès qu'ils le purent, mirent dans leur culte une grande magnificence. Elle se manifesta d'abord dans les ornements et les vêtements que portait le clergé aux jours solennels, et dans les diverses fonctions du ministère. Les vêtements qui distinguèrent l'évêque du reste du clergé étaient : 1° chez les Grecs, l'*étole* (ὠράριον, *orarium* d'abord,

---

(1) *Chrysost.* Hom. 54, in Matth. n. 4; *August.* Sermo 302, n. 3; Sermo 32, n. 13.

(2) Voir plus bas le § 140. Cf. *August.* de Opere monachor., c. 28, t. VI, ed. Bened. et Cod. Theodos, IX, 17, 7.

plus tard *stola*); 2° un ornement de laine blanche porté sur les épaules (ὠμοφόριον, *pallium*), comme symbole de l'Agneau perdu et retrouvé que le bon pasteur rapporte sur ses épaules (ὦμος). Ce *pallium*, également en usage en Occident, fut, à dater du VI° siècle, envoyé par les papes aux métropolitains, en signe de communion et de dépendance. 3° La *tiare* ou la *mitre*, d'étoffe précieuse, ornée souvent d'or et de pierres, était, en Orient et en Occident, le symbole de l'autorité épiscopale. 4° En Occident, l'*anneau* et la *crosse* s'y ajoutaient encore (1). Le clergé, par humilité, et à l'instar des moines et des esclaves, se coupait les cheveux, ou portait sur le sommet de la tête une tonsure (*tonsura Petri, signum passionis*) qui, plus tard, fut imposée à tout le clergé (2).

La poésie et la musique contribuèrent à augmenter la pompe et la solennité du culte public. D'abord on se récria, de divers côtés (3), contre l'usage de la poésie, qui venait s'ajouter à celui des psaumes, chantés depuis longtemps dans les assemblées chrétiennes, de la doxologie,

---

(1) *Du Tour*, de Origine antiquit. et sanct. vestium sacerdotal. Paris., in-4; *Schmid*, de Omophorio episcopor. gr. Helm., 1698; *Pertsch*, de Orig. usu et auct. pallii. Helm., 1754; *Schmid*, de Annulo pastorali. Helm., 1705, in-4. Cf. *Binterim*, Mémoires, etc., t. I, p. II. Le clergé ne porta un signe distinctif, hors de l'église, en général, qu'à partir de la fin du IV° siècle. Saint Jérôme dit encore d'une manière toute générale : « Vestes pullas æque devita et candidas. Ornatus et sordes pari modo fugiendæ sunt, quia alterum delicias, alterum gloriam redolet. » (Ep. ad Nepotian. n. 9, t. I, p. 264.) — Dans le quatrième concile de Carthage [398], can. 45 : « Clericus professionem suam et in habitu et incessu probet, et nec vestibus, nec calceamentis decorem quærat. » (*Harduin*, t. I, p. 982.) Cf. *Selvaggio*. loc. cit., lib. I, p. II, c. 11.

(2) *Pellicia*, l. cit., ed. Ritter, t. I, p. 28 sq. — Concil. Toletan. IV, an. 633, can. 41 : « Omnes clerici vel lectores sicut levitæ et sacerdotes detonso superius toto capite, inferius solam circuli coronam relinquant. » *Harduin*, t. III, p. 588.) *Binterim*, Mémoires, t. I, P. I° p. 262.

(3) Conc. Laodic. [vers 372], can. 59 : Ὅτι οὐ δεῖ ἰδιωτικοὺς ψαλμοὺς λέγεσθαι ἐν τῇ Ἐκκλησίᾳ. Cf. can. 15 (*Harduin*, t. I, p. 791). Le deuxième concile de Braga [561] décide contre les Priscillianistes, capitul. 12 : « Placuit ut extra psalmos vel canonicarum Scripturar. N. et V. Testament. nihil poetice compositum in Ecclesia psallatur. » (*Harduin*, t. III, p. 351.)

composée de divers versets des saintes Écritures et des hymnes sacrés. Cependant on céda peu à peu au vœu universel. Mais aux seuls docteurs de l'Église, d'une piété et d'une orthodoxie universellement reconnues, fut réservé l'honneur d'exprimer et d'inspirer les sentiments de la foi chrétienne par de saints cantiques. En Orient, les plus remarquables d'entre ces auteurs sacrés furent le profond Synésius (1), dont les hymnes sont d'une mysticité hardie; Ephrem le Syrien, les deux Apollinaire, Grégoire de Nazianze et Basile le Grand; en Occident, Hilaire de Poitiers, Ambroise, dont le quatrième concile de Tolède adopta les hymnes (2); puis le pape Damase [† 384], Claude Mamment [† vers 470], Paulin de Nole, Sédulius [vers 430], Prosper [† vers 463], Grégoire le Grand, l'évêque Fortunatus [† vers 603], et le plus poète de tous, Prudence [† après 405] (3). Une faveur universelle accueillit l'hymne dite Ambroisienne: *Te deum laudamus*, qu'on disait avoir été composée par Ambroise, soudainement inspiré et rempli d'un esprit prophétique au baptême d'Augustin.

On s'efforça en général de former un chant d'église digne de sa destination (4) : on attribuait l'usage des *antiennes* (chants alternatifs et répons) à saint Ignace d'Antioche. Des témoignages authentiques nous les montrent en usage, de bonne heure, dans les églises de Césarée et de Constantinople. Saint Basile le Grand, expliquant le sens élevé du chant ecclésiastique, dit : « L'Église pour réveiller le sens de la foi, accompagne ses enseignements de douces mélodies, afin que notre cœur soit touché par le charme de ce qu'il a entendu, s'il n'a pas saisi tout le sens des paroles

(1) *Synesii* Opp. omn. ed. et interpret. Petavius. Par. (1612), 1640. Conf. *Tillemont*, t. XII. p. 499-564, et *Clausen*, de Synesio philosopho Lybiæ pentapolis metropolita. Hafn., 1831.

(2) Conc. Toletan. ann. 633, can. 13 (*Harduin*, t. III, p. 583).

(3) *Prudent.* Περὶ στεφάνων, etc. Opp. ed. Heinsius. Amst., 1667; Cellarius. Halæ, 1703. Cf. surtout *Bambach*, Anthologie de chants chrét., 1817, 6 vol. Hymni Ecclesiæ excerpti e breviariis Paris. Roman. Sarisburiensi, Eboracensi, et aliunde. Oxon., 1839. *Daniel* Thesaurus hymnologicus, t. I, Halæ, 1841.

(4) *Gerbert.* de Cantu et musica sacra. 1774, 2 t. in-4. Cf. Ejusd. Scriptores ecclesiastici de musica, t. II, 1784. Cf. aussi *Bona*, cardinalis, de divin. Psalmodia, c. 17, n. 9; sur le chant grégorien, *Forkel*, Hist. de la musique. Leipzig, 1788, 2 t.

qu'il a écoutées. » Et saint Augustin dit, sans doute au souvenir des chants de l'Église de Milan : « Que de larmes j'ai versées en entendant les hymnes et les chants sacrés qui s'élevaient avec une touchante ferveur dans ton Église, ô Seigneur, et combien j'étais ému en les écoutant! Pendant qu'ils pénétraient doucement mon oreille, la vérité des paroles chantées s'infiltrait dans mon cœur et y réveillait le sentiment de la piété la plus ardente. » Saint Ambroise et saint Grégoire le Grand rendirent les plus grands services à cet égard, par l'institution si connue du *chant ecclésiastique ambrosien et grégorien.* Le dernier, dont les notes ont une égale durée, ressemble, sous beaucoup de rapports, à notre choral. L'ambrosien, dont les notes sont d'inégale durée, a plus le caractère d'un récitatif (1). Le chant grégorien, si grave, si solennel, fut enseigné dans une école de chant fondée par cet excellent pape, et de là il se répandit peu à peu dans toute l'Église. De temps à autre le chant d'église prenait un caractère plus artistique et devenait en même temps plus humain que religieux, ce qui excitait les sévères réprimandes des Pères de l'Église. Enfin, les sons majestueux de l'orgue, échos des voix du ciel (2), vinrent accompagner et vivifier le chant grégorien.

§ 134. — *Fêtes ecclésiastiques; jeûnes.* Cf. § 93.

Selvaggio, l. c. lib. II, P. II, c. 4-6; c. 7, de Jejunio quadragesimæ. *Pellicia*, l. c. t. II, ed. Ritter, p. 276 sq. *Binterim*, Mémoires, t. V, P. I. *Bœhmer*, Archéologie ecclésiastique chrétienne, t. II, p. 56 sq.

Les solennités du dimanche, de la Pâque et de la Pentecôte, déjà célébrées dans la première période, les jeûnes du mercredi et du vendredi, dès lors observés, restèrent sans interruption, dans l'Église, des jours commémoratifs

---

(1) Cf. les excel. docum. pour l'hist. du chant choral romain dans les Archiv. théol. de Munich, 1843, livr. 4, p. 320-331, et livr. 6, p. 495-514. *Lüft*, Liturgie, t. II. p. 207-214. *Antony*, Manuel du chant grég., Münst., 1829.

(2) *Chrysander.* Hist. des orgues d'Église. Rint., 1755. *Binterim*, Mémoires, t. IV, P. I, p. 145 sq. *Rousseau*, Violettes des saints, t. II, sur S. Cécile.

§ 134. — FÊTES ECCLÉSIASTIQUES; JEUNES.

d'une vive joie ou d'une sérieuse douleur. Les lois de Constantin donnèrent un caractère plus élevé encore à la fête du dimanche en ordonnant que, le dimanche, les tribunaux vaqueraient, les travaux journaliers cesseraient, les soldats seraient menés à la prière commune. Les ordonnances ecclésiastiques du concile de Laodicée (1) y contribuèrent de leur côté. Celles des conciles d'Arles et de Nicée fixèrent la même époque pour la célébration de la Pâque dans toute l'Église. Mais la diversité des calculs de Rome et d'Alexandrie fit naître une différence que trancha l'introduction du cycle dionysien. Les quarante jours de jeûne, préparation de la fête de Pâques, furent aussi plus généralement et plus uniformément observés. Pendant ce temps on ne devait célébrer aucune fête de martyr, aucun mariage, etc. (2). La dernière semaine avant Pâques (ἑβδομὰς μεγάλη) était surtout réputée sainte : on y distinguait le jeudi (*dies anniversarius coenae Domini*), le vendredi (ἡμέρα τοῦ σταυροῦ, *dies crucis*), le samedi (*sabbatum magnum*). D'après des témoignages certains, on célébrait, au commencement du IVᵉ siècle, l'*Ascension* (ἑορτὴ τῆς ἀναλήψεως, en Cappadoce, ἐπισωζομένη, jour du salut), qu'on faisait précéder, d'après l'exemple de Mamerte, évêque de Vienne [469], des trois jours de prières (*dies rogationum*) (3). Outre cela, on rappelait souvent aux chrétiens que, pour eux, tous les jours étaient semblables (4); que chaque jour de-

---

(1) Conc. Laodic. [vers 372], can. 29, ordonna de ne pas célébrer le sabbat avec les juifs, de ne pas s'abstenir de travail ce jour-là, mais de préférer pour cela le dimanche (*Harduin*, t. I, p. 785; *Mansi*, t. II, p. 569.)

(2) Conc. Laodic., can. 51 et 52 : « Non oportet martyrum natalitia celebrare sed eorum in sabbato et dominica tantum memoriam fieri. — Non oportet in quadragesima aut nuptias aut quælibet natalitia celebrare. » Cf. can. 48 et 50.

(3) Lorsque ces jours de Rogations se furent généralement répandus, surtout dans les Gaules et en Espagne, le pape Léon III les ordonna dans toute l'Église. S. Augustin détermine ainsi le cycle des fêtes à la fin du IVᵉ siècle : « Quæ toto terrarum orbe servantur, quod *Domini passio et resurrectio et ascensio* in cœlum, et *adventus* de cœlo Spiritus sancti, anniversaria solemnitate celebrantur. » (Ep. 54 ad Januar., *August*. Opp. t. I.) Cf. Conc. Aurelian. an. 511. c. 27 (*Harduin*, t. II, p. 1011).

(4) *Hieronym*. Comment. ep. ad Gal. IV, 10-11. Cf. *Chrysost*.,

vait être consacré par le souvenir de la mort du Christ; que chaque jour ils pouvaient fêter le Christ ressuscité, en s'unissant à lui par la communion ; qu'on avait institué sagement des jeûnes et des réunions publiques à l'église pour ceux qui, pendant toute leur vie, n'avaient pu ou voulu offrir à Dieu le sacrifice de leur prière avant de vaquer aux affaires humaines : quant aux fidèles, ils étaient invités, par les constitutions apostoliques, à une prière quotidienne, renouvelée six fois par jour. Ces heures de prière étaient celle du lever du soleil, en actions de grâces pour le jour nouveau ; la troisième en mémoire de la condamnation de Jésus-Christ ; la sixième en souvenir de son crucifiement ; la neuvième en l'honneur de sa mort ; le soir, pour demander à Dieu le repos nécessaire ; au chant du coq, pour remercier le Seigneur du jour renaissant (1). Aux fêtes solennelles citées plus haut s'en ajoutèrent, dans le courant du VIe siècle, de nouvelles, qui complétèrent le cycle sacré des souvenirs chers aux chrétiens.

L'*Epiphanie* ou la *Théophanie* de l'Orient se répandit généralement aussi en Occident ; cependant elle y prit une autre signification. La fête de *Noël*, par contre, la fête de la sanctification de la nature humaine, dans et par le Verbe incarné, était née en Occident ; déjà généralement observée sous le pape Libère, elle ne s'introduisit en Orient qu'en 376, et se répandit dans toute la catholicité, lorsque saint Chrysostome l'eut recommandée comme « la mère de tou- » tes les autres fêtes (2). » De profonds docteurs de l'Église, faisant allusion à la célébration de cette fête au solstice d'hiver, remarquaient que le Christ était né précisément à l'époque des plus longues nuits et des jours les plus courts ; parce qu'alors la nuit profonde de l'incrédulité couvrait toute la terre, et que désormais les ténèbres diminueraient

---

Hom. I, n. 1, in Pentecost. (Opp., t. II, p. 458, ed. Montfaucon). Socrat. Hist. eccles., V, 22.

(1) Constitut. apostol. VIII, 34, il est ajouté : « Si propter infideles impossibile est ad ecclesiam procedere, in domo aliqua congregationes facies, Episcope, ne plus ingrediatur in ecclesiam impiorum; non enim locus hominem sanctificat, sed homo locum. » (*Galland.* Biblioth. t. III, p. 229 ; *Mansi*, t. I, p. 502.)

(2) *Chrysost.* Homil. in diem natal. Christi (t. II, p. 355).

à mesure que la foi au Christ, Sauveur du monde, croîtrait parmi les hommes (1).

Dès le VII° siècle, on se préparait pieusement aux fêtes de Noël comme à celle de Pâques (*adventus*). Aux dissolutions païennes, aux superstitions des fêtes de la nouvelle année, l'Église opposa des jeûnes, et plus tard la fête de la *Circoncision du Christ*, symbole de la circoncision du cœur, qui seule pouvait mettre un terme aux désordres du paganisme. Il s'y rattacha deux nouvelles fêtes : la *Présentation de Jésus-Christ au temple* (*Festum præsent. Chr. in templo*, chez les Grecs, ὑπαντή, *occursus*, d'après saint Luc, II, 27, Siméon rencontrant l'enfant Jésus et reconnaissant en lui le Messie), qui devint plus tard en Occident une fête de la Vierge (*Festum purificationis*), célébrée le 2 février; *l'Annonciation de la bienheureuse Vierge Marie* (ἡ τοῦ ἀγγελισμοῦ, *festum Annuntiationis*), dont la date est incertaine, mais dont il est déjà fait mention au concile *in Trullo* [692] (2). L'Église grecque célébrait aussi, depuis le VII° siècle, la fête de la *Transfiguration du Christ* (μεταμορφώσεως); on y rattacha une fête commémorative de la naissance céleste de *tous les apôtres*, dont l'empereur Valentinien rehaussa la solennité, en ordonnant ce jour-là la suspension de toutes les fonctions judiciaires.

Alors aussi se multiplièrent les jours commémoratifs de certains martyrs, dont la première période offre déjà des exemples. La mémoire du martyr saint Étienne se lia, dans l'Église occidentale, avec beaucoup de sens, à la fête de Noël, pour montrer qu'Étienne n'avait obtenu la couronne du martyre que par le Verbe incarné, pour lequel il avait rendu témoignage et versé son sang. A Rome surtout, on célébra bientôt, avec la plus grande solennité, le jour de la mort de saint Pierre et saint Paul comme jour de leur véritable naissance [29 et 30 juin]. Le baptême de sang des

---

(1) *Gregor. Nyss.* t. III, p. 340; *August.* serm. 190, n. 1; *Leo Max.* serm. 25, n. 1.

(2) *Conc. Quinisext.* can. 52 : « In omnibus sanctæ quadragesimæ jejunii diebus, præterquam sabbato, et dominica et *sancto Annuntiationis die*, fiat sacrum præsanctificatorum ministerium. » (*Mans*), t. XI, p. 967; *Harduin*, t. III, p. 1682.) Cf. *Lambertini*, Commentarius de Jesu Christi ejusque Matris festis. Patav., 1782, in-f.

enfants de Bethléem fut glorifié comme la fête de l'innocence martyre [28 décembre]. Enfin l'Église grecque institua une fête en mémoire de tous les martyrs et de tous les saints, comme octave de la Pentecôte, parce qu'ils étaient les témoins vivants de la descente et de l'opération du Saint-Esprit. Cette fête s'introduisit en Occident, sous Boniface IV [le 1ᵉʳ novembre depuis 606], lorsque l'empereur Phocas lui donna le Panthéon, depuis lors converti en un temple consacré à la sainte Vierge et aux martyrs. Sauf le jour de la naissance de Jésus-Christ, on ne célébrait que le jour de la naissance de saint Jean-Baptiste, le 24 juin, époque où les jours commencent à diminuer, ce qui rappelle à saint Augustin les paroles de saint Jean : « Il faut qu'il croisse et que je diminue (1). » La croix retrouvée par Hélène réveillait dans les cœurs chrétiens le sentiment d'une joie douloureuse (2); lorsque ce bois sacré fut reconquis par la glorieuse victoire d'Héraclius sur les Perses, on en célébra le souvenir par la fête de *l'Exaltation de la sainte Croix* [depuis 631] (*festum Exaltationis sanctæ Crucis*, 14 septembre). Saint Épiphane donne sur les fêtes et les jeûnes, à la fin du IVᵉ siècle, les détails suivants (3) : D'après l'ordonnance des apôtres, on se réunit dans l'église le quatrième et le sixième jour; on jeûne jusqu'à neuf heures (trois heures après midi), parce qu'au quatrième jour le Christ a été arrêté, et qu'il a été crucifié le sixième — Ce jeûne jusqu'à la neuvième heure est observé toute l'année dans l'Église orthodoxe, sauf durant les cinquante jours qui précèdent la Pentecôte, pendant lesquels il n'est pas permis de jeûner et de s'agenouiller. Durant cette période, on se réunit aussi le mercredi et le vendredi, non à neuf heures, mais de bon matin, comme le dimanche. La fête de Noël, où Notre-Seigneur est né selon la chair, qu'elle tombe sur le quatrième ou le sixième, n'est jamais jour de jeûne. Les ascètes pratiquent volontairement le jeûne et les vigiles toute l'année, sauf le dimanche et les cinquante jours (du temps pascal). L'Église catholique considère tous les dimanches comme des jours de fête, et ne jeûne jamais

---

(1) Jean, III, 30. *August.* Homil. 287.
(2) Conf. *Dieringer*, Syst. des faits div., t. I, p. 214.
(3) *Epiph.* Expositio fidei, c. 22 sq. (Opp. ed Petav., t. I, p. 1104).

ce jour-là : ce serait une inconvenance. Mais elle observe un jeûne plus rigoureux pendant les quarante jours qui précèdent Pâques, toujours le dimanche excepté. Les six jours qui viennent immédiatement avant Pâques, tous les peuples les passent dans la xérophagie, c'est-à-dire qu'ils ne prennent que du pain, du sel et de l'eau, et cela le soir seulement. Ceux qui sont très-zélés observent un jeûne absolu pendant deux, trois ou quatre jours, quelques-uns pendant toute la semaine, jusqu'au dimanche au chant du coq. On observe six vigiles et autant de réunions générales. On s'assemble aussi pendant tout le carême, de neuf heures jusqu'au soir. En quelques endroits on célèbre le cinquième jour, vers neuf heures, le saint sacrifice, puis on renvoie le peuple : cependant la xérophagie continue. En d'autres endroits encore, on ne célèbre le saint sacrifice que le dimanche au chant du coq, puis on renvoie le peuple. Le baptême et les autres mystères sont administrés suivant ce qu'ont ordonné l'Évangile et les apôtres. Quant aux défunts, on en fait spécialement mémoire et l'on prie, on offre le saint sacrifice et communie pour eux. On a soin dans l'Église de mêler des cantiques à la prière du matin, des psaumes à la prière du soir. »

RÉALISATION DU CULTE CHRÉTIEN PAR LES SACREMENTS.

Brenner, Exposition hist. de l'admin. des sacrements. (Bamb., 1818-1824, 3 t.)

§ 135. — *Le Baptême; la Confirmation* (1).

Selvaggio, l. c. lib. III, c. 1-7. *Pelliccia*, l. c. t. I, p. 14 sq. *Binterim*, Mémoires, t. I, P. I. *Bœhmer*, t. II, p. 265. *Cyrilli* Hierosol. Cateches. mystagog. I-III. *Dionysii Aeropag.* de Hierarchia Ecccl. c. 2 et 3.

A mesure que le culte se développa, on exprima d'une manière plus significative le sens profond de ces deux grands

(1 Conf. § 88.

sacrements. La période du catéchuménat précédait toujours l'administration du baptême. Les catéchèses de Saint Cyrille de Jérusalem nous donnent des renseignements précis sur les préparations successives, les dispositions nécessaires, l'enseignement préalable qui devaient ouvrir au catéchumène les portes de l'Église. Les délais du catéchuménat furent souvent prolongés, soit par la tiédeur des néophytes, soit par leur trop vif attachement aux licences de la vie païenne, soit enfin par l'espoir d'arriver infailliblement au salut en retardant le baptême jusqu'à l'heure de la mort. Ces abus firent bien souvent gémir les Pères de l'Église. Le synode d'Elvire et une novelle de Justinien ordonnaient deux années de catéchuménat, les constitutions apostoliques trois; le synode d'Agde n'exigeait que huit mois pour les catéchumènes juifs : en cas de danger de mort on administrait le baptême sans retard. Outre l'exorcisme, l'évêque soufflait sur le catéchumène, touchait ses oreilles en disant : *Ephpheta* (1), signe de l'intelligence spirituelle qui allait s'ouvrir, lui mettait le sel bénit dans la bouche, symbole de la parole et de la sagesse divine, parfois aussi du lait et du miel (*signum regenerantis gratiæ et suavitatis evangelicæ*), et oignait en général sa tête de l'huile consacrée. L'eau, ainsi que l'huile employée, était bénite de diverses manières, probablement d'après une tradition apostolique. Pendant la cérémonie, le catéchumène tenait un cierge allumé dans la main (φωτιζόμενον); il se tournait vers l'Occident et renonçait à Satan et à ses œuvres ; puis il se retournait vers l'Orient et se consacrait au Christ. Alors il était revêtu d'une aube blanche, symbole de la vie sainte et pure à laquelle il était consacré (*candidatus*). Peu à peu, le baptême des enfants devint général en Orient et en Occident, et Grégoire de Nazianze blâmait déjà sévèrement l'inquiète sollicitude des mères, qui craignaient de faire baptiser leurs enfants trop faibles encore. « Ne laissez point au
» mal le temps de gagner du terrain ! Que dès les langes
» du berceau votre enfant soit sanctifié, consacré à l'Esprit
» saint ! Sa faiblesse vous arrête et vous fait craindre d'im-
» primer à son âme le sceau divin ! O mère de peu de foi !

---

(1) S. Marc, VII, 34.

» voyez Anne vouant au Seigneur son fils unique et l'éle-
» vant à l'ombre des autels. Ne craignez pas ce qui est
» mortel, mais ayez confiance au Seigneur (1). » L'Épiphanie, mais surtout la Pentecôte et le temps de Pâques,
restèrent les époques spécialement destinées à l'administration du baptême. Les néophytes étaient alors revêtus
d'habits blancs, qu'ils conservaient durant toute la semaine
et ne déposaient que le samedi suivant (*Dominica in albis,
sc. depositis, s. dominica post albas*).

On n'administrait plus le sacrement de confirmation en
même temps que celui du baptême, comme dans la période
précédente, les prêtres baptisant désormais plus souvent.
La confirmation était restée dans les attributions spéciales
de l'évêque, qui l'administrait ordinairement dans les vi-
sites de son diocèse. Cependant en Orient, principalement
en Égypte, les prêtres donnèrent de bonne heure la confirmation, et cet usage se propagea et devint général dans
l'Église grecque : en Occident, ce ne fut qu'en cas de nécessité, et seulement dans certains pays, que les prêtres
administrèrent ce sacrement. Le chrême employé dans ce
sacrement était consacré par l'évêque sur l'autel, et saint
Cyrille dit avec une sainte gravité à ce sujet : « Gardez-
» vous de mépriser cette huile salutaire et de n'y voir
» qu'une huile ordinaire; comme le pain de l'Eucharistie,
» consacré par les paroles sacramentelles, est non plus du
» pain ordinaire, mais le corps du Christ, ainsi cette huile,
» sanctifiée par l'invocation du Saint-Esprit, n'est plus une
» huile ordinaire qui opère une onction vulgaire, mais
» c'est le don même du Christ et de son Esprit saint, rendu
» efficace par la puissance de Dieu même. »

§ 136. — *L'Eucharistie, centre de tout le culte.* Cf. § 92.

J.-A. *Assemanni* Codex liturgicus Eccles. univ. Rom., 1747-1766,
13 vol. in-4. Les liturgies de l'Église grecque : 1° de l'Église de
Jérus. ou de saint Jacques et de Cyrille ; 2° de Constantin, ou de
Basile et de Chrysostôme ; 3° d'Alexandrie ou de saint Marc et de
Cyrille ; 4° les Jacobites égyptiens se servaient de la liturgie d'A-
lexandrie et de deux autres attribuées à Grégoire de Nazianze et

---

(1) *Gregor. Nazianz.* Or. 40, t. I, p. 648.

à Basile; 5° les Éthiopiens, douze liturgies des Jacobites égyptiens; 6° les Nestoriens, trois liturgies syriaques, la plus ancienne dite la liturgie des apôtres, celle de Théodore de Mopsueste et de Nestorius. Dans l'Eglise d'occident, la liturgie romaine; celle de Milan ou de saint Ambroise, analogue à celle d'Orient; la gallicane; en Espagne, la liturgie gothique espagnole ou mozarabique. Cf. *Muratori*, Liturg. Rom. vetus. Ven, 1748, 2 vol. in-fol. *Mabillon*, de Liturgia Gallicana. Paris., 1729, in-4. *Pamelii* Liturgicon. eccles. lat. Colon., 1571, 2 vol. in-4. *Grancolas*, les anciennes liturgies et l'ancien Sacramentaire de l'Eglise. Paris, 1704, 3 vol. in-4. Les différences de ces liturgies très-soigneusement indiquées dans *Martene*, l. cit., lib. I, c. 3-5, t. I, p. 97 sq.; et *Dœllinger*, Précis de l'hist. eccles., t. I, p. 274-282. Cf. *Pellicia*, l. cit., ed. Ritter, t. I, p. 183 sq. *Binterim*, l. c., t. IV, P. II et III; t. II, P. I, p. 93. *Kœssing*, Différences des liturgies grecque et romaine démontrées par le canon de la messe. (Frib. Revue théolog., 1841, t. VI, p. 225-275.) Le même, Cours de liturgie sur la sainte messe. Villing., 1843. *Steck*, la Liturgie des cath. arméniens. Tub., 1845. *Probst*, Administration de la très-sainte Eucharistie. Tub., 1853.

Au commencement de cette époque, un coup de marteau appliqué sur du métal, et, à dater du VIIe siècle, le son des cloches appelaient les chrétiens à l'église, pour les prières journalières du matin et du soir et pour la célébration des saints mystères. Cette célébration consistait en deux parties principales. A la première (*missa catechumenorum*) assistaient les catéchumènes et même des païens. Les fidèles baptisés devaient seuls rester à la seconde.

La messe des catéchumènes commençait, selon les diverses liturgies, soit par le chant des psaumes, soit par la lecture d'un passage des saintes Écritures. Tous les assistants chantaient les psaumes à l'unisson, ou bien, surtout depuis le IVe siècle en Orient, depuis saint Ambroise en Occident, les fidèles, séparés en deux chœurs, chantaient les psaumes alternativement, comme des antiennes et des répons. Le premier psaume se chantait comme l'*introït* de la messe actuelle (*introitus*). Puis, d'après les plus anciennes liturgies, venaient, comme aujourd'hui, une invocation à la miséricorde divine (κύριε ἐλέησον), et la doxologie plus ou moins développée (*gloria*). L'évêque saluait le peuple (*pax vobiscum*) et faisait une prière au nom de toute l'assemblée (*collecta, quia fidelium vota ab eo quasi colligebantur*). Alors il prenait place sur son trône; le lecteur montait au pupitre et lisait, en langue vulgaire, un passage des épîtres

§ 136. — L'EUCHARISTIE CENTRE DU CULTE.

des apôtres ou de l'Ancien Testament, le plus souvent dans un livre où ces *leçons* étaient disposées suivant les temps. A cette lecture succédait le chant d'un psaume (*gradualis*), et alors encore le lecteur (à dater du IV° siècle le diacre seul) lisait l'Évangile, que, de son trône ou du haut de l'autel, l'évêque expliquait, en l'accompagnant de réflexions pratiques et familières (ὁμιλία, *tractatus*); ou bien il faisait un discours sur un sujet choisi à volonté (*sermo*). Quand le peuple était vivement remué, il lui arrivait parfois, par suite des habitudes païennes, de marquer son approbation par des applaudissements, tels qu'un jour Chrysostome fut obligé de s'interrompre, en s'écriant : » Ce n'est point ici » un théâtre, ce ne sont pas des comédiens que vous venez » entendre ! » Une autre fois : « Vous m'avez applaudi, » hélas ! pour moi, je voudrais pleurer (1) ! » L'homélie terminée, le diacre éloignait les infidèles, les catéchumènes, les énergumènes, les pénitents; il fermait les portes, et invitait ceux qui avaient pu rester dans le temple à prier pour les affligés, le clergé, l'Église, toutes les classes du peuple, les amis et les ennemis; et les assistants se donnaient mutuellement le baiser de paix.

Les preuves de la foi de l'Église catholique en l'Eucharistie, comme *vrai corps et vrai sang de Jésus-Christ*, comme sacrifice véritable, abondent dès l'origine. Mais elles sont plus nombreuses encore dans les Pères de l'Église de cette époque, et dans les cérémonies particulières et significatives de la *missa fidelium*, entièrement correspondantes à celles de la messe actuelle. Ainsi, entre autres, Cyrille de Jérusalem, initiant les nouveaux baptisés aux mystères de l'Eucharistie, leur dit : « Le Christ autrefois changea aux noces » de Cana l'eau en un vin semblable au sang, et nous ne » le croirions pas, quand il change le vin en sang! Recevons » donc ce qu'on nous présente avec une ferme conviction » que c'est le corps et le sang de Jésus-Christ. Car » on vous donne le corps du Christ sous l'apparence du » pain, le sang de Jésus-Christ sous celle du vin, afin que, » recevant en vous le corps et le sang de Jésus-Christ, vous » deveniez un corps et un sang avec lui. Ne considérez

---

(1) Homil. 26, in ep. 1 ad Corinth.

» donc pas le pain et le vin comme de simples éléments ;
» ils sont le corps et le sang de Jésus-Christ : le Sauveur
» l'a dit. Si vos sens se révoltent, que la foi vous rassure,
» qu'elle soit votre certitude ! Ne jugez point d'après le
» goût, mais soyez pleinement assurés, par la foi, que c'est
» réellement le corps et le sang de Jésus-Christ que vous
» avez reçus (*). »

(*) *Cyrilli* Cateches. mystagog. IV, n. 2, 3, 6 (Opp. ed. Touttée, p. 319 sq.). De même *Gregor. Nyssen.* Orat. catech. c. 37 : « Per Verbum Dei et orationem statim in Verbi corpus transmutatur (μεταβάλλεται) panis sanctificatus. » — *Ambros.* de Mysteriis, c. 8 : « Ista esca, quam accipis, iste panis vivus, qui descendit de cœlo, vitæ æternæ substantiam subministrat — est corpus Christi. » — C. 9 : « Forte dicas : Aliud video ; quomodo tu mihi adseris quod Christi corpus accipiam ? Et hoc nobis adhuc superest, ut probemus. — Quod si tantum valuit humana benedictio (III Reg. 18, 38) ut naturam converteret, quid dicimus de ipsa consecratione divina, ubi verba ipsa Domini Salvatoris operantur? Nam sacramentum istud, quod accipis, Christi sermone conficitur. Quod si tantum valuit sermo Eliæ, ut ignem de cœlo deponeret, non valebit Christi sermo, ut species mutet elementorum ? — Sermo Christi, qui potuit ex nihilo facere quod non erat, non potest, ea quæ sunt, in id mutare quod non erant? » (Opp. ed. Bened., t. II, p. 337 et 339.) Cf. surtout encore *Chrysost.* Homil. 24 et 27, in 1 Corinth., et Homil. 83, in Matt.; et *Augustin.* Cont. adv. leges et prophet. II, 9, : Mediatorem Dei et hominum, hominem Christum Jesum carnem nobis suam manducandum, bibendumque sanguinem dantem fideli corde atque ore suscipimus, quamvis horribilius videatur, humanam carnem manducare quam perimere, et humanum sanguinem potare quam fundere. *Klee*, Hist. des dogmes, t. II, p. 170, sur l'Eucharistie, comme sacrifice. Cf. *Cyrilli* Cateches. mystagog. V, qui explique la liturgie du sacrifice de la messe. — *Chrysost.* de Sacerd. III. 4 : « Quum videris Dominum immolatum et jacentem, et sacerdotem sacrificio incumbentem ac precantem, omnesque pretioso illo sanguine rubentes, an putas te adhuc cum hominibus et in terra esse ? an non potius in cœlis translatum? O miraculum! o Dei benignitatem! » — Et dans la liturgie de saint Chrysostôme il est dit : « Tibi inclinata cervice supplico et te rogo : — dignare, ut a me peccatore, et indigno peccatore, servo tuo, hæc dona offerantur. Tu enim es qui *offers et offereris*, assumis et distribueris, Christe, Deus noster. » *Hieron.* ep. 21, ad Damas. (al. 146) : « Vitulus saginatus, qui ad pœnitentis immolatur salutem ipse Salvator est cujus quotidie carne pascimur, cruore potamur ; — hoc convivium quotidie celebratur, quotidie *Pater Filium recipit* : semper Christus credentibus immolatur. » (Opp., t. I, p. 79-80.) — *Gregor.* M. Dial. de vita et miracul. PP. Italicor., lib. IV, c. 58 : « Debemus quotidianas carnis et sanguinis hostias immolare. Hinc pensemus quale sit pro nobis hoc sacrificium,

Le diacre et le sous-diacre prenaient, dans le pain et le vin offerts par les fidèles, ce qui était nécessaire pour la communion. Cette offrande est désignée dans l'*offertoire* (*offertorium*), et dans les prières qui le préparent, comme un *sacrifice de propitiation* pour nos péchés, comme *le sacrifice de la victime sans tache enfantée par la Vierge Marie*.

Dès le IVe siècle, on parle de l'usage de l'encens dans le sacrifice de l'Eucharistie. Après l'offertoire, le diacre présentait à l'évêque de l'eau pour laver ses mains, et l'on faisait un nouvel examen de sa conscience, pour ne pas offrir le sacrifice en gardant dans son cœur quelque chose contre son frère. Alors on exhortait le peuple aux pensées et aux sentiments du ciel (*præfatio*, πρόλογος, εὐχαριστία). « Élevons » nos regards vers le Seigneur avec crainte et tremble- » ment ; élevons nos cœurs (*sursum corda*). — Nous les éle- » vons vers le Seigneur, » répondait le peuple d'une voix. « Rendons grâces au Seigneur notre Dieu, » disait encore l'évêque, et le peuple répondait : « Cela est juste et digne. » La préface se terminait par l'hymne des anges : « Saint, » saint, saint est le Seigneur, Dieu des armées, » que le peuple entonnait avec le clergé.

Ici seulement commençait la partie principale de la messe (ἀναφορά, *actio*, *secretum*) appelée *canon* depuis Grégoire le Grand, et restée absolument la même depuis lors presque dans les moindres détails ; on y faisait, en somme, mémoire de tous les fidèles, de l'évêque ou du patriarche, de l'empereur ou de l'impératrice, des bienfaiteurs de l'Église, et, nommément, en Orient comme en Occident, du pape, dont on inscrivait à cet effet le nom dans les diptyques de l'Église. Au moment où l'évêque allait consacrer, on enlevait, suivant la liturgie orientale, le rideau qui couvrait le sanc-

---

quod pro absolutione nostra passionem unigeniti Filii semper imitatur. » (Opp. ed. Bened., t. II, p. 473.) — Mais par-dessus tout il faut faire attention aux expressions des Pères du premier concile de Nicée : « In divina mensa ne humiliter intenti simus ad propositum panem et poculum ; sed attollentes mentem, fide intelligamus situm in sacra illa mensa *agnum illum Dei*, tollentem peccatum mundi, incruente a sacerdotibus immolatum (ἀθύτως θυόμενον) ; et pretiosum ipsius corpus et sanguinem vere sumentes, credere hæc esse nostræ resurrectionis symbola. » (In *Gelasii* Hist. conc. Nicæn., lib. II ; c. 30 ; dans *Harduin*, t. I, p. 429 ; *Mansi*, t. II, p. 887.)

tuaire, et l'évêque élevait le pain et le vin consacrés, changés, par la prière (ἐπίκλησις) et en vertu des paroles de l'institution divine « ceci est mon corps, » au corps et au sang de Jésus-Christ.

A cette vue, les fidèles se prosternaient et adoraient. L'usage de l'*élévation* ne passa en Occident que plus tard; mais, d'après le témoignage de saint Ambroise et de saint Augustin, on y adorait l'Eucharistie avant la communion (1).

Suivaient les prières pour ceux qui étaient morts dans la communion de l'Église, évêques, empereurs, laïques, etc.; puis, d'après maintes liturgies, comme celle de Cyrille de Jérusalem, le *Pater*, l'*Agnus Dei* et le *baiser de paix*, donné par l'évêque, et se communiquant hiérarchiquement de degré en degré jusqu'aux simples fidèles. La même hiérarchie s'observait pour la communion ; l'évêque, les prêtres, le clergé inférieur, les ascètes, les moines, les religieuses, les laïques recevaient successivement les saintes espèces avec ces paroles : *Le corps du Christ, le sang du Christ*, ou : *Que le corps de Notre-Seigneur Jésus-Christ garde ton âme.* Pendant la communion, on chantait des psaumes appropriés, et nommément le ps. XXXIII. On conservait une partie de l'Eucharistie dans un vase sacré ayant la forme d'un tabernacle ou d'une petite tour (παστοφόριον, *thalamus, sacrarium*), et la permanence du sacrifice eucharistique était ainsi visiblement et perpétuellement exprimée. On faisait une dernière prière et l'on renvoyait l'assemblée (*missa, dimissio*).

On offrait de la même manière le sacrifice eucharistique pour les fidèles vivants et trépassés, pour ces derniers principalement le jour de leur mort, selon Tertullien, et, d'après les constitutions apostoliques, le troisième, neuvième et quarantième jour encore après le décès. Dès la fin de cette période, la *liturgie, pour les défunts* différait déjà de celle

---

(1). « Et quia illam carnem manducandam nobis ad salutem dedit, nemo autem illam manducat nisi *prius adoraverit*, sic inventum est, quemadmodum adoretur tale scabellum pedum Domini, ut non solum non peccemus adorando, sed peccemus non adorando. » *Ambros.*

pour les vivants (1). On offrait aussi le sacrifice pour obtenir des grâces particulières, la pluie, la cessation de la stérilité, pour être garanti de divers périls (*messes votives*). La communion publique se donnait ordinairement sous les deux espèces, quoique évidemment on crût toujours que la substance du sacrement est tout entière dans l'une comme dans l'autre espèce, dans le pain comme dans le vin, ainsi que le font clairement entendre les paroles de l'Apôtre : *Quiconque mange* ou *boit indignement* (2).

En outre, on voit que, dès la première période, quand les chrétiens étaient persécutés, quand ils allaient entreprendre un long voyage, particulièrement sur mer, on leur accordait l'autorisation de conserver dans leur maison la sainte Eucharistie; les moines surtout jouissaient de ce privilége quand ils n'avaient point de prêtre dans leur solitude. L'Église n'avait pas à craindre alors qu'on eût moins de respect et de révérence pour le corps de Notre-Seigneur dans des maisons privées que dans les églises. Or, dans ces cas, comme aussi dans la communion des malades, l'Eucharistie n'était jamais administrée que sous *une* espèce, celle du pain, et cette communion était considérée comme aussi sainte, aussi entière que celle des deux espèces. Il est tout aussi évident que c'était seulement sous l'espèce du vin qu'on donnait la communion aux enfants, comme ce fut d'abord l'usage (3). Quant à la nature du pain, on se servait pour l'Eucharistie de *pain levé* presque généralement, en Orient et en Occident. Ce ne fut que vers

---

(1) Constitut. Apostol. VIII. 30. « Congregamini in coemeteriis, lectionem sacrorum librorum facientes, atque psallentes pro defunctis martyribus et omnibus a sæculo sanctis, et pro fratribus vestris, qui in Domino dormierunt : item antitypam regalis corporis Christi et *acceptam seu gratam eucharistiam* offerte in ecclesiis vestris et in coemeteriis, etc. » — Ibid. VIII, 42 : « Quod spectat ad mortuos, celebretur dies III in psalmis, lectionibus et precibus, ob *eum* qui tertia die resurrexit; item dies IX in recordationem superstitum et defunctorum, atque dies XL juxta veterem typum : Mosem enim ita luxit (ἐπένθησε) populus; denique dies anniversarius pro memoria ipsius. » (Galland. Biblioth., t. III, p. 168 et 233.) *August*. Confess., lib. IX, c. 12, parle de Sacrificio pretii nostri pro defuncta matre Monica.

(2) 1 Cor. XI, 27.

(3) *Selvaggio*, l. cit., l. III, c. 9, §§ 1 et 2, et c. 10.

le temps de Photius que l'Église occidentale se prononça formellement pour le *pain sans levain*. Dans les deux Églises on fut toujours d'accord pour mêler un peu d'eau au vin, ainsi qu'on l'avait fait dans les premiers temps.

Le respect profond qu'on avait pour le Saint-Sacrement porta d'eux-mêmes les chrétiens, selon le témoignage de Tertullien, à ne recevoir l'Eucharistie qu'à jeun; le troisième concile de Carthage [397] en fit une loi, n'admettant qu'une exception, celle du jeudi saint, où l'on ne recevait l'Eucharistie que le soir, en mémoire du moment de son institution (1). Quant aux *agapes* primitivement jointes à la célébration de l'Eucharistie, les excès dont plusieurs chrétiens s'étaient rendus coupables les avaient fait sévèrement interdire (2). Les conciles de Laodicée [372] et d'Hippone [393] défendirent du moins qu'on les célébrât dans les églises.

§ 137. — *Discipline du secret.*

Conf. les ouvrages cités plus haut § 92 (note 1, p. 315), de Schelstrate, Scholliner, Tokclot, Rothe, etc. Voy. aussi Discussions amicales, par G.-F.-M. Le Pappe de Trevern. 1829. 2 vol. in-12.

Ainsi que l'avait recommandé le Sauveur (3), les prédicateurs de l'Évangile et les ministres de l'Église observèrent, dès l'origine, une certaine réserve dans l'annonce de la mystérieuse doctrine du Maître, devant les profanes et ceux qui n'étaient pas encore initiés au Christianisme. Cette retenue s'observait principalement en ce qui concerne les sacrements, et avant tout celui de l'Eucharistie, que les diverses liturgies nommaient mystérieusement le *Saint des saints*. Les catéchèses de saint Cyrille nous montrent que les catéchumènes eux-mêmes n'étaient initiés complétement au sens mystérieux de ce sacrement qu'après avoir

---

(1) Concil. Carthag. III [397], can. 29 « Ut sacramenta altaris non nisi a jejunis hominibus celebrentur, excepto uno die anniversario (quo cœna Domini celebratur). » (*Harduin*, t. I, p. 964; *Mansi*, t. III, p. 885.)

(2) *Selvaggio*, l. c. lib. III, c. v, § 6, de Agapis; *Binterim*, Mémoires, t. II, P. II, p. 82 sq.

(3) Matth. VII, VI.

reçu le baptême. On se tint surtout sur ses gardes tant que dura l'opposition des païens, et l'on ne se relâcha pas de cette sévérité même dans la période qui nous occupe, et alors que les controverses dogmatiques, souvent soutenues devant eux, pouvaient leur donner connaissance des mystères sacrés.

Ainsi, l'on voit des docteurs de l'Église, dans leur réserve consciencieuse, lorsqu'ils se croient entourés d'infidèles, parler de l'Eucharistie, d'une manière vague et générale, comme d'un symbole, d'une figure, en ajoutant : « Les initiés, les fidèles nous comprennent; » ou bien citer a formule de la consécration en termes obscurs, comme fait saint Épiphane (1). Ainsi encore, quand des soldats, envoyés soudainement dans l'Église de Constantinople, y renversèrent le calice consacré, saint Chrysostome, rendant compte au pape Innocent de ce déplorable événement, parle avec douleur et indignation de la profanation du *sang sacré de Jésus-Christ*, tandis que son biographe Palladius, dans son récit destiné à un public composé de fidèles et d'infidèles, ne parle que *du symbole répandu* (2).

On comprend par là comment des auteurs luthériens et réformés ont pu citer, et citent encore en leur faveur, des Pères de l'Église, qui d'ailleurs enseignent de la manière la plus formelle et la plus positive la foi catholique, c'est-à-dire le changement du pain et du vin en la substance du corps et du sang de Jésus-Christ.

§ 138. — *Le sacrement de Pénitence; Discipline de la pénitence; Indulgences.*

Cf. Bibliogr. Klee, la Pénitence, traité hist. et crit. Francf.-s.-le-M., 1828. Binterim, Mémoires, t. V, P. 2, p. 186 sq.

Dès que la vie de l'Église put, comme dans la période

---

(1) Épiphane cite une fois la formule de consécration de cette manière : Τοῦτό μου ἐστὶ τόδε.

(2) *Chrysost.* ep. ad Innocent. papam : « Neque hic malum stetit : — et *sanctissimus Christi sanguis*, ut in tanto tumultu, in prædictorum militum vestes *effundebatur*. » (*Mansi*, t. III, 1089.) — *Palladius*, Vita Chrysost. gr. et lat. cura Emer. Bigotii. Lut Paris., 1680, in-13 : « Et

actuelle, se manifester dans toute sa liberté et son énergie, on vit se prononcer, d'une manière plus positive, la foi qu'on avait dès l'origine au pouvoir du prêtre de lier et de délier, et en la nécessité de la confession positive des péchés. Ici encore les preuves ne manquent pas dès l'origine. Chrysostome (1) exalte, comme le privilége spécial du prêtre, ce pouvoir surhumain qui s'exerce, non comme celui des princes de ce siècle sur les corps, mais sur les âmes, et produit dans le ciel ce qu'il opère sur la terre. Saint Ambroise (2) soutient, contre les Novatiens, que l'exercice de ce pouvoir est uniquement réservé au prêtre. Pacien, évêque de Barcelonne [vers 370], exhorte avec instance les fidèles à ne point tromper le prêtre (3). Basile le Grand dit sans hésiter : « Il en est des péchés comme » des infirmités corporelles : on ne parle de celles-ci qu'au » médecin instruit et habile, on n'avoue ceux-là qu'à ceux » qui peuvent les guérir (4). » — « Montre hardiment au » prêtre les secrets de ton cœur, dit de même saint Grégoire de Nysse (5), dévoile-lui les mystères de ton âme, » comme tu découvres au médecin les plaies de ton corps. » Il aura soin à la fois de ton honneur et de ta santé. » — Un pécheur confessait ses péchés à Ambroise, raconte son biographe (6); le saint évêque versa tant de larmes, qu'il fit couler celles du pécheur : le prêtre était aussi repentant que le pénitent. Mais gardant fidèlement le secret de la

in diaconum procaciter illisus, *symbola effudit*. Presbyteros vero grandævos fustibus in capite feriens, sacrum fontem cruore conspersit. » P. 85.

(1) *Chrysost.* de Sacerdot. lib. III, c. 5.
(2) *Ambros.* de Pœnit. lib. I, c. 2. Il finit en indiquant saint Jean, XX XXII et XXIII : Accipite Spiritum sanctum : quorum remiseritis, etc. : Ergo qui solvere non potest peccatum non habet Spiritum sanctum. Munus Spiritus sancti est officium sacerdotis, jus autem Spiritus sancti in solvendis ligandisque criminibus est; quomodo igitur munus ejus vindicant de cujus diffidunt jure et potestate ? » (Opp. ed. Bened. t. II, p. 392.)
(3) *Paciani* ep. 3 ad Sympron. contra Novatianor. error. et paraenesis ad Pœnitentiam (Biblioth. Max. PP. t. IV, p. 305-317).
(4) *Basil. Max.* Regulæ brevior. ad interrogat. 227 (Opp. ed. Garnier, t. II, p. 355 sq.).
(5) *Gregor. Nyss.* or. 12, ad eos qui durius atque acerbius anos judicant.
(6) *Paulinus*, in Vita S. Ambrosii (Galland. Biblioth. t. IX, p. 23 sq.

confession reçue, il n'en parla qu'à Dieu dans sa prière, et apprit ainsi, à ses successeurs dans le sacerdoce, à être, pour leurs frères, des intercesseurs auprès de Dieu, et non des accusateurs auprès des hommes.

La confession des péchés était secrète ou publique ; elle était publique seulement lorsque la faute commise était publiquement connue (1), ou qu'un vif repentir et le zèle de la pénitence inspiraient le désir et le courage de cet aveu, ou encore que des motifs graves avaient fait juger au prêtre qu'il était nécessaire.

Quant à la discipline de la pénitence et à la longueur des peines ecclésiastiques, dès la première période, après la persécution de Dèce, il avait fallu y introduire des adoucissements. On continua cependant à observer rigoureusement quatre degrés de pénitents et de pénitence publique. D'après les prescriptions de saint Basile, le pénitent qui s'était rendu coupable d'un meurtre volontaire devait rester quatre ans parmi les *flentes*, quatre ans parmi les *audientes*, sept ans parmi les *substrati*, enfin quatre ans parmi les *consistentes*, et n'être par conséquent réconcilié avec l'Église qu'après vingt années de pénitence. L'adultère s'expiait par quinze années de pénitence : quatre dans le premier degré, cinq dans le second, quatre dans le troisième et deux dans le quatrième. Des peines analogues pesaient sur ceux qui s'étaient rendus coupables de libertinage, parjure, vol, violation de tombeaux, d'inceste, de divination, etc. Du reste, on considérait comme une faveur toute spéciale l'autorisation d'être compté parmi les pénitents. La pénitence s'ouvrait par des prières et par l'imposition des mains de l'évêque et de tous les prêtres. La réconciliation après la pénitence avait lieu, dans l'Église romaine surtout, le jeudi saint ; dans les Églises d'Orient et d'Espagne, le vendredi et le samedi saint. Ambroise soumit, avec une remarquable fermeté, Théodose le Grand à la pénitence publique (2), pour avoir fait égorger par ses soldats, dans un mouvement de colère et d'aveugle fureur,

---

(1) *Augustin*. sermo 82, dit : Corripienda sunt *coram omnibus* quæ peccantur coram omnibus. » Cf. sermo 351, n. 2 et 9.

(2) *Synes*. ep. 57, 72, 89 ; *Theodoret*. V, 17, 18 ; *Sozom*. VII, 24 ; *Rufin*. XI, 18.

sept mille habitants de Thessalonique.. Les ecclésiastiques eux-mêmes et les évêques y étaient soumis. On les traitait avec une grande rigueur, ainsi que nous l'apprennent les décrets du quatrième concile de Tolède (1). On trouve, dans cette période, des exemples de la grande excommunication dont les évêques donnaient avis aux métropolitains les plus éloignés. L'excommunié se trouvait par là souvent complétement abandonné; il en souffrait toujours de graves dommages, même dans ses relations civiles, puisqu'il était interdit même aux pénitents d'entreprendre des affaires de commerce, de servir dans l'armée, de remplir aucune fonction publique.

A dater de la persécution de Dèce et du schisme des Novatiens, on institua un *prêtre pénitencier*, qui entendait les confessions secrètes, prescrivait l'espèce et le degré de la pénitence, surveillait la conduite des pénitents et déterminait l'époque de leur admission à la sainte communion. Un grand scandale, survenu à la suite d'une confession publique (2), détermina le patriarche Nectaire, de Constantinople, à abolir la confession publique [390]. Ce fut en Orient qu'on accorda d'abord la confession secrète, faite à un prêtre choisi par le pénitent, qui déterminait, comme antérieurement, le genre de pénitence, mais qui laissait à la conscience du pénitent de choisir le moment de la réaliser, ainsi que celui de sa participation à la sainte communion.

Ainsi, les divers degrés de la pénitence publique disparurent peu à peu. Ce fut Léon le Grand qui répandit surtout, en Occident, la pratique de la confession privée (3).

---

(1) Cf. Quant à l'évêque pénitent Basilides, *Euseb.* Hist. eccles. V. Le cap. Synod. Tolet. IV, dans *Harduin*, t. III, p. 578; *Mansi*, t. X, p. 615.

(2) *Socrat.* Hist. ecclesiast. V, 19, de Presbyteris pœnitentiam gerentibus et quomodo ea tempestate sublati fuerint. *Sozom.* VIII, 16. *Niceph.* XII, 28. Cf. *Zacchariæ* Dissert. de Pœnit. Constantinop. sublata a Nectario (t. II, dissert. Fulginæ, 1781).

(3) *Leo*, ep. 168 ad episcop. Campan. : « De Pœnitentia quæ a fidelibus postulatur, ne de singulorum peccatorum genere libello scripta professio publice recitetur, quum reatus conscientiarum sufficiat solis sacerdotibus indicari confessione secreta. Quamvis enim plenitudo fidei videatur esse laudabilis, quæ propter Dei timorem apud

Mais afin que les prêtres n'agissent pas arbitrairement en imposant des peines canoniques, afin que la discipline de la pénitence s'administrât avec le sérieux, la dignité et l'uniformité convenables, les docteurs de l'Église, Grégoire le Thaumaturge d'abord, plus tard Basile, Amphiloque d'Iconium, Grégoire de Nysse, rédigèrent des épîtres canoniques à ce sujet (1), en Orient, tandis qu'Ambroise et Pacien donnaient des institutions sur les mêmes points, au IV° siècle, en Occident (2).

Dans la suite, on rédigea des *livres pénitentiaires*. Jean le Jeûneur, en Orient, Théodore, archevêque de Canterbury (3), en Occident, en composèrent chacun un, au VII° siècle. Le période précédente avait vu s'affaiblir les sentiments de la véritable pénitence dans une multitude de pécheurs qui, pour échapper aux peines canoniques, s'étaient pourvus de lettres de recommandation des martyrs. Ce relâchement fut bien sensible, quand l'enthousiasme primitif pour le Christianisme vint à se refroidir. Le nombre de ceux qui consentaient à se soumettre humblement aux pratiques sévères de la pénitence des premiers temps diminuait de plus en plus. La plupart sollicitaient un adoucissement aux peines ecclésiastiques portées par les décrets des anciens conciles (*indulgence*), ou *le changement de ces peines en œuvres de mortification et de charité*.

homines erubescere non veretur, tamen, quia non omnium hujusmodi sunt peccata, ut ea, qui pœnitentiam poscunt, non timeant publicare, removeatur tam improbabilis consuetudo, ne multi a pœnitentiæ remediis arceantur, dum aut erubescunt, aut metuunt inimicis suis sua facta reserari, quibus possint legum constitutione percelli. Sufficit enim illa confessio, quæ primum Deo offertur, tum etiam sacerdoti, qui pro delictis pœnitentium precator accedit. » (Opp. t. I, p. 1431). — *Augustin.*, Serm. 83 de tempore, c. 7 : « Si peccatum secretum, in secreto corripe; si peccatum publicum est et apertum, publice corripe, *ut illa emendetur et cæteri timeant.* » Cf. *Thomassini*, l. cit. t.I, lib. II, c. 7.

(1) *Basilii Mag.* ep. canonicæ (contenant 85 canons, voy. Opp. t III). *Amphilochii* ep. synodica (Cotelerii Monum. gr. t. II; Galland. Bibl. t. VI). *Gregorii Nysseni* ep. canonica ad Letoium, Melitens. episc.

(2) *Ambros.* de Pœnitentia, lib. II (Opp. ed. Bened. t. II, p. 389 sq.). *Paciani* Parænesis ad Pœnit. (Max. Biblioth. PP. t. IV, p. 315 sq.).

(3) *Joannis* Jejunator. Libellus Pœnitential. gr. et lat. ed. Morinus dans son Comment. histor. de Pœnitent. — *Theodori* Cantuariens. pœnitentiale (d'Achery, Spicilegium, t. IV, p. 52 sq.).

Conformément à l'exemple de saint Paul, qui, après avoir exclu l'incestueux de l'Église de Corinthe, l'avait admis de nouveau à la communion, en vue de sa pénitence et du vif sentiment de sa douleur (1), quoiqu'il eût mérité un plus long châtiment, l'Église consentit à adoucir une *partie* des peines ecclésiastiques; mais elle y mit ces conditions bien positives, qu'il y aurait repentir sincère, danger de mort, danger de perdre la foi, ou conversion de quelque pécheur obtenue par le zèle du pénitent. Quant à la *remise de toute peine ecclésiastique*, on n'en trouve encore que des exemples isolés (2). D'après le pénitentiaire de Théodore de Canterbury, la communion ne devait être donnée au pénitent communément qu'au bout d'un an ou de six mois.

A cette tiédeur naissante s'opposait souvent un excès contraire, un zèle extrême pour les mortifications de la pénitence; Siméon Stylite en fut l'exemple le plus extraordinaire (3). Il vécut durant trente ans [depuis 420] sur une colonne, près d'Antioche, comme un médiateur entre le Ciel et la terre. Ses contemporains, dans leur admiration, le nommèrent l'étoile du monde, la merveille de l'univers. Témoin oculaire de ces prodiges, l'évêque Théodoret ne savait comment il pourrait convaincre la postérité de la réalité d'un fait connu de son temps de la terre entière.

§ 139. — *Le Mariage; l'Extrême-Onction. La sépulture.*

Cf. Bibliogr., § 94. *Binterim*, Mémoires, t. VI, P. 1, 2, 3. *Pelliccia*, t. II, p. 444 sq. *De Moy*, Droit matrimonial des chrétiens jusqu'au temps de Charlemagne. Ratisb., 1833.

On trouve, dans les Pères de cette période, de nombreux et formels témoignages sur la sainteté du mariage, sa di-

---

(1) I Cor. V, 1 sq. Cf. 2 Cor. IV, p. 55 sq.).
(2) *Muratori* Diss. de redemptione peccator. (Ant. Ital. med. ævi, t. V, p. 712 sq.). *Binterim*, t. V, P. II, p. 315; P. III; p. 165. Le prêtre Maxime, qui s'était mis du parti des Novatiens et se convertit ensuite, fut, au IIIe siècle, un exemple de la remise complète de toute peine ecclésiastique. Cf. ep. Cornelii ad Cyprian. (inter ep. Cyprian. 46, p. 135). *Kamper*, Hist. indulgentiar. Mogunt., 1787; *Thomassini*, l. c., t. I, lib. II, cap 15..
(3) *Theodoreti* Hist. religiosa, c. 26; *Evagrii* Hist. eccles. I, 13.

gnité sacramentelle et la bénédiction sacerdotale qui le consacrait (1). Celle-ci avait lieu durant le saint sacrifice; les mains des contractants étaient entourées d'une bandelette de couleur rouge et blanche, en signe de l'indissolubilité de leur union. Quant à ce dernier point, on remarque quelque incertitude. En Orient, on interprétait dans un sens favorable au divorce le texte de saint Matthieu, V, 32, et XIX, 7, qui peut à la rigueur y prêter; les lois impériales résolvaient la question dans le même sens. Cependant les canons apostoliques prononçaient *l'indissolubilité absolue*, et menaçaient l'infracteur de l'excommunication. Ce fut toujours un point de discipline évangélique et apostolique en Afrique et à Rome (2). Quant au mariage mixte entre des catholiques et des païens, des juifs ou des hérétiques, il fut à plusieurs reprises défendu (3). Les mariages entre parents, entre alliés, furent de plus en plus prohibés, et au temps de saint Grégoire le Grand la prohi-

---

(1) Basil. désigne le mariage chrét. comme : διὰ τῆς εὐλογίας ζυγος. Hom. 7, in hexaemer. *Innocent.* I, ep. 9 ad Probum : De eo, cujus de captivitate reversa est uxor, *statuimus, fide catholica suffragante, illud esse conjugium, quod primitus erant gratia divina fundatum*, conventumque secundæ mulieris, priore superstite, nec divortio ejecta, nullo pacto posse esse legitimum. » (*Harduin*, t. I, p. 1008.) *Ambros.* de Abraham., lib. I, c. 7 : « Cognoscimus velut præsulem custodemque conjugii esse Deum, qui non patiatur alienum torum pollui ; et si quis fecerit, peccare eum in Deum, cujus legem violet, gratiam solvat. *Et ideo, quia in Deum peccat, sacramenti cœlestis amittat consortium.* » (Opp. ed. Bened., t. I, p. 302.) Et ep. 19 : « Cum ipsum conjugium *velamine sacerdotali et benedictione* sanctificari oporteat, quomodo potest conjugium dici, ubi non est fidei concordia ? (Contre les mariages mixtes.) Conc. Carthag. IV. a. 398 : Qui (sponsus et sponsa) benedictionem (sacerdot.) acceperint, eadem nocte pro reverentia illius benedictionis in virginitate permaneant.

(2) Canon. Apostol. can 47 : « Si quis laicus, sua ejecta uxore, aliam duxerit, vel ab alio solutam segregetur. » (*Harduin*, t. I, p. 22.) Cf. *Liebermann*, Institut. theolog. ed. V, t. V, p. 348-54. Après bien des hésitations, le synode de Milève (ann. 416), auquel assistait saint Augustin, défendit les seconds mariages, sans égard à l'innocence ou à la culpabilité des contractants, et Innocent I, ep. 6, ad Exsuperium, c. 6, donna à cette défense une autorité générale en Occident.

(3) Concil. Laod. an. 372, can. 18 : « Quod non oporteat indifferter ecclesiasticos (orthodoxos) fœdere nuptiarum hæreticis [suos filios filiasque conjungere. » De même, can. 31 (*Harduin*, p. 783 sq. Cf Conc. Trullan. an. 692, can. 72; *Photii* Nomocanon, tit. XII, c. 13.

bition ou l'empêchement de mariage s'étendait jusqu'au septième degré, d'après la manière de compter du temps, et même jusqu'aux alliances spirituelles entre parrains et filleuls (1). Le second mariage n'était précisément ni rejeté ni autorisé par l'Église, mais généralement on y répugnait.

Saint Chrysostome, dans son parallèle entre le prêtre juif et le prêtre chrétien, montre que l'institution apostolique de l'Extrême-Onction est un des priviléges particuliers du sacerdoce chrétien (2). Saint Augustin (3) et d'autres nous fournissent des preuves certaines de l'administration de ce sacrement, dont la forme et les caractères sont expressément définis dans le *Sacramentaire* de Grégoire le Grand.

Quand un chrétien mourait, sa dépouille terrestre, sanctifiée par l'usage des sacrements, et destinée à une résurrection glorieuse, était déposée dans des lieux de sépulture consacrés (*arcæ, cœmeteria, dormitoria*), au milieu du chant des psaumes, par des hommes destinés à ces pieuses fonctions (*parabolaniens, fossoyeurs*). On priait sur la tombe, on faisait l'oraison funèbre des personnages importants; on offrait le saint sacrifice si la cérémonie avait lieu le matin. L'Église avait encouragé les fidèles à honorer la mémoire des morts par d'abondantes aumônes, et de solennels anniversaires qui, en rappelant le souvenir des trépassés, entretenaient leurs rapports avec l'Église militante. On ne refusait les honneurs de la sépulture qu'aux suppliciés, aux suicidés et à ceux qui, par leur faute, étaient morts sans avoir reçu le baptême et les autres sacrements.

§ 140. — *Vie religieuse et morale des chrétiens.*

Enfin le Christianisme, libre dans sa manifestation exté-

(1) Conc. Agath. ann. 506, c. 61; Conc. Neocæs. c. 2; Conc. Epaon. ann. 517, c. 30; Conc. Quinisext. c. 54 sq. sur la parenté spirituelle comme empêchement au mariage. Conc. Quinisext., c. 53, et Cod. V, 4, 26.

(2) *Chrysost.* de Sacerdot., lib. III, c. 6; Jacob, V, 14.

(3) *Augustin.* sermo 215 de temp. (d'après d'autres de *Cæsarius* au V° siècle). *Innocent. I,* ep. I ad Decentium Eugubin. cap 8 (*Harduin,* t. I. p. 998; *Mansi,* t. III, p. 1031).

rieure, dominant dans l'État, devait faire sentir son influence sur toutes les actions, dans toutes les circonstances de la vie. Et en effet, on la reconnut bientôt dans tous les actes de la vie civile, grands et petits, qui tous furent pénétrés des idées chrétiennes, vivifiés par elles. De nombreuses fondations de charité pour les orphelins, les malades, les vieillards, les pauvres, grand nombre d'établissements d'éducation, contribuèrent à consolider cette influence.

Cependant la paix garantie aux chrétiens produisait en eux une tiédeur et un relâchement notables. Déjà, dans la première période, les docteurs de l'Église s'étaient plaints de ce que les moments de repos laissés aux chrétiens, entre les diverses persécutions, n'avaient point été favorables au développement de la vie chrétienne. Ainsi on ne retrouvait plus l'amour fraternel, si intime et si durable, des premiers siècles ; les chrétiens n'accordaient pas toujours aux païens la tolérance que, durant les persécutions, les apologistes du Christianisme avaient réclamée avec tant d'éloquence. Ce n'était plus l'antique charité. Cependant l'Église romaine se distinguait au milieu de toutes les autres, comme une glorieuse exception, par son inépuisable bienfaisance, et l'on pouvait lui appliquer ce que saint Jérôme disait du pape Anastase Ier : « C'était un homme de la plus riche pauvreté. »

Embrasser le Christianisme, ce n'était plus pour les évêques et les prêtres, tout comme pour la plupart des chrétiens, s'exposer aux privations, aux persécutions : c'était s'assurer la voie de la protection, des honneurs et des richesses (1). Aussi l'Église reçut dans son sein une multitude de chrétiens qui ne l'étaient que de nom et de forme, qu'attiraient les avantages attachés à ce titre, et qui conservaient leur vie dissolue, leurs mœurs païennes, ou qui n'accomplissaient que des œuvres extérieures, sans avoir de véritables dispositions chrétiennes.

Tandis que, d'un côté, grand nombre de chrétiens se rendaient en pèlerinage à Jérusalem, aux lieux où avait

---

(1) *Hieronym.* : « Ecclesia nunc potentia et divitiis quidem major, virtutibus vero minor facta est. » In vita Malchi (Opp., t. I, p. 41).

vécu le Sauveur, sur sa tombe, où l'impératrice Hélène avait fait élever l'église de la Résurrection, pour y prier avec une ardente dévotion et s'y consacrer à une vie semblable à celle de leur Dieu ; d'un autre côté, on voyait se joindre à ces pieux pèlerins, surtout vers Pâques, une foule de mauvais chrétiens, dans des vues tout humaines et souvent superstitieuses. Beaucoup de Pères de l'Église firent entendre leurs plaintes (1), et saint Jérôme dit qu'il était avantageux aux chrétiens, non d'avoir été à Jérusalem, mais d'y avoir vécu de manière à plaire à Dieu. Que si les fréquentes et vives controverses de l'Orient firent éclater le courage et la foi des fidèles, elles contribuèrent aussi malheureusement à troubler l'ordre, à ébranler l'autorité des lois, à corrompre les mœurs, à répandre de nombreuses superstitions. Ainsi des moines, par exemple, cherchaient à se procurer des reliques par fraude, violence ou à prix d'argent, et à en faire commerce, ce que Théodose fut obligé de défendre sévèrement, par un édit de 386 (2). Du reste, la vie religieuse et morale des chrétiens différait beaucoup suivant les lieux et les circonstances. Autre était la vie en Orient, autre en Afrique, autre encore dans l'Europe occidentale, où la foi et la piété des fidèles étaient troublées et opprimées tantôt par d'interminables controverses, tantôt par le fanatisme des donatistes, ici par les invasions terribles des Vandales, là par les migrations de la race germaine et les mœurs hardies de la jeunesse conquérante (3).

Cependant on se tromperait si l'on voulait envelopper dans ces accusations tous les chrétiens de ces temps. Les incomparables caractères de tant de docteurs saints et éclairés, l'affectueux dévouement de tant de fidèles pour leurs évêques, l'enthousiasme qui leur suggérait de si généreux sacrifices pour les fondations pieuses et leur entretien, prouvent que l'esprit de vie régnait encore dans l'Église, et inspirait le troupeau et ses pasteurs.

(1) *Gregor. Nyss.* Or. de eis qui adeunt Hierol.; Epp. ad Ambros. et Basilissam. Cf. *Hieronymi* ep. ad Paulin., et les Mémoires de *Binterim* sur les pèlerinages, t. IV, P. I, p. 610 sq.
(2) Codex Theodos. IX, 17, 1.
(3) *Isidor. Pelusiot.* epp. lib. III, ep. 133.

Qu'on ne perde pas de vue, non plus, les efforts incessants et si souvent couronnés de succès des plus célèbres évêques d'alors pour l'*abolition de l'esclavage.* Chrysostome surtout fut infatigable (1). On ne peut compter toutes les occasions où il parle de l'origine et de la nature de l'esclavage, des changements que le Christ a introduits dans les idées de liberté et des droits de l'homme. Il insiste, avec cette parole grave, sur la nécessité des rapports chrétiens et fraternels entre les maîtres et les esclaves, sur l'éducation, la culture à donner soigneusement à ces derniers ; partout il réclame la liberté pour eux. Les fruits de ces vives et affectueuses exhortations se montrèrent bientôt dans une longue série de lois impériales en faveur des esclaves.

Enfin, ce qui caractérise par-dessus tout cette période, sous le rapport religieux et moral, c'est la vie des moines.

141. — *Idée de la vie monacale.*

Prétendre expliquer le monachisme en disant qu'il est né du climat de l'Égypte, c'est croire expliquer l'origine des vers en disant qu'ils naissent de la corruption et de la poussière.

Ce qui nous fait concevoir le monachisme, c'est une idée bien plus haute. Il est des hommes qui, par un appel spécial, par un instinct tout divin, sont poussés, dès cette terre, à vivre de la vie des anges, et qui se sentent irrésistiblement entraînés à une existence toute pure et toute contemplative. Le moine est cet homme. Il secoue les liens qui l'appesantissent et le retiennent à la terre, il vend ce qu'il possède, il renonce au mariage (2) ; il se tient en garde contre sa propre volonté ; il se consacre à la pauvreté, à la chasteté, à l'obéissance. Cependant la nature humaine a un imprescriptible besoin de la société. L'homme comprend que, seul, il n'accomplit rien de grand et n'arrive pas facilement au but qu'il se propose. Le solitaire s'associe à d'autres solitaires : un monastère s'élève. Là, tous

---

(1) Voyez Bibliogr., plus haut, § 95.
(2) Luc, XX, 35.

sont unis par la vertu de chacun, là chacun se soumet à la sagesse de tous ; le moine isolé se défie de sa faiblesse : les moines réunis sentent leur force. Alors naissent nécessairement et ainsi s'expliquent naturellement les vœux de *pauvreté*, de *chasteté*, d'*obéissance*, bases de toutes les règles, de toutes les formes monastiques. Sans doute, cette vie sainte des monastères n'est pas toujours florissante ; il y a des temps, il y des circonstances qui la favorisent et la fortifient plus que d'autres. Que si l'on en trouve des traces chez les Esséniens, chez les Thérapeutes, dans le Thibet et la Chine, le Christianisme seul en donne l'idée vraie et la réalise. La vie monastique n'est que l'application rigoureuse, la réalisation complète du Christianisme. L'imperfection de la nature humaine fait comprendre que cette réalisation n'a pas toujours et généralement répondu à l'idéal (1) ; bien des faits nous l'ont prouvé : ce qui n'empêche pas qu'on trouve parmi les moines les plus beaux caractères de leur temps, et les *éducateurs* des plus grands docteurs de l'Église. Athanase, Basile, Grégoire de Nazianze, Chrysostome, Éphrem, Jérôme, Augustin, et tant d'autres, puisèrent dans leurs rapports avec les moines, les vives lumières dont ils éclairèrent leurs siècles et les âges postérieurs. La sainte gravité de leurs mœurs, la noble dignité de leur maintien, la sagesse de leur doctrine, la profondeur de leurs sentiments, l'élévation de leurs idées, l'onction de leur parole ne ressemblaient guère à la sagesse extérieure, vaine et pompeuse des philosophes d'Athènes et d'Alexandrie. C'étaient les fruits mûrs d'une vie ascétique et recueillie à laquelle ces vrais sages s'étaient voués dans la solitude, où qu'ils avaient apprise sous la direction des moines de l'Égypte et de la Syrie (2). « Nulle
» part, dit parfaitement saint Augustin pour caractériser
» la vie monastique, je n'ai vu des hommes meilleurs que
» les bons qui se trouvent dans les couvents ; je n'en ai
» pas connu de pires que les mauvais qui s'y rencontrent. »

(1) *Hieronym.* ep. 125 ad Rustic. Vidi ego quosdam, qui postquam renuntiavere sæculo, vestimentis duntaxat et vocis professione, non rebus, nihil de pristina conversatione mutarunt.

(2) « Combien l'humanité ne doit-elle pas au moine ! » (Feuilles histor. et polit., t. XI, p. 607-14.)

Des passions qui blessent la nature, une humeur sombre poussée jusqu'au désespoir, le fanatisme ou, sous une autre forme, une sainteté apparente et pharisaïque, sont les caractères les plus communs des mauvais moines.

§ 142. — La vie monacale en Orient; saint Antoine.

Joann. Cassianus [† après 430] de Inst. cœnobior. et collationes monachor. (Opp. ed. Gazæus, Atrebati, 1628, in-fol.). *Palladii* [† vers 420] Hist. Lausiaca (Coll. Patrum. Eccles. Gr., t. III). *Theodoreti,* Hist. religiosa, etc. (Opp. ed. Schulze, t. III, p. 11). Socrat. Hist. eccles., IV, 23 sq. Sozom. I, 12-14; III, 14; VI, 28-34; Vie de plusieurs ermites et beaucoup de lettres de saint Jérôme. *Martene,* de Antiquis monach. ritib. Lugd., 1690. *Holstenii* Cod. regul. monast., etc. (Voyez p. 18, n. 3.) *Helyot,* Ordres monastiques et militaires. Paris, 1714-19, t. VIII, in-4. *Henrion,* Histoire des ordres religieux. Paris, 1835. *Binterim,* Mémoires III, P. I et II, p. 406 sq. *Schmidt,* Ordres relig. et milit.; leurs règles. Augsb., 1838. *Biedenfeld,* Origine, développ., etc., des ordres monastiques en Orient et en Occident, 1837 et 40.

On voit des ascètes et des ermites dès la première période de l'histoire de l'Église. Néanmoins, le vrai fondateur de la vie monacale est saint Antoine (1).

Issu de parents nobles, riches et chrétiens, il les perdit de bonne heure. Encore enfant, il ne trouvait aucun plaisir à se mêler aux jeux des compagnons de son âge. Les sciences humaines n'eurent pas plus d'attraits pour lui, et il se sentit toujours irrésistiblement attiré vers la vie contemplative. Il entendit un jour ces paroles du Sauveur au riche de l'Évangile : « Si vous voulez être parfait, allez, » vendez ce que vous avez (2). » Puis cette autre : « Ne » vous inquiétez pas du lendemain (3). » Profondément touché, il alla aussitôt, malgré sa jeunesse, vendre tous ses biens, renonça aux richesses de la terre, et se mit à imiter la vie des pieux ermites d'alors. Ce ne fut pas sans de grands efforts, sans de terribles luttes qu'il eut à supporter

---

(1) *Athanasii* Vita S. Antonii (Opp. t. II, p. 450 sq.); *Hieronym.* de Viris illust. c. 88. Cf. *Tillemont,* t. VII, p. 105 sq.; *Mœhler,* Athanase le Gr., 2ᵉ édit., t. II, p. 378-402.
(2) Matth. XIX, 21.
(3) Matth. VI, 34.

contre sa nature, contre Satan. Il en sortit victorieux, par la grâce qui le soutint. Il n'abandonna la solitude qu'il avait choisie, que lorsque les chrétiens furent persécutés sous Maximin [311]. Il apparut à Alexandrie pour soutenir, consoler les fidèles auxquels il apparut soudainement, comme un ange protecteur envoyé du ciel. Lorsqu'il retourna dans sa solitude chérie, bon nombre de ses admirateurs et de ses disciples l'accompagnèrent dans le désert. Là, ces enfants fidèles, entourant leur père de leur obéissance et de leur dévouement, rivalisaient avec lui de piété et de vertu, passant de la contemplation des biens futurs, objets de leurs espérances, aux travaux manuels qui les mettaient à même d'être les bienfaiteurs des pauvres des contrées voisines. Antoine, au milieu du respect universel qui l'entourait, et qu'augmentait son pouvoir de faire des miracles, restait toujours humble et réservé. On lui amena un jour une possédée pour qu'il la guérît. « O homme, » dit-il à celui qui lui amenait la malade, pourquoi m'im- » plorer? Ne suis-je pas un homme comme toi? Si tu crois » au Christ que je sers, va, prie Dieu dans ta foi, et tu » seras exaucé. » Une autre fois, il reçut une lettre de l'empereur Constantin et de ses fils; il dit à ses moines : « Ne vous étonnez pas de ce que l'empereur nous écrive : » il n'est qu'un homme; mais étonnez-vous de ce que Dieu » ait donné sa loi aux hommes, et nous ait parlé par son » Fils. » Dans sa réponse à l'empereur il lui dit : « Je me » réjouis de ce que vous honorez le Christ : remplissez » vos devoirs d'empereur, pensez au jugement futur, et » songez que le Christ est le seul roi véritable et éternel. » Son esprit naturellement fécond, l'habitude de contempler la nature, de méditer les saintes écritures, dont il s'était assimilé la substance, suppléaient largement en lui au manque de culture humaine et d'instruction scientifique. Aussi savait-il parler aux lettrés et aux illettrés, et consoler les uns et les autres. Il dit à deux philosophes grecs venus pour le tenter : « Pourquoi venir à un insensé? » — Vous ne l'êtes pas, lui répondirent les deux savants. « — En ce cas, devenez donc comme moi, » reprit Antoine. On se moquait de ce qu'il ne savait pas lire. « Qu'est-ce qui est antérieur, l'esprit ou la lettre? dit-il.

» — L'esprit, lui répondit-on. — Celui donc qui est doué
» d'un esprit sain n'a pas besoin de la lettre : il lit dans
» le grand livre de la nature, écrit de la main de Dieu
» même. »

« Votre religion, la religion des chrétiens, lui repro-
» chaient certains philosophes, est sans preuves. — Com-
» ment, reprend le moine, s'acquiert toute connaissance,
» et avant tout celle de Dieu? Est-elle démonstrative, ou
» bien naît-elle immédiatement de la foi? Quelle est la plus
» ancienne des deux, la connaissance fondée sur la foi, ou
» la connaissance née de la démonstration? — Celle qui
» repose sur la foi. — Donc, dit Antoine, elle est plus no-
» ble, plus sûre que celle qui s'étaye sur vos arguments
» sophistiques. Vos syllogismes ont-ils jamais pu convertir
» qui que ce soit du Christianisme à l'hellénisme? et nous,
» qui annonçons la foi du Christ, nous renversons toutes
» vos superstitions. »

Le saint anachorète travailla, avec une grande efficacité, au triomphe de la vérité et des saines idées sur la nature du Christ et au rétablissement de la paix de l'Église, dans les controverses des Ariens et des Mélétiens. Les dangers futurs de l'Église lui furent révélés dans une vision extatique, et il les annonça, les larmes aux yeux, à ses frères.

A la fin de sa carrière, il alla visiter saint Paul, le solitaire de Thèbes, que longtemps il avait désiré voir et auquel il rendit les derniers devoirs. Pressentant à son tour le moment de sa mort, Antoine s'enfonça dans le désert, après avoir exhorté une dernière fois ses moines à se tenir en garde contre toute erreur, et à conserver les traditions de leurs pères. Il mourut âgé de cent cinq ans [356], laissant après lui une postérité nombreuse et florissante. Jamais on ne l'avait vu sombre ni triste : son âme était trop calme, son esprit trop serein. Racontée par un biographe tel que saint Athanase, une telle vie devait exciter l'enthousiasme et le désir de l'imiter, dans toutes les âmes capables de la comprendre.

Les anachorètes, les ermites, quittèrent peu à peu les cellules (laures) où ils vivaient isolés, se réunirent et formèrent des sociétés plus intimes de cénobites et de moines, lorsqu'en 340 saint Pacôme fonda, dans l'île de

Tabène, sur le Nil, un monastère (κοινόβιον, *claustrum*); et leur donna une règle de vie commune. A la même époque, Ammonius, des monts de Nitrie, Hilarion, dans le désert de Gaza, fondèrent des réunions semblables, et de là la vie monastique se répandit en Palestine et en Syrie. Eustathe de Sébaste s'efforça de la répandre en Arménie et dans l'Asie Mineure. Valens essaya en vain d'arrêter ce mouvement des esprits vers la vie monastique, dans la crainte de voir enlever un grand nombre de soldats à son armée.

Basile le Grand exerça la plus grande influence sur la vie monastique en Orient. Aussi les moines d'Orient prennent-ils le nom de Basiliens. Non-seulement il leur donna des règles nouvelles, mais encore il établit dans les environs de Néocésarée, un couvent qui devait être un puissant boulevard contre l'arianisme. Tandis que, dans le sein même de l'Église catholique, les controverses des antitrinitaires au IIIe siècle, celles des Ariens au IVe, donnèrent aux esprits une direction exclusive et platement rationaliste, s'écartant de la pratique profonde de l'Evangile, le monachisme préparait une réaction, silencieuse d'abord, mais bientôt éclatante et vive (1). Les monastères, conservant le sens sérieux de la doctrine chrétienne, rendirent une vie nouvelle à l'Église et un nouvel essor à la littérature chrétienne. Les exemples des premiers moines furent bientôt imités. On construisit des couvents plus rapprochés des villes : ils devinrent trop souvent, au milieu des controverses théologiques, les instruments de l'ambition des évêques, et se conduisirent avec un sauvage fanatisme. Les moines furent d'abord des laïques; les chefs des couvents étaient seuls prêtres (ἡγούμενος, ἀρχιμανδρίτης, ἀββᾶς). Ils étaient tous soumis à la surveillance épiscopale (2). Dans la suite, les couvents devinrent les principales pépinières du clergé et des évêques. Toutes les règles exigeaient les trois vœux dont nous avons parlé, sans cependant les regarder comme irrévocables. Néan-

---

(1) Cf. la littérature chrét. et le Monachisme au IVe siècle (*Gœrres et Philipps*, Feuilles hist. et polit., t. VII, p. 332-38).
(2) *Thomassini*, l. cit. t. I, lib. III, c. 26.

moins on considérait le retour d'un moine à la vie mondaine comme la preuve d'une foi affaiblie et d'une volonté débile. Saint Chrisostôme décrit ainsi la manière de vivre des moines : « Le chant des hymnes saluait le jour » naissant; suivait la méditation sur les textes de l'Écri» ture. A la troisième, sixième, neuvième heure, on priait » en commun; le reste du temps était consacré au travail » Le produit de ces travaux servit souvent à sauver des contrées entières des horreurs de la famine, dans des temps de disette. La forme de vie la plus singulière parmi les moines fût sans contredit celle des stylites. Siméon le Stylite trouva beaucoup d'imitateurs en Orient, entre autres le prêtre et moine Daniel, a Constantinople; en Occident, on ne vit qu'un diacre stylite, nommé Vulfilach, aux environs de Trèves (1).

Le désir de mener une vie angélique devait s'allumer aussi dans le cœur des femmes, si capables de dévouement. Des vierges à la fleur de l'âge, des veuves expérimentées se réunirent pour vivre en commun. La sœur de saint Antoine présida, dit-on, la première de ces réunions, pour lesquelles saint Pacôme écrivit la première règle. On donnait à ces pieuses solitaires le nom égyptien de *nonnes* (vierges). Basile le Grand les introduisit en Cappadoce. Un voile, une petite mitre d'or, couronne de la virginité, parfois un anneau, furent dans le principe leurs insignes extérieurs.

Si nous nous rappelons enfin que le monaschisme se répandit, dès lors, en maintes contrées de l'Occident (l'histoire des peuples germaniques nous en fera connaître la puissante influence); si nous considérons la variété des mœurs, la diversité des caractères de tant de peuples, la différence des climats de tant de pays, si contraires aux mœurs égyptiennes; si nous réfléchissons à la violence que la vie monastique impose à la nature humaine; et si nous voyons cependant les chrétiens de l'Afrique, de l'Asie, de l'Europe, l'embrasser avec le même enthousias-

(1) Sur Simon et Daniel, conf. *Tillemont*, t. XV, p. 337-41 ; t. XVI, p. 439-52; *Uhlemann*, Simon le Stylite en Syrie, etc. Sur Vulfilach, *Greg. Turon*. Hist. eccles. Francorum, lib. VIII, c. 15; *Butler*, Vie de saints.

me, la pratiquer avec la même fidélité, la conserver avec la même constance, nous serons certes autorisés à rejeter comme insuffisante, toute explication tirée des simples motifs naturels de temps, de lieux et de circonstances, et nous serons obligés d'avouer que l'ardeur universelle avec laquelle on embrassait un genre de vie si dure et si extraordinaire, ne pouvait naître de pensées terrestres et mondaines.

§ 143. — *Adversaires de la vie ecclésiastique.*

1° Priscillien, Espagnol riche, disert mais présomptueux, répandit, sous le règne de Théodose Ier, une doctrine, renouvelée du gnosticisme et bien plus encore du manichéisme, qui n'avait jamais entièrement disparu. Cette doctrine, qui trouva faveur dans un conventicule de cette époque (1), admettait, comme points fondamentaux, la théorie de l'émanation, le dualisme; elle niait la distinction des personnes de la Trinité, imposait de grandes abstinences et de singulières épreuves sous le rapport des sens. Le gnostique égyptien Marc, qui vint en Espagne et s'y attacha une femme distinguée nommée Agape et le rhéteur Elpidius, passe pour le vrai fauteur de cette hérésie. Priscillien devint leur disciple; il sut gagner à sa cause beaucoup de femmes et deux évêques catholiques. Hygin, évêque de Cordoue, dévoila le premier cette secte : Idace de Mérida et Ithace d'Ossonuba la combattirent avec ardeur. Le concile de César-Augusta (Saragosse) excommunia Priscillien et ses partisans [380]. L'empereur Gratien confirma la sentence. Mais Priscillien sut gagner les faveurs de la cour, et déjà Ithace se voyait sérieusement menacé, lorsque Gratien fut renversé par l'usurpateur Maxime, qui se prononça pour Ithace. Priscillien, appelé devant un

---

(1) *Sulpicii Severi* Hist. sacr. II, 46, 51; III, 11 sq.; *Orosii* Commonit. ad August. de errore Priscillianistarum, in Opp. Augustini, t. VIII; *Leon.* ep. 15 ad Turibium. Cf. *Tillemont,* t. VIII, p. 495-527; *Walch,* Hist. des hérésies, t. III, p. 378; *Lübkert,* de Hæresi Priscill. ex fontib. denuo collatis. Hafn., 1840; *Mandernah,* Hist. du Priscill. Trèves, 1851.

concile à Trèves, y fut condamné après avoir avoué qu'il avait enseigné des doctrines immorales, qu'il avait prié tout nu, dans des assemblées nocturnes, où assistaient des femmes, et il fut mis à mort avec ses partisans, Félissime, Armencius et d'autres [385]. En vain saint Martin de Tours adressa à Maxime des prières et des remontrances ; le sang des hérétiques coula pour la première fois par suite d'une sentence ecclésiastique. Saint Ambroise et les plus dignes représentants de l'Église se montrèrent outrés de la cruauté d'Ithace, et ne voulurent avoir aucune relation avec lui. Priscillien fut longtemps honoré comme un martyr parmi les siens. Le concile de Braga [563] fut encore obligé de porter des lois contre ses partisans.

2° Audius (*Udo*), laïque, né en Mésopotamie, ayant méconnu en partie la nécessité du changement survenu dans les rapports entre l'État et l'Église, blâma assez innocemment la conduite des ecclésiastiques, plus mondaine qu'apostolique. Persécuté, excommunié, il se sépara de l'Église catholique [314] et fonda quelques évêchés parmi les Goths. Les Audiens paraissent avoir reçu de leur évêque des doctrines anthropomorphiques ; ils protestèrent contre les décrets de Nicée sur la Pâque, et évitèrent toute communication avec les catholiques jusqu'à leur extinction totale, au commencement du V° siècle (1).

3° Un certain Adelphius forma en Mésopotamie, la secte des Adelphiens, vulgairement appelés Massaliens, qui n'admettaient comme moyen efficace de triompher du démon, que la prière. Tout travail interrompant la prière était péché pour eux, et les sacrements sans valeur pour celui qui est arrivé à la perfection spirituelle. Ils ne possédaient rien : dans leur spiritualisme exagéré, ils auraient cru se dégrader par la possession des biens terrestres ; ils erraient sans demeure fixe. Ces sectaires se propagèrent principalement en Syrie (2), malgré les décisions sévères du concile d'Antioche [390].

---

(1) *Epiphan*. Hær. 70; *Theodoreti* Hær. fab. IV, 10; Hist. eccles. IV, 9.

(2) Nommés aussi מצלין, *Mazzelin*, Εὐχέται, en Arménie et en Syrie, depuis 360. Cf. *Epiphan*. Hær. 80; *Theodoreti* Hær. fab. IV. 11; Hist. eccles. IV, 10; *Photii* Cod. 52; *Walch*, Hist. des hérésies, t. III, p. 481

4° Certains usages ecclésiastiques donnèrent, par leurs abus, par leur fausse application, naissance à des récriminations exagérées et à des oppositions sans mesure. Ainsi le prêtre arien Aérius de Sébaste, soutint, lorsque son ancien ami Eustathe fut élevé à l'épiscopat de Sébaste, qu'évêques et prêtres étaient égaux ; que la prière et l'aumône pour les morts étaient inutiles, et les solennités pascales des superstitions judaïques (1). Eustathe [† 376] tomba dans un excès contraire : il imposait des jeûnes sévères, même les dimanches et fêtes, considérait le mariage comme impur, défendait tout rapport avec des prêtres mariés, contrairement à plusieurs canons du concile de Gangres (2) [entre 362 et 370]. Jovinien (3), moine romain, stoïcien en théorie, épicurien en pratique, s'éleva contre la considération dont jouissait le monachisme. « Le moine n'est pas plus saint, disait-il, qu'un autre
» homme. La félicité éternelle est une ; toutes les récom-
» penses du ciel se valent : un peu plus, un peu moins de
» peines ici-bas ne peut les augmenter ni les diminuer.
» Ainsi des péchés et des pécheurs. La virginité n'a
» aucun privilège sur le mariage, disait-il avec Helvi-
» dius (4), disciple de l'Arien Auxence de Milan [v. 390].
» Marie, après la naissance du Christ cessa d'être vierge. »
Vigilance (5), prêtre gaulois [402], dirigea sa polémique contre le célibat, le culte des saints et des reliques, appelant les catholiques des adorateurs de cendre et de poussière. « Il n'y a rien de mort dans ce culte, répondait avec
» ardeur saint Jérôme, et les fidèles, dans leur piété, y
» voient bien autre chose. En honorant les reliques, leur

---

(1) *Epiphan.* Hær. 75; *Philastri* Hær. 73; *Augustin.* de Hær. c. 83.

(2) Dans *Mansi*, t. II, p. 1095. Cf. *Socrat.* II, 43.

(3) *Hieronym.* adv. Jovin. lib. II (Opp., t. II, p. 238 sq.); *Augustin.* de Hær. c. 82; *Siricii* ep. ad divers. episc. adv. Jov. (*Constant.* epp. Pont. p. 663 sq.); *Ambr.* Rescr. ad Siric. (*Constant,* p. 670 sq.).

(4) *Hieronym.* Adv. Helvid. (Opp., t. II, p. 205 sq.); *Gennadius,* de Viris illust. c. 32; *Augustin.* de Hær. c. 84; *Walch,* Hist. des hérésies. t. III, p. 577.

(5) *Hieronym.* Adv. Vigilant. (Opp., t. II, p. 387 sq.); ep. 61 ad Vigilant.; ep. 109 ad Riparium (Opp., t. 1). *Walch,* Dissert. de Bonoso hæret. Gœtting. 1754

» cœur s'élève vers les saints vivant en Dieu, qui est le
» Dieu des vivants et non des morts. Quand même le sen-
» timent d'un pieux respect pourrait s'égarer, il serait en-
» core respectable. Jésus loua la femme qui parfumait ses
» pieds; mais il blâma les disciples, mécontents d'une ac-
» tion peu raisonnable à leurs yeux. » Helvidius et Bonose,
évêque de Sardique, allèrent encore plus loin que Jovinien, en prétendant que Marie eut de Joseph les frères et les
sœurs de Jésus, dont parle le Nouveau Testament; comme
l'avaient autrefois avancé les Antidicomarionites combattus
par saint Épiphanes (*hæres.* 78). Ambroise opposa à Jovinien la croyance invariable de l'Église catholique en la
virginité perpétuelle de Marie (1). En même temps l'Église
rejeta comme blasphématoire l'*adoration* de Marie, prati-
quée par les Collyridiens d'Arabie, ainsi nommés parce qu'à
certaines époques ils offraient de petits gâteaux (κολλυρίς) à
la sainte Vierge (2).

5° Les Pauliciens (3) (publicains, populicains), qu'on a
voulu de nos jours idéaliser et transfigurer, n'étaient que
les Priscilliens de l'Occident, ayant même origine et même
tendance que ceux de l'Orient. Ils descendaient des Manichéens par Paul et Jean, fils de la Manichéenne Gallinice,
de Samosate. Ceux-ci quittèrent le lieu de leur naissance
et intriguèrent en Arménie. Ils fondèrent à Épiparis une
école qui devint la pépinière de la secte, dont l'existence
se prolongea jusqu'au temps de l'empereur Constantin Pogonat [668-85]. Sous cet empereur, un certain Constantin

---

(1) *Ambr.* de Instit. virginis (Opp., t. II, p. 249 sq,). Cf. *Siricii*
ep. 9, et *Natal. Alex.* Hist. eccles. IV, dissert. 48.

(2) *Épiphan.* Hæres. 79. *Wersndorf.* Diss. de Collyridian. secta.
Viteb. 1745, in-4. *Münteri* Commentatio de Collyridianis (Miscellan.
Hafn. t. II, fasc. I). *Sagittar.* Introd. in Hist. eccl. t. I, p. 927-929.
Walch. Hist. des Hérés., P. III, p. 625 sq.

(3) La source la plus ancienne, découverte depuis peu, est *Joh Oz-
niensis.* Armenianor. Catholici oratio contra Paulicianos, après 718
(Opp. ed. Aucher, Ven., 1834). *Photius*, Περὶ τῆς Μανιχαίων ἀναβλασ-
τήσεως, in *Wolfii* Anecdota Gr. Hamb., 1722, t. I et II, et dans *Galland.* Biblioth. t. XIII, p. 603. *Petri Siculi*, vers 872 Hist. Mani-
chæor. gr. et lat. ed. Raderus. Ingolst., 1604, et Max Bibl. oth.
PP. Lugd., t. XVI. *H. Schmid*, Hist. Paulicianor. orient. Hafniæ,
1826. Cf. l'exposition concise, foncière, tirée des sources armén. et
grecq. de *Windischmann* (Tub., Revue trim. théolog., 1835, p. 49-62.)

de Mananalis, près de Samosate en Syrie, donna un essor particulier à cette secte. Il se crut appelé à fonder, en face de l'Eglise catholique, de nouvelles communautés *apostolico-pauliniennes*, selon les formes des gnostiques et les principes de Manichéens éclectiques [v. 680]. Elles n'admettaient, outre les quatre évangélistes, comme source de la parole révélée, que les épîtres pauliniennes; rejetaient l'Ancien Testament, les épîtres apostoliques, l'Apocalypse, les symboles de l'Eglise, toute la littérature ecclésiastique et toutes les formes liturgiques. Ils prétendaient que ce christianisme paulinien était le $αἰὼν ὁ μέλλων$, manifestation dernière du vrai Dieu $ἐπουράνιος θεος$, et que l'Eglise catholique était ὁ $παρὼν αἰών$, où règne l'esprit des ténèbres. Dans leur orgueil, ils prétendaient seuls être dignes du nom de chrétiens; leur communauté était l'Eglise catholique, tandis que tous les chrétiens non pauliniens n'étaient que des Romains. Tout en cherchant à cacher leurs erreurs sous les formules orthodoxes, ils favorisaient les opinions fantastiques et mystiques des gnostiques et des Manichéens, considéraient le soleil comme une manifestation visible de Dieu et le nommaient le Christ. Quant à l'humanité du Christ, leur opinion était celle des Docètes. La rédemption n'était pour eux qu'un procédé de purification commencé par le Christ, et qui doit ramener peu à peu tous les esprits à leur source divine. Dans leur spiritualisme exclusif ils rejetaient, avec un orgueilleux mépris de la matière, tous les moyens de salut de l'Église catholique. L'empereur Pogonat chargea Siméon, dignitaire de l'empire, de les poursuivre. Ce dernier fit en effet exécuter le chef de la secte. Elle persista néanmoins, conserva un chef entouré de compagnons de route ($συνέκδημοι$, *comperegrini*) et de notaires ($νοτάριοι$), comme frères auxiliaires. Siméon lui-même, après avoir été leur persécuteur, devint leur chef ou évêque, sous le nom de Titus, à Cibossa en Arménie, et fut mis à mort, avec beaucoup d'autres, dans une nouvelle persécution, sous Justinien II [685-95]. Paul, un des Pauliniens les plus considérables, échappa à la mort et se remit activement à travailler à la propagation de la secte. Il en établit le siége à Phanaræa dans l'Hellespont. Elle fut protégée par l'empereur Léon l'Isaurien qu'avait séduit le fils de Paul, Génésius (Timothée). Plus tard elle retrouva un chef vigoureux dans Sergius (Tichichus, vers 777), personnage plein d'orgueil qui se disait la lumière, le guide du salut, le bon pasteur, et se fit adorer par ses disciples les plus intimes comme le Paraclet, qu'ils invoquaient en ajoutant à la fin de leurs prières : Que le Saint-Esprit ait pitié de nous! De tels excès, des nouveautés si étranges divisèrent la secte et excitèrent d'ardentes discussions dans son sein. De sévères édits de l'empereur Michel Rhangabé [811-13], de Léon l'Arménien [813-20] et de l'impératrice Théodora [845] les firent rentrer dans l'Église catholique, après une abjuration expresse de leurs erreurs (1). Ceux qui s'opiniâtrèrent subirent d'affreux supplices, et la secte fut ainsi presque entièrement détruite (*).

Coup d'œil rétrospectif.

Pour bien apprécier la prodigieuse influence de l'Église catholique sur l'empire gréco-romain durant cette époque,

(1) Formule d'abjuration dans *Galland*. Biblioth., t. XIV. p. 87 sq.: « Exsecror et anathemate devoveo eos omnes qui dicunt corpus e malo principio prodiisse, et quæ mala sunt existere natura. Exsecror nugacem ac futilem Manetis fabulam, quum ait primum hominem nobis dissimilem formatum, etc. Exsecror eos qui dicunt Dominum nostrum Jesum Christum specie tantum manifestatum fuisse, etc., qui Christum *solem* esse dicunt, et solem ac lunam cæteraque sidera venerantur. etc. Exsecror eos qui transmigrationem animarum statuunt, quam et animarum de vase in vas defusionem appellant, etc. Anathema iis qui sanctam Deiparam Mariam contumelia afficiunt, — qui a communione venerandi corporis et sanguinis Christi abhorrent, — quique baptismum aspernant, etc. »

(*) Les *Hypsistariens* en Cappadoce (ὑψίστῳ Θεῷ προσκυνοῦντες), dont le père de Grégoire de Nazianze avait fait jadis partie, n'étaient pas, il est vrai, une secte chrétienne, mais c'étaient, selon Boehmer, les restes d'une religion primitive répandue en Asie, ou mieux, d'après Ullmann, un syncrétisme formé de judaïsme et de l'antique religion des Perses, ou bien, enfin, au milieu de la fermentation religieuse des premiers siècles chrétiens, l'essai d'une fusion des éléments chrétiens et païens. Les *Massaliens* ou *Euphémites* (θεοσεβεῖς, cœlicolæ) se rapprochaient des Hypsistariens; négligeant toute autre divinité, ils n'adoraient que le *seul Dominateur* et l'honoraient soir et matin, dans des temples particuliers, par des chants et des

il faut comparer les résultats obtenus avec la situation religieuse et morale de l'empire avant l'introduction du Christianisme. Qui ne se sentirait rempli d'admiration et de respect pour ces peuples généreux, en se rappelant avec quel enthousiasme les Grecs et les Romains accueillirent la prédication de l'Évangile, avec quel héroïsme ils le défendirent durant les persécutions, avec quelle fidélité ils employèrent leur science profane à expliquer et développer les dogmes chrétiens, dans une littérature dont les chefs-d'œuvre resteront toujours les modèles des écoles chrétiennes et les sources des plus nobles inspirations; avec quelle force enfin ils ont constitué, organisé l'Église, réalisé les idées chrétiennes par les symboles mystérieux d'un culte sublime, et donné au monde d'innombrables exemples de vertus, de dévouement et de sainteté?

Combien cette gloire serait pure devant Dieu et les hommes si l'Église grecque n'avait, par ses fatales et interminables controverses, ouvert la porte, d'une part, au fanatisme musulman, et, de l'autre, à une indifférence spirituelle plus mortelle encore! Infidèle désormais à sa destinée, elle ne sera plus que rarement le sujet de nos études, que le cours de l'histoire entraîne vers d'autres peuples et de nouvelles régions.

prières. Cf. *Schmidt*, Hist. Cœlicolarum., 1704. *Bœhmer*, de Hypsistariis. Berol., 1824. *Ullmann*, de Hypsist. Heidelb., 1823. — SOURCES. — *Epiph*. Hær. 80. *Cyrill. Alexand.* de Adorat. in spirit. et verit., l. III. *Gregor. Naz.* or. 18, § 5. *Gregor. Nyssen.* Adv. Eunom. l. II.

FIN DU PREMIER VOLUME.

CHRONOLOGIE

DES PERSONNAGES ET DES ÉVÉNEMENTS LES PLUS IMPORTANTS

PENDANT LA PREMIÈRE PÉRIODE

(1—700)

Ère dionysienne.

1. Naissance de Jésus-Christ, Fils de Dieu et Sauveur du Monde.
2. Mort d'Hérode. — Partage de son royaume entre ses fils Archélaüs, Antipas et Philippe.
6. Exil d'Archélaüs en Gaule. — La Judée, l'Idumée et la Samarie réduites en une province romaine sous le gouvernement d'un procurateur, et dont le cinquième est Ponce-Pilate (28-37).
12. Jésus-Christ enseigne dans le Temple devant les Pharisiens étonnés.
14. Mort de l'empereur Auguste, qui est remplacé par Tibère (jusqu'en 37).
30. Jésus-Christ commence sa vie publique peu après la mort de saint Jean-Baptiste.
34. Crucifiement, résurrection et ascension de Jésus. — Au jour de la Pentecôte il envoie le Saint-Esprit. — La première assemblée des chrétiens se réunit autour des apôtres à Jérusalem, qui devient ainsi l'Église mère.

Vers 36. Lapidation du diacre Étienne, premier martyr chrétien.

37. Vocation de Paul à l'apostolat des Gentils. — Caligula, empereur (37-41).

41-44. Hérode-Agrippa persécute l'Église mère de Jérusalem et fait décapiter saint Jacques le Majeur (en 44). — Un miracle sauve saint Pierre.

42. La communauté d'Antioche, formée de juifs et de païens, prend le nom de *Chrétiens*.

45-59. Les trois grands voyages apostoliques de saint Paul. — Après la mort d'Agrippa, toute la Palestine est réduite en province romaine. — Claude, empereur (41-54).

52. Concile des apôtres à Jérusalem. — Les apôtres Pierre, Jacques, Jean, Paul, Barnabas, les prêtres et les fidèles y assistent, pour décider si les païens sont obligés d'observer la loi mosaïque. — Néron, empereur (de 54 à 68).

61. Saint Paul déporté à Rome, où il est emprisonné pour la première fois.

63. Supplice de saint Jacques le Mineur, évêque de Jérusalem.

67 ou 68. Seconde captivité de saint Paul, qui est mis à mort avec saint Pierre. PREMIÈRE PERSÉCUTION. — Galba, Othon, Vitellius (68-69); Vespasien (69-79).

Ère dionysienne.

70. Destruction de Jérusalem par Titus, qui règne après Vespasien (79-81).

81—96. Domitien, empereur. — Deuxième persécution. — Exil de saint Jean dans l'île de Patmos. — Erreurs de Cérinthe : le chiliasme. — Nerva, empereur (96—98).

98—117. Trajan, empereur. — Mort de l'apôtre saint Jean. — Troisième persécution. — Pline le Jeune.

107. Siméon, évêque de Jérusalem, et Ignace d'Antioche sont mis à mort. — En même temps arrivent les martyres de Polycarpe, disciple de saint Jean et évêque de Smyrne, et de Papias, évêque de Hiérapolis.

117—138. Adrien, empereur. — Sixte Ier et Télesphore, évêques de Rome. — Les gnostiques Basilides et Saturnin ; puis (vers 130) l'apologète Quadratus.

138—161. Antonin le Pieux. — Les gnostiques Valentin († 160), les Ophites, Marcien. — Controverse de la Pâque entre Polycarpe et l'évêque de Rome Anicet. — Conciles tenus contre les Montanistes : Montanus (entre 157-171). — Celse (vers 150).

161—180. Quatrième persécution sous Marc-Aurèle. — Martyre de Justin à Rome, de Polycarpe à Smyrne (vers 167). — Légion fulminante (174). — Les gnostiques Bardesane et Carpocrate. — Aux rêveries et aux vues subjectives des gnostiques, Tertullien et Irénée opposent la tradi- de l'Eglise. — Apologétique de Minutius Félix. — La controverse de la Pâque continuée par Claude Apollinaire et Mélito, évêque de Sardes. — Persécutions à Lyon et à Vienne.

180—93. Commode, empereur. — Le satirique Lucien de Samosate. Développement de l'école catéchétique d'Alexandrie. — Pantène, Clément, Théophile, évêque d'Antioche († vers 186). — Cet apologète se sert du mot Τρίας, qui est la *Trinitas* de Tertullien.

193—211. Cinquième persécution de Septime-Sévère. — Pour défendre les chrétiens, Tertullien compose son *Apologétique* (en 198). — La controverse de la Pâque continue entre Polycrate, évêque d'Ephèse, et Victor, évêque de Rome (en 196). — Caius, prêtre romain, combat le chiliasme ou hérésie millénaire. — Les antitrinitaires de cette époque dont les principes s'éloignent le plus du gnosticisme sont Praxéas, Théodote, Artémon. — Saint Irénée meurt (en 202). — Clément d'Alexandrie remplacé par Origène (en 203). — Tertullien montaniste (vers 205).

211—235. Caracalla (j. 217), Héliogabale (j. 222), Alexandre-Sévère (j. 235). — Activité littéraire d'Hippolyte. — Le monarchien Noëtus (230). — Julius Africanus († entre 232 et 240). — Origène chassé d'Alexandrie (en 231).

235—238. Sixième persécution sous Maximin le Thrace, elle cesse entièrement sous Gordien (j. 244), et particulièrement sous Philippe l'Arabe (244-249). — Mort de Tertullien (vers 240). — Origène combat Bérylle dans un concile arabe tenu en 244. — Cyprien, évêque de Carthage (248). — Schisme de Félicissime et de Novat.

249—251. Septième persécution terrible de Dèce. — Les martyrs, confesseurs, et en même temps les apostats (*lapsi*) abon-

Ère dionysienne.

dent. — L'ermite Paul de Thèbes. — Universalité des conciles provinciaux.

254—259. Huitième persécution de Valérius. — *Massa candida* d'Utique. — Prêtres pénitenciers. — Différentes classes de pénitents. — Novatien. — Schisme à Rome (en 251). — L'antitrinitaire Sabellius (250-260). — Origène († en 254). — Controverse sur le baptême des hérétiques entre Étienne, évêque de Rome (253-257), et Cyprien (vers 255). — Ce dernier est martyrisé en 258.

259—270. L'empereur Gallien reconnaît le Christianisme comme *religio licita*. — Le monarchien Paul de Samosate et les Aloges (260). — Discussion entre Denis d'Alexandrie († 265) et Denis de Rome sur ποίημα et ὁμοιούσιος. — Antioche : synode contre les antitrinitaires (en 254 et 269).

270—284. La mort empêche l'empereur Aurélien d'exécuter son édit de persécution. — Grégoire le Thaumaturge, évêque de Néocésarée ; le néoplatonicien Plotin († vers 270) ; Manès (vers 277).

284—305. Dioclétien empereur. *Æra Diocletiana s. martyrum.* — École d'Antioche fondée vers 290 par Dorothée et surtout par Lucien. — Édit de Dioclétien contre les Manichéens (296). — Neuvième persécution (dixième selon quelques-uns) générale et la plus sanglante de toutes, sous Dioclétien et Galérius (303-311). — Traditeurs. — Le néoplatonicien Porphyre († 304). Hiéroclès. — Concile d'Elvire (305). — Schisme de Mélétius en Égypte (306).

305—337. Constantin, élevé au rang d'Auguste ; sa victoire (311), édit de tolérance et de liberté religieuse en 312. — L'année suivante, autre édit plus large encore, qui est suivi d'une foule de lois relatives au Christianisme. — Triomphe de la foi chrétienne.

313—316. Sentence épiscopale prononcée à Rome contre les Donatistes (en 313). — Concile d'Arles (314), de Milan (316), contre les mêmes hérétiques. — (314) Concile de Néocésarée.

323. Constantin seul empereur après la défaite de Licinius.

325. Premier concile œcuménique de Nicée contre Arius. — Personnages importants : Alexandre, évêque d'Alexandrie ; son diacre, Athanase ; Osius de Cordoue ; les prêtres romains Vit et Vincent, légats du pape Sylvestre Ier. — Le symbole de Nicée porte sur l'arianisme comme sur les Eusébiens, le schisme de Mélétius et la controverse de la Pâque. — Pacôme établit la vie claustrale des moines.

326. Athanase, élu évêque d'Alexandrie, devient le plus illustre adversaire de l'arianisme. — Hélène trouve la croix du Christ. — Frumentius convertit les Éthiopiens (en 327).

330. La nouvelle Rome, appelée plus tard Constantinople. — Mort de Lactance.

336. Athanase exilé par Constantin. — Mort d'Arius. — Marcel d'Ancyre déposé par la faction arienne. — Le pape Jules (336-352).

Ère dionysienne.

337. Baptême et mort de Constantin le Grand. — Athanase retourne à son troupeau.
340. Eusèbe de Césarée et Paul de Thèbes meurent. — Didyme d'Alexandrie (340-395).
341. Le concile semi-arien d'Antioche dépose Athanase et dresse quatre différents formulaires de foi. — La vie monastique introduite à Rome, tandis qu'Hilarion la transplante en Syrie et en Palestine.
343. Schabur (Sapor) II, roi de Perse, persécute les chrétiens. Martyre de Siméon, évêque de Séleucie.
345. Photius rejette les erreurs du concile semi-arien d'Antioche et dresse un cinquième formulaire de foi tout à fait orthodoxe. — Jugement d'Ammien Marcellin sur les variations dans la foi.
347. Concile de Sardique. — Constance confirme le retour d'Athanase (349). — Rigueur déployée contre les Donatistes, *circumcellions*.
350. Constance, seul empereur. — Libère, pape (352-366).
353. Concile antinicéen d'Arles; Athanase condamné.
355. Concile de Milan; despotisme de Constance. Le pape Libère, Lucifer de Cagliari, Hilaire de Poitiers, Eusèbe de Verceil, Denis de Milan, le centenaire Osius de Cordoue sont exilés (356).
356. Saint-Antoine, père de la vie monastique, meurt. — Les Ariens Aëtius et Eunomius; triomphe apparent de l'arianisme.
357—359. Concile arien de Sirmium; deuxième formulaire sirmique (le premier en 351). — Concile semi-arien d'Ancyre (358). — Concile arien de Sirmium et troisième formulaire. — Double concile perfidement rassemblé, par Constance, à Séleucie pour les Orientaux, à Rimini pour les Occidentaux (359).
361—363. Tentative de Julien l'Apostat contre le Christianisme; ses vains efforts pour relever le temple de Jérusalem. — Les païens Libanius, Maxime, Thémistius, Ammien Marcellin. — Athanase rappelé pour la dernière fois sous Jovin. — Querelle des Mélétiens à Antioche (360).
368. Extinction graduelle du paganisme (*Pagani*). — Mort d'Hilaire de Poitiers. — Optat de Milève combat les Donatistes.
373. Mort d'Athanase. — Grégoire de Nysse, Grégoire de Nazianze, Basile le Grand, Cyrille de Jérusalem s'élèvent pour défendre la foi de Nicée. — En Occident, Ambroise remplace l'Arien Auxence, comme évêque (374).
375. L'empereur Gratien refuse le titre de *Pontifex maximus*.
379—395. Théodose le Grand remplace Valens en Orient. — Diodore de Tarse; Damase, pape (366-384).
380. Loi de Théodose, déclarant que la foi orthodoxe sera définie d'après les confessions de Rome et d'Alexandrie. — Concile de César-Augusta (Saragosse) contre Priscillien et ses partisans.
381. Deuxième concile œcuménique de Constantinople, qui confirme et étend le symbole de Nicée, concernant le Saint-Esprit; condamne les erreurs d'Apollinaire le

Ère dionysienne.

	Jeune. — Saint Jérôme défend la virginité de Marie contre Helvidius.
398.	Sirice, évêque de Rome; décrétales du pontife. —
388	L'usurpateur Maxime fait décapiter Priscillien et deux de ses partisans (385). — Théophile, patriarche d'Alexandrie (385-412). — Cyrille, évêque de Jérusalem, meurt, et il est remplacé par Jean (386-414). — Baptême de saint Augustin.
390.	Lutte de Théodose et d'Ambroise, évêque de Milan. — Symmaque, antagoniste du christianisme. — Mort de Grégoire de Nazianze et de Thémistius. — Jovinien attaque le monachisme et la virginité de Marie (vers 390). — Nectaire, patriarche de Constantinople, abolit les prêtres pénitenciers.
395—423.	Honorius en Occident; Arcadius en Orient (394-408). — Saint Augustin, évêque d'Hippo - Regius (Hippone) (396).
397.	Mort d'Ambroise. — Controverse origéniste entre Jean, évêque de Jérusalem, Rufin, Jérôme de Stridon, et Epiphane, évêque de Salamine. — Théophile d'Alexandrie l'assouplit un instant. — Jean Chrysostome, patriarche de Constantinople.
400—401.	Jezdedschred I, roi de Perse, persécute les chrétiens. — Jalousie de Théophile d'Alexandrie contre Chrysostome (401).
402—417.	Innocent I, évêque de Rome. — Mort d'Epiphane, évêque de Salamine. — Le concile du Chêne dépose Chrysostome, qui est exilé, puis rappelé (en 403). — Nouvel exil qui aboutit à sa mort (en 407). — Synésius, évêque de Ptolémaïs (410-430). — S. Jérôme termine sa traduction de la Bible vers 405.
411.	*Collatio cum Donatistis*, à Carthage.
412—418.	Cœlestius excommunié à Carthage (412); Pélage se justifie d'une manière équivoque au concile de Jérusalem et de Diospolis (415). — Ceux de Milève et de Carthage condamnent le pélagianisme (416). — Concile de Carthage contre Pélage (418).
420.	Bahram V, roi de Perse, persécute les chrétiens; effroyable supplice. — Mort de saint Jérôme. — Simon Stylite; Théodoret, évêque de Cyr.
430.	Mort de saint Augustin. — Célestin, évêque de Rome (423-432), agit contre Nestorius, patriarche de Constantinople, par suite des douze anathèmes lancés par Cyrille d'Alexandrie.
431.	TROISIÈME CONCILE ŒCUMÉNIQUE d'Ephèse, contre les erreurs de Nestorius et celles de Pélage, qui s'y rattachent. — Opposition de Théodoret.
433.	Rapprochement de Cyrille et de Théodoret, grâce à la confession de foi d'Antioche. — Le parti nestorien, soutenu par Barsumas, évêque de Nisibe (435-489), et Ibas, évêque d'Edesse (436-457). — Mort de Nestorius (en 440).
440—461.	Léon le Grand, évêque de Rome. — Cyrille d'Alexandrie († 444); il est remplacé dans le patriarcat par Dioscore (444-451). — Valentinien III, Loi sur le siège de Rome, comme *Sedes apostolica* (445). — Dispositions

Ère dionysienne.

        sur la pénitence publique en grande partie abolies par Léon le Grand.

448. Le concile de Constantinople dépose et excommunie Eutichès comme monophysite.

449. Brigandage d'Éphèse. — Violence de Dioscore.

Vers 450. Mort de Vincent de Lérins, auteur du célèbre *Commonitorium*.

451. QUATRIÈME CONCILE ŒCUMÉNIQUE de Chalcédoine contre les monophysites. — Écrits dogmatiques du pape Léon (451-453). — Troubles monophysites en Palestine. — Dioscore, déposé par le concile de Chalcédoine, meurt (en 455). — Son successeur, Protérius, combat vivement les partisans monophysites du prêtre Timothée Æluros et de Pierre Mongus, qui l'assassinent. — Pierre *le Foulon*, patriarche monophysite d'Antioche.

472—475. Conciles d'Arles et de Lyon, contre les Prédestinatiens.

482. Hénotique de l'empereur Zénon (479-491).

527—565. Justinien I dogmatise comme son prédécesseur, Justin I (518-527). Le célèbre jurisconsulte Tribonien meurt (en 545). — Différents partis monophysites des phthartolâtres, des agnoètes et des aphthardocètes. — A la conférence de Constantinople (531) première mention publique des ouvrages apocryphes de saint Denys l'Aréopagite. — Erreurs de Philoponus (vers 560) et d'Étienne de Niobes.

529—530. Conciles d'Orange et de Valence, contre les semi-pélagiens. — Règle de saint Benoît de Nursia.

541—578. Jacob Baradai et les Jacobites.

544. Controverse des Trois Chapitres, à propos de Théodore de Mopsueste, de Théodoret et d'Ibas; édit dogmatique de l'empereur, qui condamne Origène (541); autre édit contre les Trois Chapitres (544). — Fâcheuse faiblesse du pape Vigile (de 540-555), suivie de son *Judicatum* et de son *Constitutum*. Partisans des Trois Chapitres : Facundus, évêque d'Hermiane, le diacre Rusticus et Fulgence Ferrand († 551).

555. CINQUIÈME CONCILE ŒCUMÉNIQUE de Constantinople, qui condamne les Trois Chapitres.

556. Denis le Petit, † à Rome, rédige un recueil des lois ecclésiastiques (vers 510). — Jean le Scolastique meurt à Contantinople (578).

563. Le concile de Braga fait des canons très-sévères contre les Priscillianistes.

590—604. Grégoire le Grand, évêque de Rome, prend le titre de *Servus servorum Dei*, par opposition au titre d'*évêque œcuménique*, qu'avait usurpé Jean le Jeûneur, patriarche de Constantinople (582-595).

611—641 L'empereur Héraclius cherche de nouveau à ramener les monophysites, et se voit soutenu par Théodore, évêque de Pharan, et Sergius, patriarche de Constantinople. — Au contraire, Sophronius, patriarche de Jérusalem († 638), et le savant abbé Maxime s'opposent à ses tendances dogmatiques.

622. L'Hégire des Mahométans, qui pénètrent dans Jérusalem (dès 637).

Ère dionisienne.
625—638. Fâcheuse tendance du pape Honorius à l'égard des monothélites.
638. Edit dogmatique d'Héraclius, Ἔκθεσις τῆς πίστεως.
645. Edit dogmatique ou Τύπος de Constant II. — Le concile de Latran, tenu à Rome sous Martin I (949), condamne les deux édits et leurs fauteurs.
680. SIXIÈME CONCILE ŒCUMÉNIQUE de Constantinople, qui condamne les monothélites.
692. Le concile *in Trullo*, à Constantinople, confirme les canons déjà existants et fait plusieurs canons disciplinaires, parmi lesquels il s'en trouve quelques-uns qui contribuent plus tard à la séparation de l'Eglise d'Orient avec celle d'Occident.

FIN DE LA TABLE CHRONOLOGIQUE.

LISTE DES PAPES

DE LA PREMIÈRE PÉRIODE

S. Pierre, 42-67 ou 68.
S. Lin (2 Tim. IV, 21).
S. Anaclet ou Clet.
S. Clément, 68—77 ou 92—101.
S. Évariste.
S. Alexandre I, jusqu. 119.
S. Sixte I, j. 127.
S. Télesphore, 127—139.
S. Hygin, 139—142.
S. Pie I, 142—157.
S. Anicet, 157—168.
S. Soter, 168—177.
S. Éleuthère, 177—192.
S. Victor, 192—202.
S. Zéphyrin, 202—219.
S. Calixte, 219—223.
S. Urbain I, 223 230.
S. Pontien, 230—235.
S. Antère, 235—236.
S. Fabien, 236—250.
S. Cornélius, 251—252.
S. Lucius, j. 253.
S. Étienne I, 253—257.
S. Sixte II, 257—258.
S. Denis, 259—269.
S. Félix I, 269—274.
S. Eutychien, 274—283.
S. Caius, 283—296.
S. Marcellin, j. 304.
S. Marcel, 308—310.
S. Eusèbe, 310.
S. Melchiade, 311—314.

S. Silvestre, 314—335.
S. Marc, 336.
S. Jules I, 336—352.
Libère, 352—366 (Félix II, 355, comme administrateur).
S. Damase, 366—384.
S. Sirice, 385—398.
S. Anastase, 398—402.
S. Innocent I, 402—417.
S. Zosime, 417—418.
S. Boniface I, 418—422.
S. Célestin I, 423—432.
S. Léon I (le Grand), 440—461.
S. Hilaire, 461—468.
S. Simplicius, 468—483.
S. Félix II ou III, 483—492
S. Gélase I, 492—496.
S. Anastase II, 496—497.
S. Symmaque, 498—514 (Laurent, antipape).
S. Hormisdas, 514—523.
S. Jean I, 523—525.
S. Félix III, 526—530.
S. Boniface II, 530—532.
S. Jean II, 533—535.
S. Agapet, 535—536.
S. Silvère, 536—540.
Vigile (537), 540—555.
Pélage I, 555—560.
Jean III, 560—573.
Benoît I, 574—578.
Pélage II, 578—590.

S. Grégoire (le Grand), 590—604.
Sabinien, 604—605.
Boniface III, 606.
S. Boniface IV, 607—614.
S. Deusdedit, 615—618.
Boniface V, 619—625.
Honorius I, 625—638.
Séverin, j. 640.
Jean IV, 640—642.
Théodore I, 642—649.
S. Martin I, 649—655.

Eugène I (654), 655—657.
S. Vitalien, 659—672.
Adéodat, 672—676.
Donus ou Domnus I, 676—678.
S. Agathon, 679—682.
S. Léon II, 682—683.
S. Benoît II, j. 685.
Jean V, 685—686.
Conon, 687.
S Serge I, 687—701.

FIN DE LA LISTE DES PAPES

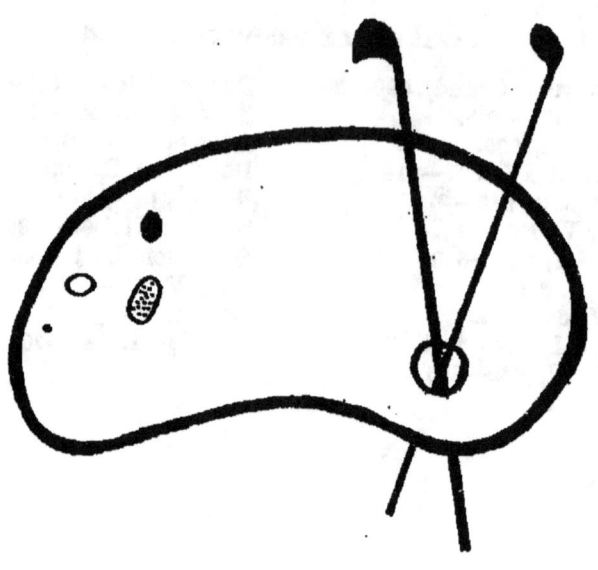

ORIGINAL EN COULEUR
NF Z 43-120-8

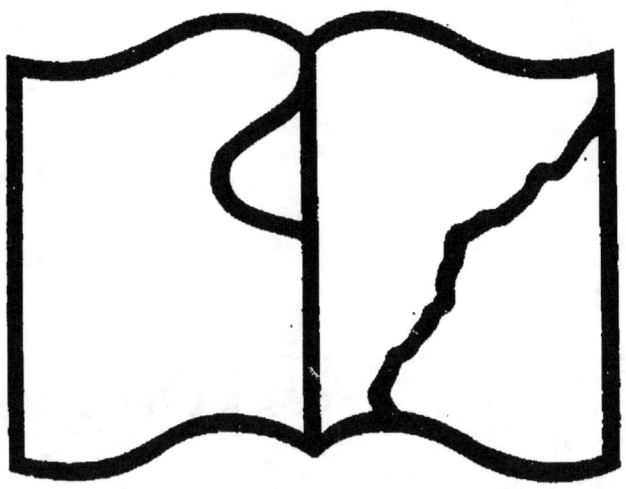

Texte détérioré — reliure défectueuse
NF Z 43-120-11

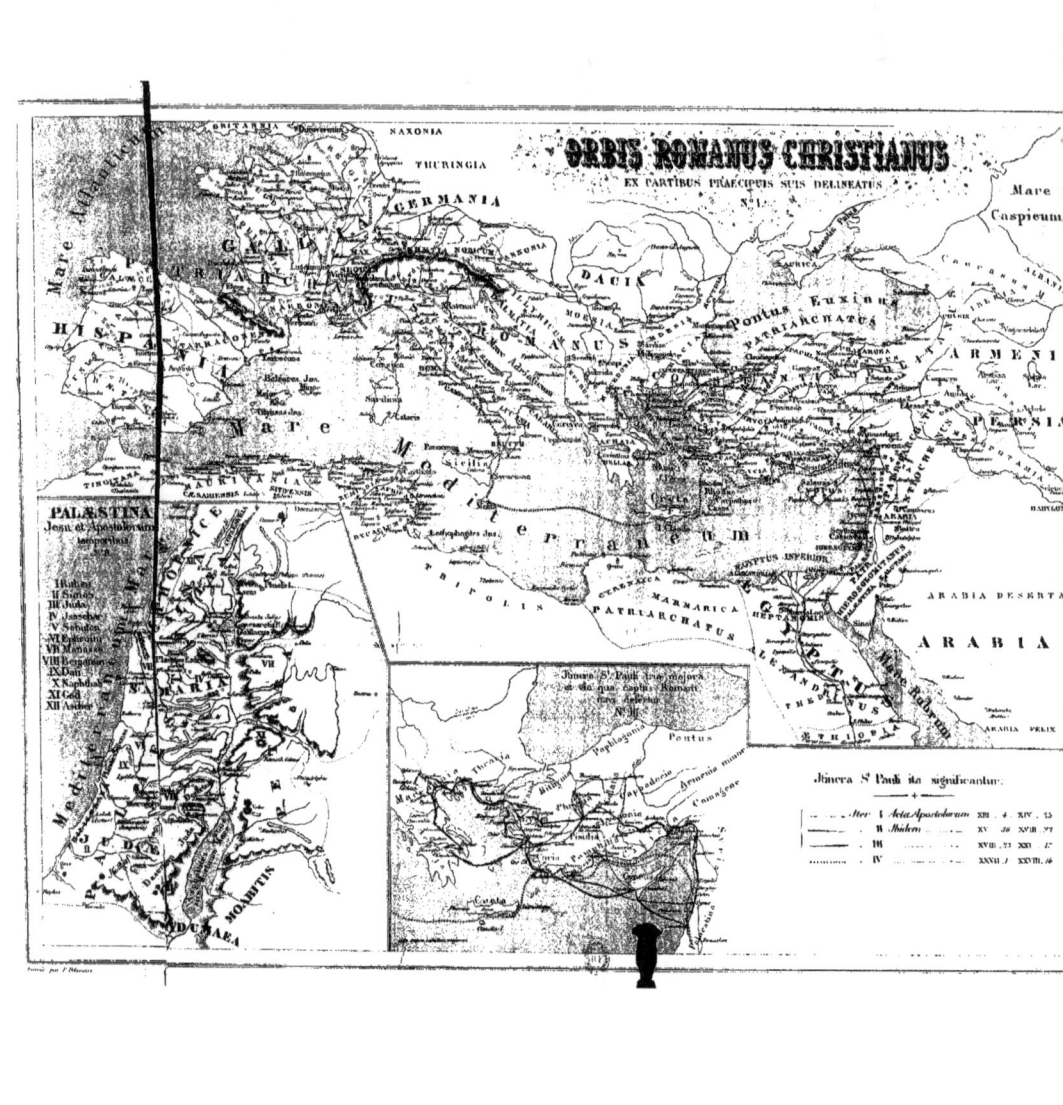

# TABLE DES MATIÈRES
DU PREMIER VOLUME

Avant-Propos sur cette quatrième édition. — v
Préface de la troisième édition. — VIII
Préface de l'auteur pour la première édition. — XI
Extrait de la préface de l'auteur pour la sixième édition. — XV

INTRODUTION SCIENTIFIQUE.

CHAPITRE PREMIER.
Objet de la science.

§§ 1. Religion. — Église. — Église chrétienne. — 1
2. Quelle est la véritable Église du Christ parmi les autres Églises. — 3
3. Histoire. — Histoire ecclésiastique. — 5
4. Objet de l'histoire ecclésiastique. — 8
5. Histoire ecclésiastique universelle et particulière. — 10

CHAPITRE II.
Forme de la science.

6. Comment l'histoire ecclésiastique est une science. — 12
7. Impartialité de l'historien ecclésiastique. — 14
8. Division de l'histoire d'après les divisions du temps. — 15
   Première période. — 16
   Deuxième période. — 17
   Troisième période. — 18
9. Division d'après la nature des objets. — 18

CHAPITRE III.
Sources. Sciences auxiliaires.

10. Sources de l'histoire ecclésiastique. — 21
11. Critique et usage des sources. — 23
12. Sciences préparatoires et auxiliaires, nécessaires à l'histoire ecclésiastique. — 24
13. Valeur de l'histoire ecclésiastique; but, utilité de son étude. — 26

CHAPITRE IV.
Travaux sur l'Histoire ecclésiastique.

14. Historiens ecclésiastiques grecs. — 30
15. Historiens ecclésiastiques latins. — 32
16. Historiens chez les peuples germains au moyen âge j. 1517. — 34
17. Historiens grecs du moyen âge. — 37
18. Lutte historique des protestants et des catholiques. — 37
19. Études sur l'histoire ecclésiastique en France. — 39
20. — — en Italie. — 41
21. Historiens ecclésiastiques catholiques en Allemagne. — 42
22. — — luthériens. — 45
23. — — de l'Église réformée. — 48

INTRODUCTION HISTORIQUE.

LE MONDE ANCIEN ET SES RAPPORTS AVEC LE CHRISTIANIME.

Aperçu général de la situation religieuse et morale des païens et des Juifs au temps de la naissance du Christ.

	Pages.
§§ 24. Du paganisme en général.	53
25. Religion des peuples célèbres de l'Orient.	57
26. Religion, moralité des Grecs.	69
27. Religion et mœurs des Romains.	74
28. Le peuple israélite dans son indépendance et sa servitude.	80
29. Les Juifs hors de la Palestine.	94
30. Sectes principales : les Pharisiens, les Sadducéens, les Esséniens. — Les Samaritains.	97
31. Plénitude des temps.	103

PREMIÈRE PÉRIODE.

ACTION DE L'ÉGLISE DANS L'EMPIRE GRÉCO-ROMAIN, DEPUIS LA NAISSANCE DE JÉSUS-CHRIST JUSQU'A L'ANNÉE 692.

PREMIÈRE ÉPOQUE.

DE JÉSUS-CHRIST A CONSTANTIN LE GRAND (1—313).

32. Sources. — Travaux sur l'histoire ecclésiastique de cette période.	107

Première partie.

LE CHRIST ET LE SIÈCLE APOSTOLIQUE.

CHAPITRE PREMIER.

Vie et travaux de Jésus pour tout le genre humain.

33. Recherches chronologiques sur l'année de la naissance et sur la vie de Jésus-Christ.	110
34. Naissance du Christ.	111
35. De ce qu'on appelle le développement de Jésus.	113
36. Jean-Baptiste.	114
37. Vie publique de Jésus. — Son but.	118
38. La doctrine divine de Jésus.	119
39. Jésus fonde une société religieuse.	121
40. Jésus vis-à-vie des Juifs.	125
41. Mort de Jésus.	126
42. Résurrection du Christ ; son Ascension.	128

CHAPITRE II.

Histoire des Apôtres; leurs travaux pour la propagation du Christianisme et la fondation de l'Église parmi les Juifs et païens.

43. La Pentecôte.	131
44. Persécution des disciples du Christ.	133
45. Saül persécuteur. — Paul Apôtre des Gentils.	135
46. Prédication de l'Évangile parmi les Gentils.	137
47. Voyages apostoliques de Paul. — Ses épîtres.	138
48. Travaux apostoliques de Pierre.	141

		Pages
§§ 49.	Travaux des autres Apôtres.	143
50.	Coup d'œil sur la propagation du Christianisme.	145
51.	L'Eglise se sépare de la Synagogue. — Guerre des Juifs. — Ruine de Jérusalem.	147

CHAPITRE III.

Constitution et organisation de l'Eglise apostolique.

52.	Clercs et laïques.	151
53.	Hiérarchie instituée par Jésus-Christ. — L'épiscopat. — La prêtrise. — Le diaconat.	154
54.	Doctrine de saint Paul sur l'organisation de l'Eglise.	168

CHAPITRE IV.

Vie chrétienne. — Culte. — Discipline ecclésiastique.

55.	La vie chrétienne.	161
56.	Le culte.	163
57.	La discipline.	166

CHAPITRE V.

Les Hérésies. — Saint Jean lutte contre elle.

58.	Hérésies nées du Judaïsme : Ebionites ; Nazaréens.	168
59.	Pseudo-Messies. Dosithée. Simon le Mage. Ménandre. — Cérinthe. Les Docètes et les Nicolaïtes.	170
60.	L'apôtre saint Jean ; sa lutte contre les hérétiques.	171
61.	Fin des temps apostoliques.	187

Deuxième partie.

DÉVELOPPEMENT EXTÉRIEUR DE L'ÉGLISE CATHOLIQUE DANS LES II° ET III° SIÈCLES.

CHAPITRE PREMIER.

I. Propagation du Christianisme. — II. Persécutions de l'Eglise chrétienne.

62.	Propagation de l'Eglise chrétienne en Asie.	183
63.	Eglises chrétiennes en Afrique.	185
64.	Extension du Christianisme en Europe.	186
65.	Causes de la rapide propagation du Christianisme.	191
66.	Obstacles à la propagation du Christianisme.	195
67.	Situation des chrétiens sous les empereurs dans le II° siècle.	198
68.	— — — — dans le III° siècle.	204
69.	Les apologistes chrétiens ; leur tendance.	216
70.	Des martyrs de l'Eglise catholique.	220

CHAPITRE II.

Les Hérésies.

71.	Le Gnosticisme, son origine, ses caractères principaux.	224
72.	Caractères et principales formes du Gnosticisme.	
	A. Forme judéo-hellénique de la gnose. Gnostiques égyptiens : Carpocrate.	229
	Basilide.	230
	Valentin.	232
	Les Ophites.	234

TABLE DES MATIÈRES

	Pages
B. Forme judéo-persique de la gnose. Gnostiques syriens : Saturnin.	235
Bardesane.	236
Tatien.	237
Marcion.	238
§§ 73. Le manichéisme.	240
74. Les Montanistes. — Les Aloges.	245
75. Hérétiques rationalistes : antitrinitaires ou monarchiens.	249

CHAPITRE III.

Doctrine universelle de l'Eglise catholique opposée aux conceptions partielles des hérétiques.

76. La tradition ou le principe de la transmission du Christianisme dans l'Eglise catholique.	255
77. Doctrine de l'Eglise sur l'unité de Dieu.	260
78. Doctrine de l'Eglise sur le Christ, comme Rédempteur. Sur sa divinité et son humanité.	261
79. Doctrine sur le Saint-Esprit et la Trinité divine.	264
80. Principes relatifs à la science ecclésiastique.	265
81. Formes diverses de la science ecclésiastique.	268
L'école catéchétique d'Alexandrie ; Clément ; Origène.	268

CHAPITRE IV.

Constitution de l'Eglise catholique.

82. La suprématie épiscopale.	279
83. Le nombre des fonctions ecclésiastiques augmente.	281
84. Education, élection, ordination et entretien du clergé.	284
85. Célibat des ecclésiastiques.	286
86. Autorité du métropolitain et institution des conciles provinciaux.	289
87. Primauté de l'évêque de Rome. — Centre d'unité de toute l'Eglise.	293
Thascius Cæcilius Cyprien.	296

CHAPITRE V.

Culte. — Discipline. — Vie religieuse et morale des chrétiens.

88. Nécessité d'un culte extérieur. — Initiation dans l'Eglise catholique. — Baptême. — Confirmation.	299
89. Controverse sur la validité du baptême des hérétiques ; Etienne ; Cyprien ; Firmilien.	303
90. Sacrement de pénitence ; discipline pénitentiaire.	307
91. Schisme de Novat à Carthage ; de Novatien à Rome ; de Mélétius en Egypte.	311
92. Célébration de l'Eucharistie.	313
93. Les temps saints. — Discussion de la Pâque. — Lieux de réunion des fidèles.	310
94. Influence du Christianisme sur les mœurs ; Mariage ; Ascétisme ; Sépulture.	325
95. Vie religieuse et morale des chrétiens.	329
Coup d'œil rétrospectif.	333

DEUXIÈME PÉRIODE

DE CONSTANTIN LE GRAND A LA FIN DU VII° SIÈCLE (313-692).

L'Église catholique dans ses rapports avec l'État, dans l'empire romain.

§§ 96. Sources. — Travaux. 335

CHAPITRE PREMIER.

Situation de l'Église catholique sous les empereurs romains. — Victoire définitive du Christianisme. — Sa propagation. — Ses pertes.

97. Rapport de Constantin le Grand avec l'Eglise catholique. 337
98. Situation de l'Eglise catholique sous les fils de Constantin. 341
99. L'Eglise sous Julien l'Apostat. 342
100. — sous Jovinien et ses successeurs. 346
101. — sous Théodose le Grand. 347
102. — sous Honorius, Arcadius et leurs successeurs. 348
103. Polémique des païens. Apologistes chrétiens. 350
104. Obstacles que rencontre la propagation du Christianisme. 355
105. Propagation du Christianisme en Asie. 356
106. — — en Afrique. 360

CHAPITRE II.

Développement de la doctrine de l'Église catholique dans les conciles, déterminé par le schisme, l'hérésie et la science.

107. Caractère du développement doctrinal de cette période. 362
108. Sources de la doctrine de l'Eglise : Tradition; Écriture sainte : Canon. 363
109. Développement de la doctrine catholique sur l'idée de l'Eglise, par la controverse des Donatistes. 366
110. Doctrine catholique sur le fils de Dieu, définie dans la controverse de l'hérésie dialectique de l'arianisme. — Concile de Nicée. 370
    PREMIER CONCILE UNIVERSEL dans la ville de Nicée (325). 373
111. Suite de la controverse arienne ; Athanase le Grand. 375
112. Chute de l'arianisme dans l'empire romain. 384
    DEUXIÈME CONCILE ŒCUMÉNIQUE de Constantinople (381). 387
113. Controverses dépendantes de l'arianisme; Photin, Apollinaire, Macédonius, Dogme du Saint-Esprit. 387
114. Directions diverses des écoles théologiques. 393
115. Origénisme : Jérôme ; Ruffin; Théophile; Chrysostome. 396
116. Doctrine de l'Eglise catholique sur la Grâce et ses rapports avec la nature humaine, opposée à l'hérésie du Pélagianisme. Pélage; Augustin. 401
117. Semi-pélagianisme. Prédestination. 410
118. Hérésies relatives au dogme de l'Incarnation. — Coup d'œil sur les nouvelles controverses; leur portée. 415
119. Hérésie des Nestoriens. — Concile œcuménique d'Ephèse. 416
    TROISIÈME CONCILE ŒCUMÉNIQUE d'Ephèse (431). 421
120. Hérésies d'Eutychès. Concile œcuménique de Chalcédoine. 424
    QUATRIÈME CONCILE ŒCUMÉNIQUE de Chalcédoine (451). 426
121. Suite de la lutte des monophysites. L'Hénoticon impérial. 427

	Pages
122. Reprise de la lutte origéniste; controverse des trois chapitres; conséquences du nestorianisme.	433
CINQUIÈME CONCILE ŒCUMÉNIQUE de Constantinople (553).	437
123. Établissement d'une église monophysite indépendante.	439
124. Hérésie des monothélites. Le patriarche Sophronius; Maxime.	440
SIXIÈME CONCILE ŒCUMÉNIQUE de Constantinople (680).	444

CHAPITRE III.

Constitution et gouvernement de l'Église catholique.

125. Caractères des nouveaux rapports de l'Église et de l'État.	448
126. Augmentation dans le nombre des fonctions ecclésiastiques.	452
127. Éducation, élection, ordination, entretien des ecclésiastiques.	453
128. L'évêque et son diocèse.	458
129. Les métropoles et les patriarcats.	461
130. Primauté de l'évêque de Rome.	464
Léon le Grand.	470
131. Conciles œcuméniques. Synodes provinciaux et diocésains.	472

CHAPITRE IV.

Culte; Discipline; Vie religieuse et morale des chrétiens.

132. Les églises et leurs ornements.	478
133. Le culte en général.	481
134. Fêtes ecclésiastiques; Jeûnes.	484
135. Réalisation du culte chrétien par les sacrements. — Le Baptême; la Confirmation.	489
136. L'Eucharistie centre de tout le culte.	491
137. Discipline du secret.	498
138. Le sacrement de Pénitence; Discipline de la pénitence; Indulgences.	499
139. Le mariage; l'Extrême-Onction; la sépulture.	504
140. Vie religieuse et morale des chrétiens.	506
141. Idée de la vie monacale.	509
142. La vie monacale en Orient; saint Antoine.	511
143. Adversaires de la vie ecclésiastique.	516
Coup d'œil rétrospectif.	521
Chronologie des personnages et des événements les plus importants pendant la première période.	523
Liste des papes appartenant à la première période.	531
Carte du monde romano-chrétien.	

FIN DE LA TABLE DES MATIÈRES.

F. Aureau. — Imprimerie de Lagny

www.ingramcontent.com/pod-product-compliance
Lightning Source LLC
Chambersburg PA
CBHW070827230426
43667CB00011B/1703